《図面と模型と3Dで4つの住宅を徹底解説》

建築のしくみ

住吉の長屋／サヴォワ邸／ファンズワース邸／白の家

安藤直見・柴田晃宏・比護結子 著

丸善出版

はじめに

0.1 本書の目的

本書は，建築を学び始める学生に建築のしくみを学んでもらうことを目的とし，建築がどのように架構されているかを20世紀を代表する「巨匠たちの住宅」を実例として取り上げ，解説している。

大学や専門学校では，建築のしくみを学ぶために「建築構法」あるいは「建築一般構造」といった授業が用意されているのが一般的であろう。本書の内容はおもにこれらの授業に関わるが，その他に建築の構成とその図面や模型による表現について説明しているという点で，建築設計を習得するための授業である「設計製図」とも深く関わっている。3次元形態である建築を2次元の紙面に表現する方法について言及しているという点では，「図学」あるいは「図形科学」といった図の原理に関する教科にも関連している。さらに本書は，コンピュータによる建築の表現に触れている。その点では，「3DCG」（3次元コンピュータグラフィックス）にも関係している。したがって，本書は，建築のしくみを軸としながらも，「設計製図，図学，3DCG」を横断する内容となっている。すなわち，本書は「模型をつくりながら，図面を描きながら，そして3Dを眺めながら学ぶ建築のしくみ」である。

また，本書は，建築がどのように〈架構〉されているかだけではなく，建築の架構がどのように〈構想〉され，そして，どのように〈表現〉されるかを解説しているという意味で，建築のデザインに広く関わっている。建築は「デザインして建設される」ものである。大学や専門学校の建築学科／建築科における建築デザインに関する教科は，単に建築を成立させる技術を学ぶためだけのものではなく，建築そのもののあり方，建築と社会・環境との関わりなどを考察し，建築に関わる総合的な判断力・思考力を養うための科目である。しかし，逆にいえば，建築デザインを習得するためには，建築を成立させている技術も学ぶ必要がある。

建築のしくみは建築の技術の一端である。一つの考え方として，建築のしくみは先行したデザインの後からついていくものであり，しくみの積み重ねによってデザインが生まれることはないという考え方があると思う。その考え方に従えば，しくみを表す図面・模型よりも，細部の構成にはこだわらない1枚のスケッチこそが建築デザインにとってもっとも重要だということになる。そのことに間違いはないのだが，だからといって，建築のしくみを学ばなくてもいいということにはならない。この先に描かれるであろう1枚のスケッチがどのようなしくみによって成立するかは未知のことであっていいが，現在の建築が（現代に多大な影響を与えた建築が）どのようなしくみによって成立しているかを理解することは，建築を学び始める学生にとって重要であるはずだ。

0.2 建築の形態と空間，そして，裸の建築

建築は，物理的に3次元の〈形態〉をもつと同時に，その内部あるいは外部に何らかの〈空間〉を現象させる。空間という言葉は多様な意味をもつが，建築の空間は，建築形態が生み出す場所の総称だと考えることができる。たとえば，形態によって囲まれた建築の内部には，生活・仕事などを行うための部屋や，設備の設置，物品の収納などのための空間が配置される。建築形態の外部には，入口へのアプローチや庭などの空間が配置される。その他，場所や部屋を「開放的な空間，美しい空間，詩的な空間」などという場合があるように，空間は心理的な事象でもある。形態と空間は一体となって建築の特質を規定する概念に他ならない。

したがって，建築は必ず何らかの空間・形態をもつ。建築デザインの最終的な目的は，美しく調和した建築の空間・形態を実現することだといえるだろう。もちろん，過去の建築の歴史を眺めればわかるように，一見，美しくないと思えたものが認識の変化により美しいものに変わることもあるし，調和していなかったことが次の時代の調和であったりするから，美しさを固定的なものととらえることはできない。概念的に過ぎる美しさという言葉を，使いやすさ・住みやすさというやや身近な言葉に置き換えたとしても，やはり，建築の使いやすさ・住みやすさを固定的に考えることは困難である。建築のデザインは，このように一意には捉えられない問題に立ち向かわなければならない難しさをもっている。

本書の2章以降では，「住吉の長屋」，「サヴォワ邸」，「ファンズワース邸」，

「白の家」といった 20 世紀を代表する住宅を実例として取り上げ，その形態・空間がどのような建築のしくみによって成立しているかを解説している。取り上げた住宅は，それぞれ，鉄筋コンクリート壁構造，鉄筋コンクリートラーメン構造，鉄骨構造，木造軸組構造という異なった構造形式でつくられている。これらは現代においても建築の主要な構造形式であるから，4 つの住宅を学ぶことで，建築の主要なしくみがどのように形態・空間を構成しえるかを理解することができると思う。

さて，しかし，取り上げた住宅が，主要な建築のしくみを学ぶために適した実例であるかどうかという点には疑問の余地があるかもしれない。これらの住宅が，後に続く建築に決定的な影響を与えたことに間違いはないのだが，4 つの住宅は，研ぎ澄まされた形態と空間をもつがゆえに，建築の特殊解だといえなくもないからだ。街にあふれる多くの建築では，建築を物的に構成する柱や壁が見えない部分に隠されていることが多いのだが，4 つの住宅は，そういった建築とはいささか異なっている。

しかし，建築のしくみという視点でいえば，4 つの住宅が多くの建築とまったく異なっているわけではない。現代の建築技術は，産業革命以降に発展した工業技術に根ざしているから，4 つの住宅と多くの建築は同一の技術に基づいて成立している。両者が異なっているのは，4 つの住宅では建築のしくみが至高の形態と空間に昇華しているという点だけだ。

本書で取り上げる 4 つの住宅は，建築を架構する壁や柱の構成が建築の形態・空間を決定づけているという意味において「裸の建築」と呼ぶことができると思う。これらの住宅は，「裸」であるからこそ美しい。建築のしくみを形態・空間と関連づけ，すなわち，建築のしくみを建築の美しさと関連づけて学んで欲しいことも本書のねらいである。

0.3 本書の図面等について

本書に掲載した図面等（図面とそれに基づく模型および 3DCG）は，住吉の長屋（2 章），ファンズワース邸（4 章），白の家（5 章）については，公開された（出版された）図面に基づいて，筆者らが作成したものである。これらの 3 つの住宅についての公開された図面には工事のための詳細図が含まれているから，本書の図面は，基本的にオリジナル図面の通りのディテール（細部の構成）と寸法で表現している。しかし，一部には，オリジナルのディテールや寸法が把握できない部分があり，オリジナルと異なっているであろう部分がある。

特に，アメリカで建設されたファンズワース邸のオリジナル図面は，インチ・フィートを単位として描かれている。本書では，オリジナル図面のインチ・フィート単位の寸法をミリ単位の寸法に換算している。換算の過程で寸法には誤差が生じているから，本書に示した寸法はオリジナルの通りではない。

サヴォワ邸（3 章）については多くの図面が公開されているが，詳細な図面は多くはない。改築が施されていることから，オリジナルのディテールと寸法が把握しにくいという面もある。本書の図面は，多くの図面を参照したのはもちろん，フランスに建つ実物を部分的に実測し，またパリのル・コルビュジエ財団のアーカイブ（資料）も参照して作成した。

本書の図面，模型，3DCG は，可能な限りオリジナル図面を尊重して作成したつもりではあるが，オリジナルとは一致しない部分もあると思う。また，間違いもありえる。その点は筆者らの力量不足としかいいようがない。本書を学んだ後には，ぜひオリジナルの図面を確認して欲しい。また，サヴォワ邸とファンズワース邸は，2008 年現在，一般に公開されている。ぜひ実物を見にも行って欲しい。

0.4 建築のディテール

大学や専門学校において建築のディテールを学ぶことは難しい。教室の中では実物を実際につくれないという宿命があるからだ。実物そのものではない図面や模型では，いくらでもディテールを省略したり簡略化できてしまうことに建築の学習の困難さがある。

多くの国に共通することと思うが，日本でも建築家（一級建築士）の資格は，大学の学部や専門学校の卒業直後ではなく，一定の実務経験を経た後に取得可能となる。そのことは，建築設計の技能は教室における図面と模型を

通しての学習だけで身に付くものではないことを反映している。ディテールを考案する技術を身につけるには，一定の実務経験が必要となる。

　したがって，大学や専門学校において建築を学ぶ学生は，実際の工事には必要となる建築のディテールを決定するというレベルで図面を描く必要はなく，建築の空間と形態の構成を図面と模型によって表現することを学ぶことが重要となる。しかし，それでも，建築の空間と形態は，多くの場合，建築のディテールと密接に関係している。実用的なディテールを考案する必要はないとしても，建築の物理的構成を成立させる建築のしくみは理解するべきである。建築を学び始める学生には，優れた実例に触れながら，建築の空間・形態を実現するための建築のしくみを学んで欲しい。

0.5 図面と模型，そして，3D エフェクト

　本書は，建築のしくみを，図面だけからではなく，模型を製作しながら学べるように工夫をしている。図面が 3 次元形態を平面に投影したものであるのに対して，模型は建築をそのまま立体で表すものである。建築の図面には，正投象といわれる真上，真正面，真横の視点から形態を眺める図面が用いられるが，建築を学び始めたばかりの学生にとっては，図面だけから 3 次元形態の構成を直感的に読み取るのが難しい場合もあると思う。

　また，本書では，図面と模型に加えて，コンピュータで製作した 3DCG モデルに基づくパースや立体図を多用している。コンピュータで動作する CG アプリケーションを用いて建築を記述する（3DCG モデルを作成する）ことは，図面や模型によって建築を記述することと本質的には何ら変わらない。それでもコンピュータは，独自の効率の良さや独特の訴求力を持ち合わせていると思う。

　本書が描いた CG によるパースや立体図の多くは，単一の 3DCG モデルを多方向から眺めたり分解したりして作成したものである。パースや立体図は 2 次元に表現された図面の一種ではあるが，正投象にはない立体的表現であり，特定の部分だけを取り出して示せる（見せたい部分を見せられる）という特徴ももつ。本書では，単一の 3DCG モデルに基づく立体的表現，部分的表現を，図面の「3D エフェクト」（3 次元効果）と捉え，3D エフェクトを加えた図面を示すことにより，3 次元形態としての建築のしくみを立体的に把握できるよう工夫している。

0.6 本書の構成

　本書では，1 章において建築のしくみとその図面表現に関する基礎的な知識について解説し，2 章以降では，異なった構造形式の住宅のしくみを各論的に解説している。

　1 章（箱形建築）では，建築の単純なモデルを提示し，その模型を作成した後に，図面の基礎を学ぶ。2 章（住吉の長屋）では，ここでも最初に模型を作成し，実際の建築の平面図・断面図・立面図を描く演習を行いながら，鉄筋コンクリート壁構造のしくみを学ぶ。3 章（サヴォワ邸）では，本書に示した図面を読み取りながら，模型を組み立て，鉄筋コンクリートラーメン構造のしくみを学ぶ。4 章（ファンズワース邸）では，模型と 3DCG モデルを製作する演習を行いながら，鉄骨構造のしくみを学ぶ。そして，5 章（白の家）では，軸組模型と呼ばれる木造軸組構造の架構を表す模型をつくりながら，木造軸組構造のしくみを学ぶ。各章で学ぶことは，章ごとに完結した内容になっているので，必ずしも 1 章から順に読み進む必要はなく，興味のもてる章を先に学んでくれて構わない。

　さあ，建築の勉強を始めよう。

安藤　直見
柴田　晃宏
比護　結子

目次

1. 箱形建築 ——— 9
建築の単純モデル

- 1.1 模型　12
  - 1.1.1 模型の材料と道具　12
  - 1.1.2 模型の組立方法　12
  - 1.1.3 建築寸法と模型寸法　13
  - 演習 1-1　模型の製作　15
- 1.2 平面図　16
  - 1.2.1 平面図の概要　17
  - 1.2.2 切断線と稜線　17
  - 1.2.3 開口部の表現　19
  - 1.2.4 基準線・寸法・捨線　20
  - 1.2.5 階段　22
  - 1.2.6 家具　24
  - 1.2.7 室名　26
  - 演習 1-2　平面図　27
- 1.3 断面図　29
  - 1.3.1 断面図の概要　29
  - 1.3.2 断面図の切断位置　29
  - 1.3.3 地盤面と基礎　30
  - 1.3.4 断面図における家具の表現　31
  - 1.3.5 パラペットと床の段差　32
  - 1.3.6 断面図の基準線と捨線　32
  - 1.3.7 階段の断面図　35
  - 演習 1-3　断面図　35
- 1.4 立面図　35
  - 演習 1-4　立面図　36
- 1.5 立体図　36
  - 1.5.1 三次元形態の図法　36
  - 1.5.2 アイソメトリックとアクソノメトリック　37
  - 1.5.3 もう一つのアクソノメトリック（斜投象図）　37
  - 1.5.4 透視図　38
- 1.6 本章のまとめ　40

2. 住吉の長屋 ——— 41
鉄筋コンクリート壁構造

- 2.1 住吉の長屋　44
  - 2.1.1 1/50 スケールの模型　44
  - 演習 2-1　模型の製作　45
  - 2.1.2 敷地　47
  - 2.1.3 1 階　47
  - 2.1.4 2 階　48
  - 2.1.5 R 階　48
  - 2.1.6 階段　48
  - 2.1.7 平面の構成と動線　49
- 2.2 鉄筋コンクリートと壁構造　50
  - 2.2.1 鉄筋コンクリートの特性　50
  - 2.2.2 鉄筋コンクリート壁構造の構成　51
  - 2.2.3 水平な屋根　51
  - 2.2.4 コンクリート壁の特性　52
- 2.3 平面の構成　53
  - 2.3.1 壁の構成　53
  - 演習 2-2　壁の表現　55
  - 2.3.2 開口部の構成　56
  - 演習 2-3　開口部の表現　63
  - 2.3.3 床の構成　64
  - 2.3.4 各部の構成　66
  - 演習 2-4　平面図の完成　68
- 2.4 断面の構成　68
  - 2.4.1 断面構成の概要　68
  - 2.4.2 工事のプロセス　69
  - 2.4.3 断面図の描き方　78
  - 演習 2-5　断面図の製図　80
- 2.5 立面の構成　82
  - 2.5.1 外形の表現　82
  - 2.5.2 コンクリート打放しの表現　82
  - 演習 2-6　立面図の製図　84
- 2.6 コンピュータ・グラフィックス　85
  - 2.6.1 CG のしくみ　85
  - 2.6.2 形態の構成　86
  - 2.6.3 ライティング　89
  - 2.6.4 テクスチャー　90
  - 2.6.5 CG による空間表現　92
- 2.7 本章のまとめ　93

3. サヴォワ邸 ——— 95
鉄筋コンクリートラーメン構造

- 3.1 サヴォワ邸　99
  - 3.1.1 近代建築の 5 原則　99
  - 3.1.2 自由な平面　100
  - 3.1.3 自由な立面　100
  - 3.1.4 ピロティ　101

3.1.5　屋上庭園　101	演習 3-6　2階梁の製作　125	**4. ファンズワース邸 ─── 145**
3.1.6　水平連窓　101	3.5.6　2階の壁　125	鉄骨構造
3.2　ラーメン構造　102	3.5.7　外壁と室内壁　126	**4.1　ファンズワース邸　146**
3.2.1　壁構造とラーメン構造　102	**3.6　屋上の構成　127**	**4.2　鉄骨構造　150**
3.2.2　ラーメン構造のジョイント　102	3.6.1　屋上階平面図　127	4.2.1　鉄と鋼　150
3.2.3　ラーメン構造のフレーム　103	3.6.2　屋上階の床　129	4.2.2　鉄骨の形状　150
3.2.4　ドミノシステム　104	3.6.3　屋上階の壁　130	4.2.3　鉄と鉄筋コンクリート　151
3.2.5　ラーメン構造における構造壁　105	演習 3-7　屋上階の製作　130	4.2.4　鉄骨のジョイント　152
3.3　サヴォワ邸の模型　106	**3.7　立面の構成　131**	4.2.5　揺れと音　153
3.3.1　模型の製作方法　106	3.7.1　立面図　131	4.2.6　鉄の弱点　154
3.3.2　模型の材料　106	3.7.2　ファサードの構成　132	**4.3　鉄のフレーム　155**
3.4　1階の構成　107	演習 3-8　ファサードの製作　132	4.3.1　平面の構成　155
3.4.1　1階平面図　109	**3.8　断面の構成　134**	4.3.2　柱と水平フレーム　155
3.4.2　1階の床　110	3.8.1　断面図　134	4.3.3　柱と水平フレームのジョイント　156
演習 3-1　1階床の製作　110	3.8.2　スロープ周りの構成　135	演習 4-1　フレームのモデリング　158
3.4.3　1階の柱　111	演習 3-9　スロープの製作　136	**4.4　床と屋根　162**
3.4.4　1階の梁　112	3.8.3　テラス周りの壁　137	4.4.1　床梁の構成　162
演習 3-2　1階柱と梁の製作　113	演習 3-10　テラスに面する壁の製作	4.4.2　床の構成　162
3.4.5　サヴォワ邸の床　115	（模型の完成）　138	4.4.3　トラバーチンの目地　164
3.4.6　1階の壁　117	**3.9　窓の構成　140**	4.4.4　屋根の構成　165
演習 3-3　1階壁の製作　117	3.9.1　サヴォワ邸の窓　140	4.4.5　テラス床の構成　166
3.5　2階の構成　119	3.9.2　水平連窓　141	演習 4-2　床・天井・屋根のモデリング　166
3.5.1　2階平面図　119	3.9.3　居間の開閉窓　142	**4.5　ガラスの壁　170**
3.5.2　鉄筋コンクリート工事のプロセス　120	3.9.4　曲面のガラス壁　143	4.5.1　ガラス壁のディテール　170
3.5.3　2階の床　121	3.9.5　水平格子のスティールサッシ　143	4.5.2　サッシ　173
演習 3-4　2階床の製作　121	**3.10　本章のまとめ　144**	4.5.3　断面図　174
3.5.4　2階の柱　122		演習 4-3　ガラス壁のモデリング　174
演習 3-5　2階柱の製作　123		**4.6　階段　179**
3.5.5　2階の梁　124		

演習 4-4　階段のモデリング	181	
4.7　設備コア	**182**	
演習 4-5　設備コアのモデリング	182	
4.8　CGによる空間表現	**186**	
4.8.1　自然の中の格子	186	
4.8.2　ガラスの表現	187	
4.8.3　家具の表現	189	
4.9　本章のまとめ	**192**	

5. 白の家 ─── 193
木造軸組構造

5.1　白の家	**197**
5.1.1　空間の構成	197
5.1.2　平面と断面の概要	197
5.2　木造建築	**199**
5.2.1　木造建築の歴史	199
5.2.2　継手と仕口	201
5.2.3　軸組構造とツーバイフォー構造	202
5.3　軸組構造	**204**
5.3.1　軸組構造の概要	204
5.3.2　軸組模型の製作	205
5.3.3　軸組模型の材料	205
5.4　基礎	**208**
5.4.1　基礎の構造	208
演習 5-1　基礎の製作	211
5.5　床組	**214**
5.5.1　床組の構成	214
5.5.2　1階の床組	215
5.5.3　2階の床組	217
演習 5-2　床組の製作	218
5.6　軸組	**222**
5.6.1　軸組の構成	222
5.6.2　柱	224
5.6.3　胴差・2階柱・桁	226
5.6.4　筋違いと間柱	226
5.6.5　窓台	228
演習 5-3　軸組の製作	228
5.7　小屋組	**230**
5.7.1　小屋組の構成	230
5.7.2　心柱とツナギ	232
5.7.3　屋根の構成	232
演習 5-4　小屋組の製作	233
5.8　各部の構成	**237**
5.8.1　壁の仕上げと建具	237
5.8.2　建具と建具枠	237
5.8.3　壁と幅木	240
5.8.4　建具と幅木の表現	241
5.8.5　空間の出現	241
5.9　本章のまとめ	**244**

あとがき	**246**
参考文献	**248**
写真／図版／表リスト	**249**
索引	**252**

1. 箱形建築

建築の単純モデル

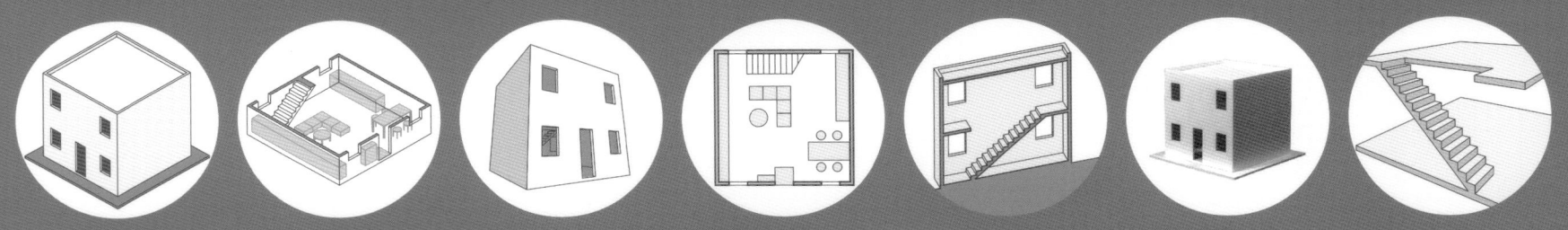

写真 1-1　箱形建築
建築の単純モデルとしての「箱形建築」の模型。模型のスケールは 1/50。

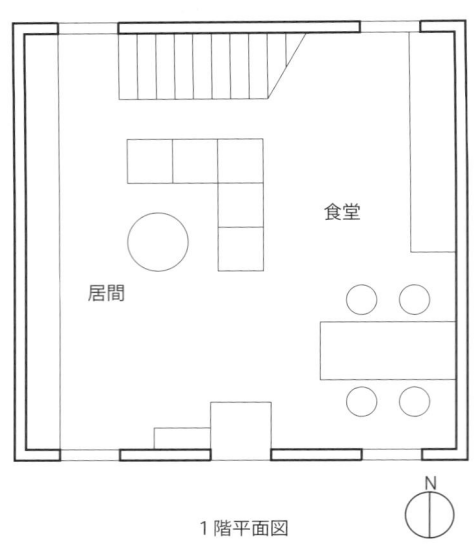

図 1-1　平面図（1/100）
箱形建築の平面図。家具と室名を記入している。

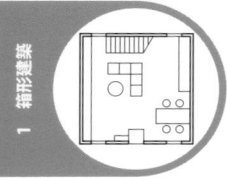

　本章では，建築の基本的な構成と，建築を表現する図面・模型について学ぶ。そのための最初の題材として「箱形建築」を取り上げる。箱形建築は実際の建築ではなく，単純なモデルである。

　本章では，壁，床，開口部（窓や入口），階段などの建築の基本的な構成について解説する。とはいっても，実在の建築のしくみについての解説というよりは，建築が図面・模型でどう表現されるのかの解説となっている。本章の内容は，図面と模型を通して建築のしくみを学ぶための準備に相当する。すでに，図面の描き方，模型の作り方が身についている場合は本章をスキップしていい。

　本章では，1 節において箱形建築の模型を製作し，その後に箱形建築の図面について学ぶ。図面について学ぶ際に，模型が手元にあると理解の助けになるからである。1 節に続く 2 節～ 4 節において，もっとも主要な建築の図面である平面図，断面図，立面図について学ぶ。そして 5 節では，建築の立体表現について学ぶ。

　本章で題材とする箱形建築の模型を**写真 1-1**，平面図を**図 1-1**，立面図を**図 1-2**，断面図を**図 1-3** に示す。また，アイソメトリックと呼ばれる立体図を**図 1-4**（12 ページ）に示す。

　箱形建築は，6 メートル× 6 メートル× 6 メートルの大きさの 2 階建ての建築である。内部には間仕切りのないがらんどうの空間があり，1 階から 2 階へ上る階段が存在している。

　実際の建築では窓や入口の構成は複雑だし，壁や床にはさまざまな仕上げが施される。電気・ガス・水道などの設備の配線・配管も複雑である。しかし，建築の単純モデルとしての箱形建築の壁，床，そして階段は，コンクリートなどの一様な材料の固まりで構成され，仕上げはないものとする。また，窓や入口は壁に開いた穴だとみなすことにする。

　箱形建築は，機能的，構造的，形態的魅力に乏しく，倉庫のようにしか見えない。意図的に倉庫を設計する場合は別として，このような建築が提案されることはありえないとは思う。しかし，この単純なモデルからも学ぶことは多い。

南立面図　　　　　　　　　　　東/西立面図　　　　　　　　　　　北立面図

図 1-2　立面図（1/100）

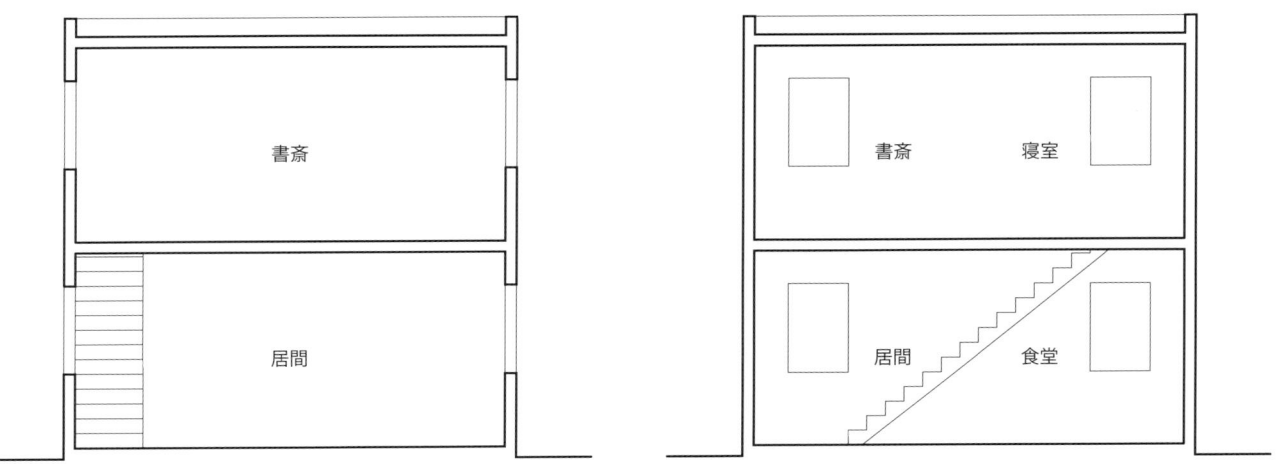

図 1-3　断面図（1/100）
左は窓を切断する断面図。右は階段を向こうに見る断面図。

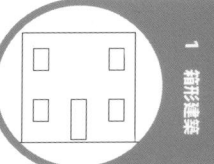

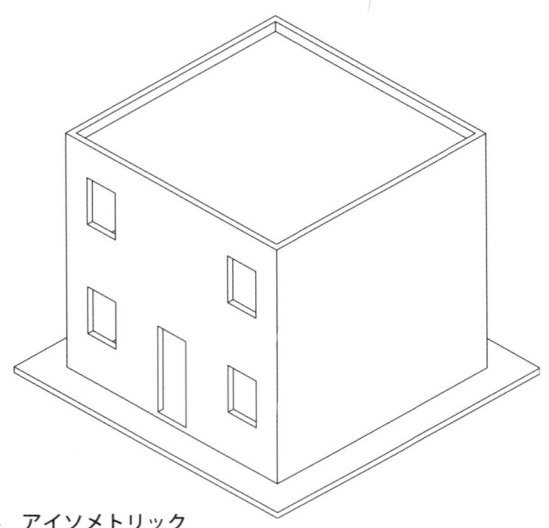

図1-4 アイソメトリック
斜め方向から眺めた立体図。

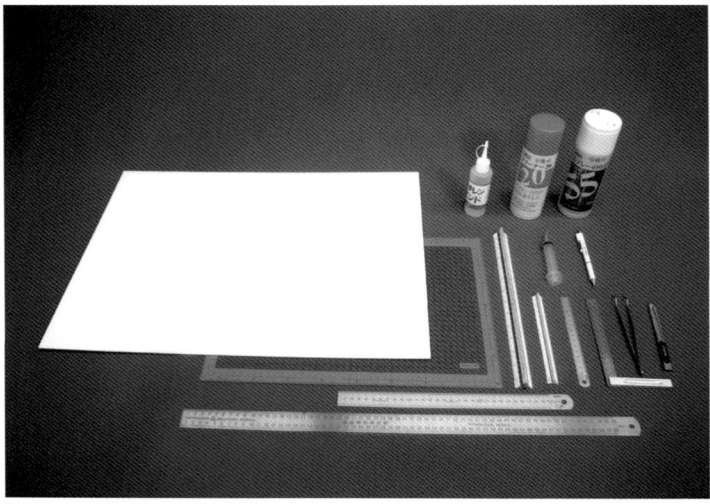

写真1-2 模型の材料と道具
スチレンボード，定規と鉛筆，カッターとカッターマット，鉄定規，スチのりがあればつくれるが，スプレーのりとクリーナー，ピンセット，スコヤなどもあるとよい。

1) 建築を学び始めた学生がつくる模型の中には，一部にエッジ処理を怠ったり，部品をセロハンテープなどを用いて安易に接着するものがあるように思える。実際の実務においては，ラフな模型をスピーディーに製作することもあろうかと思うが，建築を学び始める際には丁寧な模型の製作を心がけることを勧める。

2) 図面や模型は実寸で製作されることもある。例えば，階段の上りやすさや，手すりの握りやすさを確かめるためには実寸の模型をつくる必要がある。また，部材（各部分）の製作寸法を確認する際にも実寸の図面・模型がよくつくられる。

3) 実際に箱形建築を鉄筋コンクリートでつくる場合，壁と床は150ミリ程度の厚みになると考えられる。しかし，実際の壁や床の厚さは，建物の重量の他にも，地盤の強度，部屋の用途などの様々な条件を検討して決められるものである。

1.1 模型

模型を作ると建築の形態・空間が直感的に理解できる。建築を2次元で表現するのが図面，3次元での表現が模型である。図面と模型の対応を確認しながら図面の表現を学ぶために，最初に箱形建築の模型を製作しよう。

1.1.1 模型の材料と道具

模型を製作するには材料と道具が必要となる。箱形建築の模型の製作に使用するおもな材料と道具は以下の通りである（**写真1-2**）。

1) スチレンボード
   厚さ3ミリ，サイズはA2（594ミリ×420ミリ）程度が必要。
2) 定規と鉛筆
   スチレンボード上に模型の部品を作図するための定規と鉛筆。定規として三角スケールを用いると効率的に作図できる。なお，三角スケールは寸法を測るための道具であり，線を引くための道具ではないので，別途，線を引く定規（プラスチック製の三角定規など）が必要となる。
3) カッターとカッターマット
   カッターマットは，カッターで部品を切り取る際に，机に傷をつけないための下敷き。厚紙で代用してもよい。
4) 鉄定規
   カッターで部品を切り取る際に用いる定規。
5) スチのり
   スチレンボード用の接着剤。

1.1.2 模型の組立方法

図1-5に示すように模型を組み立てる。

箱形建築は壁と床によって構成される。模型は，正面壁，背面壁，側面壁×2，1階床，2階床，屋根，地面の8つの部品で製作する。窓や入口は，壁の穴として切り抜く。階段は省略する。地面は建築そのものではないが，地面を製作することで建築が地盤の上に建つことを表現する。

1階床は地面の上に重ね，地盤面との段差を設ける。多くの建築では1階の床は地面よりもやや高い位置に設計されるからである。また，屋上の床は，壁の最上端より下げた位置（建築寸法で250ミリ下がった位置）に接着する。水平の屋根を設計する場合，壁の端部は屋根よりもやや高い位置まで伸びていることが多いからである。

実際の建築が美しくつくられるべきであるのと同様に，模型も可能な限り美しく製作されるべきである。そのためには部品を正確につくることが重要である。接着する際にも，接合部に隙間が生じたりすると形の歪みが発生す

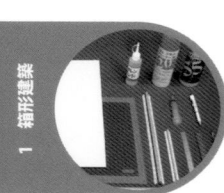

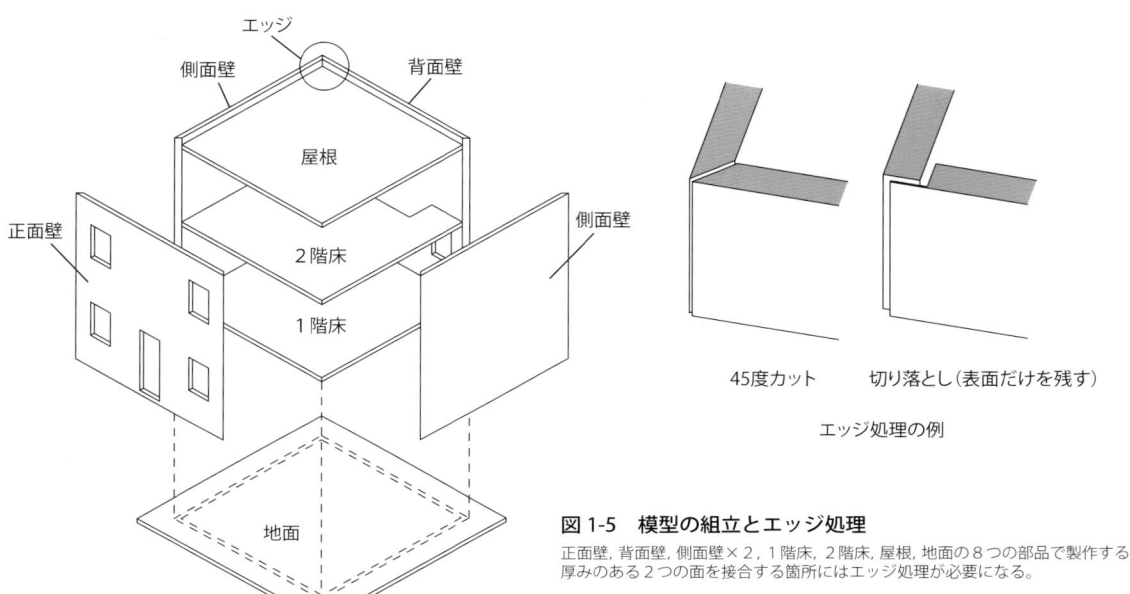

図 1-5 模型の組立とエッジ処理
正面壁，背面壁，側面壁×2，1階床，2階床，屋根，地面の8つの部品で製作する。厚みのある2つの面を接合する箇所にはエッジ処理が必要になる。

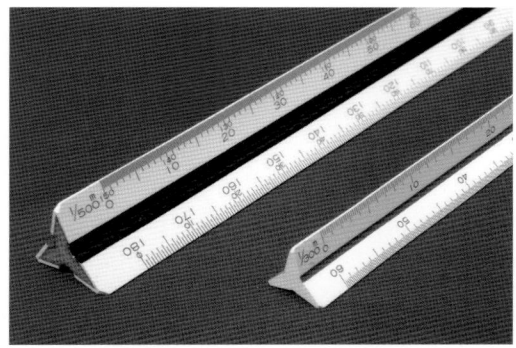

写真 1-3 三角スケール
左は30センチ，右は15センチのもの。3つの面に，1/100, 1/200, 1/300, 1/400, 1/500, 1/600のスケールがついている。

るので注意が必要である。また，模型の部品には厚みがあるので，部品の小口（切り取った部分の断面）を目立たなくする**エッジ処理**も必要となる[1]。

厚みのある2つの面を接合するエッジ処理には，**図 1-5** の右図に示したように，両者の端部を「**45度カット**」によって接合する方法と，一方の表面を残す「**切り落とし**」によって接合する方法などがある。

1.1.3 建築寸法と模型寸法

模型は1/50（50分の1）の**スケール**で製作することとする。スケールとは，実際の建築の大きさに対する図面や模型の大きさの比率のことである。図面や模型は**実寸**，すなわち建築と同じ寸法で製作することは少なく，何らかのスケールに縮小することが多い[2]。実際の建築の寸法を「建築寸法」，模型の寸法を「模型寸法」と呼ぶことにすると，建築寸法を50で除した寸法が1/50スケールの模型寸法ということになる。6メートル×6メートル×6メートルの大きさの箱形建築は，1/50スケールの模型では120ミリ×120ミリ×120ミリの大きさとなる。

建築模型の製作にはさまざまな材料が使われるが，ここでは**スチレンボード**という発泡スチロールを紙でサンドした素材を使うことにする。スチレンボードには，3ミリ，5ミリ，7ミリなど異なった厚さのものが市販されている。ここでは3ミリの厚さを使用する。3ミリ厚のスチレンボードで製作する1/50スケールの壁・床の厚さの建築寸法は150ミリということになる[3]。

図 1-6（次ページ）は，A2サイズ（594ミリ×420ミリ）のスチレンボード上に模型部品を型取ったものである。外側の破線がA2サイズを示している[4]。これらの部品をスチレンボードから切り取り，組み立てれば箱形建築の模型が完成する。

図 1-6 に示している寸法は模型寸法ではなく，建築寸法である。部品を製図（作図）する作業は，模型寸法ではなく，建築寸法そのものを用いて行うのがよい。いちいち寸法を換算するのは効率的でないからである。

そのための道具として**三角スケール**という定規がある（**写真 1-3**）。三角スケールには，1/100, 1/200, 1/300, 1/400, 1/500, 1/600等の6種類のスケールが表示されている（スケールの種類は商品によって異なり，1/150, 1/250等のスケールのものもある）。50分の1のスケールで作図する場合は，1/500を1/50に読み替えて使用する（スケールの表示が1/500ではなく1/5の場合もあるが，1/50に読み替えればよい）。

入口や窓の大きさ，階段の幅，天井の高さなどは，人間のスケールに合わせて設計される。たとえば，箱形建築の**天井高**（床から天井までの高さ）は2650ミリ，ドアの幅は800ミリ，階段の幅は900ミリとなっている。こ

[4] スチレンボードは，JIS（日本工業規格）のA系列，B系列のサイズが市販されている。A系列のおもなサイズは以下の通り（単位はミリ）。
A1：841 × 594
A2：594 × 420
A3：420 × 297
A4：297 × 210
A2サイズの面積はA1サイズの1/2，A3はA2サイズの1/2。A2サイズは，書類の大きさとして一般的なA4サイズの4倍の大きさ。

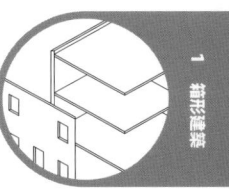

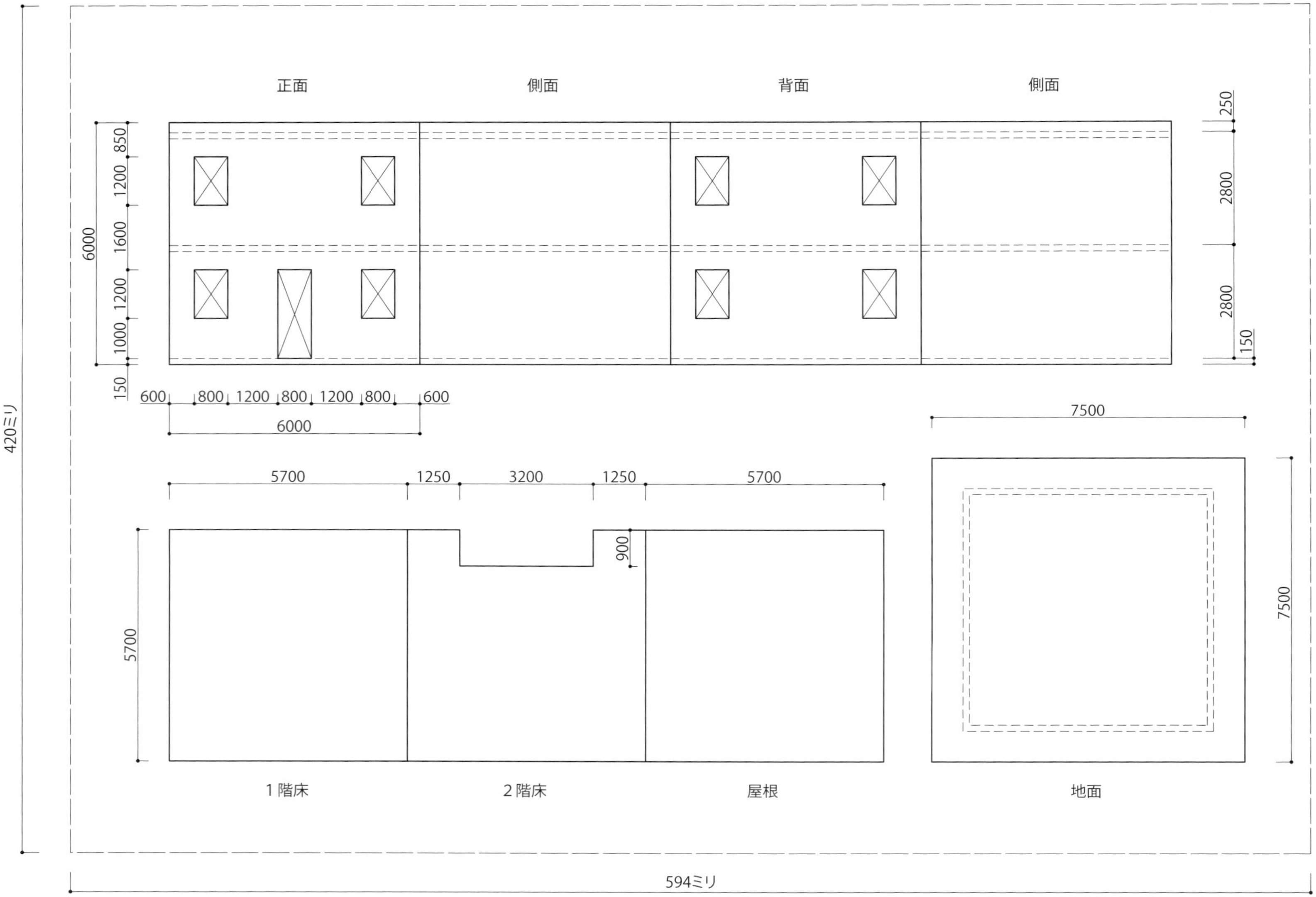

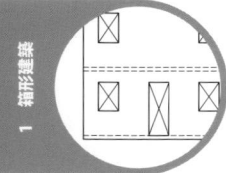

図 1-6　部品図

A2 サイズ（594 ミリ×420 ミリ）のスチレンボード上に型取った模型部品。図の外側の破線が A2 サイズ。模型は 1/50 スケールで製作する（この図のスケールは 1/200）。図中に示している寸法（用紙サイズ以外）は建築寸法。1/50 スケールの目盛の三角スケールを用いて，この寸法で，部品の形状をスチレンボード上に描く。別紙に型を描く場合は，接着力の弱いスプレーのりでスチレンボードに仮止めし，部品を切り取る。

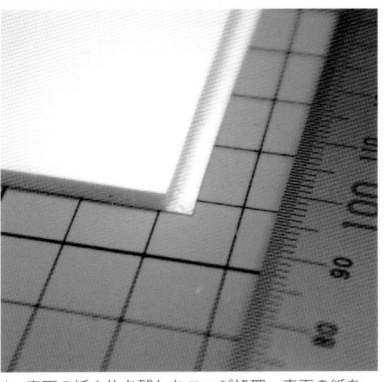

1. スチレンボードに部品を作図し（または作図したものをスプレーのりで貼り），カッターで切り出す。

2. 開口部の穴あけをする。鉛筆の線は消した方がきれいに仕上がる（スプレーのりでつけた場合は剥がしてクリーナーでのりを拭き取る）。

3. エッジ処理をする。写真は表面の紙1枚を残す方法。表面の紙1枚を残してカッターで切り目を入れ，紙を剥がしスチロール部分をそぎ取る。

4. 表面の紙1枚を残したエッジ処理。表面の紙を切ってしまわないように注意する。

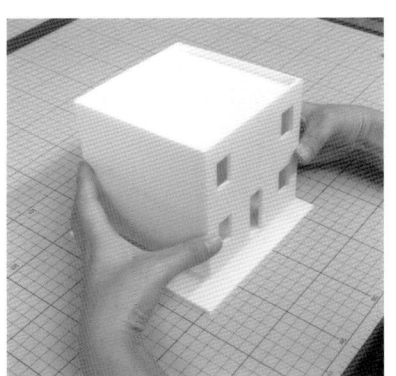

5. スチのりで1階床に背面壁と側面壁を接着する。

6. 2階床，屋根を壁に接着する。壁2面に接着するとよい。

7. 残りの壁を接着する。

8. 地面に接着して完成。

写真 1-4　模型の製作

れらの寸法は人間の身体のサイズや生理（生活の原理）に対応している。建築の設計においては，各部の寸法を正しく設計することが不可欠である。

そのためには図面の製図や模型の製作において，入口，窓，階段，天井高などの建築の各部の寸法は，図面や模型上の寸法ではなく，建築寸法として把握することが重要である。建築を学び始めた当初は各部の寸法を直感的にイメージするのが難しいかもしれないが，慣れてくると自然にスケールをつかめるようになってくる。スケール感覚を養うためにも，建築寸法を模型寸法に換算しないで，三角スケールを用いて建築寸法を測りながら作業を進めよう。

演習 1-1　模型の製作

さあ，箱形建築の模型を製作しよう。部品を型取った後に，**カッター**を使って部品を切り取り，接着剤を使って部品を組み立てる（**写真 1-4**）。

カッターは刃をこまめに新しくし（古い刃を折り），常によく切れる状態で使用するのがコツである。カッターを使う際は，**鉄定規**と**カッターマット**を使用するとよい。鉄定規を用いないで，プラスチック製や木製の定規を用いてカッターを使うと，定規を切ってしまうことがある。

接着のためには，スチレンボード用に**スチのり**と呼ばれる専用の接着剤が市販されている。スチレンボードには発泡スチロールが含まれているので，通常の紙用接着剤は不向きである。

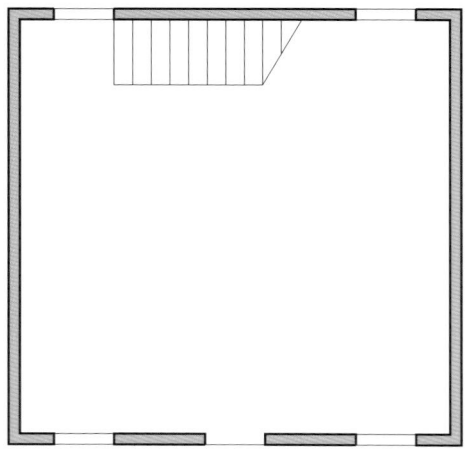

1 階平面図　1/100

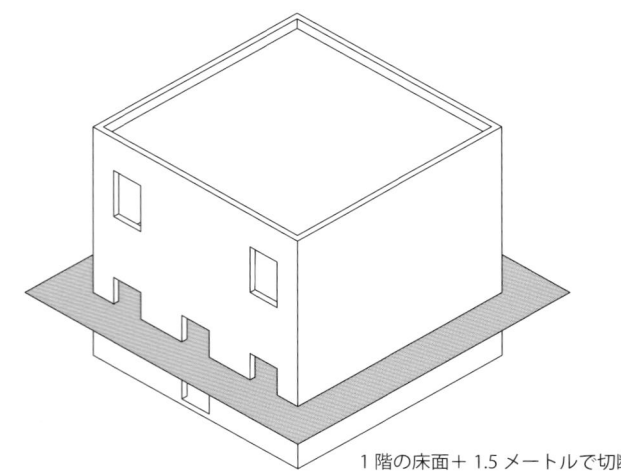

1 階の床面＋1.5 メートルで切断

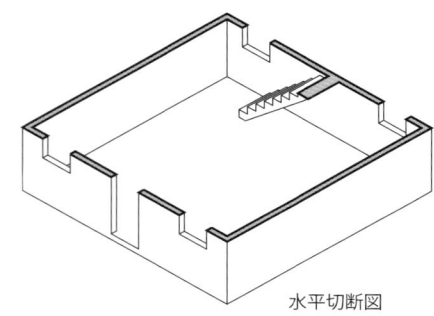

水平切断図

図 1-7　1 階平面図とその概念
1 階平面図は，1 階を水平に切断し，上方から下方を眺めた水平断面図。切断するのはフロアに立った人の目線の高さ（床レベル＋1.5 メートル程度の高さ）。

1.2　平面図

　建築の設計・施工には多種多様な図面が必要となる。建築のあらゆる部分の構成を図面によって示さなければならないからである。特に，**実施図**や**施工図**と呼ばれる工事用の図面の描き方は複雑である。工事のための図面に対して，設計段階での図面は**基本図**（基本設計図）と呼ばれる。実施図や施工図の描き方，読み方は，実務を通じて学んでいくのが一般的であり，建築を学び始める学生は，まずは基本図の描き方を習得するべきである。

　本節では，基本図としての平面図の描き方を学ぶ。また，平面図を通して，箱形建築の構成について学ぶ。

　箱形建築の 1 階および 2 階の平面図とその概念図を，**図 1-7** および **図 1-8** に示す。この平面図では，模型では省略した階段を描いているが，それにしても家具や室名も描かれていないために，そっけのない平面図となっている。建築の平面図というより，箱の平面図だ。未完成の図面だが，ここから平面図の原理を学ぼう。

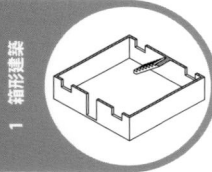

1　箱形建築

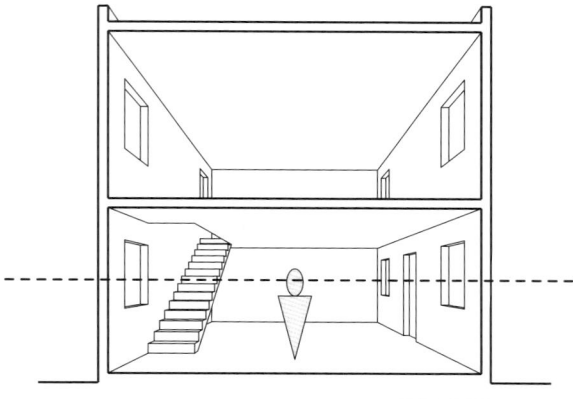

垂直切断図

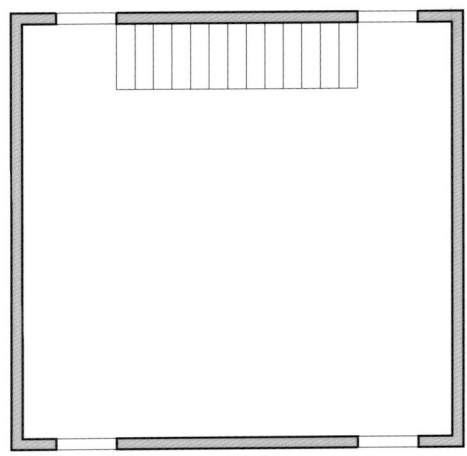

2階平面図（1/100）

図1-8　2階平面図とその概念
2階平面図も1階と同様に、2階床レベル＋1.5メートル程度の高さで切断し下方を眺めた水平断面図。

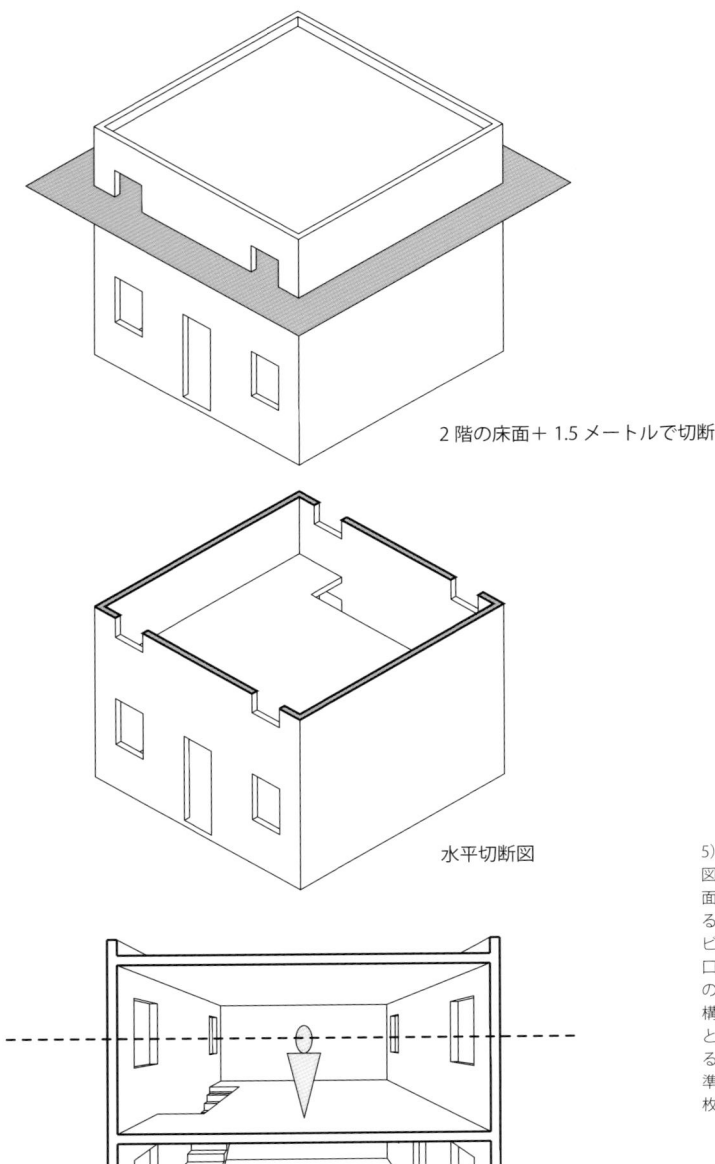

2階の床面＋1.5メートルで切断

水平切断図

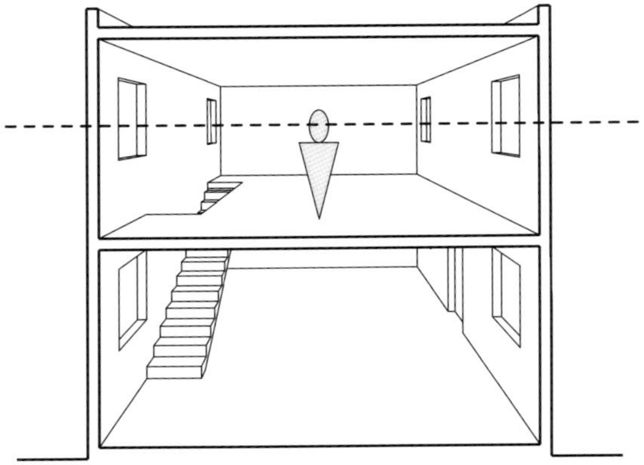

垂直切断図

1.2.1　平面図の概要

平面図は建物の各階を水平に切断し、上方から下方を眺める**水平切断図**である。平面図は部屋の構成を示す図となるので、一般には**間取図**と呼ばれることもある。

平面図の切断位置は、各階のフロアに立った人の**目線**の高さである。大人の目の高さは、おおよそ1.5メートルくらいであるから、平面図は各階を「床レベル＋1.5メートル程度の高さ」で切断する図である。目線の高さにあるものが描かれることによって、平面図には空間の広がりが現れる。

地上2階建てで地階のない住宅ならば、1階と2階の各階について2枚の平面図を描く。地階があれば、地階の平面図も描く。もし屋上にも生活空間等があるなら、屋上階の平面図も描く。つまり、平面図は階数と同じ数だけ必要となる[5]。

1.2.2　切断線と稜線

平面図では**切断面**と切断面の下方に存在するものをはっきり区別して表すことが重要である。切断面は、面を塗りつぶしたり、輪郭を太く描くことで

5）各階について平面図を描くのは、各階の平面構成が異なる場合である。中層や高層の事務所ビルやホテルにおける入口のある階や最上階以外の途中階は、同様の平面構成の繰り返しであることが多い。繰り返しとなるフロアの平面図は「基準階平面図」として、1枚にまとめられる。

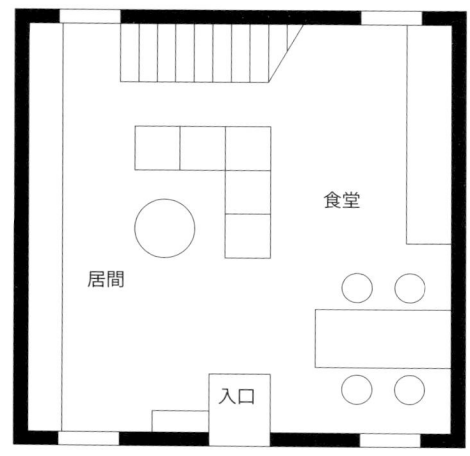
切断面を塗りつぶす表現

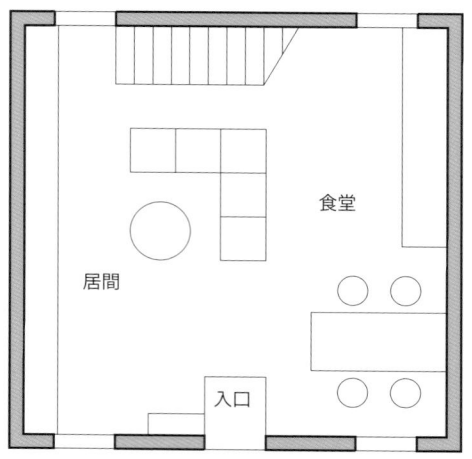
切断面を薄く塗りつぶす表現

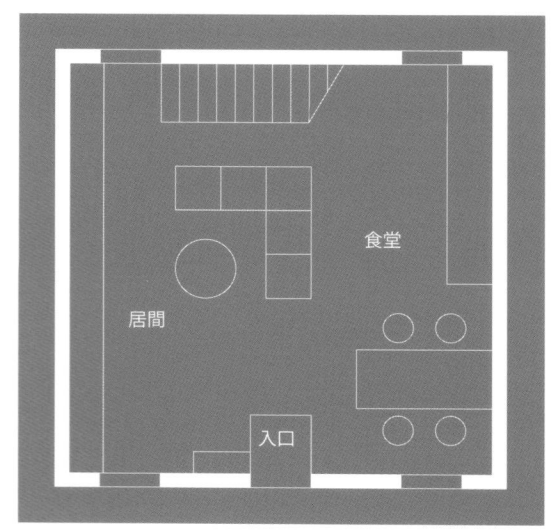
切断面を塗り残す表現

図1-9 さまざまな平面図（1階平面図 1/100）
平面図では，切断面と切断面の下方に存在するものをはっきり表すことが重要である。切断面は，切断面を塗りつぶしたり，切断線を太く描くことで表される。

6) 日本工業規格では，「断面の外形線は見える部分の外形線よりも太い線で描く」としている（JIS A 0150 13.2.5）。本書でいう切断線とは「断面の外形線」のことであり，稜線とは「見える部分の外形線」のことである。「見える部分」のことを「見えがかり」と呼ぶことから，稜線は「見えがかり線」あるいは単に「見えがかり」などとも呼ばれる。なお，稜線に関する補足を章末40ページで述べているので参照して欲しい。

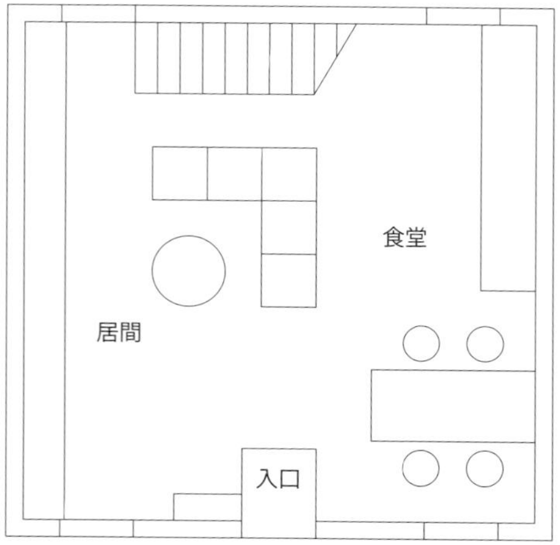

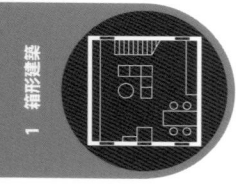

切断面，稜線の両者を細線で表現

図1-10 誤った平面図（1階平面図 1/100）
この平面図のように，切断線と稜線の両方を細線で描いた平面図は，どこが壁でどこが開口部なのかがわかりにくい。

表される。さまざまな表現により切断面を描いた平面図を**図1-9**に示す。

本章冒頭の**図1-1**（10ページ）は，切断面の輪郭である**切断線**を太線で，切断面の下方に存在するものの**稜線**を細線で描いた平面図である[6]。平面図における切断面は，垂直に立つ壁の切断面の輪郭である。壁に開いた穴である入口や窓は切断面とはならず，その下方の輪郭が稜線として現れる[7]。その他に，切断面より下方にある階段の部分，机，ベッドなどの家具が稜線として現れる。

図1-1のように，切断線と稜線を「太い／細い」の2種類の線を使って描く方法は，もっとも基本的な平面図の図法である。

切断線と稜線を区別して表すことにより，部屋のカタチ・大きさと入口や窓といった開口の位置が見えてくる。そして，開口の位置が見えてくると，隣の部屋とのつながりや外部からの光の入り込み具合や風の流れも見えてくる。すなわち，切断線によって，空間の大きさと，他の空間あるいは外部との関係が現れる。また，通常，人間は目線より下にあるものをくぐることはないので，稜線によって人間の動きも現れる。

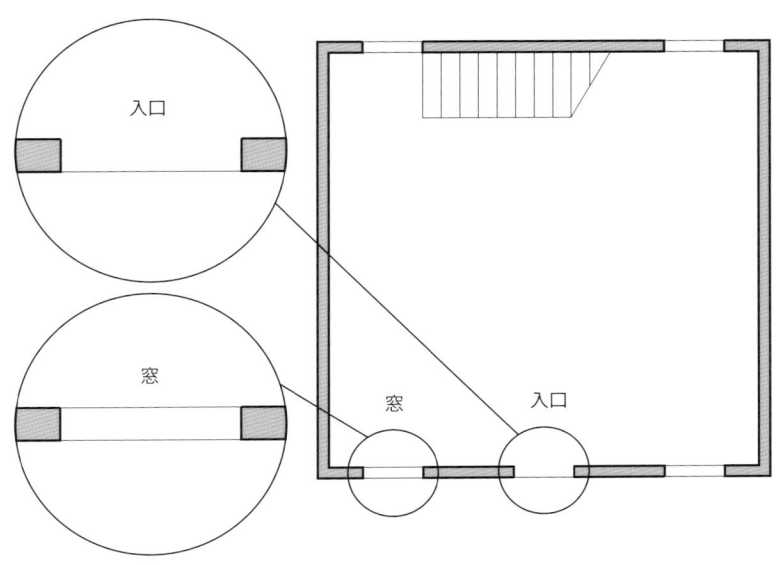
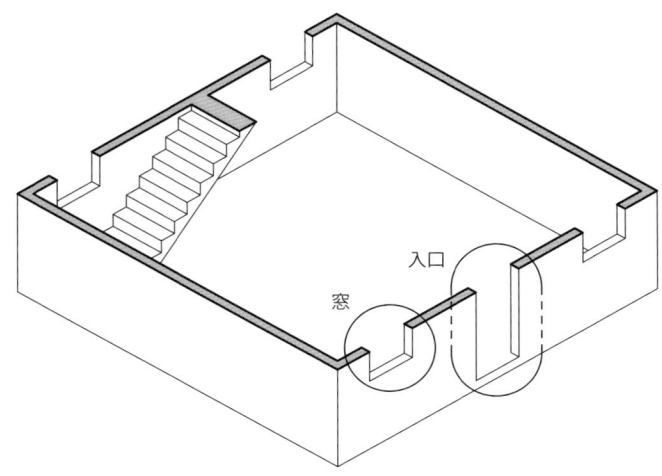

図 1-11　開口部の表現（1階）
窓の稜線は2本の細線。仕上げや建具を表現しない場合，入口には1階の床と外部の地面に段差のみが1本の細線として現れる。

図 1-10 は，意図的に切断線と稜線の両方を細線で描いた平面図である。このような平面図は，どこが壁でどこが開口部なのかを容易に把握することが困難な「誤った平面図」である[8]。

太線は濃く，細線は薄く描かれがちだが，「太い／細い」は「濃い／薄い」ではない。細線もはっきりと濃く描くべきである。鉛筆で線を描く場合には，力の入れ具合によって線の太さや濃さが変化するので，繰り返しの練習が必要となる。太さが一定のインクペンやＣＡＤ（Computer Aided Design）で図面を描く場合は，たとえば，細線0.1ミリと太線0.3ミリ，あるいは細線0.2ミリと太線0.5ミリといったように，はっきりと太さの違う線を使うのがよい。細線0.1ミリと太線0.2ミリとか，細線0.2ミリと太線0.3ミリでは，「太い／細い」が見えてこない。

1.2.3　開口部の表現

箱形建築に限らず，一般に建築の空間（部屋）は，入口や窓などの**開口部**をもつ壁に囲まれる。入口や窓がまったく存在せず，壁だけに囲まれる空間はないはずだ（金庫室のような密室でも必ずどこかに入口はある）。すなわち，建築には必ず入口や窓などの人・光・空気の通過する開口部が存在している。

主要な開口部は，通常，目線の位置に存在しているから，目線の高さでの水平断面である平面図には，壁と開口部との関係が現れる[9]。

箱形建築の1階には，入口が1カ所，窓が4カ所存在する。入口は幅800ミリ×高さ2200ミリ，窓は幅800ミリ×高さ1200ミリの大きさで設計している。**図 1-11** に平面図における開口部の描かれ方を示した。

図 1-11 では，窓においては，窓の稜線が2本の細線として表されている。入口では，1階の床と外部の地面との段差のみが稜線として表されるから，入口を示す稜線は1本の細線となる[10]。

建築を学び始めたばかりの学生は，壁の切断線が必ず**図 1-12**（次ページ）の下図に示したような「**閉じた図形**」となることに留意するべきである。

「閉じた図形」とは図形を描き始める点と描き終わる点が一致する図形である。「閉じた図形」の内部には，明確な面が形成される。一方，「開いた図形」では，図形を描き始める点と描き終わる点が一致せず，図形の内部に面が形成されない。建築の平面図における壁は，どのように開口部が設けられ

7）　実際の建築では，壁とドアや窓の接合部は複雑であるが，箱形建築では，入口・窓は単純な穴と見なしている。

8）　切断線と稜線を区別しない平面図が意図的に描かれることもあるかもしれない。たとえば「部屋の大きさや開口の位置の表現を消去し，純粋な形態構成を表すことを意図した平面図」もありえるからである。図法の約束事は，時として破られる場合もあるが，建築を学び始める学生は，まずは，切断線と稜線をはっきり区別して描くことを心がけるべきである。

9）　すべて開口部が目線の高さにあるとは限らず，たとえば茶室の「にじり口」（かがんで出入りする入口）のように，目線よりも低い高さの入口もある。床の低い位置や天井付近の高い位置に開けられた窓もある。

10）　実際の建築では，入口の下部には敷居（枠）が設けられたり，段差がつくこともあるので，入口の稜線が2本の細線で描かれることもある。しかし，ここでは，建具（ドア）や仕上げを省略した箱形建築を例として，稜線の図法を確認して欲しい。

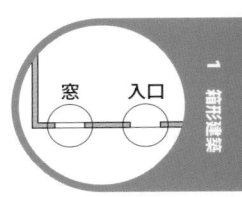

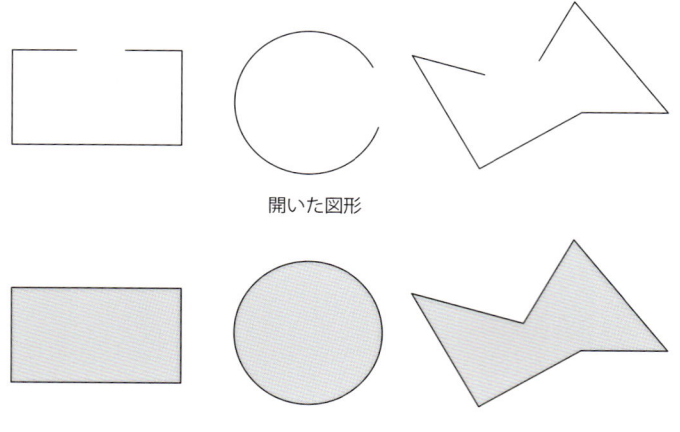

図 1-12 開いた図形と閉じた図形
「閉じた図形」とは図形を描き始める点と描き終わる点が一致する図形。「開いた図形」は図形を描き始める点と描き終わる点が一致せず、図形の内部に面が形成されない。

11) 例外的に，壁の外側と内側の境界が明確でない場合，たとえば，壁がその内部に建具の収納する「戸袋」をもつ場合などには，壁を「開いた図形」として表現することがある。

12) 我が国の建築設計では，柱や壁の中心線を基準線とすることが多い。基準線は，必ずしも柱や壁の真中心であるとは限らない。

13) 数字や文字を用いる記号の付け方に厳密な規則はないが，基準線は「○通り」と言われたとき，それがどの方向に伸びる何番目の基準線なのかがただちに理解できる名称であるべきだ。記号の付け方が不規則だと（たとえば，番号が連続的でなかったりすると）位置関係が混乱するので，わかりやすい記号を用いるべきである。「A通り」と「B通り」の間に「C通り」があるような名称は避けるべきである。

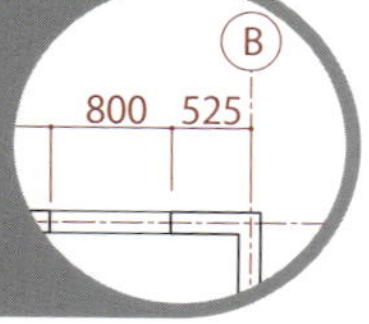

ても，明確な切断面をもつ面である「閉じた図形」として表現される[11]。

1.2.4 基準線・寸法・捨線

ここまでに箱形建築の壁（開口部を含む壁）について学んだ。平面図に，床，階段，家具などを描き，室名やタイトルなどを書き込めば平面図が完成するが，平面図を完成させる前に，ここで平面図における基準線，寸法，捨線について学んでおこう。

図 1-13 が，基準線と寸法とともに描いた壁の平面図である。

1.2.4.1 基準線

図 1-13 に示した壁の中心線が**基準線**。基準線とは，柱や壁の位置を示す基準となる線である。基準線は柱や壁の中心線である場合が多いことから，「通り芯」という名称でも呼ばれる[12]。

基準線は一点鎖線で描くのが約束である。また，基準線には記号を用いて名称を付すことが多い。図 1-13 では，南北方向に伸びる 2 本の基準線に「1 ～ 2」，東西方向に伸びる 2 本に「A ～ B」という名称を付けている。これらの基準線は，「1 通り，2 通り，A 通り，B 通り」というように呼ぶことができる[13]。基準線は，平面図を作図する際に必要となる線であると同時に，工事の際に部位の位置を表す線ともなる。工事現場では，「この部品は〜通りに取り付く」とか，「この柱は〜通りと〜通りの交差点（交点）に立つ」

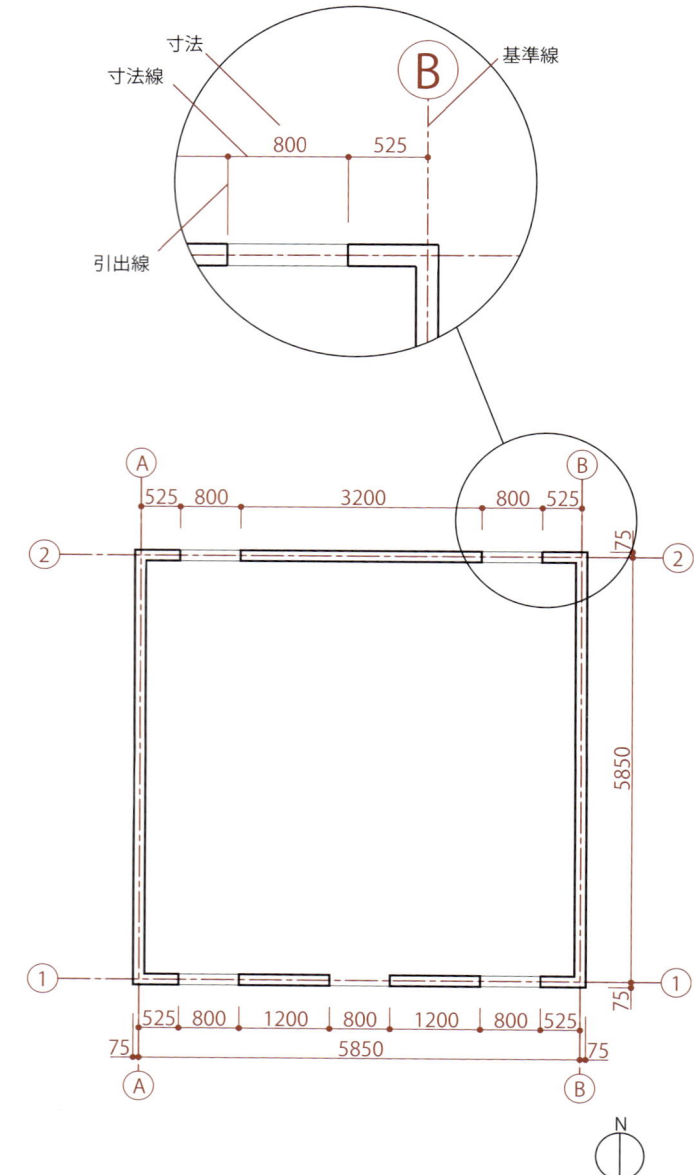

図 1-13 基準線と寸法（1階平面図 1/100）
柱や壁の位置を示す基準となる線が基準線。寸法の長さを示す線が寸法線。寸法線の端部がどこを指しているかを示す線は引出線。

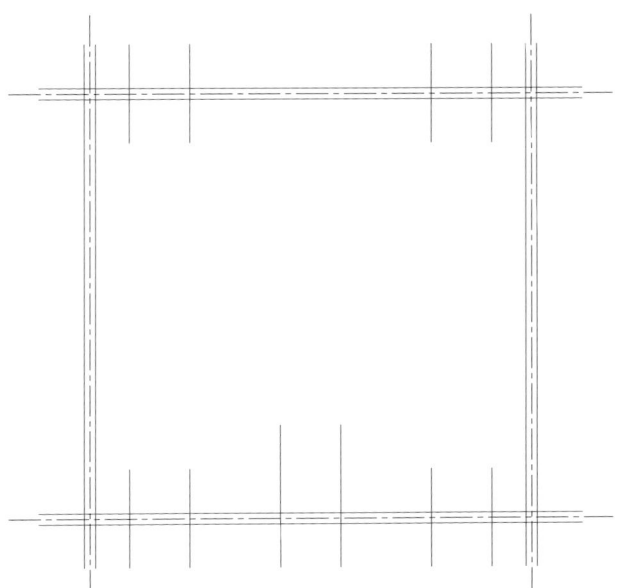

図 1-14　捨線（1 階平面図 1/100）
捨線とは表現のための線ではなく，作図のために薄く描く下書きの線。基準線から 75 ミリ離れた位置に壁を描くための捨線，また，開口部の位置にも捨線を描く。

という言い方で部位の位置が指示されたりする。

　基準線は，設計段階において最初に設定される線である。平面図を描く順序としては，最初に基準線が描かれ，その基準線に基づいて柱や壁を描いていく。

1.2.4.2　寸法

　建築の各部の**寸法**は，**寸法線**や**引出線**を用いて示される。寸法の長さを示す線が寸法線，寸法線の端部がどこを指しているかを示す線が引出線である。寸法が示されると，建築の大きさ，部屋の大きさが理解しやすくなる。

　我が国の建築設計では，寸法の単位として，ミリを用いる（たとえばインチ・フィートなど我が国とは異なる寸法体系を用いる国もある）。メートルやセンチを単位として寸法を表記することはなく，必ずミリで表記されることに留意する必要がある。寸法の単位は常にミリであることが約束事になっているので，「ミリ」を寸法の数字に付ける必要はなく単位の表記は省略される。

　箱形建築では，外形がぴったり 6000 ミリになる設計をしている。そして，壁の厚さを 150 ミリで設計している。したがって，壁の中心を通る基準線間の寸法は，5850 ミリという寸法になる。

　基準線や寸法は，工事のための図面には必ず描かれるが，基本図では省略されることもある。しかし，建築の大きさ，部屋の大きさを明示したい場合には，寸法を用いて建物全体や各部屋の寸法を記入するとよい。

1.2.4.3　捨線

　平面図に限った話ではなく，建築の図面を製図する際には**捨線**が必要となる。**図** 1-14 に，壁の平面図を製図する際の捨線を示す。

　捨線とは表現のための線ではなく，作図のために薄く描く下書きである。捨線を描かないと線の長さが決まらないので，捨線を描かないわけにはいかない。図面を読む際には，薄く描かれた捨線は，描かれていないものとみなす。

　壁を描くための捨線は，基準線を描いた後に，基準線からの平行線として描く。**図** 1-14 では，基準線から 75 ミリ離れた位置に捨線を描いている。また，開口部の位置にも捨線を描いている。

　鉛筆で捨線を描き，捨線以外をペンで描く場合は，捨線を消しゴムで消去することが可能である。しかし，図面全体を鉛筆で描く場合は，捨線のみを消すことは難しいので，捨線を切断線や稜線の濃さに比較して十分に薄く描くようにする必要がある。

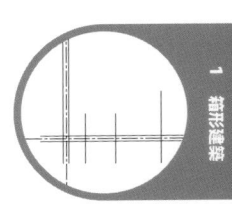

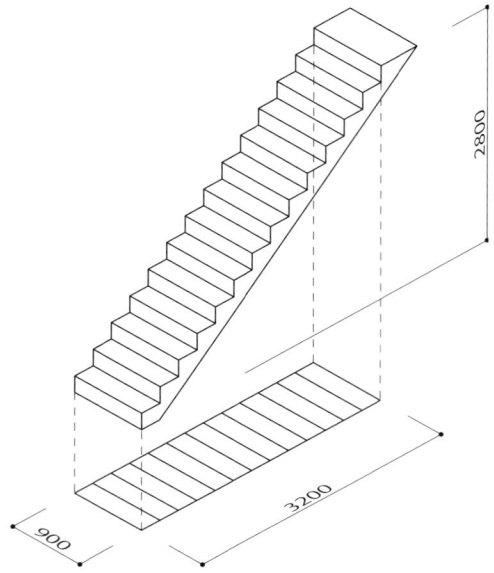

図 1-15 階段
箱形建築の階段。踏面が 13 面，蹴上げは 14 面ある。

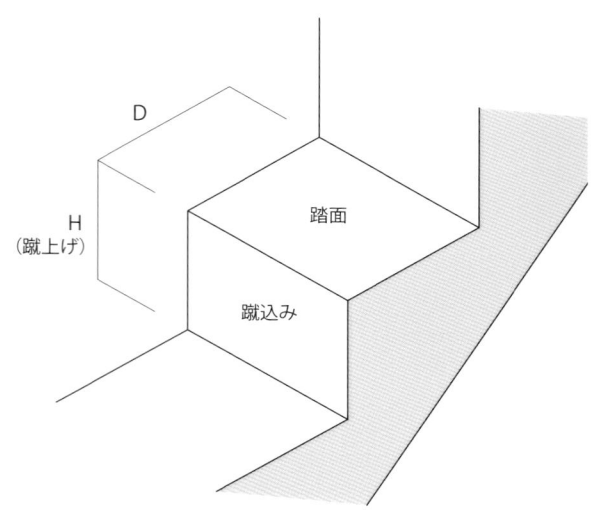

図 1-16 階段の構成
箱形建築の階段は，踏面と蹴込みが直交する単純な形態としている。
蹴込み（階段の1段）の高さを蹴上げ（けあげ）という。

1.2.5 階段

次に，**階段**の構成を学ぼう。

箱形建築には，**図 1-15** に示す単純な形状の階段がある。階段の幅は，900 ミリで設計している。実際の建築では階段に手すりが必要だが，箱形建築では手すりを省略している。

1.2.5.1 階段の寸法

階段の1段は，**図 1-16** に示したように，**踏面**（ふみづら）と**蹴込み**（けこみ）から構成される。また，蹴込み（階段の1段）の高さを**蹴上げ**（けあげ）という。足が載る部分が踏面，上下の踏面をつなぐ部分が蹴込みである。踏面は「段板」，蹴込みは「蹴込み板」と呼ばれることもある[14]。

箱形建築の階段は，踏面と蹴込みが直交する単純な形態としているが，実際の階段では踏面の寸法を確保するために，蹴込みに傾斜を与えたり，蹴込みを踏面の端部から奥まった位置に取り付けることがある。蹴込みを設けない階段もある。

階段の平面図を描くには，階段の立体構成を把握し，踏面の寸法を算出しなければならない。箱形建築の1階床と2階床には，**図 1-15** に示したように，2800 ミリのレベル差がある。また，踏面全体の水平投影面の長さを 3200 ミリで設計している。階段を 13 段（踏面が 13 面，蹴込みが 14 面）で設計すると，踏面の寸法Dと蹴上げの寸法Hは以下のようになる。

踏面　　：D = 3200 ÷ 13 = 246.2
蹴上げ：H = 2800 ÷ (13 + 1) = 200

足が載る踏面の寸法は，足の寸法に見合うものでなければならない。踏面には必ずしも足の裏の全体が載る必要はないが，それでも踏面の寸法が平均的な足の大きさより極端に小さいことはあり得ない。また，階段を上り下りする行為は，ある踏面から次の踏面へと1歩を進めるわけだから，上下の踏面の距離は歩幅に見合ったものでなければならない。踏面と蹴上げの寸法を大きくとりすぎると，階段の1段を1歩で上れないことになってしまう。

すなわち，階段の設計においては，Dが足の大きさに見合っていることと，D＋Hが歩幅に見合っていることの2つの条件が重要となる。数値的な目安としては，D = 200〜300 ミリ，D＋H = 450 ミリ程度がよいとされている[15]。箱形建築では，「D＋H = 446.2 ≒ 450」となっている。

1.2.5.2 階段と床の構成

平面図に階段を描く際には，階段と床の関係を理解しておかなければならない。**図 1-17** の下図は，1階と2階の水平断面をやや斜めから見たイラス

---

14) 段板や蹴込み板という呼び方は，木造の階段であれば違和感がないが，「板」を使用しない鉄筋コンクリート造の階段では違和感のある呼び方だと思う。

15) 外部における階段では，靴で歩行するために，素足の時よりも実質的に足が大きくなることになる。したがって，住宅内部における階段の場合よりもDを大きくとるのがよい。たとえば，「D = 300, H = 150」などが上りやすい階段とされている。

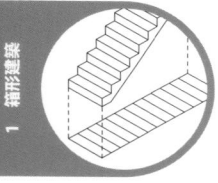

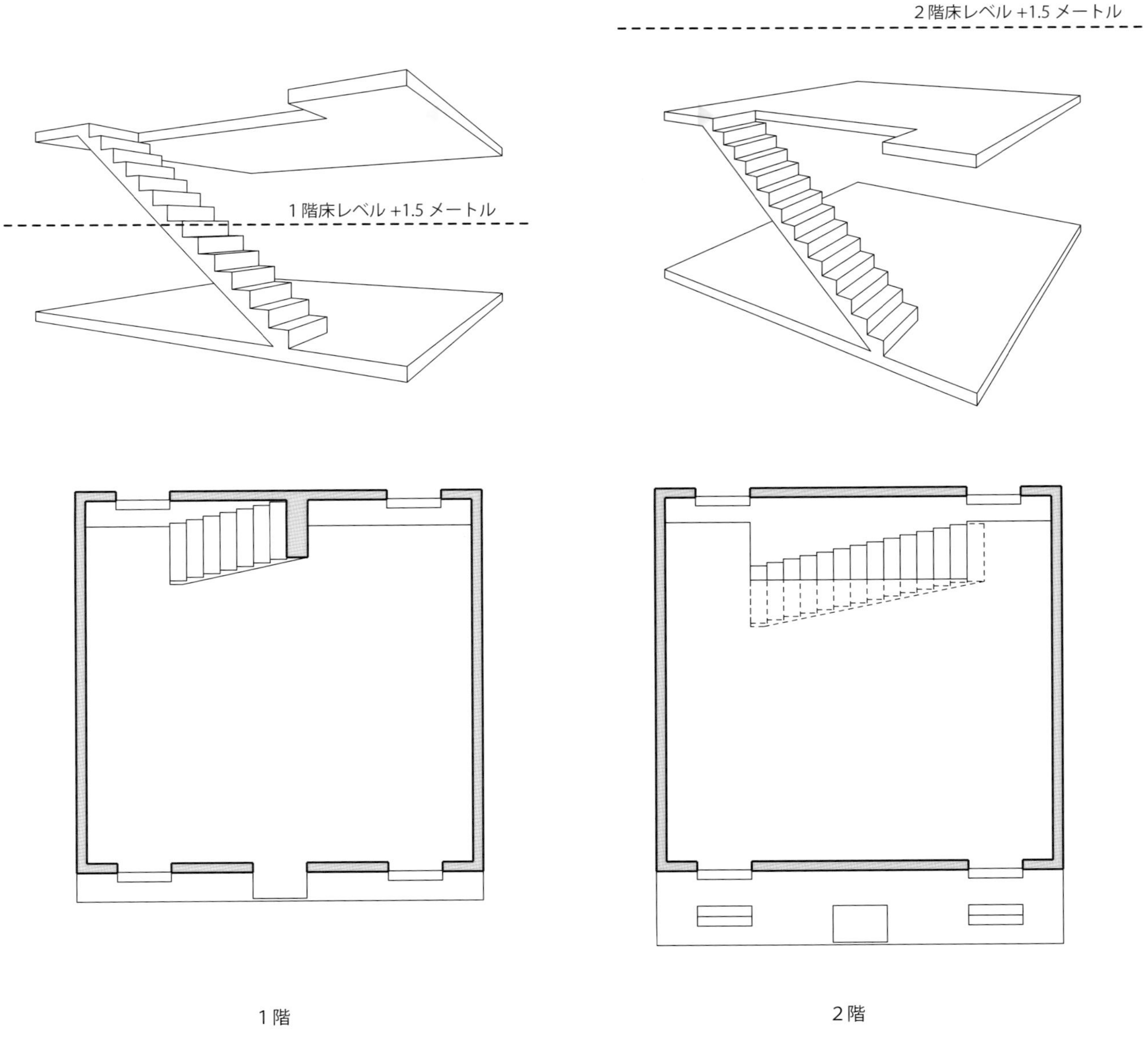

2階床レベル +1.5 メートル

1階床レベル +1.5 メートル

1階

2階

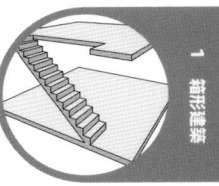

図 1-17　階段と床の構成
1階と2階の水平断面をやや斜めから見たイラスト。1階から2階への階段は，1階平面図では切断されるが2階平面図では切断されない。1階平面図には切断面より下方の部分のみを描く。
2階平面図では，1階の階段が稜線として見える。

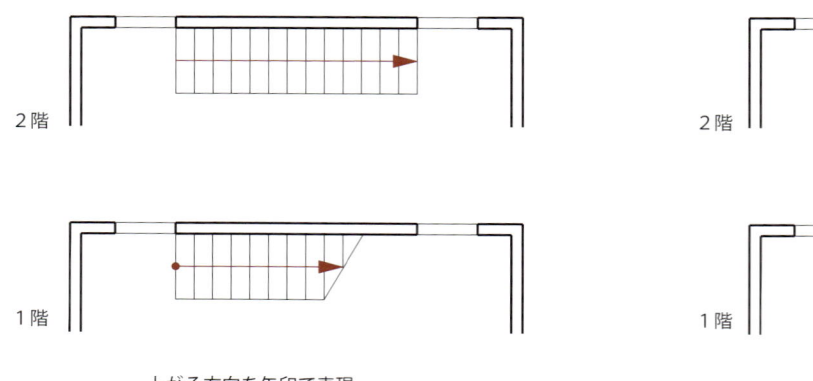

図 1-18　階段の表現（平面図 1/100）
階段の切断線は記号的に表す。矢印は，上り下りが明示されていない場合，上る方向に向いていると見なす。
「上ル，下ル」に代わって「UP，DN」などと表記されることもある（DN は Down の略）。

トである。
　箱形建築は地階のない 2 階建ての建物であり，屋上に上がる階段は設計していないから，階段は 1 階にしか存在しない。したがって，階段は，1 階平面図では切断されるが，2 階平面図では切断されない。1 階平面図に切断面より上方の部分を描くのは間違いである。また，階段の上部には 2 階の床が存在しないから，2 階平面図では，1 階の階段が稜線として見えることになる。2 階平面図において，下方に見えるはずの階段を描き忘れると，それも間違いとなる。

　階段の切断線は，理屈では**図 1-17**（前ページ）の左下図に示した水平断面の輪郭となるが，実際には，切断面の形状をそのまま表現するのではなく，**図 1-18** の左右下図に示したように記号的に表すのがよい（切断位置を示す斜線は太線ではなく，細線で描くのがよい）。
　階段の切断位置は，理屈通りに床レベル + 1.5 メートルの高さではなく，見映えのいいおおよその高さで表現されることが多い。

　さて，**図 1-1**（10 ページ）の 2 階平面図では，階段の上り下りの方向がわかりづらい表現になっていた（2 階平面図だけからは，階段の方向を判別できない）。**図 1-18** のように，方向を矢印で示すと，**階段の向き**が読み取りやすくなる。
　建築の平面図において階段の向きを矢印で示す場合は，**図 1-18** の左図のように，上る方向に矢印を向けるのが原則となっている。しかし，右図のように，上り下りの方向を明示すれば，下る方向に向けてもいい。もし上り下りの方向が明示されていなければ，上る方向を示していると理解すればいい。なお，**図 1-18** では，矢印の起点がその階にある場合，その起点を ● で示している。
　箱形建築の 1 階平面図においては階段の向きは明らかだし，2 階平面図における階段の向きも 1 階平面図を見れば判別できるので，2 階建ての箱形建築の平面図では矢印を省略してもいいと思う。しかし，階数の多い建築の平面図では，矢印で示さないと階段の向きがわからないことが多い。必要に応じて，階段の向きを表すようにしよう。

1.2.6　家具

　図 1-19 は，**家具**を加えた箱形建築の平面図と水平切断図である。
　1 階は，居間と食堂であることを想定して，ダイニングテーブル，ダイニングチェアー，キッチン，リビングテーブル，ソファ，リビングカウンター，下足箱，玄関マットといった家具を配置している。2 階は，書斎を兼ねた寝室と想定して，ベッド，ベッドサイドテーブル，ベッドサイドカウンター，デスク，チェアー，デスクカウンターを配置している。
　実際の工事においては，家具は建築工事に含まれないことも多い（建築が完成した後に，別途，運び入れられることが多い）。工事を前提とした建

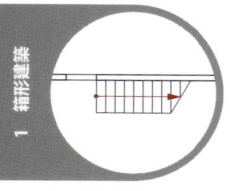

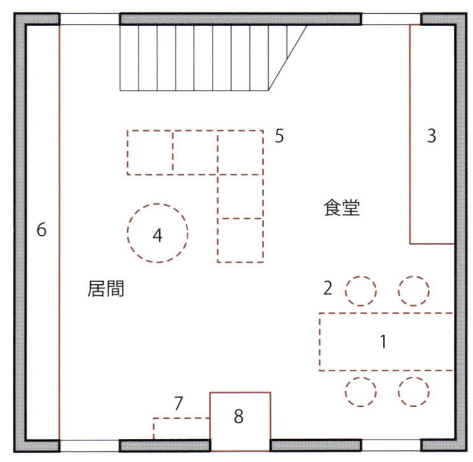

1階平面図　1/100

1. ダイニングテーブル
2. ダイニングチェアー
3. キッチン
4. リビングテーブル
5. ソファ
6. リビングカウンター
7. 下足箱
8. 玄関マット

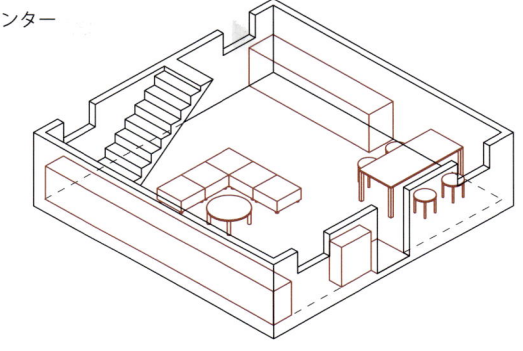
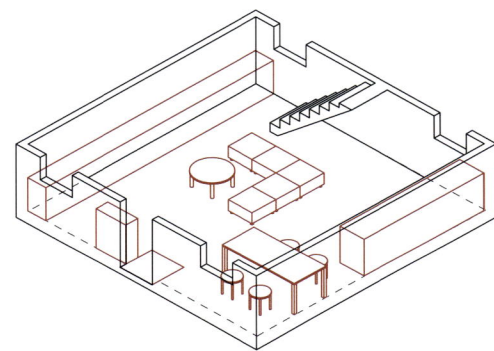

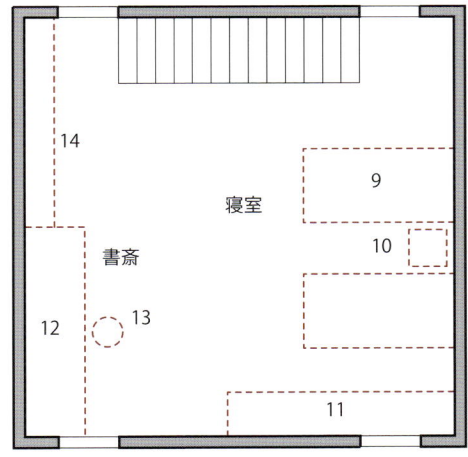

2階平面図　1/100

9. ベッド
10. ベッドサイドテーブル
11. ベッドサイドカウンター
12. デスク
13. チェアー
14. デスクカウンター

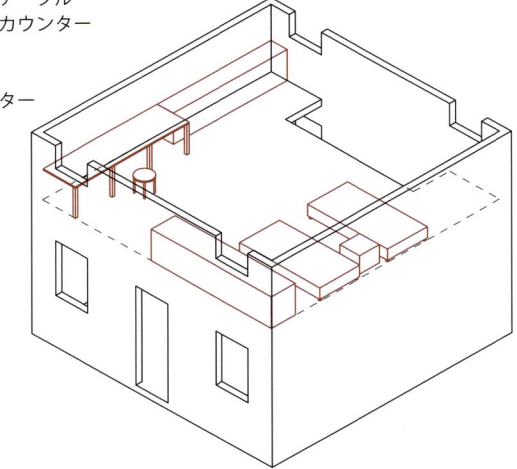
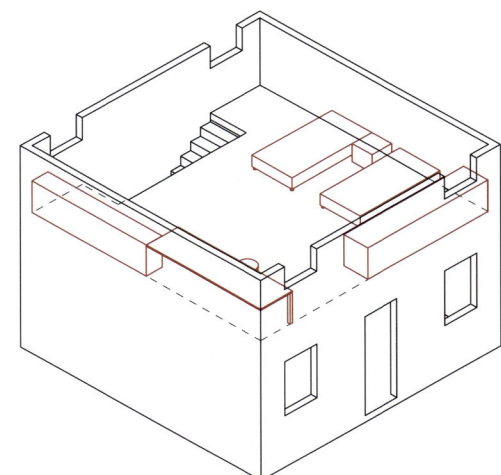

図 1-19　家具の配置
家具を加えた箱形建築の平面図と水平切断図。

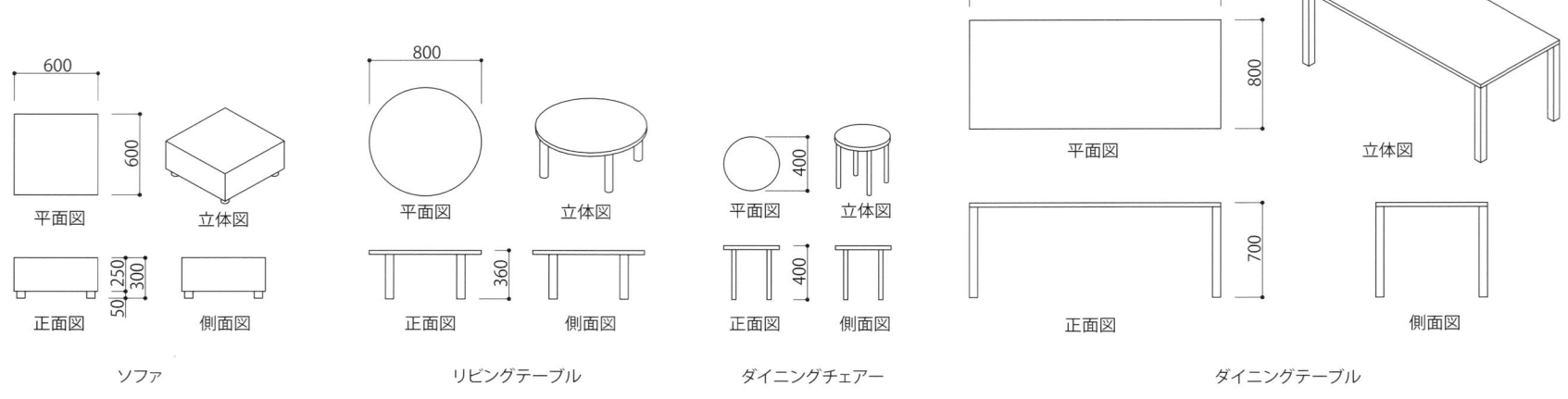

図 1-20　家具の寸法（三面図）
立体図で示した主要な家具の寸法を，三面図（平面図，正面図，側面図）で示している。ここでいう家具の平面図は，水平切断図ではなく，「上から見た図」（上面図）という意味である。正面図と側面図は，直交する 2 方向から眺めた 2 面の図。

築図面では，**造付け家具**（建築工事と一緒に造り付けられる家具）を実線で，建築工事には含まれない（後から運び入れる）家具は点線で表現するなどとし，建築工事の範囲を明確にする必要がある。**図 1-19**（前ページ）の平面図では，1 階のキッチン，リビングカウンター，玄関マットの 3 つの家具のみを造付け家具と想定して実線で示し，その他の家具は点線で示している[16]。

工事のための図面では，建築工事に含まない家具の表現は不要という場合もある。しかし，建築を学び始めた学生は，使われるであろう家具を想定し，家具の寸法を調べて描き込むべきである。家具は人間のスケールと対応しているので，平面図上に家具を置いてみることで，部屋の大きさが把握できるからである。

図 1-19 に示したすべての家具および 2 階のベッドの寸法の例を**図 1-20** および**図 1-21** に示す。**図 1-20** では，**三面図**（平面図，正面図，側面図）と立体図によって家具の形態を示している。**図 1-21** では，立体図のみを示している。

図 1-20 および**図 1-21** に示した寸法は例であり，実際の家具の寸法はさまざまである。しかし，椅子やテーブルの大きさや高さ，キッチンやカウンターの高さなどの寸法は，人間の体にあったものでなければならない。建築を学び始めた学生は，日頃から気に入った家具の大きさを測るような訓練を心がけるとよい。製図に慣れてくると，自然に正しい大きさの家具を描き込めるようになる。

ところで，箱形建築の家具の高さは，すべて目線より低くなっている。しかし，一般には，本棚や食器棚など目線より背の高い家具もある。目線より背の高い家具の平面図は切断面をもつことになるが，可動な家具の切断線は稜線として細線で表されることが多い。これは背が高くても，可動な家具は部屋の大きさを決定しないからと考えることができる。可動ではない造付けの家具の場合は，切断線を描くこともある。

1.2.7　室名

平面図に限った話ではなく，図面には室名の記入が不可欠である。**図 1-1**（10 ページ）に示した平面図には，「居間，食堂，寝室，書斎」といった室名を記している。

建築を学び始めたばかりの学生の図面を見ていると，室名が記入されていない図面を見ることが少なくない。室名は，図面に関するコミュニケーションのために不可欠である。たとえば，工事においては，どの部材がどこに使

16）玄関部分は，実際の建築では，1 階床レベルより下がった位置に建築的に床を下げてつくられるが，ここでは単純化して，厚みのない 1 枚のマットとして表している。

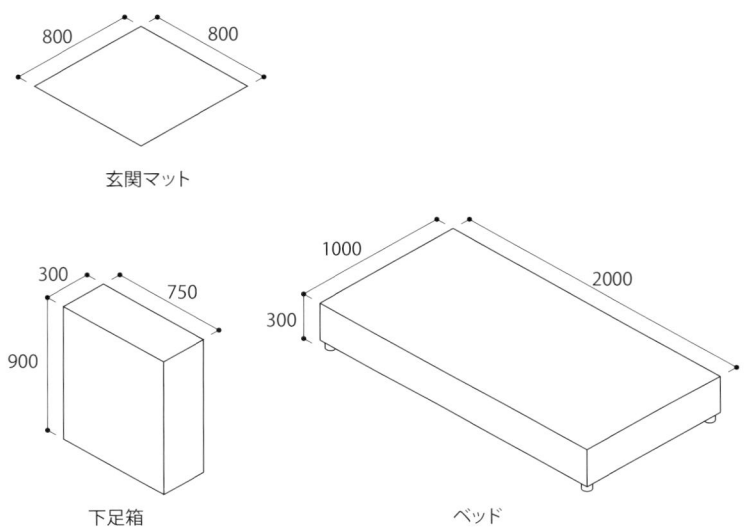
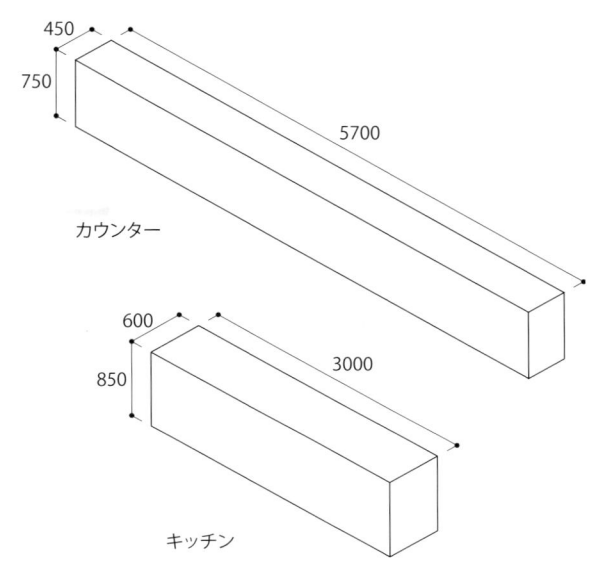

図 1-21 家具の寸法
紙面の都合により，三面図ではなく，立体図に寸法を記している。「玄関マット，下足箱，ベッド」と「カウンター，キッチン」は異なったスケールで描いている。

用されるかを，「この窓は居間の窓」といったように表す必要がある。また，図面の可読性（読みやすさ）のためにも室名は不可欠である。図面の読者は室名からその部屋の機能を類推することができる。図面は作者だけのものではなく，他者に情報を伝えるための表現であるから，一人よがりの図面であってはならない。

室名を記入しない学生の図面の中には，部屋の機能を固定したくないために，意図的に室名を記入しないものが見受けられることがある。多目的に使われる空間を設計した際には，「居間」や「食堂」といった具体的な名称がその空間のイメージに合わないことはありえる。しかし，だからといって，室名を記入しなくてもいいということにはならない。部屋の名称により空間のイメージを表すことも設計の一部である。室名としては，必ずしも「居間」や「食堂」といった習慣的な名称を用いる必要はなく，たとえば「スペースA」や「スペースB」といった抽象的な名称を用いてもよいから，何らかの名称を記すべきである。

建築家が描く図面には，部屋の名称にも設計の意図が込められている。建築を学び始める学生は，適切な室名の使用も勉強の一つであることを意識して，常に室名を意識した製図を心がけるべきである。

■演習 1-2　平面図

ここまでの学習に基づき，箱形建築の1階および2階の平面図を，以下の要領で製図しよう。図面は，建築のデザインの表現であるから，美しい線，美しいレイアウトで描かれなければならない。タイトルも含めて美しく仕上がるよう留意しなければならない。

(1) 用紙にはA3サイズ（420ミリ×297ミリ）を用いる[17]。1階と2階の平面図の両者を1枚の用紙の中央にバランスよくレイアウトすること（図面は，捨線を描く段階でレイアウトをすることになる）。
(2) 基準線は表現しなくてよい(捨線として描く)。寸法も省略してよい。
(3) 主要な家具を表現する（細線で描く）。
(4) 入口のある面を南と想定し，方位を記入する（建築には必ず方位があるわけだから，方位を忘れないように記入する）。
(5) 図面のタイトル（○階平面図）とスケールを忘れないように記入する（スケールは，図面を見た人がその建築の実際の大きさを把握するために不可欠な情報である）。

17) 建築の図面には，JIS（日本工業規格）のA系列のサイズを用いるのが一般的である。A系列のサイズの製図用紙は画材屋などで容易に入手できるが，JISの寸法をうたって販売されている用紙のサイズと規格サイズは，必ずしも一致せず，製図用紙は，一般に規格サイズより大きめのサイズで販売されていることが多い。この理由としては，図面は，仕上げた後に上下左右を切り落として使用することが少なくないことがあげられる。図面の端は折れやすく，図面を製図板に固定する際にテープなどを使用することで痛むこともあるので，仕上げた後に切り落とすことは実用的である。

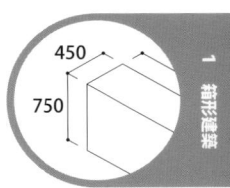

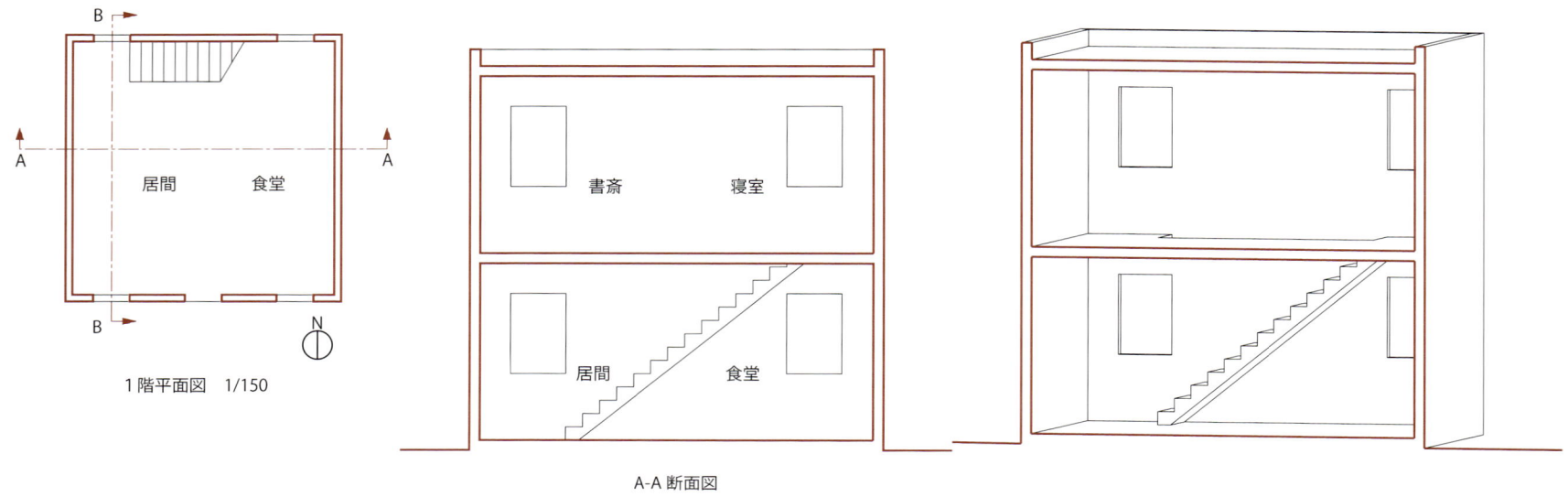

A-A 断面図

B-B 断面図

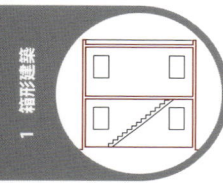

図 1-22　断面図（1/100）
建物を垂直に切断する断面図は，内部空間のかたちや大きさがわかりやすい位置で切断して描く。上図は，左上平面図中の A-A の位置で切断した窓を含む断面図。
下図は，階段や窓を正面に見る方向で切断した断面図である。

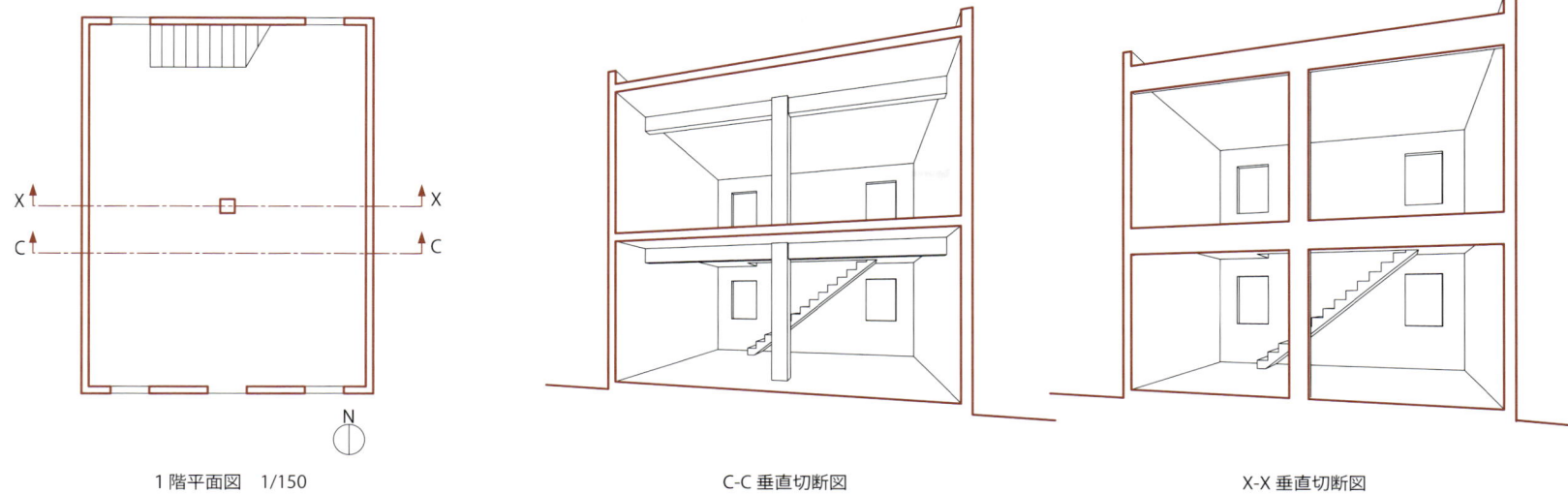

1階平面図　1/150　　　　　　　　　　C-C 垂直切断図　　　　　　　　　　X-X 垂直切断図

図 1-23　断面図の切断位置
箱形建築の中央に柱と梁を想定した改造箱形建築の垂直切断図。平面図（左）に示した C-C と X-X の 2 つの位置で切断している。

1.3　断面図

平面図に続いて，箱形建築の**断面図**について学ぼう。

1.3.1　断面図の概要

図 1-22 に示したように，断面図とは建物の**垂直切断面**である。2 階建ての建築では，1 階と 2 階が同時に切断される。また，建物を支える地盤も切断される。

平面図同様，断面図でも，切断面と稜線をはっきりと描くことが重要である。切断面を切断線によって表す場合は太線を用いて描き，稜線は細線で描く。平面図では，切断線によって，壁や柱などの垂直に立つ要素の囲まれた空間が切り取られるが，断面図では，床・壁・天井によって囲まれた空間が切り取られる。

1.3.2　断面図の切断位置

平面図の切断位置が目の高さと決まっていたのに対して，断面図では，建物を切断する位置は任意である。理屈の上では断面図は無数に存在することになるが，実際には設計者（製図をする者）が切断位置を適切に判断し，内部空間のかたちと大きさがわかりやすい位置で切断した断面図を描くことになる。

建物のかたちが複雑である場合は，何面もの断面図を描かないと内部空間が把握できない場合があるが，箱形建築では直交する 2 面の断面図を描けば，内部空間の構成が把握できる。

図 1-22 の断面図の切断位置を平面図を用いて図示すると，左上図のようになる。このように，平面図中に**切断位置**を示すと，断面図の切断位置が確認できる。しかし，形態や空間の構成がさほど複雑ではない場合は，特に平面図に記号を記さなくても，断面の形状の他，部屋名からも切断箇所が判別できることが多い。すなわち，断面図においても，部屋名の明記は重要である。切断位置が読み取れる図面であれば，平面図での切断箇所の表現は省略してもいい。

図 1-22 の A-A 断面図は，窓を含む位置で切断した断面図である。望ましい切断位置の一つは，このような入口，窓などの開口部を含む位置である。開口部が切断されれば，光や風が内部空間にどのように入ってくるのかを把握できる。

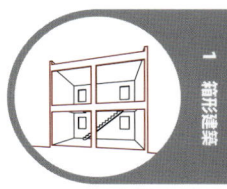

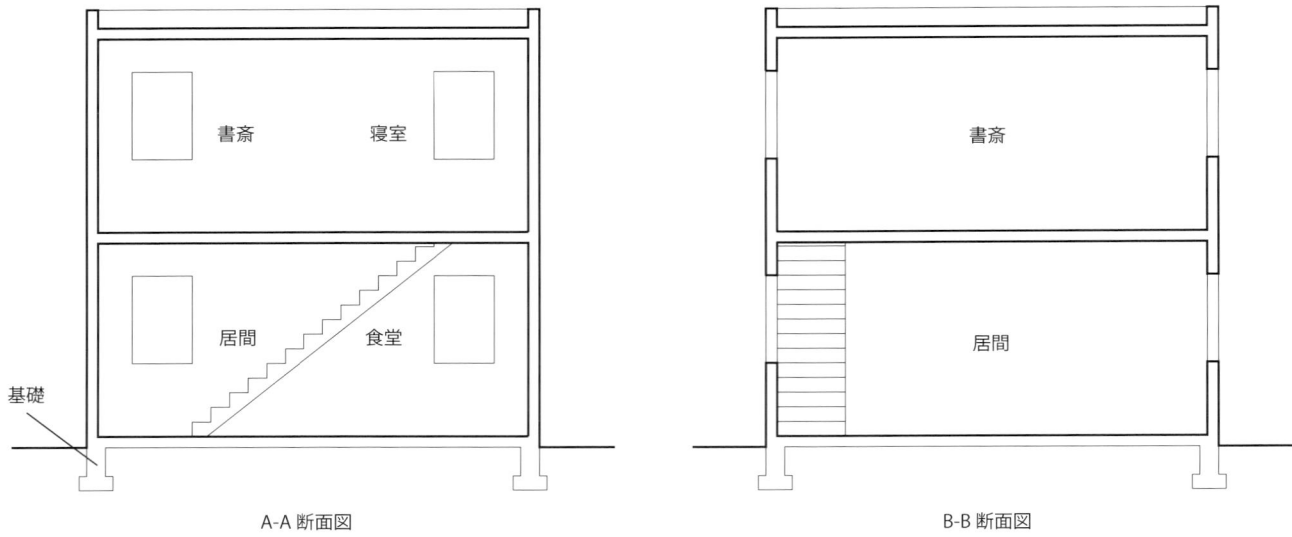

A-A 断面図

B-B 断面図

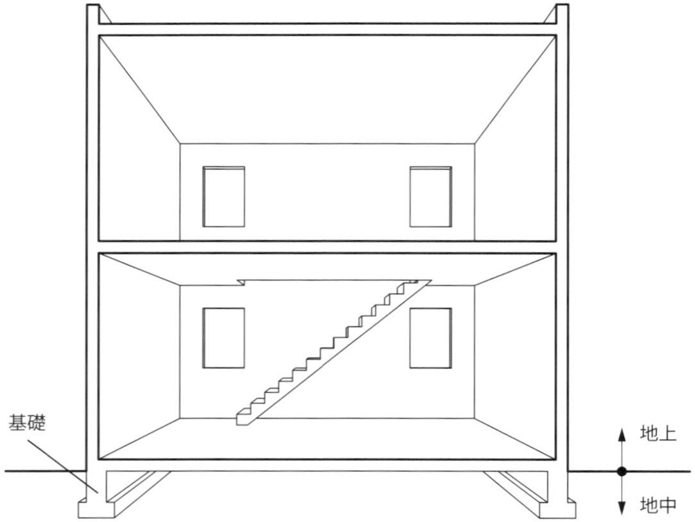

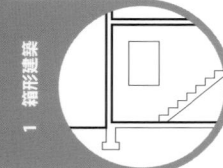

図 1-24　断面図における基礎の表現
このような基礎の形状は，一つの例である。建築を学び始める学生が断面図に基礎を描く場合は，標準的な基礎あるいは類似した建物の基礎を想定して描くことになるだろう。

一方，**図 1-23** の X-X 断面図に示したような，柱・梁などの構造材が切断される位置での断面図は絶対に避けるべきである。この断面図では，無理矢理に箱形建築の中に柱と梁を想定し，柱と梁を含んだ切断図を描いている。内部空間のかたちと大きさは，柱・梁などの線的な構成材によってではなく，床・壁・天井といった面的な構成材によって規定されるものである。空間は柱や梁によって囲まれるわけではないから，X-X 断面図はあり得ない。断面図は，C-C 断面図のように，床・壁・天井によって空間が囲まれる位置で描くべきだ。

1.3.3　地盤面と基礎

建築は，**基礎**によって，地盤と一体化して建設される[18]。基礎は，地中に埋まり，建物の荷重を地盤に伝えるために構造上必要な部位である。

図 1-24 は，基礎を表現した場合の箱形建築の断面図を示すが，ここに示した基礎の形状は一つの例である。実際の建築では，基礎などの構造的な部位の形状は，建物の形態と重量，地盤の強度などを考慮した構造計算によって決定する。

特に基礎の形状は，地盤の強度に左右される。地盤は，さまざまな土質によって構成され，軟らかかったり硬かったりもする。ある形状の基礎が支え

18) トレーラーハウスやハウスボートのような基礎をもたない動く建築（住居）もないわけではないが，法律上，動くものは建築とは見なされない。

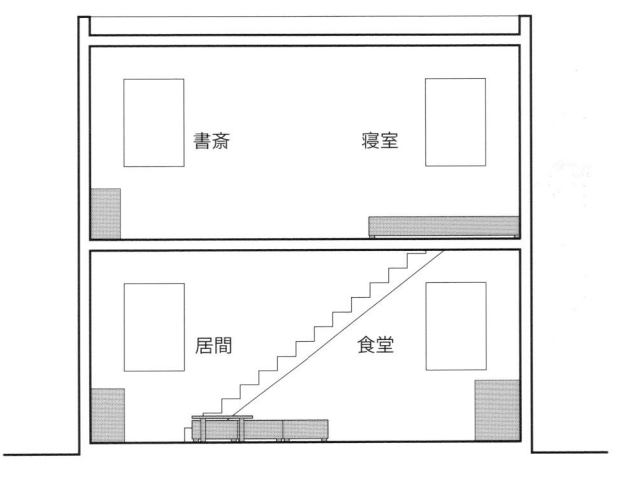
A-A 断面図

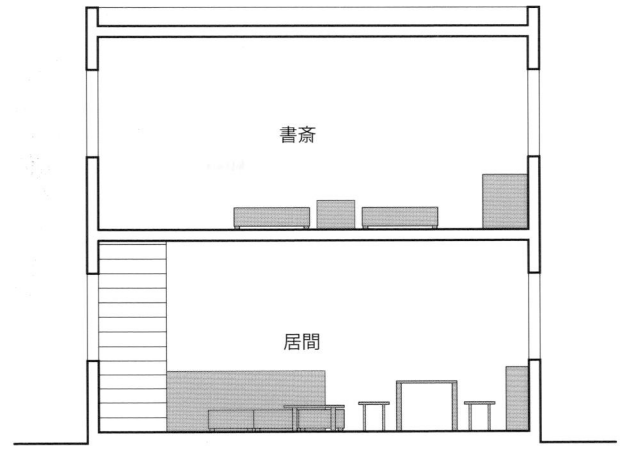
B-B 断面図

図 1-25　断面図における家具の表現
断面図では，開口部や階段の稜線の表現は不可欠だが，家具の稜線を描くかどうかはケースバイケースである。

ることができる荷重の大きさは，場所や深度によって異なってくる。

　地中の床と基礎が切断面をもつ部位であるにもかかわらず，**図 1-24** では，それらを細線で表現している[19]。地中の床と基礎の切断線を細線で描く理由は，それが目に見える仕上げ面ではないからである。一方，**地盤面**を表す **GL**（Ground Line あるいは Ground Level）を太線で描いているのは，それが目に見える面だからである。

　なお，断面図では GL と建物の切断線が連続し，地盤と一体化した空間が現れる。建築は必ず地盤と関係して存在するものであるから，GL が描かれない断面図はありえない。

　地中の床や基礎の他にも，実際の建築では，一般に，各階の天井とその上階の床面や屋根面との間に複雑な構成が隠れている。壁の内部の構成も単純ではないことが多い。詳細な図面には，壁・床・屋根・天井などの内部の構造が描かれる。その時，内部構造を構成する部位の切断線が太線で描かれることもある。しかし，人を囲む空間のカタチと大きさを表す図面にとって第 1 に重要なのは，目に見える面である。内部の構造は省略したり，細線のみで描くことも多い。

　本書で示す図面には，壁・床・屋根・天井などの内部の構造を省略しているものが多い。内部構造を示す場合にも細線で描いている。建築を学び始める学生にとって，内部の構造を学ぶことは重要ではあるが，まずは壁・床・屋根・天井などのカタチそのものを学ぶことがより重要だと思う。

　建築を学び始める学生が断面図に基礎を描く場合は，標準的な基礎あるいは類似した建物の基礎を想定して描くことになると思う。それはそれでいいのだが，基礎を省略するのも断面図の描き方の一つだ。

1.3.4　断面図における家具の表現

　本章冒頭の **図 1-2**（11 ページ）に示した断面図では，家具の稜線を表現していなかった。**図 1-25** は，家具の稜線を描き加えた断面図である。

　断面図では，開口部や階段の稜線の表現は不可欠だが，家具の稜線を描くかどうかはケースバイケースだろうと思う。断面図では家具が重なることが多く，また平面図のように，家具によって動線（人の動き）が現れるわけでもないからである。すべての家具の稜線を描くと線が交錯してわかりずらくなることもあるので，家具は描かないか，あるいは主要な家具以外は省略した方がいい場合が多い。

[19]　実際の建築の床は，構造材料，下地材料，仕上材料などが複合して構成される。床面を支える構造上の部位は，仕上材料と区別し，床スラブと呼ばれる。箱形建築では仕上げを省略し，鉄筋コンクリートのような一様な材料で床が構成されていると仮定している。ここでいう床は，構造的な部位である床スラブと床面を合わせたものである。

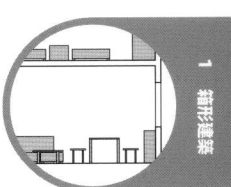

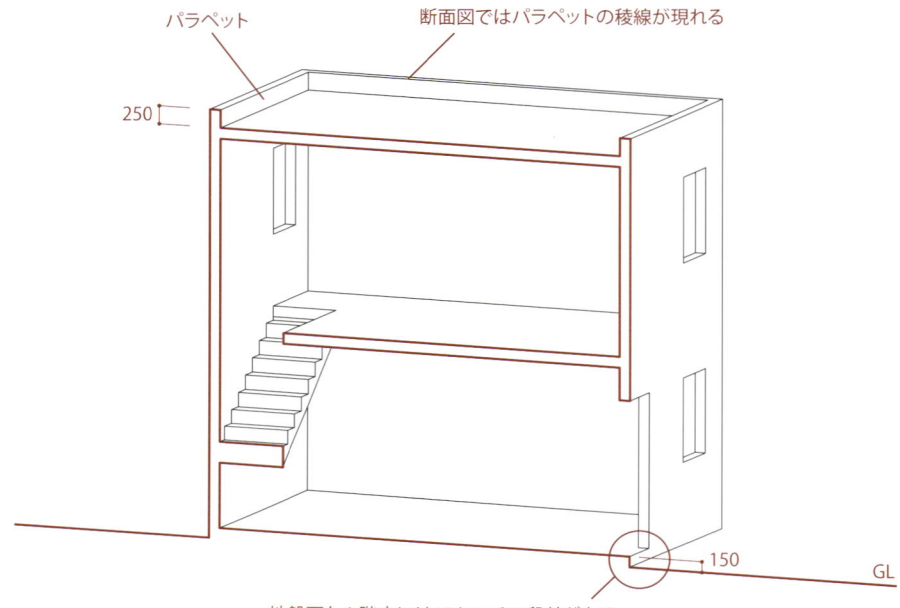

図 1-26　パラペットと床の段差
パラペットは屋上部分の壁の立上り。箱形建築では，屋上面より 25 センチの高さまでパラペットが立ち上がっている。
1 階の床は地盤面より 15 センチ高い位置にある。

20）フラットな屋上であっても防水層を設けない場合や，パラペットを用いないで防水層を施工する方法もある。しかし，一般的にはパラペットが用いられることが多い。パラペットの実例については次章（住吉の長屋）で学ぶが，ここでは一定の寸法でパラペットが立ち上がっていることを理解して欲しい。

1.3.5　パラペットと床の段差

　次に，断面図に現れる部位である**パラペット**，および 1 階床と GL（地盤面）との段差について学んでおこう。**図 1-26** に，パラペットと床の段差を図示した。

　フラットな（水平な）屋上の端部（外壁と接する部分）には，通常，端部を保護する観点からパラペットと呼ばれる立上りが設けられる。パラペットは，フラットな屋上に防水層を施工するためにも必要となる部位である[20]。

　箱形建築では，パラペットの立上り（頂部の高さ）を屋上の上面から 250 ミリとしている。なお，断面図では，切断面の向こうにあるパラペット（パラペットの切断されない部分）が稜線として細線で表現されるべきことにも注意をして欲しい。

　1 階の床は GL よりも高いレベルに設けられるのが一般的である。箱形建築では，1 階と GL との間に，150 ミリの段差を設けている。段差を設ける理由は，**雨仕舞い**（雨が建築の内部に浸入しないようにする工夫のこと）である。また，1 階の床は GL よりも高いレベルに設けることで，土などが内部に侵入しにくくするということもある。とはいっても，実際の建築では，1 階と GL との間に段差を設けない設計も可能であるし，1 階の床レベルを GL より下げることも可能である。しかし，その場合は，雨仕舞いや土の侵入などに関しての対処が必要となる。

1.3.6　断面図の基準線と捨線

　本書では，基準線を省略した図を多用しているが，基準線の表現を省略する場合も，基準線が作図のための寸法を決めるのに必要な線であることに違

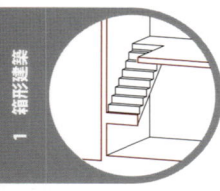

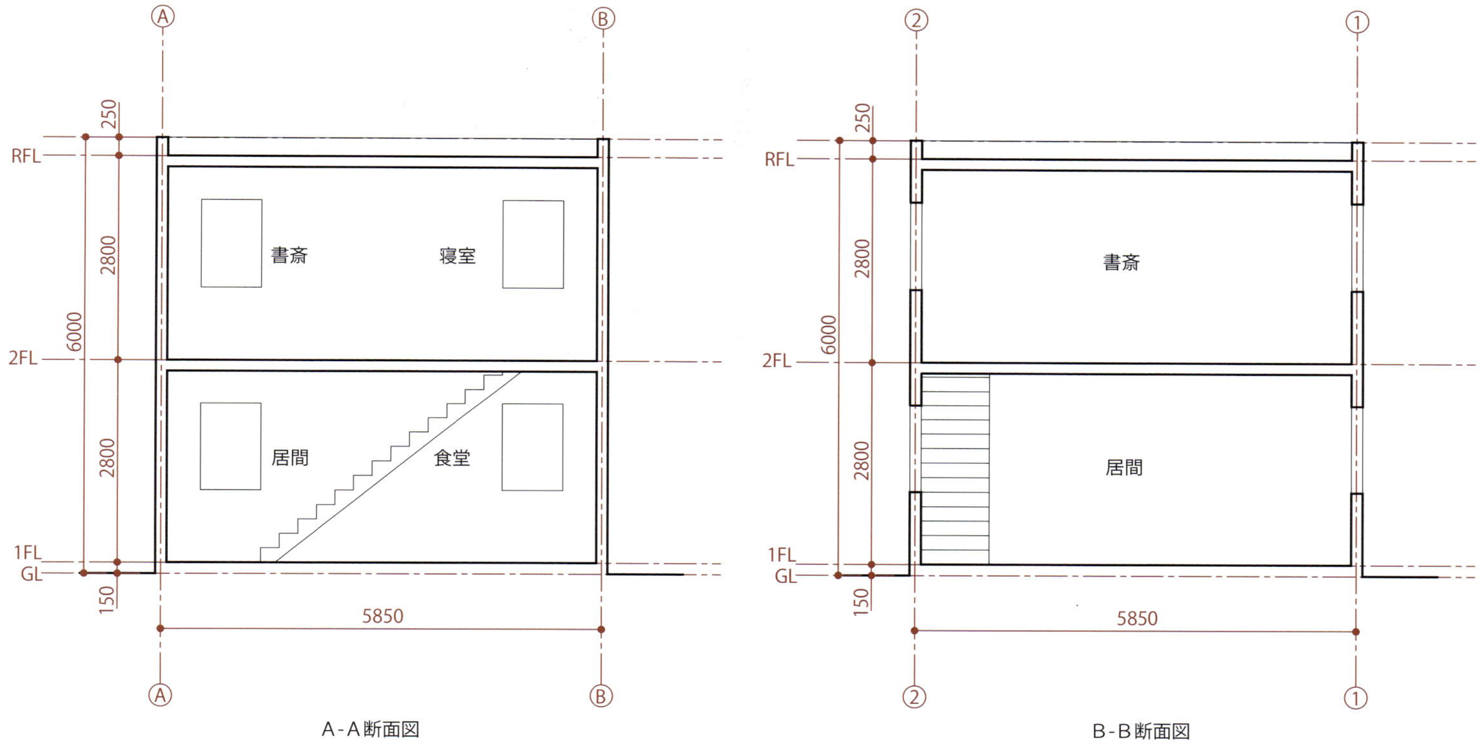

図 1-27 基準線のある断面図

断面図には，高さ方向の基準線が現れる。高さ方向の基準線は，通常，床の上面のレベルに設定される。床の上面に設定された基準線は，FL（Floor Line）と呼ばれる。
ある階の FL からその上階の FL までの距離は「階高」と呼ばれる。

いはない。ここで，断面図における基準線の概念について学ぼう。**図 1-27** に基準線を表した断面図を示す。

すでに学んだように，平面図における箱形建築の基準線は壁の中心線である。断面図ではその他に，新たに高さ方向の基準線が現れる。**図 1-27** における「GL，1FL，2FL，RFL」が高さ方向の基準線である。ここで GL は，建物の垂直方向の基準となる高さがゼロの線。**FL** は「Floor Line あるいは Floor Level」の略で，各階の床の上面レベルに設定される基準線である（1FL は 1st Floor Line，RFL は Roof Floor Line の略）。

高さ方向の基準線は，床の厚さの中心ではなく，床の上面に設定される（床の中心線が基準線になることはない）。

箱形建築の床は一様な床板の上面を仕上げ，下面を天井という単純な構成を想定しているから，無理矢理に床の厚さの中心を基準線に設定することも不可能ではないかもしれない。しかし一般には，床は，天井，梁，スラブ（床を支える構造部），床組（仕上げとなる床板を支える下地），床仕上げなどが複合する部位であるから，厚さの中心を明確にすることよりも，床面の高さを明示することが重要である。高さ方向の基準線は，床の上面とすることを覚えておこう [21]。

なお，基準線に関係する高さ方向の基準寸法として，**階高**（かいだか）という概念がある。階高とは，ある階の FL からその上階の FL までの距離である。箱形建築では 1 階と 2 階の階高，すなわち 1 階から 2 階，2 階から R 階までの距離はいずれも 2800 ミリである。

21) 建築を学び始めたばかりの学生は，勘違いをして，壁と同様に床の基準線を床の厚さの中心に設けてしまうことがあるが，間違いとなるので注意して欲しい。

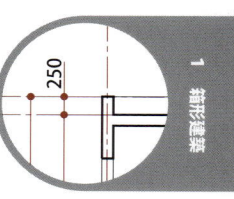

図 1-28　階段を切断する断面図
階段を含んだ位置で切断した断面図。

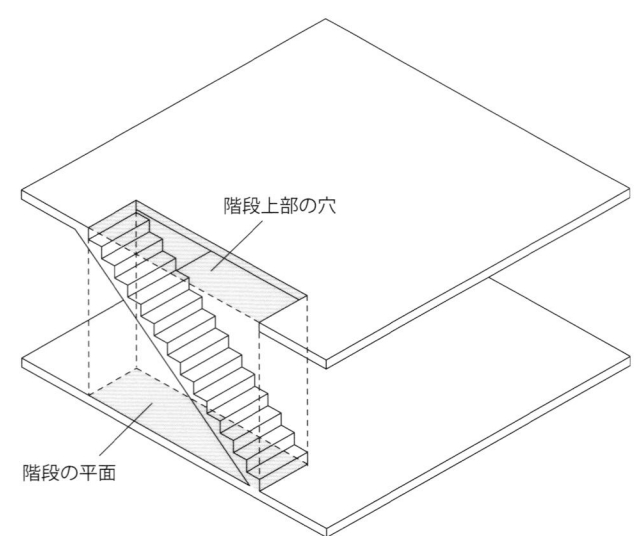

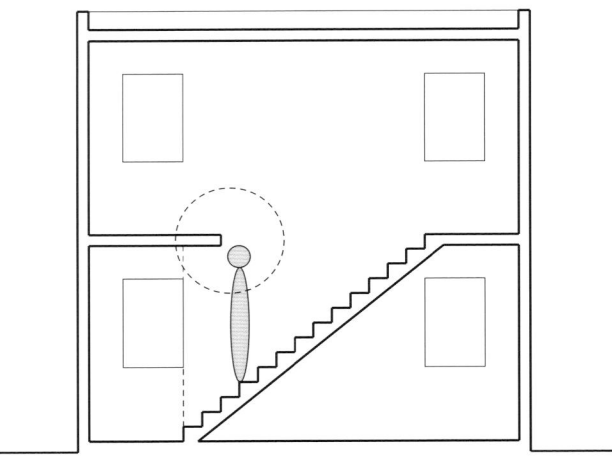

図 1-29　階段と上部の床
箱形建築では，階段の上部あたる 2 階の床面に，階段の平面形状と一致する大きさの穴を空けている。上階の床面と階段の平面形状が一致している必要はないが，階段の上部に上階の床が大きく張り出すと，階段を上る人の頭が天井につかえてしまうことになる。

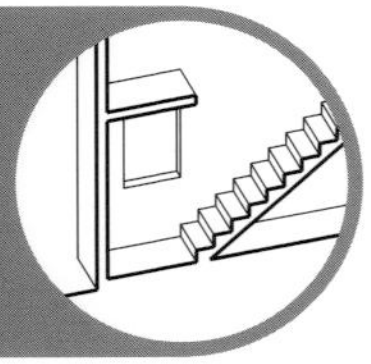

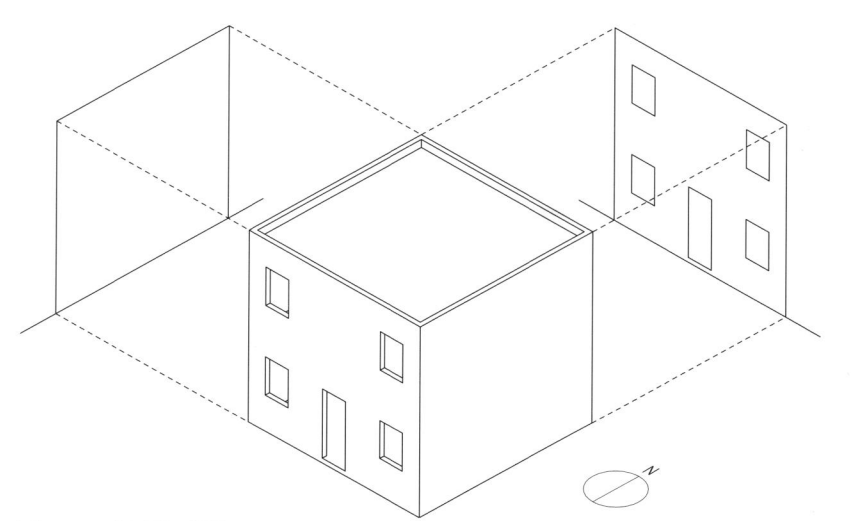

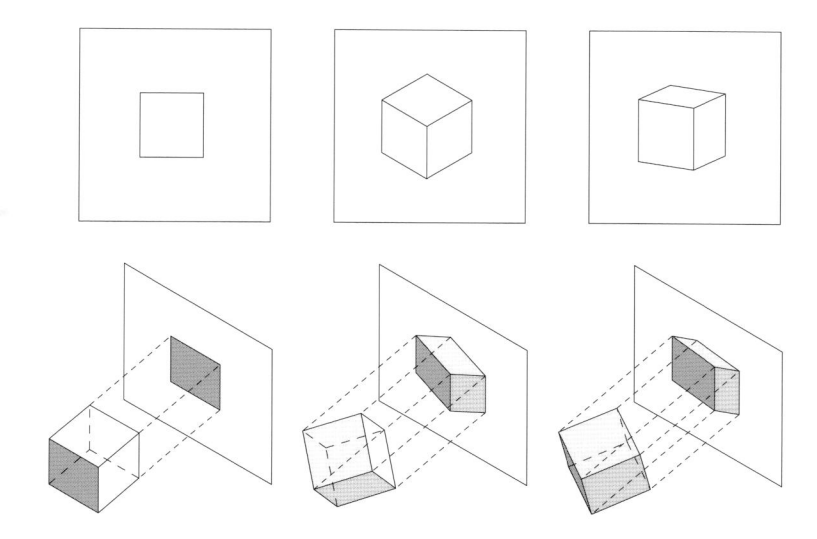

図 1-30　立面図の概念
立面図は，建物の壁を，その壁に垂直な方向から眺めた図である。

図 1-31　立面図と立体図
3つの図はいずれも立方体を無限遠から眺めた図である。3つの図の違いは，立方体を見る角度にある。左図が，立方体の1面を正面から見る立面図。

1.3.7　階段の断面図

　箱形建築では，階段の上部あたる2階の床面に，階段の平面形状と一致する大きさの穴を空けている。**図 1-28** は，階段を含んだ位置で切断した断面図である。また，**図 1-29** が，階段と上部の床との関係を示している。

　実際の設計では，階段と上部の床の形状が箱形建築のように一致しているとは限らず，階段の上部に上階の床が存在することも少なくない。しかし，**図 1-29** の右図に示したように，通常の天井高（床から天井までの高さ）の建物では，上部の床が階段の上に張り出していると，階段を上る人の頭が天井につかえてしまう場合が多い。階段の上部に床がなければ頭がつかえることはないので，上部の床の張り出しは最小限に抑えるべきである。

　上階の平面図を描く時には，床に空いた穴を通して，どのように階段が見えるかを，断面図を描いて確認するべきである。

■演習 1-3　断面図

　ここまでの学習の復習として，A3サイズの用紙を用いて，1/50スケールの箱形建築の断面図を描いてみよう。直交する2方向で切断する2面の断面図を描く。基礎など，目に見えない部分は省略するか，細線で描こう。

1.4　立面図

　平面図，断面図に続いて，**立面図**の描き方を学ぼう。立面図は，平面図，断面図に加えての，もう一つの最も基本的な建築図面である。

　建築には，(1) 内部に空間（部屋）をもつこと，(2) 構造をもつこと，(3) 外形＝形態をもつこと，という3つの特徴があると考えられるが，(1) 内部の空間（部屋）はおもに平面図によって，(2) 構造はおもに断面図によって，(3) 外形＝形態はおもに立面図によって表される。

　立面図は，建物の壁を，その壁に垂直な方向から眺めた図である。**図 1-30** に立面図の概念を示す。箱形建築の立面図は冒頭の**図 1-3**（11ページ）に示している。立面図は，模型の姿図そのものでもある。

　箱形建築の外形は4面の外壁によって構成されているので，4面の立面が存在する。しかし，東面と西面の構成は同一なので，3面を描けば十分である。立面の面する方位をタイトルとして記入することで，その立面図がどの方位の図であるかを明示することができる。なお，プレゼンテーションのための図面では，主要な立面のみを示し，他の立面は省略することもある[22]。

　図 1-31 の左図に示したように，立面図は建物を無限遠から眺めた**投影図**である。平面図，断面図とは異なり，切断面は存在しない。したがって，立面図のすべての線は稜線である。平面図，断面図では，太線と細線を用いる

22) 主要な立面のことを「ファサード（正面）」と呼ぶ。

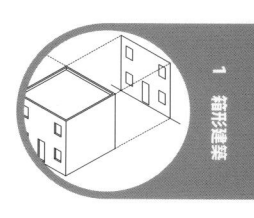

23) 図を扱う専門分野である図学においては，直投象ではない斜投象を，軸測投象の一種とする立場と別物とする立場がある。本書では，斜投象を広い意味での軸測投象，すなわち斜軸測投象としている。建築の分野においては，斜投象であるカバリエ投象，ミリタリ投象を指して，アクソノメトリック（軸測投象）と呼ぶのが一般的だと考えられるからである。

なお，「アイソメトリック」に対して，「アクソメトリック」という用語がしばしば使い分けて用いられたり，混用されたりすることがある。本書では，軸測投象一般を「アクソノメトリック」と呼ぶ立場に立っている。

（参考文献）
加藤道夫，建築における三次元空間の二次元表現—ショワジー『建築史』における軸測投図の使用について—，図学研究，第32巻3号，日本図学会，1998年9月

平行投象	直投象	正投象　（例）立面図	
		軸測投象 （アクソノメトリック）	等角投象 （アイソメトリック）
			不等角投象 （ダイメトリック） （トリメトリック）
	斜投象	斜軸測投象（アクソノメトリック） （例）カバリエ投象，ミリタリ投象	
透視投象 （パースペクティブ）	1消点透視		
	2消点透視		
	3消点透視		

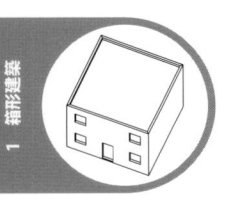

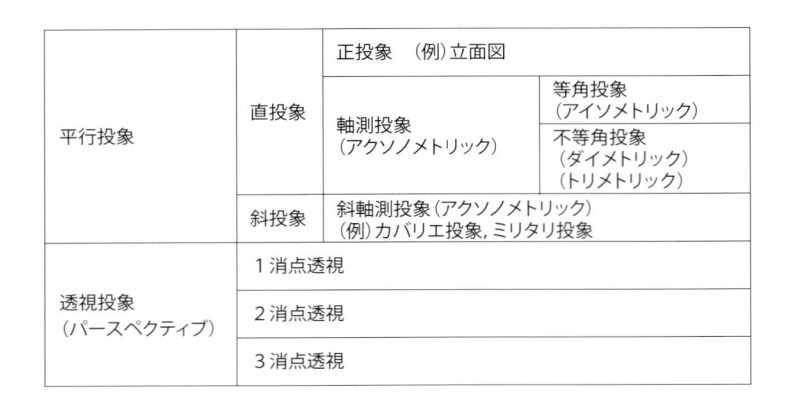

表 1-1　立体図の図法
立体図の図法（図を描く方法）は，立体を「どこから眺めるか，どの方向から眺めるか」によって，いくつかに分類できる。

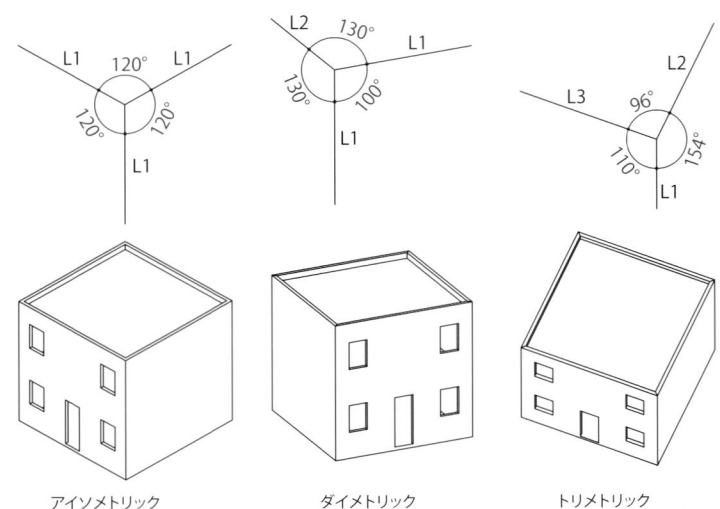

図 1-32　アイソメトリックとアクソノメトリック
アイソメトリックでは，投影された正立方体の3辺の長さが等しくなる。トリメトリックでは，3辺の長さがすべて異なる。

などして切断線と稜線を区別して描かなければならなかったが，立面図は細線のみで表現できる。実際の立面図では，立体感を表すために，壁面の輪郭をやや太く，窓などの壁面に配置された要素の輪郭はやや細く描いたりすることもあるが，原理的には細線のみで表現できる。

立面図には，GL（地盤面）を描くことを忘れてはならない。建築は必ず地盤と一体化するので，地盤面と建築との関係を示すことが重要である。建物の一部が宙に浮いた建築はあり得るが，そのような場合はなおさら地盤面と建築との関係を示すことが重要となる。

立面図は，建物の外観の形態を表す図面といえる。どのような建築であれ，建築は必ず形態をもつ。建築の形態は，その建物の「らしさ」を示す。単純で無味乾燥なデザインの箱形建築は「倉庫のようにしか見えない」ことが，立面図に端的に表れていると思う。世界には様々な形態の建築がある。象徴的な建築もあれば，連続した街並みをつくり出すリズミックな建築もある。

■演習 1-4　立面図

立面図を描いてみよう。A3サイズの用紙を用いて，1/50スケールの南立面図と北立面図を描こう。

1.5　立体図

ここまで，平面図，断面図，立面図の説明をしてきた。その際，説明に合わせて3次元形態である建築を立体的に表現する**立体図**を用いてきた。本書では，次章以降においても，立体図を多用して建築のしくみを解説している。

平面図，断面図，立面図がそうであったように，立体図も建築の形態と空間の表現である。ここで，立体図の図法について学んでおこう。

1.5.1　三次元形態の図法

立面図が壁をその正面から眺める図であるのに対して，立体図は複数の面を同時に眺める図である。**図 1-31**（前ページ）の中図，右図に示したように，投影する方向によってさまざまな立体図が現れる。

立体図の図法（図を描く原理）は，立体を「どこから眺めるか，どのような方向で眺めるか」によって，いくつかに分類できる。**表 1-1** に，その分類を示す[23]。

立体を「どこから眺めるか」に関して，立体図の図法は**平行投象**と**透視投象**に分類される。平行投象とは，立体を「無限遠から」眺めることを意味する。透視投象とは，人間がモノを眺めるように，「ある点」から立体を眺めることを意味する。すなわち，平行投象とは無限遠から見た場合の投影図で

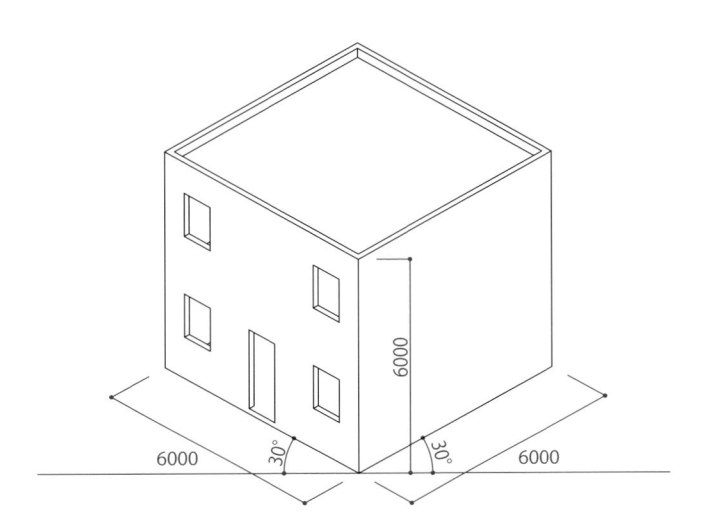

図 1-33 アイソメトリックの作図
アイソメトリックは，三角定規を使って簡単に作図できる。

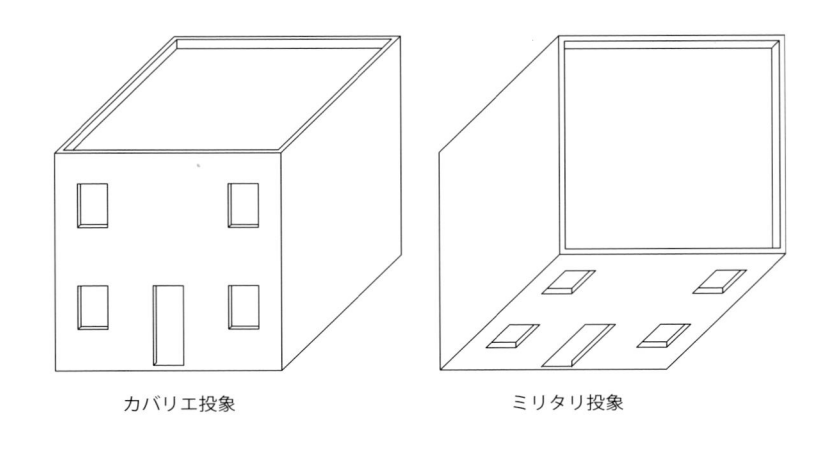

図 1-34 アクソノメトリック（斜投象図）
立面を正投象で描くのがカバリエ投象（左図），平面を正投象で描くのがミリタリ投象（右図）。

あり，透視投象はさまざまな視点から眺めた場合の投影図である。透視投象は，近くのモノは大きく，遠くのモノは小さく描く図法である。

　立体を「どこような方向から眺めるか」に関して，平行投象，透視投象は，さらにいくつかの図法に分類される。

　以下，平行投象，透視投象のいくつかの図法について個々に学んでいこう。

1.5.2 アイソメトリックとアクソノメトリック

　立面図のように，ある面をその垂直方向から投象する**正投象**に対して，立体の各面を垂直からではない方向から眺め，3面（2面以上）を同時に投象する平行投象図を**アクソノメトリック**（**軸測投象図**）と呼ぶ。

　アクソノメトリックは，立体を眺める方向により，アイソメトリック，ダイメトリック，トリメトリックという3つの投象図に分類できる。立方体である箱形建築の3つのアクソノメトリックを**図 1-32** に示す。

　アイソメトリック（左図）は，直交する3直線の長さが等しい比率に投影されるような方向から，つまり，正立方体の直交する3面のカタチが同じに（合同に）見える方向から眺めた場合の平行投象図。すなわち，空間上の直交する3軸が必ず120度で交差する「アイソな」（等角な）図である。2直線のみの比率が等しい（2面のみのカタチが同じになる）ように眺めた場合は**ダイメトリック**（中図），3直線の比率，3面のカタチがそれぞれに異な

る場合は**トリメトリック**（左図）と呼ばれる。

　立方体のアイソメトリックは，**図 1-33** に示したように，30度の角度だけを使って作図可能である。また，直交する3直線の比率が等しいため，立方体の各辺の長さを同一のスケールで測っていくことができる。アイソメトリックの作図は容易であり，もっともよく使う立体図である。

1.5.3 もう一つのアクソノメトリック（斜投象図）

　正投象である立面図，あるいは以上で説明したアクソノメトリックは，立体を無限遠から平行投象するという原理に従った図である。もし実際に立体を遠くから眺めれば，投象図の通りに立体を見ることができる。このように実際に見えるように描いた投象図は**直投象**と呼ばれる。

　それに対して，実際の通りの見え方にこだわらないで複数の面の構成を描く**斜投象**と呼ばれる図法がある。**図 1-34** に箱形建築の**斜投象図**を示す。左図のように立面を正投象で描く斜投象の図法は**カバリエ投象**，右図のように平面を正投象で描く図法は**ミリタリ投象**と呼ばれる。

　立方体のある面をその垂直方向の無限遠から眺めれば，側面が見えるはずはないので，斜投象は実際にはありえない立体の見方である。しかし，一つの面を正投象で描けるため，作図はもっとも容易である。

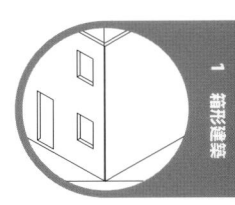

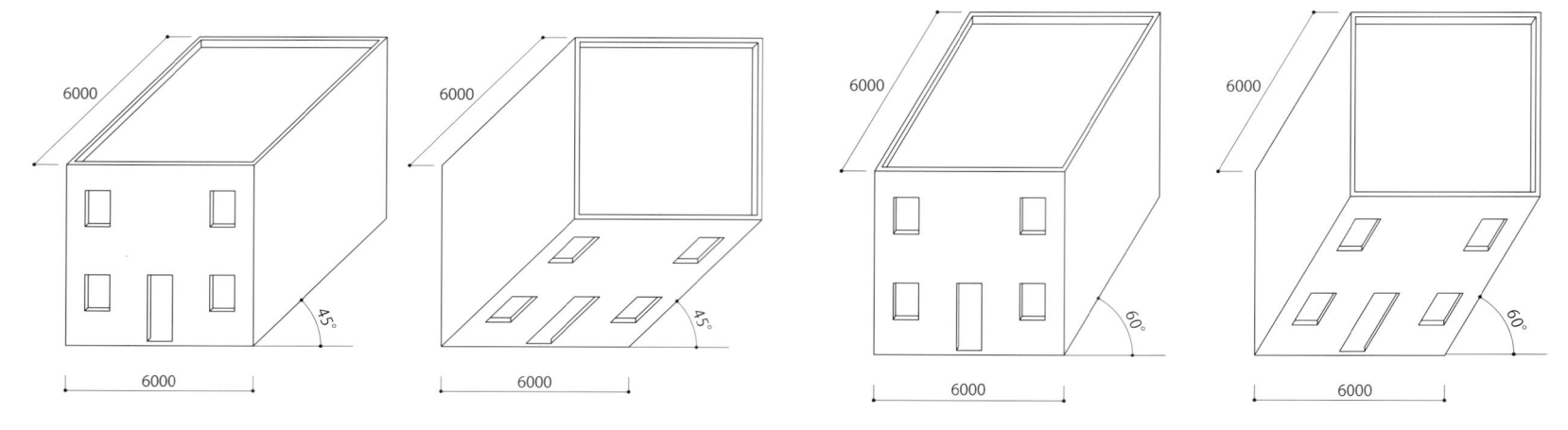

図 1-35　斜投象図の作図
カバリエ投象やミリタリ投象は，立面あるいは平面を正投象で描き，他の面を角度をもって描く。角度は任意でよいが，よく用いられるのは 30 度，45 度，60 度など。左は 45 度，右は 60 度。

24）直投象であるアクソノメトリックには，直交する 3 軸の交差角度がすべて等角（120 度）となるアイソメトリックの場合があったが，斜投象図では，3 つの交差角のうちの一つが必ず 90 度になることから，3 つの交差角が等角になることはない。すなわち，斜投象図は，必ず「不等角な」軸測投象図である。

25）特に，角度をもって描く面の寸法を 1/2 に縮小して描く場合をキャビネット投象と呼ぶ。

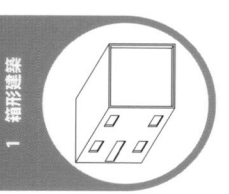

図 **1-34** の斜投象図は，箱形建築の正面（入口のある立面）あるいは屋上を正投象で描き，側面（壁）を斜めに歪ませて描いている。正面や屋上の形状は**実形**（正投象されたカタチ）そのものであり，正面や屋上の頂角（頂点の周りの角度）である 90 度は，投象図でも 90 度に保たれている。すなわち斜投象は，図 **1-35** に示したように，立面あるいは平面を正投象で描き，他の面を角度をもって描く図法である。その角度は任意でよいが，よく用いられるのは 30 度，45 度，60 度などである [24]。

斜投象は，角度をもった（垂直・水平ではない）軸に沿って長さを測っていくことで立体図を描く図法という意味で，軸測投象（アクソノメトリック）の一種として，**斜軸測投象**とも呼ばれる。したがって，広い意味で斜投象は，アクソノメトリックと呼ばれる。というよりも，実用上，アクソノメトリックという名称で呼ばれる図は斜投象図であることが多い。

さて，図 **1-35** は，角度をもって描く図面を，角度に沿って測った寸法で描いている。実は図 **1-34**（前ページ）は，角度をもって描く面の寸法を，一定の比率で（この図では 3/4 倍に）縮めて描いている。図 **1-34** の方が図 **1-35** よりも自然に見えるように思う。このように斜投象図では，角度をもって描く面を一定の比率で縮小すると自然に見える [25]。

1.5.4　透視図

透視図（パースペクティブ）は，人間の目が見るように描く図法である。無限遠ではなく，ある点から立体を眺めた場合の投象図が透視図となる。人間は無限遠から立体を眺めることはなく，ある距離から立体を眺める。日常的に近くにあるモノを大きく，遠くにあるものを小さく見ている。図 **1-36** に透視図の概念を示す。

透視図は，形態の立体構成の表現であると同時に，人間の視覚がとらえる空間の表現でもあるといえる。透視図は，空間をどのように表現するべきかを考慮しながら描くことになる。

透視図のカタチは，**視点**（立体を眺める点），**注視点**（立体を眺める方向線上の点），**焦点距離**（視点から画面までの距離）の関係によって決まる。

図 **1-37** において，箱形建築の透視図を示した左図は **3 消点パース**（3 消点透視図），中央図は **2 消点パース**（2 消点透視図），右図は **1 消点パース**（1 消点透視図）と呼ばれる。

3 次元空間上で平行である直線の透視図は，それらを延長すると，特別な場合を除いて 1 点に向かって収束する。その収束する点のことを**消点**と呼ぶ。

透視図が消点をもたない特別な場合とは，平行線が画面に平行である場合

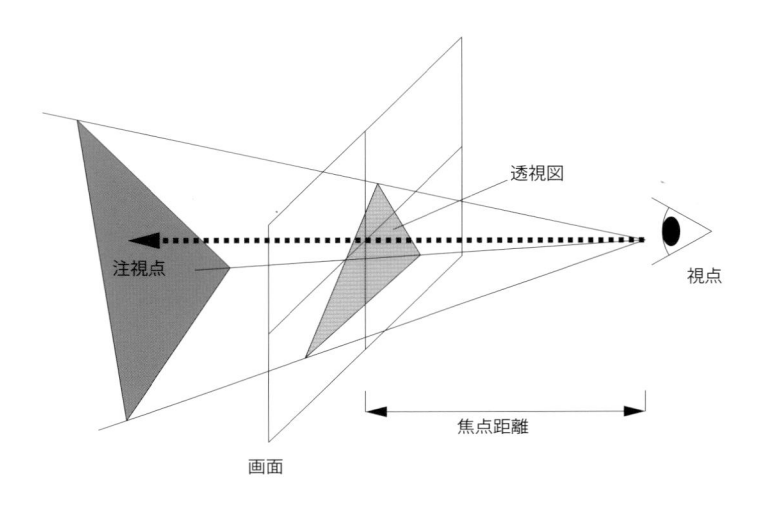

図 1-36　透視図の概念
透視図のカタチは，視点（立体を眺める点），注視点（立体を眺める方向線上の点），焦点距離（視点から画面までの距離）の関係によって決まる。

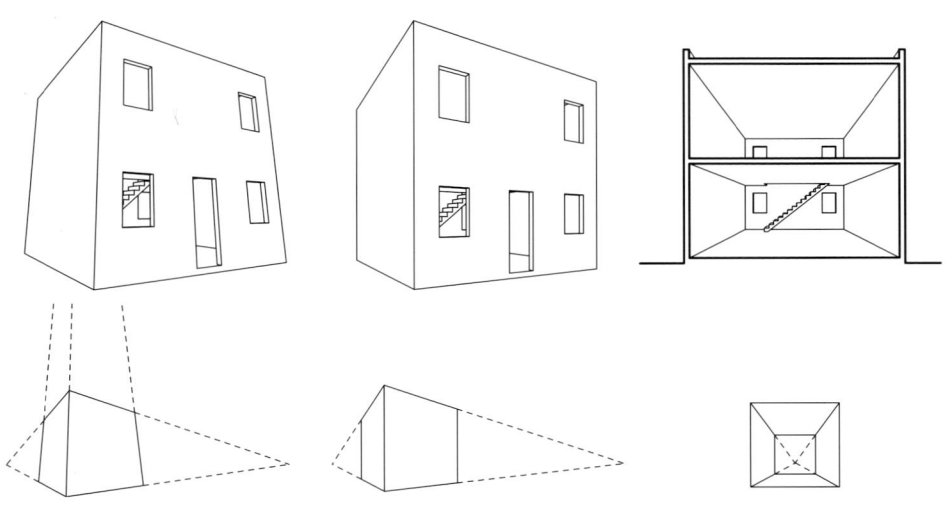

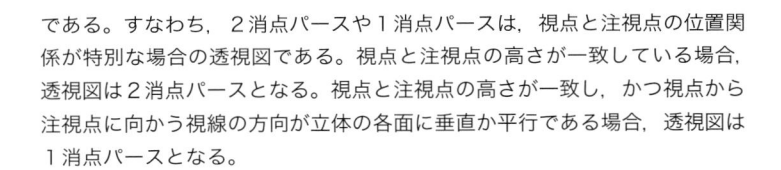

図 1-37　さまざまな透視図
左図の3消点パースは下から見上げた構図。中図の2消点パースは水平に見た構図。右図の1消点パースは正面から見た構図。

である。すなわち，2消点パースや1消点パースは，視点と注視点の位置関係が特別な場合の透視図である。視点と注視点の高さが一致している場合，透視図は2消点パースとなる。視点と注視点の高さが一致し，かつ視点から注視点に向かう視線の方向が立体の各面に垂直か平行である場合，透視図は1消点パースとなる。

2消点パースは，3次元空間上の垂直な線を透視図においても垂直に描く図法である。地上を歩く人間の目は，高さのある建物を見上げている場合が多いと思う。すなわち，人間は3消点パースのように建物を見ていることが多いはずだ。しかし，建物の透視図は，2消点パースの方が自然に見える。人間の目は，垂直な線を垂直に見るように補正していると考えられる。したがって，建物の透視図を描く場合は，意図的に視点と注視点の高さを一致させることが多い。

カメラによって撮影される**写真**も透視図の一種といえる。カメラを水平に構えれば，視点と注視点の高さが一致するので，2消点パースの構図で写真を撮ることができる。しかし，高層ビルなどの高さのある建物を2消点パースの構図で撮影するには，焦点距離の短い**広角レンズ**を用い，なおかつ建物から十分に距離をとって撮影しないと，全体をフレーム（構図）に収めることが難しい[26]。

建築を学ぶ学生は，建築の写真を撮る機会が多いと思う。建築写真をいつも同じ構図で撮影すればいいというはずはないが，2消点パースがもっとも基本的な構図である。建築を学び始める学生は，ぜひ2消点パースの構図を意識しながら，写真を撮るようにするとよい。

手描きでの透視図の作画にはいくつかの方法があるが，アイソメトリックあるいはカバリエ投象やミリタリ投象などのアクソノメトリックに比較して面倒であることが多い。コンピュータを用いて3次元モデルを作成し，CG（コンピュータ・グラフィックス）として出力するのも，透視図の作画の一つの方法である。

[26] プロ用には，パースの構図（消点の構図）をコントロールするシフトレンズと呼ばれる特殊なレンズがある。

1.6 本章のまとめ

本章では，単純な建築モデルである箱形建築を題材に，建築の基本的な構成と，図面・模型によるその表現について述べた。以下，そのまとめを記す。

■ 模型

1 □ 模型寸法（実際の建築の大きさを模型の大きさに換算した寸法）ではなく建築寸法（実際の建築の寸法）を用い，建築の各部の寸法を意識しながら作業を進める。
2 □ エッジ処理を含め，精度よく，美しい模型を製作するよう努める。

■ 平面図

3 □ 平面図とは，床レベル＋1.5 メートル程度の高さ（目線の高さ）でその階を水平に切断し，上方から眺めた図である。
4 □ 線画による平面図では，切断線（切断された柱・壁などの輪郭）を太線で，稜線（切断面より下方に見えるものを表す線）を細線で描く。
5 □ 開口部（窓や入口）の構成に留意して切断線を描く。切断面は必ず「閉じた図形」となる。
6 □ 切断線，稜線はそれぞれの太さで濃くはっきりと描かれなければならない。捨線は薄く描く。
7 □ 階段は，踏面と蹴込みの関係を把握し，上りやすい寸法とする。また，階段と上階の床の構成に留意する（上階の天井に頭がぶつからないように断面構成にも留意する）。
8 □ 必要に応じて，基準線や寸法を記入する。
9 □ 主要な部屋名を明記する。また，主要な家具を表現する。
10 □ 図面のタイトル，スケール，方位を明記する。

■ 断面図

11 □ 断面図は，建物の垂直切断図である。切断箇所は，内部空間のカタチと大きさがわかりやすく表現される位置とする。入口，窓が切断される位置とするのがよい。切断箇所が柱や梁を含んではいけない。
12 □ 線画による断面図では，平面図同様，切断線を太線で，稜線を細線で描く。地盤を含めた切断面の輪郭を太線で描き，建物を地盤と一体化したものとして表現する。
13 □ 主要な部屋名を明記する。
14 □ 切断位置がわかりにくい場合には，平面図に「A-A」などの記号を用い切断位置を表示する（断面の形状，部屋名などによって切断位置が容易に把握できる場合は省略してもよい）。
15 □ 断面図では，地盤面（GL=Ground Line/Ground Level），各階の床の上面（FL=Floor Line/Floor Level）が基準線となる。
16 □ 雨仕舞いの観点から，1FL は GL より高い位置に設計されることが多い。そうでない場合もあるが，GL と 1FL の関係に留意する。
17 □ 天井裏，床下，基礎などの切断面の内部の構造は，細線で描くか，または省略する（省略する場合も，その構造を意識するべきである）。
18 □ フラットな（水平な）屋上の端部（外壁と接する部分）には通常，防水の観点からパラペットと呼ばれる壁の立上りが設けられる。
19 □ 平面図と同様，図面のタイトル，スケールを明記する。

■ 立面図

20 □ 立面図は建物の立面（壁）を，その立面に垂直な方向から眺めた投影図である。
21 □ 立面図は細線だけで表現できる。
22 □ 必ず地盤面（GL）を記入し，建物と地盤面との関係を表現する。
23 □ スケールを明記する他，タイトルを工夫し，どの方向から見た立面図であるのかを示す（たとえば「○立面図」（○は方位）などとする）。

■ 立体図

24 □ 作図の容易な立体図として，アイソメトリック，アクソノメトリック（カバリエ投象，ミリタリ投象）がある。
25 □ 透視図（パース）には消点という概念があり，1 消点パース，2 消点パース，3 消点パースの構図がある。建築は 2 消点パースによって描くと自然な構図となる場合が多い。

(補足) 稜線という用語について

建築学用語辞典第 2 版（日本建築学会編，岩波書店）では，「建築部材において露出していて目に見える部分」を見え掛り（見えがかり），「建築部材において裏側に隠れていて目に見えない部分」を見え隠れとしている。見えがかりを描く線を何と呼ぶかは実はやっかいな問題である。JIS の「建築製図通則（A0150）」では，断面を描く線を「断面の外形線」，見えがかり部分を描く線を「見える部分の外形線」としている。なお，ここで，外形線とは，JIS の「製図用語（Z8114）」において，「対象物の見える部分の形を表す線」とされている。JIS の「製図－図形の表し方の原則（Z8316）」では，図形を表す線として，「見える部分の外形線」，「見える部分の稜を表す線」などが挙げられている。

一方，JIS の「製図－部品のエッジー用語及び指示方法（B0051）」では，「2 つの面の交わり部（2 つの面の交わる稜線）」をエッジとし，JIS の「CAD 用語（B3401）」では，エッジを，「稜線，2 個の頂点（形状モデルを表すための点要素）を境界とする線要素」としている。

以上のことから，見えがかりを描く線には「見える部分の外形線，見える部分の稜を表す線，エッジ，稜線」などの言い方があると考えられる。あるいは，一般には「見えがかり，見えがかり線」という言い方もされていると思える。本書では，単純な言い方の一つである「稜線」を用いている。すなわち，本書では，「切断面の輪郭線＝切断線，切断面の下方あるいは向こうに見える部分の外形線＝稜線」としている。

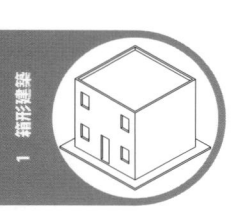

2. 住吉の長屋

鉄筋コンクリート壁構造

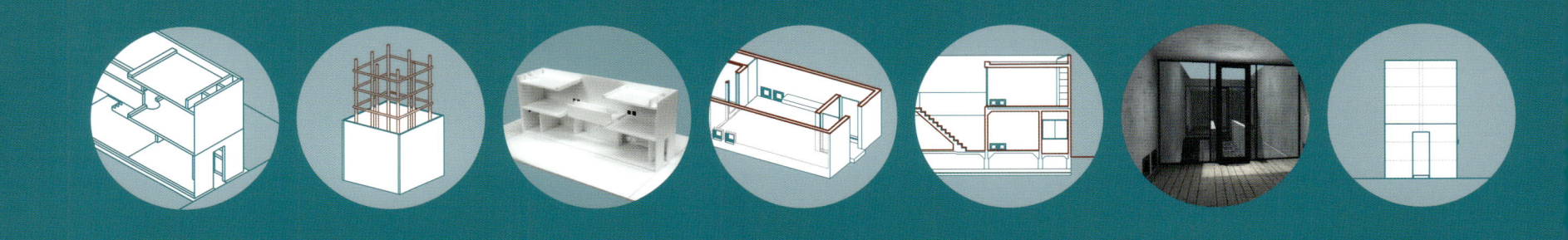

図 2-1　平面図（1/100）

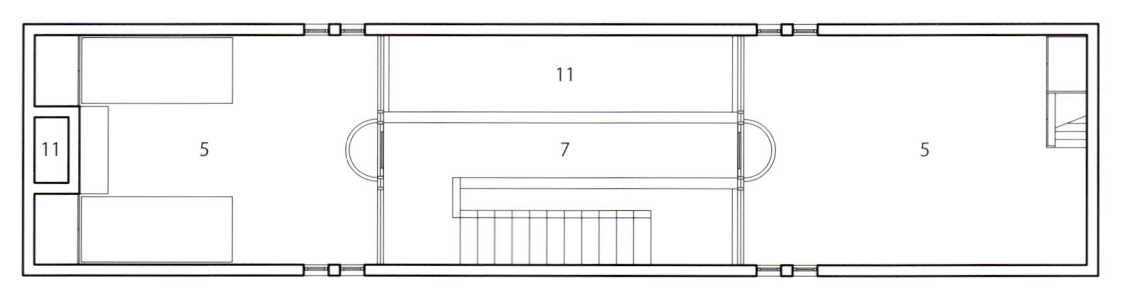

2階平面図

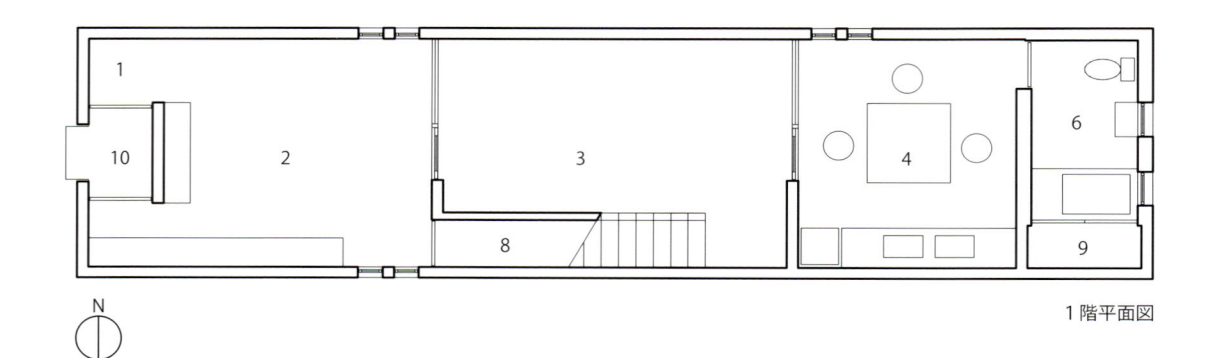

1階平面図

1．玄関
2．居間
3．中庭
4．台所・食堂
5．寝室
6．便所・浴室
7．デッキ
8．物入
9．ボイラー室
10．ポーチ
11．吹抜

1）　住吉の長屋の図面は，設計者の安藤忠雄自身による以下の著作に収録されている。

（参考文献）
安藤忠雄，「安藤忠雄のディテール 原図集 六甲の集合住宅・住吉の長屋」，彰国社，1984 年

本書の図面，CG は，上記書籍に掲載された 1/30 スケールの図面を参照して作成している。

前章を通じて，建築の基本的な構成とその図面について学んだ。しかし，前章で学んだのは架空の単純モデルとその図面である。実際の建築はどのように構成されているのだろうか？　また，その図面はどのように描かれるのだろうか？

本章以降では，鉄筋コンクリート壁構造，鉄筋コンクリートラーメン構造，鉄骨構造，木造軸組構造によって架構された住宅を実例として，それらの建築のしくみと図面表現について学んでいく。本章の実例は，**鉄筋コンクリート壁構造**（柱ではなく壁によって架構される構造形式）による住宅の名作，**住吉の長屋**である[1)]。

本章では，いくつかの演習を通して，模型と図面の製作を進めていく。最初に，1/50 スケールの模型をつくることで形態と空間の構成を理解し，その後に，模型を眺めながら，模型と同じスケールの図面の描き方を学んでいく。模型を**写真 2-1** に，平面図，断面図，立面図を**図 2-1** 〜**図 2-3** に示す。

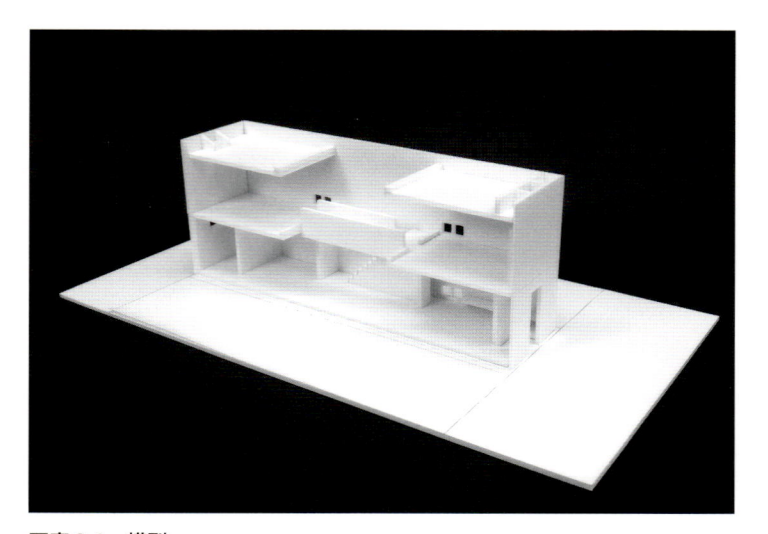

写真 2-1　模型
1/50 スケールで製作した模型。写真の模型は北側の壁を取り除いている。

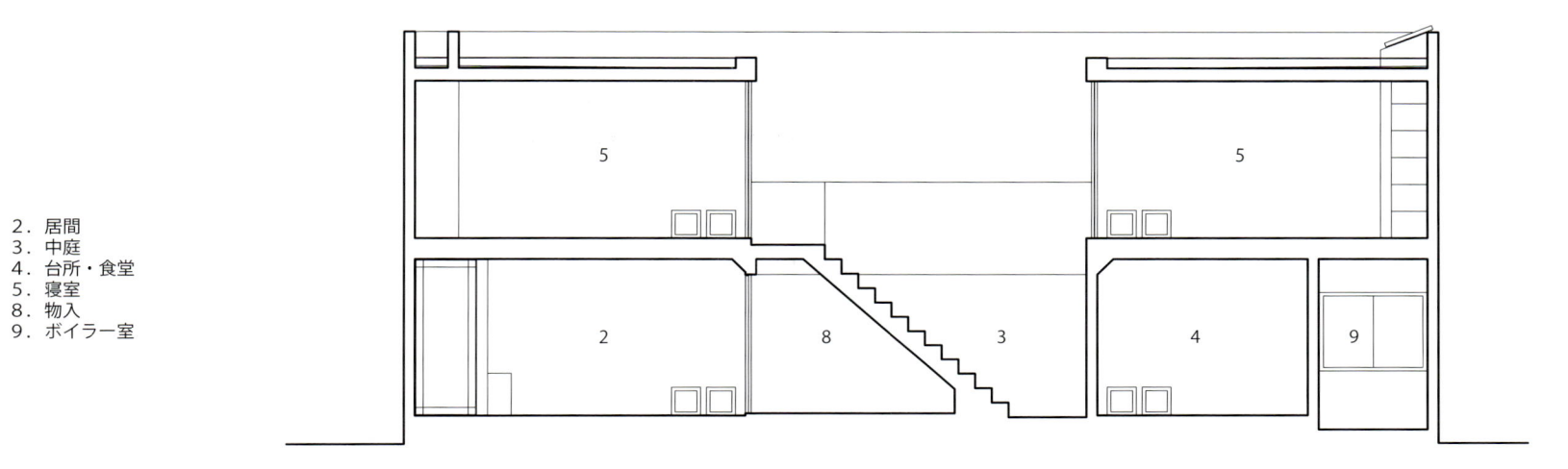

2．居間
3．中庭
4．台所・食堂
5．寝室
8．物入
9．ボイラー室

図 2-2　断面図（1/100）

西立面図　　　　　　　　　　　　　　　南立面図

図 2-3　立面図（1/100）

写真 2-2　住吉の長屋　外観
安藤忠雄の設計により，1976年に竣工。大阪市住吉区に建つ住宅。

図 2-4　断面の構成
玄関は図の右手。玄関から居間に入るとその先に中庭がある。1階には，中庭の奥に，台所・食堂と便所・浴室がある。2階には，中庭をはさんで2つの寝室がある。

図 2-5　中庭
1階の居間と食堂，2階の2つの寝室の間に配置された中庭。

2.1　住吉の長屋

　住吉の長屋（**写真 2-2**）は**安藤忠雄**によって設計され，1976年に竣工している。端正な**コンクリート打放し**（コンクリートそのものが壁の仕上げとなる表現）が特徴的な2階建住宅である。単純な形態によって構成された小住宅であるが，内部に生み出された空間は驚くほどに豊かである。住居における中庭の意味など，この住宅が提示した建築のあり方は深遠である。

　住吉の長屋は，長屋形式に連続する木造住宅の一つが建て替えられたものである。敷地は，西側でのみ接する**前面道路**（建物が面する通り）から奥に長い形状で，両隣は木造住宅に接している。**図 2-4** は，手前（北側）の壁を取り除いて内部の構成を示している。図の右側に位置する玄関が，唯一の前面道路に通じる開口となっている。

　1階には居間と食堂（台所を含む）と浴室（便所を含む），2階には2つの寝室がある。1階の居間と食堂，2階の2つの寝室の間には中庭（外部空間）がある。**図 2-5** がコンピュータ・グラフィックスで表した中庭である。居住者は，居間から食堂に移動する際に，あるいは寝室から便所・浴室に移動する際に，外部空間であるこの中庭を通り抜けることになる。

　シンプルな構成の住宅ではあるが，ここには大胆な空間構成が提示されている。小さな住居の中に中庭が挿入されることによって，生活と自然との関係が問い直されている。

2.1.1　1/50 スケールの模型

　本章では，最初に 1/50 スケールの模型を製作し，住吉の長屋の構成を学ぶ。

　写真 2-1（42 ページ）に製作する模型を示している。この模型では，建具（サッシやガラスによって構成される部位）や，実際には存在する床の段差を省略している。したがって，ここで製作するのは，実際の建築を単純化した模型である[2]。

　模型は，3ミリ厚のスチレンボード（スチロールを紙ではさんだ模型材料）を用いてつくっている。1/50 スケールの模型では，3ミリの材料は 3 × 50 = 150 ミリの厚さを表す。

　住吉の長屋の壁や**床スラブ**（床の構造的な部分）は 150 ミリの寸法をもつが，実際の壁や床の厚みがすべて 150 ミリであるわけではない。一部の壁（タイルで仕上げられた浴室の壁）の厚さは 150 ミリではないし，床スラブの上には床仕上げがあるので，仕上げを含めた床は 150 ミリより厚い。したがって，模型における部位の厚さは実際の厚さと異なっている（厚さをごまかしていることになる）。

　しかし，細部を省略した模型でも，形態と空間を把握することはできる。模型や図面のスケールはその目的と関係する。細部を精密に表すためには，実物に近い大きなスケールの模型や図面が必要となる。形態と空間の基本的な構成を表すには，ある程度細部を単純化した模型を用いることができる。

2）映画においては実物と思わせるような模型が撮影に使われることがあるから，精密に実物を再現する模型をつくることも不可能ではないだろう。建築のプレゼンテーションにおいても，実物をリアルに表現するために精巧な模型が用いられることがある。しかし，ここでの目的は，精密な模型をつくることではなく，形態と空間の構成を理解するための単純な模型をつくることにある。

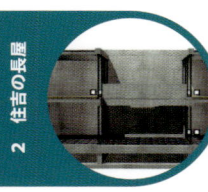

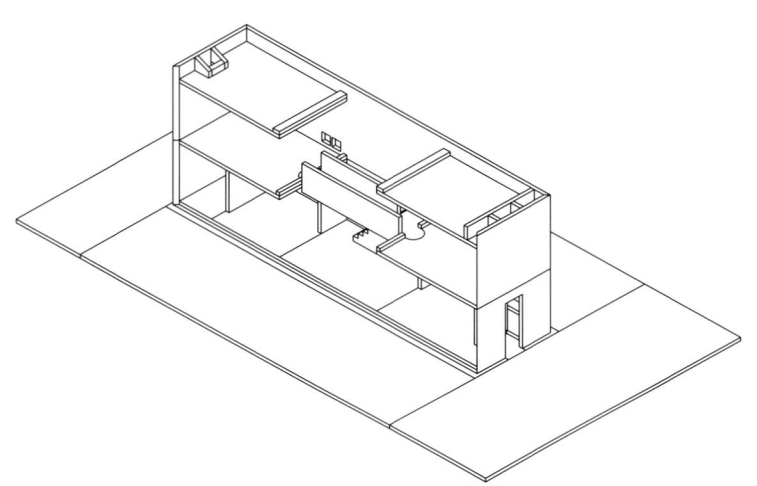

図 2-6　模型の組立
3ミリ厚のスチレンボードを用いて建具や床の段差を省略した単純な模型を作成する。

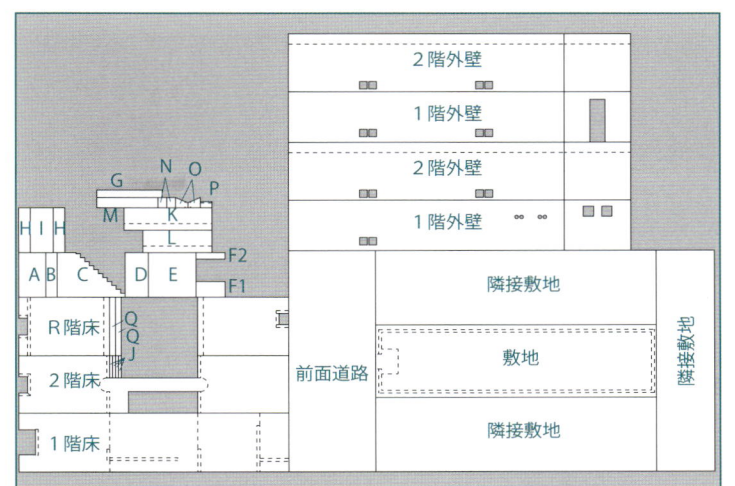

図 2-7　模型の型紙
模型の部品をB2サイズ（728×514ミリ）にレイアウトした例。

ここでは，実際の建築が1/50スケールではどのように単純化されるのかも学んで欲しい[3]。

　模型のつくり方は一通りではない。いろいろなつくり方があっていいが，本章では，図2-6に示したように模型を作成することにする（模型の製作に慣れてきたら工夫を加えて欲しい）。

　この模型は，約40の部品を組み合わせてつくっている。階段の踏面（ふみづら。足を置く部分，踏み板または段板のこと）と蹴込み（けこみ。それぞれの段の立上り部分）を表す部品にのみケント紙（上質紙）を用いているが，その他の部品には，すべて3ミリ厚のスチレンボードを用いている[4]。

　模型は以下の要領で製作することにする。
（1）北側の壁は取り外せるようにする（接着しない）。
（2）1階と2階の壁は別々につくる。
（3）箱形建築と同様，窓，入口などの開口部は穴としてのみ表現する（開口部を平面図にどう描くかは本章で学ぶ事項の一つだが，模型においては単なる穴として簡略に表現する）。
（4）1階の中庭と各部屋および2階のブリッジと各部屋の床には段差があるが，その段差は表現しない（床の構成については断面図の節で学ぶ）。
（5）エッジを処理する（13ページを参照）。本章では「45度合わせ」で模型をつくっているが「切り落とし」でもよい。

■ 演習 2-1　模型の製作

　スチレンボードで製作するすべての部品の型紙を図2-8（次ページ）に示す。これらの部品を組み立てて模型をつくってみよう（ケント紙でつくる階段部分については，49ページの図2-13に部品図を示している）。

　部品を3ミリ厚のスチレンボード上に作図し，カッター（＋鉄定規＋カッターマット）を用いて切り取り，接着して組み立てる。スチレンボードの接着には，前章（箱形建築）の模型と同様，スチのりと呼ばれるスチレンボード用の接着剤が適している。図2-8における点線は，部品が取り付く位置，模型では表現を省略する窓・入口や床に存在する段差の位置を表している。この点線は線として描いておくとよい。

　3ミリ厚のスチレンボードを素材とする部品（階段を除く全部品）は，たとえば図2-7のようにレイアウト（配置）すると，JIS規格のB2サイズ（728×514ミリ）に収めることができる。もちろん，B2サイズより大きなA1サイズ（841×594ミリ）でも十分であるし，あるいは，B2サイズまたはA1サイズの代わりに，B3サイズ（514×369ミリ）またはA2サイズ（594×420ミリ）を2枚使ってもいい。

　次項以降で，敷地，1階，2階，R階（屋上階，RはRoof），階段の構成を，模型の組み立てに合わせて解説していく。

[3]　実務においては，1/50のスケールは工事の詳細を示す図面として用いられることがある。また，実際には，建築の形態と空間構成を表す図面は，1/100やそれより小さなスケールで表されることが多い。本章では，紙面の都合から図面を1/100で示しているが，模型や図面を製作する演習は1/50スケールで進めて欲しい。1/50は，建築を学び始める学生が建築の形態と空間構成を理解しやすいスケールだからである。

[4]　踏面は踏み板とも呼ばれる。鉄筋コンクリートでつくられる階段の段を「板」と呼ぶのは不自然だが，しかし，一般的には，階段の構造にかかわらず，階段の段は踏み板と呼ばれる。なお，踏面には，1段の奥行きを示す寸法という意味もある。

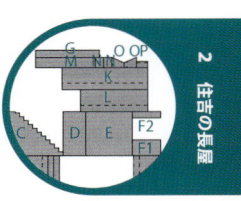

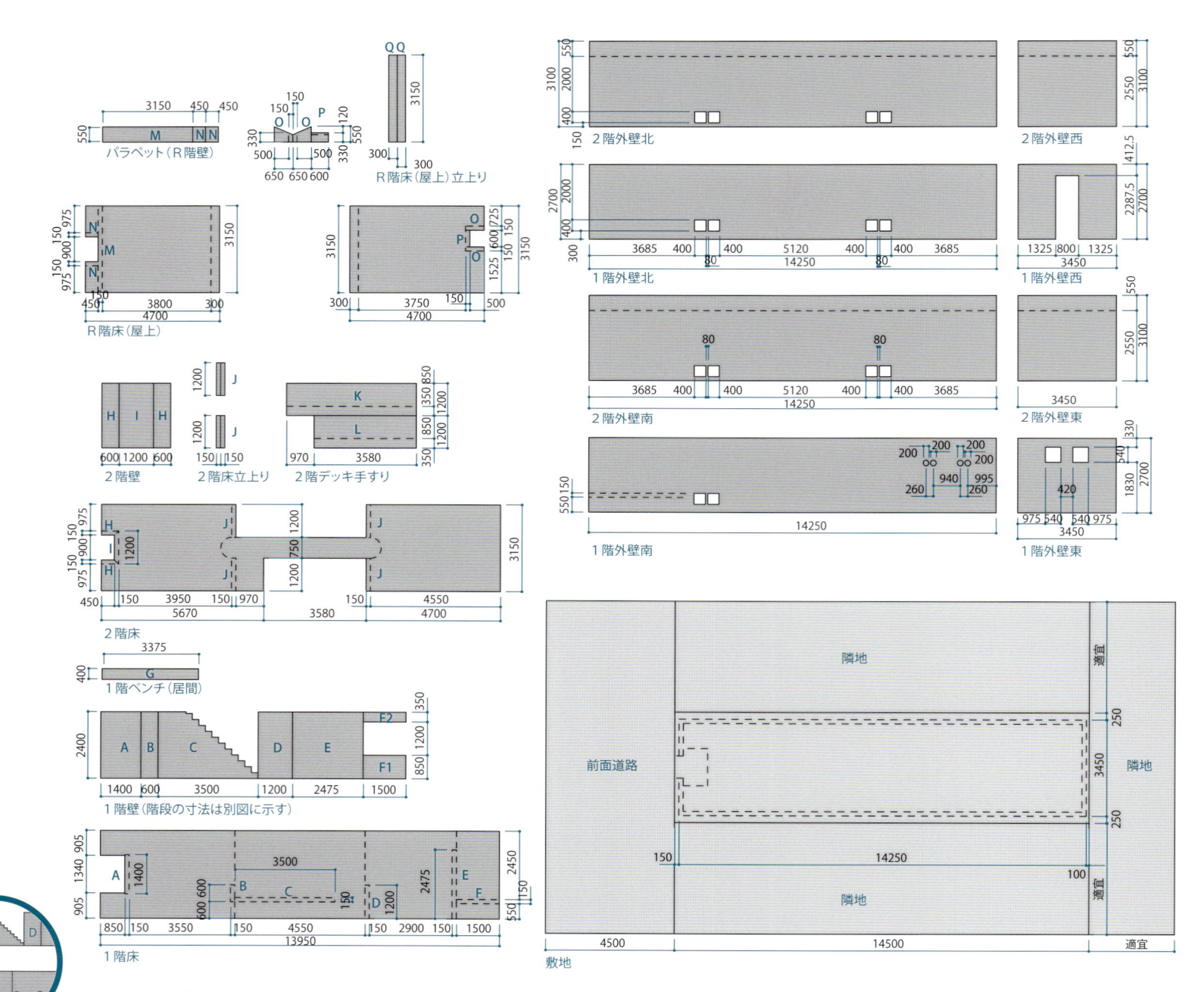

図2-8　部位の寸法（1/200）

この図は1/200で描いているが、実際の模型は1/50で作成する。型紙を3ミリ厚のスチレンボード上に作図し、カッターを用いて切り取り、接着して組み立てよう。

図 2-10　模型の組立（1 階）
1 階の壁は 2 階の壁とは別につくる。実際の工事でも
1 階の壁と 2 階の壁は別々につくられる。

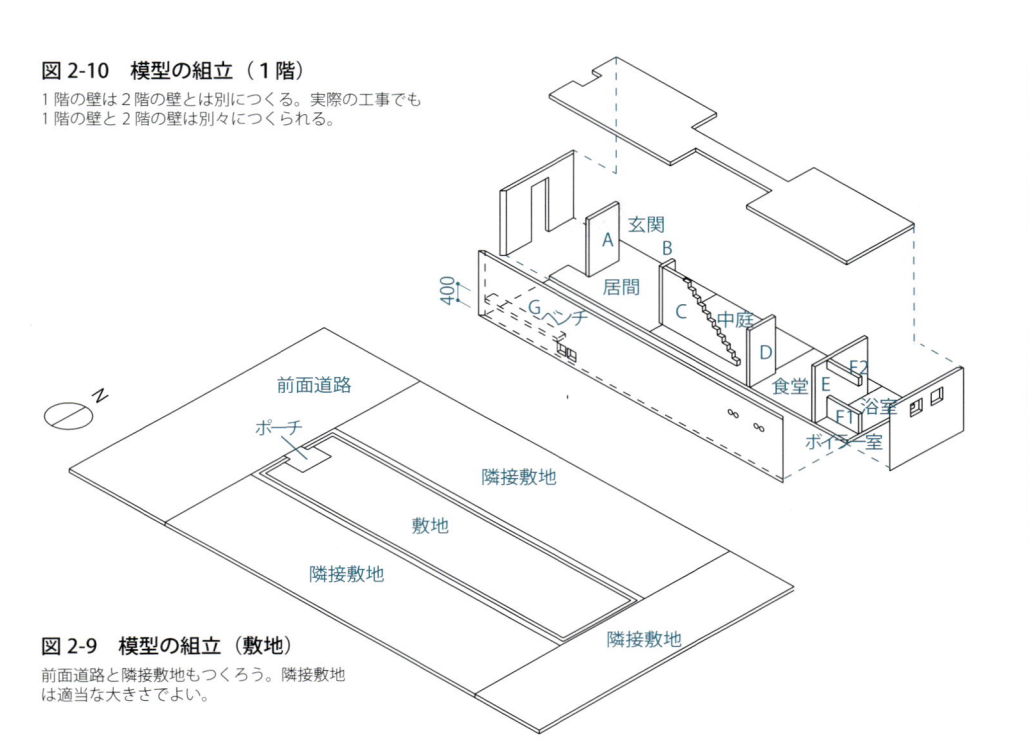

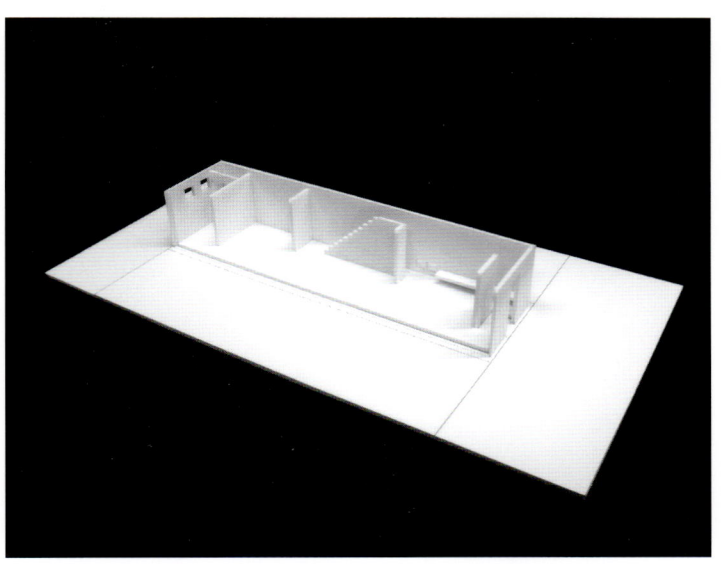

図 2-9　模型の組立（敷地）
前面道路と隣接敷地もつくろう。隣接敷地
は適当な大きさでよい。

写真 2-3　模型（敷地＋1 階）
1 階の床を敷地の上に載せている。実際の床の構成は複雑であるが，模型では単純化している。

2.1.2　敷地

敷地の組立図を**図 2-9** に示す。

幅 4.5 メートルの前面道路（西側）と，周囲に隣接する敷地も模型でつくる。隣接敷地は適当な大きさでよい。建物が建つ敷地は，西の外壁の表面より前面道路境界までが 15 センチ，南北の 2 面の外壁の表面より隣地敷地境界までが 25 センチ，東の外壁の表面より隣地敷地境界までが 10 センチと思われるので，その寸法でつくろう。

玄関前のポーチと地盤面（前面道路）には，実際には 15 センチのレベル差があるが，模型ではそのレベル差の表現は省略することとする。ポーチは線として描いておこう。

2.1.3　1 階

1 階の壁は，東西南北に面する 4 枚の外壁と，ポーチ奥の壁およびいくつかの室内壁である。1 階の組立方法を**図 2-10** に示す。また，模型写真を**写真 2-3** に示す。

この模型では，1 階の床を敷地の上に載せている。すると，地盤面（敷地）と 1 階床のレベル差は，模型寸法で 3 ミリ，建築寸法で 150 ミリというこ
とになるが，この寸法は実際とは異なっている。実際の床の構成はかなり複雑であるが，その詳細については後で学ぶので，模型はこの方法で製作することにする。

北と南に面する外壁および東に面する外壁には，方形の（ほぼ正方形の）窓が設けられている。北と南に面する外壁については 400 × 400 ミリ，東に面する外壁については 540 × 540 ミリの正方形の穴を空ける[5]。また，南に面する外壁の食堂とボイラー室部分には，直径 200 ミリの換気口が 4 つ取り付いている。換気口は線として描く（穴を空けられれば空けてもよい）。

ポーチ，室内と中庭との境界，浴室，ボイラー室には窓あるいはドアがあるが，模型では省略している。窓あるいはドアが取り付く位置は線で描いておこう。居間（玄関から入った部屋）には，南に面する外壁の室内側に鉄筋コンクリート製のベンチが設けられている。これはつくっておこう。ベンチは上面が 1 階の床上 400 ミリの高さに位置するように取り付ける。

なお，本書の模型では，1 階の壁と 2 階の壁を別々の部品でつくっている。実は，1 階と 2 階の壁を別々にしないで，一つの部品として製作した方が模型はつくりやすいと思う。模型の製作としてはそれでも構わないのだが，後述するように，実際の建築では，2 階の壁は 1 階の壁がつくられた後に工事される。ここでは実際の工事の通りに，1 階と 2 階の壁を別工程でつくっている。

5) 窓を取り付けるために実際に外壁に空けられる穴の形状は複雑である（その形状については後で学ぶ）。ここに示した寸法は，外壁に現れる開口の寸法ではなく，窓を取り付けるための凸部を差し引いた寸法である（外壁に現れる開口の寸法よりやや大きい）。

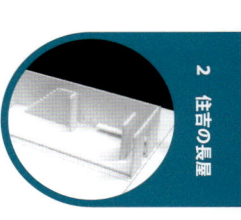

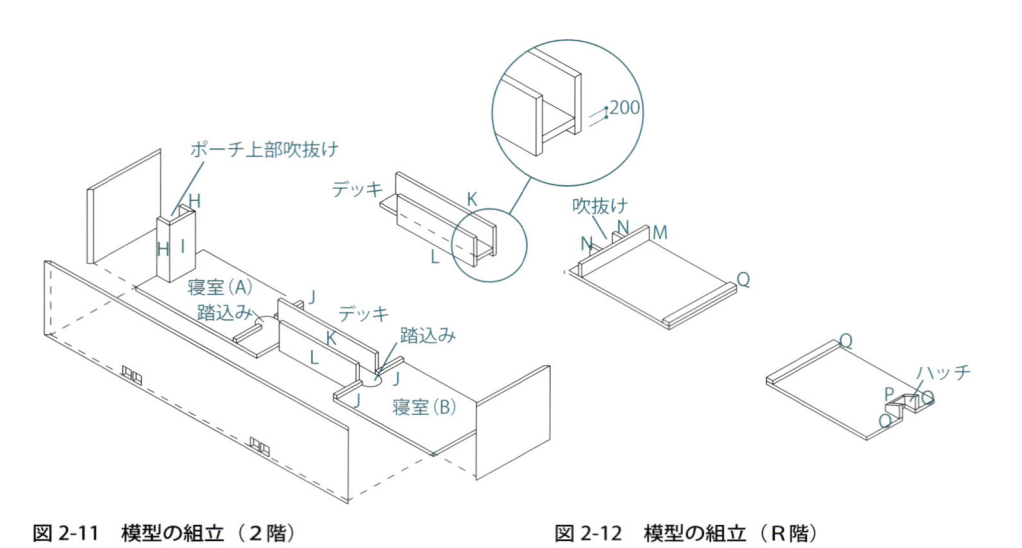

図 2-11　模型の組立（2階）
模型では窓・ドアは省略している。

図 2-12　模型の組立（R階）
寝室（B）には屋上へ出るためのハッチの下に収納と一体化した階段が設けられているが，模型では省略している。

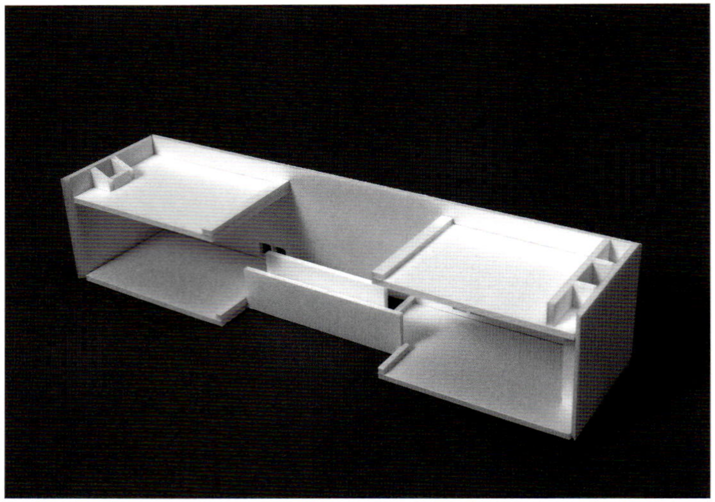

写真 2-4　模型（2階＋R階）
この模型では，2階床を1階の室内壁の上に載せ，1階の外壁の内側に収まるようにしている。デッキ下の手すりの下端は，床の下面より200ミリ下がっている。

2.1.4　2階

2階には，1階と同様の東西南北に面する4枚の外壁と，1階のポーチ上部に配置された小さな**吹抜け**（上部に天井や屋根のない空間）を囲む壁がある。2階の組立図を**図 2-11**に示す。

2階にある2つの寝室は，中庭の上部に架かるデッキ（ブリッジ）で結ばれている。デッキは外部にあり，デッキと各寝室の間は，ガラスの窓・ドアで仕切られている。模型では，窓・ドアは省略しているが，窓・ドアが取り付く立上り（部品 J）は表現している。この立上りの下部には，後で説明するハンチ（床の端部を支える部位）があるが，模型では省略している。デッキの手すり（部品 K と L）については，実際の通りに，下端をデッキの床下から200ミリ下げて取り付けるようにする。

デッキと各寝室の床面には，10センチ程度のレベル差がある。レベル差は各寝室の入口に設けられた半円形の**踏込み**（靴を脱ぐところ）に現れる。すなわち，実際の建築では，デッキと踏込みに対して室内が1段高くなっている。しかし，模型ではこのレベル差を省略している。踏込みは線で描いておこう。

なお，この模型では，2階の床が1階の外壁の内側に収まるようにしている。すなわち，2階床の上面は1階外壁の上端と一致する[6]。

6)　2階床は1階の室内壁の上に載るが，1階の外壁の上には載らず，その内側に収まる。模型としては，外壁の高さを室内壁の高さに合わせてつくる方法もある。しかし，本書の模型では，1階と2階の外壁の部品の接合部が，後述するコンクリートの打継目地と一致するようにしている。

2.1.5　R階

住吉の長屋の屋上は，フラット（水平）な鉄筋コンクリートの屋根である。模型の組立図を**図 2-12**に示す。また，模型写真を**写真 2-4**に示す。

屋上には，ポーチ上部の吹抜け（ポーチに光を落とすトップライト。ここにはガラスは入っていない）と，寝室（B）の奥（東側）の上部のハッチ（ここにはガラスの入った開閉する回転ハッチがある）の壁が立ち上がっている。寝室（B）には収納と一体化した階段が設けられ，ハッチを通って屋上へ出られるようになっているが，模型では収納＋階段は省略している。

2.1.6　階段

階段の模型は，スチレンボードではなく，**ケント紙**（上質紙）などの薄い紙でつくるとよい。組立図を**図 2-13**に，模型写真を**写真 2-5**に示す。

実際の建築の床の構成は複雑であるが，この模型では，床の厚みを正確に再現していない。床の厚みの違いは，1階床と2階床を結ぶ階段の垂直方向の寸法に影響するため，模型における階段の蹴上げ（1段の高さ）は実物の寸法と異なってくる。

この模型における1階床と2階床のレベル差は，**図 2-13**に示したように，2550ミリとなる。階段の段数は12段であるので，蹴上げの寸法は2550 ÷ 12 = 212.5ミリとなる（実物の階段の寸法は206.67ミリである）。模

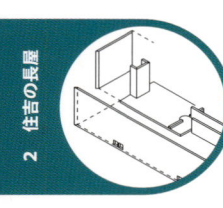

図 2-13　模型階段の寸法（1/100）
ケント紙を用いて，踏面と蹴込みを折り込んで製作するとよい。階段壁の上にケント紙で折った階段を載せる。

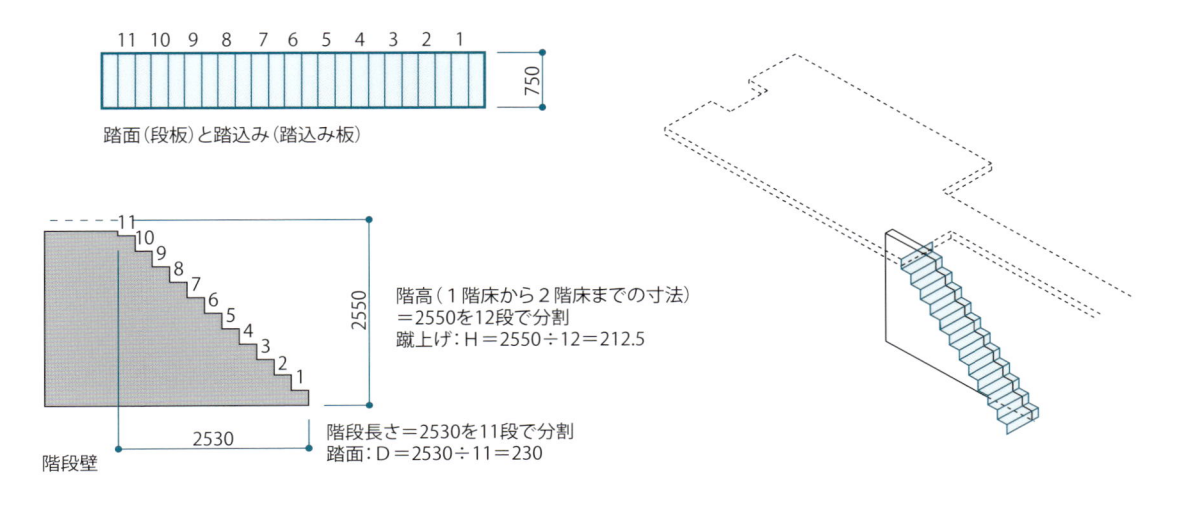

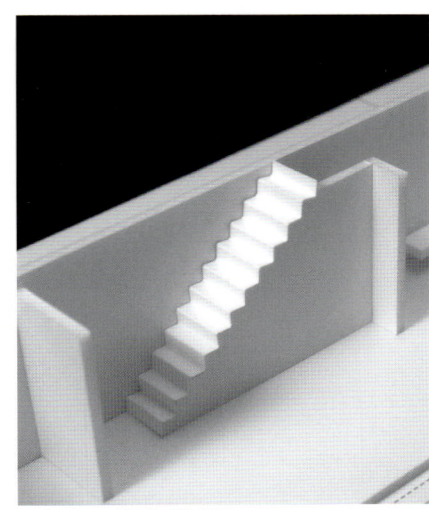

写真 2-5　模型（階段）

型における踏面（1段の奥行）の寸法は実物通りの 230 ミリである。

　模型では，ケント紙を用いて，踏面と蹴込みの部分を連続して展開する部品として製作している。この部品を折り込むことで階段が表現できる。ケント紙を折り込む際には，山折りとなる部分（凸となる部分）にカッターで薄い切れ目を入れておくとまっすぐきれいに折れるので試してみてるとよい。すでに1階壁としてつくっている階段壁の上にケント紙で折った階段を載せれば，階段部分が完成する。

2.1.7　平面の構成と動線

　図 2-14 は，住吉の長屋の平面構成を記号的に表した**ダイアグラム**（概念図）である。このような**平面構成ダイアグラム**を描いてみると，空間構成を確認できる。

　このダイアグラムでは，各スペース（部屋）を円で示し，**動線**（人の移動の軌跡。往来が可能なスペース間のつながり）を点線で結んでいる。スペースの位置関係と動線をダイアグラムに表すことによってスペースの構成が把握できる。住吉の長屋では，主要な部屋がすべて中庭に面して配置され，また，中庭が動線の要となっていることがわかる。

　住宅などの小規模な建築の平面構成ダイアグラムは，さほど複雑なものとはならない。しかし，複合的な機能を担う大規模な建築では，動線が複雑な構成になることが多い。たとえば，劇場には，観客の動線，俳優の動線，裏方の動線などが存在する。病院では，外来患者の動線，入院患者の動線，医師たちスタッフの動線，管理部門の動線など，複雑な動線が存在する。平面構成ダイアグラムは，それらの複雑なスペースと動線の構成を整理するために有効である。

　慣れてくると，平面構成の概念や建物内の動線は，模型や平面図から読み取ることができるようになる。設計製図を学び始めた学生は，動線をたどりながら模型や平面図の中を歩いてみるとよい。

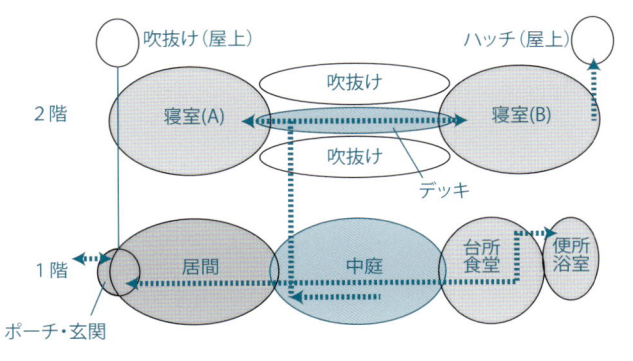

図 2-14　平面構成ダイアグラム
各スペース（部屋）を円で示し，スペース間のつながりを点線で結んでいる。

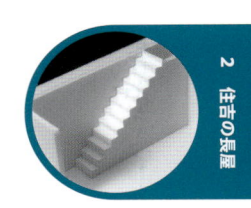

7) パンテオンに使われたセメントは，現代のセメントと同一の材料ではない。現代の鉄筋コンクリートの調合に使われるセメントはポルトランドセメントと呼ばれる。ポルトランドセメントの製法が確立したのは19世紀以降である。現代のコンクリートと古代ローマ時代の古代コンクリートの製法は異なっているが，「石や砂をセメントで固める」という原理は共通である。

8) 「コンクリートは圧縮に強く引張に弱い，鉄筋は引張に強く圧縮に弱い」と述べたが，これは同じ形状のコンクリートと鉄を比較した場合ではなく，コンクリートの塊と細い鉄筋を比較した場合の話である。同じ大きさの塊，たとえば立方体のコンクリートと鉄を比較すれば，鉄は石以上に圧縮に強い材料である。しかし，建築材料として鉄の塊を使うことはまずありえない。柱として鉄を使う場合も，鉄の柱は薄い板の組合せで作られることが多い。したがって，建築材料としては，「石やコンクリートの塊は圧縮に強く引張に弱い，数センチ程度の細い鉄筋は引張に強く圧縮に弱い」といえる。

写真 2-6　パンテオン
古代ローマ時代に建てられたパンテオンは，直径約40メートルのドームをもち，その頂部には直径約7メートルの天窓が空けられている。パンテオンのドームはコンクリートでつくられている。パンテオンは今でも健在で，イタリア・ローマの観光名所となっている。

2.2　鉄筋コンクリートと壁構造

　前節までに模型が完成し，住吉の長屋の構成が理解できたと思う。続いて，図面を描きながら住吉の長屋のしくみを学んでいくが，その前に，鉄筋コンクリートと壁構造の概要について学んでおこう。

2.2.1　鉄筋コンクリートの特性

　建築は，さまざまな**構造材，外装材，内装材**によって構成される（これは模型と実物の大きな違いの一つだ）。構造材は，建物を架構する材料。外装材は，外壁や屋根といった外部に面する部分を仕上げるための材料。内装材は，部屋・通路・階段などの内部にある壁・床・天井を仕上げるための材料である。

　住吉の長屋では，床，屋上および一部（浴室部分）を除く大部分の壁がコンクリート打放しで仕上げられている。すなわち，構造材であるコンクリートが外装材と内装材を兼ねている。コンクリートがそのまま外壁（外部に面する壁）と内壁（室内の壁）の表情となっていることは住吉の長屋の大きな特徴である。

　コンクリートは石や砂をセメントで固めた材料であるわけだが，住吉の長屋に用いられているのは単なるコンクリートではなく，コンクリートの中に鉄筋を仕組んだ**鉄筋コンクリート**である。石や砂をセメントで固めるコンクリートそのものは古くから使われていた材料で，たとえば，今からおよそ2000年前の古代ローマ時代に造られた**パンテオン**の**ドーム**（丸屋根）もコンクリートでつくられている[7]（**写真 2-6**）。

　パンテオンには，直径約40メートルのドームが架構され，その頂部には直径約7メートルの天窓が空けられている。内部に天空から光が差し込む空間という点で，住吉の長屋はパンテオンと似ているように思える。

　コンクリートの歴史は長いが，しかし，コンクリートと鉄筋を組み合わせた鉄筋コンクリート構造が発明されたのは19世紀後半で，一般の構造物に使われるようになるのは20世紀以降である。

　石やコンクリートといった塊は，押しつぶそうとしてもそう簡単には壊れない材料であるが，引っ張ると案外に壊れやすい（割れやすい）。すなわち，圧縮には強くて引張には弱い材料である。それに対し，**鉄筋**のような鉄製の細い紐棒は，引っ張っても簡単には切れないが，両端を押しつけると小さな力でも折れ曲がる（針金を引っ張って切るのは難しいが，細い針金は押せば簡単に曲がる）。すなわち，鉄筋は引張には強いけれども圧縮には弱い材料である[8]。

　圧縮に強いコンクリートと引張に強い鉄筋が組み合わさった鉄筋コンクリートは，引張にも圧縮にも強い構造材となる。引張にも圧縮にも強いということは，曲げようとしてもなかなか曲がらない，曲げにも強い材料でもある。

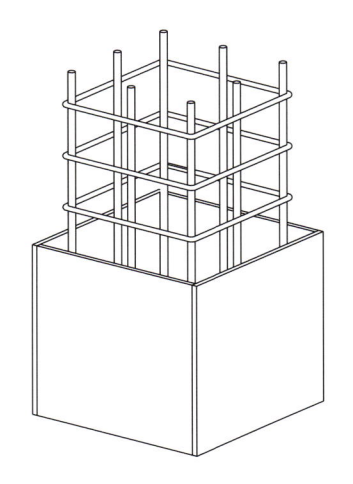

図 2-15　鉄筋と型枠
鉄筋コンクリートの柱や壁などは、鉄筋を囲む型枠の中にコンクリートを流し込んでつくられる。

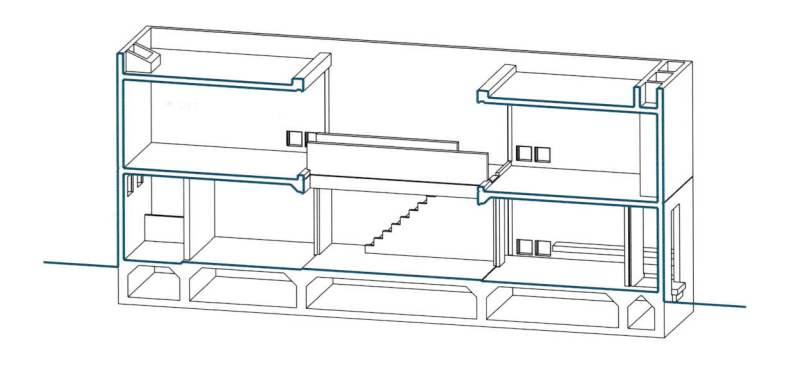

図 2-16　構造体の構成
住吉の長屋の構造体部分を、地盤面の下に埋まる基礎も含めて示している。

　パンテオンのドームがコンクリートで架構されていると述べたが、ドームには、各部分にかかる**応力**（部材の内部の力）が圧縮力だけとなるという構造的特性がある。したがって、ドームが圧縮に強いコンクリートで架構されることは理にかなっている。しかし、一般の建築は、壁・床などの垂直・水平な部材をもつ。それらの部材は荷重によって曲げられようとするので、引張や曲げに弱いコンクリートだけで架構するわけにはいかない。

　図 2-15 は、一般的な建築の鉄筋コンクリート柱の鉄筋と**型枠**（コンクリートを固めるための仮板）を表している。鉄筋コンクリートの工事は、組み立てられた鉄筋を囲む型枠の中に固まる前のコンクリートを流し込むことで進む。壁構造である住吉の長屋には、鉄筋コンクリート柱は存在しないが、ここでは、鉄筋コンクリートが鉄筋とコンクリートの組み合わせであることを確認して欲しい。

2.2.2　鉄筋コンクリート壁構造の構成

　鉄筋コンクリート構造には、大別すると、柱や梁などの骨組みを鉄筋コンクリートでつくり、その骨組みによって床と屋根を支える**鉄筋コンクリートラーメン構造**と、柱と梁を用いないで壁によって直接床と屋根を支える**鉄筋コンクリート壁構造**の2種類の構造形式がある。住吉の長屋は、後者の鉄筋コンクリート壁構造によって架構されている。鉄筋コンクリートラーメン構造については、次章（ザヴォワ邸）で解説する。

　構造材によって構成される建築全体の架構のことを**構造体**という。構造体とは、人体にたとえれば骨にあたる部分であるといえる。構造体は**躯体**（くたい）と呼ばれることもある。住吉の長屋の構造体部分を、地盤面の下に埋まる基礎も含めて示したのが**図 2-16** である。

　住吉の長屋の**構造壁**（構造体としての壁）の厚さは 150 ミリであり、床の構造体である床スラブの厚さも 150 ミリである[9]。床スラブの上には床仕上げが施されるので、仕上げを含んだ床の厚さ 150 ミリより大きくなることは先にも述べた通りである。床・屋根の仕上げを含めて表現している前掲の**図 2-4**（44 ページ）と比較して、特に床の構成が大きく異なっている（床仕上げが表されていない分、床が薄く見える）点に注目して欲しい。

2.2.3　水平な屋根

　住吉の長屋の屋根はフラット（水平）である。一般に、鉄筋コンクリート構造の建築の屋根は水平であることが多い。一方、町でよく見かける木構造（木質材料を構造体とする架構形式）の住宅や寺社には傾斜した屋根が架かっていることが多い。

　木構造の屋根に傾斜がついていることの主要な理由としては、強度の確保や**雨仕舞い**をあげることができる。雨仕舞いとは、雨が建物の内部に浸入しないようにする工夫のことをいう。鉄筋コンクリート構造では、後述する防水方法によって、水平な屋根に雨仕舞いを施すことができる。

[9]　鉄筋コンクリート壁構造の小規模な住宅の場合、構造壁の厚さは 15 〜 20 センチ程度、床スラブの厚さも 15 センチ程度であることが多い。もちろん、より大きな空間を架構するためにはより厚い壁や床が必要となるが、通常のスケールの住宅が、直交する2方向に構造壁を配置する壁構造によって架構される場合に、30 〜 40 センチ以上の壁厚が採用されることは少ない。
建築の構造体である壁・床の厚さや柱の太さは、建物の強度を計算する構造計算の結果と合致するものでなければならない。しかし、建築設計においては、必ずしも構造計算の結果として建築の形態が決定されるわけではない。むしろ、基本設計（基本図面に基づく形態・空間の設計）は構造計算に先立つものである。だから、まずは想定される厚さ・太さで基本図面を描いてみる必要がある。基本図面がなければ構造設計も出来るはずがないから、見込みの厚さ・太さで基本図面を描かなければならない。設計製図を学び始めたばかりの学生が、正しい厚さ・太さを想定することは難しいと思うが、多くの事例を見ていけば、建築のスケールが掴めてくる。

1階

2階

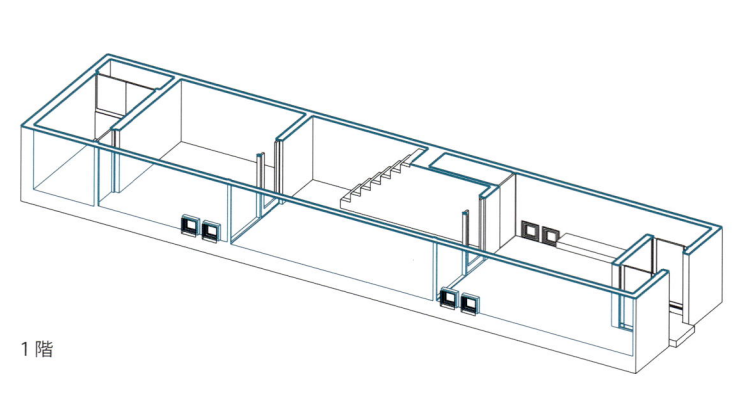

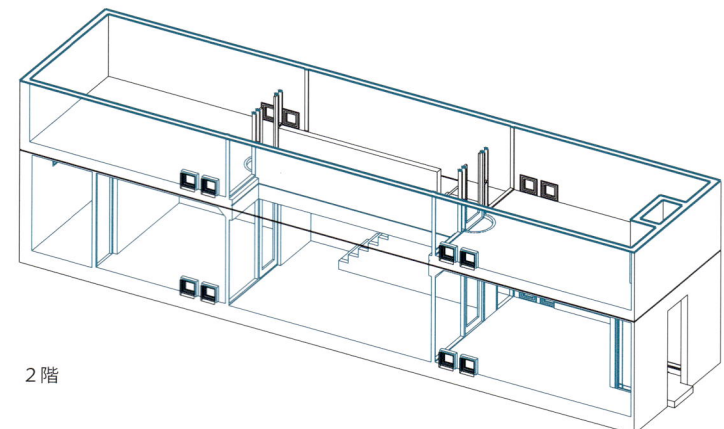

図 2-17 水平切断図
各階を床面＋1500 ミリのレベル（目線の高さ）で水平に切断した図。図 2-1（平面図，42 ページ）と対応している。

2.2.4 コンクリート壁の特性

　住吉の長屋の室内と中庭（外部）は，いずれも壁がコンクリート打放しで仕上げられている。内部と外部が同一の材料で仕上げられることによって，室内と中庭が空間的に連続し，外部が内部化し，あるいは，内部が外部化している。

　コンクリート打放し仕上げであることが住吉の長屋の大きな特徴であるのだが，ここでは住吉の長屋から離れて，一般的な知識としてのコンクリート壁の環境的特性について学んでおこう。

　実は，**断熱性**という面からみれば，室内と室外の両面をコンクリート打放しとすることには難がある。ここで，断熱性というのは，材料が内外の熱を遮断する性質のことである。

　断熱性に優れた材料は外部の熱を内部に伝えにくく，断熱性に乏しい材料は外部の熱を容易に内部に伝える。一般にコンクリートなどの重い材料は熱を伝えやすく，したがって断熱性に難のある材料である。夏の暑い日にはコンクリートは熱くなるし，冬の寒い日にはコンクリートは冷たくなる。一方，発泡スチロールや布などの軽い材料は，熱を伝えにくく断熱性に優れた材料である（たとえば，風呂に発泡スチロールを浮かべても熱くはならない）。

　夏の日射で暖められたコンクリートは，冷房効果を妨げる。冬の外気に冷やされたコンクリートは，暖房効果を妨げるとともに，**結露**を発生させる。結露というのは，暖房によって暖められた空気が冷たい壁，ガラス，サッシなどに接する際，空気中の水蒸気が液化して，水滴に変わる現象のことをいう。寒い日に暖房を入れた自動車のフロントガラスが曇るのは結露が起こるからである。暖かい空気は，冷たい空気に比べてより多くの水蒸気（湿気）を含むことができるから，暖かい空気が冷たい材料に触れると，空気の露点温度（水蒸気が気体でいられなくなる温度の限界）が下がり，結露が起きる。壁や窓に湿気をもたらす結露は，建築材料や家具などを腐らせることがある。また，不快なものでもある。

　壁の外側または内側に，発泡スチロール（スタイルフォーム）などの**断熱材**（熱を通しにくい材料）を張ると壁の表面に対する結露を防止することができる。壁の外側に断熱材を張れば，日射や外気による壁の温度変化を抑えることができる（このような断熱方式は**外断熱**と呼ばれる）。また，内側に断熱材を張れば，壁の温度変化は断熱材によって遮断される（このような断熱方式は**内断熱**と呼ばれる）。

　コンクリートには上記のような特性があるから，建築設計を学び始める学生は，安易にコンクリート打放しを多用するべきではない。冷暖房を前提とするならば，コンクリートの特性は別の材料で抑制するのが一般的である。すなわち，コンクリート構造の建築の壁には，少なくとも外か内かのどちらかに断熱材を張り，その上に仕上げを施すことが多い。

　しかし，断熱材を張らないことも，設計の選択肢の一つであるといえる。丁寧に施工されれば独特の美しい素材感をもちえるコンクリートを受け入れることが生活の一つの選択肢でありえないはずはない。

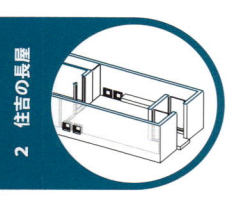

1階平面図（1/75）

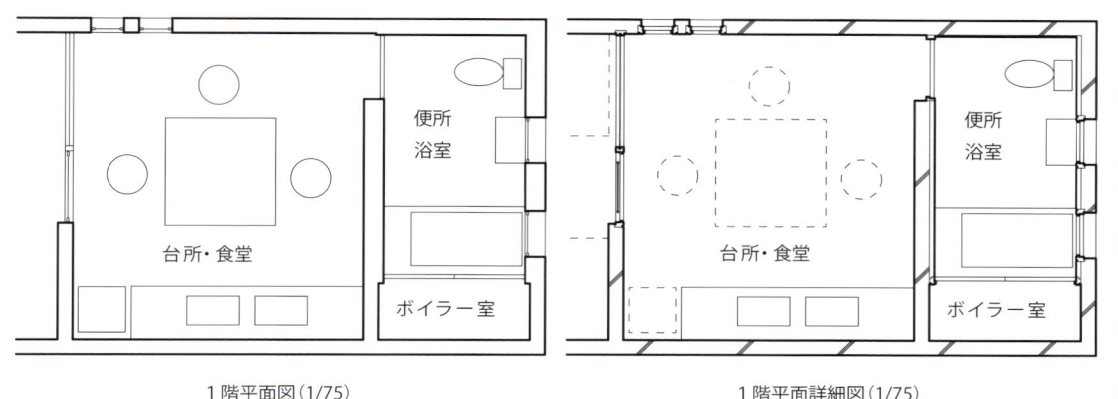

1階平面詳細図（1/75）

図 2-18　簡略表現と詳細表現
細部を省略した簡略な平面図。右図はディテールを表現した平面詳細図。壁の内部に描き込まれた 3 本の斜線は，この部分の材料が鉄筋コンクリートであることを示す記号。この部分を立体で表現したものが図 2-19。

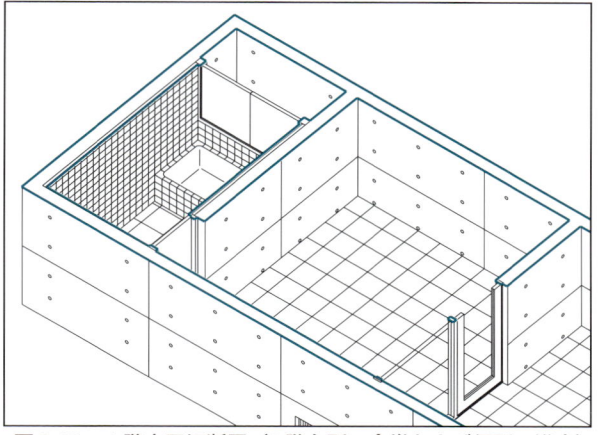

図 2-19　1 階水平切断図（1 階台所・食堂および便所・浴室）
図 2-18 を立体で表している。家具・什器（キッチン，便器，洗面器など）は省略している。

2.3　平面の構成

　本節では，住吉の長屋の平面構成について学ぶ。本節には平面図を描く演習を含めているので，併せて学習して欲しい。建築のしくみを理解しないと図面は描けない。また，図面を正しく描くためには建築のしくみの理解が必要である。

　住吉の長屋の水平切断図を**図 2-17** に示す。この図は，本章冒頭の**図 2-1**（42 ページ）に示した平面図と対応する。1/100 スケールの**図 2-1** は，**ディテール**（細部の構成）を省略した簡略な表現の平面図である。建築を学び始める学生は，これくらいの簡略な表現の平面図を，1/100 ではなく 1/50 で描くことから学習を始めるとよい[10]。すでに製作した 1/50 スケールの模型と対応させて，1/50 スケールで図面を描いて欲しい。

　図 2-1 は簡略な表現の平面図ではあるが，開口部としてドア，窓を描いている。平面図を表現する際，第 1 に理解しなければならないのは，壁と開口部の表現である。前章で学んだ箱形建築の平面図（10 ページの**図 1-1**）では，開口部を単なる穴として表していた。しかし，実際の建築の開口部には窓やドアなどの建具が取り付く。住吉の長屋では，ポーチ部分のみは建具の取り付かない穴であるが，それ以外の開口部には建具が取り付く。

　建築の図面は，その縮尺に従って，時に詳細に，時に簡略に描かれる。平面図において，開口部を含む壁が図面の縮尺に応じてどのように表されるかを本節で学ぼう。

2.3.1　壁の構成

　人間の目は壁の仕上げ面を壁の表面として見るから，平面図では，壁の仕上げ線を切断線（切断面の輪郭）として描かなければならない。住吉の長屋では，1 階の便所・浴室（以下，浴室と呼ぶ）の壁のみが，コンクリート打放しではなく，**タイル張り**である。浴室のタイル壁に注目し，平面図におけるコンクリート打放し壁とタイル壁の表現の違いについて学んでおこう。

　図 2-18 に台所・食堂（以下，食堂と呼ぶ）および浴室部分の 1 階平面図を示す。左図は細部を省略した簡略な平面図，右図はディテールを表現した**平面詳細図**である。**詳細図**は施工上必要な部分を描いた図面であり，壁の内部などの詳細を示す図である。**図 2-18** を立体図で示したものが**図 2-19** である。

　図 2-18 を詳細に見ると，浴室の壁に仕上げが施されていることがわかる。食堂と浴室を囲む構造壁（鉄筋コンクリート部分）の厚さはいずれも 150 ミリであるが，浴室にタイルが張られることで，室内側に壁の厚さが増している。

　住吉の長屋の浴室では，西面（食堂側）と東面（外壁側）の壁については 50 ミリ，北面（外壁側）と南面（ボイラー室側）の壁については 15 ミリの仕上げ厚でタイルが張られている。これは，タイル自体の厚さが 15 ミリ～50 ミリということではなく，鉄筋コンクリート壁とタイルとの間の**下地**（仕上げを施すための素地）を含んだ，鉄筋コンクリート壁からタイルの表面までの厚さが 15 ミリ～50 ミリということである。

10）もし図面の製作に慣れているならば，1/100 スケールで演習を進めてもいい。

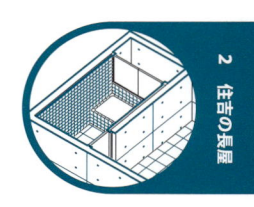

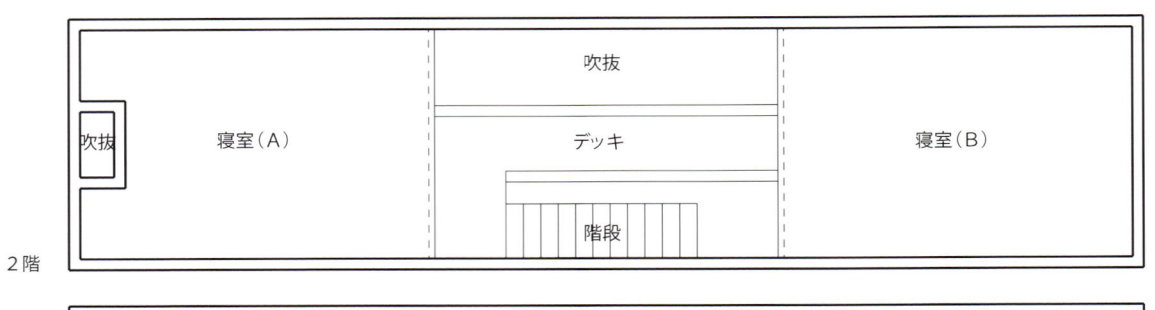

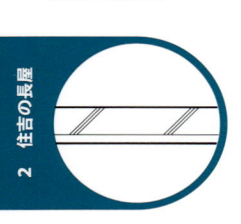

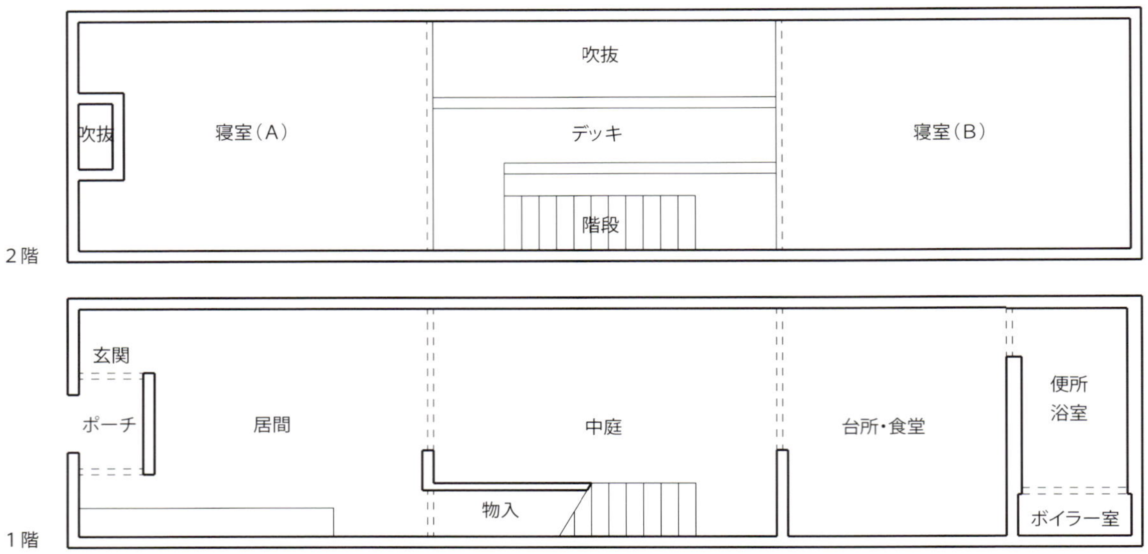

図 2-21　建具を省略した平面図（1/100）
壁の切断面とデッキおよび階段の稜線を描いた平面図。
この図では建具は記入せず，建具の位置だけを点線で表している。

図 2-20　コンクリート打放し壁とタイル張り仕上げの壁
下図では，タイルの表面を表す線を描くことによって，仕上げが施されていることを示している。
壁の内部に描き込まれた 3 本斜線は，この部分の材料が鉄筋コンクリートであることを示す記号。

タイル張りの下地は，配管や配線などが含まれた複雑な構成になることもある。タイルを張るために必要となる厚みがどの程度であるかについては，一概にいえることではない。様々な施工例から学んだり，あるいは，実務経験を経ながら学んでいくべきことである。建築を学び始めたばかりの学生が正確な寸法を決定することは難しいと思うが，壁の厚みを考えながら平面図を描くように心がけて欲しい。あるいは，平面図から壁の厚みの意味を読み取って欲しい。

図 2-18（前ページ）の右図において，壁の内部に描き込まれた 3 本の斜線（45 度の角度で描かれた斜線）は，この部分の材料が鉄筋コンクリートであることを示す記号である。**図 2-18** の浴室のタイル張りの壁の部分をさらに拡大したものが**図 2-20** の下図。上図はコンクリート打放し部分である。下図では，タイルの表面を表す線だけを描いて，鉄筋コンクリート壁に仕上げが施されていることを示している [11]。

壁の材料・仕上げの表現は，詳細図においては不可欠であるが，基本図（基本設計のための図面）においては省略されることが多い。壁の材料・仕上げを示す記号は，通常は詳細図に描き込む記号なので，基本図には安易に描き込むべきではない [12]。簡略表現による基本図では，材料・仕上げを示す記号は省略する（描かない）ことを推奨する。

11）タイルの表面だけを示すのではなく，タイルと下地の境界線を示すと，より詳細図らしくなる。しかし，詳細図であっても，タイルの厚さを正確に図面で表現するのは難しい。たとえば，もしタイルの厚さが 5 ミリ程度であった場合，1/20 スケールの詳細図では，タイルの厚みを 5 ÷ 20 ＝ 0.25 ミリで描かなければならない。

12）建築を学び始めたばかりの学生は，図 2-20 における 3 本斜線などの記号を，材料・仕上げを示すための記号ではなく，壁一般を表す記号と勘違いすることが多いように思える。図 2-20 の上図のように描かれた壁は，仕上げの施されないコンクリート打放しの壁を意味するのであって，壁一般を意味するわけではない。

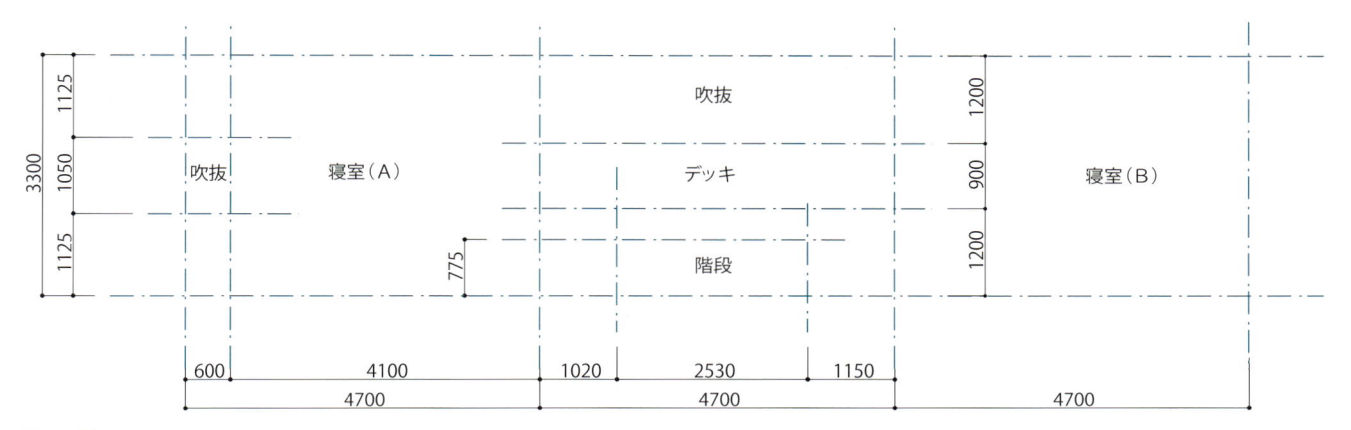

2階平面図　1/100

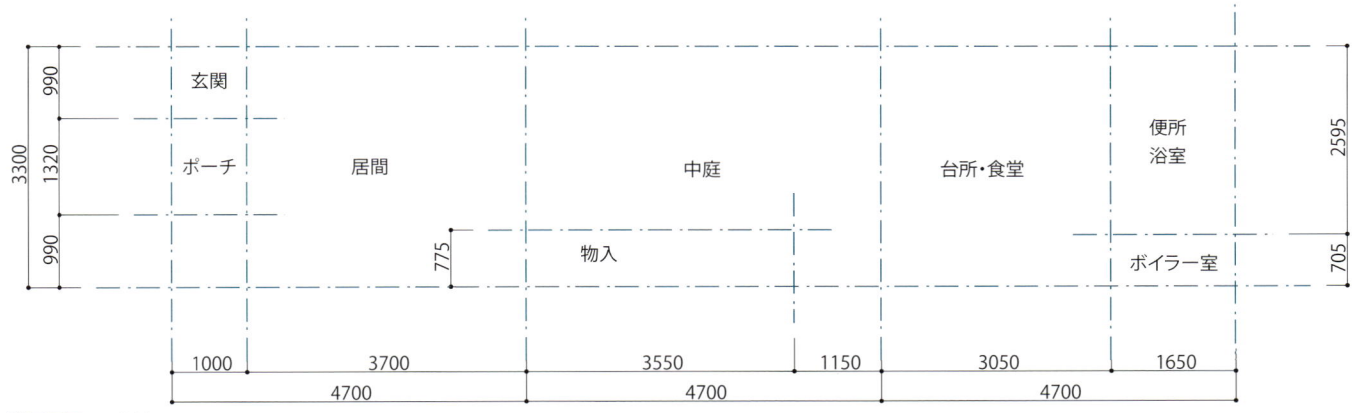

1階平面図　1/100

図 2-22　基準線の製図

演習 2-2　壁の表現

　開口部に配置される建具（ドアや窓）の描き方を学ばないと平面図は描けないのだが，仮に建具を省略した平面図を描くと**図 2-21** のようになる（この図では建具の位置を点線で表している）。

　開口部について学ぶ前に，ここまでの理解を確認するため，建具を省略した平面図を描いてみよう。

　本書の演習では，以下の方法で平面図を描いていく。図面には様々な描き方がある。以下の方法と異なった描き方が適切なこともあるが，ここでは，この方法を学んで欲しい。

（1）基準線は捨線として扱う。寸法は記入しなくてもよい。
（2）切断線（切断面の輪郭）を太線で，稜線（切断面の下方に見える部分の外形）を細線で描く。太線と細線をはっきり区別し，中線（太線と細線の中間の太さの線）は用いない。
（3）部屋名は必ず記入する。

　A3 サイズ（420 × 294 ミリ）のケント紙を用意し，**図 2-22** のように，基準線を描く。この演習では，基準線は捨線として描けばよい。

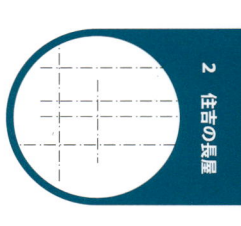

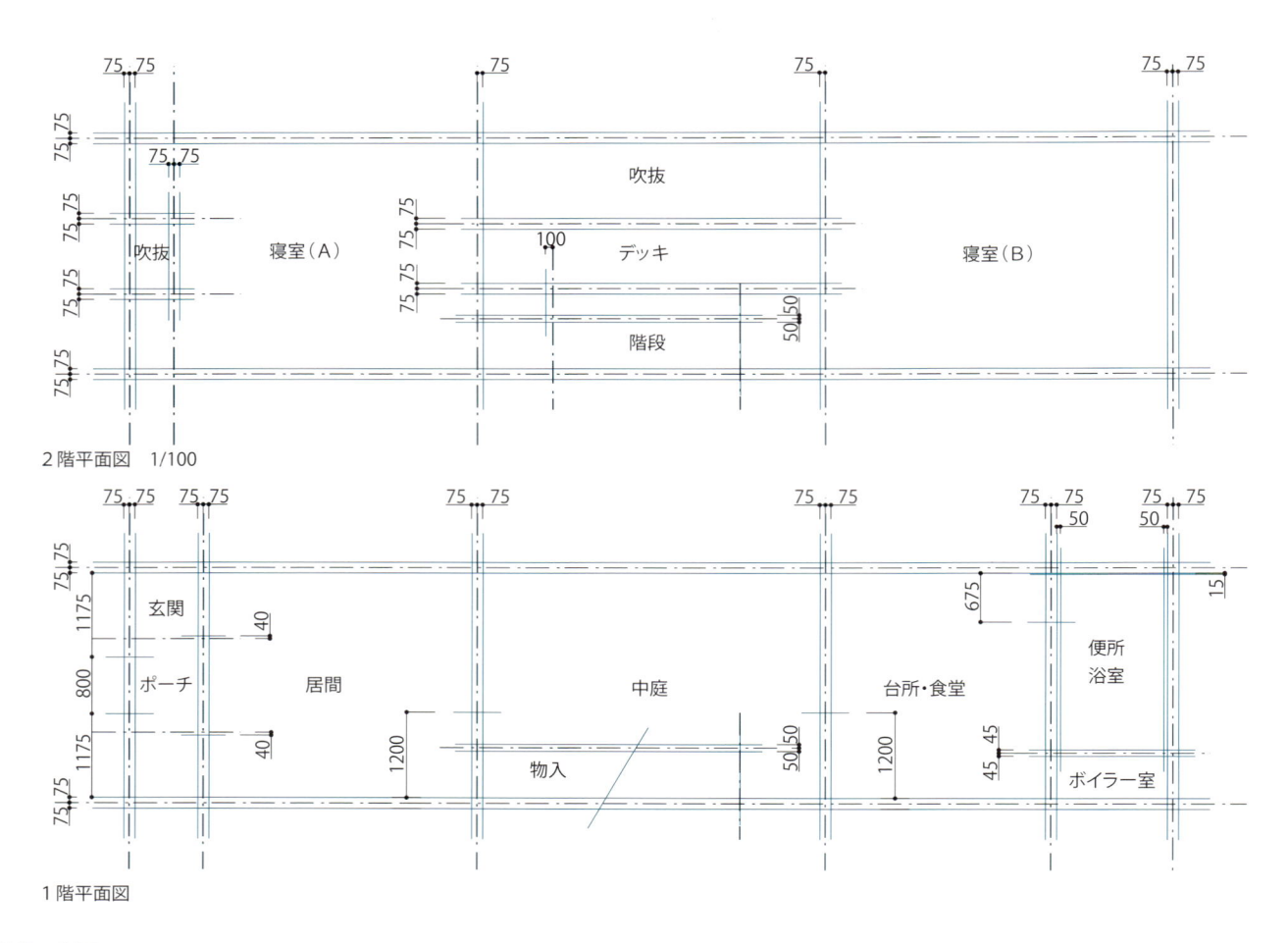

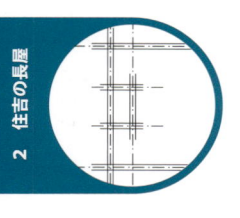

[図面: 2階平面図 1/100、1階平面図 — 寸法線と捨線、各室名（吹抜、寝室（A）、デッキ、寝室（B）、階段、玄関、ポーチ、居間、中庭、台所・食堂、便所、浴室、物入、ボイラー室）が記入されている]

図 2-23 捨線の製図
基準線に対して，壁の位置を示す捨線を描く。

13) 平面図は水平に切断された切断面の輪郭を表す切断線と下方にあるものの外形を表す稜線によって描かれる。切断線と稜線については、1章（箱形建築）の18ページで解説している。

次に，**図 2-23** に示した壁の位置を示す捨線を描く。1階平面図では階段が切断されるので，切断されることを表す記号として，斜めの線も描いておく。1章（箱形建築）で説明したように，階段の切断記号を記入する位置は，平面図の水平切断レベルに厳密にこだわらず，おおよその位置に記入してよい。また，ここで，部屋名を記入しておく。

捨線が描けたら，捨線上に壁の切断線および階段とデッキの稜線（目に見える部分の外形線）が描けるようになる[13]。

なお，階段は，2530 ミリの長さを 11 段で分割して描く。階段を上る方向を示す矢印は，どちらの方向に上るかを記号で示さなくても明らかなので，省略してもかまわない（記入してもよい）。

2.3.2　開口部の構成

ここまでに，壁の切断線とおおまかな稜線を表す平面図を作成した。作成した平面図は，先に製作した開口部を穴として製作した模型と対応しているはずだ。しかし，実際の建築の**開口部**は単なる穴ではなく，その構成は複雑である。ここで，開口部の構成と平面図におけるその表現を学ぼう。

建築を学び始めたばかりの学生にとって，開口部のディテールの理解は容

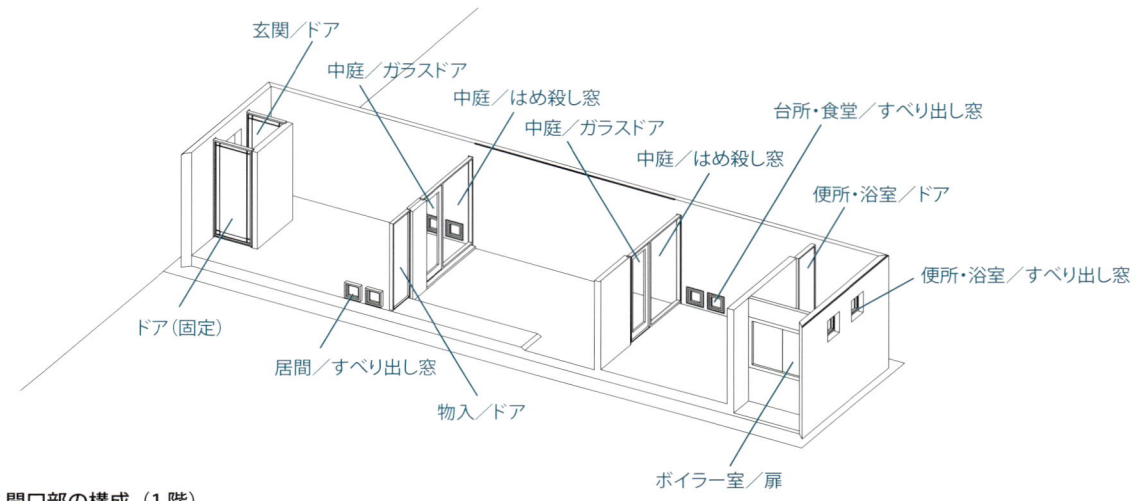

図 2-24　開口部の構成（1 階）
1 階の構造体と建具を示している（南側の壁と階段，および，床仕上げは省いている）。

易ではないだろうと思う。最初は，複雑なディテールにはこだわらないで，開口部を簡略に表現してよい。しかし，ある程度はディテールの構成を理解しないと，簡略に表現することもできない。また，ドアや窓の種類は光や風の通り具合と関係するし，窓面と壁面との位置関係など，簡略表現においても留意するべきことは多い。

住吉の長屋の精密に設計された開口部のディテールの理解は，高度な学習かもしれない。しかし，開口部のしくみをこの優れた実例から学ぼう。

2.3.2.1　建具の種類

建具は枠である**サッシ**に，ガラスなどの素材がはめ込まれることで構成される。住吉の長屋の建具には，浴室のドア部分を除いて，ほとんどのドア・窓にスティール（鉄製）のサッシが用いられている。

ここで，住吉の長屋から離れて，一般的な建具の知識について少々学んでおこう。

近年の住宅の建具には，**アルミサッシ**が用いられることが多い。**スティールサッシ**，アルミサッシあるいはステンレス鋼を用いて製作される**ステンレスサッシ**などは金属でつくられるサッシであるため，**金属製サッシ**と呼ばれる。金属製サッシの他には，**木製サッシ**，**プラスチックサッシ**などがある。

アルミサッシが普及しているのは，軽くて錆びない素材が建具に適しているからである。通常，アルミサッシは，サッシ工場において，薄い板が組み合わさった形状の断面をインゴット（押し出し成型）から押し出すことで製造されるから，アルミサッシの断面は規格品となるのが一般的である。インゴットを特注しない限り，規格に合った断面のサッシを用いることになるが，その場合でも，開口面（ガラスの入る面）の寸法には自由度がある。開口面寸法が定められた**レディメード・サッシ**もあるが，設計図に指定された開口面寸法に合わせてサッシを製作する**オーダーメード・サッシ**も一般的である。

断面が規格品となる一般的なアルミサッシに対し，スティールサッシは薄い板を曲げ加工して製作されるため，比較的容易に自由な形状に加工することができる。また，スティールは単位断面あたりの強度がアルミよりも高いため，細い部材でサッシを構成することもできる。一方，スティールサッシには，錆びを防ぐためにペンキを塗っていくメンテナンスが欠かせない。

スティールやアルミを用いた金属製サッシは耐久性に優れた部材である。しかし，金属は熱を伝えやすいので，金属サッシには結露が起きやすい[14]。一方，木やプラスチックは熱を伝えにくい材料なので，結露が起きにくい。そのため，住宅には，木製サッシやプラスチックサッシもよく用いられるようになった。

以上のように，各種のサッシには一長一短がある。

2.3.2.2　1 階開口部

図 2-24 に，1 階の構造体と建具を示した。玄関，物入（階段下），浴室，

14）　金属サッシは，外気が冷たい時には冷えてしまう。暖房された部屋において，冷たい材料の表面に水蒸気を多く含んだ暖かい空気が触れると，水蒸気が液化して水滴となって表面に付着する結露が起こる。
近年では金属サッシに断熱材を組み込んだ製品も普及している。

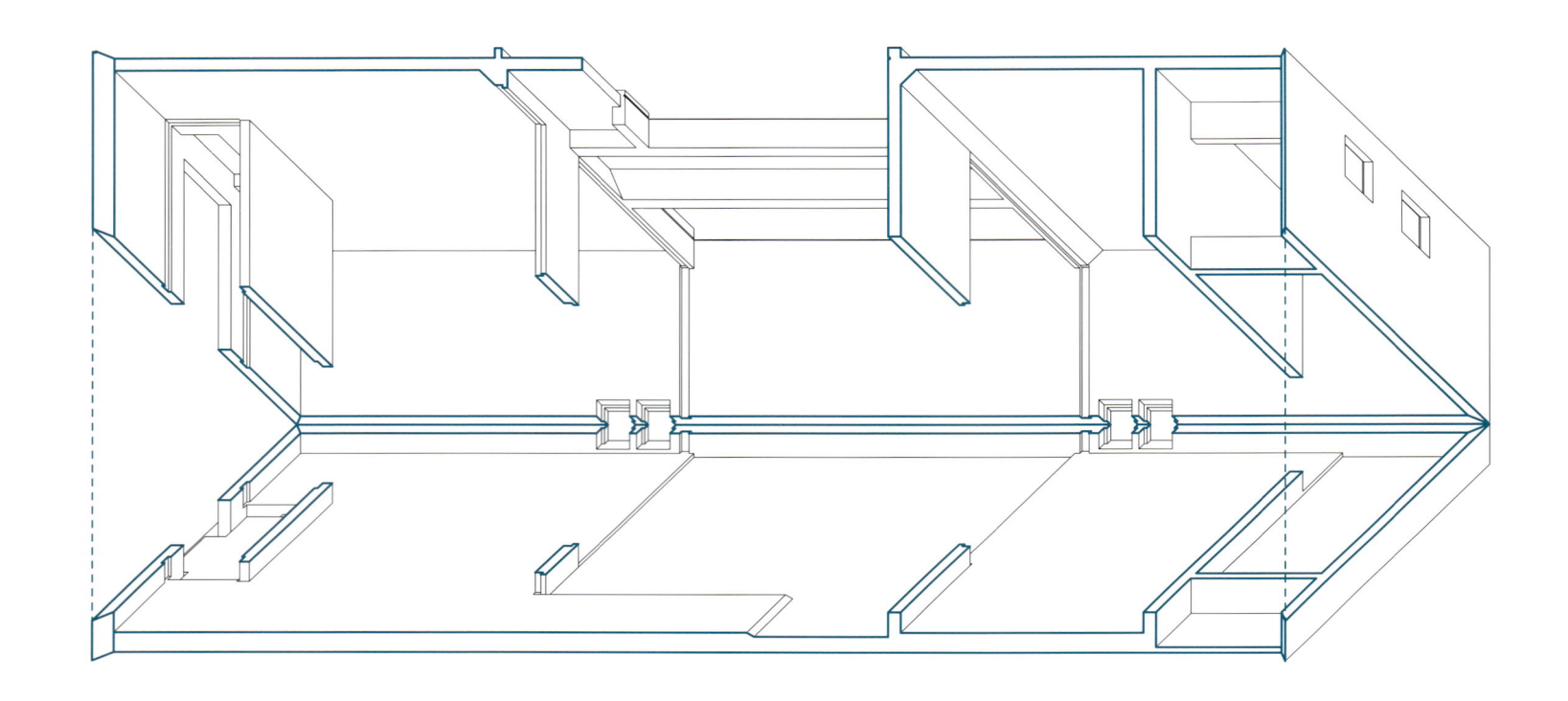

図 2-25　鉄筋コンクリート壁の形状（1 階）
南側の壁を取り除き，床に近い高さを切断した立体図。鉄筋コンクリート壁の形状を示している。

ボイラー室の各部屋にはドアが配置されている。また，居間と中庭および食堂と中庭の間は，ガラスのドアと**はめ殺し窓**で仕切られている。はめ殺し窓というのは，ガラスが入っただけの開閉しない窓のことである。また，居間には4つの，食堂には2つの**すべり出し窓**（室外側に滑るように開閉する窓）が取り付いている。浴室にも2つのすべり出し窓が取り付いている。

これらの建具を構成するサッシは鉄筋コンクリートの壁に固定されなければならない。サッシを壁に固定する施工法はいろいろ考えられるが，アルミサッシやスティールサッシなどの金属製のサッシは，鉄筋コンクリート壁にあらかじめ埋め込まれた鉄筋に溶接して固定されることが多い。住吉の長屋でもこの方法が用いられている。

この方法でサッシを鉄筋コンクリート壁に取り付けるためには，あらかじめ鉄筋コンクリート壁をサッシが取り付けやすい形状に**打設**（型枠の内部にコンクリートを充填すること）しなければならない。すなわち，鉄筋コンクリート壁は，サッシに合わせた形状に施工されなければならない。

図 2-25 は，1階の鉄筋コンクリート壁の形状を示している。図の上部は，床に近い高さから上を見上げた立体図となっている。

玄関および中庭のサッシが取り付く位置の壁や天井に，欠き込み（凹み）があることに注目して欲しい。サッシは，この欠き込みにはめ込まれるように取り付けられる。

2.3.2.3　玄関ドア

建具の取り付き方を玄関のドアを例に見てみよう。玄関ドアはH形鋼（断面がHの形をしたスティール）の枠に鉄板が張られたドア。**図 2-26** が水平に切断した玄関ドアの立体図である。

コンクリートが打設される際，コンクリート壁の開口部の内側には，鉄筋がわずかに露出するように仕込まれる。玄関ドアのサッシは，数カ所において，このあらかじめコンクリート壁に埋め込まれている鉄筋に溶接されることで固定される。左図のサッシの取付け部分について，そのプロセスを図示

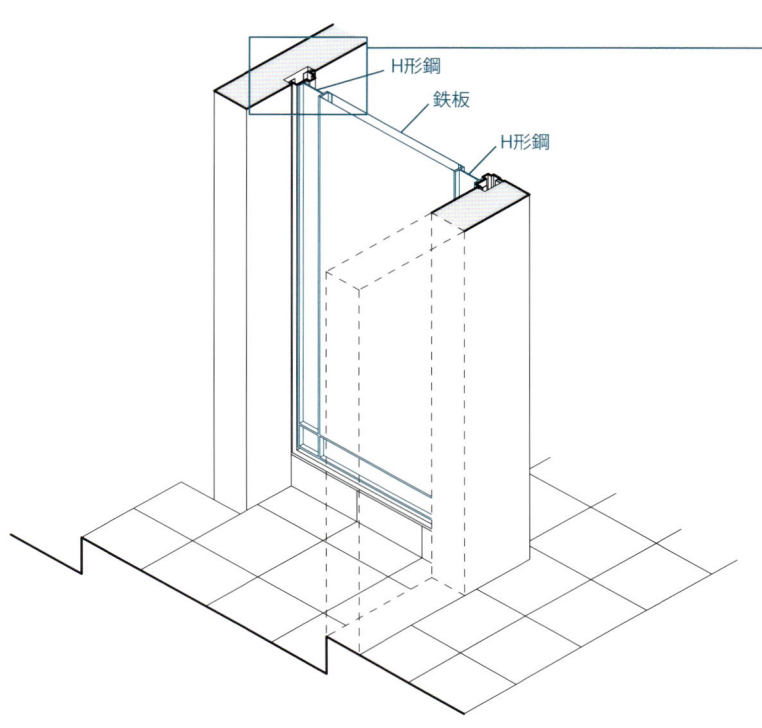

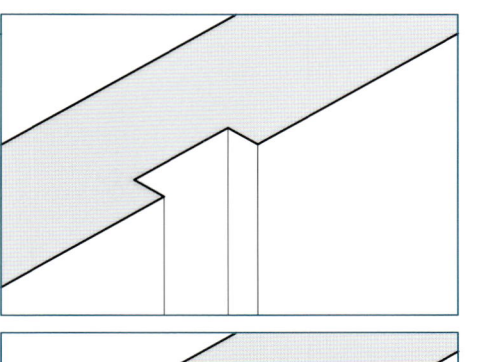

図 2-26　サッシ取付けのプロセス（玄関ドア）
水平に切断した玄関ドアの立体図（手前の壁の一部を取り除き，点線で示している）。右図は，左図上部の枠部分におけるサッシの取付けのプロセスを示している。

1
鉄筋コンクリート壁は，あらかじめ欠き込まれている。

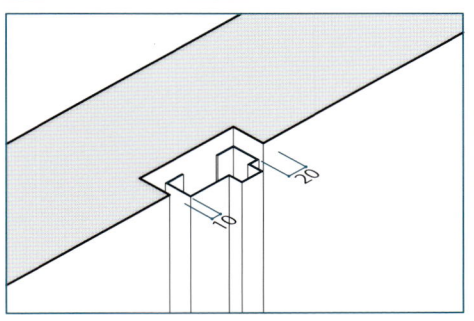

2
壁に固定されるサッシが取り付けられる。このサッシは，鉄筋コンクリート壁にあらかじめ仕込まれた鉄筋に溶接される。溶接は，溶接棒を鉄筋コンクリート壁とサッシとの間に差し込んで行うので，そこにはクリアランス（隙間）が必要である。住吉の長屋では，溶接用のクリランスとして 20 ミリがとられている。また，欠き込まれた寸法の中にサッシをはめ込むためには，溶接をしない側にもクリアランスが必要である。住吉の長屋では，10 ミリのクリアランスがとられている。

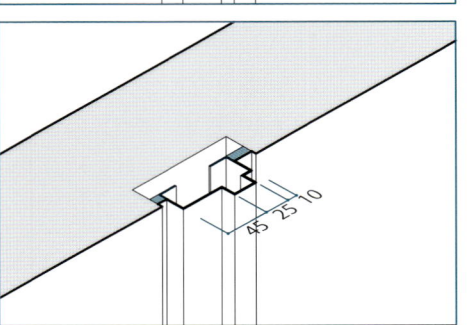

3
コンクリート壁とサッシの間のクリアランスは，サッシを取り付けた後，**シーリング**（合成樹脂により隙間を充填すること）によって埋められる。なお，この図では壁に固定されたサッシは壁の一部と考え，サッシを含めた壁を切断線（太線）で描いている。

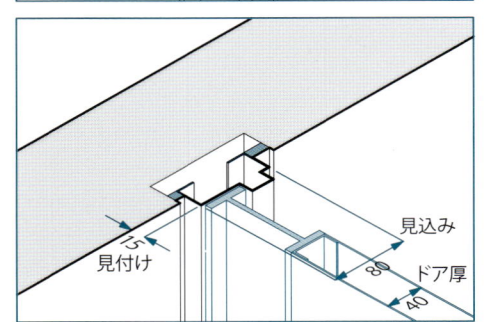

4
鉄筋コンクリート壁に固定されたサッシに，**蝶番**（ちょうつがい，あるいは，ちょうばん）などの金具により開閉するドアが取り付く。

すると右図のようになる。

2.3.2.4　見付けと見込み

図 2-26 の右最下図（4）には，**見付け**と**見込み**という建具に現れる寸法を図示している。見付けと見込みは，簡略表現の基本図においては省略されることが多い寸法ではあるが，建具の構成にとって重要な概念なので，ここで学んでおこう。

　サッシの見付けは，サッシそのものの大きさを示す寸法ではなく，サッシの目に見える部分の大きさを示す寸法である。サッシはあらかじめ欠き込まれて打設される鉄筋コンクリート壁にはめ込まれるように取り付くから，目に見える大きさは，サッシそのものの寸法ではなく，壁から露出する部分の寸法のみである。**意匠設計**（目に見える部分のデザイン）においては目に見える部分の造形が重要なので，設計者は，見付けの大きさを気にしながらデ

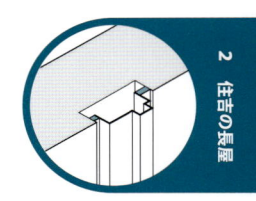

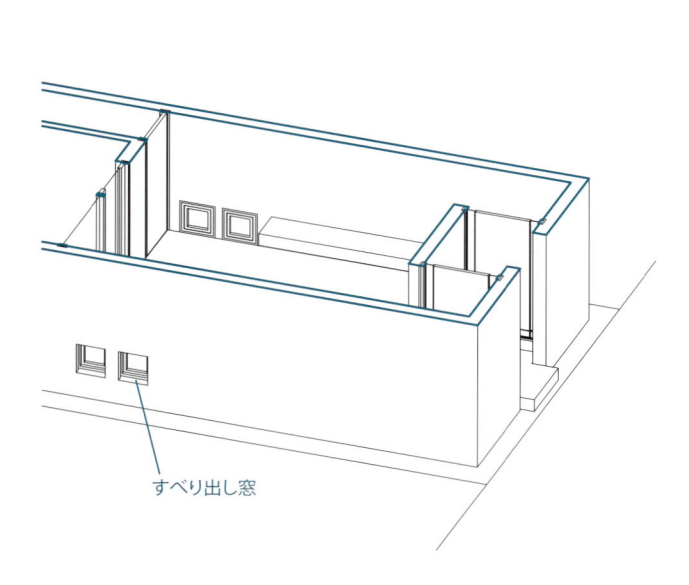

図 2-27　水平切断図（1 階居間）
南北の壁の低い位置に 40 センチ角のすべり出し窓が 2 つずつ配置されている。

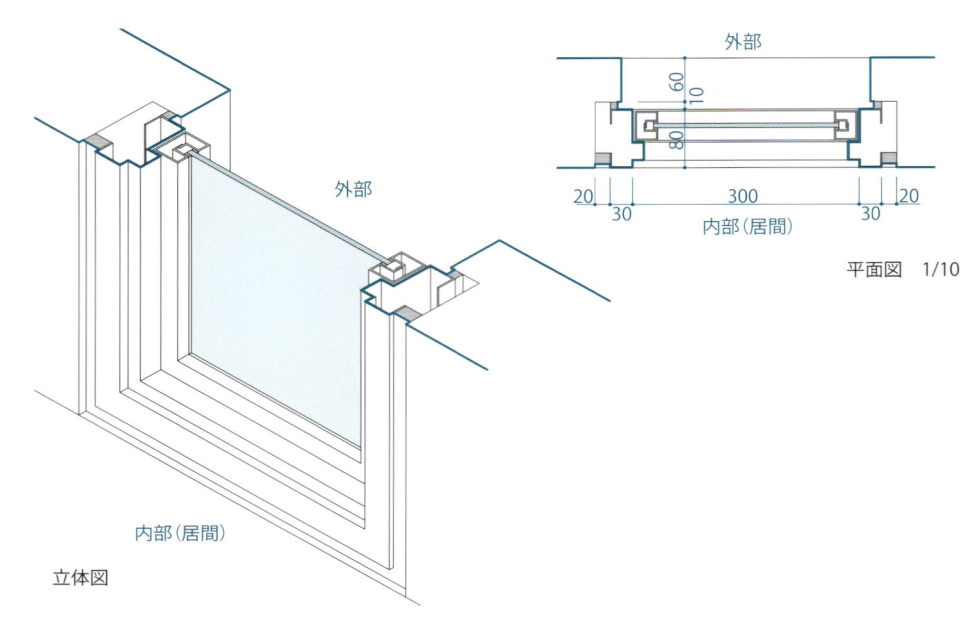

図 2-28　開口部の詳細（すべり出し窓）
この窓は，壁の室内側と面一に取り付けられている。図中の切断線は，壁に固定されたサッシを壁の一部と見なして描いている。

ィテールの設計を進めることになる。住吉の長屋の玄関ドアでは，天井と壁のサッシの見付けは 15 ミリである。すなわち，壁や天井からは 15 ミリの寸法でサッシが露出している。

　見込みは，サッシの厚さ（建具の厚さ）の寸法である。通常，ドアや窓の厚さは，サッシの厚さと同一であるとは限らず，サッシの厚さより小さい場合が多い。住吉の長屋の玄関ドアの見込み寸法は 80 ミリ，ドア厚は 40 ミリとなっている。

2.3.2.5　窓

　次に，北側および南側に面した長手方向の壁にあるすべり出し窓について学ぼう。ここでは，壁の厚みの中のどの部分に建具が取り付けられているかに注目して欲しい。

　図 2-27 は，1 階居間の水平切断図である。1 階居間には南北の 2 面の壁の低い位置（床に接した高さ）に 30 × 30 センチのすべり出し窓がそれぞれ 2 つずつ配置されている。この窓は，壁の室内側と**面一**（つらいち。窓面と壁面が同一の面を構成すること）に取り付けられている。すなわち，室内側では窓が壁面と同一の面を構成し，外壁側では壁面に対して窓が凹んだ位置に取り付いている。この窓の水平切断面と平面図を**図 2-28** に示す。

　住吉の長屋では，壁厚は 150 ミリ，サッシの見込み（サッシ枠の厚さ）は 80 ミリで設計されている。住吉の長屋に限った話ではなく，一般に金属製サッシの見込み寸法は壁厚よりも小さいことが多い。そしてサッシは，壁面の外側あるいは内側のいずれかの位置に寄せて取り付けられることが多い。

　建築を学び始めたばかりの学生は，平面図に窓を描く際に，窓を壁の中央に描いてしまうことが多いのではないかと思う。もちろん，デザインとして壁の中央にサッシを取り付けることもありえるが，特に意図的にそうしない限り，壁の中央にサッシが取り付くことは希であることを理解して欲しい。鉄筋コンクリート壁に凹みをつくってサッシを取り付ける場合，外部側からサッシを取り付ければサッシは外側に寄った位置に，内側から取り付ければ内側に寄せた位置に取り付けるのが自然である。サッシを壁の外側か内側のどちらに寄せて取り付けるかも設計の一部なので，サッシが取り付く位置にも注意を払って平面図を描くべきである。

　一般的には，防水という観点から，サッシは外側から取り付けられることが多い。しかし，住吉の長屋のすべり出し窓は，外側からではなく室内側から取り付けられている。このすべり出し窓が室内側の壁面と面一になっているのはそのためだ。

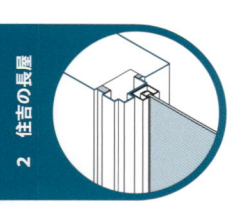

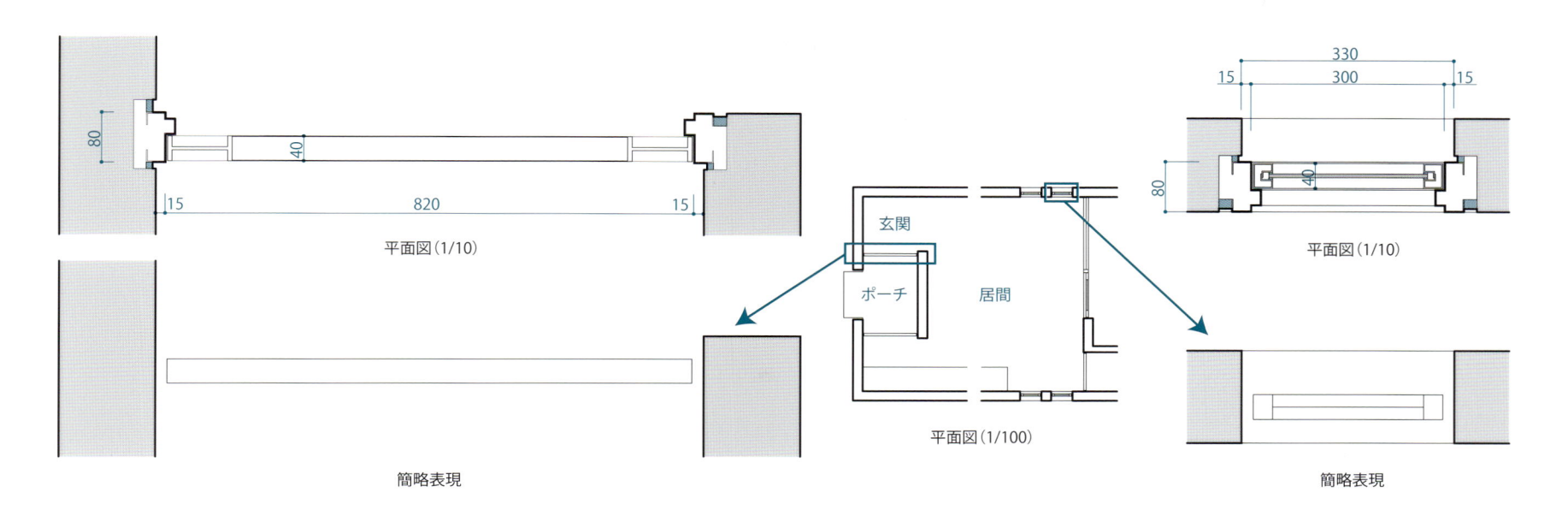

図 2-29　玄関ドアの表現
基本図面では，ドア・窓などの開口部は簡略に表現されることが多い。1/50～1/100 程度のスケールにおける簡略表現（下図）では，壁の凹凸（サッシの出っ張りや壁の欠き込み）を省略し，ドア・窓の可動部分の外形だけを細線で描いている。

図 2-30　すべり出し窓の表現
簡略表現（下図）では，壁の凹凸を省略し，窓の可動部分の外形だけを細線で表している。ガラスは，1 本の細線で表している。

　住吉の長屋は，幅約 4 メートル，奥行き約 14.5 メートルの長細い敷地に建てられた住宅である。両側には隣の住居の壁が立っているから，住吉の長屋は隣の住居の壁にギリギリまで（おそらく敷地内に鉄筋コンクリートの型枠が設置できるギリギリまで）接するように建てられている。その壁に窓を外部から取り付けることは不可能であるから，窓は室内側から取り付けられたと考えられる。

　ところで，本章冒頭の**図 2-1**（42 ページ）に示した平面図にはこのすべり出し窓を描いている。しかし，すべり出し窓は，床に接する低い位置に取り付いているから，目線レベルでの水平切断図である**図 2-27** に見られる通り，目線レベルでは切断されない。したがって，このすべり出し窓は前章（箱形建築）の「平面図の概要」（17 ページ）で述べた「平面図は目線で各階を切断する水平断面」という原理に従っていえば，平面図には表現されない窓ということになる。

　しかし，実際には，目線の高さにない開口部も平面図に表現されることは多い。空間の演出テクニックとして，目線レベルに開口部がなくても，光や風の通る開放的な空間を表すためには開口部を描くべきだろう。開口部を表さないと，壁で囲まれた閉鎖的な空間が現れてしまうからだ。

　住吉の長屋の平面図にすべり出し窓を表現した方がいいのか，それとも表現しない方がいいのか，考えてみて欲しい。

2.3.2.6　開口部の簡略表現と詳細表現

　ここまでに，開口部のディテールを学んだ。図面には，開口部をどのように描いたらいいのだろうか？

　先にも述べたが，詳細図ではない基本図（1/50～1/100 程度の平面図）では，ドア・窓などの開口部は簡略に表現されることが多い。すなわち，ドア・窓の形状は，サッシの形状などを省略し，ごく単純に表現することが少なくない。

　図 2-29 および**図 2-30** に，玄関ドアとすべり出し窓の**簡略表現**による平面図の例を，**詳細表現**（1/10 スケールの平面図）と共に示す。簡略表現では，壁の欠き込みを省略し，ドア・窓の可動部分の外形だけを表している。可動部分にも，原理的には切断線（切断面）が現れることになるが，固定された壁ではなく，人が通り抜けたり，風・光が透過する部分であるので，切断線として描くのではなく，稜線として細線で描いた方がよい。

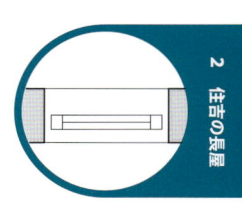

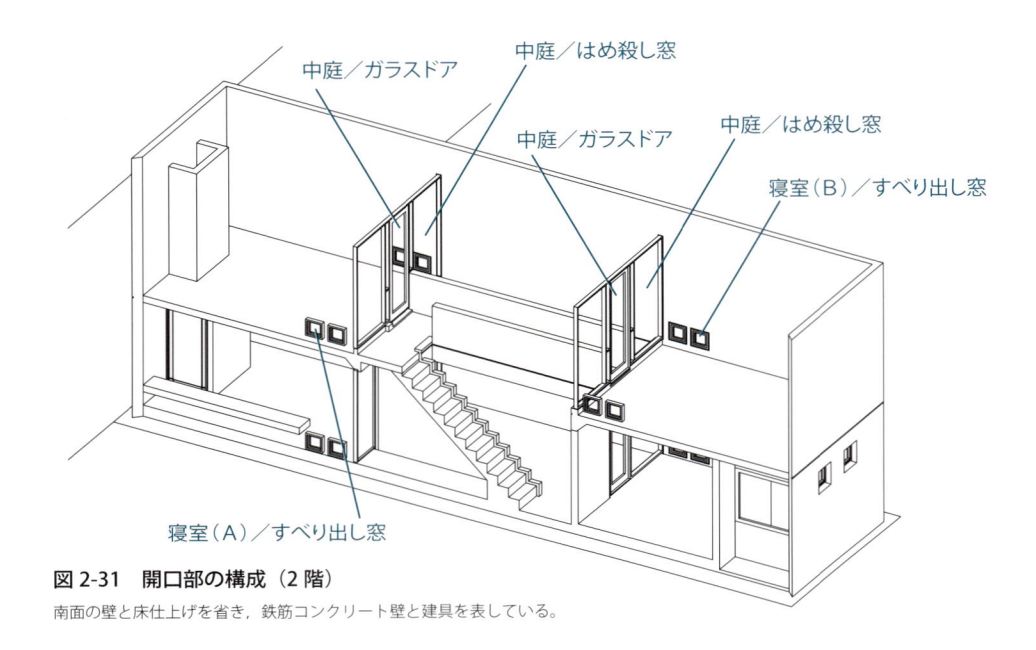

図 2-31 開口部の構成（2 階）
南面の壁と床仕上げを省き，鉄筋コンクリート壁と建具を表している。

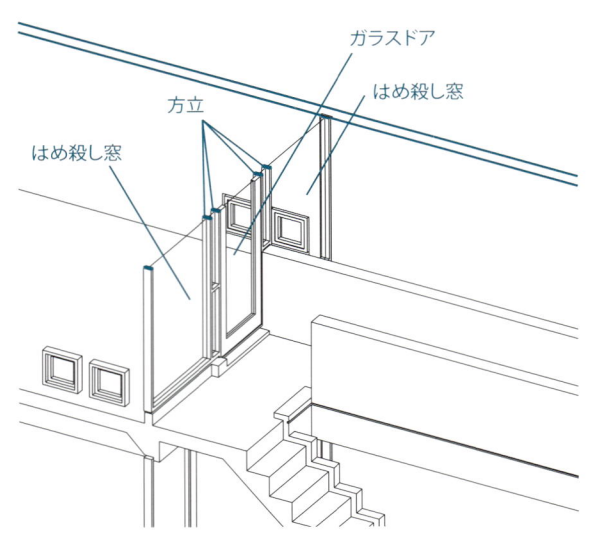

図 2-32 水平切断図（2 階）

2.3.2.7　ガラスの種類と描き方

　ガラスには様々な種類がある。既製品として商品化されているものを使うのが経済的であるが，特殊なガラスを特注することもある。

　窓ガラスにもっともよく使われる**ガラス**は，**フロートガラス**と呼ばれる板ガラスである。フロートガラスは，通常，数ミリ（2 ミリ程度）から数十ミリの厚みをもつ平滑な透明のガラスである。平滑な透明のガラスとしては，フロートガラスの他に，**強化ガラス**，**合わせガラス**，**網入りガラス**など，強度，防火，破損，防犯などに対して工夫された様々な製品がある。

　ガラス窓に使用されるフロートガラスや強化ガラスなどの厚みは，ガラス面の大きさやガラス面が受ける風圧によって決まってくる。住吉の長屋のすべり出し窓は，居間のすべり出し窓の**開口寸法**（可動の窓がはめ込まれる部分で，窓枠サッシの内寸）が 30 × 30 センチ，浴室のすべり出し窓の開口寸法が 44 × 44 センチであり，窓ガラスの寸法はそれより一回り小さい。かなり小さな面積であるため，ガラスの厚みは数ミリであろう。

　図 2-30（前ページ）では，ガラスを，厚さを単純化して 1 本の細線で描いている。数ミリのガラスの厚さを，1/50 ～ 1/100 スケールの図面においてどう表すかはなかなか難しい問題である。他には，ガラスを 2 本線で描き，厚みを表すという方法もあり得る。しかし，数ミリ幅の 2 本線は，1/50 ～ 1/100 スケールでは，下手をすると，重なって太線に見えてしまうだろう [15]。

15）ガラスも壁だと考えて太線で描く図面もありえる。部屋がガラスによって囲まれていると考えれば，太線で描くべきかもしれない。しかし，ガラスから光が差し込むことで部屋が開放的な空間となると考えれば，細線で描いた方がいい。太線でもなく細線でもない中線で描くという図面のスタイルもある。建築を学び始めた学生は，図面に細かい部分をどう表現するかで悩むことがあると思うが，理屈を理解した上で，自分のスタイルを見つけて欲しい。

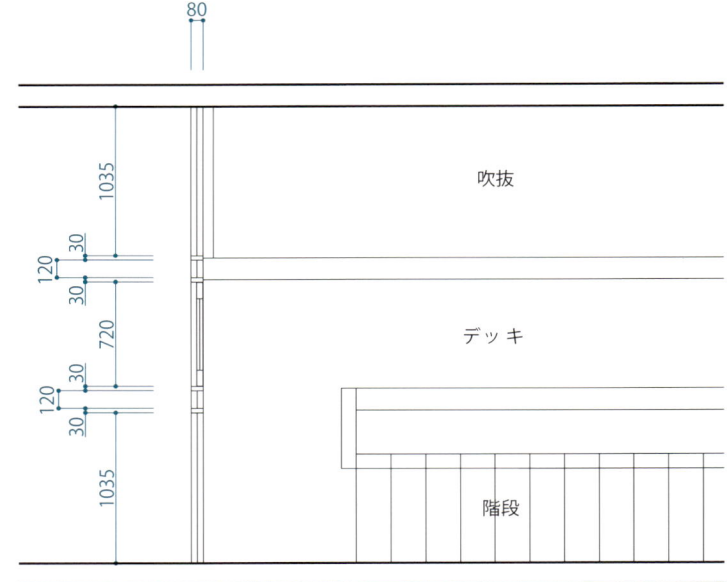

図 2-33　デッキ部分の平面図（1/50）
壁に固定されるサッシの形状は省略し，方立は細線で表している。また，ガラスは細線一本で表している。

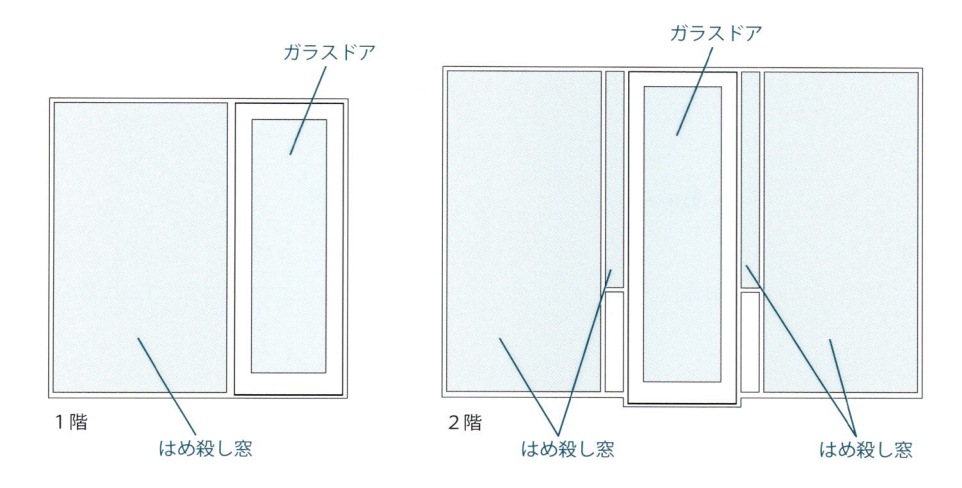

図 2-34　中庭から見た建具の姿図（1/50）
建具の種類（可動なのかはめ殺しなのか），ガラスの位置，建具の取り付く位置と壁面との関係，方立の位置などに注意しながら図面を描く。

2.3.2.8　2階開口部

2階の開口部の構成を**図 2-31**に示す。2階には，2つの寝室とデッキ（中庭上部のブリッジ）との間が，ガラスのドアとはめ殺し窓で仕切られている。また，2つの寝室には，1階と同様のすべり出し窓が取り付いている。

図 2-32には，デッキに面したガラスのドアとはめ殺し窓の水平切断図を示した。

ガラスドアとはめ殺し窓は，**方立**（ほうだて，**マリオン**ともいう）と呼ばれる垂直方向のサッシによって仕切られている。この方立がなければ，可動のガラスドアとはめ殺し窓を仕切ることはできない。

図 2-29および**図 2-30**（61ページ）に示した開口部の平面図では壁に固定されるサッシの表現を省略していたが，壁から独立して立つ方立を省略するわけにはいかないので，方立のある部分の簡略表現による平面図は，**図 2-33**のような表現になる。この図では，壁に固定されるサッシの形状は省略し，方立を含めた建具の形状を細線で表している[16]。また，ガラスは細線一本で表している。

■ 演習 2-3　開口部の表現

ここまでに学んだ知識に基づき，先の演習で製図した壁面の平面図に，開口部を加えた平面図を描いてみよう。

サッシの見込みは，実際の寸法の通り，すべて 80 ミリとする。中庭から見た1階および2階の建具の立面図を**図 2-34**に示す。詳細な寸法にこだわる必要はないが，建具の種類（可動なのかはめ殺しなのか），ガラスの位置，建具の取り付く位置と壁面との関係，方立の位置などに注意しながら図面を描こう。

2.3.2.9　平面図におけるドアの開き勝手

本章冒頭の**図 2-1**（42ページ）に示した平面図には，ドアの**開き勝手**（ドアが開く方向）を示していなかった。ドアの開き勝手を明示する平面図は**図 2-35**（次ページ）のようになる。平面図におけるドアの開き勝手は，この図に示したような記号により表される。

ドアの開き勝手は，使いやすい方向に設計されなければならない。開き勝手は設計図に含まれるべき情報の一つであり，実施図（工事のための図面）には必ず示されるものである。しかし，建物の形態，空間の構成を示すための基本図では，開き勝手は省略されることも多い。開き勝手を示すか示さないかは，図面の目的により選択すればよい。

一般には，ドアがどちらに開くかは常識的に想像できることが多い。特に外部に面したドアは，雨仕舞いの観点から外部に向かって開くことが多い。また，人が通過する際に邪魔にならない方向に開くのが普通である。したがって，特に明示されていなくても開き勝手は想像がつくことが多い。しかし，場合によっては，開き勝手を示さないと建具の種類が理解できないこともあ

16）他の描き方として，方立の切断面を太線で縁取ってもいい。

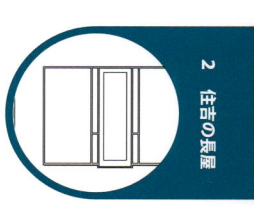

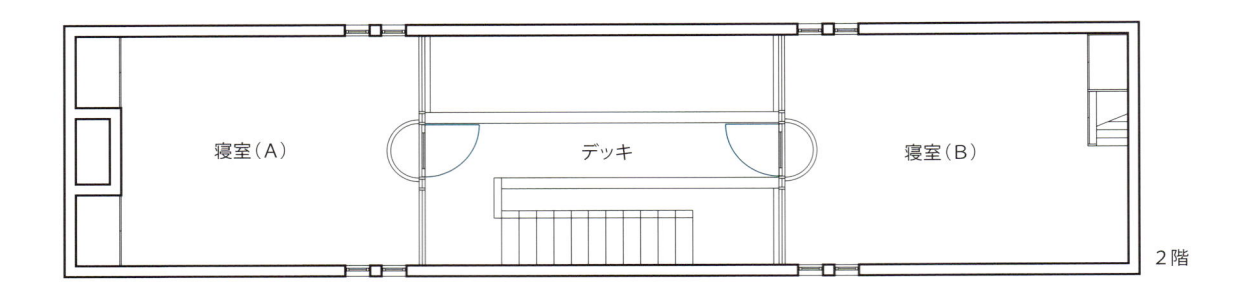

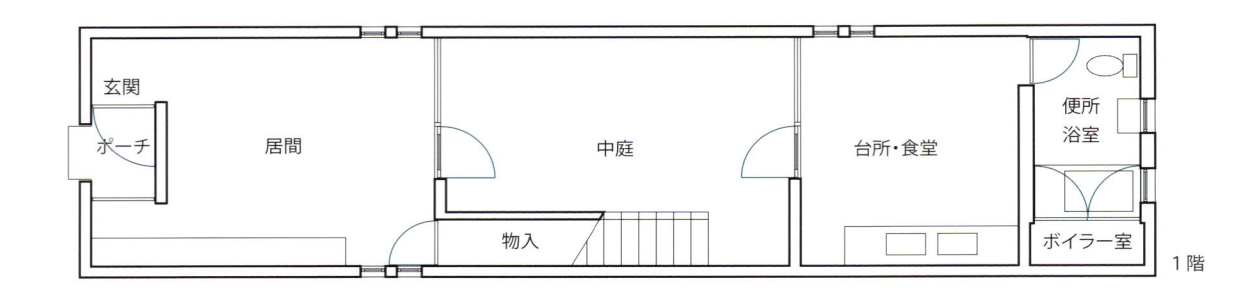

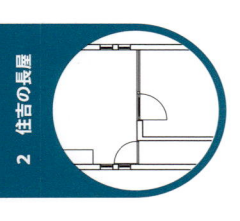

図 2-35　ドアの開き勝手を表した平面図（1/100）
住吉の長屋のポーチには，まったく同じ寸法のスティール製の建具が 2 つあるが，ドアとして開閉するのは片方だけである。ドアの開き勝手を表すことで，どちらが可動のドアかを示すことができる。

る。その一例として，住吉の長屋の玄関ドアを挙げることが出来る。

　住吉の長屋のポーチには，北側（道路から玄関に入った左手）と南側（右手）に 2 つの建具がある。この 2 つの建具は，同じ寸法のスティール製建具であり，まったく同じように取り付けられている。しかし，ドアとして開閉するのは北側の建具だけで，他方は開閉しない。どちらがドアで，どちらが固定された建具なのかは，開き勝手が示されていなければ把握できない。

2.3.3　床の構成

　ここまでの演習で描いた平面図には，稜線として描くべき床の段差がまだ表現されていない。本項では，床の仕上げと床のレベル差によって生じる段差について学ぼう。

2.3.3.1　床仕上げ

　平面図には，床の**目地**を表現することがある。目地とは，素材の継目のことである。たとえば，床の仕上げが石である場合，床全体が 1 枚の石でつくられることは現実的ではなく，何枚もの石を敷き詰めるのが普通である。すると，石の継目が目地となって現れる。1/50 〜 1/100 スケールの図面では，必ずしも床の目地・パターンを描く必要はないが，目地を表現すると，床の素材感によって部屋の雰囲気が現れる。

　住吉の長屋では，1 階の居間，台所・食堂，便所・浴室，中庭と，2 階のデッキ部分の床は，**玄昌石**という石で仕上がっている。用いられている玄昌石は 300 × 300 ミリの四角い石である。2 階の寝室は，**ナラ・フローリング張り**となっている。用いられているナラ・フローリングは 75 ミリ程度の幅の木材である（フローリングの幅は，規格によって，100 〜 200 ミリ程度など，さまざまな寸法のものがある）。

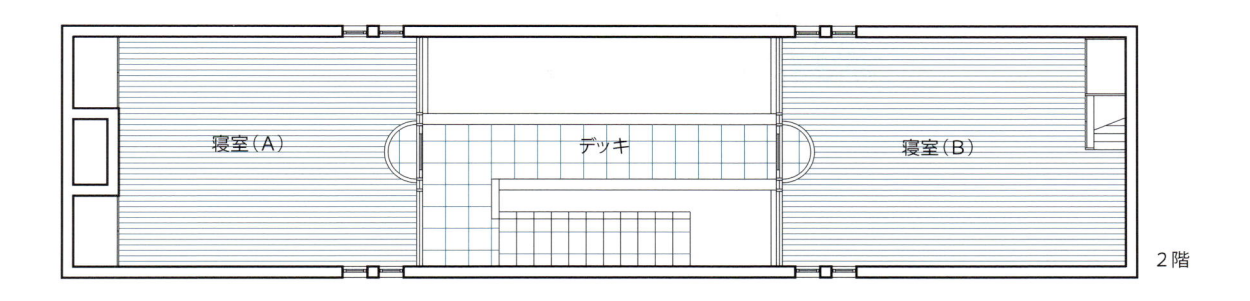

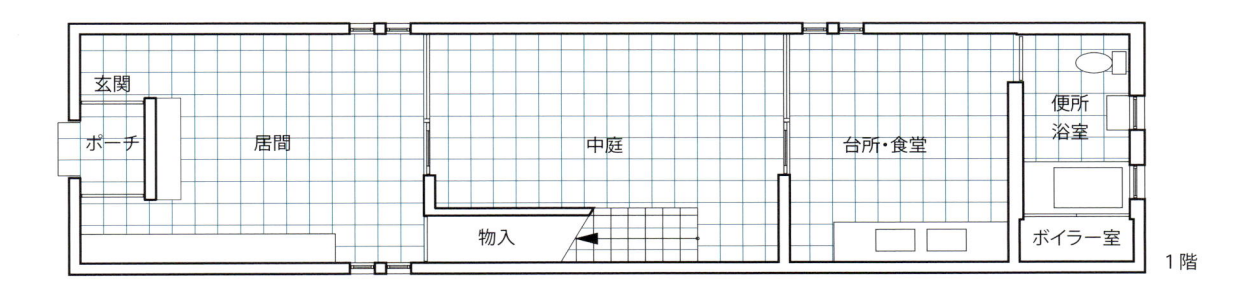

図 2-36　床仕上げを表した平面図（1/100）
玄昌石とフローリングの目地を表した平面図。目地を表現すると，居間，台所・食堂と中庭が，連続した一つの空間であることや，内部空間である寝室と外部空間であるデッキの関係がわかりやすくなる。

　図 2-36 は，玄昌石とフローリングの目地の表現を加えた平面図である。この図には，**造付け**（つくりつけ。建築工事に含まれる家具）の家具と思われる下足箱（居間），流し台（台所・食堂），便器および浴槽（便所・浴室），戸棚（2階寝室（A）および（B））も表現している。

　住吉の長屋は，1階の内部空間である居間，台所・食堂，便所・浴室と，外部空間である中庭の床が，同じ玄昌石で仕上げられていることが特徴的である。これらの居間，台所・食堂と中庭は，両者が，内部のようであり外部のようでもある。すなわち，両者が連続した一つの空間として構想されていると考えられる。このような空間構成は，両者が同一の素材で仕上げられていることを表現することによって，明確に現れてくる。

　また，2階の平面図に，デッキ部分の玄昌石と寝室のナラ・フローリングの素材感を表現すると，内部空間である寝室と外部空間であるデッキの関係が浮かび上がってくる。

　一般の住宅・建築でも，外部のテラス・ベランダなどの内部と異なる場所に外部床仕上げの目地を描き込むと，内部空間との境界がわかりやすい表現になることがある。また，タイルを用いた浴室などにタイルの目地を表すと，そこが水廻りであることが明示されることになる。

　しかし，目地を詳細に描き込むと，図面がいかにもうるさい表現になってしまうこともある。細い幅のフローリング床の目地を細かく描き込んだり，床がじゅうたんであることを表すために細かく点描を施したりするのがいつも適切な表現であるとは限らない。あるいは，**図 2-37**（次ページ）に示したように，目地のパターンは一部だけを表現し，図の中央部分は空けておくというのも，過剰な表現を避けるための図面のテクニックである。

2.3.3.2　床の段差

　壁や天井と異なり，床は人体が必ず接する部分であるから，特に仕上げが重要となる部位である。

　床の仕上げには一定の厚みが必要となる。住吉の長屋では，鉄筋コンクリ

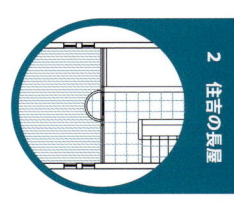

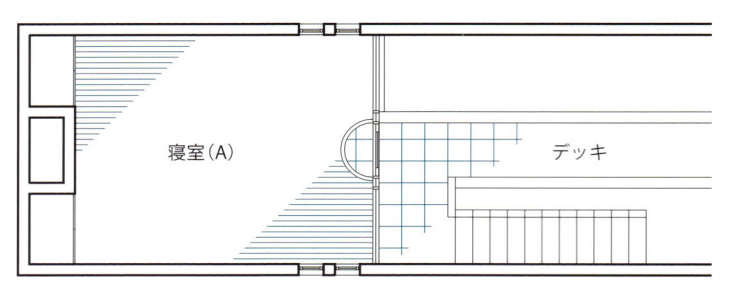

2階平面図　1/100

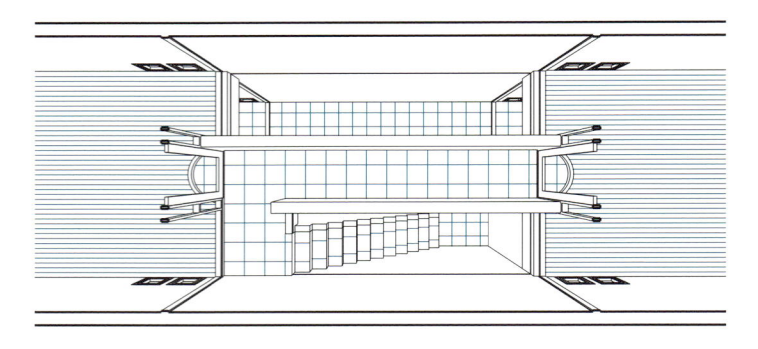

図 2-37　床仕上げの表現（2階）
目地のパターンの部分的な表現。

図 2-38　床仕上げの構成
階段とデッキ部分では，異なった素材が段差のない同じレベルに仕上がっている。

ートの構造体である床スラブの上に，玄昌石やナラ・フローリングが載っている。

また，通常，外部と内部の床には，雨仕舞い（雨が室内に入り込まない工夫）という点から，一定の段差が設けられる。住吉の長屋の1階は，居間，食堂などの内部と外部である中庭が同じ玄昌石で仕上げられているが，居間および食堂と中庭には 25 ミリの段差がある。また，便所・浴室の床仕上げも玄昌石であるが，便所・浴室の床は，台所・食堂より 50 ミリ下がっている。

2階においては，外部であるデッキ部分が玄昌石，内部である2つの寝室はナラ・フローリングで仕上げられているが，デッキから寝室に入るドアの足下には，玄昌石で仕上げられた踏込みが配置されている。

段差を設けないで，同じレベルが異なった素材で仕上げられる箇所もある。**図 2-38** に示した階段とデッキ部分の床仕上げがその例である。

階段の踏面（踏み板）と蹴込みの部分には玄昌石が張られているが，階段の脇にはコンクリート打放しの壁が玄昌石と同じレベルまで立ち上がっていて，**天端**（てんば。頂部の水平な部分）は，**コテ**で均されたコンクリート（左官の仕事としてコテで平らに均されたコンクリート）である。また，階段とデッキを結ぶ床も，一部コンクリートが現れる仕上げとなっている。

図 2-39 は，床の段差を示す断面パースである。これらの床の段差を確認して欲しい（75 ページの**図 2-54** に示した床仕上げの概要も参照）。

また，本章冒頭の**図 2-1**（42 ページ）に示した平面図では，床の段差だ

けでなく，同一のレベルであっても素材が異なる場合にはその目地を表しているので確認して欲しい。

2.3.4　各部の構成

平面図に描かれる事項についての学習の締めくくりとして，吹抜けと上部の表現について学ぼう。

2.3.4.1　吹抜けの表現

平面図に描いた階の下階に**吹抜け**がある場合，すなわち，その階の床が抜けている（一部が下階と空間的につながっている）場合は，床が存在しないことを表すと吹抜けが明示できる。床が存在しないことを表すには，**図 2-40** に示したように，中空であることを示す「×」記号を用いたり，「吹抜」（英語表記では "void"）という言葉を記入する。吹抜けの「×」記号は，一点鎖線で描かれるのが一般的である。

ところで，吹抜け部分の下階に見えるものの稜線は省略することが多い。それを描き込んでしまうと，かえってわかりにくい図面になることが多いからである。とはいっても，下階に存在するものが空間的に重要である場合は，工夫して表現するとよい。

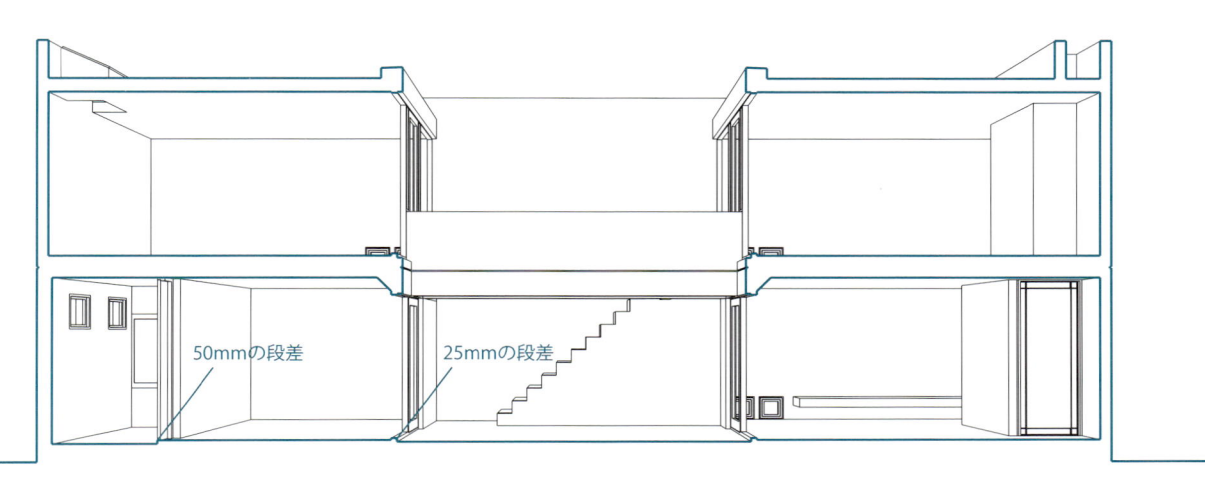

図 2-39　床の構成
床にはさまざまなレベル差（段差）が存在する。

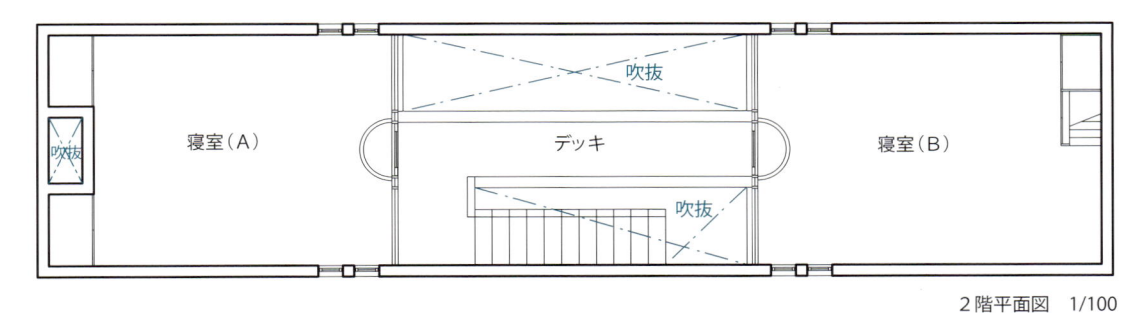

図 2-40　吹抜けの表現（2 階）
床が存在しないことを明示するには，中空であることを示す「×」記号を用いたり，「吹抜」という言葉を記入したりする。
吹抜けの「×」記号は，一点鎖線で描かれるのが一般的。

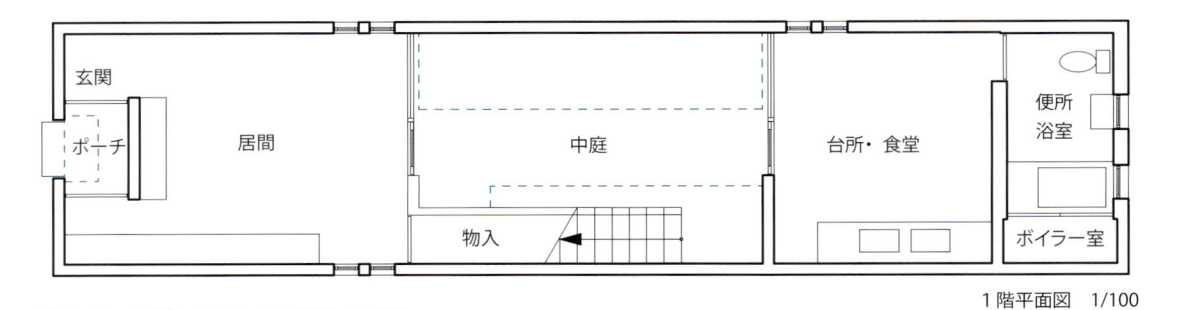

2 階平面図　1/100

図 2-41　上部にあるものの表現（1 階）
中庭の上部に存在するデッキとポーチの上部の吹抜けの外形を点線で表現している。

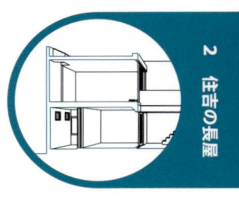

1 階平面図　1/100

2　住吉の長屋

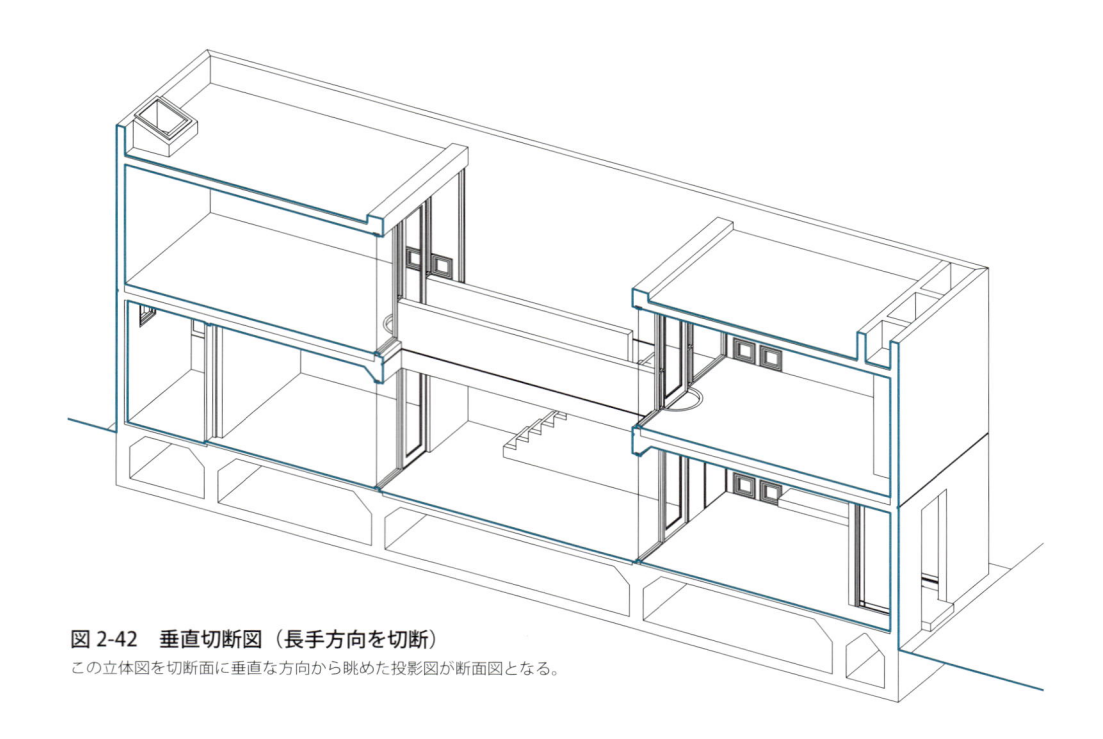

図 2-42　垂直切断図（長手方向を切断）
この立体図を切断面に垂直な方向から眺めた投影図が断面図となる。

2.3.4.2　上部にあるものの表現

1階中庭の上部には2階のデッキがある。1階の平面図は1階を水平に切断し、その切断面と切断面の下方にあるものを描く図であるから、切断レベルの上部にある2階のデッキは、理屈の上では1階平面図には描かれない。しかし、上部に存在するデッキは、中庭の空間構成を決定づける重要な要素である。**図 2-41**（前ページ）の1階平面図では、中庭の上部にあるデッキとポーチの上部にある吹抜けの外形を点線で表現している。

住吉の長屋のデッキに限らず、上部に存在する屋根や庇などが、その平面にとって重要な空間構成要素である場合は、その外形を点線で描き込んで表現するとよい。

■演習 2-4　平面図の完成

ここまでに学んだことに基づき、平面図を完成させよう。本章冒頭の**図 2-1**（42ページ）を参考に、床の段差、造付けと可動の家具を記入しよう。吹抜けと上部にあるものの記号表現も試してみるとよい。部屋名、スケール、方位の記入も忘れないようにしよう。

2.4　断面の構成

平面構成と平面図の描き方に続いて、本節では、断面構成と断面図の描き方について学ぶ。建築を学び始める学生にとっては、断面の構成は平面の構成と比較して理解が難しいかもしれないが、断面の構成が理解できれば、建築全体の構成が理解できる。断面のしくみをしっかり学んで欲しい。

2.4.1　断面構成の概要

図 2-42～**図 2-44**は住吉の長屋を垂直方向に切断した立体図である。この立体図を切断面に垂直な方向から眺めた投影図が断面図となる。断面図においては、切断面の輪郭である切断線を太線、切断面の向こうに存在するものの稜線を細線で描くことになる。

建物を水平に切断する平面図では、切断されるのはおもに壁であった。それに対して、建物を垂直に切断する断面図では、壁だけではなく、床・天井・屋根などが切断される。床・天井・屋根の構成を理解しないと断面図は描けない。

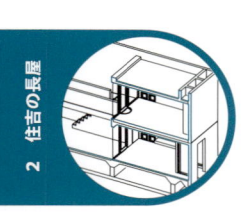

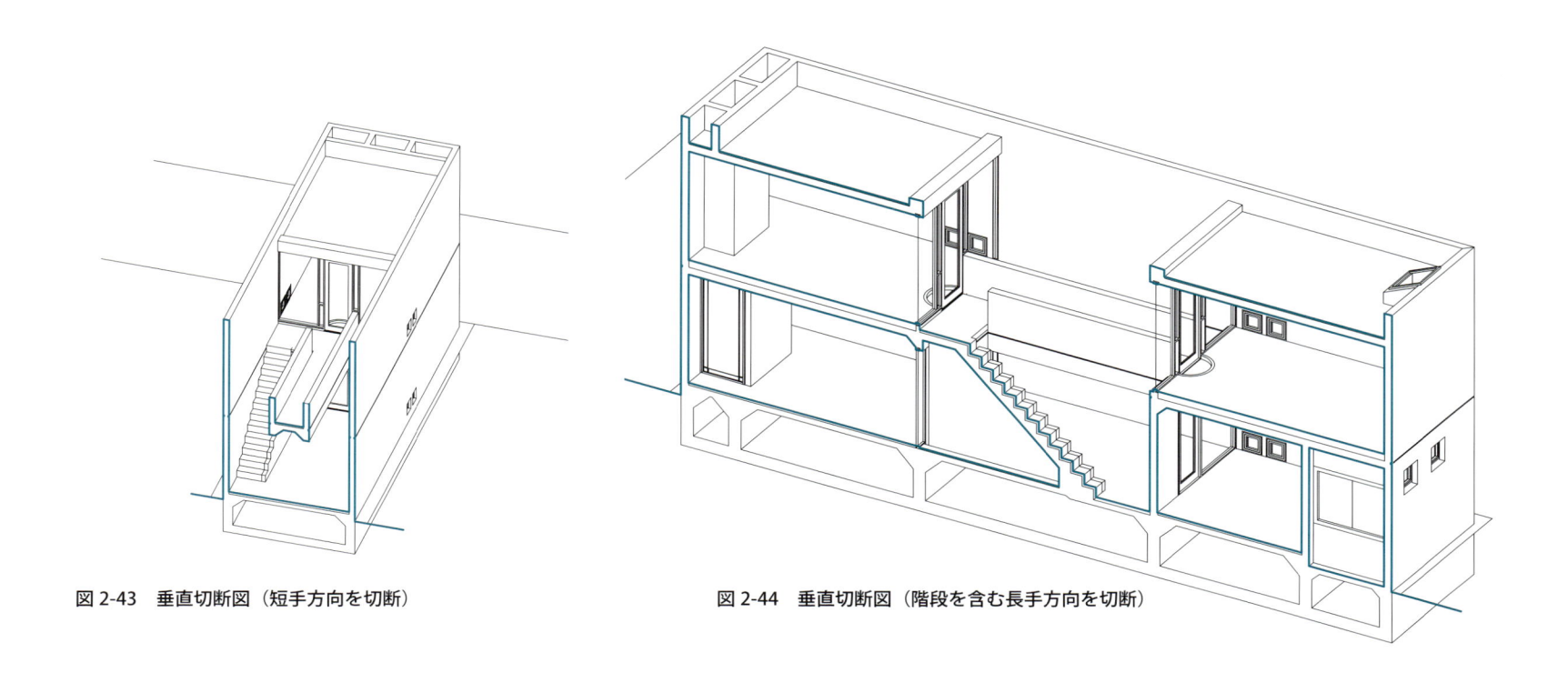

図 2-43　垂直切断図（短手方向を切断）

図 2-44　垂直切断図（階段を含む長手方向を切断）

　先に製作した模型は，実物をかなり単純化したものだった。そのことは，模型と断面図を比べてみるとよくわかる。

　たとえば，**図 2-43** は中庭を短手方向に切断したものだが，中庭上部の 2 階レベルに架かるデッキ（ブリッジ）の断面は，スラブ下に**ハンチ**（接合部を補強するための部位）がついた複雑な形状をしている。この形状は，先に製作した模型では表していなかった。

　また，**図 2-42**～**図 2-44** では，地盤の下に埋まる**基礎**や，床スラブの上の床仕上げも表現している。基礎は，建物の全荷重を地盤に伝える重要な部位であるが，模型では省略していた。また，模型では，床の厚みを模型寸法で 3 ミリ＝建築寸法で 150 ミリで製作していたが，床仕上げを含む実際の床の厚みは 150 ミリではない。

　空間，形態の構成を表す基本図では切断面の内部は省略してよい。実際，本章冒頭の**図 2-2**（43 ページ）に示した断面図では，これらを省略している（**図 2-2** は**図 2-44** に対応する断面図である）。しかし，省略をする場合にも，切断面の内部のしくみを理解していることが必要である。何が省略できるかを理解しなければ，正しい図を描くことはできない。

　本節では，何が目に見えて何が目に見えないか，目に見えない部分はどうなっているのかを学んで欲しい。見えない部分にこそ建築のしくみが隠れている。本節では，断面の構成に関わる建築のしくみを学びながら，簡略に表現する断面図を描く演習を進めていく。

2.4.2　工事のプロセス

　建築は，構造材，建具，仕上げ材などの構成によってつくられる。建築の工事では，最初に構造体が施工され，その後に，建具や内外装の工事が進む。建築の構成を理解するためには，建築の工事がどのように進むかを把握しておくとよい。建設のプロセスを把握すれば，断面図に描かれた線が何を意味しているのかも理解することができる。

　以下，簡略ではなくやや詳細な断面図を示しながら，工事のプロセスを解説する[17]（簡略に表現する断面図については後ほど学ぶ）。

2.4.2.1　根切りと耐圧板

　建設工事の最初には，**根切り**（地盤の掘削）が行われる。その次に，**耐圧**

[17] 本書は設備関係の工事については触れない。設備に関わる建築のしくみは，本書の範囲を超える。また，ここで述べる工事のプロセスは本書執筆者の推測に基づくものであり，実際とは異なっている可能性がある（間違いや不適切な記述があれば，それは本書執筆者の責任である）。

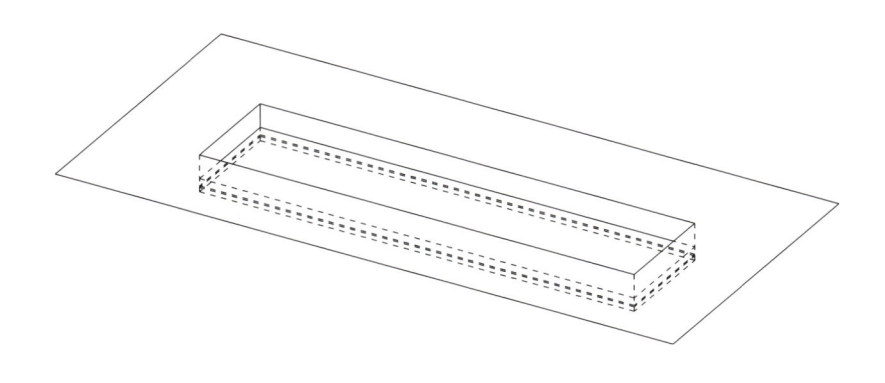

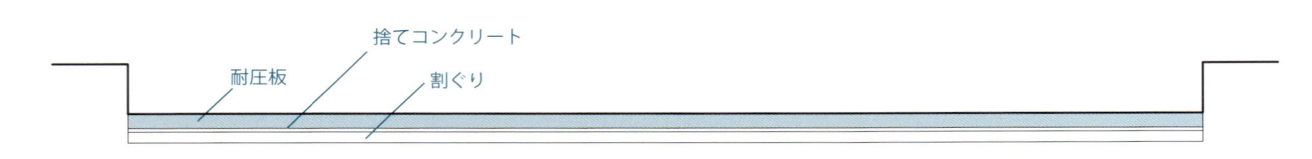

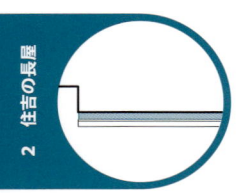

図 2-45　耐圧板（1/100）
根切りの後，底面に割ぐりが敷き詰められる。その上に捨てコンクリートが打設され，次に耐圧板が打設される。

板と呼ばれる鉄筋コンクリートでつくられる基礎の底板が打設される。**図 2-45** には根切り部分における耐圧板の構成を示している[18]。耐圧板は，次に説明する基礎の立上りと一体となって，建物の全荷重を地盤に伝える。

住吉の長屋の根切りは，1 メートル 20 センチの深さであり，根切りの底面には，まず**割ぐり**と呼ばれる砕石・砂利が敷き詰められ，その上に**捨てコンクリート**と呼ばれる地盤を水平に均すためのコンクリートが 50 ミリの厚さで**打設**（型枠にコンクリートを流し込むこと）される。そして，その上に，200 ミリ厚の耐圧板が打設される。構造体である耐圧板の内部には，鉄筋が**配筋**（鉄筋を組むこと）されている。

2.4.2.2　基礎＋1階壁＋2階スラブ

次に，鉄筋コンクリート構造の基礎（立上り部分）＋1階壁＋2階床スラブが耐圧板の上部に打設される[19]。**図 2-46** に示した耐圧板と基礎の立上りとの間の点線は，そこに**打継ぎ**（コンクリートが同時に打設されない場合の境界面）が発生していることを示している。なお，打継ぎが発生する場合も，コンクリート内部の鉄筋は連続的に配筋され，打継ぎがあっても構造体の一体性は保たれる。

基礎の立上りの幅は 250 ミリで設計されている。耐圧板をもつ基礎の形状は**ベタ基礎**と呼ばれる。

住吉の長屋ではベタ基礎が採用されているが，しかし，すべての鉄筋コンクリート構造の建物の基礎がベタ基礎であるわけではない。基礎の設計は，建物の形状だけではなく，地盤の強度にも依存するので，どのような形状の基礎が適切であるかは，地盤の強度を確認した上で設計されなければならない。この基礎は，この建物のこの敷地における基礎であり，建物のデザインや敷地が異なれば基礎の形状は変わる。

簡略な表現の図面では基礎の表現を省略してもよいが，それでも建物の下部に何らかの形状の基礎が存在することを忘れてはならない。建築を学び始めたばかりの学生にとっては，基礎の形状を正しく設計するのは容易ではないと思う。しかし，いつも省略するのではなく，想定して描けるようになるのが望ましい。様々な事例の学習を通して，あるいは実務を通して，実際の基礎の形状を学んで欲しい。

鉄筋コンクリート構造の壁や**スラブ**（床や屋根などを構成する板状の構造体）は，**ベニヤ**などを使用する型枠の内部に，**生コンクリート**（柔らかいコ

18）この図では，地盤を建物の形状に合わせて掘り込んでいるが，実際の工事では，地盤は建物の形状より大きく掘られるはずだ。また，法面（のりめん。切り取られる側面）は垂直になるとは限らない。

19）住吉の長屋では，基礎の立上り，1階壁，2階床スラブが同時に打設され，その後に1階床スラブが打設されていると思われる。この他に，基礎を先に打設し，その後に1階壁と2階床スラブを打設する施工法もありえると思うが，その場合は，基礎と1階壁に打継ぎが生じてしまう。基礎と1階壁を一体化して打設する方法はうまい方法だと思う。

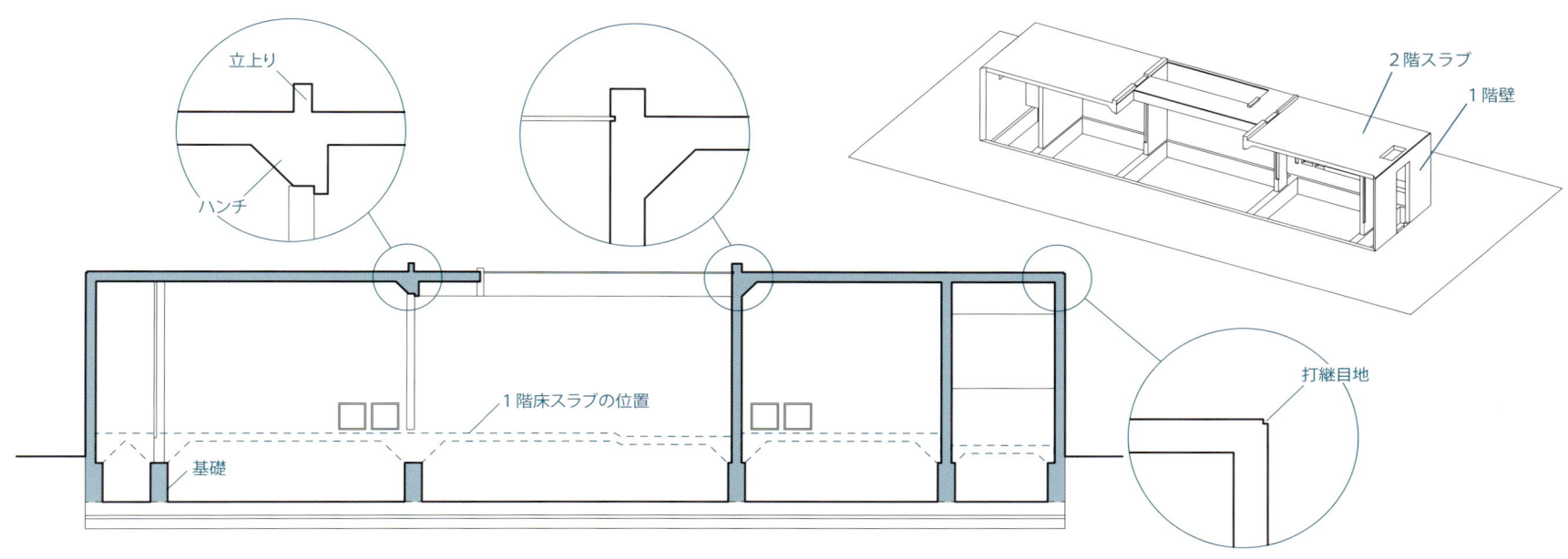

図 2-46　基礎＋1階壁＋2階床スラブ（1/100）
耐圧板の上部に，鉄筋コンクリート構造の基礎＋1階壁＋2階床スラブが打設される。耐圧板と基礎との間の破線は，そこに打継ぎが発生していることを示している。

ンクリート）を打設することによってつくられる。壁においては，鉄筋を配筋した後に，鉄筋を包むように壁側面の型枠が組み上げられる。スラブにおいては，底面と側面の型枠を組み立てた後に，鉄筋が配筋される。スラブ上面には，通常，型枠は設置されず，流し込まれたコンクリートの上面は，コテなどで平滑に均される。

コンクリート打放しという仕上げは，型枠によって固められたコンクリートの表面を意味していて，コテで均された表面は**「コテ仕上げ」**であり，「打放し仕上げ」ではない。スラブの上面からコンクリートを流し込み，その上面をコテ仕上げとするなら，スラブ上面は打放し仕上げとはならない。

余談になるが，もし，何らかの理由でスラブの上面を打放し仕上げにしたいなら，別の場所でスラブを打設し，打ち上がったスラブをひっくり返して設置するなどの特殊な工夫が必要になる。しかし，通常，スラブの上には床が仕上がるし，歩行するための表面としてコンクリート打放しが適しているとも考えられないから，スラブの上面をコンクリート打放しとする実用的な理由は見あたらない。

スラブ底面の型枠には，スラブを構成する鉄筋とコンクリートの荷重がかかることになる。コンクリートが固まってしまえば，この荷重は壁に伝えられるが，コンクリートが固まるまでは型枠に支えが必要である。その支えのことを**支保工**（しほこう）という。支保工は**仮設材**の一つであり，鉄製のパイプなどが用いられることが多い。

住吉の長屋の2階床スラブの厚さは，壁と同じく150ミリである。

図 2-46 に示したように，2階スラブ上部の室内と中庭（デッキ）とを仕切る建具の取り付く位置には，防水，床仕上げおよび建具（サッシ）の取り付けなどのために**立上り**が打設されている。また，2階床スラブ下の中庭に面する建具の取り付く部分には，ハンチが設けられている。ハンチは，大きな開口部となるスラブ端部に構造上必要な強度を与える役割を担っている。

このように，鉄筋コンクリートは，構造上必要な強度の確保や建具の取付けのために，複雑な形状に打設される。

1階壁＋2階床スラブの上には，2階壁が打設される。したがって**図 2-46** および**図 2-47**（次ページ）に示したように，1階壁＋2階床スラブと2階壁の間は鉄筋コンクリートの打継ぎが存在することになる。この部分には高さ20ミリ，深さ20ミリの**打継目地**がとられている。打継目地とは，

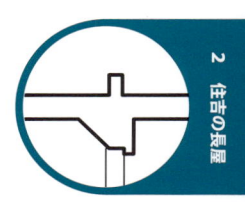

2　住吉の長屋

71

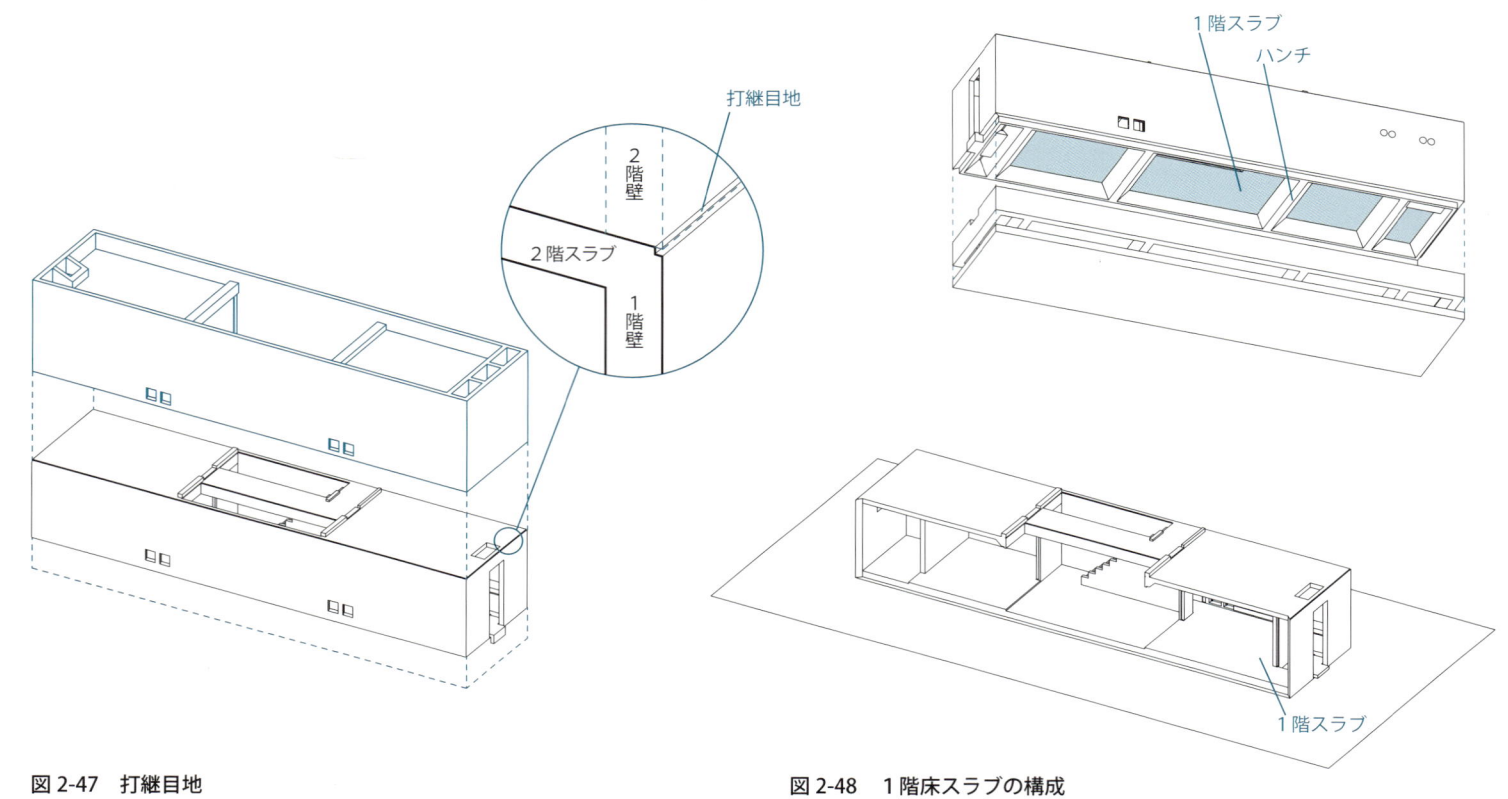

図2-47　打継目地
1階壁＋2階床スラブと2階壁の間には打継ぎが存在する。この部分には高さ20ミリ，深さ20ミリの打継目地がとられている。

図2-48　1階床スラブの構成
1階床スラブの下部には埋戻しが施される。埋戻しの上部には割ぐりが敷かれ，その上に1階スラブが打設される。上図は，耐圧板，1階スラブ，1階床を分解し，1階スラブを下から眺めた立体図。

コンクリートが打ち継がれる箇所の防水処理のために意図的に設けられる隙間で，この部分には，打継ぎから雨水が浸入しないよう**シーリング材**（隙間に充填して水密性・気密性を確保する材料）が充填される。

2.4.2.3　1階スラブ

次に，**図2-48**および**図2-49**に示した1階床スラブが打設される。スラブの厚みは120ミリで設計されている。

1階床スラブの下部（基礎の内部で1階スラブと耐圧板との間）には**埋戻し**が施される。埋戻しとは，基礎の内部に土を充填することである。埋め戻された土の上部には割ぐりが敷かれ，その上に1階床スラブが打設される。

詳しくは後述するが，1階の床が仕上がるレベルは部屋ごとに異なる。中庭の床は，居間および台所・食堂から25ミリ下がっているし，便所・浴室は台所・居間から50ミリ下がっている。これらのレベル差をつくるために，1階のスラブは段差をつけながら打設される。

1階スラブと基礎との接合部にはハンチが設けられており，1階スラブの下部は複雑な形状となっている。**図2-48**の上図は，耐圧板，1階スラブ，1階床を分解し，1階スラブを下から眺めた立体図である。基礎とスラブの複雑な形状を確認して欲しい。

2.4.2.4　階段

図2-50は1階スラブの上に打設される階段を示している。

2.4.2.5　2階＋屋上＋パラペット

次に，**図2-51**に示したように，2階壁，屋上スラブと，そして**パラペット**と呼ばれる屋上の立上り壁が打設される。詳しくは後述するが，パラペットの下部は，屋上に防水を施すために複雑な形状となっている。

図 2-49　1 階床スラブ（1/100）
1 階床スラブと基礎との接合部にはハンチが設けられており，1 階床スラブの下部は複雑な形状となっている。

図 2-50　階段（1/100）
階段は 1 階床スラブの上に打設される。

図 2-51　2 階＋屋上＋パラペット（1/100）
2 階壁，屋上スラブとパラペットの打設。パラペットの下部は，屋根に防水を施すために複雑な形状となっている。

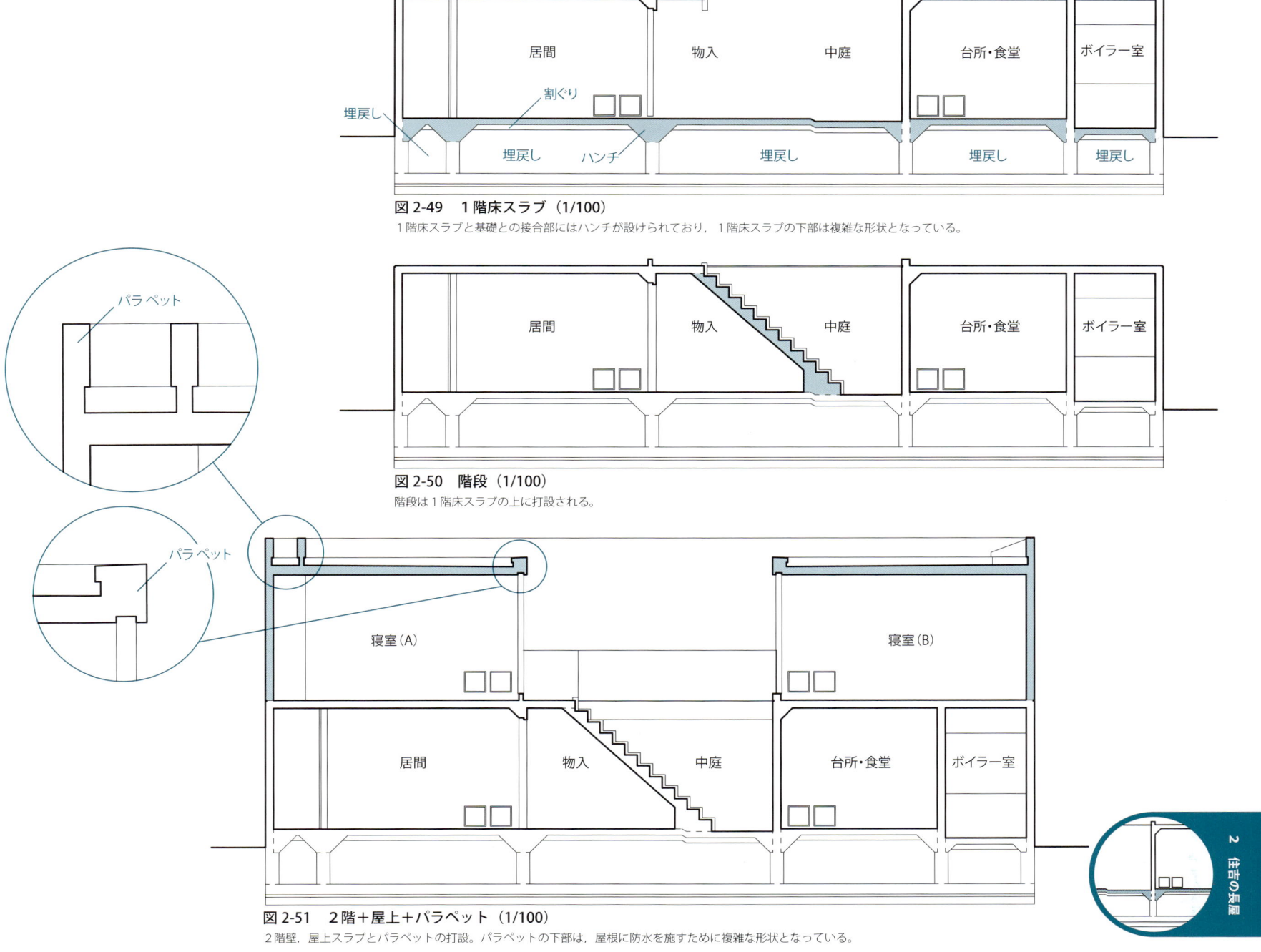

2　住吉の長屋

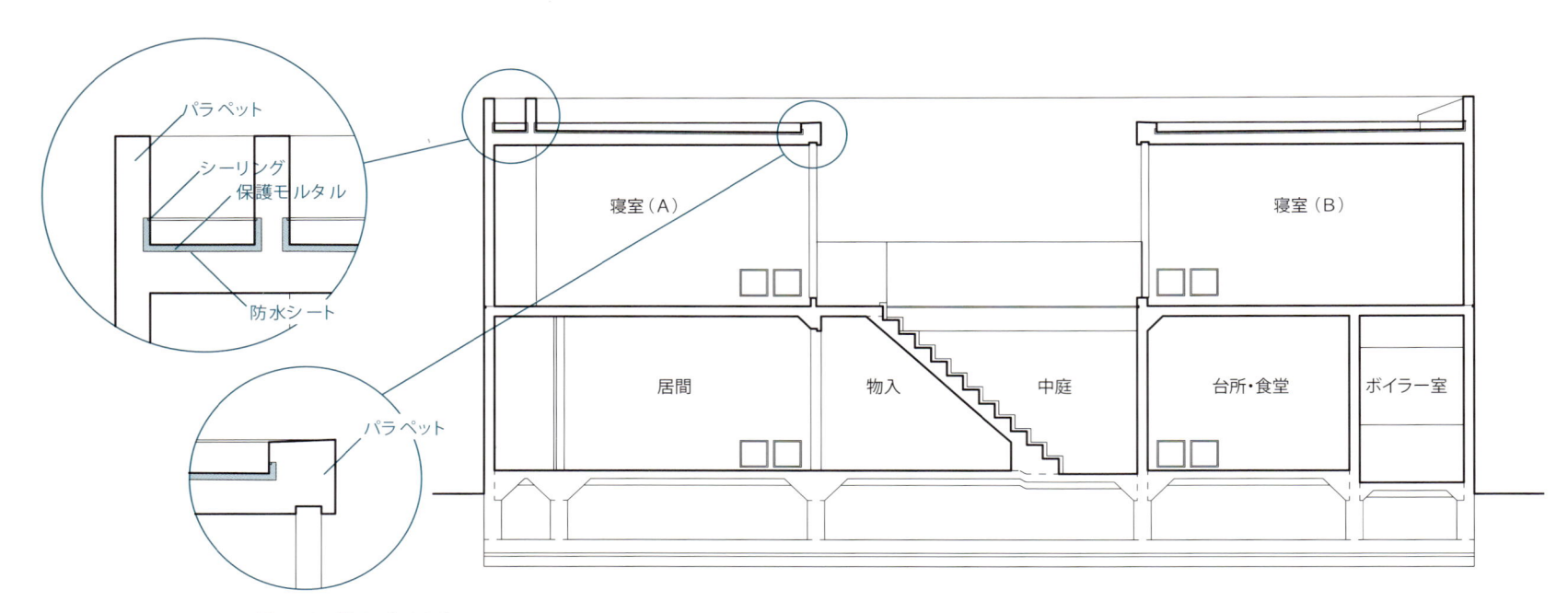

図 2-52　防水（1/100）
屋上では，シート防水の上に保護モルタルが施される。この図では，厚みの小さい防水シートは表しておらず，数センチの厚みのある保護モルタルだけを表している。

　この段階で主要な鉄筋コンクリート工事は完了し，構造体が完成することになる。

　屋上スラブの厚みは 150 ミリで設計されているが，厳密には，中庭側と外壁側（東立面側あるいは西立面側）でわずかに厚みが異なっている。これは，屋上スラブの上面が水平ではなく，**水勾配**と呼ばれるわずかな傾斜をもっているからである（スラブの下面は水平）。住吉の長屋では，最下端となる中庭側と最上端となる外壁側との間に，35 ミリのレベル差がとられている。すなわち，屋上スラブの厚さは，中庭側では 150 ミリ，外壁側では 185 ミリとなっている。この傾斜によって，雨は屋上に貯まることなく中庭側に流れる。

2.4.2.6　屋上

　図 2-52 は，屋上の防水を示している。屋上では，スラブの上に**防水シートを張るシート防水**が施され，シート防水の上には**モルタル**（セメント＋砂＋水）が施される。シート防水を保護する役目を果たすモルタルは**保護モルタル**と呼ばれる。

　図 2-52 では，厚みの小さい防水シートは表しておらず，数センチの厚みのある保護モルタルだけを表している。なお，保護モルタルの表面には水勾配がつけられるため，保護モルタルの厚みは一定ではない（見た目には水平に見える）。

　住吉の長屋に限らず，屋上をもつ鉄筋コンクリート構造の建築では，屋上スラブ上部に**防水工事**が必要となる。シート防水は，屋上スラブの上に**防水層**を設ける一般的な防水工事の方法である。シート防水では，防水層の端部を数センチ程度立ち上げるのが一般的である（立ち上げないと端部から水が浸入する）。そのためには，防水層の端部が納まる壁を立ち上げておく必要がある。前述したパラペットは，その立上り壁としての役割を果たす。パラペットを用いない防水方法もありえるのだが，建築を学び始める学生は，パラペットの役割を理解しておかねばならない。

2.4.2.7　建具

　コンクリート工事が完了すると，建具を取り付ける工事が行われる。**図 2-53** に，建具が取り付いた断面図を示した。平面図における**建具廻り**（建具の取り付く部分）が複雑であったのと同様に，断面図においても，その詳細は複雑である。

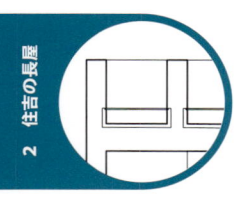

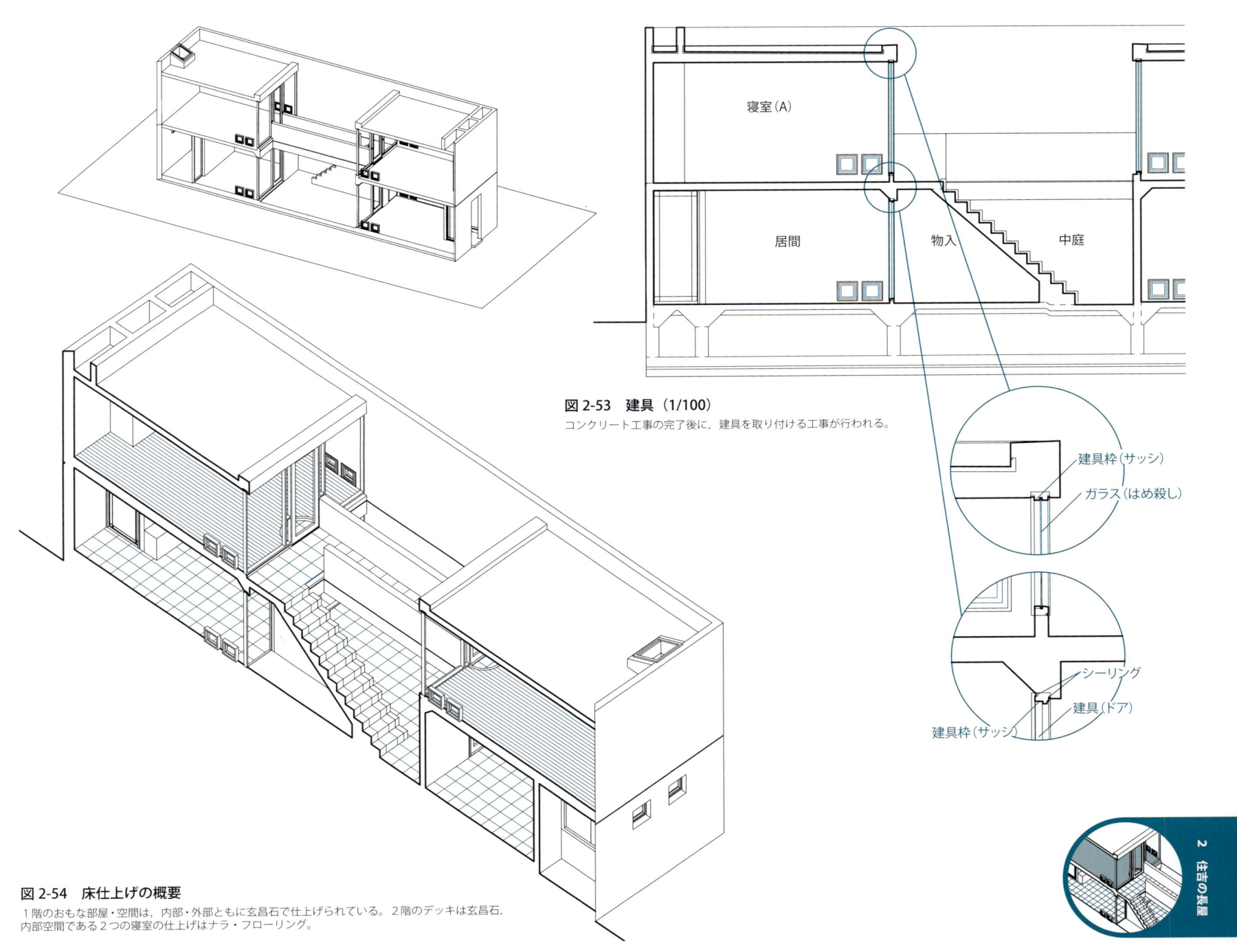

図 2-53 建具（1/100）
コンクリート工事の完了後に，建具を取り付ける工事が行われる。

建具枠（サッシ）
ガラス（はめ殺し）

シーリング
建具（ドア）
建具枠（サッシ）

寝室（A）

居間　物入　中庭

図 2-54 床仕上げの概要
1階のおもな部屋・空間は，内部・外部ともに玄昌石で仕上げられている。2階のデッキは玄昌石，内部空間である2つの寝室の仕上げはナラ・フローリング。

2 住吉の長屋

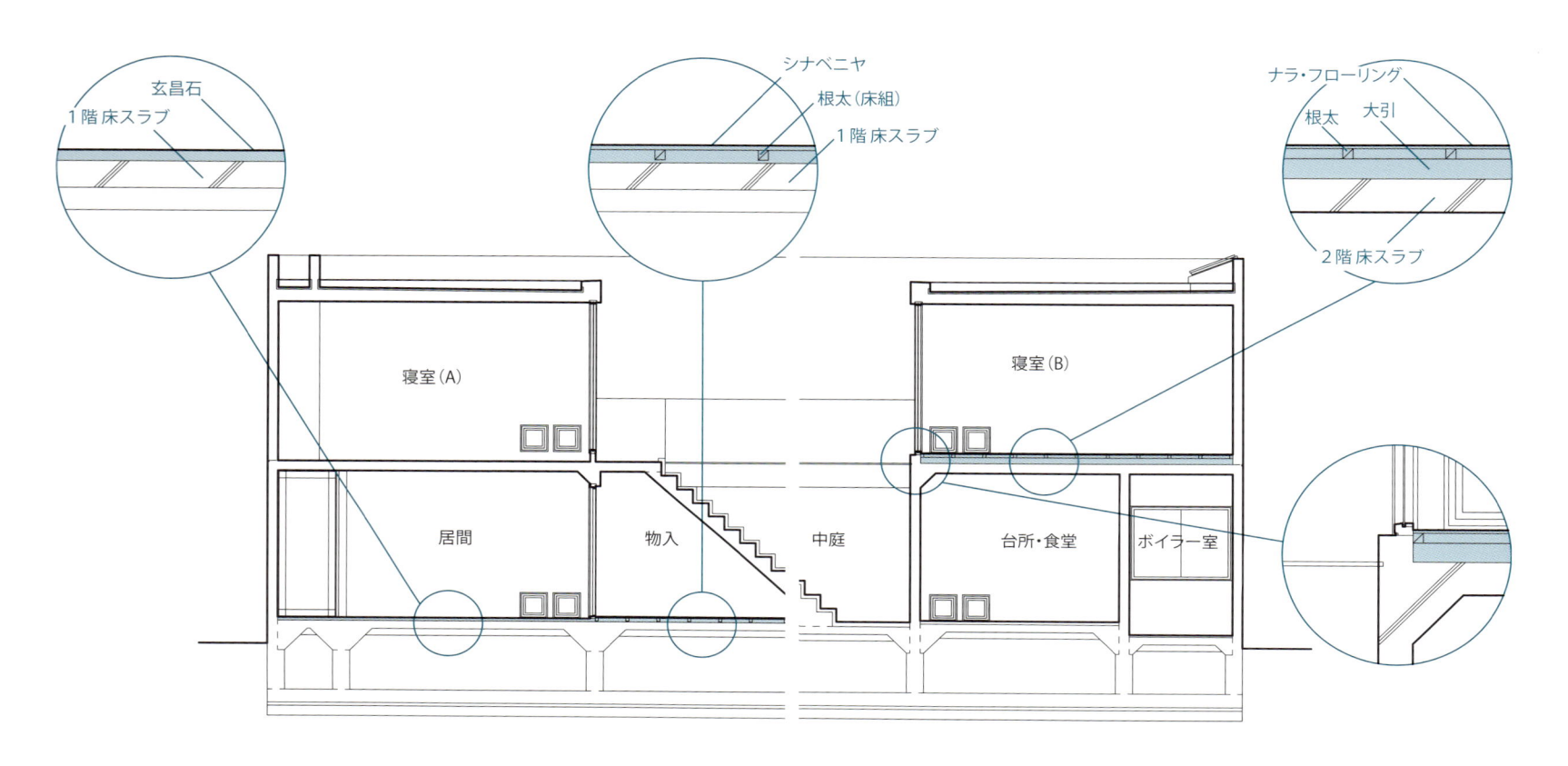

図 2-55　1 階床仕上げ（1/100）
居間の床スラブの上面は地盤面より 250 ミリ高い位置にある。玄昌石は，50 ミリの厚さの中で施工されている。

図 2-56　2 階床仕上げ（1/100）
寝室の床は，木質の床組の上にナラ・フローリングが張られている。

2.4.2.8　1 階床仕上げ

建具工事の後に，床を仕上げる内装工事が始まる。**図 2-54** は，**床仕上げ**の概要を示した立体図である。

1 階においては，階段下の物入と浴室奥のボイラー室を除くおもな部屋・空間は，内部・外部ともに 300 ミリ角の玄昌石で仕上げられている。2 階においては，外部空間であるデッキは 1 階と同様の玄昌石，内部空間である 2 つの寝室はナラ・フローリングで仕上げられている。

図 2-55 は，1 階の床が仕上がった状態を示している。居間および台所・食堂の床となる玄昌石の上面は，外部の地盤面より 300 ミリ高いレベルにあり，床スラブの上面より 50 ミリ高いレベルにある。すなわち，床スラブの上面は地盤面より 250 ミリ高いレベルにあり，玄昌石は，玄昌石自身の厚みも含めて，50 ミリの厚さの中で施工されている。

中庭の床も玄昌石で仕上げられているが，居間および台所・食堂の床から 25 ミリ下がったレベルに施工されている。この 25 ミリの段差で，中庭に落ちる雨が室内に入らないよう工夫されている。

居間につながる階段下の物入の床は，**シナベニヤ**という木質のベニヤ材で仕上げられている。スラブ上面からシナベニヤ上面までの仕上げ厚は 80 ミリとなっている。この 80 ミリの間に，**根太**（ねだ）と呼ばれる 45 ミリ角の木材が敷かれ，その上にシナベニヤが張られて床が仕上がっている[20]。

2.4.2.9　2 階床仕上げ

図 2-56 は 2 階の床が仕上がった状態を示している。2 階の寝室の床は，床スラブの上に木質の**床組**（床の構成）が施され，ナラ・フローリングが張られている。**フローリング**は，床スラブの上面より 150 ミリの厚さの中で

20）木造の床の構成については，5 章（白の家）において詳しく述べる。

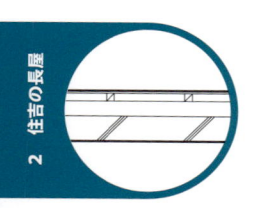

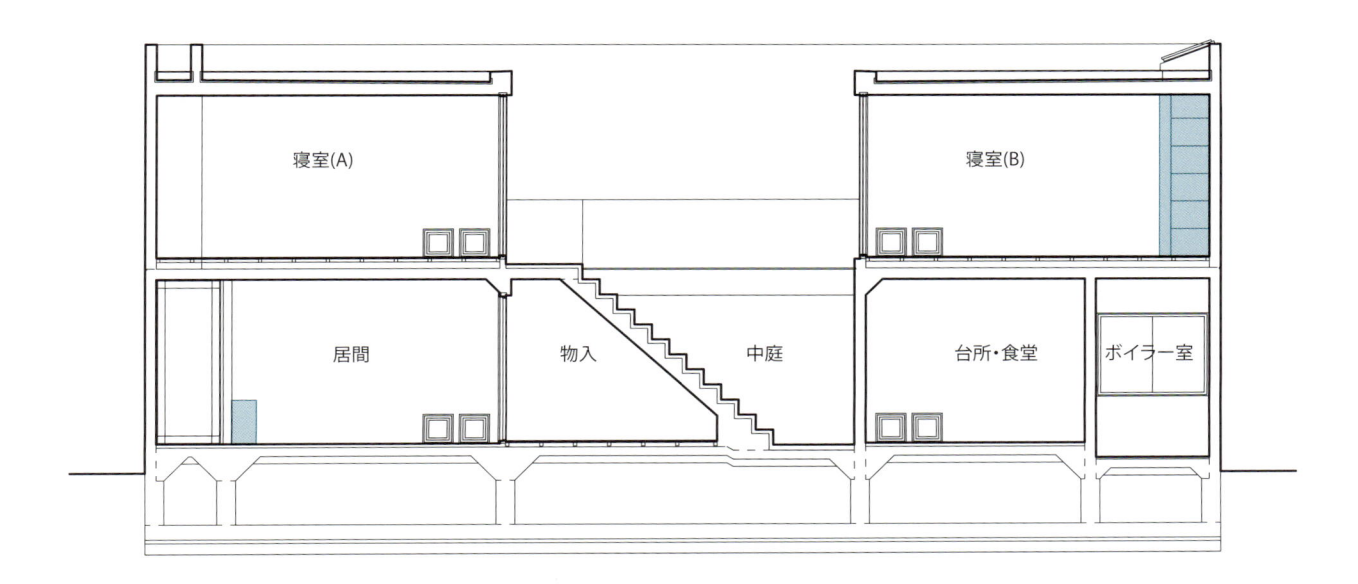

図 2-57　家具の表現（1/100）
居間の下足箱と寝室（B）の戸棚を記入。戸棚は，屋上に出るための階段を含む造付けの家具。

仕上げられている。この厚みの中に，**大引**（おおびき）と根太によって床下が組まれている。

一般に，床の仕上げ方法は様々で，フローリングを床スラブに直に張る施工法もあるが，同じ仕上げ材でも，床組によって床の弾力は異なる。すなわち，仕上げ材の直下がコンクリートなのか木質の床組なのかで，仕上げ材を踏む足の感覚は異なってくる。堅い床がいいか弾力のある床がいいかは一概にはいえないが，床の弾力の確保も設計のポイントの一つであるといえる。

2.4.2.10　家具

最後に**家具**を描き入れれば，断面図は完成することになる。**図 2-57** は，1 階居間の下足箱と 2 階寝室（B）の戸棚を記入した断面図である。この戸棚は，屋上に出るための階段を含む造付けの家具となっている[21]。

2.4.2.11　工事のプロセスのまとめ

以上，断面図を眺めながら工事のプロセスを追ってきた。工事のプロセスを理解することで，断面図に表れたすべての線の意味を把握することができたはずだ。

図 2-57 の断面図における各線の意味するものを章末（94 ページ）のまとめに示しているので参照して欲しい。また，**図 2-57** を，本章冒頭に示した断面図である**図 2-2**（43 ページ）と対照して，目に見えない部分（床下や地中など）に何が隠れているのかを確認して欲しい。さらに，**図 2-57** あるいは**図 2-2** を，前章の箱形建築の断面図である**図 1-2**（11 ページ）とも比較してみて欲しい。実際の建築に，特に住吉の長屋のような優れた建築に，建築のしくみがどのように隠れているのかがわかると思う。

21）下足箱と寝室（B）の戸棚の寸法は，公開された図面（42 ページの注 1 に示した前掲書）に示されている。本書はその他の家具の正確な寸法を把握していないため，図 2-57 では 2 つの家具のみを表している。その他の家具の表現については，各自で試みて欲しい。

2　住吉の長屋

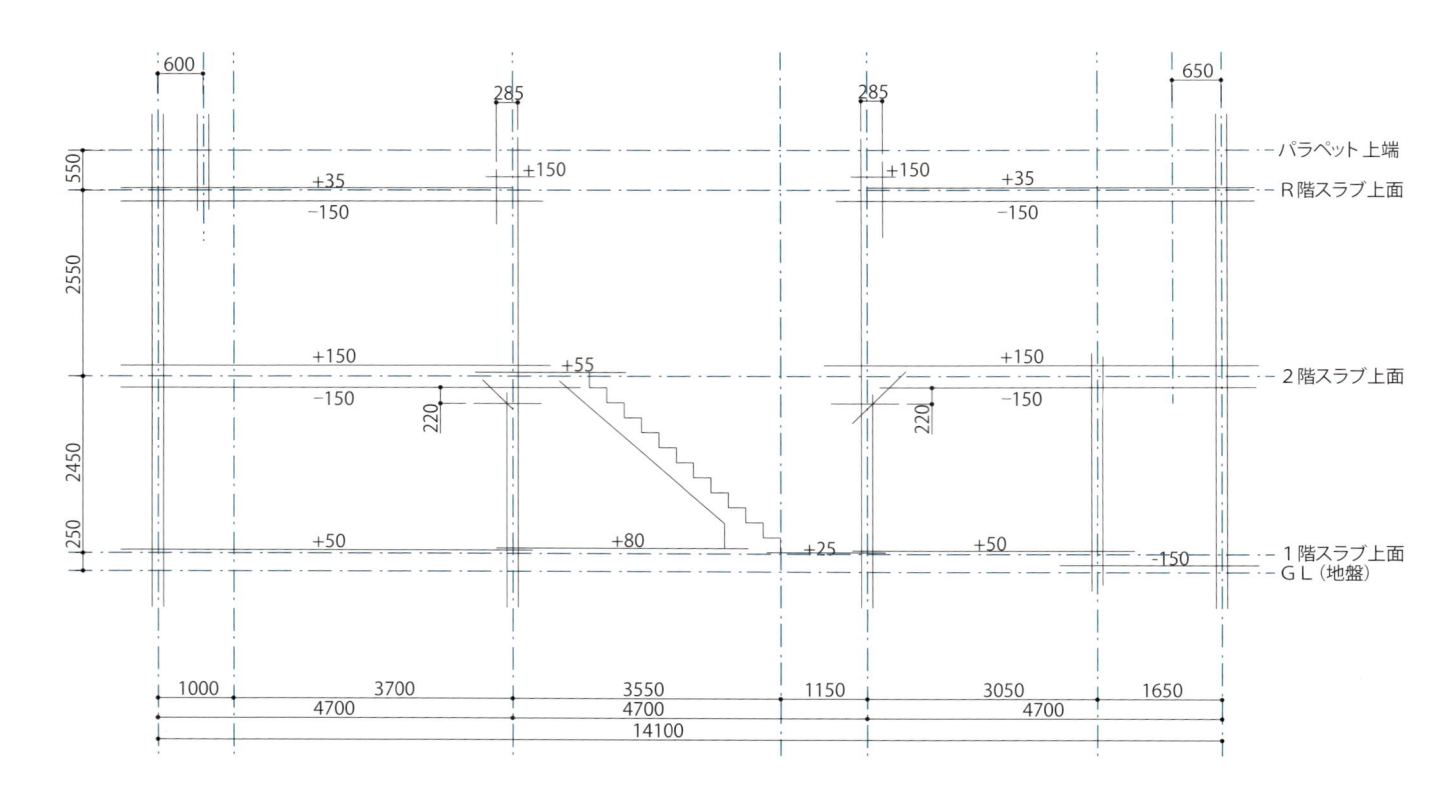

図 2-58　基準線と捨線（1/100）
スラブ上面を高さ方向の基準とし、床仕上げを表す捨線の位置は、スラブ上面からの上下方向のずれにより示している。

2.4.3　断面図の描き方

断面構成が理解できれば断面図が描ける。本項では断面図の描き方を学ぼう。

2.4.3.1　基準線と捨線

最初に描くのは、基準線と捨線である（基準線を明示しない場合は基準線も捨線として描く）。おもな基準線と捨線を **図 2-58** に示す。また、階段の基準線と捨線を **図 2-59** に示す。これらの図では、スラブ上面を高さ方向の基準とし、床仕上げを表す捨線の位置は、スラブ上面からのずれにより示している[22]。

1 階と 2 階の天井は、コンクリート打放し仕上げであるから、それぞれ 2 階と R 階の鉄筋コンクリートスラブの底面が天井となる。スラブの厚さは 150 ミリなので、天井を表す捨線は、スラブ上面から 150 ミリ下がった位置に描くことになる。壁は、基準線を中心とする 150 ミリの厚さであるので、壁を表す捨線は、基準線の左右 75 ミリに描くことになる。

1 階の中庭に面する壁・建具の上部と 2 階スラブの接合部にはハンチ（三角形のふくらみ）が存在する。ハンチは、建具の詳細に関わるので複雑な形状であるが、**図 2-58** および **図 2-59** では単純化している。

階段の鉄筋コンクリート部分は、**図 2-59** に示したように、もっとも薄い部分が 120 ミリで設計されている。

2.4.3.2　切断線

切断線は **図 2-60** のようになる。この図では、切断線の他に、稜線としてみえる壁・建具の位置を捨線で表している。

---

22) 高さ方向の基準線は床の仕上げレベルであるのが一般的だが、ここでは、説明の都合上、床仕上げではなくスラブ上面のレベルを基準線としている。

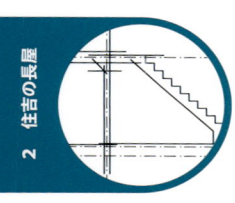

図 2-59　階段部分の基準線と捨線（1/50）
階段の鉄筋コンクリート部分は，もっとも薄い部分が 120 ミリで設計されている。

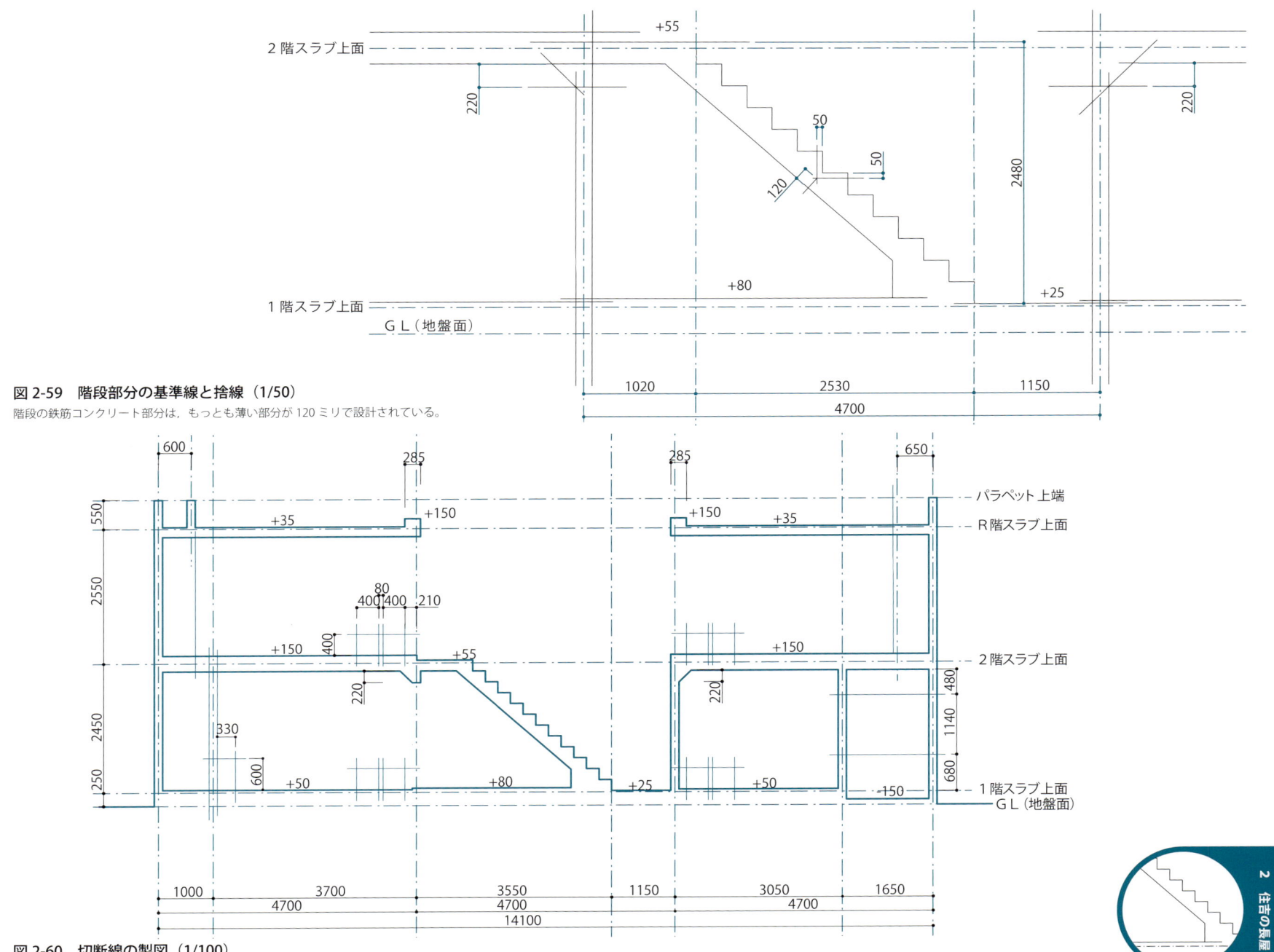

図 2-60　切断線の製図（1/100）
捨線に基づいて描いた切断線。切断線が描けたら，稜線としてみえる壁・建具の位置を捨線で描く。

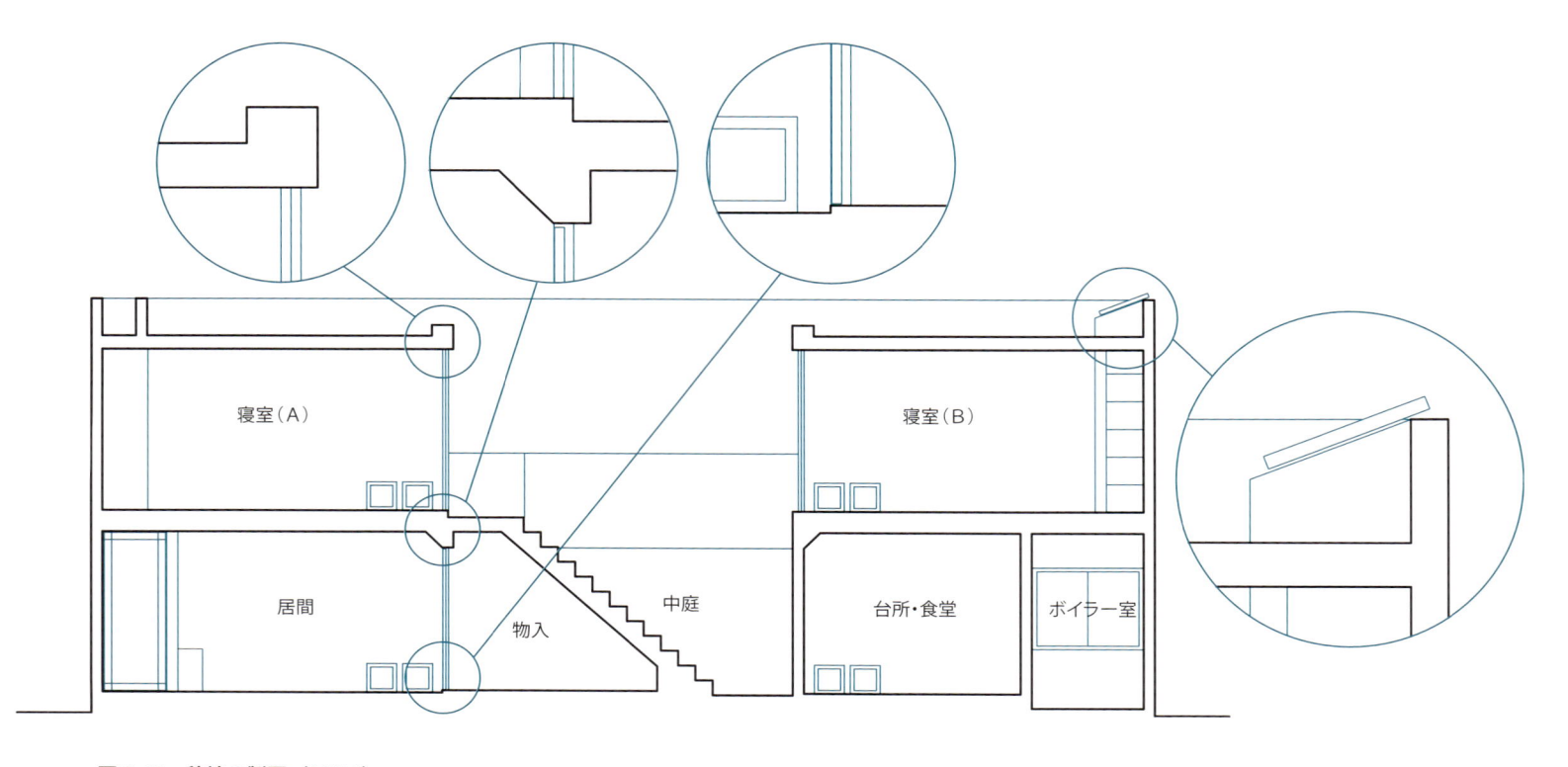

図 2-61　稜線の製図（1/100）
捨線を消し，建具と家具の稜線を加え，部屋名を記入すれば簡略表現の断面図が完成する。

2.4.3.3　建具と稜線

捨線を取り去って，建具と家具（下足箱と戸棚）の稜線を加え，部屋名を記入すれば，**図 2-61** に示した簡略表現の断面図となる[23]。**図 2-62** が断面図と垂直切断図との対応を示している。

図 2-62 には，建具（ドア，すべり出し窓，扉）と家具（下足箱，戸棚）の稜線とその簡略表現を示している。断面図にすべての稜線を描き込むと煩雑になるので，ある程度単純化して簡略に表現するとよい。なお，**図 2-61** は，建具や家具を単純化した形状で描いている。

23）実際の製図では，捨線はもともと見えないと見なす薄い線であるから取り去る必要はない。

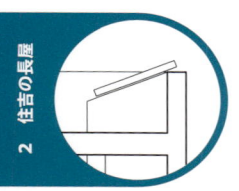

■演習 2-5　断面図の製図

A3サイズのケント紙を用意し，以下のような簡略な表現により，階段を切断する断面図を描こう。スケールは 1/50 とする。

（1）目に見えない部分は表さない。すなわち基礎，床組などは表現しない。
（2）壁・床・天井に取り付く建具枠は表さず，建具は単純化して表現する。
（3）屋上の水勾配は表現しない。R階スラブは上面が水平なスラブと見なす。
（4）基準線は捨線として描く。
（5）建具や家具の稜線は単純化して描く。

切断線がどのような部位によって構成されるかをよく理解すること。また，稜線として見えてくるものすべてを忘れないように描くこと。本章冒頭の**図 2-2**（43 ページ）および章末のまとめの部位の構成（94 ページ）も参照するとよい。

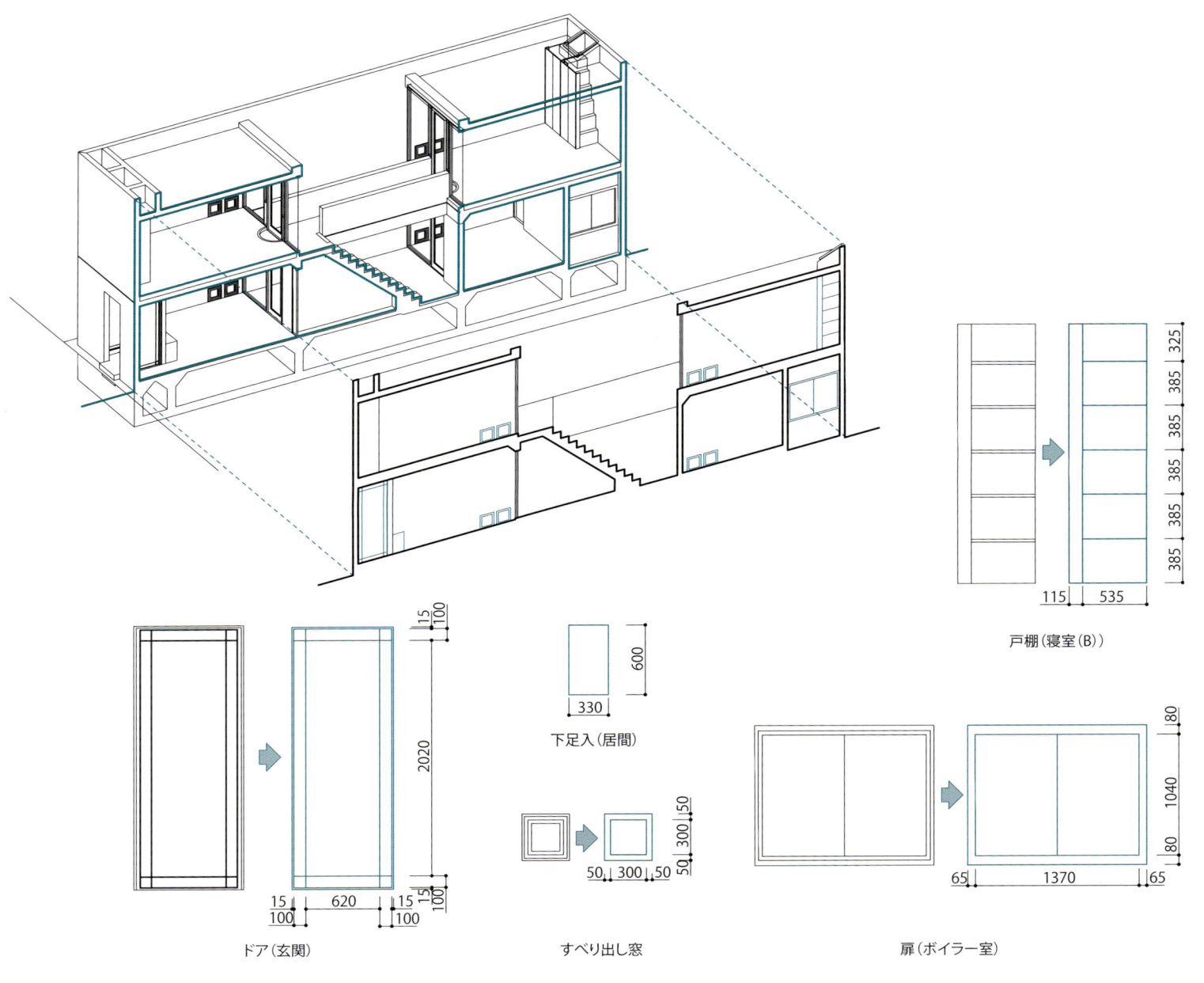

図 2-62　建具と家具（1/50）
建具や家具の稜線は，実際には，矢印左に示したような形状になるが，断面図にすべての稜線を描き込むと煩雑になる。矢印右に示すように単純化するとよい。

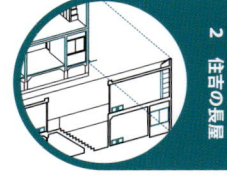

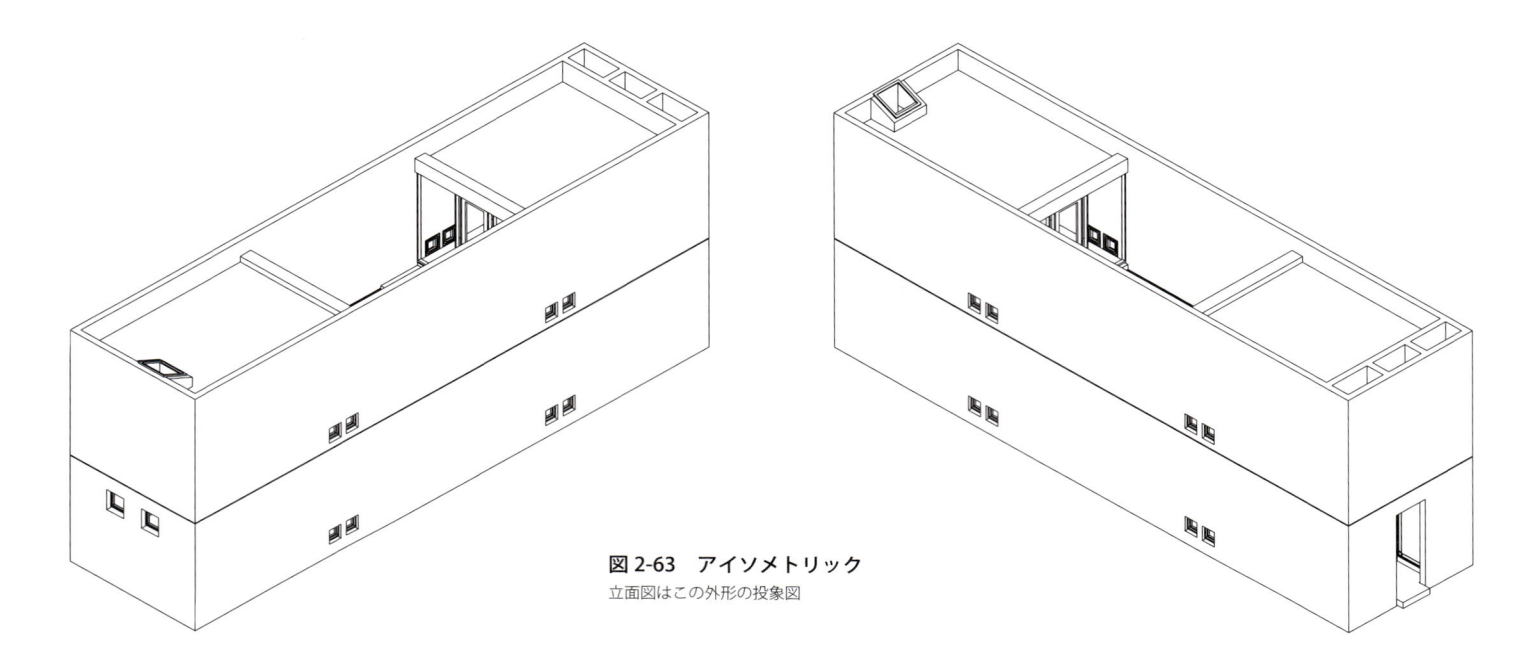

図 2-63　アイソメトリック
立面図はこの外形の投象図

2.5　立面の構成

　ここまでに，住吉の長屋の平面と断面の構成を学んだ。本節では，最後に立面の構成について学ぶ。

　住吉の長屋の外形は，**図 2-63** に示したアイソメトリックの通りである。立面図はこの外形の投象図となる。

2.5.1　外形の表現

　立面図は外壁の投象図であるので，住吉の長屋の立面図としては4面を描くことになる。最も簡略な立面図は**図 2-64** のようになる。ここでは，外形と開口部の輪郭と，1階壁と2階壁の間に設けられている20ミリの幅の打継目地だけを表している。

2.5.2　コンクリート打放しの表現

　コンクリート打放しの表情を立面図に表現するためには，型枠とセパレータ（後述）の穴を図面に描き込むことになる。

2.5.2.1　型枠

　外壁の型枠には，1800×900ミリの寸法の**ベニヤ板**が用いられている。多くの箇所ではそのままの寸法のベニヤ板が使われているが，部分的には小さな寸法に切断されている。**図 2-65** は，型枠の**割付け**（レイアウト）を立面に重ねて描いた立面図である。

　図 2-65 に示した西立面図（ポーチのある面）では，幅が1650ミリと150ミリの型枠が用いられている。ポーチの上部に割り付けられた幅150ミリの型枠の目地が立面の意匠上のアクセントになっている。幅150ミリの型枠の目地は，神社の棟木を支える棟持柱 [24] のようにも見える。あるいは，1650＋150＝1800であるから，1800×900の型枠が重なっているようにも見える。

　ベニヤ板同士がぴったりと継ぎ合わされ，ベニヤ板の**ジョイント**（接合部）に隙間や段差がないなら，型枠を取り外した後に，ジョイント部にはっきりとした凹凸が生じることはない。それでも，型枠が継がれた跡が**ジョイント目地**（同一素材による隙間のない目地）として現れる。

　エッジ（稜線）とジョイント（目地）の図法的な違いを**図 2-66** に示した。同一面内に存在するジョイントに対して，エッジは形態の立体的な境界を示す線である。立面図は，無限遠から眺めた投象図であるので，すべてを細線だけで描くことができる。しかし，ジョイントに対して，多少エッジを強調して描くとわかりやすい図になることもあるので，表現を工夫してみるとよい。

24）小屋組（屋根）の頂部を構成する水平な部材を棟木という。棟持柱は，棟木を直接支える柱である。

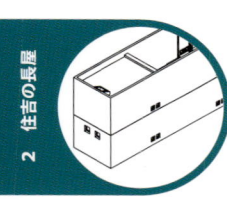

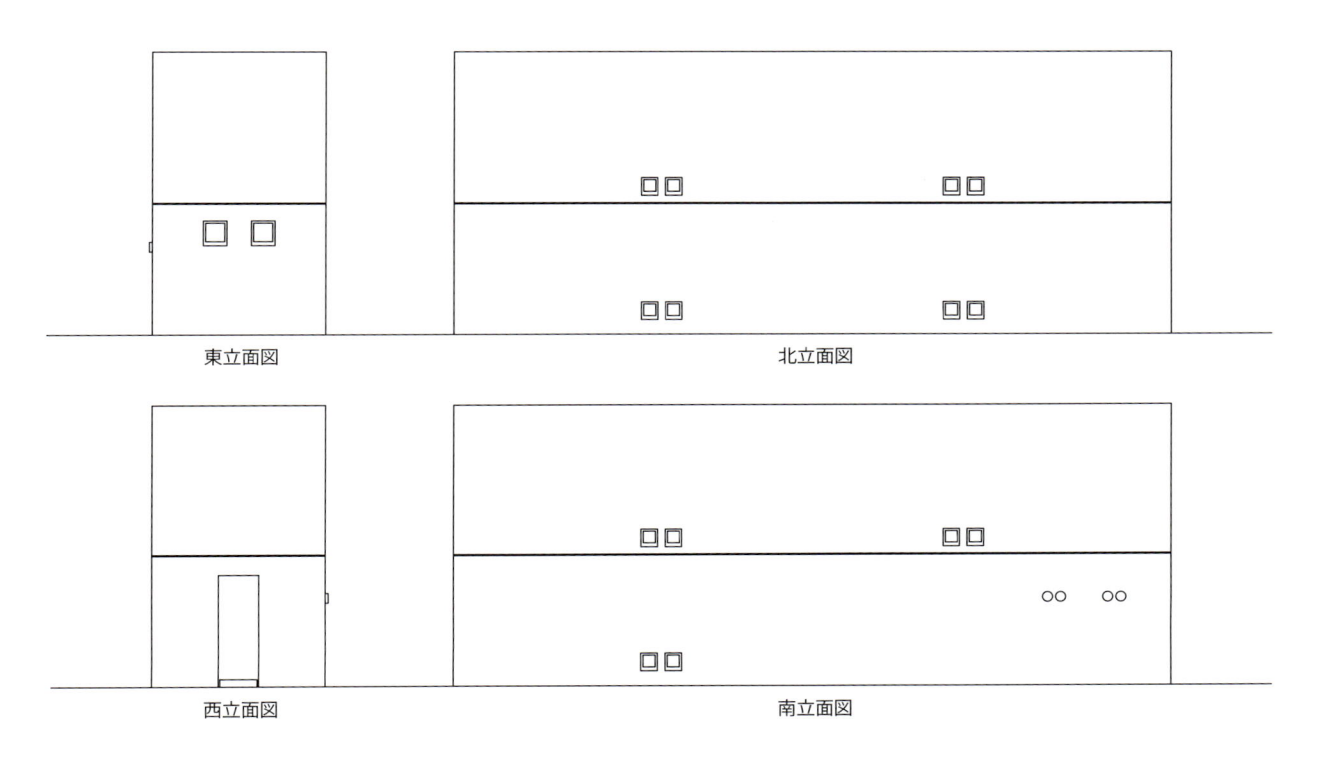

図 2-64　立面図（1/150）
最も簡略な立面図の表現。外形，開口部の輪郭，打継目地を描いている。

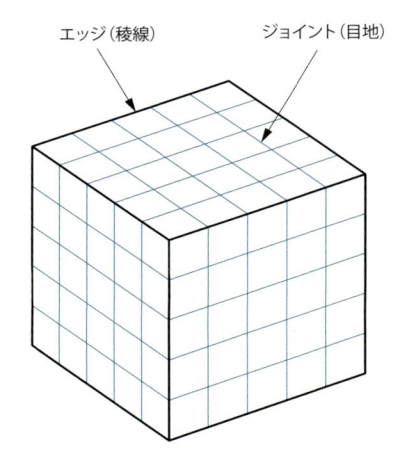

図 2-66　エッジとジョイント
エッジは形態の立体的な境界。ジョイントは同一面内に存在する目地。

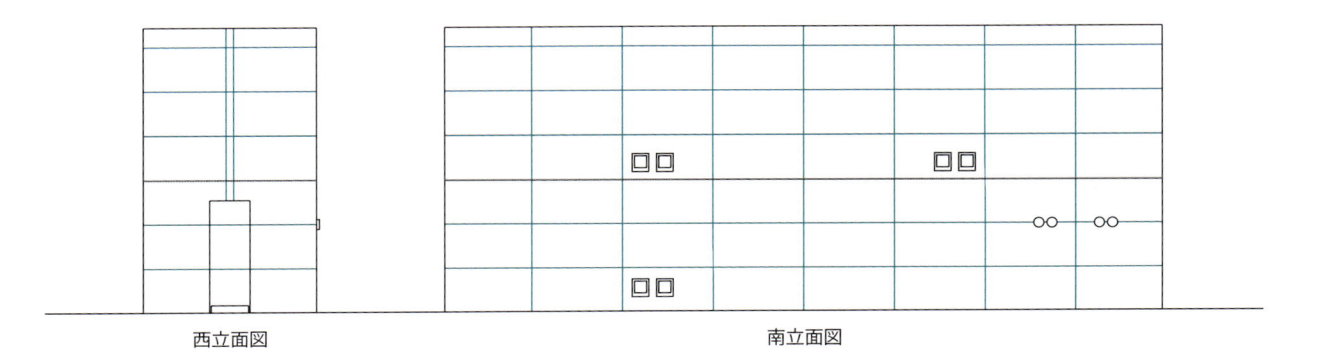

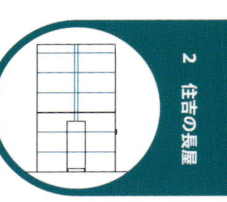

図 2-65　型枠の目地を表現した立面図（1/150）
外壁の型枠には，1800 × 900 ミリの寸法のベニヤ板が用いられている。多くの箇所ではそのままの寸法のベニヤ板が使われているが，一部はより小さな寸法に裁断されている。

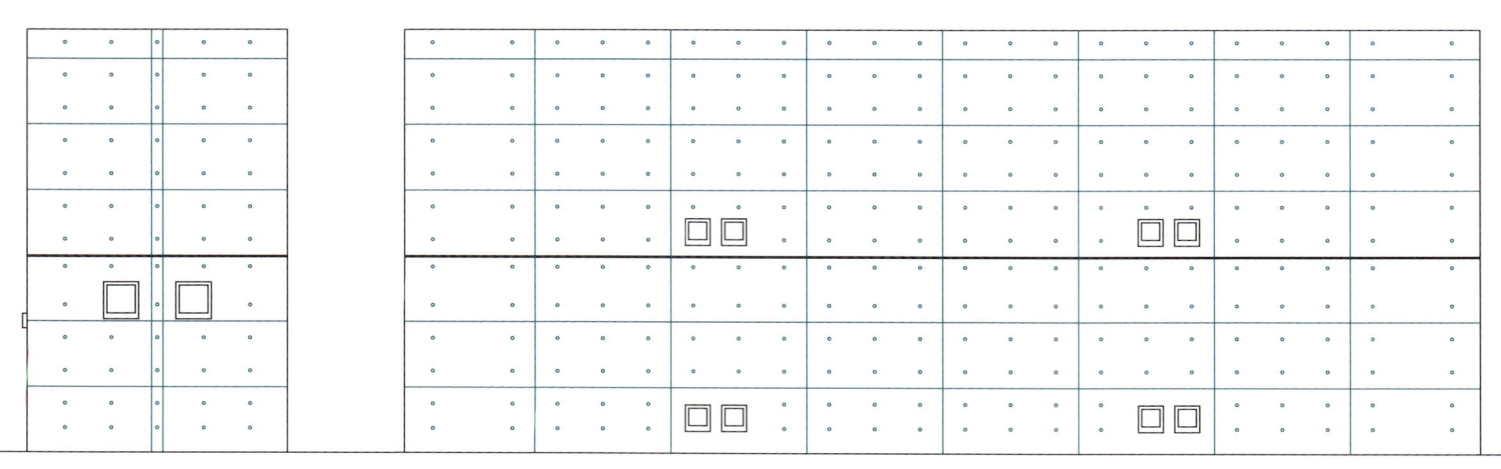

東立面図   北立面図

図 2-68　立面図（1/100）
型枠の目地を表した立面図に，セパレータの跡を描き加えた立面図．

2.5.2.2　セパレータ

型枠は**セパレータ**と呼ばれる金物によって仮設材に固定される．**図 2-67**にセパレータのイラストを示す．

コンクリート打設工事の際，型枠は流し込まれたコンクリートの圧力を受ける．セパレータは，型枠と仮設材との接点として，その圧力を仮設材に伝える．したがって，セパレータは均等な間隔で配置されるのが望ましい．住吉の長屋のセパレータの多くは，水平方向では 600 ミリ，垂直方向では 450 ミリの間隔で均等に配置されている．

セパレータは，打設されるコンクリートの中に埋め込まれる．セパレータの端部（コーン）は型枠と一緒に取り外される．すると，この部分にはコンクリートに小さな穴が空くことになる．この穴には，通常，モルタルが充填される．モルタルが充填されたセパレータの穴は，型枠の目地とともに，コンクリート打放しの壁の表情にリズムを与える．

型枠の割付けと，それにともなうセパレータの配置は，コンクリートが充填しやすいように設計されなければならないが，コンクリート打放しのデザインを決定する要素ともなる．**図 2-68** および本章冒頭の**図 2-3**（43 ページ）が，型枠の目地とセパレータの跡を描いた立面図である．

■演習 2-6　立面図の製図

平面図，断面図の寸法に基づき，立面図を描いてみよう．平面図，断面図と同様，A3 用紙を用いて，1/50 スケールで描こう．

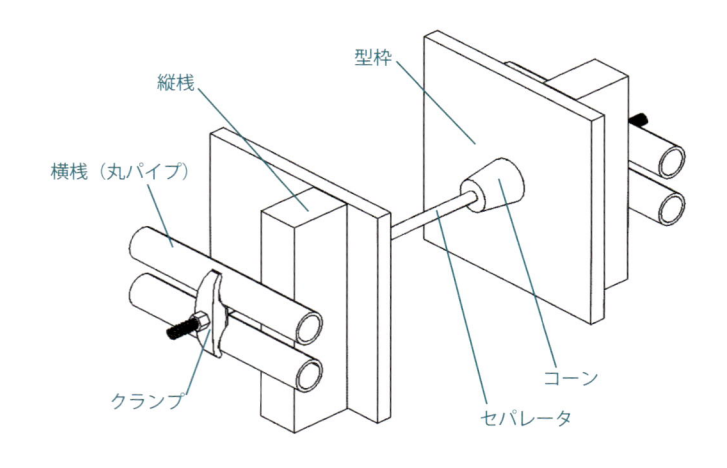

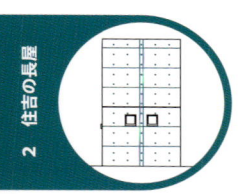

図 2-67　セパレータ

図 2-69　CG による空間表現（2 階寝室）

図 2-70　CG による空間表現（内部の構成）

2.6　コンピュータ・グラフィックス

　ここまでに，住吉の長屋の形態と空間を，模型と図面を通じて学んできた。本節では，アプローチを変えて，**CG**（コンピュータ・グラフィックス）によって住吉の長屋を組み立ててみよう。図 2-69 および図 2-70 に，CG による住吉の長屋の空間表現の例を示した。

　建築のしくみを理解していなければ正しい図面が描けないのと同様に，CG を製作する場合にも，建築のしくみの理解が必須である。だから，CG をつくってみることによって，建築のしくみを復習できるはずだ。

　教室の中で実際の建築を工事することは不可能だが，コンピュータ上でなら建築を組み立てることができる。注意深く作業をすれば，実物の建築工事のように，コンピュータ上で建築をつくってみることもできる。また，実物の空間がどのような空間であるかを確かめることもできるだろう。

　すでにお気づきのことと思うが，本書で用いた立体図は手描きで描いたものではなく，すべて CAD（Computer Aided Design）アプリケーションまたは CG アプリケーションを用いて作成している。本節の説明は，本書が立体図をどのようにつくっているかの種明かしでもある。

　CG の製作においては，建築とは無関係な，CG 独特のテクニックが必要になることもある。本節は，「CG を製作しながら建築のしくみを学ぶ」という立場で解説を進めるが，一部には，CG のテクニックに言及する部分もある。

　CG のテクニックは，CG の操作に慣れていない学生にはとっつきにくく，興味をもちにくいものかもしれない。しかし，図面や模型のためのテクニックを学ぶことが建築の勉強の一部であるのと同様に，CAD や CG のテクニックを学ぶことも建築の勉強の一部であるはずだ。これから建築を学ぶ学生には，CAD や CG にも興味をもってもらいたいと思う[25]。

2.6.1　CG のしくみ

　一般に，CG は，以下のような過程によって製作される。

（1）モデリング
（2）テクスチャー（表面材質）の定義
（3）視点と視野の設定（CG と構図の決定）
（4）ライティング（光の設定）
（5）レンダリング（描画）

　ここで，（1）の**モデリング**とは，コンピュータ上で形態を組み立てていく作業のことである。モデリングされた建築は，（5）の**レンダリング**と呼ばれる描画作業を通して，CG パースあるいは CG アニメーションとして表現される。

　建築の組み立てにあたる作業は（1）のモデリングであり，（2）〜（5）は CG に特有の作業である。

[25] CG は，専用の CG アプリケーションを用いて製作されることが多い。どのアプリケーションを用いるかで製作の方法は変わってくるが，原理は共通している。本書では，特定のアプリケーションの操作については言及せず，CG 製作の原理について解説する。また，本章では，特に CG を製作するための演習は設けていない。各自でアプリケーションを見つけ，CG の製作にもチャレンジして欲しい。
なお，本節で示す CG は，CG アプリケーションの一つである Shade（e-frontier 社）を用いて作画している。

2　住吉の長屋

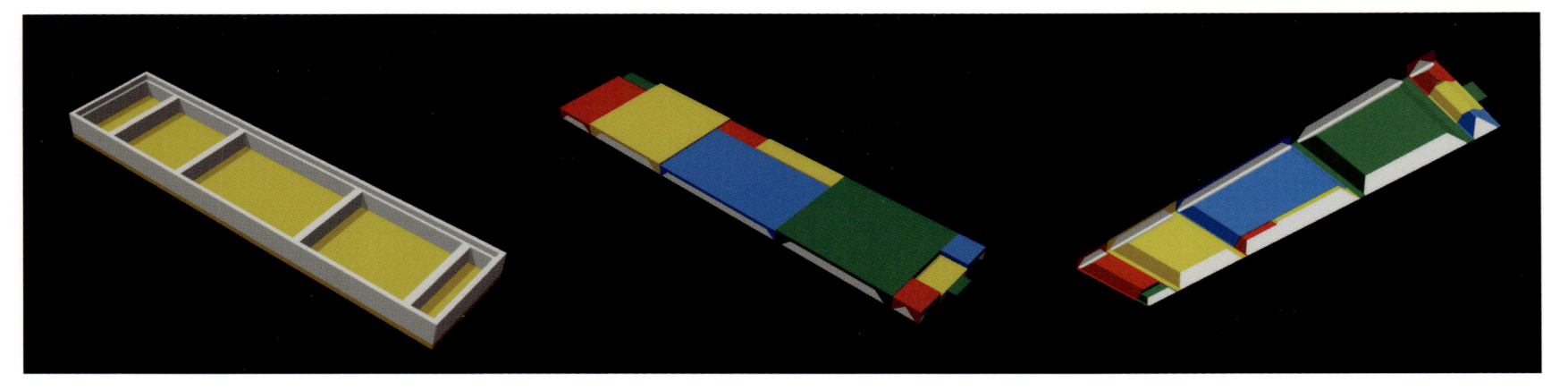

図 2-71　基礎のモデリング
耐圧板と基礎の立上り。実際の建築では基礎は1階の壁と同時に打設されるが，ここでは基礎と1階壁を別々の部品としてモデリングしている。

図 2-72　1階床スラブのモデリング
1階の床スラブは，ポーチ，居間，中庭，食堂，浴室，ボイラー室といった部屋ごとに高さと奥行きが異なっている。そのため，CGモデルでは，床スラブを複数の部品によって構成している。

図 2-73　1階床スラブ（見上げ）
床スラブの下部にはハンチ（基礎との接合部における膨らみ）が存在する。

2.6.1.1　モデリング

本章で示した立体図は，一つのCGモデルを切断したり分解したりして作画している。そのCGモデルは，コンピュータ上で住吉の長屋を建設するように組み立てたものである。

モデリングにはさまざまな方法がある。たとえば，CGを製作する目的が，あらかじめ決まった視点から眺めるパースの作画にあるのなら，見える部分だけをモデリングすれば十分で，建築の全体をモデリングする必要はない。ラフなCGでいいならばモデリングもラフでいいし，精巧なCGが必要ならば精密なモデリングを行わなければならない。CGのモデリングにおいても，図面や模型と同様に，出力のスケールによって精度は変化する。

本章のCGモデルは，以下の方針で製作している。

(1) 基礎，床，壁などの主要な部位はすべてモデリングする。特に，鉄筋コンクリートによってつくられる構造体は正確な寸法でモデリングする。
(2) 床仕上げ，壁仕上げ（浴室のタイル），屋上防水については，下地（仕上げ材を張るための素地）を含んだ一様な形状としてモデリングし，下地そのものはモデリングしない。
(3) サッシは簡略な形状でモデリングする。
(4) シーリング（隙間，目地を充填する素材）はモデリングしない。

すなわち，本章のCGモデルは，構造体についてはほぼ正確に実際の建築をモデリングしている。また，下地はモデリングしないが，構造体と仕上げ面の位置関係は実際の建築の通りである。

本節では，このCGモデルを分解しながら，住吉の長屋の形態構成（構造体と仕上げの構成）を再確認していく。

2.6.1.2　テクスチャーとライティング

CGにおいては，単に組み立てられただけの形状は，コンクリートであるとか木質の素材であるとかといった**テクスチャー**（表面材質）の情報をもたない。CGではテクスチャーの定義が必要となる。また，CGの世界には，あらかじめ光が存在しているわけではないから，建築にどのように光をあてるかを定義する**ライティング**（光の設定）も必要である。

建築のカタチ（形態）はモデリングによって定義されるが，カタチだけで空間が現れるわけではない。建築の床・壁・天井には素材感がある。また，空間は光によって現れるものでもある。

本節では，テクスチャー，ライティングの操作を通じて，住吉の長屋の空間構成（素材感や光の構成）を再確認していく。

2.6.2　形態の構成

ここでは，CGを確認しながら，住吉の長屋の形態構成を復習する。

2.6.2.1　基礎

図 2-71 は，耐圧板と基礎の立上りのCGモデルである。実際の建築では

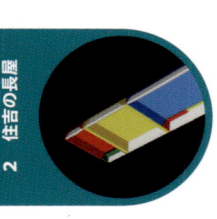

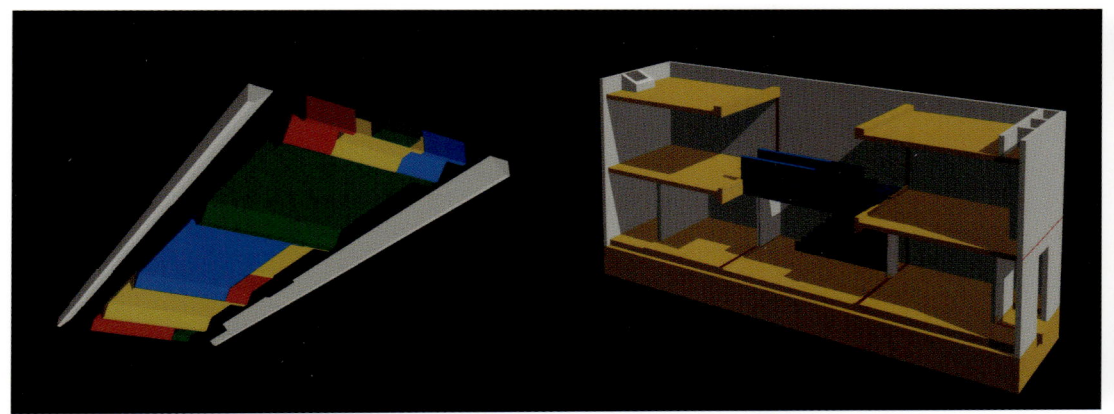

図 2-74 ハンチのモデリング
実際には床スラブとハンチは一体化しているが，この CG モデルでは，長手方向のハンチを別部品としてモデリングしている。

図 2-75 壁のモデリング
壁は開口や凹みを伴う。図の赤色部分は開口や凹みの側面。

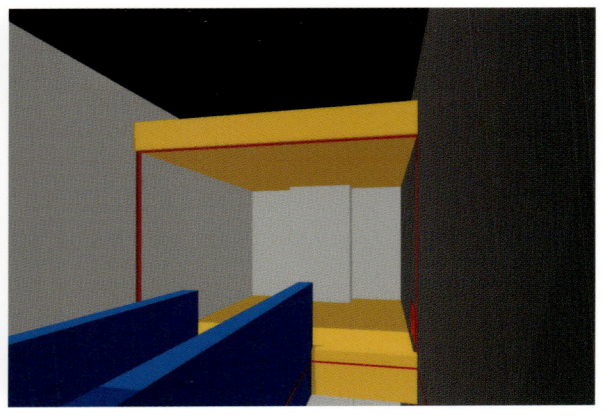

図 2-76 壁のモデリング（2階デッキ）
2 階の開口部廻りの壁にも，サッシを取り付けるための凹みがある。

基礎は 1 階の壁と同時に打設されるが，この CG モデルでは基礎を 1 階壁と切り離した部品としてモデリングしている。

2.6.2.2 床スラブ

図 2-72 は，1 階床スラブの CG モデルである。この図では基礎は描画しておらず，床スラブだけを表している。

実際の建築はさまざまな部位によって構成される。CG モデルも，建築の部位を部品として定義し，部品の組合せによって全体をモデリングしていく。

モデリングにはさまざまな方法があるが，本書ではおもに，もっとも一般的な，平面形状に厚さや高さを与える方法を用いている。**図 2-71** および **図 2-73** に示した耐圧板，基礎の立上り，床スラブはすべて，一定の厚みや高さをもつ一様な形状の組合せによってモデリングしている。

CG アプリケーションでは，一定の厚みや高さをもつ一様な形状を**柱状体**などと呼ぶことが多い（**掃引体**とも呼ばれる）。柱状体は，3 次元モデリングの基本的なテクニックである。柱状体は，3 次元形態の平面図または立面図を描き，その平面図または立面図を奥行き方向あるいは高さ方向に掃引する（引っ張る）ことでモデリングされる。

モデリングでは，実際の建築の部位の形状と CG モデルの部品の形状が一致していないことも多い。一つの建築の部位を，CG 特有の部品の組合せによってモデリングするということがよく起こる。

1 階の床スラブは，ポーチ，居間，中庭，食堂，浴室，ボイラー室といった部屋ごとに高さと奥行きが異なっている。この高さと奥行きの違いを表すために，床スラブの CG モデルは，多数の部品の複合となっている。**図 2-72** では，各部品を色分けして示している。

図 2-73 は，床スラブの下からの眺めである。下から見上げると，床スラブの下部のハンチ（基礎との接合部における膨らみ）の形状がよくわかるだろう。

1 階床スラブ下のハンチも，CG 特有の部品の組合せによってモデリングされた部位の一例である。ハンチは，長手方向（玄関から浴室に向けての方向）と長手方向に直交する短手方向の 2 方向に伸びる。

実際のコンクリート工事では，すべてのハンチが床スラブと一体化して打設されるから，実際には床スラブとハンチは一体なのだが，この CG モデルでは，2 方向のハンチを別々の部品としてモデリングしている。すなわち，**図 2-74** に示したように，短手方向のハンチは床スラブと一体化した部品としてつくっているが，長手方向のハンチは，床スラブとは別の部品である。CG モデルでは両者が重なることになるが，CG では部品が重なってもかまわない（**図 2-72** および **図 2-73** では，短手方向のハンチが優先して表れている）。

2.6.2.3 壁

図 2-75 および **図 2-76** は，基礎とスラブに壁を加えた CG モデルである（階段，ブリッジも加えている）。

壁は，板状の部品に開口としての穴を空けたり，サッシを納めるための

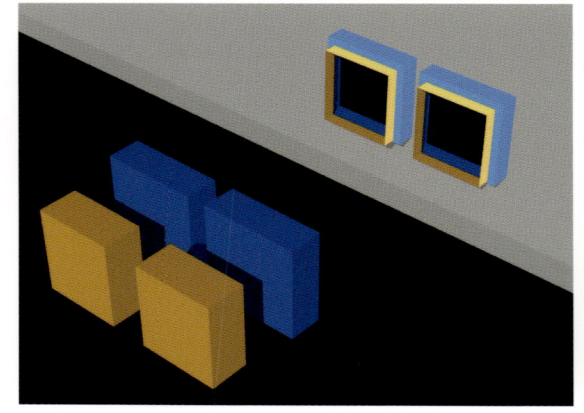

図 2-77　開口部のモデリング（すべり出し窓）

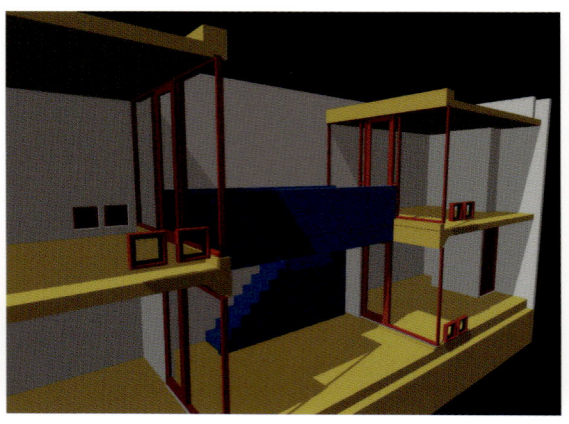

図 2-78　サッシのモデリング

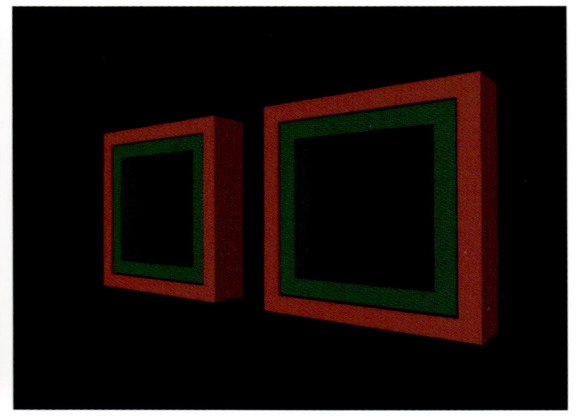

図 2-79　サッシのモデリング（すべり出し窓）

図 2-80　サッシのモデリング（2 階寝室）

図 2-81　サッシのモデリング（1 階食堂）

欠き込みや打継目地の凹みを設けたりして作成している。**図 2-75** および**図 2-76** では，欠き込み，凹みの側面を赤色で表しているので，どの部分が欠き込み，凹みであるかを確認して欲しい。

　壁を遠くから眺める CG をつくる場合には，欠き込み，凹みといった細かい部分は単純化したり，省略してもいいと思う。しかし，窓やドアが大きく描かれる CG をつくる場合には，窓やドアと壁のクリアランスが表れていないと誤魔化しがばれてしまう。

　窓を壁に実際の通りに取り付けるためには，サッシを納めるための欠き込みも含めて壁に穴を空けるモデリングをすることになる。住吉の長屋の外壁に取り付くすべり出し窓をモデリングするためには，一様な壁から，**図 2-77** に示した窓の穴を表す形状を差し引くことになる。

2.6.2.4　建具

　図 2-78 は，建具（サッシ）を加えた CG モデルである。

　本書では，たとえば外壁に取り付くすべり出し窓のサッシは，**図 2-79** に示したようにモデリングしている。実際のサッシの形状はこんなに単純では

図 2-82 光の表現（1階居間）
1階居間から中庭を眺めた CG。この CG の構図は，図 2-89（92 ページ）と同一。

図 2-83 光の表現（2階寝室）
2階寝室から中庭を眺めた CG。この CG の構図は，図 2-69（85 ページ）と同一。

ないが，ここでは複雑な形状を簡略化している。

図 2-80 および図 2-81 は建具を加えた CG モデルをレンダリングした例である。

2.6.3 ライティング

ここまでで，鉄筋コンクリートの構造体と建具のモデリングが完了している。仕上げ材のモデリングが未完了であるが，仕上げ材を加える前に，ライティングについて解説する。

図 2-82 および図 2-83 は，1階居間あるいは 2階寝室から中庭を眺めた CG である。図 2-82 では，中庭に光が差し込む様子とともに，上部のデッキが影を落としている様子も表している。図 2-83 では，中庭と寝室に差し込む光の表現となっている。これらの図は，住吉の長屋が仕上げをもたない白い素材と透明なガラスによって構成されていると仮定して，その光環境をシミュレートしたものである。

このような図はライティングの設定をしないと描けない。CG によって光をどう表現するかを考えることは，光の原理，建築と光との関係を学ぶことに通じる。

2.6.3.1 直接光と環境光

光には，**直接光**と**環境光**の 2種類がある。直接光とは太陽や照明器具などの光源が発する光であり，環境光とは光源以外のさまざまな物体が拡散反射する光である。

CG においては，間接光の設定が面倒である。間接光を正確に設定するためには，すべての部品の表面がどのように光を拡散反射させるかを定義しなければならない。しかし，すべての部品を光源として定義するのは，膨大な作業を伴うことになり現実的ではない。

実際の CG の製作においては，間接光を直接光に置き換えて表現したり，あるいは間接光を推測するさまざまなテクニックが用いられもする。

2.6.3.2 光源の種類

CG が扱う光源には，**無限光源**，**点光源**，**線光源**，**面光源**などのさまざまな種類の光源がある。無限光源とは太陽光のことである。点光源とは電球のような 1点が光る光源であり，線光源とは蛍光灯のような線状の照明による光源。面光源とは面全体が光をもち，輝いているような光源のことである。

無限光源，点光源，線光源については，太陽光や照明器具をイメージしてライティングの設定をすればいい。しかし，面光源についてはイメージがしにくいかもしれない。

建築の部屋は，壁，床，天井などの面によって囲まれた空間である。実際の壁，床，天井自体は光源ではないが，しかし，光源でなくても，これらの面は光を反射させるから，その表面は光っている。すなわち，これらの面は，間接光の光源として，他を照らすことになる。

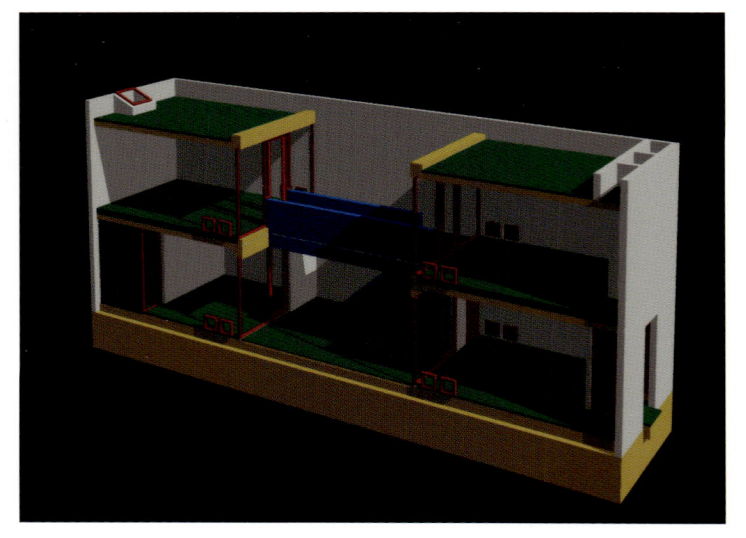

図 2-84　仕上げ材のモデリング
床仕上げ部分を床の上に載せ，また，壁のタイル仕上げ部分を壁に貼り付けた CG モデル。

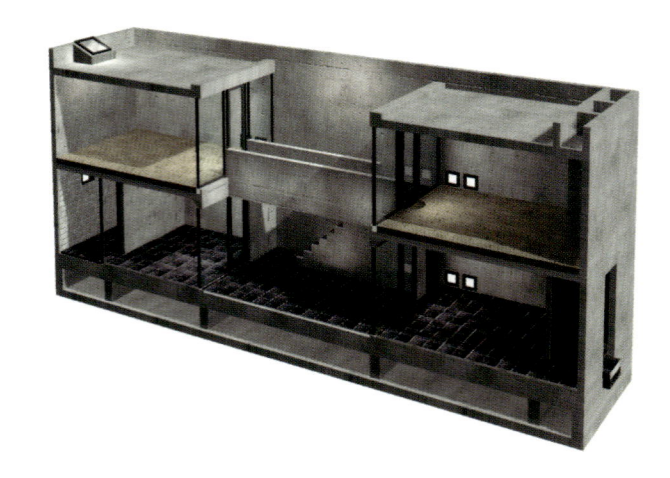

図 2-85　仕上げ材の表現
図 2-84 の仕上げ部分と壁の表面に，玄昌石，フローリング，タイル，コンクリート打放しといったテクスチャーを与えた CG。

　すべての壁，床，天井が他を強く照らすほどの影響をもつわけではないが，CG では必要に応じて，壁，床，天井などを面光源として扱うことになる。

2.6.4　テクスチャー

2.6.4.1　仕上げ材のモデリング

　図 2-84 は，床の仕上げと浴室・便所の壁のタイル仕上げを表した CG モデルである。

　ここでは，仕上げ部分を一様な固まりとしてモデリングしていて，下地はモデリングしていない。すなわち，仕上げ材を，下地の厚さをもつ柱状体としてモデリングしている。

　「見えない部分はモデリングしなくてもいい」というのが CG 製作の基本的なテクニックなので，下地のモデリングは省略できる。住吉の長屋は，天井がコンクリート，床は仕上げ材という構成なので，スラブの上に仕上げ材を載せるというのは理にかなったモデリング方法である。

　モデリングした仕上げ材の表面に，玄昌石，フローリング，タイルといったテクスチャー（素材感）を与えてレンダリングをすると，**図 2-85** のようになる（この図では，コンクリートにもテクスチャーを与えている）。これが CG の完成モデルである。

2.6.4.2　テクスチャーのマッピング

　図 2-86 は，コンクリートの壁と 1 階の床に玄昌石のテクスチャーを与えてレンダリングをした中庭の CG である。また，**図 2-87** は，打放しのテクスチャーを与えてレンダリングしたコンクリート壁である。

　これらの図では，**図 2-88** に示した画像を壁の表面に張り付けている。すなわち，コンクリート打放しの壁を，壁の表面に壁紙を張り付けるようにして描いている。これは模型において，壁や床にそれぞれの素材に見える紙を張るのと同じ原理である。このように，画像をモデルの表面に張り付ける CG の技法は**マッピング**と呼ばれる。

　マッピングには，面全体に画像を張り付ける方法があるが，繰り返しのパターンを張り付ける方法もある。1800 × 900 ミリのコンクリートの型枠や，300 × 300 ミリの玄昌石は，連続するパターンとして，壁や床に張り付けることができる。とはいっても，同じパターンを単純に繰り返すと嘘っぽい表現になってしまうので，工夫が必要になる。

　表面に画像を張るというマッピングの原理は単純だが，マッピングにも CG 特有ののテクニックがある。その一つが，表面にわずかな凹凸を与える**バンプマッピング**と呼ばれる方法である。

　バンプマッピングは表面に凹凸を張り付ける技法である。**図 2-85**〜**図 2-87** は，**図 2-88** の下図に示した画像をコンクリートのモデルに張り付け，その黒い部分を凹ませてレンダリングしている。

図 2-86　コンクリートの表現（中庭）
コンクリートの壁の他に，1階の床に玄昌石のテクスチャーを与えた CG。

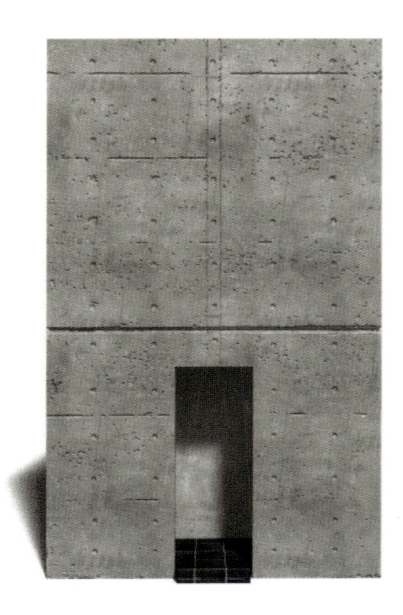

図 2-87　コンクリート打放しの表現（正面）
コンクリートの壁に打放しのテクスチャーを与えて描いた正面壁。

　壁の CG モデル自体は表面が平滑な立体である。しかし，実際の壁は平滑な面ではない。コンクリートの表面にはざらつきがあるし，型枠のパネル割りの継ぎ目は，わずかな凸凹ではあるが，はっきりとした目地として現れる。また，セパレータの跡は，表面から凹んだ穴として壁に現れる。

　これらの小さな凹凸，ざらつきを正確にモデリングするのは難しい。セパレータの跡については，壁から穴をくり抜く方法でモデリングしてもいいかもしれない。しかし，大量のセパレータの跡をモデリングで定義すると，CG モデルのデータ量（形状を記述するために必要となるデータの量）が増大し，レンダリングに長大な時間を要するようになるなどの難点につながる。

　コンクリート打放しに限った話ではなく，壁の凹凸やざらつきなどは，モデリングによって形状を定義するのではなく，バンプマッピングの手法によって，テクスチャーとしてレンダリングするのが効率的である。

　こういった技法は CG 特有のものではあるが，建築材料の素材感を再確認する学習と無関係ではないと思う。

図 2-88　コンクリートのテクスチャー

図 2-89　空間の表現（1階居間）

2.6.5　CG による空間表現

　本節では，CG のモデリング，ライティング，テクスチャーについて解説した。ここでは，建築のスケール感がコンクリートの欠き込みやサッシなどの細い部材の正確なモデリングによって現れること，空間がどのような光の構成によって成立しているかを確認できたと思う。また，空間が素材感によって印象づけられることも確認できたと思う。

　本節の最後に，図 2-89 に，CG による 1 階居間の内観パースを示す。

2.7 本章のまとめ

 本章では，住吉の長屋の模型を製作した後に，平面図，断面図，立面図を描き，鉄筋コンクリート壁構造によって架構された住吉の長屋の建築のしくみを学んできた。鉄筋コンクリート構造物に関わる建築のしくみに関する知識を復習しておこう。

■ 構造の概要

1. □ 圧縮に強いコンクリートと引張に強い鉄筋が組み合わさった鉄筋コンクリートは，引張と圧縮に強く，したがって曲げにも強い材料である。
2. □ 建築は，構造材，外装材，内装材などのさまざまな建築材料の組み合わせで構成される。構造材によって構成される建築全体の架構のことを構造体という。住吉の長屋の構造形式は，壁を構造体とする鉄筋コンクリート壁構造である。主要な壁の厚さは15センチ，床を構成する構造体である床スラブの厚さも同じく15センチである。

■ 壁の構成

3. □ 一般には，コンクリート壁の表面には，たとえばタイルなど何らかの外装材，内装材が張られることが多い。しかし，住吉の長屋の壁は，浴室（便所を含む）の壁を除き，鉄筋コンクリート構造の壁の表面をそのまま仕上げとするコンクリート打放し仕上げとなっている。
4. □ 住吉の長屋の浴室の壁はタイル張り仕上げである。浴室の壁も，鉄筋コンクリート部分の厚さは他の壁と同様に15センチであるが，タイルが張られる分だけ壁全体の厚さが増している。平面図においては，コンクリート打放しの場合は，構造体の輪郭線がそのまま仕上げ線となるが，タイルが張られている場合は，タイルの表面が仕上げ線となる。

■ 開口部の構成

5. □ ドア，窓などの建具が取り付く開口部の構成は複雑である。簡略表現の図面に開口部を表現する際には，細かいディテールがあることを知った上で，適切にディテールを省略する必要がある。簡略表現の図面においても，ドアや窓による光や風の通り具合や，ドア面・窓面の壁面からの窪みなどの形態は表した方がいい。
6. □ 建具は，建具枠であるサッシに，ガラスなどの素材がはめ込まれることで構成される。住吉の長屋のサッシは，サッシの固定部分（可動でない部分）を，鉄筋コンクリートの床・壁・天井などにあらかじめ埋め込まれた鉄筋に溶接することで固定されている。鉄筋コンクリートの床・壁・天井は，サッシの取り付けを考慮した形状に打設されなければならない。

■ 床の構成

7. □ 床は，人体が必ず接する部分であるから，特に仕上げが重要な部位である。住吉の長屋の1階は，内部（居間，食堂など）と外部（中庭）がいずれも玄昌石で仕上げられている。2階においては，外部（デッキ部分）が玄昌石，内部（2つの寝室）はナラ・フローリングで仕上げられている。これらの床仕上げのためには一定の仕上げ厚が必要となる。
8. □ 床にはさまざまなレベル差が生じる。特に内部と外部には，雨仕舞いを考慮すれば，レベル差があるのが自然である。住吉の長屋の1階の仕上げは，内部（居間，食堂など）も外部（中庭）も同じ玄昌石であるが，外部は内部より1段下がっている。

■ 各部の構成

9. □ 鉄筋を組むことは鉄筋の配筋と呼ばれる。コンクリートを流し込むことはコンクリートの打設と呼ばれる。鉄筋コンクリート構造の壁・スラブは，ベニヤ材などを使用する型枠の内部に，生コンクリート（柔らかいコンクリート）を打設することによってつくられる。壁においては，鉄筋を配筋した後に，鉄筋を包むように壁側面の型枠を組み上げる。スラブにおいては，底面と側面の型枠を組み立てた後に，スラブ内の鉄筋が配筋される。スラブ上面には，通常，型枠は設置されず，流し込まれたコンクリートの上面は，コテなどで平滑に均される。
10. □ 住吉の長屋では，根切り（地盤の掘削）が行われた後に，耐圧板と呼ばれる基礎の底板が打設されている。耐圧板は，建物の全荷重を地盤に伝える働きをする。
11. □ 建築は基礎によって地盤と一体化する。住吉の長屋の基礎の形状はベタ基礎と呼ばれる。基礎は，建物の形状，地盤の強度に合わせて設計されるものであり，さまざまな形状がありえる。
12. □ 一般に，鉄筋コンクリートは各階を打ち継ぎながら打設される。打継ぎ部分からの雨水の浸入は，打継目地によって防がれる。
13. □ 鉄筋コンクリートは，構造上必要な強度の獲得や，建具の取り付けのために，複雑な形状に打設されることになる。住吉の長屋の2階スラブ上部の室内と中庭（デッキ）とを仕切る建具の取り付く位置には，防水，床仕上げおよび建具の取り付けなどを考慮して，立上りが設けられる。また，大きな開口が開くこの中庭に面する建具の取り付く部分の2階スラブ下には，ハンチと呼ばれるふくらみが設けられている。
14. □ コンクリートが固まるまでは型枠には支えが必要である。型枠の

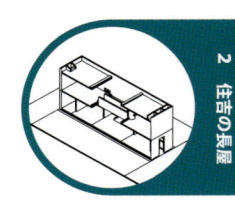

支えのことを支保工という。支保工は，仮設材の一つであり，鉄製のパイプなどが用いられることが多い。

15 □ 型枠はセパレータと呼ばれる金物によって仮設材に固定される。型枠の内側には固まる前のコンクリートが流し込まれる際，型枠は圧力を受ける。セパレータは型枠と仮設材との接点として，その圧力を仮設材に伝える役割ももつ。そのため，セパレータは適度な間隔で配置される必要がある。セパレータの跡は，コンクリート打放しの独特の表情となる。

16 □ 一般に，水平な屋上には何らかの防水処理が施される。屋上に立ち上がる壁であるパラペットは，立ち上がった防水シートの端部を押さえる役割をもつ。

■部位の名称（以下の断面図の部位の名称）
　A：割ぐり　　B：捨てコンクリート（厚 50）
　C：耐圧板（厚 200）　D：基礎立上り（厚 250）　E：GL
　F：1階床スラブ（厚 120）　G：1階床仕上げ（玄昌石）
　H：物入床仕上げ（シナベニヤ）　I：テラス床仕上げ（玄昌石）
　J：1階床仕上げ（玄昌石）　K：1階床仕上げ（モルタルコテ押え）
　L：1階壁（厚 150）　M：2階床スラブ（厚 150）
　N：打継目地（コンクリートのジョイント 20 × 20）
　O：床下地（根太 45 × 45 @ 450）　P：床下地（大引 90 × 90 @ 750）
　Q：2階床仕上げ（ナラ・フローリング 厚 15）　R：建具（ガラス）
　S：建具（スティールサッシ）
　T：防水（歩行用シート防水，防水モルタルコテ押え）
　U：目地（コンクリートと防水モルタルとのジョイント）
　V：パラペット

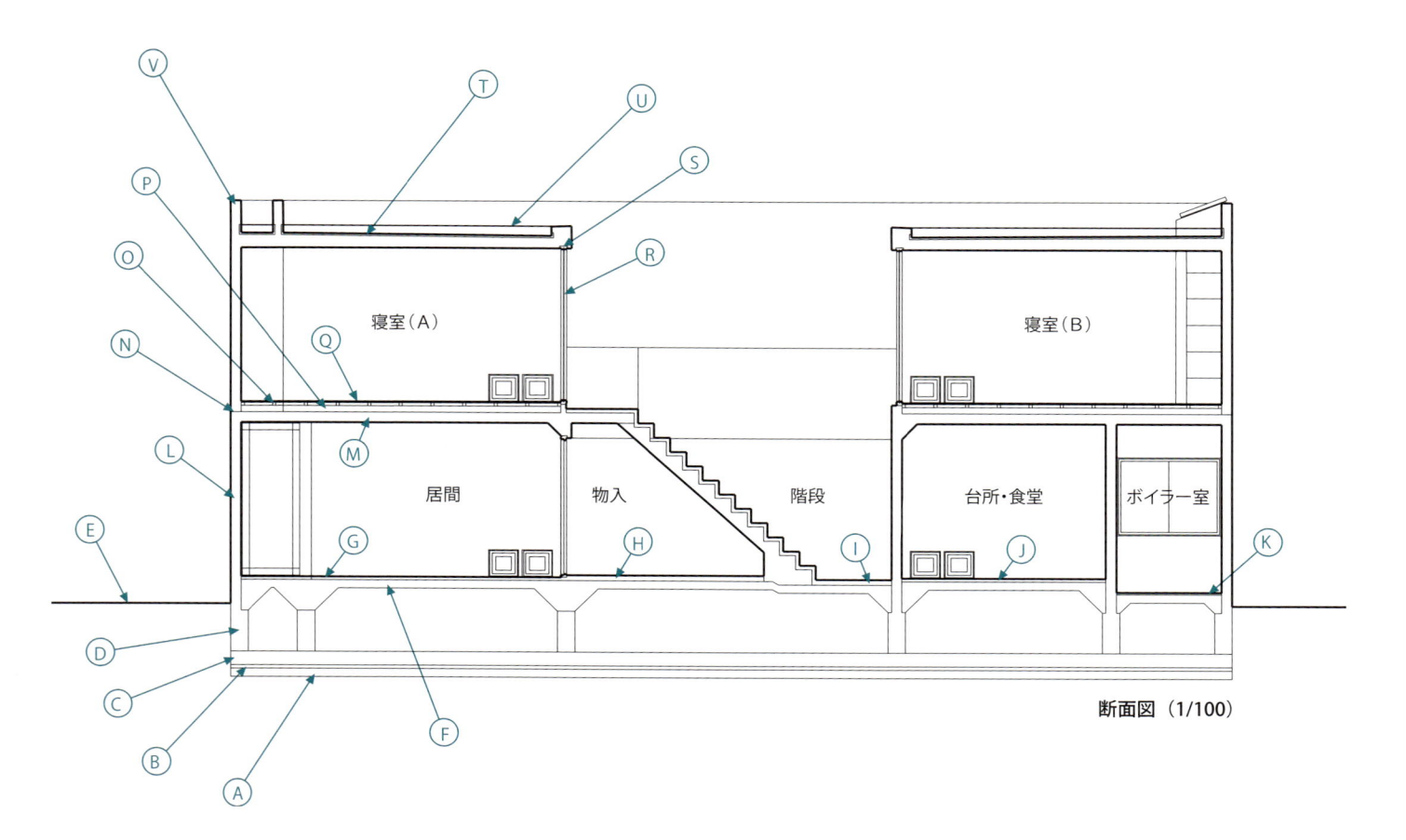

断面図（1/100）

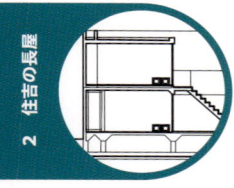

3. サヴォワ邸

鉄筋コンクリートラーメン構造

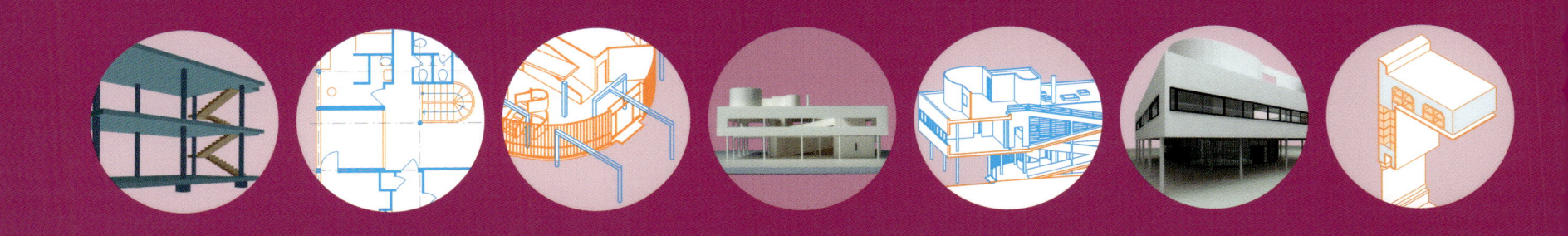

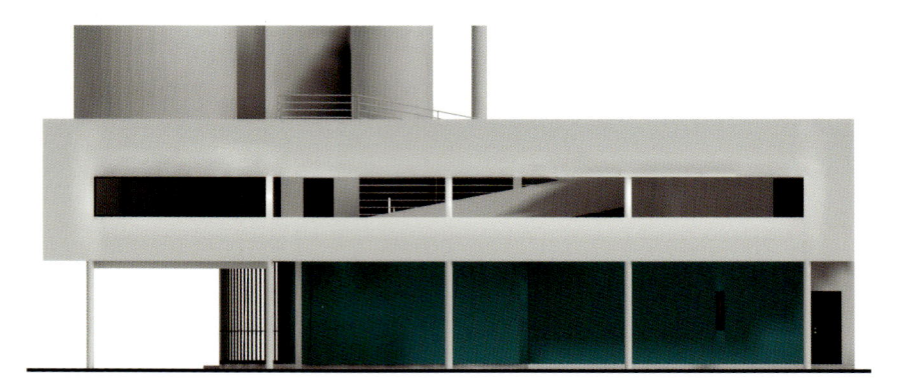

北立面図

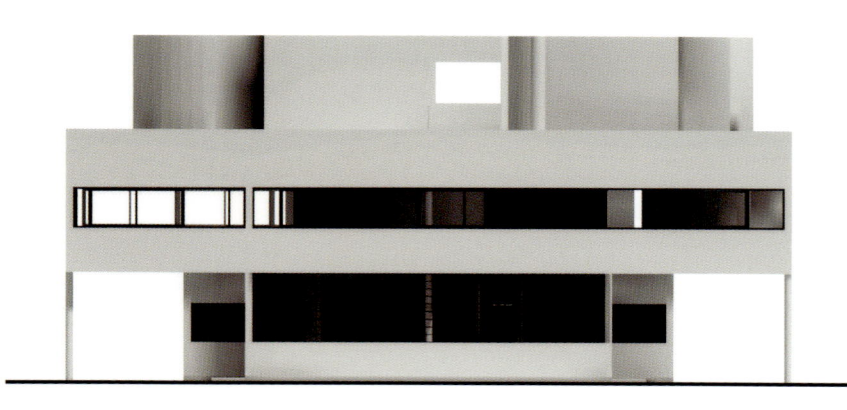

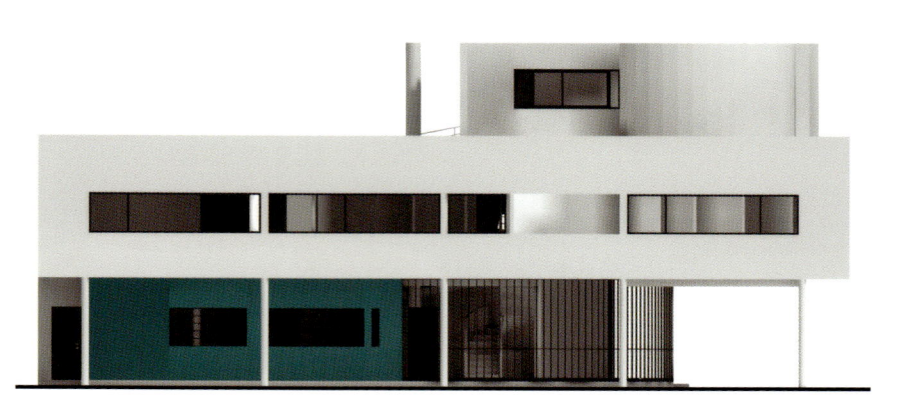

西立面図

南立面図

東立面図

図 3-1　立面図（1/200）

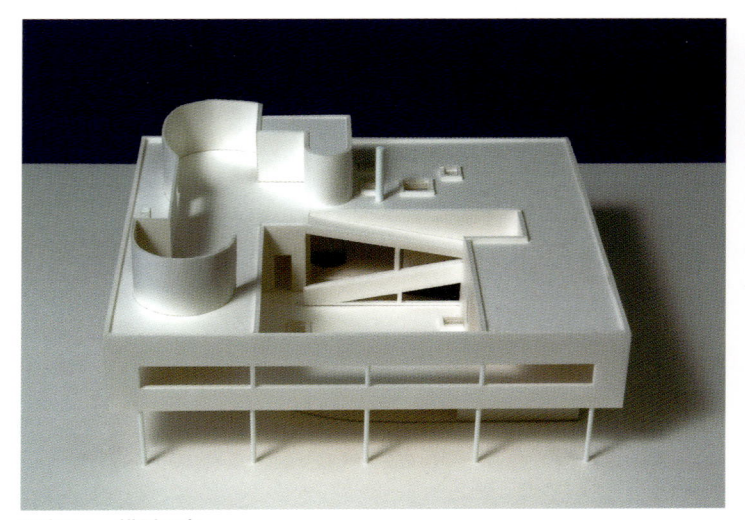

写真 3-1　模型写真

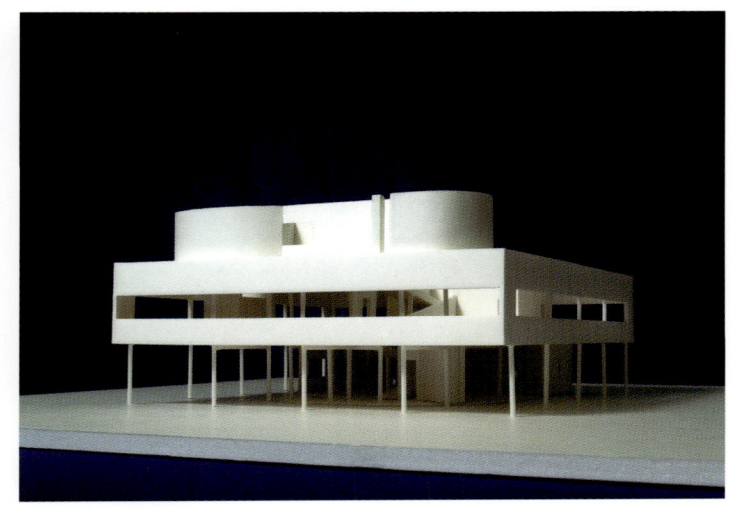

写真 3-2　模型写真

　前章では，住吉の長屋を実例として，鉄筋コンクリート壁構造の建築のしくみを学んだ。本章では，近代建築の傑作，**サヴォワ邸**を実例として，**鉄筋コンクリートラーメン構造**の建築のしくみを学ぶ。

　ラーメン構造とは，**柱**（垂直な構造体）と**梁**（柱の頂部を結ぶ水平な構造体）による架構を意味する。「ラーメン」はドイツ語で，英語でいえば「フレーム」。壁構造が壁という面によって架構されるのに対し，ラーメン構造は，柱と梁という線によって架構される構造である。

　サヴォワ邸は，近代建築の気風である明るさ，軽さ，自由さをもった建築である。また，複雑な構成の建築でもある。サヴォワ邸の 1/200 スケールの立面図，平面図，断面図を**図 3-1**～**図 3-3** に示す（平面図，断面図は次ページ）。また，1/100 スケールで製作した模型写真を**写真 3-1** および**写真 3-2** に示す。

　図 3-1 に示した立面図は，サヴォワ邸の 4 つの立面を遠方から眺めた場合の CG（コンピュータ・グラフィックス）である。陰影により立体感を表しているという点では線画による立面図と異なるが，形態を無限遠から眺めた場合の投影図という意味で立面図に相当する。

　図 3-2 における 1 階平面図は，床面＋1.5 メートルよりやや高い位置，すなわち，**スロープ**（斜路）の**踊場**（おどりば。階段やスロープの途中にある平坦な部分）のやや上方で切断した図である（スロープの踊場よりやや低い位置で切断した平面図は 108 ページの**図 3-13** に，また，床面＋1.5 メートルでの水平切断図を 109 ページの**図 3-15** に示している）。

　2 階平面図は，スロープの踊場よりやや低い位置で切断している。これらの平面図では，外部に面するドアについてのみ開き勝手（ドアの開く方向）を描いている（室内のドアには開き勝手を描いていない）。

　図 3-3 の断面図は，スロープを切断している。

　1 章（箱形建築）および 2 章（住吉の長屋）では，最初に模型をつくり，その後に図面を描きながら建築のしくみを学んだ。本章では，サヴォワ邸の複雑な図面を読み取りながら，1/100 スケールの模型を組み立てていく。図面を読み取れないと模型はつくれないので，図面を正しく理解する必要がある。模型をつくるためには，そのための図面を描く必要も生じる。

　サヴォワ邸は今日に至るまでに住宅としての役割を終え，現在では，フランス国立モニュメントセンター（Centre des Monuments Nationaux）によって，文化財として一般公開されるようになっている。現在のサヴォワ邸には改修が施されており，建設当時のオリジナルとは異なった部分もある[1]。本章に示した図面は，ル・コルビュジエ財団（Fondation Le Corbusier）が保有するオリジナル図面を含む多数の図面を参照し，実測もふまえて，筆者らが作成したものである（オリジナルと大きく異なるものではないはずだが，一部，単純化して表現した部分がある）。

1) サヴォワ邸は，数奇な運命を辿っている。別荘として設計されたが，住宅として長くは使用されず，戦時中には納屋として使われたという。戦後には荒れ果てた状態となったが，今日に至って，歴史的建造物に指定され保存されている。

3　サヴォワ邸

1階　　　　　　　　　　　　　　　2階

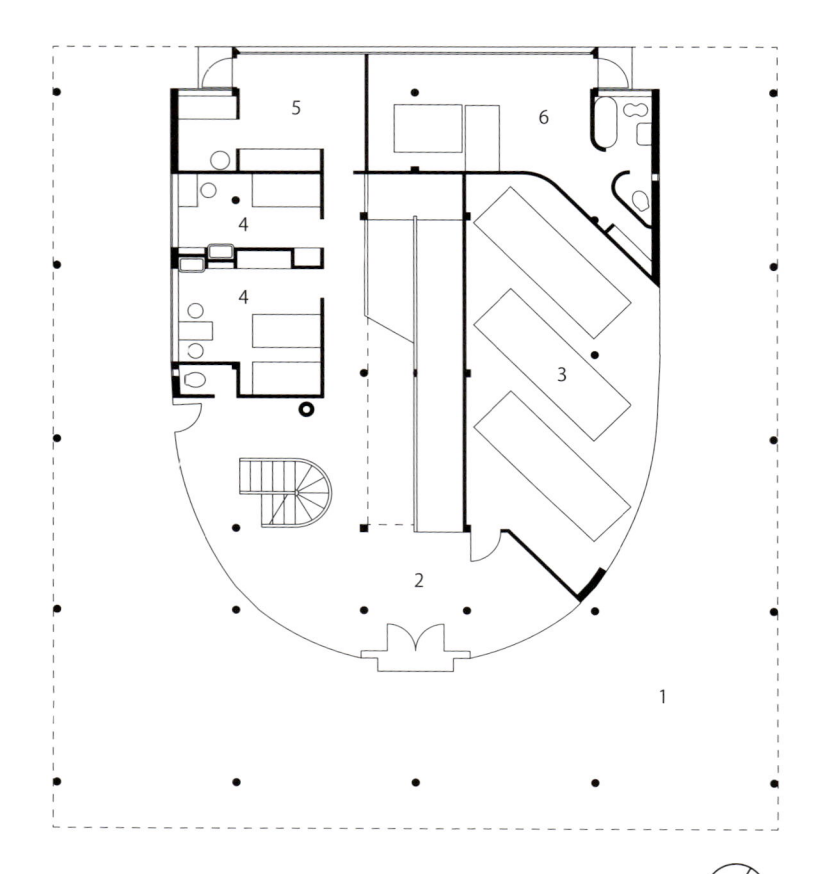

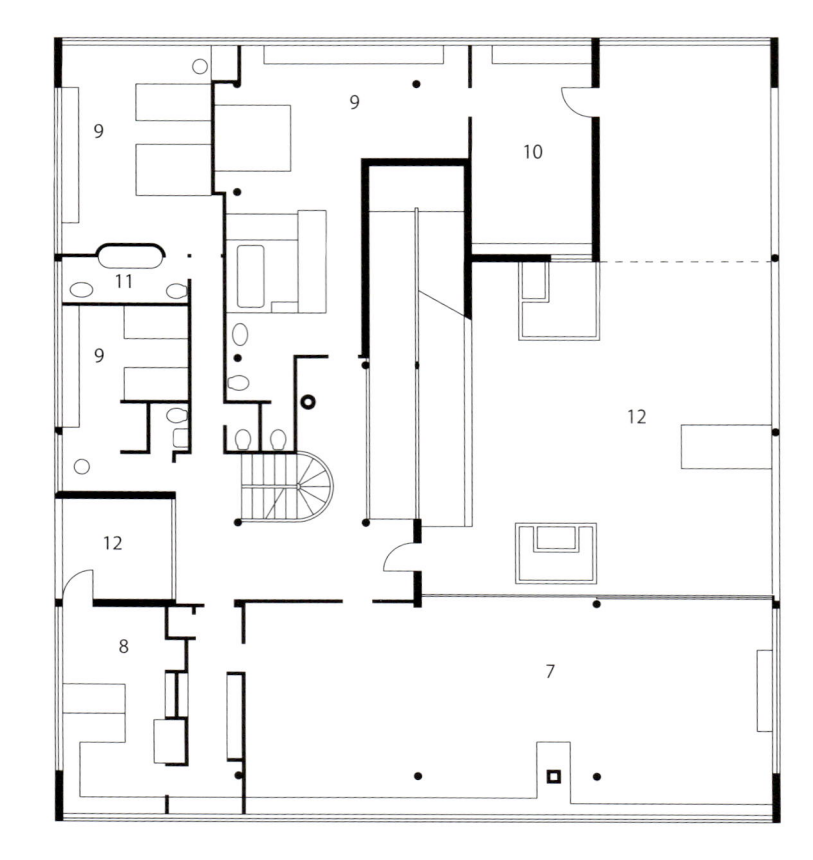

図 3-2　平面図（1/200）

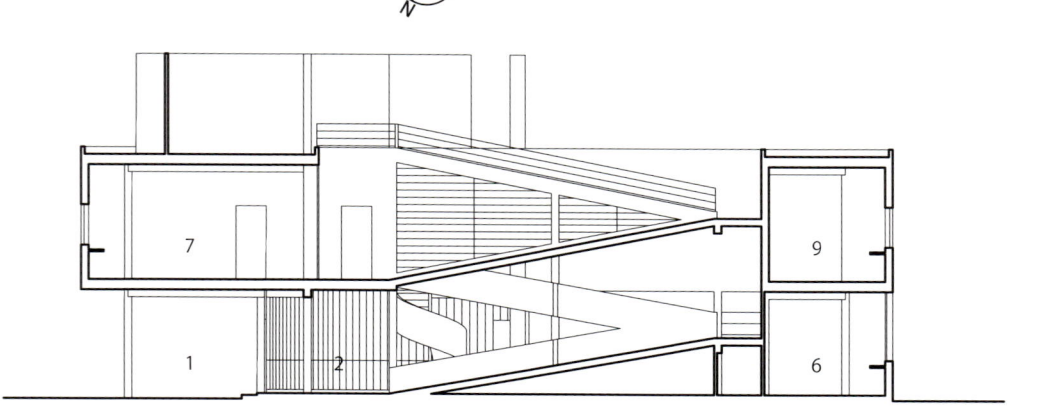

1. ピロティ
2. 玄関ホール
3. ガレージ
4. 個室
5. 洗濯室
6. 居室（運転手）
7. 居間
8. 厨房
9. 寝室
10. 書斎
11. 浴室
12. テラス

図 3-3　断面図（1/200）

98

写真 3-3 サヴォワ邸
ル・コルビュジエによって設計された鉄筋コンクリートラーメン構造の住宅。パリ近郊の町，ポワッシーに建つ。

写真 3-4 ロンシャンの教会
フランスとスイスとの国境の近く，ベルフォートの町の近郊に建つ。

写真 3-5 ラ・トゥーレットの修道院
フランス・リヨンの近郊に建つ。

3.1 サヴォワ邸

サヴォワ邸（**写真 3-3**）は，**ル・コルビュジエ**（1887～1965年）によって設計された鉄筋コンクリートラーメン構造の住宅である。1931年に，フランスのパリ近郊の町，ポワッシーに建てられた[2]。

サヴォワ邸は，20世紀前半の近代建築の創成期に生み出された名作である。その空間と形態の構成は今日でもなお新鮮であり，現代の建築の作法が近代建築の延長にあることを物語っている。

地上2階，地下1階の住宅であり，1階には玄関，ガレージ，個室などがあり，**主室**（居間などの主要な生活を担う部屋）は2階に置かれている。1階には**ピロティ**と呼ばれる，独立柱で持ち上げられた2階の下にある外部空間（屋根があるだけで，壁に囲まれていない吹きさらしの空間）がある。2階の一部と屋上には，**屋上庭園**と呼ばれる外部空間がつくられ，スロープで結ばれている。外壁（外部に面した壁）には，**水平連窓**と呼ばれる壁いっぱいに広がる横長の大きな窓が配置されている。

3.1.1 近代建築の5原則

近代以前のヨーロッパの伝統的な建物は，石やレンガを積んだ壁によって架構されたものが多かった。構造体となる壁には十分な厚さが必要で，自由に窓を開けることは難しかった。ル・コルビュジエは，伝統的な空間に代わる近代の新しい空間をつくるため，鉄筋コンクリートラーメン構造に注目した。

鉄筋コンクリートは，圧縮に強くて引張に弱いコンクリートと引張に強く圧縮に弱い鉄を組み合わせた，圧縮にも引張にも強い材料である。鉄筋コンクリートは19世紀半ばに考案され，20世紀になって一般の建築の構造材料として使われ始めた。1931年に建てられたサヴォワ邸は，当時まだ新しかった鉄筋コンクリートの技術を使い，新しい機能・形態・空間を実現しようとした建築であった。

ル・コルビュジエは，サヴォワ邸以降も，多くの傑出した近代建築をつくり続ける。晩年の建築には，鉄筋コンクリートの技術を使いながらも，ヨーロッパの歴史的な空間構成を思い起こさせるものもある。

たとえば，1955年にフランス・ベルフォート郊外に建てられた**ロンシャンの教会**（**写真 3-4**）には，厚い壁に囲まれた空間が現れている（厚い壁が特徴的であるが，この建築の構造形式は鉄筋コンクリートラーメン構造）。また，1957年にフランス・リヨン郊外に建てられた**ラ・トゥーレットの修道院**（**写真 3-5**）には，中庭を囲む西欧の修道院の伝統的な平面構成が見られる。

鉄筋コンクリートの技術は，今日に至るまでに，さまざまな建築を生み出

2) 住所は，「82 Rue de Villiers, 78300, Poissy」。パリの地下鉄に直結する近郊鉄道でポワッシー駅まで行き，ポワッシー駅からはバスか徒歩で行ける（徒歩で20分くらい）。

3 サヴォワ邸

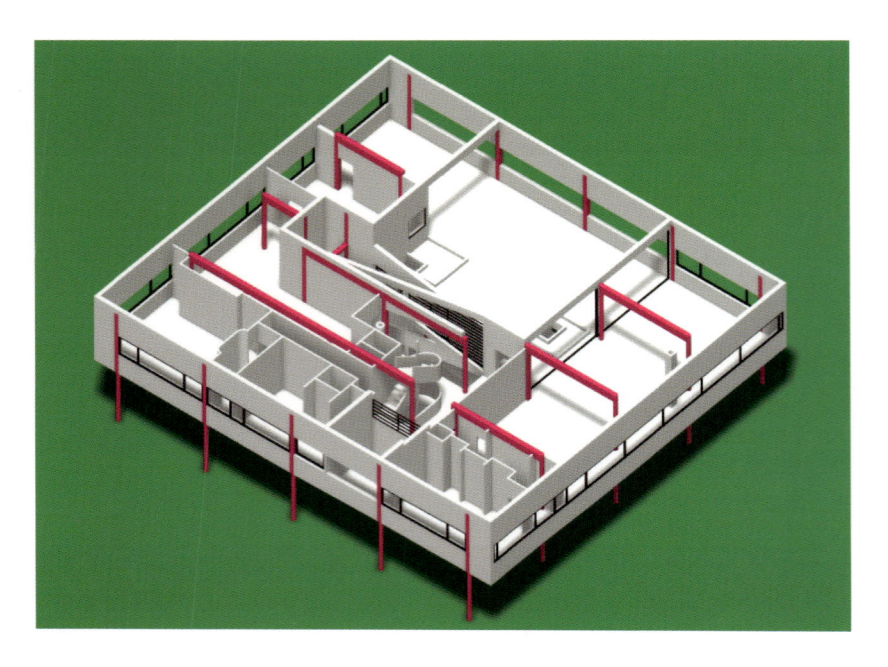

図 3-4 自由な平面
2 階の平面構成を示す。壁が，カラーで示した柱と梁のフレーム（構造体）にとらわれることなく，自由に配置している。

写真 3-6 自由な立面
地上から持ち上げられた外壁。自由な位置に窓が空けられている。屋上の壁は自由に曲げられている。

してきた。今日の鉄筋コンクリートによる建築には，柱や梁をもつラーメン構造の他にもさまざまな構造形式が用いられるようになり，数多くの名作が生まれた。

　鉄筋コンクリート構造は多様な可能性をもつが，しかし，近代建築の黎明期において，鉄筋コンクリート構造による建築の特徴を明快に示したのはサヴォワ邸だった。

　サヴォワ邸の工事は 1929 年に始まったが，その 7 年前の 1922 年に，ル・コルビュジエは，鉄筋コンクリートラーメン構造による建築の空間構成を説明する**近代建築の 5 原則**という概念を提示している。近代建築の 5 原則とは，『自由な平面，自由な立面，ピロティ，屋上庭園，水平連窓』の 5 つの建築的特徴を指す。これらの 5 つの特徴は，必ずしも鉄筋コンクリートラーメン構造によってしか実現できないものではないが，鉄筋コンクリートラーメン構造によってこそもっとも明快に現れるものといえる。

　サヴォワ邸には近代建築の 5 原則がよく現れている。以下，5 つの特徴を確認しながらサヴォワ邸を眺めていく。

3.1.2　自由な平面

　近代以前の建築では，壁を構造体とすることが多かった。それに対して，壁ではなく柱と梁のフレームを構造体とすれば，自由な位置に壁を配置して，**自由な平面**を実現することができるようになる。

　住吉の長屋（2 章）では，壁が床，屋根を支えていた。もし壁を壊せば建物全体が崩壊する。それに対して，サヴォワ邸では，壁は全体の構造に関与していないから，壁を壊しても建物全体が崩壊することはない。

　図 3-4 は，サヴォワ邸の 2 階の平面構成を示す立体図である（柱と梁をカラーで表し，屋上階をとりはずしている）。柱と梁のフレーム（構造体）にとらわれることなく，壁が複雑に配置されているのがわかるだろう。

3.1.3　自由な立面

　ラーメン構造により，外壁が構造から解放されると，立面の構成に自由度が生まれる。サヴォワ邸の外壁は地上から持ち上げられ，自由な位置に窓をもっている。屋上の壁は自由な形状に曲げられている。サヴォワ邸の**自由な**

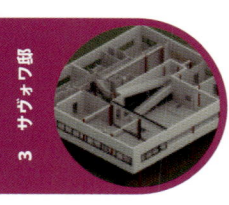

写真 3-7　ピロティ
1 階玄関前部分のピロティ。建物が空中に浮いたかのような視覚的な軽さが現れている。

写真 3-8　2 階居間を通してみる屋上庭園
2 階テラスは水平な屋根の上の外部空間。

写真 3-9　水平連窓（2 階居間）
壁いっぱいに広がる水平連窓。

立面は，石造による厚くて重い壁というヨーロッパの伝統的な建築の壁とは対照的な軽さをもっている（**写真 3-6**）。サヴォワ邸の姿は，地上にフワッと着陸した UFO のようにも見える。

3.1.4　ピロティ

ピロティとは，独立柱で持ち上げられた 2 階の下部にある 1 階の吹きさらし空間のことである。建物を支持する「杭」を指すフランス語であるが，近代建築の 5 原則では，「杭＝独立柱によって持ち上げられた空間」を意味している。ピロティによって，建物が空中に浮いたかのような視覚的な軽さが現れる。**写真 3-7** は，1 階玄関前部分のピロティを写している。

3.1.5　屋上庭園

屋上庭園は，鉄筋コンクリートラーメン構造が実現する水平な屋根を利用した歩行可能な外部空間のことである。サヴォワ邸では，2 階のテラスと屋上階が屋上庭園となっていて，2 つの庭園がスロープで結ばれている。**写真 3-8** は，2 階テラスの屋上庭園を写している。

屋上庭園は，建築によって空中に持ち上げられた外部空間である。屋上庭園に屋根はないが，一部には壁が立っている。屋上階には曲面を構成する壁が配されているし，2 階のテラスは外壁に囲まれている。壁の他にも，床にはトップライト（下階に光を落とすための天窓）や植栽が現れるし，家具としてテーブルなどが造り付けられてもいる。すなわち，屋上庭園は，さまざまな建築要素，植栽，家具が配置された建築的な外部空間である。

3.1.6　水平連窓

水平連窓は，立面いっぱいに伸びる横長の窓を意味する。サヴォワ邸の垂直方向の構造体は柱であって壁ではないから，壁には自由に開口を設けることができる。壁いっぱいに広がる水平連窓によって，立面の軽やかな表現が達成されている。また，水平連窓によって誘導される光によって，明るい内部空間が実現されている。

写真 3-9 は 2 階居間を写している。水平連窓のある外壁は，構造体である柱（円柱）から独立している。

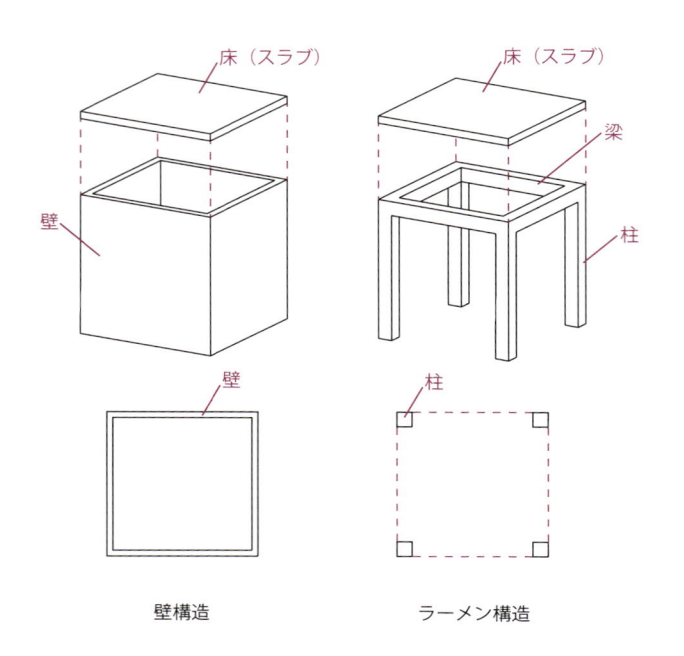

図 3-5　壁構造とラーメン構造
壁構造は構造体である壁が空間を囲む。ラーメン構造の構造体は柱と梁。

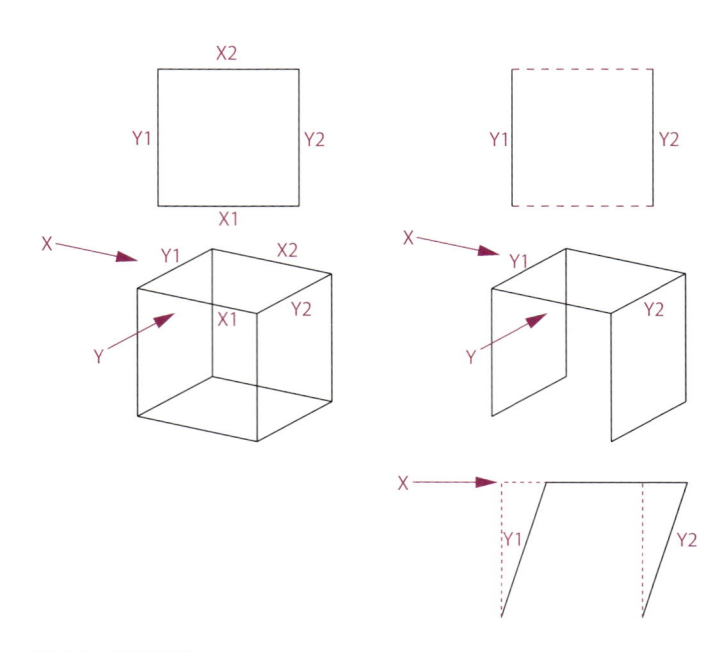

図 3-6　壁の配置
右図のように壁が Y 方向にしか存在しない場合（Y1，Y2 だけの場合），X 方向の水平力に対して建築物は安定しない。

3.2　ラーメン構造

今日の中層・高層の大規模な建築物は**ラーメン構造**でつくられることが多い。ラーメン構造は，鉄筋コンクリート構造だけでなく，鉄骨による鉄骨構造，鉄骨と鉄筋コンクリートを組み合わせて架構する鉄骨鉄筋コンクリート構造など，他の構造でも一般的な構造形式である。

サヴォワ邸について学び始める前に，ラーメン構造の概要について学ぼう。

3.2.1　壁構造とラーメン構造

壁構造がつくりだす空間とラーメン構造がつくりだす空間との大きな違いは，構造体である壁が空間を囲むかどうかだといえる。壁構造とラーメン構造の違いを表すモデルを**図 3-5** に示した。

壁構造における壁は，直交する 2 方向にバランスよく配置されるのが望ましい。そのことは，床・屋根などの重量をバランスよく地盤に伝えるために必要な条件であるばかりでなく，地震，風などによって発生する水平力に耐えるための条件でもある。たとえば，**図 3-6** の左図のような壁構造モデルの場合，X 方向に向かう水平力に対しては X1，X2 の壁が，Y 方向に向かう水平力に対しては Y1，Y2 の壁が抵抗して，建物全体の安定が確保される。もし，右図のように建物が Y 方向の壁 Y1，Y2 だけでつくられていた場合，X 方向の水平力に対して抵抗する壁が存在しないため建物は安定しない。

実際には，工夫次第で右図のような構造はあり得るし，住吉の長屋（2 章）も周囲四方をびっしりと壁で囲まれているわけではない。しかし，基本的な原理として，壁構造の空間は周囲に壁をもつといえる。

3.2.2　ラーメン構造のジョイント

柱と梁が格子状のフレームを構成するラーメン構造では，**図 3-7** の上左図に示したように，部材（柱と梁，梁と梁）の**ジョイント**（接合部）が，がっちりと**剛**に接合されなければならない。剛に接合されるというのは，ジョイントの角度が変形しないように接合されることを意味する。もし，上右図の

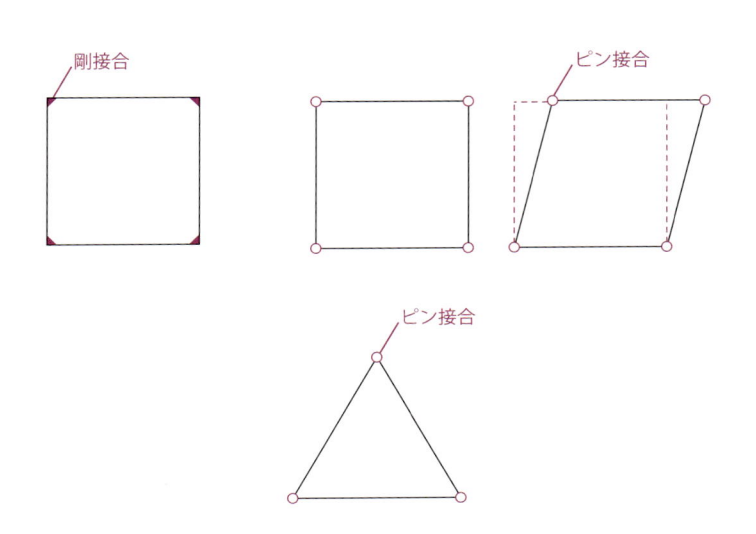

図 3-7　ジョイントの概念
ラーメン構造のジョイントは剛でなければならない。ジョイントが自由に回転できるなら、格子は変形してしまう。トラス構造ではジョイントが回転しても形状が変形しない。

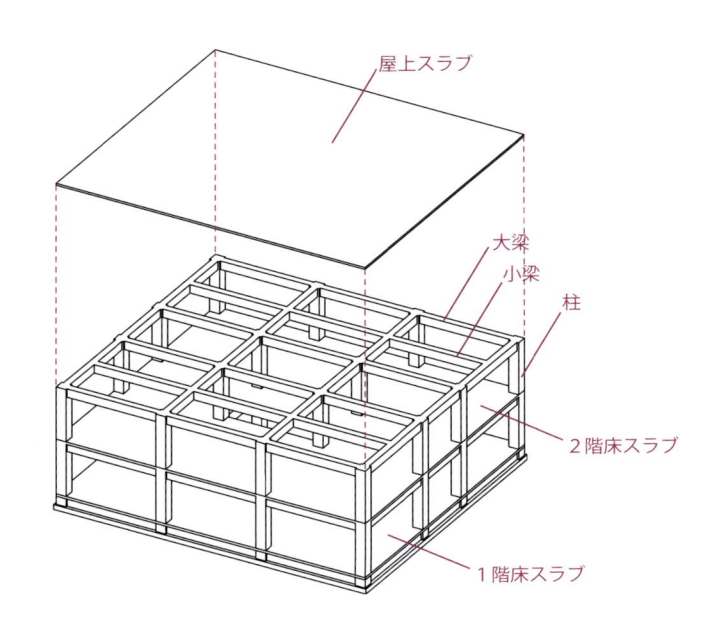

図 3-8　ラーメン構造の架構モデル
ラーメン構造では、柱と柱の間、あるいは、大梁と大梁の間に梁が架かり、その上に床スラブが載る。

ようにジョイントが自由に変形（回転）できるなら、格子のカタチは平行四辺形につぶれてしまう。すなわち、ラーメン構造とは、ジョイントが剛に接合されることによりフレームのカタチが維持される構造形式である。

それに対して、**図 3-7** に示したような三角形を構成する構造では、ジョイントがルーズであっても（ジョイントが自由に回転しても）、カタチが変形することはない。このように部材の構成単位が三角形の形状をもつ構造は、**トラス構造**と呼ばれる。

ラーメン構造における剛に接合されたジョイントは**剛接合**、トラス構造におけるルーズに接合されたジョイントは**ピン接合**と呼ばれる[3]。

3.2.3　ラーメン構造のフレーム

ラーメン構造は、柱と梁のフレームによる架構形式である。ラーメン構造では、柱と梁によってがっちりとした立体フレームが構成され、梁による水平なフレームの上に、各階の床スラブ（床板）が載る。

図 3-8 は、ラーメン構造の架構モデルとして、ごく単純な鉄筋コンクリートラーメン構造 2 階建ての建物の柱・梁・床を表したものである。ここでは、各階の床レベルに梁が存在し、柱と梁が格子状のフレームを構成している。

梁には、柱と柱を直接結ぶ**大梁**と、柱の存在しない位置、すなわち柱と柱を結ぶ梁の中間点につながる**小梁**の 2 種類がある。床スラブは、周囲を梁によって支えられる領域（梁によって囲まれる領域）が大きくなると、より大きな厚みを必要とするようになり重量が増してしまう。小梁を用いると、梁が囲むフレームの面積が小さくなるため、床スラブの重量を軽くすることができる。

以上で述べたように、ラーメン構造では、柱と柱の間に梁が架かり、そして、必要に応じて梁と梁（大梁と大梁）の間にも小梁が架かり、その上に床スラブが載る。

[3]　実際の建築では、必要に応じて、剛接合、ピン接合が設計される。ラーメン構造において一部のジョイントが意図的にピンで接合されることもあるし、トラス構造に剛接合が用いられることもある。

図 3-9 ドミノシステム（再現図）
左図がオリジナルのドミノシステムの再現図。右図はオリジナルに梁を描き加えている。もし標準的なラーメン構造によってドミノシステムを架構するとすれば右図のようになるはず。しかし，床の構造を工夫すれば，左図のような架構もありえる。

3.2.4 ドミノシステム

　ル・コルビュジエは，近代建築の5原則（1922年）を提唱する7年前（1915年）に，**ドミノシステム**という架構モデルを提示している[4]。**図 3-9** の左図は，ル・コルビュジエのスケッチに基づき，ドミノシステムを再現した図である。ドミノシステムはごく単純なモデルではあるが，床が柱によって支えられることにより壁が消滅し，そこに開放的で自由な空間が現れることをよく説明している。

　ドミノシステムは実にラーメン構造的な架構モデルなのだが，しかし，実は，標準的なラーメン構造による架構モデルではない。ドミノシステムでは，各階の床が直接柱によって支えられているからだ。

　ドミノシステムには，柱の頂部を結び，床の周囲を支える梁が見あたらない。もし，ドミノシステムが一般的なラーメン構造の架構モデルだとすれば，右図のように，柱の頂部および基礎が梁で結ばれ，床スラブは梁によって支えられなければならない。

　ラーメン構造とは別の構造に，柱が直接床を支える**フラットスラブ構造**という架構形式もあるが，フラットスラブ構造では，柱の頂部という点によってしか支えられない床スラブの厚みはかなり大きくなる。また，柱と床スラブのジョイントも複雑になるので，ドミノシステムがフラットスラブ構造で架構されているとも考えがたい。

　右図と左図を比較すると，右図では，床スラブの下面の天井が梁によって区画されているのに対して，左図の天井は，梁によって区画されない「自由な天井」であることがわかる。壁だけではなく，梁もまた空間を分割する要素であるから，「自由な平面」を表すためのドミノシステムでは，梁はあってはならないだろう。

　だとすると，ドミノシステムは，「自由な平面」という理念のための概念であって，標準的なラーメン構造の架構を表すモデルとはいえない。しかし，実は，ル・コルビュジエはあるしくみを用いることで，ラーメン構造であるサヴォワ邸において，ドミノシステム的な「自由な平面」を実現している。そのしくみについては後述する。

[4] ドミノシステムの7年後に「近代建築の5原則」が提唱され，さらにその7年後にサヴォワ邸が設計されたことになる。

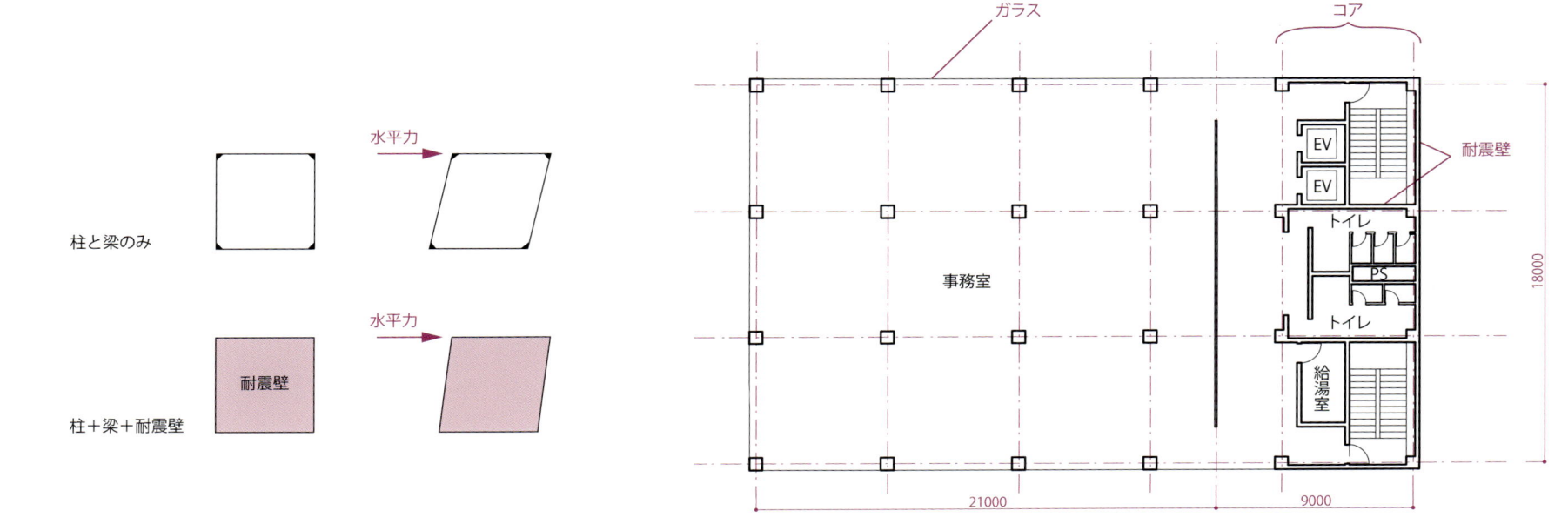

図 3-10　耐震壁の概念
水平力に耐えるためには、柱と梁によるフレームの中に耐震壁が存在していることが有効。

図 3-11　事務所ビルの平面モデル（基準階平面図, 1/300）
図面の左手は事務室。右手は階段, エレベータ, トイレ, 給湯室, パイプスペースが集中するコア。

3.2.5　ラーメン構造における構造壁

　地震国である日本では，ラーメン構造においても，耐震のために一定の厚さの**耐震壁**を柱と柱の間に配置することが多い。耐震壁とは，構造体の一部である**構造壁**（建物全体の構造に関与する壁）である。

　フランスに建つサヴォワ邸には耐震壁が見あたらないが，ここではサヴォワ邸から離れて，耐震壁について学んでおこう。

　建物には，地震や風がまったくなければ，建物と建物内部の重さによって発生する**垂直応力**（垂直方向に発生する力）が生じるだけである。しかし，実際には建物を水平に揺れ動かす地震や風によって，**水平応力**（水平方向に発生する力）が生じる。

　水平応力に耐えるためには，フレームの中に耐震壁が存在していることが有効である。耐震壁の概念を**図3-10**に示す。下図のようにフレームの中に耐震壁が存在すれば，建物は面として水平力に抵抗できる。

　耐震壁が有効なのは壁面に平行な方向の応力に対してのみだから，建物の一方向だけに耐震壁を配置するだけでは不十分である。耐震壁は平行ではない（通常は直交する）2方向に配置されなければならない。また，耐震壁は自由に配置できる壁ではなく，柱と柱の間に配置されるべき壁である。

　図3-11は，架空の単純な事務所ビルの**基準階**（同一の平面をもつ階）の平面図である。この事務所ビルは，平面図の左手に事務室があり，右手に階段，**EV**（エレベータ），トイレ，給湯室，**PS**（パイプスペース。設備用の配管スペースのこと）などが集中している。階段，EVなどの**垂直動線**（上下階を行き来する要素）やトイレ，給湯室，PSなどの設備室がまとまった部分は**コア**と呼ばれる。事務所ビルは，このように垂直動線や設備室をコアとして集中させ，事務室を自由に区画できる空間として設計されることが多い。

　コアシステム（コアを採用した架構形式）による事務所ビルなどでは，コアを囲む壁を耐震壁とすることが合理的である。耐震壁をコア部分に集中することにより，事務室の外壁をガラス壁とすることが可能になる。

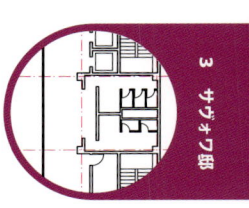

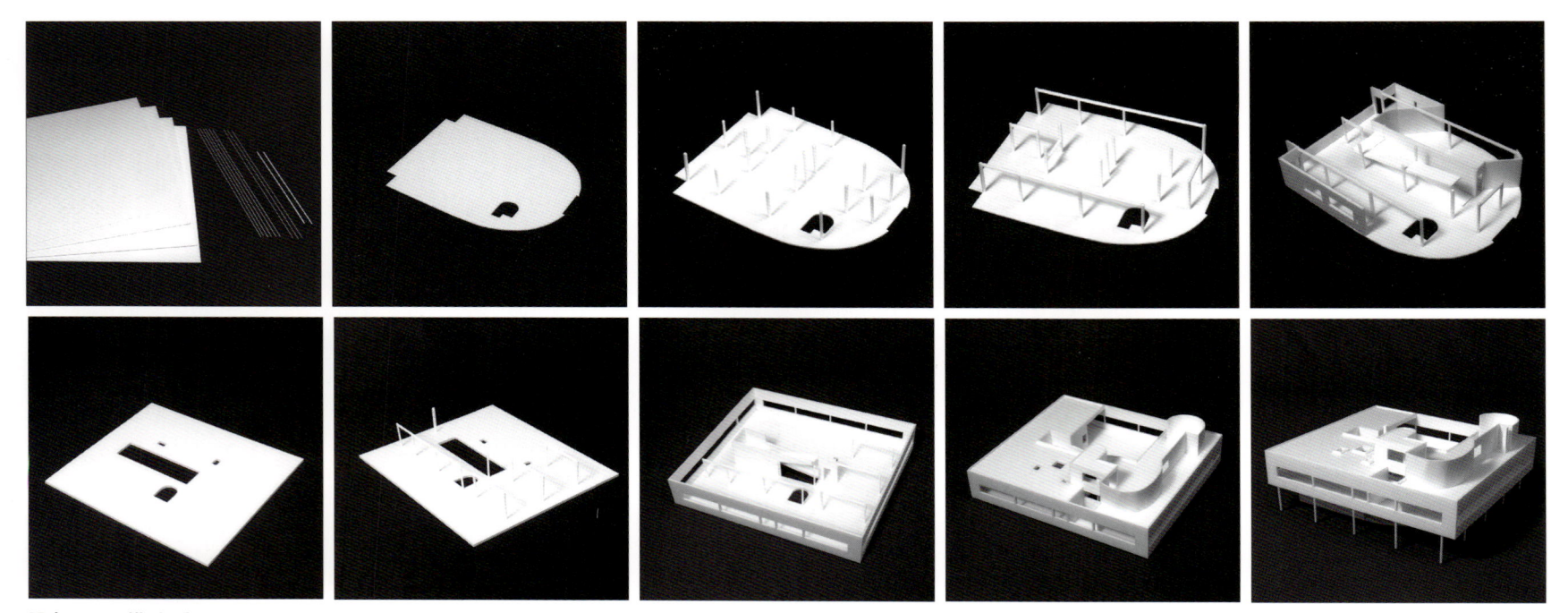

写真 3-10　模型の製作
スチレンボード，プラスチック製の丸棒と角棒を使って 1/100 スケールの模型を製作しよう。

3.3　サヴォワ邸の模型

本章では，1階，2階，屋上階の順に，1/100 スケールの模型を製作していく[5]（**写真 3-10**）。

[5] 精巧な模型の製作には手間がかかるので，模型はある程度簡略に製作することとする。しかし，余力があれば，精度の高い模型にチャレンジしてもらいたい。

3.3.1　模型の製作方法

模型は，以下の方針で製作する。

(1) スケールは 1/100。サヴォワ邸の平面の大きさはおおよそ 20 メートル四方，高さはおおよそ 10 メートルであるので，模型の大きさは 20 センチ四方×高さ 10 センチ程度となる。

(2) サヴォワ邸の**室内壁**（各部屋の**間仕切り壁**）の配置は複雑である。模型では，室内壁は省略し，**外壁**（外部に面する壁）のみを製作する。ただし，室内と室外が複雑に交錯する 2 階のスロープ周りの壁については，室内部分も製作する。

(3) 1 階では，すべての柱をつくる。2 階では，壁と一体化する柱は壁としてつくる。すなわち，2 階においては，柱として立てるのは独立柱（壁から独立した柱）のみとする。

(4) ドア・窓は穴として表現する（建具は製作しない）。

(5) スロープはつくるが，階段は省略する。また，スロープ，階段，テラスなどにおける手すりも省略する。

(6) 模型は白い素材で製作する。サヴォワ邸の大部分の壁と柱は白で塗装されている。一部にはカラフルに塗装された部分があるが，色彩は模型では表現しない（表現してもよい）。

(7) 地階は省略し，地上部分だけをつくる。

3.3.2　模型の材料

模型には，以下の材料を使用する（適宜変更してもよい）。

(1) スチレンボード：
　　1 ミリ厚× A2 サイズ 1 枚
　　2 ミリ厚× A2 サイズ 1 枚

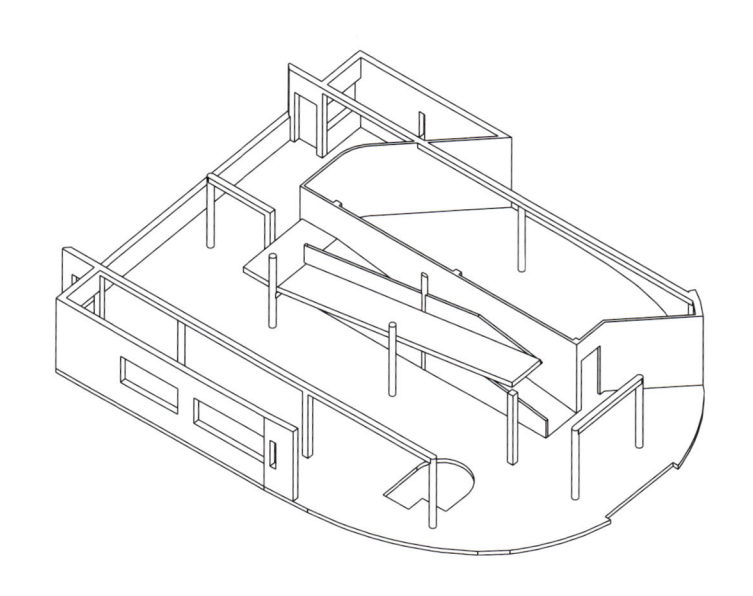

図 3-12　1 階の構成（模型）
模型で製作する 1 階の床，柱，梁，壁。本書の模型では室内壁は省略する。

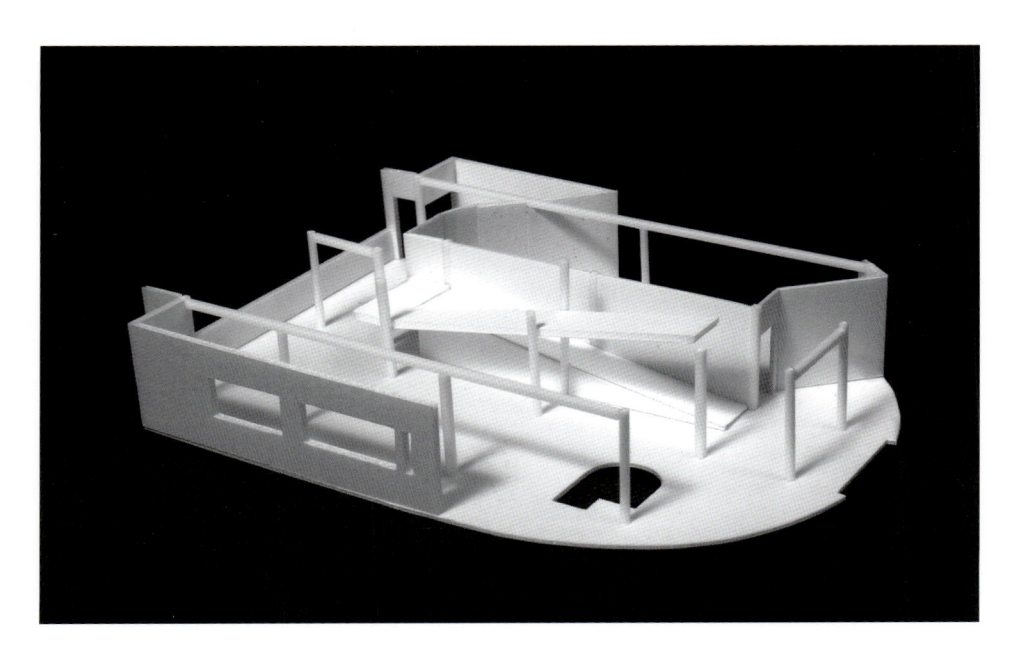

写真 3-11　模型（1 階）
1 階部分の模型。ピロティ部分は，2 階ができあがった後に製作する。

　　3 ミリ厚× A2 サイズ 1 枚
　　1 ミリ，2 ミリ厚のものはおもに壁に使用する[6]。3 ミリ厚のものは床に使用する[7]。
（2）プラ棒（プラスチック製の棒）[8]
　　　　直径 2 ミリの丸棒　　×6 本（長さ 25 センチの場合）
　　　　2 ミリ角の角棒　　　×5 本（　　　同上　　　　）
　　　　直径 4 ミリの丸棒　　×1 本
　　　　4 ミリ角の角棒　　　×1 本
直径 2 ミリの丸棒と 2 ミリ角の**プラ棒**を柱および梁に使用する。サヴォワ邸の柱の太さは一律ではないが，模型では単純化して，柱の太さはすべて 2 ミリの丸棒あるいは角棒で製作する。4 ミリの丸棒と角棒は煙突に使用する。
（3）模型の土台：
　　土台を用意する。本書冒頭の**写真 3-1**〜**写真 3-2**（97 ページ）に示した模型には，模型の土台として，7 ミリ厚のスチレンボード（A2 サイズ）を使用している。

3.4　1 階の構成

　ラーメン構造によるサヴォワ邸では，部屋を仕切る壁は，構造体である柱・梁にとらわれることなく自由に配置されている。サヴォワ邸の空間構成は複雑である。複雑に絡み合う柱と梁と壁，スロープや螺旋状の階段などは，人体の内臓をも連想させる。

　本節以降では，サヴォワ邸の各階の構成を追いながら，鉄筋コンクリートラーメン構造が生み出した複雑な空間構成を学ぶこととする。まずは 1 階の構成について学ぼう。

　1 階部分の模型は，（1）床，（2）柱と梁，（3）壁とスロープ，の順につくっていく。
　図 3-12 および**写真 3-11** に，完成目標となる 1 階部分の模型を示す。ピロティ部分は，2 階ができあがった後に製作することとする。
　一部の柱は壁と一体となるので，模型としては，柱よりも壁を先につくる

[6]　壁には約 20 センチと 8 センチの 2 種類の壁がある。模型では，これらの壁を 2 ミリと 1 ミリで表現する。

[7]　床の厚さは 28 センチである。模型では，この寸法を 3 ミリの厚さで表現する。

[8]　プラスチック製の棒の代わりに，木製の丸棒および角棒を使用してもよい。しかし，木製の丸棒・角棒を使用する場合は，アクリル性の水性絵具などで白く塗装しよう。

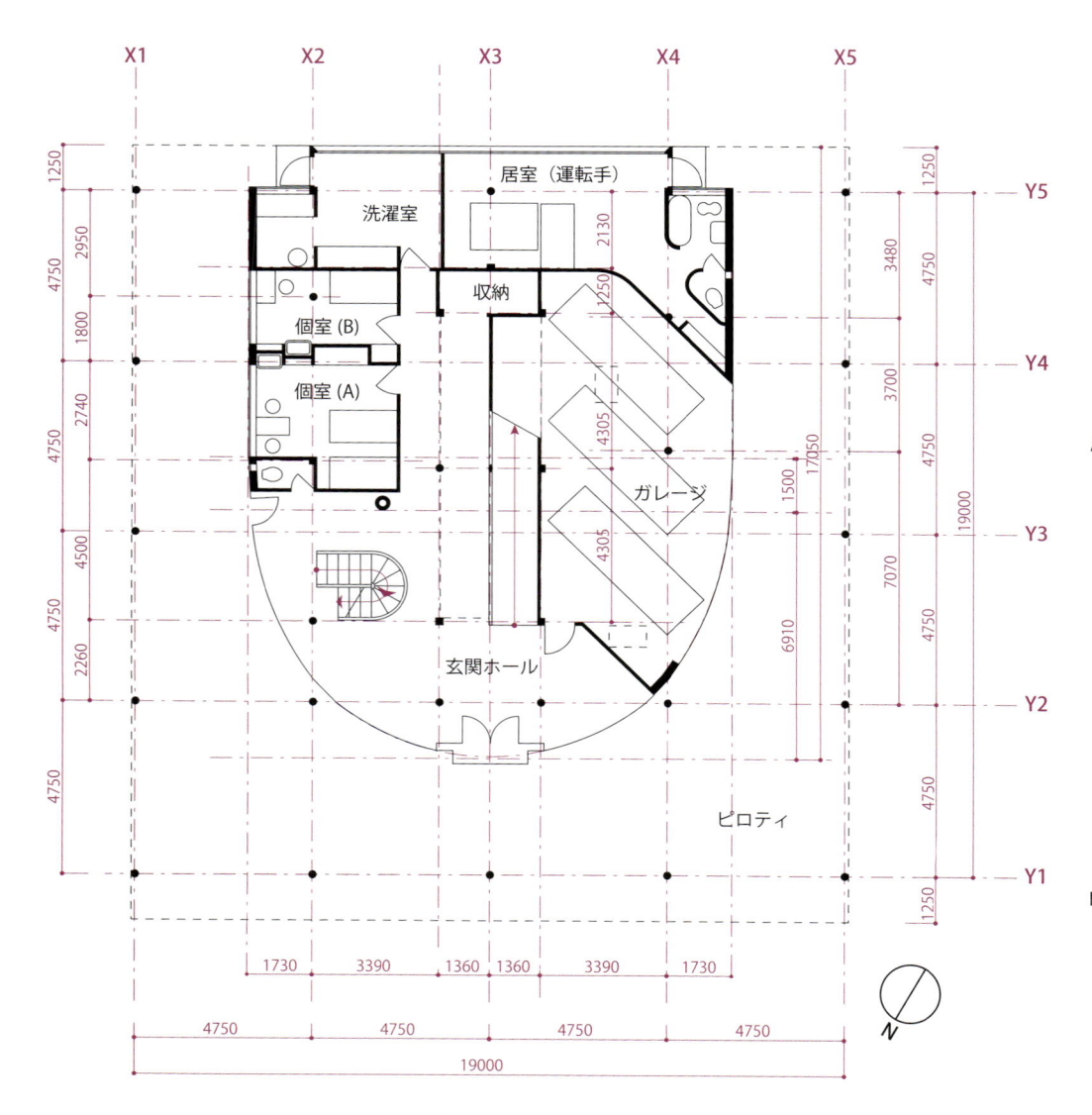

図 3-13　1 階平面図（1/200）
寸法，基準線，ドアの開き勝手等を描いている（寸法の一部は実測による）。
切断面の高さはスロープの踊場よりやや下方。スロープの踊場の下部は収納。

写真 3-12　アプローチ
A：サヴォワ邸へアプローチ（正面が南立面）
B：1 階部分がガレージ
C：ガレージ前から玄関へのアプローチ

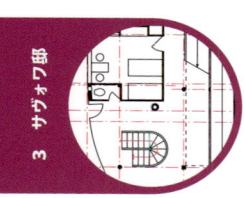

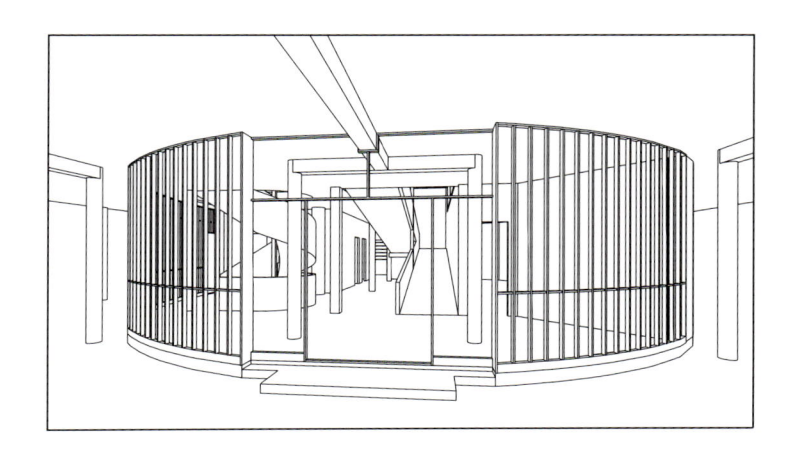

図 3-14　玄関
正面に2階へのスロープが見える。スロープの左手には一部が螺旋状となった階段がある。

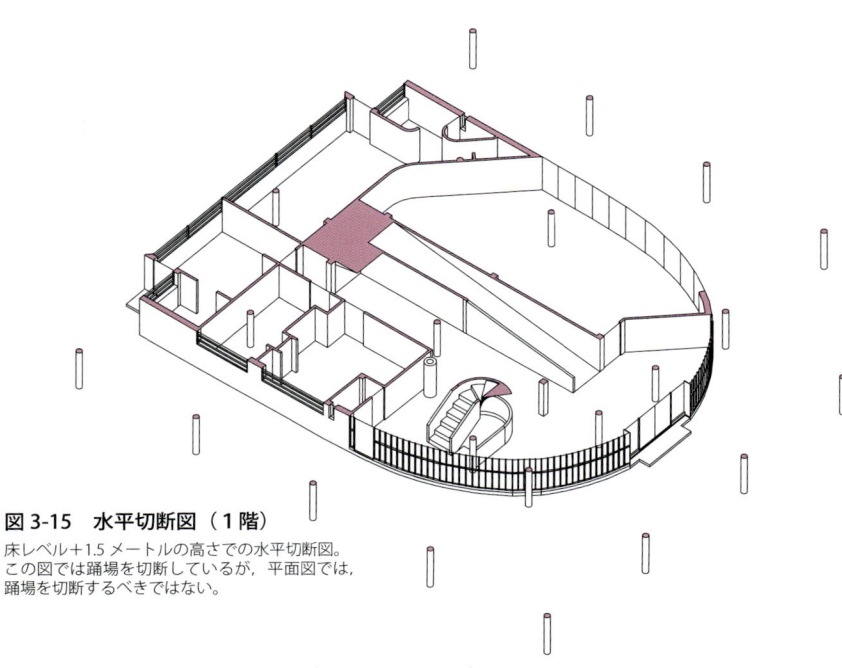

図 3-15　水平切断図（1階）
床レベル＋1.5メートルの高さでの水平切断図。この図では踊場を切断しているが，平面図では，踊場を切断するべきではない。

方が製作しやすいと思う。しかし，実際の建築では，構造体ではない壁が構造体である柱よりも先につくられることはありえない。本書では，1階部分の模型については，実際の建築の通りに柱を壁に優先させて製作することとする（2階部分の模型については，壁を柱より優先させて製作する）。

3.4.1　1階平面図

図 3-13 は寸法を表した1階平面図である（切断面の高さはスロープの踊場のやや下方で，踊場の下部の収納を描いている）。この図では，4.75メートル間隔の基準線に X1～X5，Y1～Y5 の記号を付している[9]。

サヴォワ邸の1階には，ピロティ，ガレージ（駐車スペース），玄関ホール，居室，2つの個室，洗濯室が配置されている。1階の居室は，建設当時，管理人（運転手）の居室とされていた部屋である。

ところで，**図 3-13** は，切断面を塗りつぶした表現の平面図である。箱形建築（1章）および住吉の長屋（2章）では，切断面を塗りつぶさずに，その輪郭を太線で描いていたが，本章では，平面図の切断面は塗りつぶして表現している（断面図では切断面を輪郭線で表現している）。また，**図 3-13** では，ピロティの上部にある2階床の外形，スロープ上部の床の形状の他，ガレージ上部のトップライトの形状を点線で示している。本章冒頭の**図 3-2**（98ページ）に示した平面図では室内のドアを省略していたが，**図 3-13** では，ドアの開き勝手（ドアの開く方向）を記号化して表している。

サヴォワ邸は，広い敷地に建つ住宅であり，道路からやや奥まった場所に建っている。敷地につながる道路は敷地の南にある。**写真 3-12** は，道路から敷地内のサヴォワ邸の玄関へアプローチするシークエンスを示している。

ガレージが西に配され，**図 3-14** に示した玄関は曲面状のガラス窓とともに北に向けられている。玄関を入ると，正面に主室のある2階へのスロープが見える。スロープは平面の中央に配置されており，その左手に一部が螺旋状となった階段がある。

螺旋状の階段の下には地階（機械室）がある。すなわち，この階段は，2階につながると同時に，地階へもつながる階段である。

平面図では，上階への階段の上部は図面に現れないが，下階への階段は全体が図面に現れる。1階平面図に描かれる階段では，地階への階段と2階への階段が重なるので，結果として両者の踏面が描かれることになる。一方，スロープは地階にはつながっていないので，切断面より下の部分だけが描かれることになる。

図 3-15 は1階の水平切断図である。1階床レベル＋1.5メートルの高さで建物を水平に切断している。**図 3-13** および**図 3-2**（98ページ）の平面図と対照させて，平面図を読み取って欲しい。

[9]　構造体となる柱が基準線上に配置されることから，これらの基準線は「通り芯」とも呼ばれる。基準線は，「○通り」という呼び方で特定して呼ばれる。また，基準線が交差する部分は「○通りと○通りの交差点（交点）」と呼ばれる（20ページを参照）。

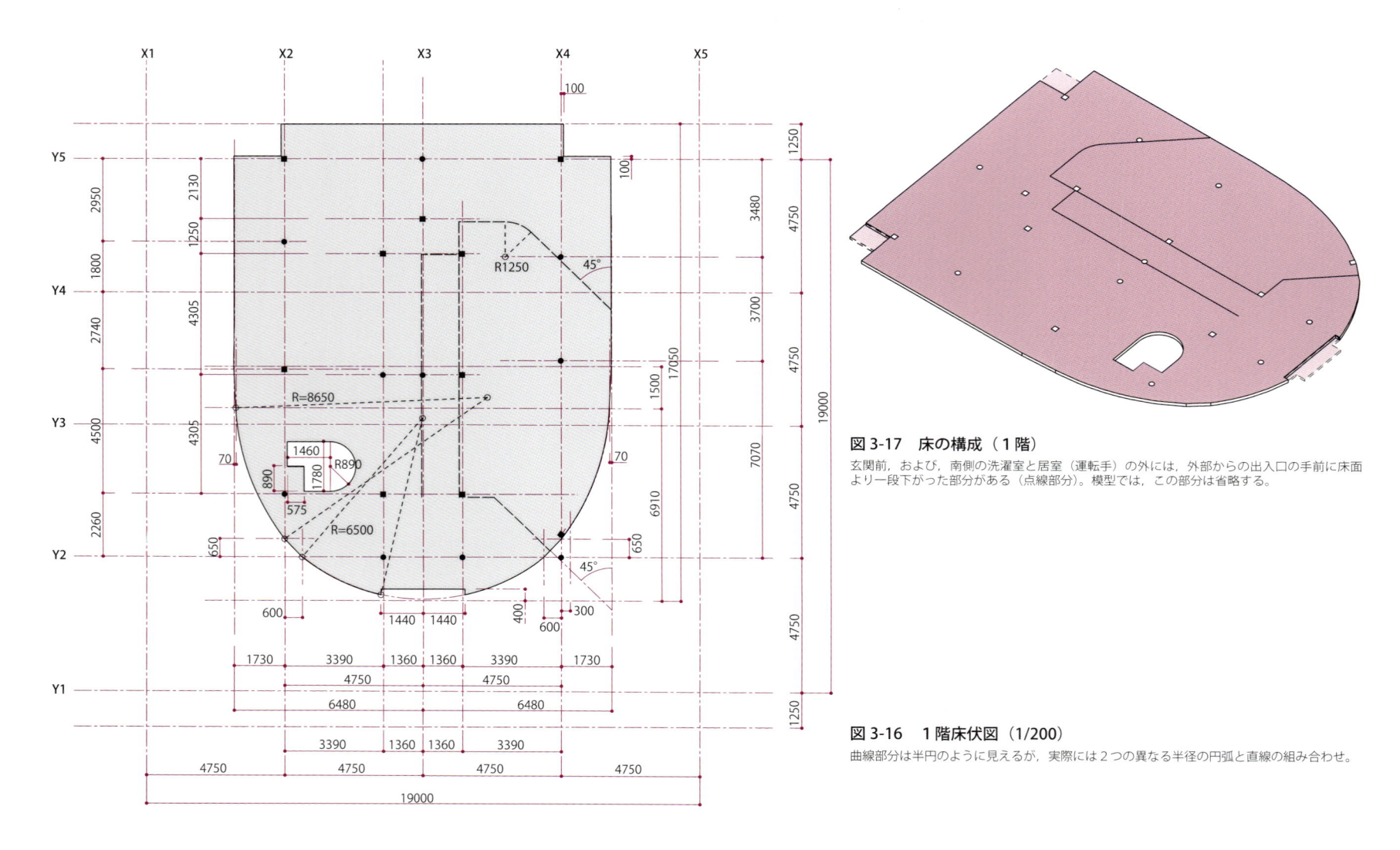

図 3-17　床の構成（1 階）
玄関前，および，南側の洗濯室と居室（運転手）の外には，外部からの出入口の手前に床面より一段下がった部分がある（点線部分）。模型では，この部分は省略する。

図 3-16　1 階床伏図（1/200）
曲線部分は半円のように見えるが，実際には 2 つの異なる半径の円弧と直線の組み合わせ。

3.4.2　1 階の床

　1 階は，ピロティ，ガレージ，室内より構成されている。地盤面と 1 階床の段差は 150 ミリで設計されている。

　1 階床は曲線部分のある形状となっている。**図 3-16** に 1 階床の**伏図**を示す。伏図とは部位の形状を示す図で，上部から見た水平面への投影図のことである。一見すると，曲線部分は半円のように見えるが，実際には，半径が 8650 ミリと 6500 ミリの 2 つの異なった円弧に直線が組み合わさった複雑な形状である。

■ 演習 3-1　1 階床の製作

　厚さ 1 ミリのスチレンボードを用いて 1 階床を製作しよう。実際の地盤面と 1 階床の段差は 15 センチであるが，1 ミリ厚のスチレンボードを用いると，この段差を 10 センチで表現することになる。実際の建築の寸法とは異なるが許容しよう。

　図 3-16 を参照して，床の形状をスチレンボード上に作図し切り抜く。床面から立ち上がる柱と壁の位置を床面に作図をしておこう。**図 3-16** には，ガレージに面する壁の位置を破線で示している（壁面の片側の位置のみを示

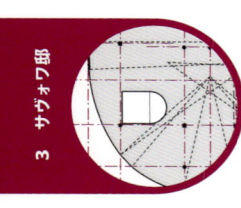

図 3-18　柱の構成（1 階）
一部の例外を除いて，壁と一体となる柱の断面形状は四角。壁から離れて立つ独立柱は円。

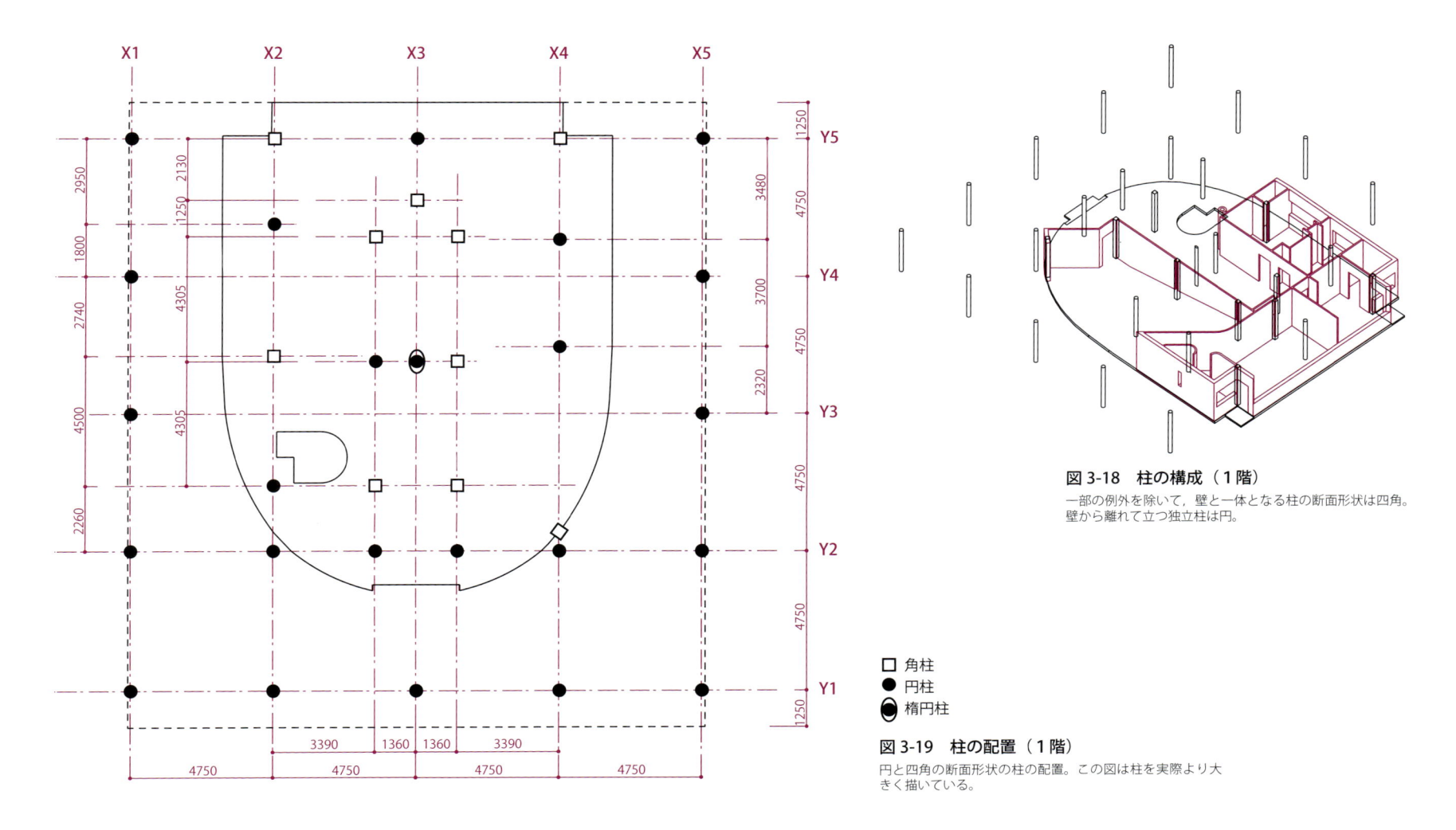

□ 角柱
● 円柱
◉ 楕円柱

図 3-19　柱の配置（1 階）
円と四角の断面形状の柱の配置。この図は柱を実際より大きく描いている。

しており，壁の厚みは表していない）。

　模型では地階および地階への階段は製作しないこととするが，階段部分は切り抜いておく。玄関，および，南側の洗濯室と居室（管理人室）の外には，外部からの出入口の手前に，床面より一段下がったアプローチがある（**図 3-17** の点線部分）。この部分は模型では省略する。

3.4.3　1 階の柱

　サヴォワ邸には，壁と一体となる柱と，壁から離れて独立に立つ**独立柱**がある。1 階に立つ柱を **図 3-18** に示した。

　柱の断面形状には 2 種類があり，一部の例外を除いて，壁と一体となる柱の断面形状が角柱，独立柱が円柱である（円柱の中には楕円柱もある）。**図 3-19** に，円柱の立つ位置を●，角柱の立つ位置を□で示した。

　ピロティ部分だけを見ると，柱は 4.75 メートル間隔の基準線の交点に立っている。しかし，室内では，ほとんどの柱が交点に立っていない。柱のない交点もあるし，柱が基準線からずれて立っている箇所もある。

　X3 通り上にはスロープがあるから，ここには上階の床を支える柱は立てられない。したがって，X3 通り上に並ぶはずの柱は，1360 ミリの間隔で X2 通りおよび X4 通り側にシフトしている。

　X1 通りと X5 通り上の柱は，4.75 メートル間隔で均等に並んでいる。し

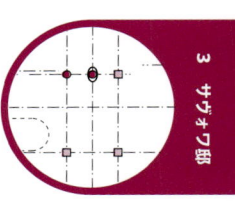

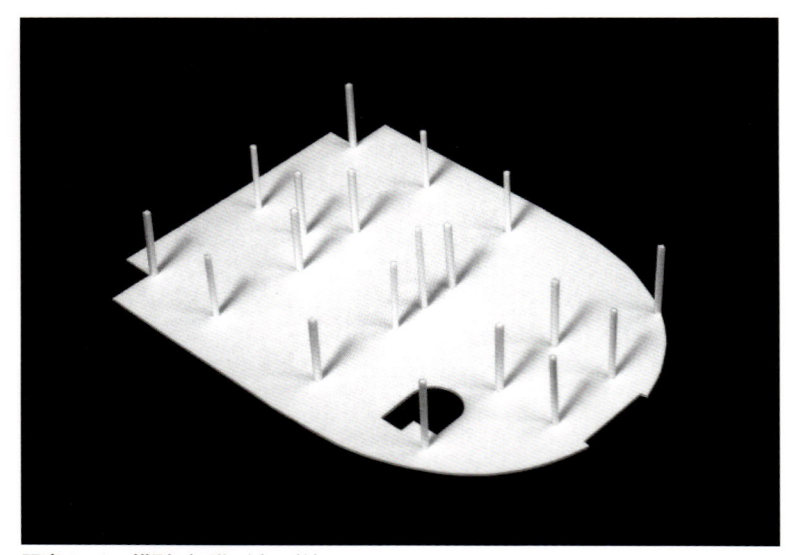

写真 3-13　模型（1階／床＋柱）
1階床の上に立てた柱。この後、柱の頂部を梁で結ぶ。

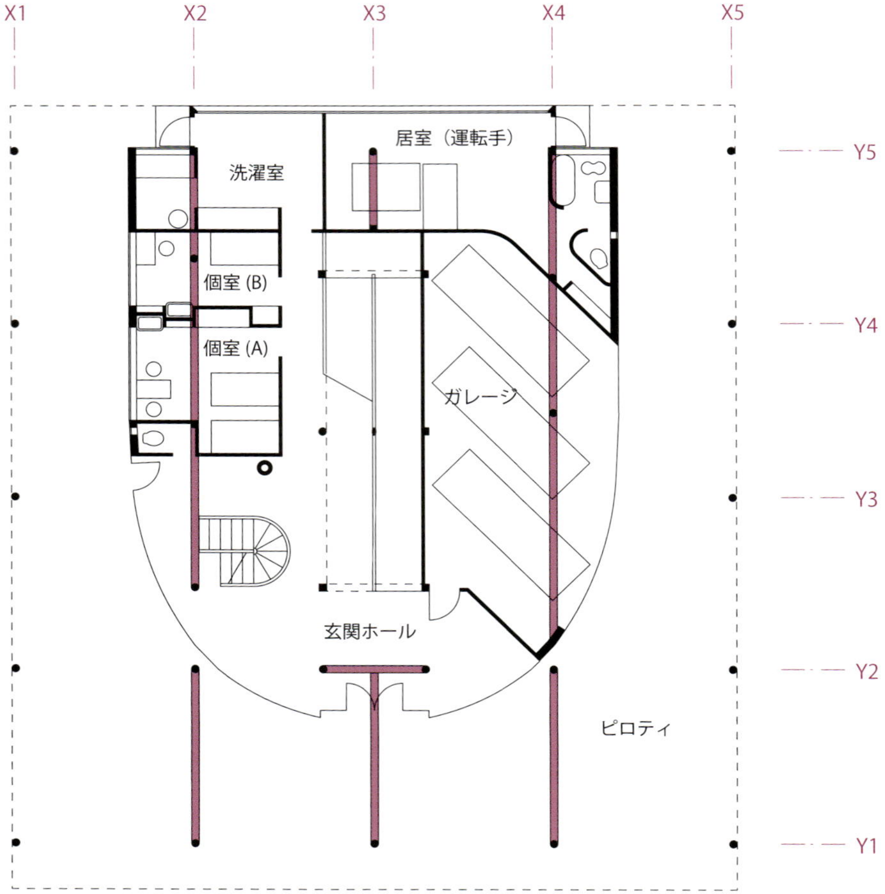

図 3-20　1階梁伏図（1/200）
1階上部の梁を1階平面図に重ねて描いた図。サヴォワ邸の梁は、格子状ではなく、ほとんどが一方向のみに架かる。

10) サヴォワ邸の建つフランスと日本では地震の状況が異なる。もし日本にサヴォワ邸を建設したら、より太い柱が必要となるだろう。

11) ル・コルビュジエは、建築の各部分の寸法を、自身でモデュロールと名付けた独自の思想に基づいて設計している。

かし、室内に立つX2通りおよびX4通り上の柱は等間隔に立っていない。

この柱のずれにはあるルールがある。X通りに平行な方向（以下、X通り方向という）については、すべての柱がX1〜X5通り、およびX3通りに1360ミリの間隔で平行する基準線上に立っている。しかし、Y通りに平行な方向（以下、Y通り方向という）については、すべての柱がY1〜Y5通り上に立っているわけではない。特にY3とY4通りでは、柱が立っているのは両端だけである。

柱をなぜX通り方向の基準線上でだけずらすことができるかについては後述するが、柱が必ずしも等間隔ではなく、部分的にずれて立っていることはサヴォワ邸の大きな特徴である。

サヴォワ邸の柱は実に細くすっきりとしている10)。実は、実際の柱の寸法は複雑で、円柱の断面の直径は一律ではなく、約25センチ〜30センチの間で変化している（実測によると、X2およびX4上の柱は約30センチ。その他の柱は約25センチ）。また、一部には楕円形の形状となっている柱もある（1階においては、スロープの中心に立つ柱の断面が楕円形である）。角柱の1辺の寸法は約20センチである。

なお、1階では、柱の高さとなる**天井高**（床面から天井面までの距離）は2800ミリで設計されている。2.8メートルという天井高は、住吉の長屋（2章）、あるいは、一般の住宅に比較してかなり高い11)。

3.4.4　1階の梁

サヴォワ邸の梁は、一般のラーメン構造のように格子状には架かっていない。**図3-20**は、1階上部（1階の天井レベル）の梁を1階平面図上にプロ

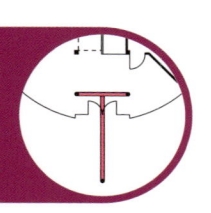

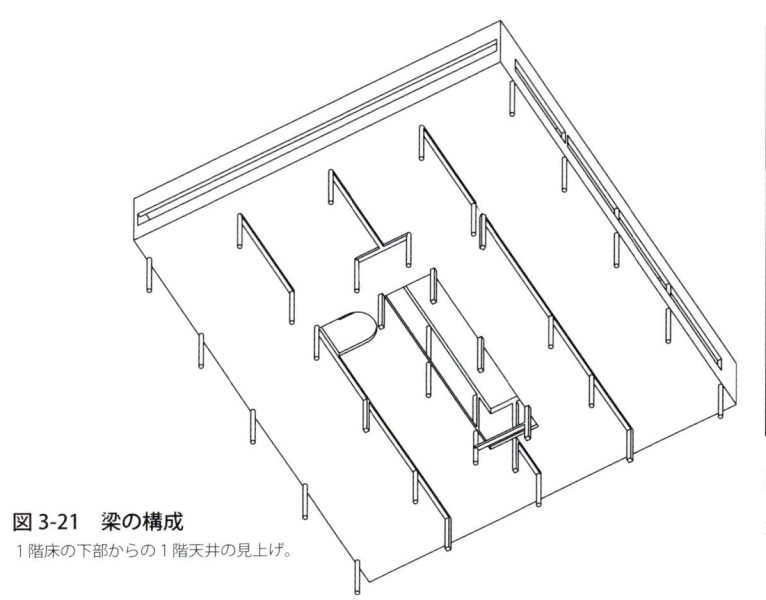

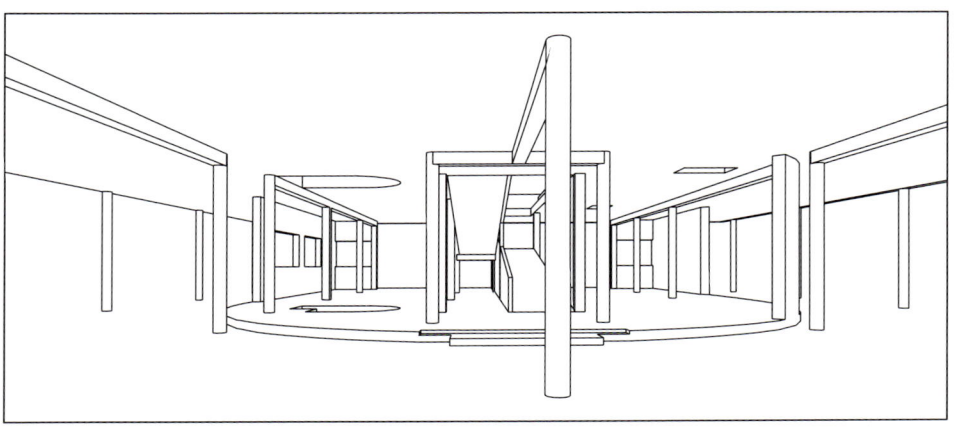

図 3-21　梁の構成
1階床の下部からの1階天井の見上げ。

図 3-22　梁の構成（1階）
1階の壁，窓，階段等を省略して描いた透視図。玄関から奥に向かって梁が伸び，空間が連続する。例外的に，奥に向かう方向に直交する梁が架かっているが，この柱と梁によるフレームは，スロープ手前の門（ゲート）のようだ。

ットした伏図である。また，**図 3-21** は1階床を取り除き，下部から天井を見上げた図である。

　1階上部の梁は，X2 および X4 通りと X3 通りの一部，そしてスロープ手前の Y2 通りに架かっている。玄関ホールの上部における Y2 通りの梁だけが Y 通り方向に架かっているが，それを例外とすると，梁はすべて X 通り上に架かっている[12]。

　つまり，サヴォワ邸の1階上部の梁は，1箇所だけの例外を除いて，X 通り方向だけにしか架かっていない。すると，フレームによるラーメン構造が成立しているのは X 通り方向だけで，Y 通り方向にはラーメン構造が成立していないことになる。しかし，実はサヴォワ邸では，床スラブが Y 通り方向の梁の役割を果たしていて，ラーメン構造が成立している。

　梁の役割を果たす床の構造と，例外として Y 通り方向に架かる梁の役割については後に学ぶこととして，再度サヴォワ邸の梁の構成を確認しよう。
　ル・コルビュジエの「自由な平面」は，平面がラーメン構造の格子状のフレームから自由であることを意味しているはずだ。ところが，もし格子状に梁が架かれば，空間は梁によって分割されてしまう。梁は，壁のように物理的に空間を仕切る部材ではないが，天井の下に張り出せば，視覚的に空間を分断することになる。
　格子状ではなく，一方向のみに架かるサヴォワ邸の梁は，空間を分割することなく，むしろ梁の方向に連続する空間を生み出している。1階の室内に現れる梁を**図 3-22** に示した（この図では，室内の壁，窓，階段等を省略している）。奥行きともいえる連続性が感じられるこのような空間構成は，梁と床スラブのしくみがつくりだしたものだ。

　梁が，ほぼ X 通り方向だけに架かっていることは，柱の位置が X 通りの基準線上をずれていたことに関係する。
　もしサヴォワ邸の構造が格子状のフレームを形成する標準的なラーメン構造であったならば，柱は，格子の交点に配置されているはずである。柱の頂部が梁によって格子状に結ばれるなら，柱の位置はずらしようがない。しかし，サヴォワ邸には梁と梁の交点が存在していないから，柱は梁の下をある程度自由に動くことができる。

演習 3-2　1 階柱と梁の製作

　先につくった床の模型の上に柱を立て，次に柱を梁で結ぼう。柱と梁の構成を**図 3-23**（次ページ）に示す。円柱と角柱を間違えないように注意して立てよう（**写真 3-13**）。ピロティに立つ柱は，2階の床を製作した後に，2階床の下部に取り付ける方がいい。しかし，後で使用する部品として，ここで製作しておこう。
　実際の円柱の直径は約 25 センチと約 30 センチ，角柱の 1 辺は約 20 センチであるが，柱の太さを正確に再現するのは難しいので，円柱は直径 2

---

12) スロープを上り始める位置の上部と踊場の下部にも，Y 通り方向に架かる梁があると考えられる。しかし，スロープを上り始める位置の上部の梁は，天井の下には露出していない（2階の床スラブの中に隠れている）。また，踊場下の梁は収納の中に隠れる。

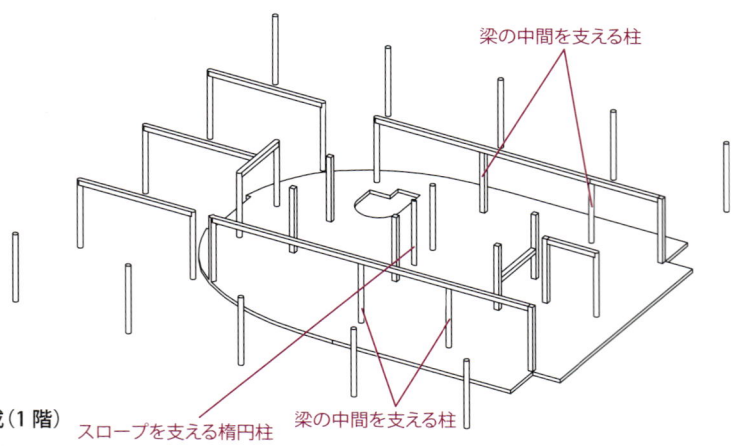

図 3-23　柱と梁の構成（1階）
円柱と角柱の上に梁が架かる。

梁の中間を支える柱

スロープを支える楕円柱

梁の中間を支える柱

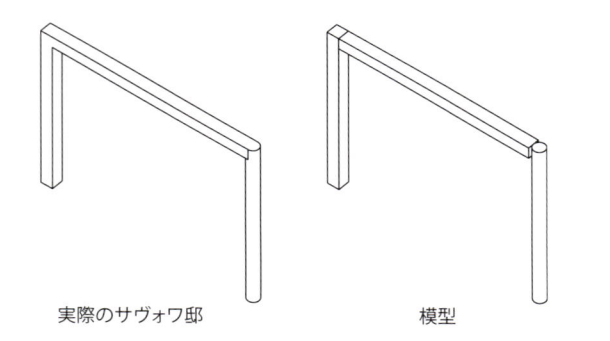

図 3-24　柱と梁のジョイント
実際には柱と梁は左図のように一体化しているが，模型では柱と梁のジョイントを右図のようにつくる。

実際のサヴォワ邸　　　　模型

写真 3-14　模型（1階／床＋柱＋梁）
この模型では，梁の端部を支える柱は 28 ミリ，梁の中間を支える柱の長さは 26 ミリとしている。スロープ中央の柱の断面は実際には楕円だが，模型では 2 ミリ丸棒でつくっている。この柱は後でスロープと一緒につくればよい。梁はすべて 2 ミリ角の角棒でつくっている。

ミリ，角柱は 1 辺 2 ミリの棒を用いることにする。

室内の天井高は 2800 ミリであるから，床面に立つ柱の長さは 28 ミリとなる。ただし，柱の上に梁（2 ミリの角棒）が載る場合は，柱の長さは 26 ミリとなる（**図 3-23** を参照）。

ピロティの柱の長さは，室内の天井高である 28 ミリに床面の厚さの模型寸法である 1 ミリを加えた 29 ミリとする（実際には，ピロティの天井高は 2950 ミリで設計されている）。

模型では基礎は省略するが，実際には，柱の下部には基礎があり，建物の全重量は柱を通じて基礎に伝わり，地盤により支えられる。

さて，模型では，すべての柱を同一の寸法で作成し，それらを垂直に立て，すべての頂部を同じ高さに揃えることは簡単ではない。精度の高い模型を製作する必要がある場合は，床に穴を開けて柱を貫通させて，貫通する部分で高さを調整するといった方法を考える必要がある。余力があればそのような工夫をしてくれるといいが，床の上に柱を立てる方法でも注意深く作業をす

れば，柱を垂直に立て頂部の高さを揃えるようにすることはできると思う。

梁はすべて 2 ミリ角の角棒でつくることとする。梁の長さは，**図 3-20**（112 ページ）を参考に梁伏図を製図し，柱間の長さを測ることで割り出す。

柱と梁は同時にコンクリートを打設することによってつくられるので，柱と梁のジョイントは，実際の建築では，**図 3-24** の左図に示したように，一体化したものとなる。しかし，模型では一体化は難しいので，柱の間に梁を挟む（柱を勝たせる）か，柱の上に梁を載せる（梁を勝たせる）ことになる。**図 3-23** では，梁の端部では柱を優先し（柱を勝たせ），梁の中間に位置する柱は梁下までの高さとしている（梁を勝たせている）。柱と梁のどちらを優先させるかは模型上の問題なので，どちらでもよい。

なお，模型では，円柱と梁（角棒）との接点が難しい細工となる。角材を単純にカットすると，右図のように円柱との接点に隙間が生じてしまうが，隙間にこだわらないことにしよう。

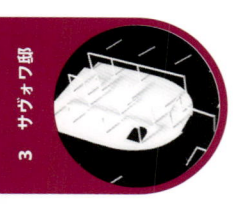

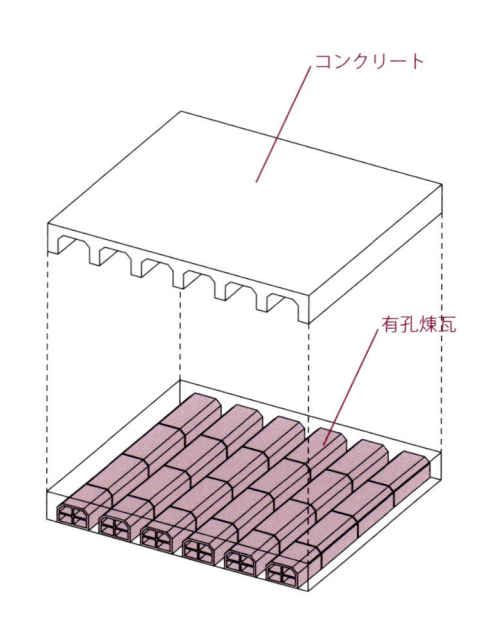

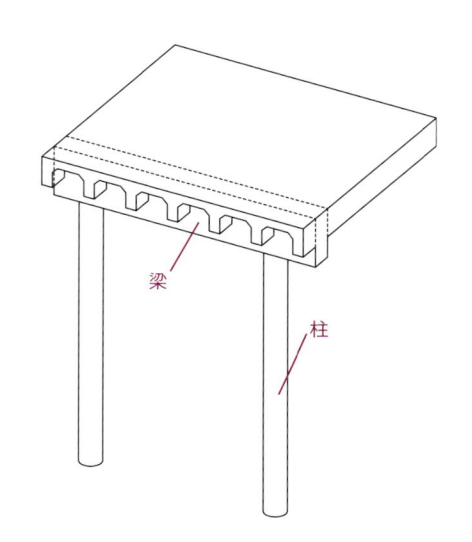

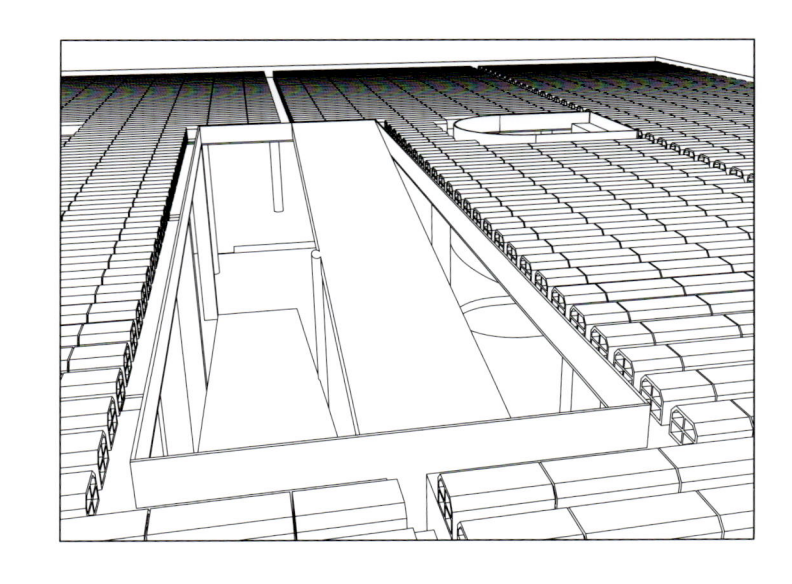

図 3-25 有孔煉瓦工法によるボイドスラブ
スラブが架け渡される方向に有孔煉瓦を配置し、煉瓦間に梁の役割を果たす部分をつくり出す。有孔煉瓦は内部に空洞をつくり出し、スラブの自重を軽くする。
右図は、2階床スラブ（スロープ付近）のコンクリート打設工事における有孔煉瓦の配置の想像図。この図は、床スラブの型枠の上に並べられたであろう有孔煉瓦を描いたもので、鉄筋や型枠を支える仮設材は描いていない。また、柱やスロープの型枠も描いていない（スロープは、床スラブと同時ではなく、後から打設されているかもしれない）。実際の型枠はこんなに単純ではなく、複雑に組まれていたはずだ。

3.4.5 サヴォワ邸の床

なぜサヴォワ邸の床がY通り方向に架かるはずの梁の役割を果たすことができるのかは、床の構造を知れば理解できる。

サヴォワ邸の床スラブの厚さは 280 ミリで設計されている。この厚さは仕上げ厚を含んだ寸法ではあるが、それでも、一般的な鉄筋コンクリート構造の建築の床スラブの厚さに比較してかなり厚い。住吉の長屋（2章）の床スラブが 150 ミリで設計されていたことを思い出して欲しい（壁構造でもラーメン構造でも、一般的な床スラブの厚さは、やはり 120〜150 ミリ程度である）。

サヴォワ邸の床スラブは、280 ミリという厚さを使って、下部に露出する梁とは直交する方向に小さな梁を組み込んでいる。

梁の役割を果たすサヴォワ邸の床は、**図 3-25** に示す有孔煉瓦工法による**ボイドスラブ**（内部に中空部分をもつスラブ）である。**図 3-25** の左図に示したのがボイドスラブの構成を表す概念図。右図は、2階床スラブのコンクリート打設工事における有孔煉瓦の配置の想像図である（詳細を把握して描いた図ではない）。

有孔煉瓦工法によるボイドスラブとは、**梁間方向**（スラブが架け渡される方向）に有孔煉瓦（空洞部分をもつレンガ）を配置し、煉瓦と煉瓦の間に梁の役割を果たす部分をつくり出した床スラブである。コンクリート打設後、煉瓦はコンクリートに埋め込まれることになるが、煉瓦の内部は空洞なので、床スラブの内部には、小さな梁と空洞が並列することになる。

有孔煉瓦は、床スラブの内部に小さな梁を組み込むための型枠として働くとともに、床スラブの内部に空洞をつくり出し、床スラブの自重を軽くする働きを担う。

床の上部にかかる荷重は床を曲げようとする。床はその力に耐えなければならない。小さな梁が連続するボイドスラブは、梁間方向に強い曲げ剛性をもつ。サヴォワ邸では強い曲げ剛性をもったボイドスラブを使用することにより、一方向のみに梁を架けている。そして、梁を支える柱を、梁の下という位置を維持しつつ、自由に移動させている。

なお、床スラブや梁は、支えられる位置からある程度跳ね出すように設計することができる。床スラブや梁の跳ね出した部分は**キャンティレバー**と呼ばれる。サヴォワ邸では、Y1 通りおよび Y5 通りの外側に 1250 ミリ、キ

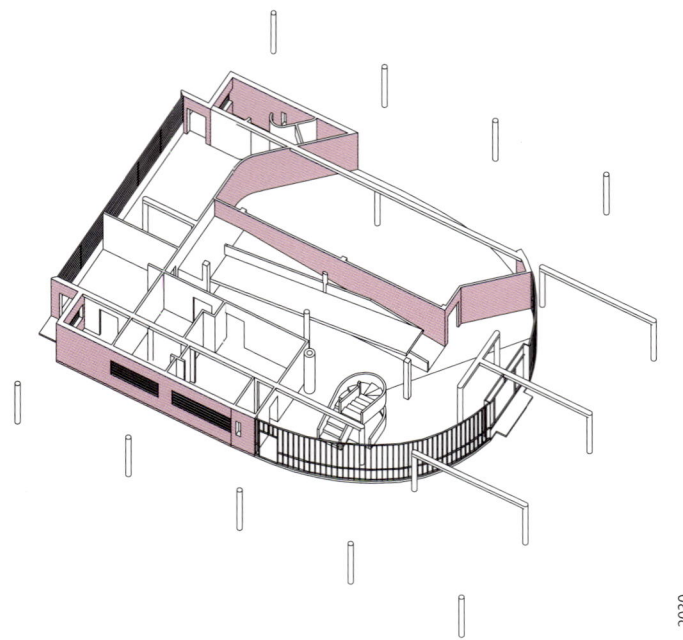

図 3-26　壁の構成（1 階）

天井を取り去り，柱，梁，壁の構成を示している。
カラーで表しているのが外部に面する壁，それ以外は室内壁。

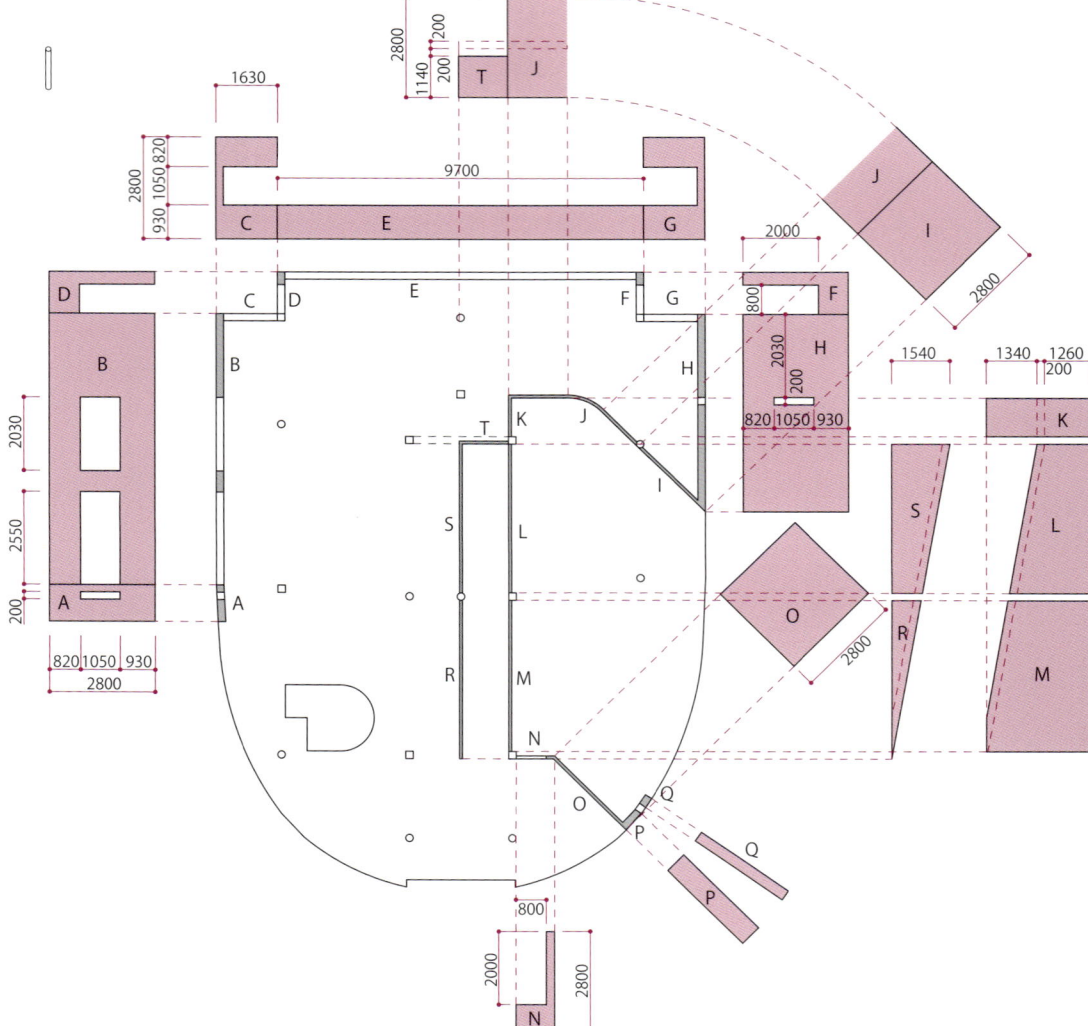

図 3-27　壁の展開図（1 階）

壁を平面図上に倒して，その形状を示している（室内側が上になるように倒している）。なお，この図に示した窓の寸法はおおまかな実測によるものである（おそらく設計寸法とは一致しない）。
また，本書は，スロープおよびその踊場の厚さの設計寸法を把握していない。この図では 200 ミリとしているが，実際には 200 ミリよりやや薄いと思われる。

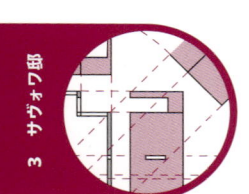

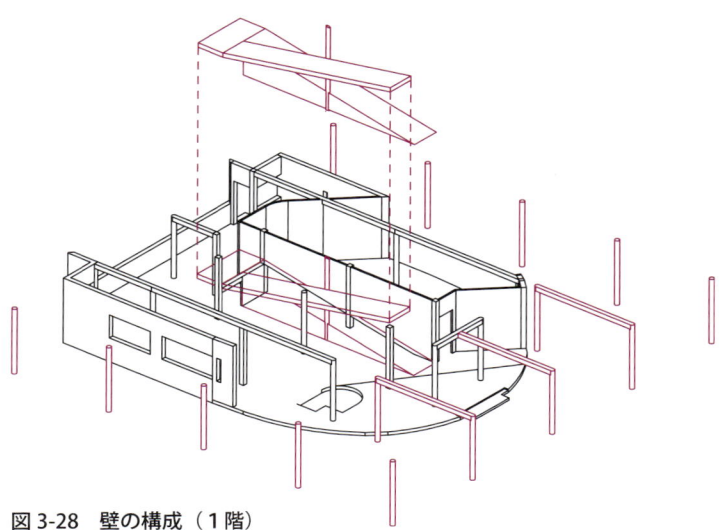

図 3-28　壁の構成（1階）
外壁の構成。室内の壁は図示していない。

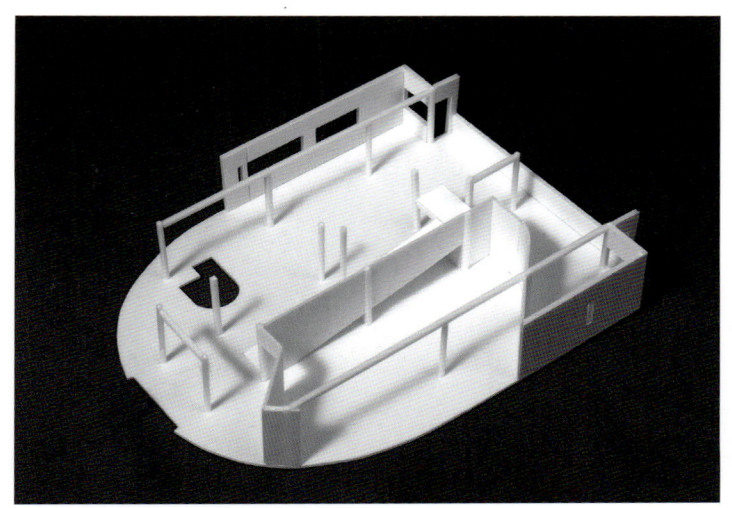

写真 3-15　模型（1階／床＋柱＋梁＋壁）
ピロティに面する壁は2ミリ厚のスチレンボード，ガレージの壁は1ミリ厚のスチレンボード。

ャンティレバーが伸びている。X通りに沿った方向にのみ床スラブが跳ね出していることもサヴォワ邸の特徴である[13]。

3.4.6　1階の壁

　サヴォワ邸の構造体は柱，梁，床スラブであり，壁は構造体ではない。壁は，鉄筋コンクリートではなく，煉瓦でつくられている。しかし，仕上げとしては，柱も壁も白く塗装されるので，壁が煉瓦でつくられていることはイメージしにくいであろう。

　図 3-26 に1階のすべての壁を示す。また，**図 3-27** は外壁およびガレージ部分の壁の形状を示している。**図 3-28** がその立体構成図である。

　図 3-27 のように，正面から見た壁の形状を表す図面は**展開図**と呼ばれる。外壁の形状を示す立面図に対して，室内の壁の形状を示す図面が展開図である。なお，展開図は，通常，各部屋ごとに描かれる。**図 3-27** は，各部屋の室内壁の形状を示す描き方をしていないので，一般的な展開図とは描き方が異なっている。

　煉瓦でつくられたサヴォワ邸の壁は，外壁（外部に面する壁）は20センチ程度，その他の室内壁は8センチの厚さで設計されている。これらの厚みは，16センチの厚さで二重に積まれた煉瓦と，5センチ厚の煉瓦に仕上げの厚みが加わったものである[14]。壁の構成については後ほど解説するが，

ここでは壁の厚さに2種類があることに注目して欲しい。

　壁には，窓とドアが取り付く。**ドアの幅**について，ル・コルビュジエは，以下のような記述を残している[15]。

　ドアの幅については，長年の経験の結果として，2つのタイプが適当だということを指摘できる。一つは75センチである。この寸法があれば，家具の出し入れが可能である。もう一つは55センチである。家具の出し入れを必要としないトイレや浴室ではこの寸法で十分である。

■ 演習 3-3　1階壁の製作

　1階の外壁を製作しよう。製作する模型を**写真 3-15** に示す。
　壁の高さは，天井高と一致する2800ミリである。壁の幅は，**図 3-27** に示した展開図を参考に図面を描き，割り出して欲しい。
　ピロティに面する壁には2ミリ厚のスチレンボード，ガレージの壁には1ミリ厚のスチレンボードを用いる。玄関のある南側にはガラス壁が円弧状に配置されているが，模型では，この部分は開口部と考えて省略する。また製作するのは外壁のみとし，室内の壁は省略する（余力があれば，省略しないでつくってみて欲しい）。
　ドア部分の開口部の幅は，ドアの幅である750ミリに枠（サッシ）を加

13）X1通りおよびX5通りにも，X2通りおよびX4通りから伸びる床スラブを支える梁が存在していない。X1通りおよびX5通りには柱が立っているから，X2およびX4通りから伸びている部分はキャンティレバーとは異なる。しかし，キャンティレバー的にX1およびX5通りまで跳ね出しながら，端部が柱で支えられていると考えることもできる。

14）以下の文献に，「壁は，16センチの厚みで2重に積まれる煉瓦と5センチ厚の煉瓦で架構される」という記述がある（文献の182ページ）。

（参考文献）
Jacques Sbriglio, Le Corbusier: La Villa Savoye, Foundation Le Corbusier, Birkhäuser, 1999

15）注14に示した前掲書より拙訳（文献の80ページ）。ただし，原文はル・コルビュジエ財団所有の資料（FLC H1-12-66）。

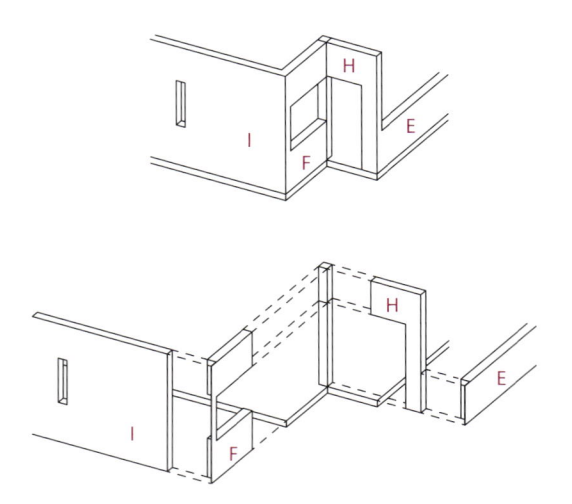

図 3-29　壁の組立（1 階）
一方のスチレンボードの表面の薄い紙だけを残して削り取ってジョイントする方法を示している。

えた 800 ミリ，開口部の高さは 2000 ミリとし，この寸法で壁に穴を開ける。窓の寸法は**図 3-27**（116 ページ）に示している。

　部品 J および部品 P＋Q は柱に接する壁なので，柱の形状を考慮して部品をつくる必要がある。また，梁が貫通する壁については，梁が通るように壁を切り欠こう。

　後述する 2 階の柱については少なくない数の柱が壁と一体化するが，1 階では壁と一体化する柱は多くない。先に「模型の製作方法」（106 ページ）で述べたとおり，本書の模型の 1 階部分では，実際の建築の通りに，すべての柱を製作している（2 階では，壁と一体化した柱は壁として製作するようにしている）。

　スロープ周りの壁の構成は複雑である。ガレージ側のスロープの下部はガレージの一部，踊場の下部は収納となっている。2 階部分を含めたスロープ周りの壁の構成を**図 3-57** と**図 3-58**（136 ページ）に示しているので参照して欲しい。

　模型製作のテクニックとして，スチレンボードでつくった壁をジョイントさせるには**エッジ処理**が必要となる。**図 3-29** および**写真 3-16** は，南西のコーナーを例に，一方のスチレンボードを表面だけを残して削り取ってジョイントする方法を示している[16]。

　これは，一方を「切り落とし」てジョイントする方法である。直交する壁

16）図 3-29 と写真 3-16 における部品 I と部品 F のジョイントでは，エッジ処理（切り落とし）の方法が異なっている。図 3-29 では部品 F を切り落としているが，写真 3-16 では部品 I を切り落としている。部品 I の内側（壁の室内側）のジョイントを見せないためには図 3-29 のつくり方が適しているのだが，難易度は高い。写真 3-16 のつくり方でもよい。

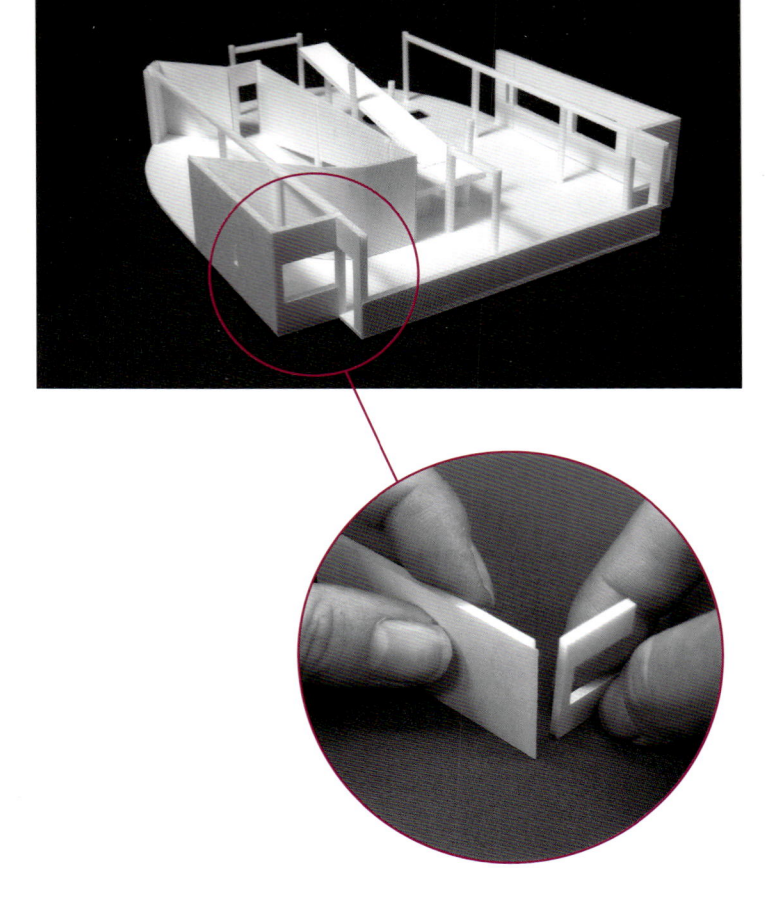

写真 3-16　模型（壁の組立）
図 3-29 に示したエッジ処理は難易度が高い。下の写真は図 3-29 とは異なる方法でのエッジ処理。

の端部のエッジ処理には，この他に，1 章（箱形建築）で解説した 2 つの面を「45 度カット」でジョイントする方法もある（13 ページ）。しかし，サヴォワ邸では，壁の高さが異なる部分があるので，「45 度カット」は難しい（部品 E と部品 H を「45 度カット」でジョイントするのは難しい）。

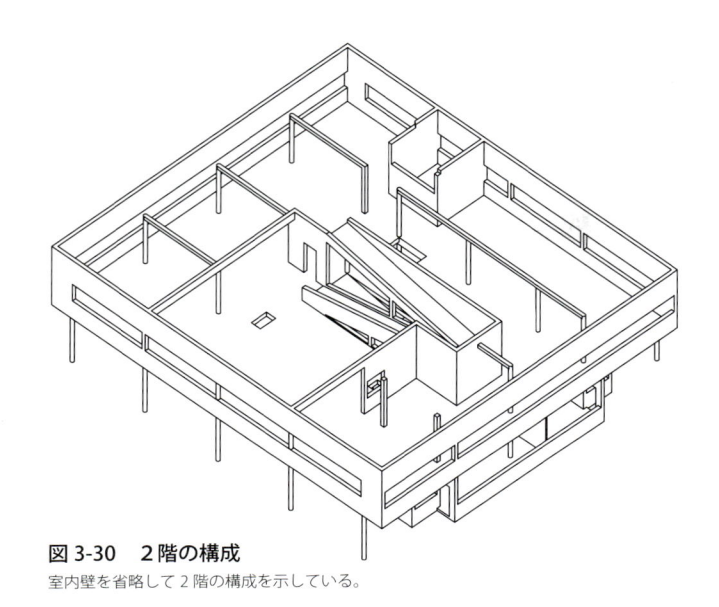

図 3-30　2階の構成
室内壁を省略して2階の構成を示している。

3.5　2階の構成

　ここまでの模型で，1階部分の床・柱・梁と主要な壁が完成している。次に2階の構成を学ぼう。

　2階の模型は，(1)床，(2)柱，(3)梁，(4)ファサード（外壁となる主要な立面），(5)スロープ，(6)ファサード以外の壁，の順につくることとする。ただし，壁と一体化する柱や梁は壁として，あるいは壁に取り付く柱は壁の後に製作することとする。壁は1階同様，外壁だけを製作し，室内壁は省略する。**図 3-30** が2階の「床＋柱＋梁＋スロープ＋外壁」を示している。

3.5.1　2階平面図

　寸法を表した2階平面図を**図 3-31** に示す。サヴォワ邸では，2階が**主階**であり，居間，寝室などの主室が配置されている。2階は，内部空間と外部空間（テラス）が混在する複雑な平面である。

　図 3-32（次ページ）は，2階の床レベル＋1.5メートルの高さでの水平切断図である。**図 3-31** と対応させて，2階の平面構成を理解して欲しい。

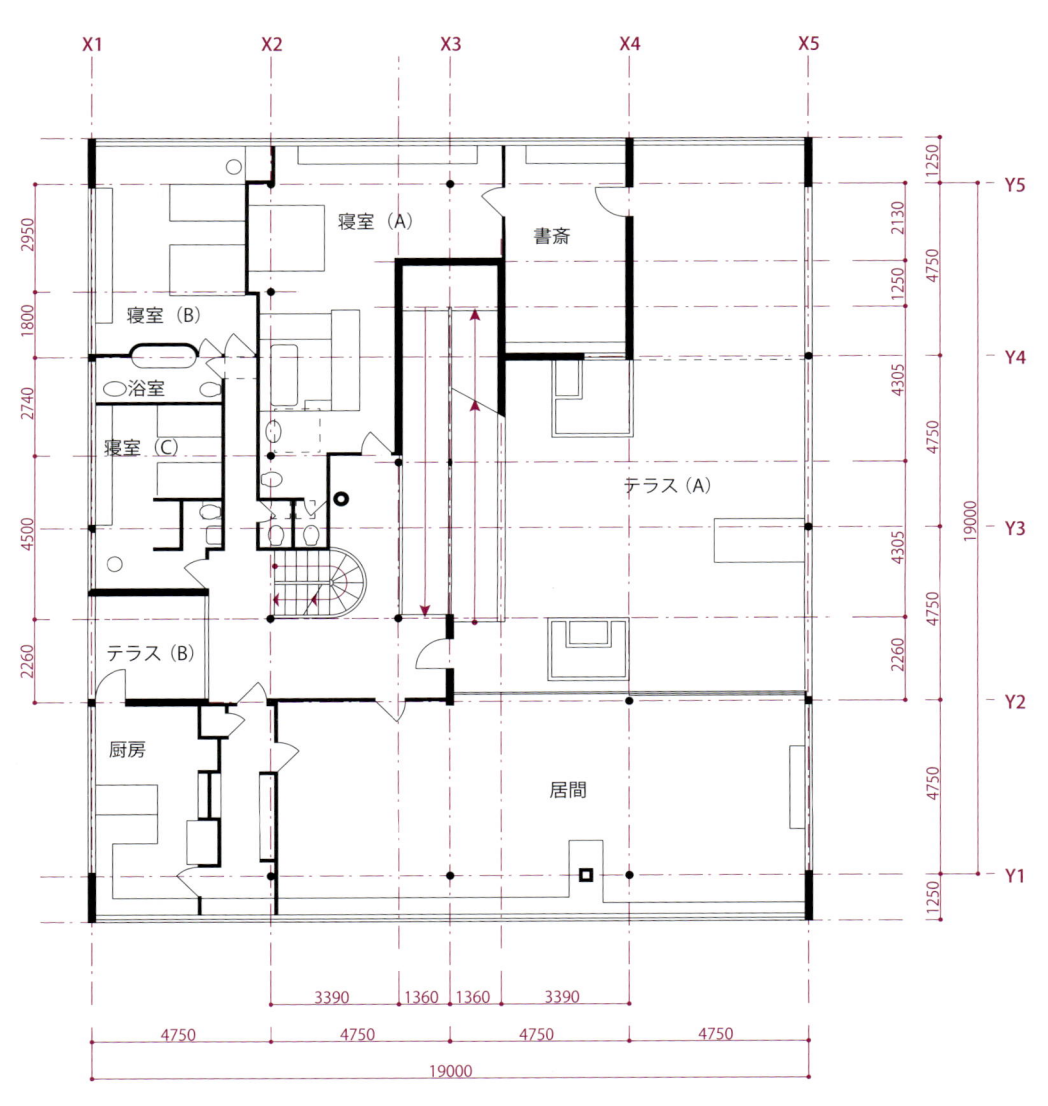

図 3-31　2階平面図（1/200）
居間，寝室などの主室が2階に配置されている。2階では，内部空間と外部空間が混在する。

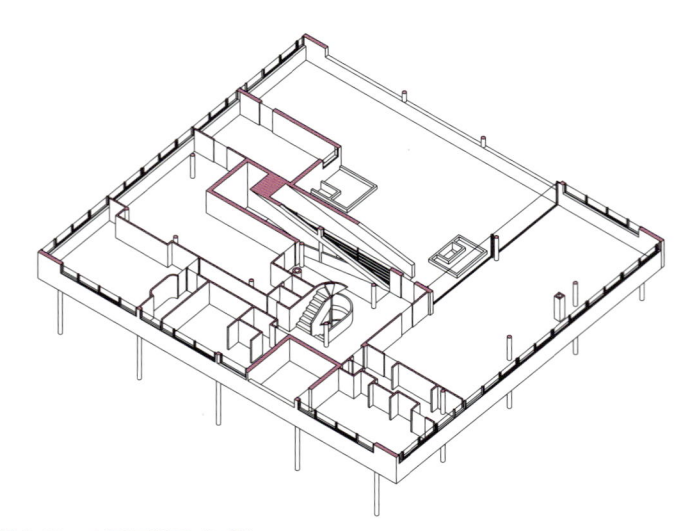

図 3-32　水平切断図（2 階）
2 階の床レベル＋1.5 メートルの高さで建物を水平に切断した図。

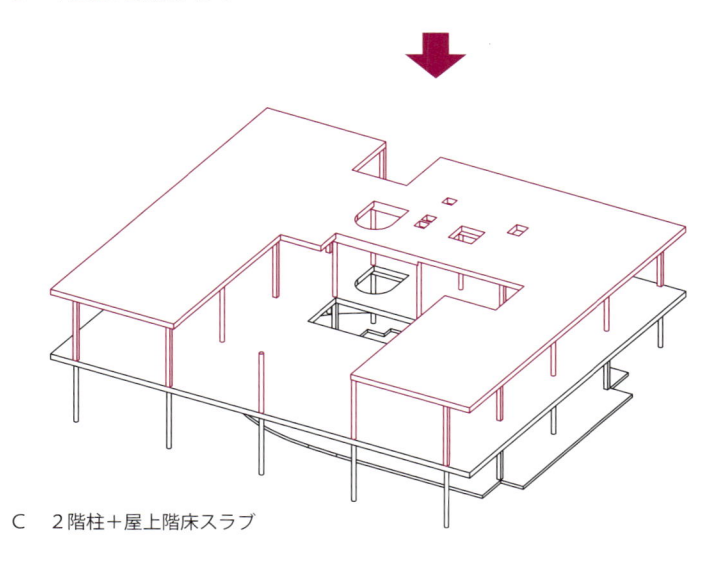

3.5.2　鉄筋コンクリート工事のプロセス

　先にも述べたが，サヴォワ邸の床は厚さ 280 ミリのボイドスラブである。2 階の床の構造を学ぶ前に，サヴォワ邸の鉄筋コンクリート工事について学んでおこう。

　2 章（住吉の長屋）で触れた鉄筋コンクリート壁構造の場合と同様に，鉄筋コンクリートラーメン構造の場合も，コンクリートの打設は各階ごとに進む。サヴォワ邸の鉄筋コンクリートの構造体部分の工事は，**図 3-33** に示したように進んだはずだ。

　上図(A)は 1 階床スラブだけを示しているが，実際の建築では，1 階床スラブの下部に地階および基礎がつくられている。中図(B)では，1 階床スラブの上部に，1 階柱＋1 階上部梁＋2 階床が加わっている。この 1 階柱＋1 階上部梁＋2 階床は 1 回のコンクリート工事で同時に打設されたはずだ。下図(C)では，2 階柱＋2 階上部梁＋屋上階床が加わっている。ここまでが，2 階までの鉄筋コンクリートの構造体を架構する工事である。

　壁構造である住吉の長屋（2 章）とラーメン構造であるサヴォワ邸の大きな違いは，サヴォワ邸では壁が鉄筋コンクリート工事のプロセスでつくられないことだ。サヴォワ邸の壁は，鉄筋コンクリートによる構造体がすべて完了した後に，床スラブの上に煉瓦で積まれる。

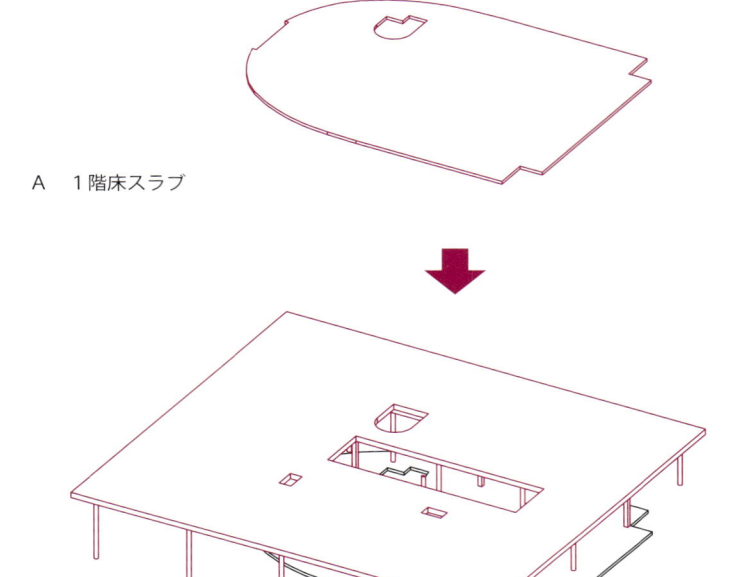

A　1 階床スラブ

B　1 階柱＋2 階床スラブ

C　2 階柱＋屋上階床スラブ

図 3-33　鉄筋コンクリート工事のプロセス
鉄筋コンクリートによる構造体（柱＋梁＋床スラブ）が下階から上階へつくられていく。

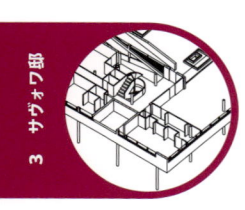

図 3-34 2 階床伏図（1/200）
2 階床の模型部品は，この図に基づき製作する。床の開口部は階段，スロープ，トップライト。

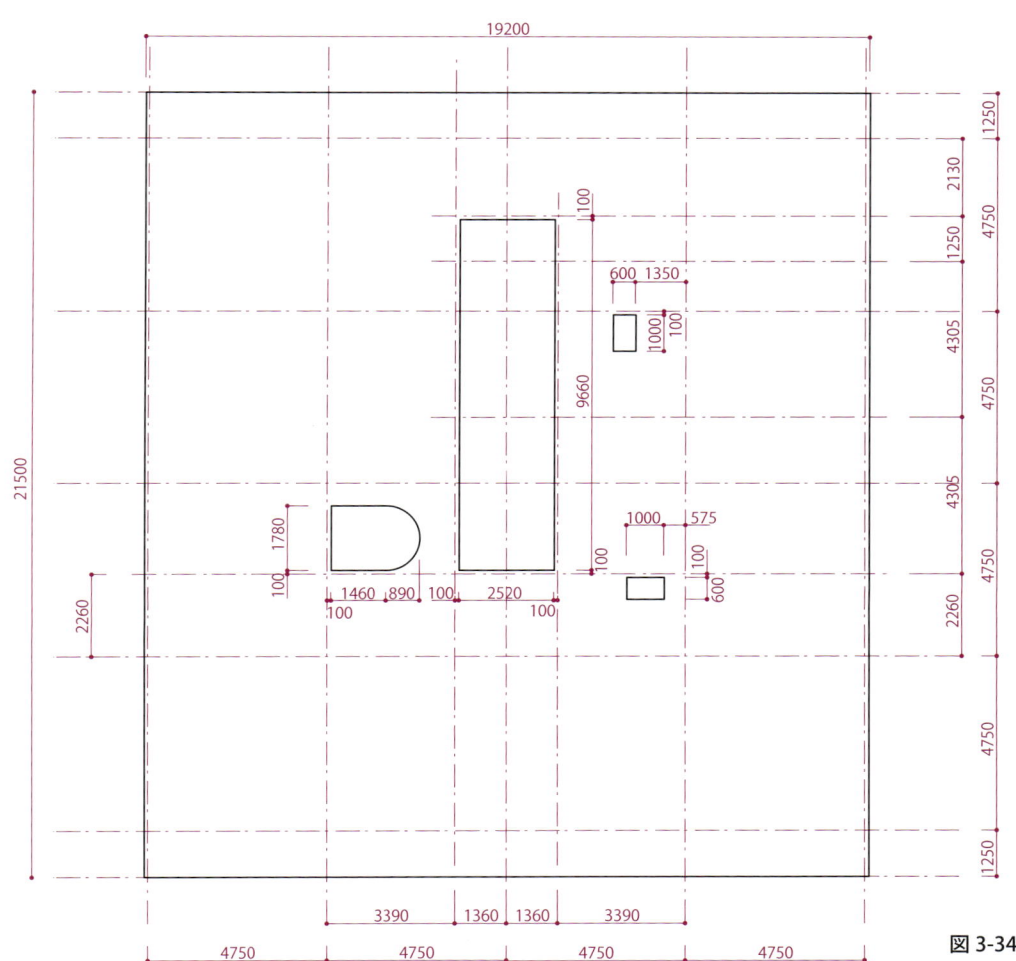

写真 3-17 模型（2 階床）
厚さ 280 ミリの床は，3 ミリ厚のスチレンボードでつくろう。

3.5.3　2 階の床

2 階床の伏図を**図 3-24** に示す。この床スラブの周囲に，厚さ 200 ミリの外壁が載る。

スロープと階段の位置には床スラブに穴が空く。スロープ付近の 1000 × 600 ミリの 2 つの開口部は，1 階ガレージ上部のトップライトである（トップライトの寸法は実測に基づく推定値）。

■ 演習 3-4　2 階床の製作

2 階床を製作しよう。厚さ 280 ミリの床は，3 ミリ厚のスチレンボードでつくる。2 階床の形状は，**図 3-34** の通りである（**写真 3-17**）。

2 階の床は 1 階の柱や梁の上に載るので，模型では，2 階の床の下面に 1 階の柱や梁の位置を記しておくとよい。模型を組み立てた後で印をつけるのは困難なので，組み立てる前に 1 階平面図を参照して，1 階の柱と梁の位置を記しておこう。

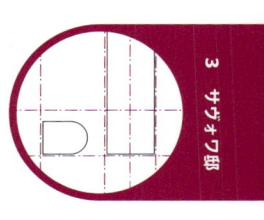

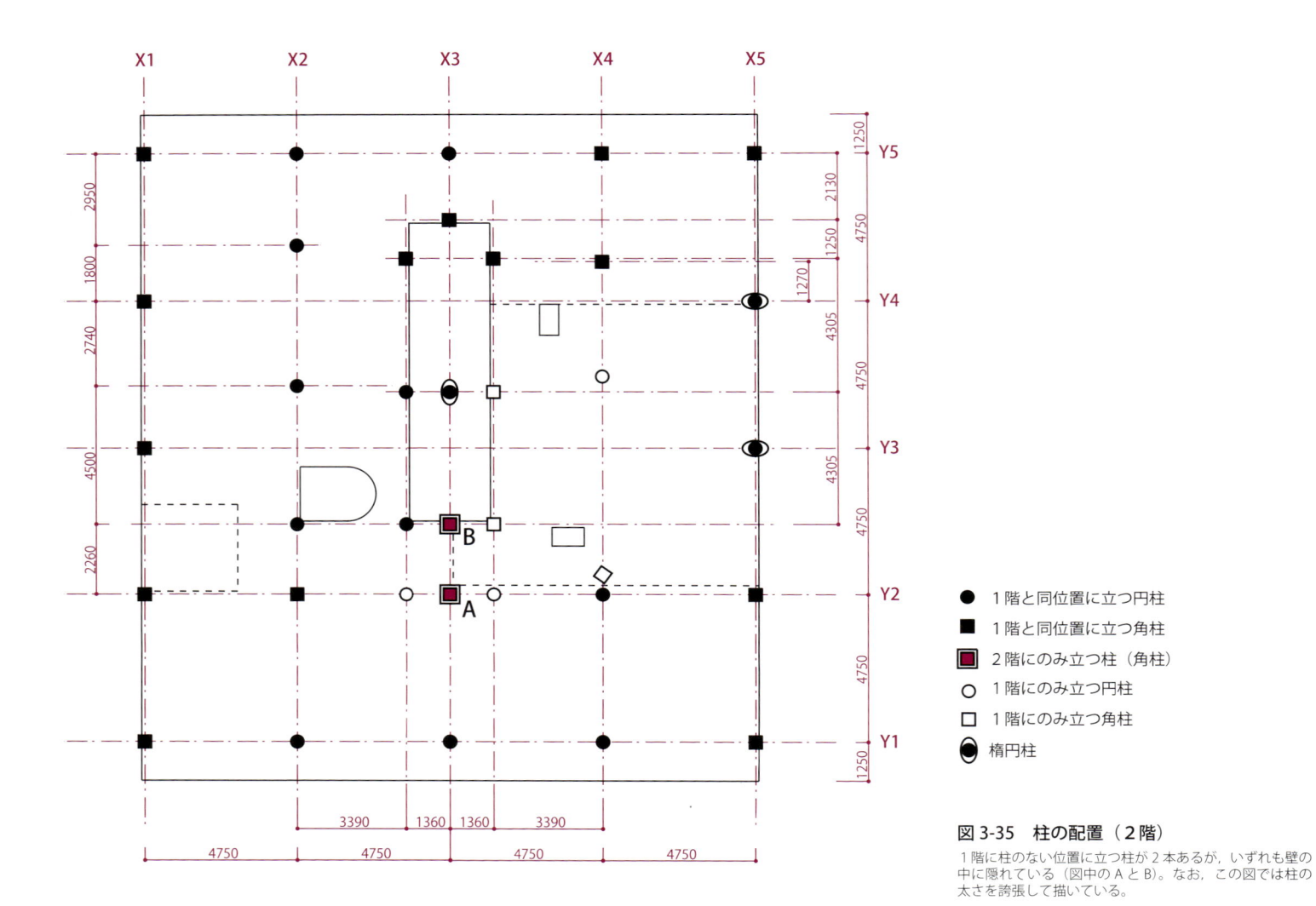

図 3-35 柱の配置（2 階）
1 階に柱のない位置に立つ柱が 2 本あるが，いずれも壁の中に隠れている（図中の A と B）。なお，この図では柱の太さを誇張して描いている。

● 1 階と同位置に立つ円柱
■ 1 階と同位置に立つ角柱
▉ 2 階にのみ立つ柱（角柱）
○ 1 階にのみ立つ円柱
□ 1 階にのみ立つ角柱
◉ 楕円柱

3.5.4　2 階の柱

図 3-35 は，2 階の柱の配置図である（柱の太さは実際より大きく描いている）。このうち，●あるいは■は，1 階と 2 階で同じ位置に立っている柱を示している（●は丸柱，■は角柱）。すなわち，これらは，1 階から 2 階までつながった柱である。○あるいは□は，1 階のみに存在し，その上部に 2 階の柱が載っていない 1 階の柱の位置を示している。

以上の 2 階に立つ柱の構成を**図 3-36** に示している。柱の長さは，2 階の天井高である 3130 ミリである。

X1 および X5 通り上の柱は外壁と一体化する。また，スロープ周りやテラス周りにも，壁と一体化する柱がある。

鉄筋コンクリートラーメン構造では，基本的には，下階に柱の存在しない位置に柱は立たない。もし下階に柱が存在しない位置に柱が立てば，その柱の荷重を柱ではなく梁が受けなければならなくなり，梁に大きな曲げ応力が発生するからである。

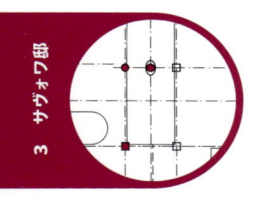

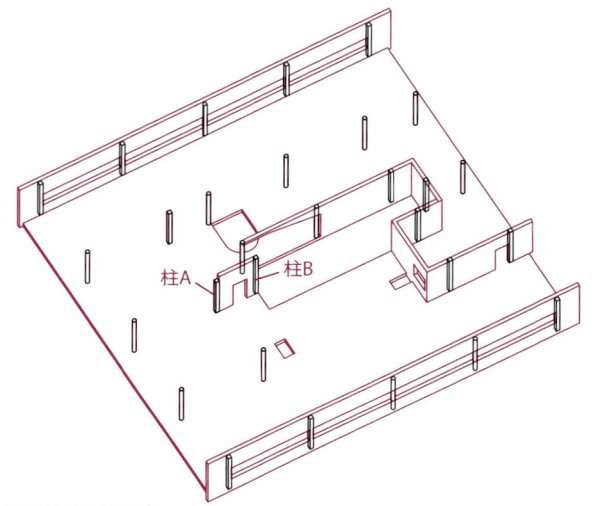

図 3-36　柱の構成（2階）
X1 および X5 通り上の柱は，外壁と一体化する。また，スロープ周りとテラス周りにも，壁と一体化する柱がある。

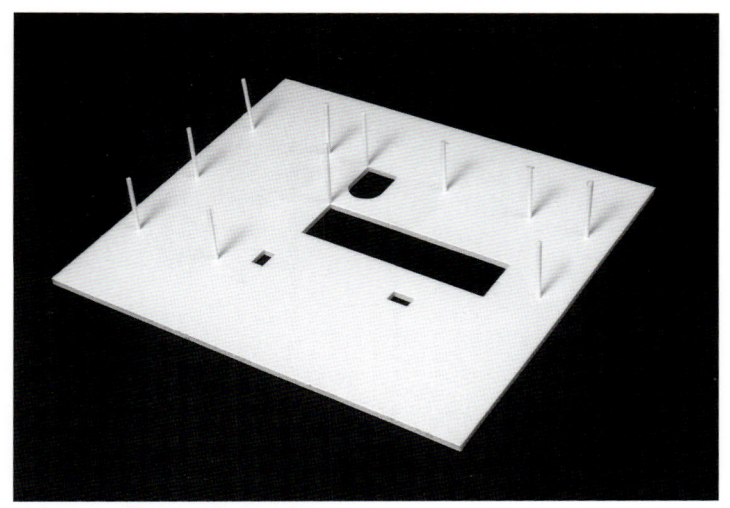

写真 3-18　模型（2階／床＋柱）
2階の床と柱。壁と一体となる柱は，別途，壁としてつくる。

　木造や特別な構造では，梁の上に柱を立てることがある。たとえば，地上および地上に近い階（1階付近）の柱を少なくし，上階に柱を密に立てる構造として，大規模建築や超高層ビルに採用されることが多い**スーパーラーメン構造**がある。スーパーラーメン構造は，高強度な梁やブレース（柱・梁のジョイントを斜めにつなぐ部材）などを用いて，上階の柱を下階の梁の上に載せ，地上および地上に近い階にロビーなどの大空間を配置することを可能とする特殊なラーメン構造である。また，5章（白の家）で学ぶ日本の住宅の伝統的な架構形式である**木造軸組構造**においては，梁の上に柱を立てることは一般的である。

　しかし，一般的な鉄筋コンクリートラーメン構造では，基本的には，1階に柱が存在しない位置に2階の柱が立つことはない。

　サヴォワ邸でもその基本はほぼ守られている。しかし，1階に柱のない位置に立つ2階の柱が少なくとも2本はある。その2本は，**図 3-35** に ■ で示した X3 通り上のスロープの手前に立つ柱 A と柱 B である[17]。

　2本の例外となる柱は，テラスに面する外壁（X3 通り上を Y2 通りから Y3 側通り方向に伸びる壁）と一体化する柱である。壁に隠れる柱なので，視覚的には柱の存在を確認できない。しかし，X3 通り上の Y1 通りと Y2 通りの上部（2階の天井下）には梁が架かるから，その梁を受けるために柱 A が必要である（2階上部の梁については後述）。また，テラスに面する外壁のもう一方の端にも柱 B を立てるのが合理的だ。

　しかし，2本の柱の直下の1階部分は玄関ホールであり，柱を立てられる空間ではない。柱 A は，1階においてスロープの手前にゲートのように立つ2本の柱の上に架かる梁の中間に載っている（1階の梁の構成を示した113ページの**図 3-22** を参照）。柱 B の立つ位置は，スロープの上り始めとなる特殊な部分である。下部となる1階天井部分に梁は露出していないが，2階床スラブの中に，スロープの端部を支えると同時に柱 B の荷重を受ける梁が組み込まれていると考えられる。

　建物の中心軸に柱を立てながら，同時に中心軸上に，柱を立てられない玄関やスロープを配置するサヴォワ邸のプランニングは矛盾に満ちている。しかし，その矛盾こそが，「自由な平面」としてのサヴォワ邸の平面に躍動感を与えている。

■ 演習 3-5　2階柱の製作

　2階床の上に，柱を立てよう（**写真 3-18**）。柱の長さは，模型寸法では31.3 ミリとなる。

　1階ではすべての柱を製作したが，先に「模型の製作方法」（106 ページ）で述べたとおり，2階では壁と一体化した柱は壁として製作する。すなわち，外壁およびスロープ周りの壁と一体化する柱は，後で壁として製作することとし，ここでは独立柱だけを製作する。スロープ中央付近の円柱も，上部が

17）注 14 に示した前掲書に掲載された工事中の写真に，柱 A および柱 B が写っている（文献の137ページ）。同写真はル・コルビュジエ財団所有の資料（FLC H1-13-310）。

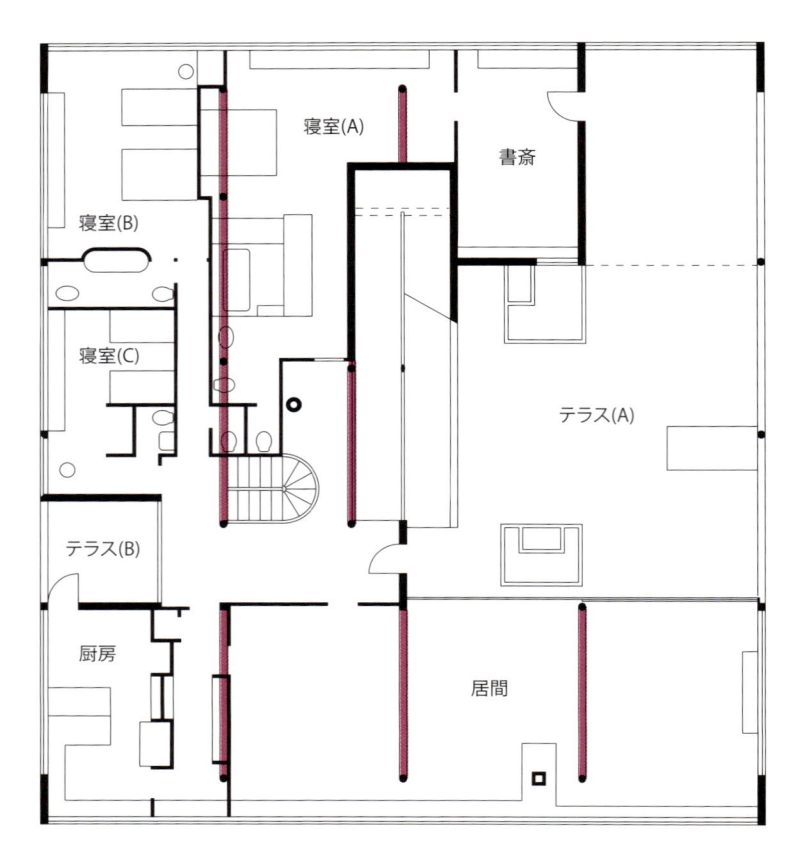

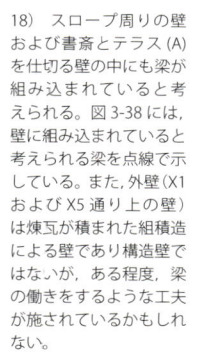

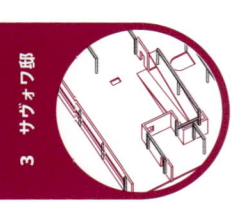

図 3-37　2 階梁伏図（1/200）
スロープの踊場を支える梁以外は，すべてスロープに平行な方向に架かる。一部の梁は壁と一体化する。

図 3-38　梁の構成（2 階）
天井面の梁は，すべてスロープに平行な方向に架かる。

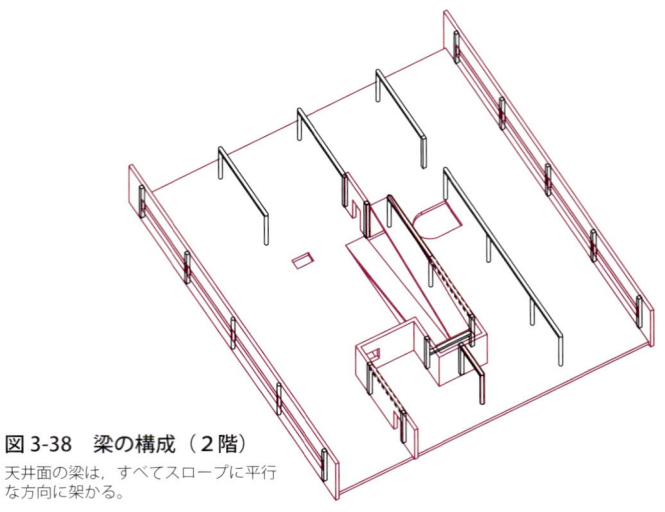

写真 3-19　2 階浴室
寝室（A）内の浴室。2 本の円柱が壁からわずかに離れて立ち，その上部に梁が架かる。

18) スロープ周りの壁および書斎とテラス（A）を仕切る壁の中にも梁が組み込まれていると考えられる。図 3-38 には，壁に組み込まれていると考えられる梁を点線で示している。また，外壁（X1 および X5 通り上の壁）は煉瓦が積まれた組積造による壁であり構造壁ではないが，ある程度，梁の働きをするような工夫が施されているかもしれない。

スロープ周りの壁と一体化するので，後でスロープ周りの壁と一緒に製作する。

柱の上部に架かる梁については次に解説するが，X2 通り上の Y2 〜 Y4 通りの間に立つ 2 本の柱だけが，梁の端部ではなく中間を支える柱となっている。この 2 本の柱は，梁を上に載せることを考慮して，2 ミリだけ短くつくっておこう。

3.5.5　2 階の梁

図 3-37 は，2 階の天井下に露出する梁の伏図である（2 階平面図に梁を重ねて描いている）。また，その立体図が**図 3-38** である[18]。

室内に浴室をもつ寝室（A）を写した**写真 3-19** を見ると，2 本の円柱が壁からわずかに離れて立っていて，その上部に梁が架かっていることがわかる。

2 階の天井面の梁は，すべて X 通り方向（スロープに平行な方向）に架かっている。すなわち，サヴォワ邸全体において，2 階ではすべての梁が，1 階でも玄関ホール上部の梁だけを例外として，X 通り方向に架かっていることになる（1 階と 2 階の天井面以外では，スロープの踊場を支える梁も例外ではある）。

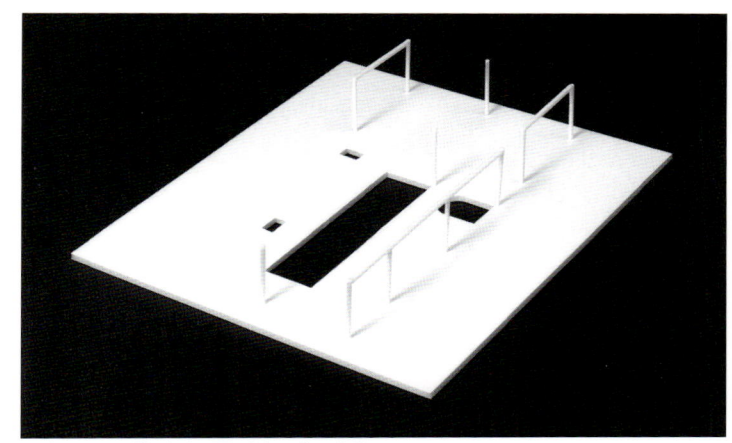

写真 3-20　模型（2階／床＋柱＋梁）

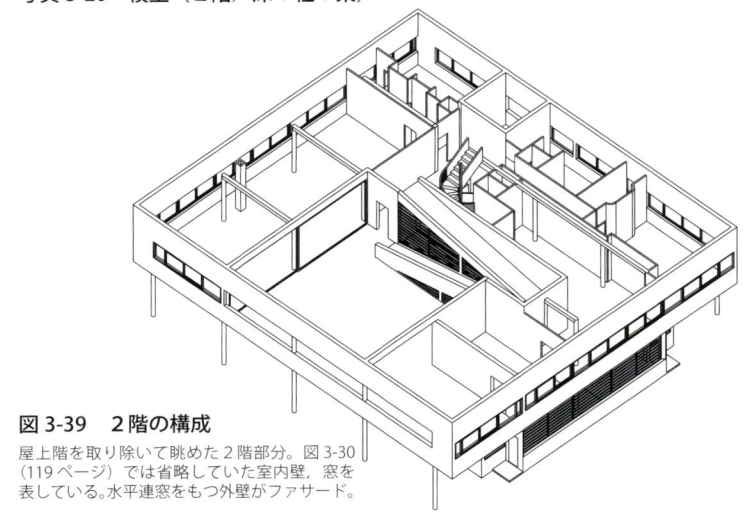

図 3-39　2階の構成
屋上階を取り除いて眺めた2階部分。図3-30（119ページ）では省略していた室内壁，窓を表している。水平連窓をもつ外壁がファサード。

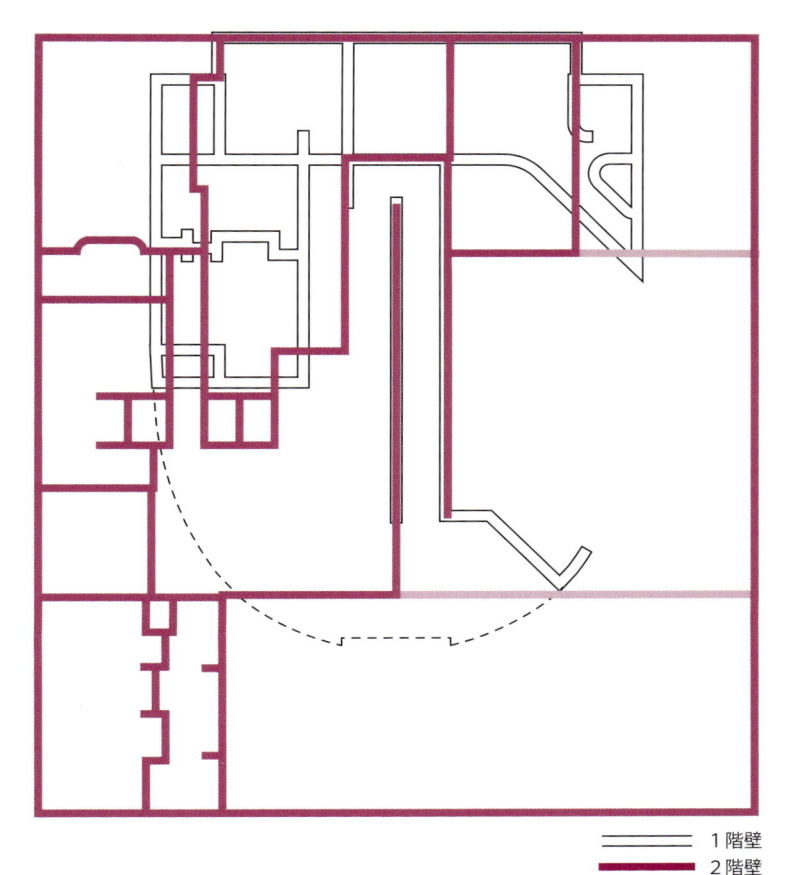

図 3-40　壁の配置（1/200）
1階の壁（白抜き）と2階の壁（カラー）を重ねて示す。柱については，1階と2階の位置がほぼ重なっていたのに対して，壁については，スロープ周りの一部の壁を除いて，ほとんど重なっていない。

──── 1階壁
──── 2階壁

■演習 3-6　2階梁の製作

図 3-37 に示した梁伏図に基づいて2階の梁を製作しよう（**写真 3-20**）。梁は2ミリ角のプラスチック棒でつくる。スロープ周りの壁に取り付く梁とスロープの踊場の下部の梁は，スロープをつくった後に取り付ければよいが，部品としてはつくっておこう。

3.5.6　2階の壁

サヴォワ邸は，外から眺めれば四角い「箱」である。しかし，「箱」は壁によって自由に分割され，内部には複雑な空間が生まれている。特に2階は，内部と外部が混在し，プライベートな空間（寝室）とパブリックな空間（居間）が並列する複雑な空間である。

図 3-39 は，屋上階を取り除いて眺めた2階部分である。空間を仕切る壁が複雑に配置されていることがわかる。

図 3-40 は，1階と2階の壁を重ねて示した壁の配置図である。柱については，1階と2階の位置がほぼ重なっていたのに対して，壁については，スロープ周りの一部の壁を除いてほとんど重なっていない。サヴォワ邸の壁は，自由に配置されているといえる。サヴォワ邸の複雑な平面は，壁が自由に配置できるからこそ生まれた。

3　サヴォワ邸

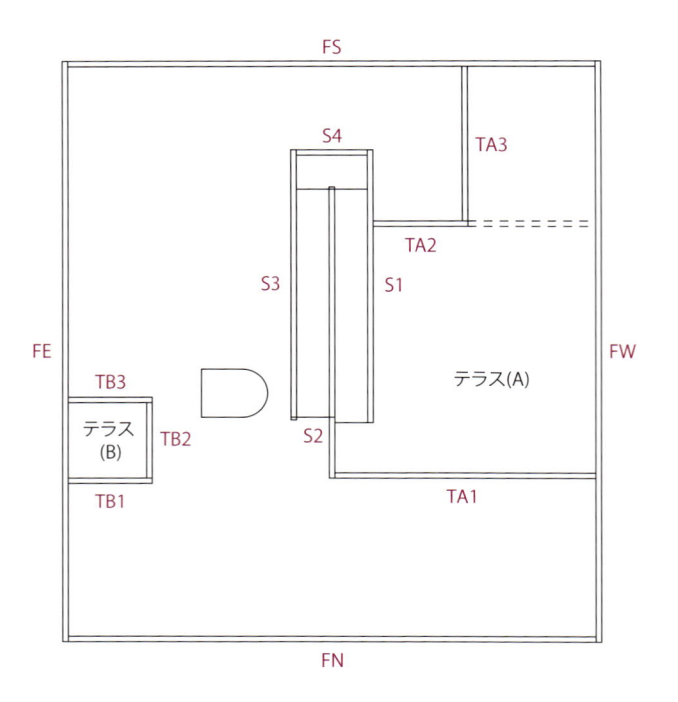

図 3-41 壁の配置（2階）
(1) 外周となる4面のファサード ———————————— FN, FE, FS, FW
(2) テラス（テラス（A）およびテラス（B））に面する壁 ———— TA1〜TA3, TB1〜TB3
(3) スロープ周りの壁 ————————————————— S1〜S4

書斎に面する壁である TA2 の上部はパラペットとして屋上床スラブと接合する。TA2 のパラペットに連続して TA3 から FE に伸びていくパラペットを点線で示している。模型では，TA3 から FE に伸びていくパラペットを TA2 と一体化して製作する。

3.5.7　外壁と室内壁

　サヴォワ邸の2階の壁は，(1) 外周となる4面のファサード，(2) テラス（テラス（A）およびテラス（B））に面する壁，(3) スロープ周りの壁，(4) 室内壁，の4種類に分類することができる。

　ここで，**ファサード**というのは，「正面」を意味するフランス語で，「主要な立面」という意味である。住吉の長屋（2章）のように，道路に面した立面以外の壁がすべて隣の建物に接する場合は，道路に面した壁を特定して「主要な立面」であるファサードと呼ぶことができる。一方，サヴォワ邸のような広い敷地に建つ「箱」の場合は，4つの面のいずれをもファサードと呼ぶことになる。

　図 3-41 は，室内壁を除く(1) ファサード，(2) テラスに面する壁，(3) スロープ周りの壁，の配置を示している。

　図中には，(1) のファサードに「FN，FE，FS，FW」の記号を付している（F はファサード，N/E/S/W は方位を表す）。(2) のテラスに面する壁には，テラス（A）に面する壁に「TA1〜TA3」，テラス（B）に面する壁に「TB1〜TB3」の記号を付している。また，(3) のスロープ周りの壁には「S1〜S4」の記号を付している。

　(1)〜(3) の壁は，全体あるいは一部が外部に面する外壁である。全面がガラスとなる TA1 以外は，16 センチの厚さで二重に積まれる煉瓦によってつくられる。仕上げを含めた壁厚は約 20 センチである（5 センチの厚さの煉瓦でつくられる室内壁は，仕上げ厚を含めた壁厚が 8 センチである）。

　本章で製作を進めている模型では，室内壁は省略することにしているので，(1)〜(3) の壁が模型部品となる。模型では，2階の壁は屋上階の床の外側に取り付けるようにしたいので，先に屋上階を製作することとする。屋上階を製作した後で，(1) のファサードに面する壁については立面の構成を学びながら，(2) のテラスに面する壁と (3) のスロープ周りの壁については断面の構成を学びながら製作していくこととする。

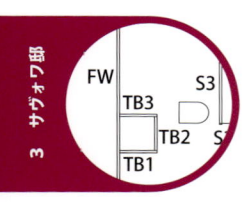

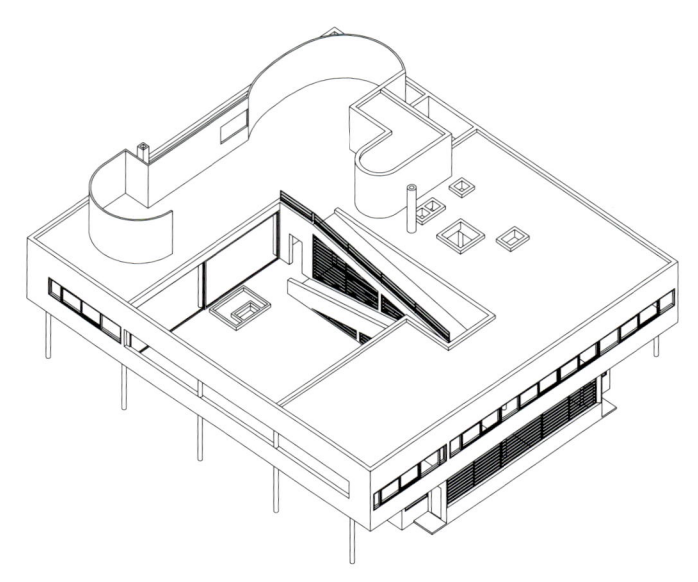

図 3-42　屋上の構成
屋上より眺めた全体図。屋上庭園は屋上階と2階テラスにまたがり，スロープによって結ばれる。

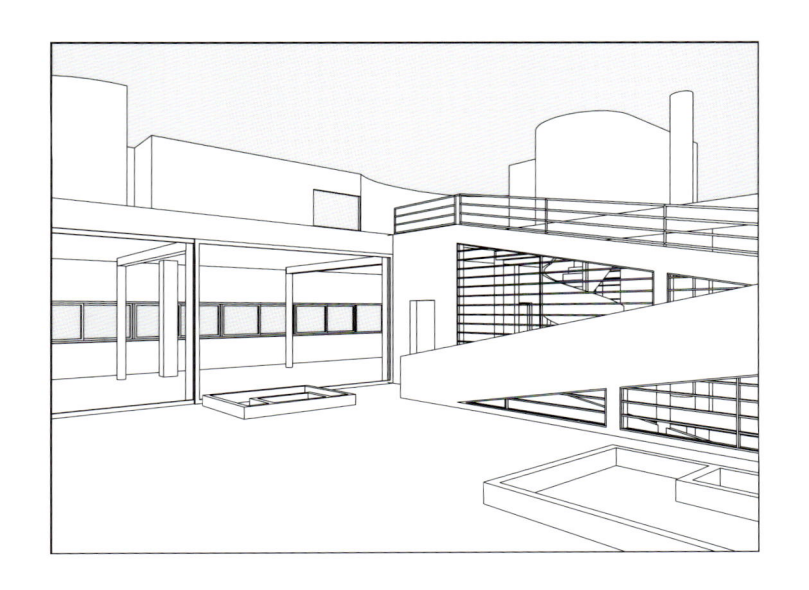

図 3-43　2階テラス
内部の外部としての屋上庭園。スロープによって屋上へつながる。

3.6　屋上の構成

屋上より眺めたサヴォワ邸の全体を**図 3-42** に示す。屋上には壁が立ち上がり，**屋上庭園**としての空間を演出している。

屋上階はスロープによって2階テラスと結ばれ，屋上階と2階テラスとが一体になって屋上庭園を構成している。**図 3-43** は，屋上階へのアプローチである2階テラスを眺めている。

サヴォワ邸の屋上庭園には，**日本庭園**や中国の**回遊式庭園**にも共通するようなさまざまな**しつらえ**（仕掛け）が見られる[19]。地上より持ち上げられることで限定される領域，あるいは，立ち上がった壁によって囲まれることで限定される領域の中に，スロープやテーブルや植栽が配され，そして，壁に空けられたさまざまな開口が周囲の風景を切り出し，多様な表情をもつ豊かな空間が現れている。

屋上の構成を**図 3-44**（次ページ）に示す。屋上は壁，煙突，階段室より構成されている。模型でこれらの部位を組み立てよう。

3.6.1　屋上階平面図

屋上の壁は，複数の曲率の曲面が連続する複雑な形態となっている。**図 3-45**（次ページ）に屋上階平面図を示す。

ル・コルビュジエは，屋上階の北側の壁で囲まれた部分を**ソラリアム**（日光浴のための空間）と呼んでいる。ソラリアムの北東のコーナーの曲面壁は，階段室内の中心点を基準に，異なった4つの曲率の曲面が連続する壁となっている。

屋上には，スロープの他，階段でも上れるようになっているので，屋上には**階段室**が突出することになる。階段室も，螺旋状の階段の形状に合わせた曲面壁で囲まれている。

サヴォワ邸の階段室のように，屋上に突出する部分は**ペントハウス**（**塔屋**）と呼ばれる。一般的な建物では，屋上には，階段室の他，**エレベータ機械室**や**冷却塔**が突出する。これらの突出した塔をペントハウスと呼ぶが，他にホテルやマンションの屋上（あるいは最上階）に設けられた特別な部屋をペントハウスと呼ぶこともある。

サヴォワ邸のすべての壁は床を支える構造体ではなく，床の上に煉瓦が積

[19] 日本庭園には，富士山のような石，大河のように流れる水，広大なうなばらのような砂模様など，大きなスケールを感じさせる事物を，小さな領域の中に再現するしつらえが見られる。庭の向こうにある背景を庭の空間要素として扱う借景と呼ばれる空間作法も見られる。また，中国の回遊式庭園には，壁に空けた開口によって壁の向こうの景観を絵画的に切り取り，限定された領域に視覚的な広がり（空間的な連続性）をもたせるしつらえが見られる。

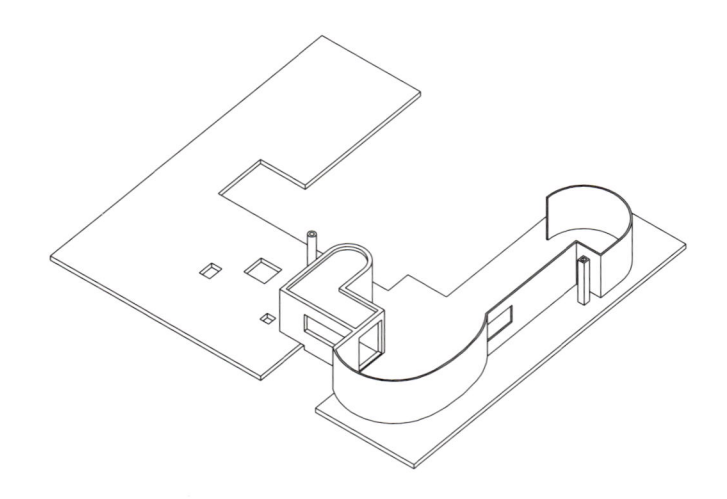

図 3-44　屋上の構成（模型）
屋上は，壁，煙突，階段室より構成される。

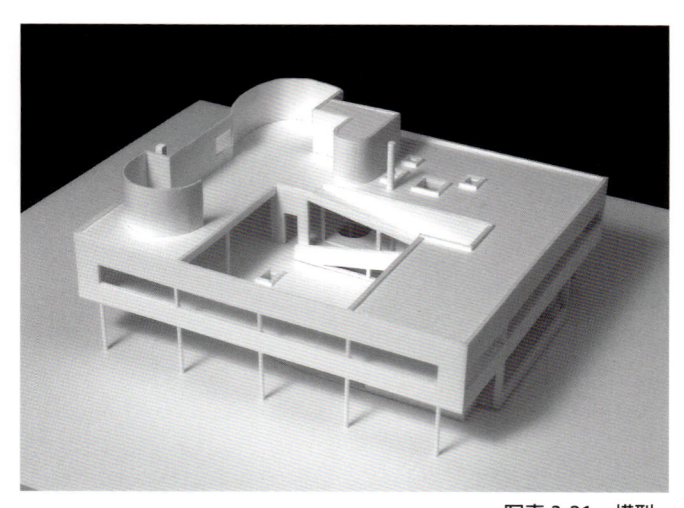

写真 3-21　模型
完成した模型。屋上を含むサヴォワ邸の全体。

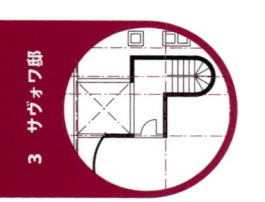

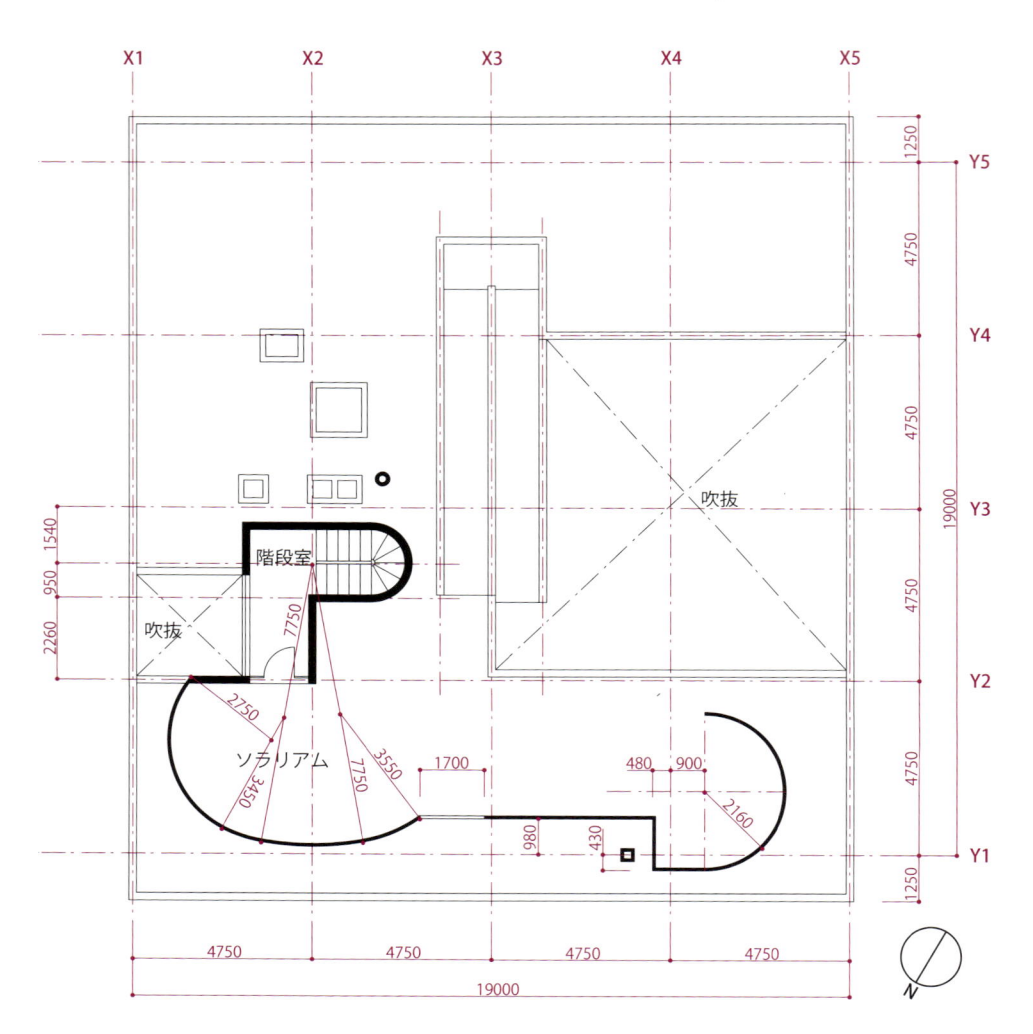

図 3-45　屋上階平面図（1/200）
壁は，複数の曲率の曲面が連続する複雑な形態。ソラリアムは日光浴のための空間という意味。
図中に示した曲率は外周側の寸法。なお，この図では屋上の造作（テーブルや植栽）を省略している。

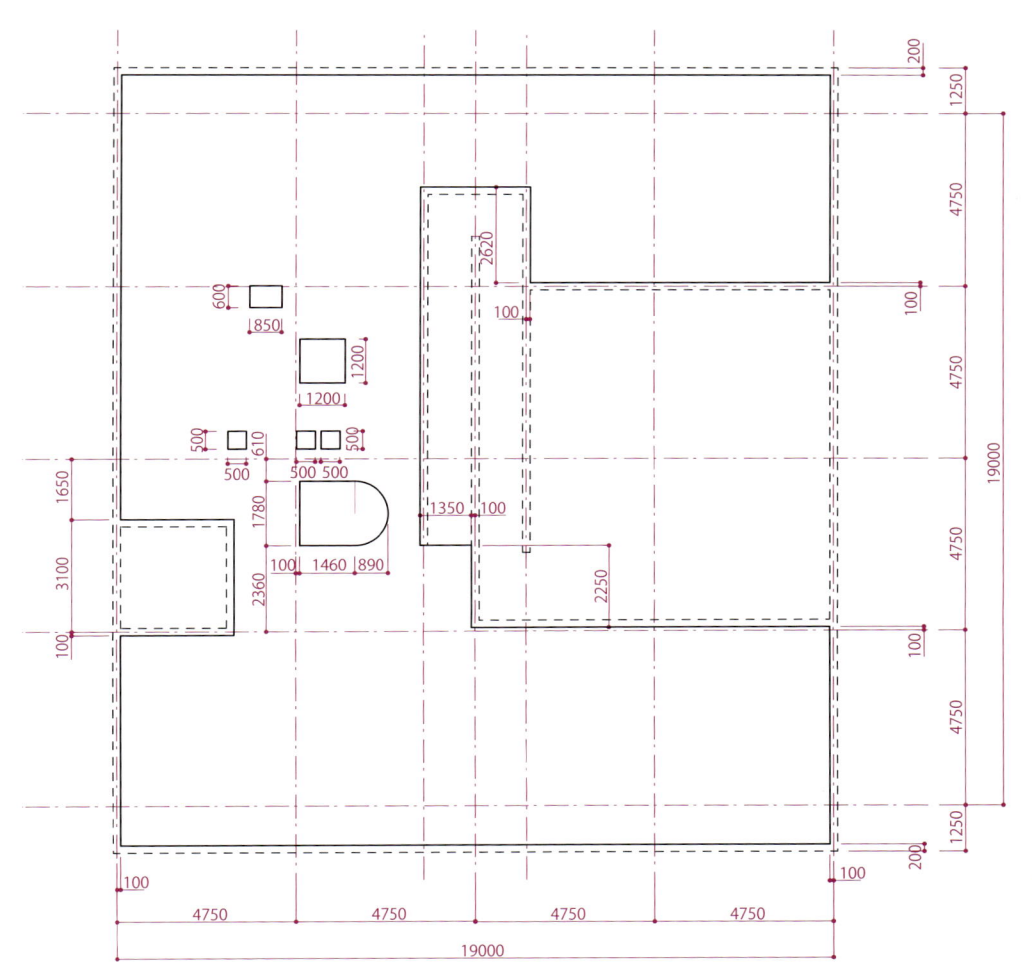

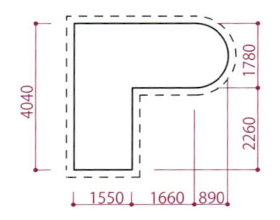

図 3-47 ペントハウスの屋根伏図
点線は 20 センチ厚とみなした周囲の外壁。

図 3-46 屋上階床伏図（1/200）
模型ではトップライト，階段室の部分は切り抜く。なお，トップライトの位置と寸法は実測に基づく推定である。

まれた**組積**である。自立さえすればいい壁であるので，自由な形状とすることができる。1 階および 2 階にも，居室（1 階）あるいは浴室（2 階）に曲面壁が用いられているが，ごく部分的に曲がっているだけである。形状の自由さがもっともよく現れているのは，屋上階の壁である。

3.6.2 屋上階の床

屋上階の床は，**図 3-46** に示した形状となる。ここでは，床の周囲に取り付く外壁を 20 センチ厚とみなして点線で示し，外壁の内側の形状を示している。模型においては，この床の周囲に外壁を取り付けることにする。

サヴォワ邸の屋上は，住吉の長屋（2 章）と同様に，水平な屋根となっている。2 章で説明したように，一般に，水平な屋根には防水が必要であり，防水層を設けるために周囲の壁は**パラペット**として一定の高さに立ち上げられる。サヴォワ邸のパラペットは，屋上階の床スラブより 20 センチの高さに立ち上がるように設計されている（床スラブの上には床仕上げが施されるので，床の仕上げ面からのパラペットの立上りはこの寸法より小さい）。

2 階のトイレ，寝室の上部にはトップライトが配置されている。

ペントハウス（階段室）の上部に架かる水平屋根の形状は**図 3-47** に示している。ここでも，20 センチ厚とみなした周囲の外壁を点線で表し，外壁の内側部分の寸法を示している。

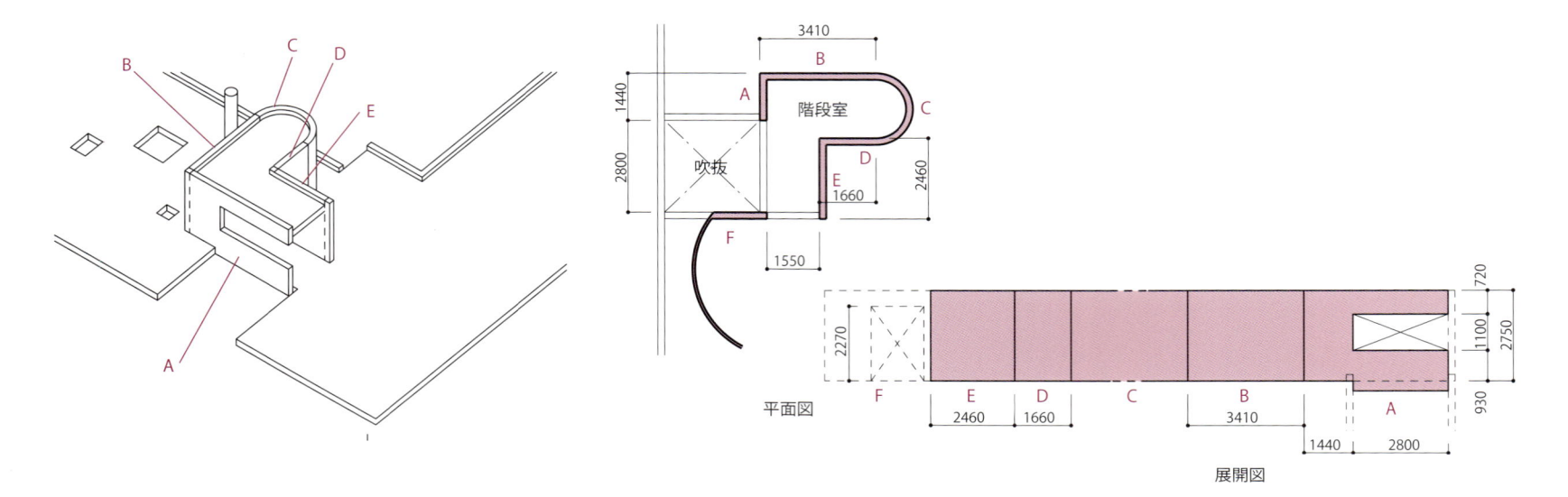

図 3-48 ペントハウスの構成
模型では，部品 F は 2 階テラス (B) と一体化する壁なので，テラスの部品としてつくる．部品 A は 2 階のテラスに面する壁と連続するので，屋上階の床の厚さ分（3 ミリ）だけテラス部分に出っ張る形状としておく．

3.6.3 屋上階の壁

屋上階では，ペントハウス（階段室）の壁が，床スラブから 2750 ミリの高さに立ち上がっている．**図 3-48** に，ペントハウス周りの壁の平面図と展開図を示した．

屋上階にも，壁および階段室の屋根を支えるための柱は存在するが，すべて壁と一体となる柱なので，平面図には柱は表れない（壁に含まれる）．

ペントハウスの西面は 2 階のテラスに面した壁と連続する．ここには横長の窓が設けられている．屋上階には円形および正方形の煙突が 1 本ずつある．円形の煙突の直径は 40 センチ程度，正方形の煙突の一辺は 36 センチ程度の寸法である．煙突の高さは壁と等しい．

■演習 3-7　屋上階の製作

屋上階の模型を製作しよう．厚さ 28 センチの床は 3 ミリ，20 センチ厚の壁は 2 ミリ，8 センチ厚の壁は 1 ミリのスチレンボードで製作する．**写真 3-21**（128 ページ）が，屋上階部分を含んだ模型全体の写真である．

床は**図 3-46** と**図 3-47**（いずれも前ページ）に示した床伏図，壁は**図 3-45**（128 ページ）に示した平面図を参照して部品を型取ろう．壁の高さはすべて 2750 ミリでよい（**図 3-49**〜**図 3-52** に示す立面図も参照）．

ペントハウスは，**図 3-48** を参照して組み立てよう．パラペットの高さは，屋根スラブの上面＋20 センチとしておく．

屋上への出入口のある壁（部品 F）は，2 階テラス（B）と一体化する壁なので，後ほど，テラスの部品としてつくる．西面の壁（部品 A）は，2 階のテラスに面する壁と連続するので，屋上階の床の厚さ分（模型寸法で 3 ミリ）だけ，テラス部分に出っ張る形状としておこう．

ここまでの模型では煙突（室内部分）を省略してきたが，屋上に立つ煙突はつくっておこう（室内部分もつくってもよい）．屋上には，断面が円形と正方形の 2 本の煙突が立っている．円形の煙突は地階から 1 階と 2 階を通って屋上まで伸びている．正方形の方は 2 階の居間の暖炉の煙突である．煙突には，それぞれプラスチック製の直径 4 ミリの丸棒と一辺 4 ミリの角棒を使用するとよい．

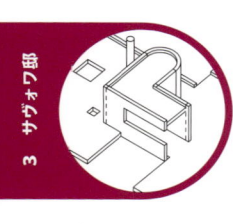

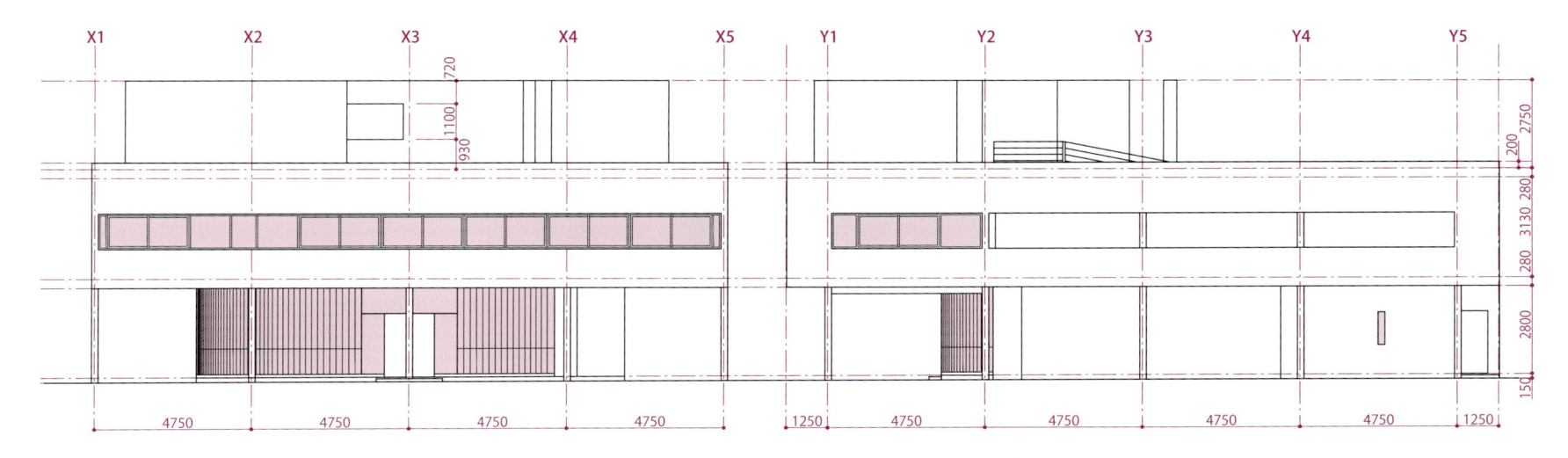

図 3-49　北立面図（1/200）
壁の内側いっぱいに水平連窓が広がる。

図 3-50　西立面図（1/200）
建具（ガラス）が入った窓があるのは Y1 ～ Y2 間のみで，Y2 ～ Y5 間の窓には建具が入っていない。

3.7　立面の構成

本節では，サヴォワ邸の**ファサード**（立面を構成する主要な壁）のしくみについて学び，ファサードの模型を製作する。

3.7.1　立面図

サヴォワ邸の立面図には，近代建築の5原則の一つに唱えられている水平連窓が現れる。水平にくり抜かれる大きな開口が建物の重量感を消去し，見事に軽く感じられるデザインとなっている。

寸法を記した立面図を，北，西，南，東の順に，**図 3-49 ～ 図 3-52**（南と東の立面図は次ページ）に示す。これらの立面図ではガラス部分をカラーで表している。

4つの面は，類似した構成ではあるが，それぞれに異なった表情を持っている。構成の原理は単純でありながら，複雑で多様な形態・空間をもつサヴォワ邸の姿が立面にも現れている。

玄関のある北面のファサードには，X1 ～ X5 通り間に，壁いっぱいに広がる水平連窓がある。2階の立面は，居間，厨房などの複数の部屋に面しており，間仕切り壁（各部屋を間仕切る壁）と直交する。しかし，間仕切り壁の端の外に水平連窓が配置されるため，間仕切り壁の端部は立面には現れない。

ガレージのある西面のファサードにおいて，建具（ガラス）が入った水平連窓があるのは，Y1 ～ Y2 通り間のみである。X2 ～ X5 通り間の水平連窓は外部空間であるテラスに面していて，建具の入らない（穴が開いただけの）窓である。

Y1，Y2，Y5 通りの柱はファサードに組み込まれている。水平連窓内の Y3 と Y4 通りの柱の断面は楕円形で，他の柱よりも細い柱となっている。

立面図に空洞として現れる玄関の前のピロティ，その上部に存在する屋上の曲面壁，そして屋上に突出する煙突の姿が，船のように感じられる形態を演出している。

南面のファサードにおける X4 ～ X5 通り間の窓はテラス（外部）に面したものだが，ここには建具がはめ込まれている。その横（X1 ～ X4 通り間）には，両通りの壁の内側いっぱいに広がる水平連窓が広がっている。X4 通りにのみ，テラスと室内を仕切る壁の端部が現れている。

東面のファサードにおいては，5本の柱がすべて壁と一体となっている。Y2 ～ Y3 通り間は，Y2 通り寄りがテラス（外部），Y3 通り寄りが寝室。テラスに面した窓は，建具の入らない窓である。テラスと寝室を仕切る壁の端部は，ファサードと一体化している。

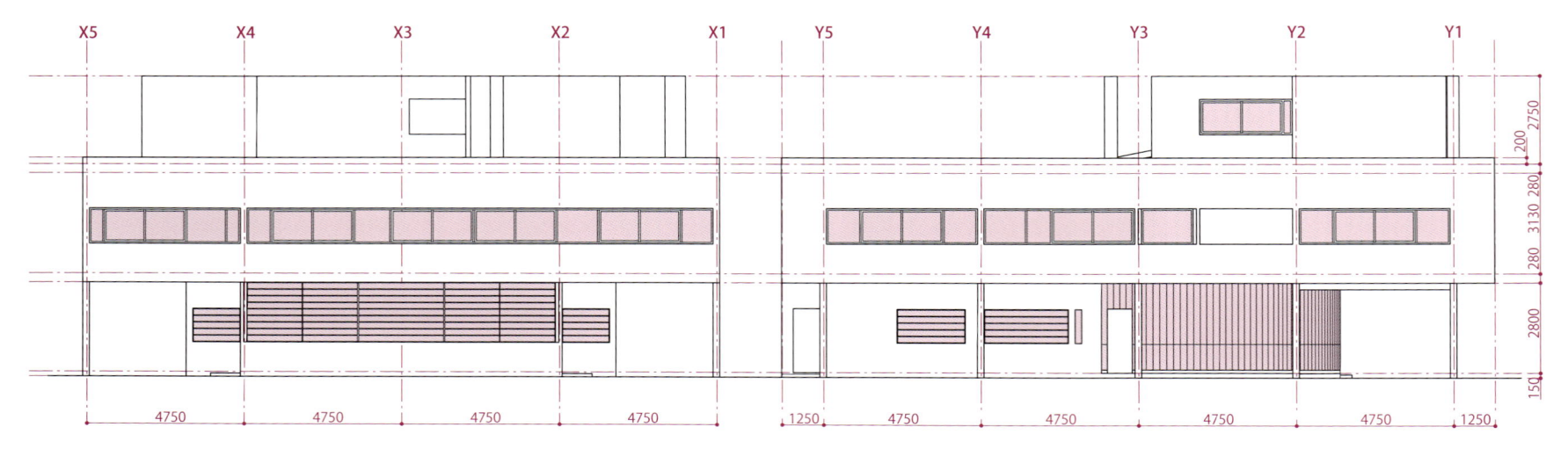

図 3-51 南立面図（1/200）
X4 〜 X5 間はテラスに面する部分だが，建具がはめ込まれている。X1 〜 X4 間には水平連窓が広がる。X4 通りには壁の端部が現れている。

図 3-52 東立面図（1/200）
すべての柱が壁と一体。Y2 〜 Y3 間の Y2 寄りの窓は建具の入らない窓。

3.7.2 ファサードの構成

サヴォワ邸のファサードは，鉄筋コンクリートではなく，煉瓦を積み上げる**組積造**によってつくられている。ファサードは，構造体となる柱・梁・床がつくられた後に，2 階の床スラブの上に積み上げられる。

構造体でない壁には，壁が自立さえするならば，自由な形状に窓を開けることが可能である。サヴォワ邸のファサードには，壁が構造体ではないことを明快に表現するデザインとして水平連窓が用いられているといえる。この水平連窓はどのようにつくられているのであろうか？ 水平連窓をもつファサードの構成について学んでおこう。

ファサードの断面構成を**図 3-53** に示す。床スラブは有孔煉瓦工法によるボイドスラブで，グレーの部分が鉄筋コンクリートでつくられる構造体である。

ファサードとなる壁は，一部が二重に積み上げられた煉瓦によって構成されている。二重に積まれた煉瓦の間には**空気層**が存在している。この空気層は，断熱効果を狙って設けられたものだと考えられる[20]。ファサード以外の室内壁は外壁のような高い断熱性能を必要としないから，一重の煉瓦壁である。このようにそれぞれの壁に必要な性能を与えながら平面を構成していくことも，「自由な平面」の考え方だといえる。

水平連窓の上部の煉瓦壁は，鉄筋コンクリートによって水平連窓の上に架け渡された**まぐさ**（窓枠の上部を構成する水平材）の上に積まれる。

ファサードや天井には，煉瓦や鉄筋コンクリートといった異なる材料が複合しているのだが，外部にも内部にも**プラスター**（しっくい）が塗られ，一様に仕上げられている。

窓の下枠（下側の窓枠）には**水切り**と呼ばれる金物（金属製の部品）が取り付く。水切りは，壁と窓枠の接合部より雨水が浸入することを抑え，また，窓に当たった雨水が直接外壁の表面に伝わることがないように「水を切る」役割を果たす。窓枠の中には，木製の引き違い窓が取り付く。

■演習 3-8 ファサードの製作

図 3-49 〜**図 3-52** に示した立面図に基づき，**図 3-54** に示すファサードを製作しよう。ファサードには 2 ミリ厚のスチレンボードを使用する。

水平連窓はくり貫き，壁と一体となる柱は壁として表現しよう。ただし，円柱については，くり貫いた窓に直径 2 ミリのプラスチック棒をはめ込んで表現しよう（**写真 3-22**）。

X1 および X5 通り上のファサードは，構造体である柱が水平連窓を貫通している。模型の製作において，柱を先に立てると，柱の位置で壁を分断しなければならず，壁の部品数が増大するとともに，柱と壁のジョイントもファサードの表面に現れてしまう。

サヴォワ邸では，鉄筋コンクリートの床の側面と煉瓦でつくられるファサードが同じ仕上げで塗装されるため，仕上げ後の壁と床のジョイントは消去

20）以下の文献に詳しい記述がある。

（参考文献／翻訳）
エドワード・R・フォード，巨匠たちのディテール，八木 幸二 監訳，丸善，1999 年

（原著）
Edward R. Ford, The Details of Modern Architecture, The MIT Press, 1990

翻訳は 2 巻組。サヴォワ邸に関する記述は，1 巻（〈Vol.1〉1879 - 1948）にある。

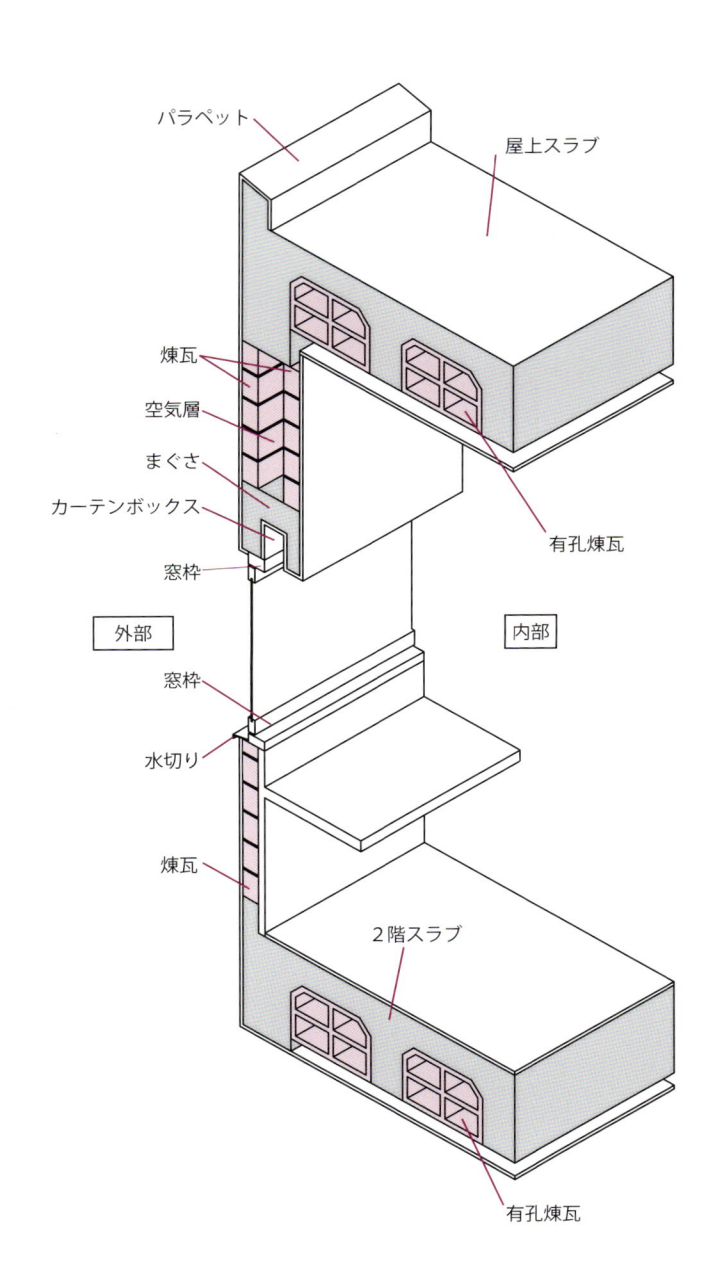

図 3-53 ファサードの断面構成
グレーの部分が、鉄筋コンクリートでつくられる構造体。床スラブは有孔煉瓦工法によるボイドスラブ。ファサードは、二重に積み上げられた煉瓦壁。煉瓦の間は空気層。

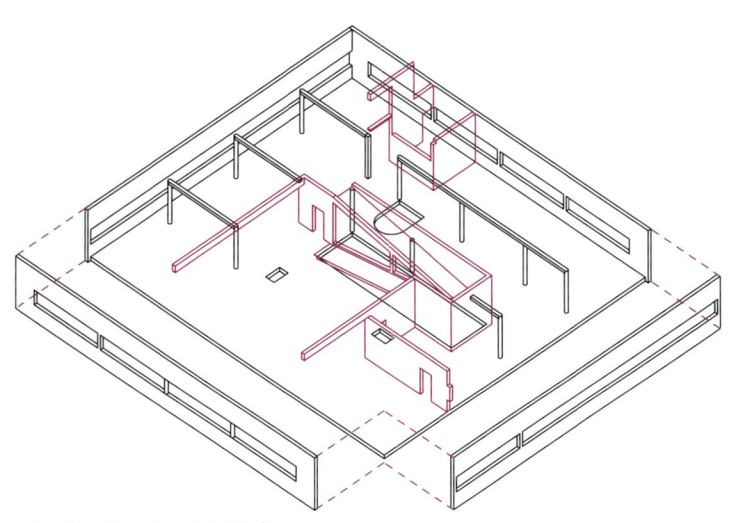

図 3-54 ファサードの構成
ジョイントが目立たないようエッジ処理を工夫しよう。

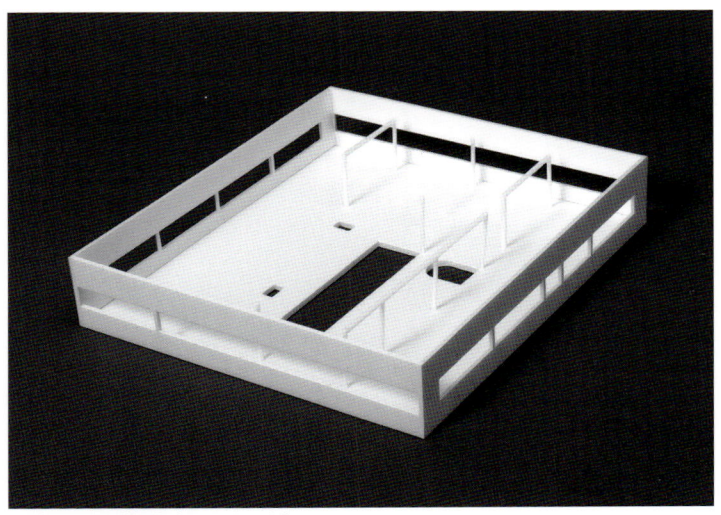

写真 3-22 模型（ファサード）
立面図に基づき、2ミリ厚のスチレンボードを使用してファサードを製作する。水平連窓内に立つ円柱は丸棒をはめ込むことで表現する。

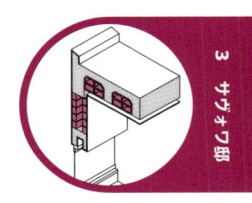

3 サヴォワ邸

133

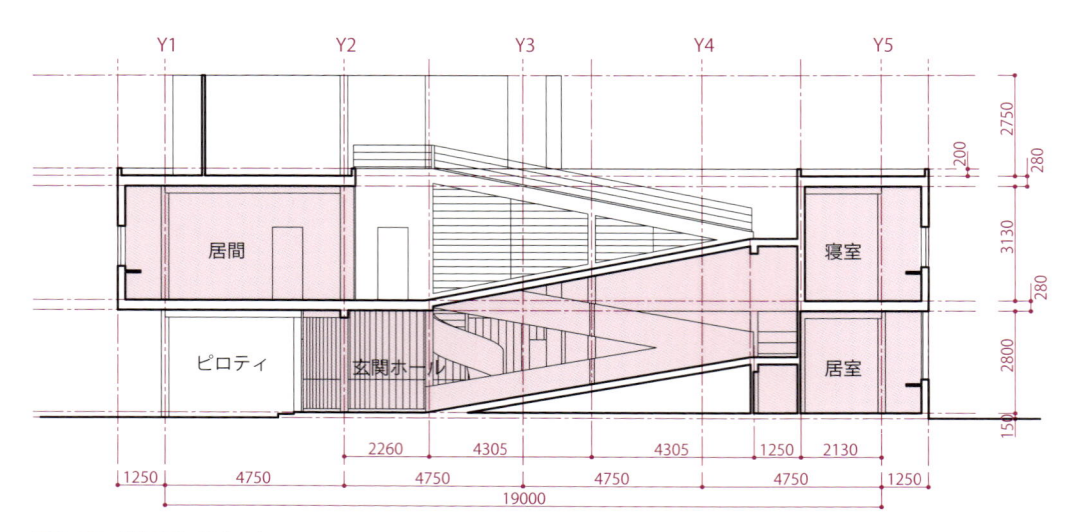

図 3-55　断面図（1/200）
1階と2階，そして2階のテラスと屋上を結ぶスロープを切断。内部空間をカラーで表している。

される。すなわち，床と壁と柱が入り組んだ複雑な構造物であるサヴォワ邸は塗装されることによって，すっきりと白く見える。

　構造体である柱を構造体ではない壁と一対化して組み立てることは，ラーメン構造の建築のしくみに矛盾するが，ここでは，構造のしくみよりも意匠を優先しよう。なお，すでに製作した1階部分については，構造のしくみに従ったつくり方をしていたことを思い出して欲しい。

　4面のファサードは，2階床スラブの上に載る。しかし，ファサードを単純に床の上に載せてしまうと，ファサードの表面に床と壁のジョイントが見えてしまう。ファサードと2階床スラブの接合部にはエッジ処理を施そう。また，ファサードとファサードの接合部にもエッジ処理を施そう。

3.8　断面の構成

　すでに学んだように，サヴォワ邸の2階には内部（室内）と外部（屋上庭園）が併存している。そして，併存する内部と外部の境界に**スロープ**が置かれている。スロープは，内部と外部をつなげる装置だといえる。また，スロープは1階と2階に連続性を与える装置でもある。もしスロープがなかったら，サヴォワ邸の断面構成はきわめて単調なものになっていたであろう。

　本節では，内部と外部が交錯する複雑な空間であるスロープ周りに注目することで，サヴォワ邸の断面構成について学ぶ。

　製作を進めてきた模型は，ここまでで，1階，2階の床＋柱，屋上階，ファサードができているはずだ。次に，断面の構成を学びながら，スロープ周りの壁をつくることにする。断面図を読み取ることで，スロープ周りの壁の形状が把握できる。

3.8.1　断面図

　図 3-55 に寸法を表した断面図を示した。

　この断面図は，1階と2階，そして2階のテラスと屋上の庭園を結ぶスロープを切断している。内部空間と外部空間をわかりやすく区別するために，内部空間はカラーで表している。

　1階の玄関ホールはスロープを介して，2階との連続性をもつ大きなスペ

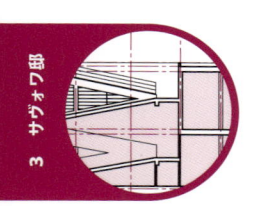

ースとなっている。また，2階の居間に面したテラスと屋上庭園が一体化した外部スペースを構成している。この断面図からも，床とスロープが，構造体である梁に限定されることなく連続し，空間をつなげていることがわかる。サヴォワ邸のラーメン構造は，平面の構成だけではなく，断面の構成においても，空間の連続性を生み出している。

3.8.2　スロープ周りの構成

スロープは3枚の壁にはさまれている。これらのスロープ周りの壁の形状を把握するためには，スロープ周りの3カ所を切断する断面図を描かなければならない。スロープ周りの3カ所を切断した垂直切断図を**図 3-56**に示す。また，この図に対応する断面図を**図 3-57**（次ページ）に示す。スロープ周りの壁の形状は，切断面の向こうに見える稜線（外形線）として現れる。

上図(A)は，テラス（A）側のスロープの手前を切断している。ここにはスロープの手すりを兼ねた壁が見える。スロープの手前は外部であるが，スロープの下部は室内である。スロープ手前の壁の下部は全面がはめ殺し窓となっているが，窓の中央には柱が貫通している。この壁は，図の右側（南側）の室内壁と連続する。

中図(B)は，スロープを上り始めて踊場に至るまでの部分を切断している。2階から屋上へのスロープの上は外部，その下は内部という外部と内部が交錯する空間がここに現れている（この図は**図 3-55**に示した断面図に対応している）。

外部と内部は，2階のスロープ周りの壁によっても隔たれている。壁に組み込まれた大きなはめ殺しの水平格子窓は，図の左側（北側）のテラスへのドアのある壁に連続する。2階のみの立つ柱はこの壁の中に隠れている。居間中央のX3通り上の2階天井下に露出する梁は，この壁と連続する。

1階から2階へのスロープには手すりが付く（この手すりは模型では省略している）。手すりの中央を柱が貫通する。柱は楕円柱であるため，手すりと柱は，平板と楕円柱が相貫する形状を生み出している。この柱は2階のはめ殺し窓の中央にも伸び，はめ殺し窓を分割している。

下図(C)は，スロープの踊場から上階に至るまでの部分を切断している。ここには，2階の廊下とスロープを間仕切る壁が見える。この壁は，2階上部の梁と一体化している。スロープの手すりとも一体化する複雑な構成の壁だ。2階では，スロープの中央と上り終わり付近に立つ2本の円柱が，この壁と一体化する。

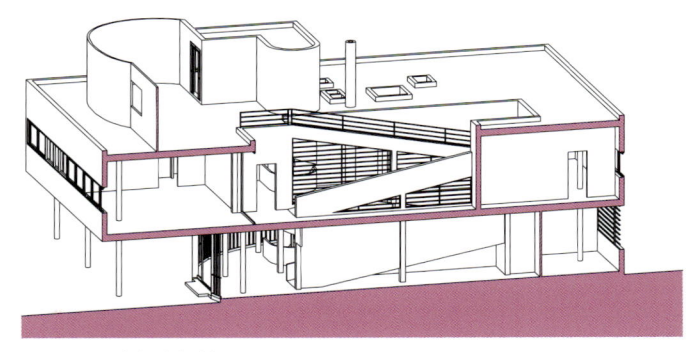

A　テラス（A）を切断

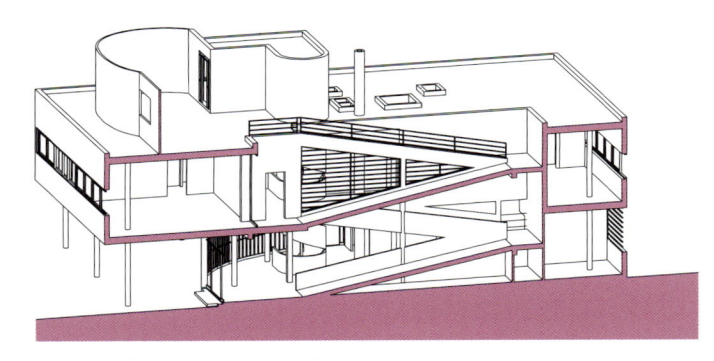

B　スロープの上り始め部分を切断

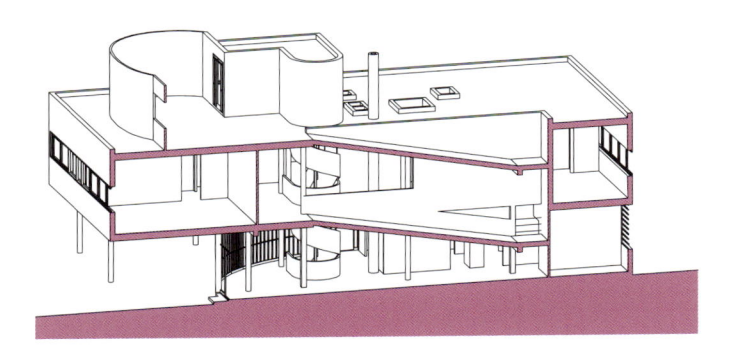

C　スロープの上り終わり部分を切断

図 3-56　垂直切断図
スロープの手前，上り始め部分，上り終わり部分の切断図。スロープ周りの壁が現れる。

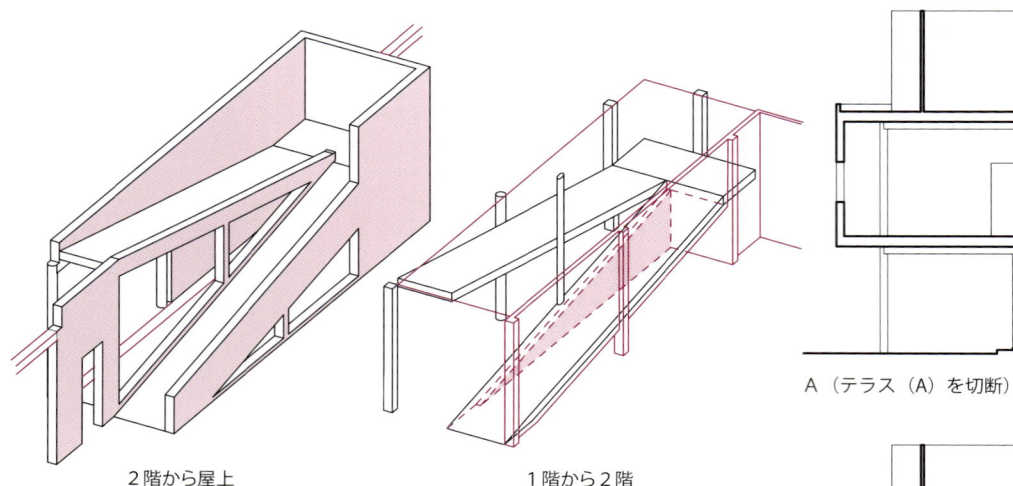

2階から屋上　　　　1階から2階

図 3-58　スロープ周りの構成
スロープ周りの壁の構成は複雑。図 3-57 に示した断面図×3面を描いて壁の形状を把握しよう。

■演習 3-9　スロープの製作

　模型にスロープ周りの壁を加え，そして，そこにスロープを取り付けよう。スロープとスロープをはさむ3枚の壁の構成を**図 3-57** に示した。

　スロープ周りの壁の構成は複雑である。外部と内部が交錯する2階部分のみならず，先に模型を製作した1階部分でも，スロープの壁は，玄関ホール（室内）とガレージを複雑に仕切っている。

　壁の形状は複雑だが，断面図を描けば形状が把握できる。**図 3-57** に示した3面の断面図を描き，3枚の壁の形状を把握しよう。断面の寸法については，**図 3-55**（134ページ）を参照して欲しい。

　本書の模型は外壁のみを製作してきたが，室内と室外が複雑に交錯する2階のスロープ周りの壁については室内壁も製作しよう（この壁は外壁と同様，二重に積まれた煉瓦によってつくられる壁である）。

　壁の2階部分は2ミリ厚のスチレンボードで，1階部分は1ミリ厚で製作する。スロープのスラブは，2ミリ厚のスチレンボードで製作する[21]。スロープは2階の床の穴にぴったりと収めるようにする（**写真 3-23**）。

21）本書は，サヴォワ邸のスロープのスラブの厚さを把握していない。1/100 スケールの2ミリが表す20センチよりは薄いようにも思えるので，2ミリではなく1ミリのスチレンボードでつくってもいいかもしれない。

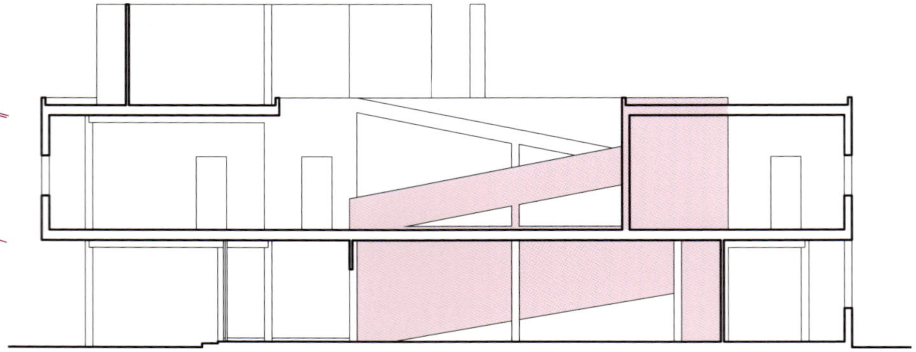

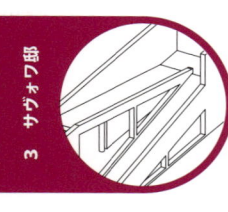

A（テラス（A）を切断）

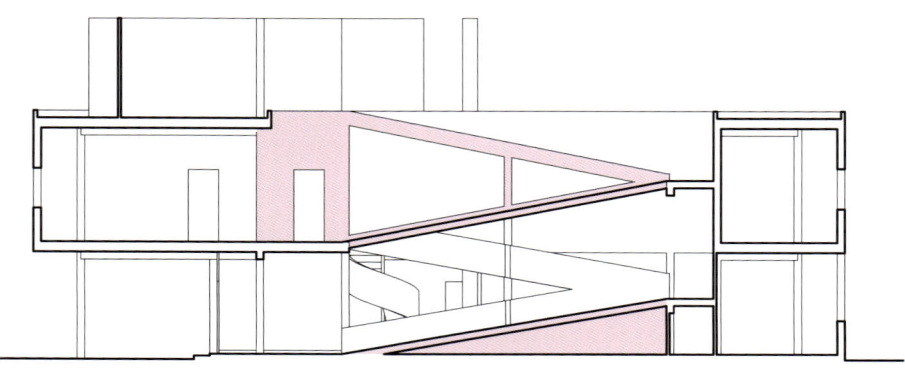

B　スロープの上り始め部分を切断

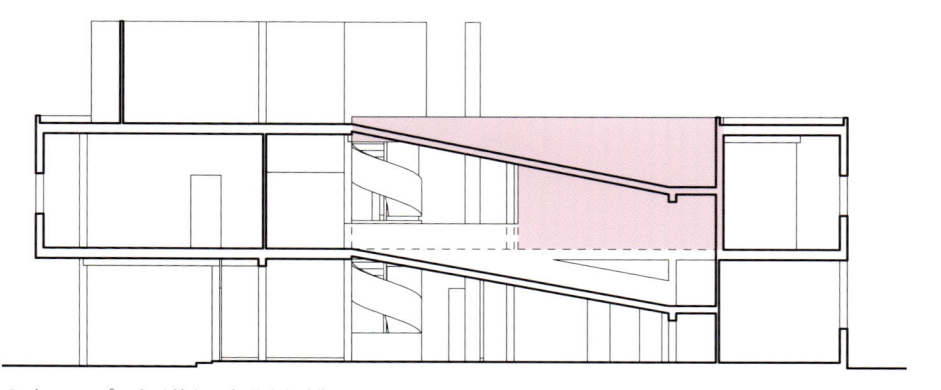

C（スロープの上り終わり部分を切断）

図 3-57　スロープ周りの断面図（1/200）
模型で製作する壁の形状をカラーで示している。室内におけるスロープの手すりはカラーで示していない（上図 B および C）。

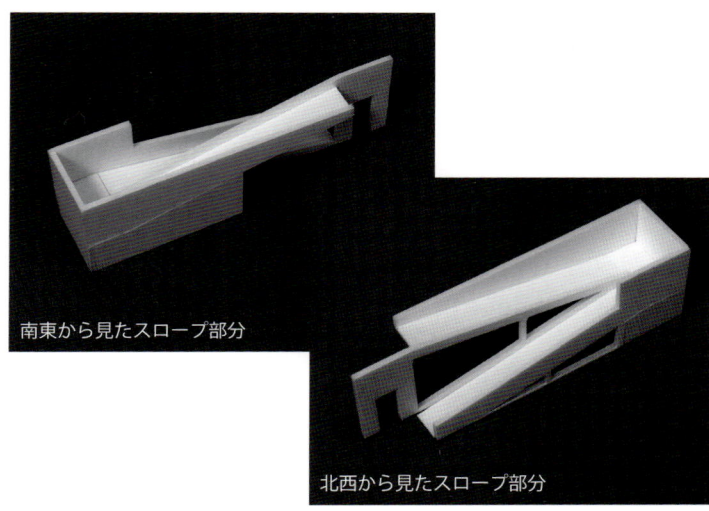

写真 3-23　模型（2 階スロープ）
スロープとスロープ周りの壁（2 階部分）は 2 ミリ厚のスチレンボードでつくる。この模型では外壁と室内壁を別々の部品でつくっているが，外壁と室内壁を区別しないで一体でつくってよい。

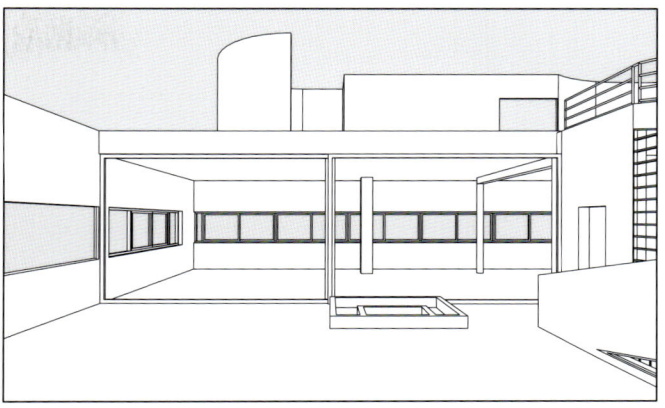

図 3-59　テラス（A）（居間を眺める）

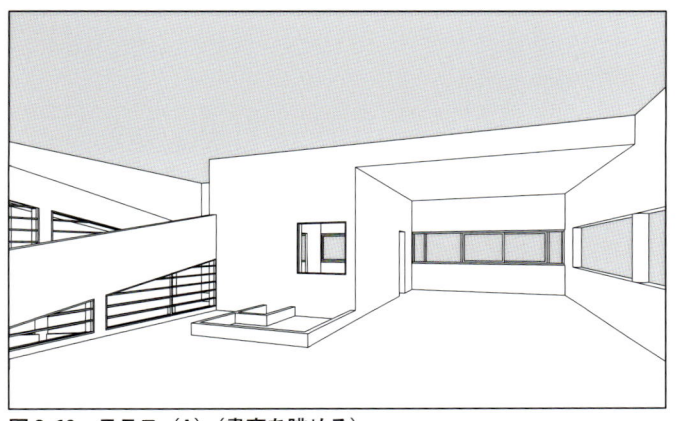

図 3-60　テラス（A）（書斎を眺める）

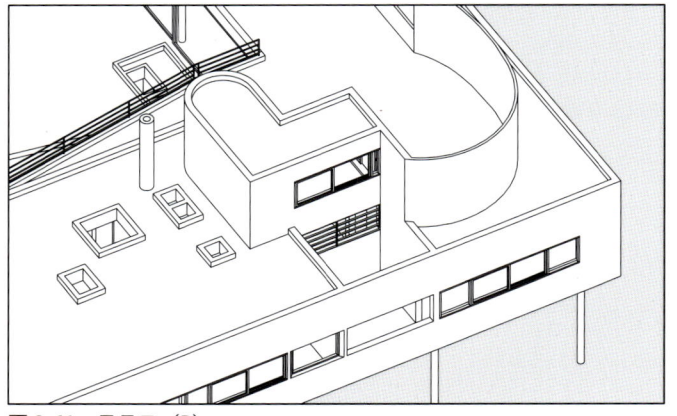

図 3-61　テラス（B）

3.8.3　テラス周りの壁

ここまでで，模型はかなり完成に近づいている。残る作業は，2 つのテラスの周囲の壁だけである。2 つのテラスとは，居間と書斎に面し，スロープによって屋上につながるテラス（A）と，厨房と寝室（C）の間にある小さなテラス（B）である。

テラス（A）から，居間を眺めた透視図を**図 3-59** に，書斎を眺めた透視図を**図 3-60** に示す。

テラス（A）に面する居間の壁は，全面にガラスが入った窓である。この窓はスティール製で，片側がはめ殺し窓，もう一方は開放する引き違い窓である [22]。

上空からテラス（B）を眺めたアクソノメトリック（立体図）を**図 3-61** に示す。

テラス（B）は，厨房，寝室（C），階段のあるホールに面したテラスであるが，出入りが可能なのは厨房からだけである。ホールに面する壁には，目線より高い位置に，テラスの幅いっぱいに広がるスティール製の窓が取り付いている。

22）このはめ殺し窓と片引き窓は，1931 年に竣工したオリジナルのサヴォワ邸では縦に 2 分割されていたが，改修時に 1 枚ガラスに変更されている。

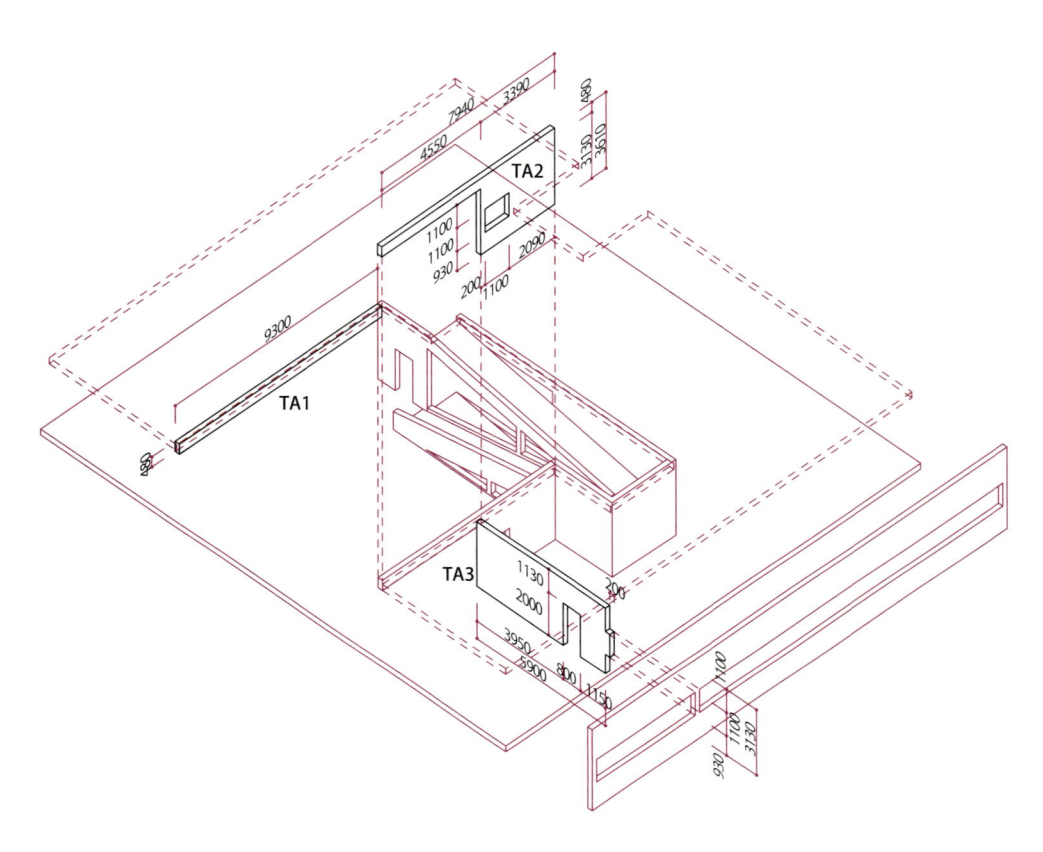

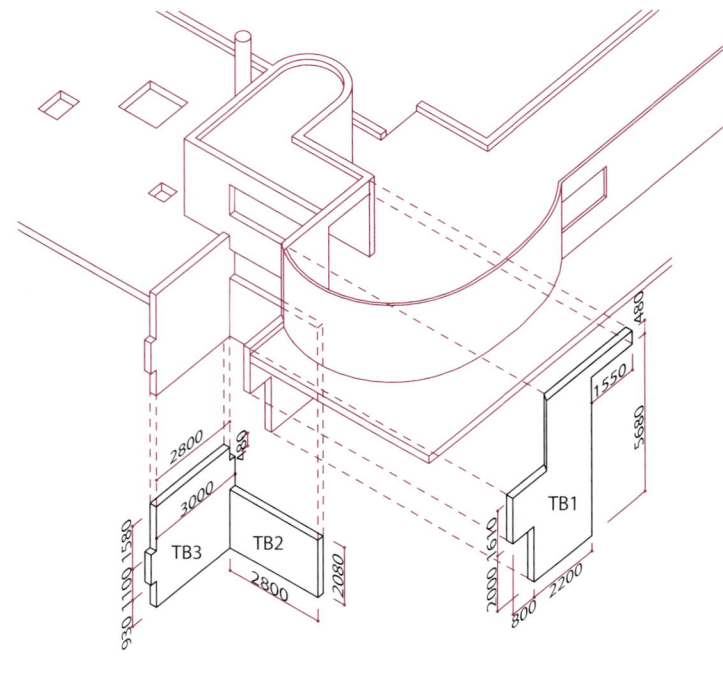

図 3-62 テラス（A）の構成

テラス（A）には，すでに製作済みのスロープに面する壁の他に，居間に面する壁（TA1）と書斎に面する2枚の壁（TA2 と TA3）が立つ。

図 3-63 テラス（B）の構成

屋上階段室の出入口のある壁は，ソラリアムの曲面壁にも連続する壁なので，複雑な模型部品となる。

■演習 3-10　テラスに面する壁の製作（模型の完成）

2つのテラスに面する壁を製作しよう。**図 3-62**に，テラス（A）に面する壁を示した。

テラス（A）には，すでに製作済みのスロープに面する壁の他に，居間に面する壁（TA1）と書斎に面する2枚の壁（TA2 と TA3）が立つ。

模型では窓は省略するので，TA1 はパラペットだけをつくることになる。TA3 の端部は，南面のファサードに接続する。TA3 とファサードのジョイントが目立たないようにエッジ処理を施そう。

次に，テラス（B）に面する壁を製作しよう。**図 3-63**に，テラス（B）に面する壁の組み立て方法を示した。

ペントハウスの出入口のある壁（TB1）は，ソラリアムの曲面壁にも連続する複雑な模型部品となる。出入口のドアの脇にははめ殺しのガラス窓があるが，ドアと窓を省略し，全面を開口としておこう。実際には，ドアの下部には 10 センチ程度の立上りがあるが，立上りは省略する。

TB3 の端部は，東面のファサードに組み込まれる。ここには柱は立っていないと考えられるが，寝室（C）の窓枠が取り付く。ファサードとのジョイントが目立たないようにエッジ処理を施して欲しい。

テラスに面する壁が取り付いたら，ピロティの柱を立てるために，模型の台となる地面を用意して，模型を完成させよう（**写真 3-24**）。

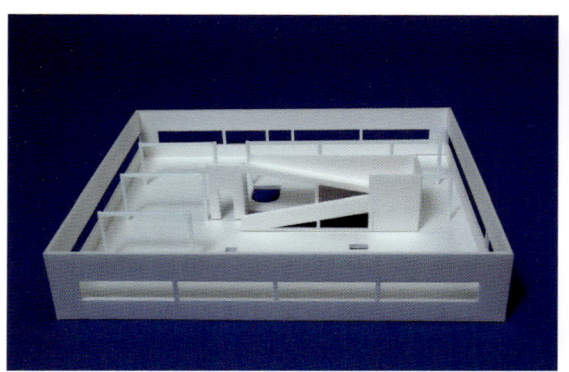

1. ファサードのついた2階部分に、スロープとスロープ周りの壁を接着する。

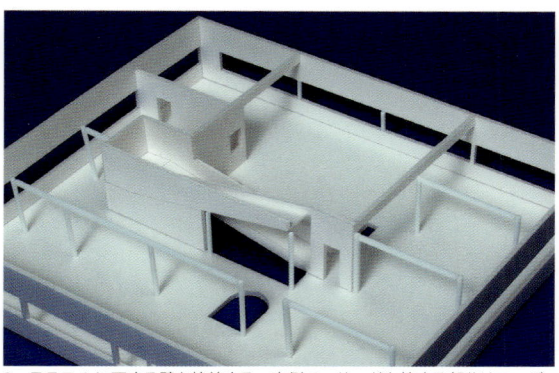

2. テラスAに面する壁を接着する。南側ファサードと接する部分はエッジ処理を工夫しよう。

3. テラスBに面する壁は、屋上階に接着しておくと組み立てやすい。屋上階の曲面壁は、この模型では、片側に細かい切込みを入れてスチレンボードを曲げている。そして、曲げた後に表面に薄い紙を張っている。

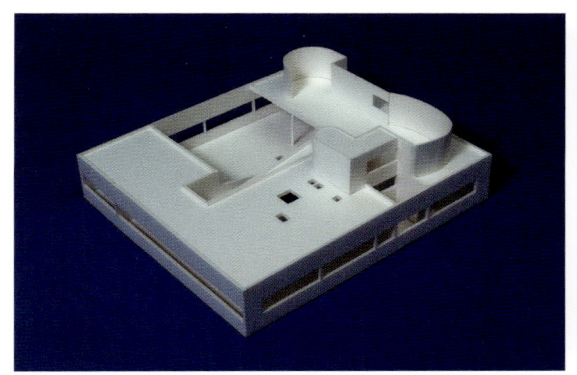

4. 2階と屋上階を接着する。ピンセットなどで、2階の柱が垂直になるように調節する。

5. 2階を1階の上に載せ、接着する。

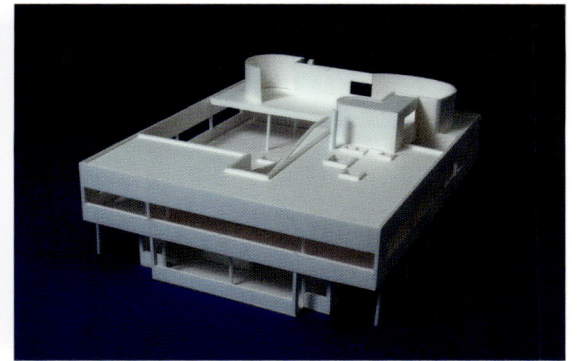

6. ピロティ部分の柱、梁は2階床の下部に接着する。

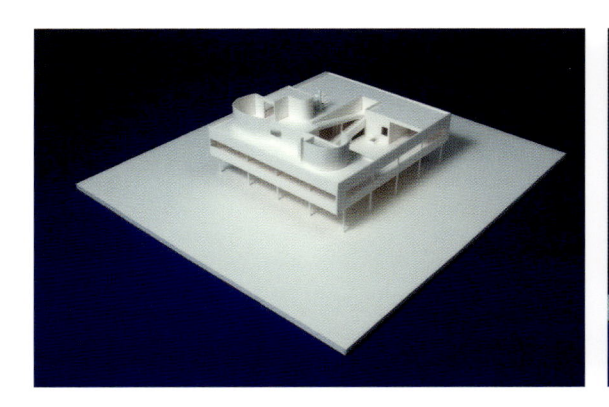

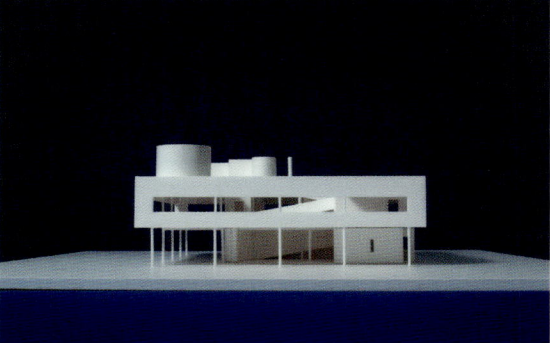

7. 7ミリ厚のボードなどで地面をつくり、接着する。
ピンセットなどで1階ピロティに立つ柱が垂直になるように調整する。
この写真では、2階、屋上のトップライト周りのパラペットも製作している。余力があればつくってほしい。

8. 完成した模型（西面）。

写真 3-24　模型の完成

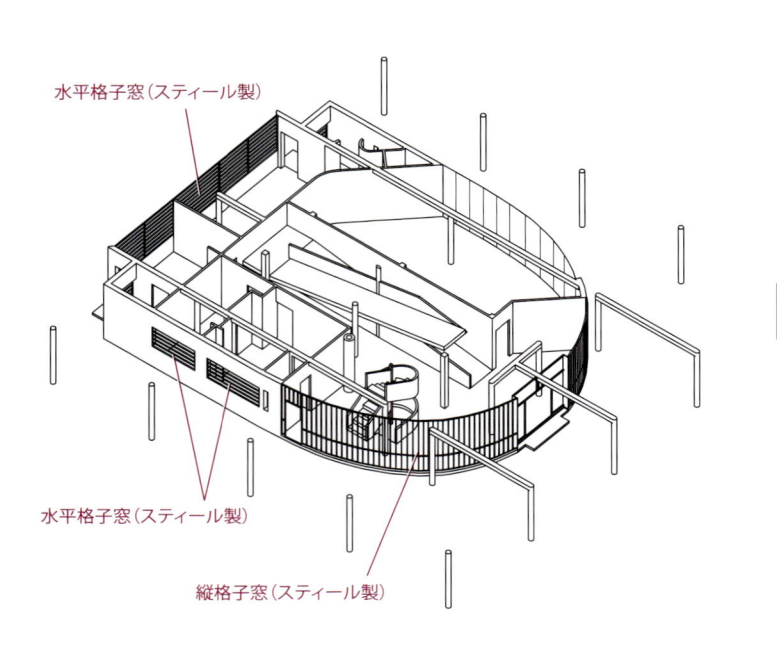

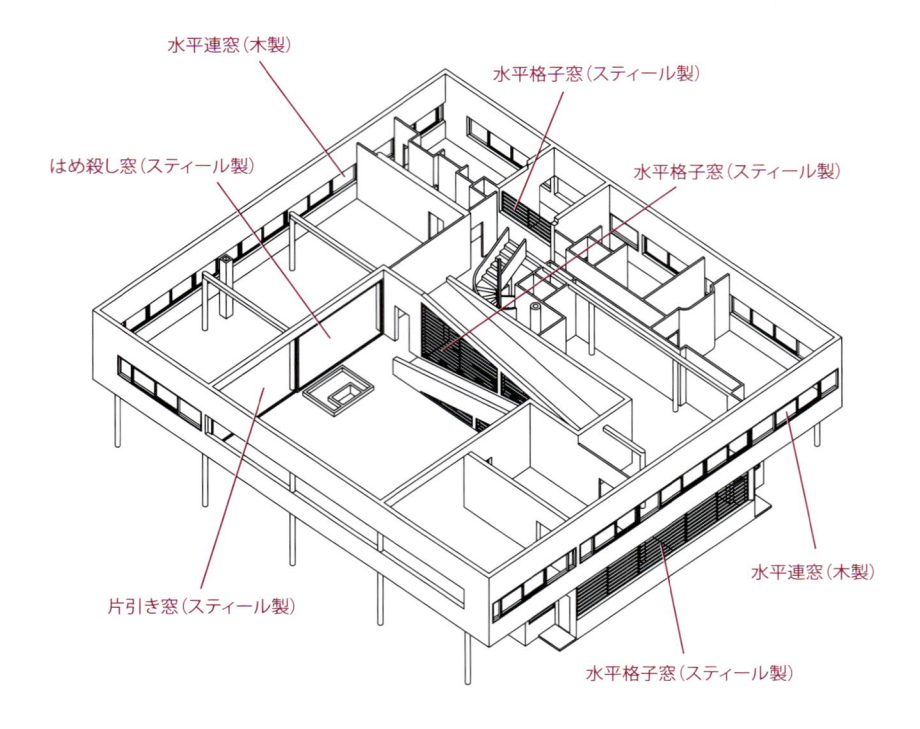

図 3-64　窓の構成（1 階）
1 階には，曲面状の縦格子窓と横長の水平格子窓がある。

図 3-65　窓の構成（2 階）
水平連窓は木製である。2 階には，水平連窓の他に，いくつかのスティール製水平格子窓がある。
テラスに面した窓は，1 枚ガラスのはめ殺しと片引き窓。

3.9　窓の構成

　ここまでに，サヴォワ邸の平面構成，立面構成，断面構成について学びながら，その模型を製作してきた。模型には，サヴォワ邸の柱，梁，床，屋上，おもな壁の関係が表れているはずだ。しかし，ガラスの壁や窓を穴としてしか表現してこなかった。これまでの解説でも，窓の構成の詳細には触れてこなかった。
　サヴォワ邸には，特徴的なスティール製と木製の窓が取り付いている。本節では，サヴォワ邸のしくみを学ぶ最後の仕上げとして，サヴォワ邸の窓の構成を，CG で確認していこう。

3.9.1　サヴォワ邸の窓

　図 3-64 および**図 3-65** に，サヴォワ邸の 1 階と 2 階の窓の構成を示した。
　サヴォワ邸には，木製とスティール製の 2 種類の窓がある。2 階の外壁に取り付く水平連窓が木製で，その他はスティール製である。木製の水平連窓は**引き違い窓**と**はめ殺し窓**の組み合わせである。スティール製の窓は，2 階の居間とテラスの間の窓だけが，全面にガラスの入ったはめ殺し窓と**片引き窓**となっている。その他のスティール製の窓は，サッシによって，垂直方向あるいは水平方向に細かく分割されている（水平方向に分割された窓の一部は開閉する）。

図 3-66　水平連窓の立面図（北面）（1/100）

水平連窓は，連続する引き違い窓とはめ殺し窓によって構成される。水平連窓の木製サッシは，スティールサッシに比べて太い。図では枠の見付けを 50 ミリで描いているが，これは推定寸法である。

3.9.2　水平連窓

図 3-66 に北側（玄関側）の水平連窓の立面図を示した。水平連窓は，連続する引き違い窓とはめ殺し窓によって構成される。

水平連窓は，おおよそ幅 2500 ミリ，高さ 1000 ミリの**モジュール**（基本寸法）によって設計されている。水平連窓の**木製サッシ**は，最小限の細さによってガラスを支えている**スティールサッシ**に比べて，サッシが太い。**図 3-66** は，サッシ枠の見付け（幅あるいは高さ）を 50 ミリで描いている（これは実測に基づく推定寸法）。

図 3-67 には，水平連窓の分解図を示した（北東のコーナー部分）。この図は CG によるモデリングの例である。ここでは壁に固定される枠と，引き違い窓の枠を，いずれも単純な形状に簡略化している。枠の見込み（奥行き）は，固定枠は 80 ミリ，可動枠（引き違い窓の枠）は 40 ミリでモデリングしている。

実際の窓枠（サッシ）は単純な形状ではないし，窓の下枠には，**図 3-53**（133 ページ）で示した水切りも取り付く。窓のディテールは複雑なのだが，壁に固定される固定枠に可動枠がはめ込まれるという原理そのものは単純である。CG においては，簡略化したモデリングでも，レンダリングの結果はそれなりにリアルに見えてくる。

水平連窓以外の窓も含めて，窓は，基本的に外部は黒に，内部は白に塗られている（例外として，南側の洗濯室や居室のスティール製の窓は内部も黒

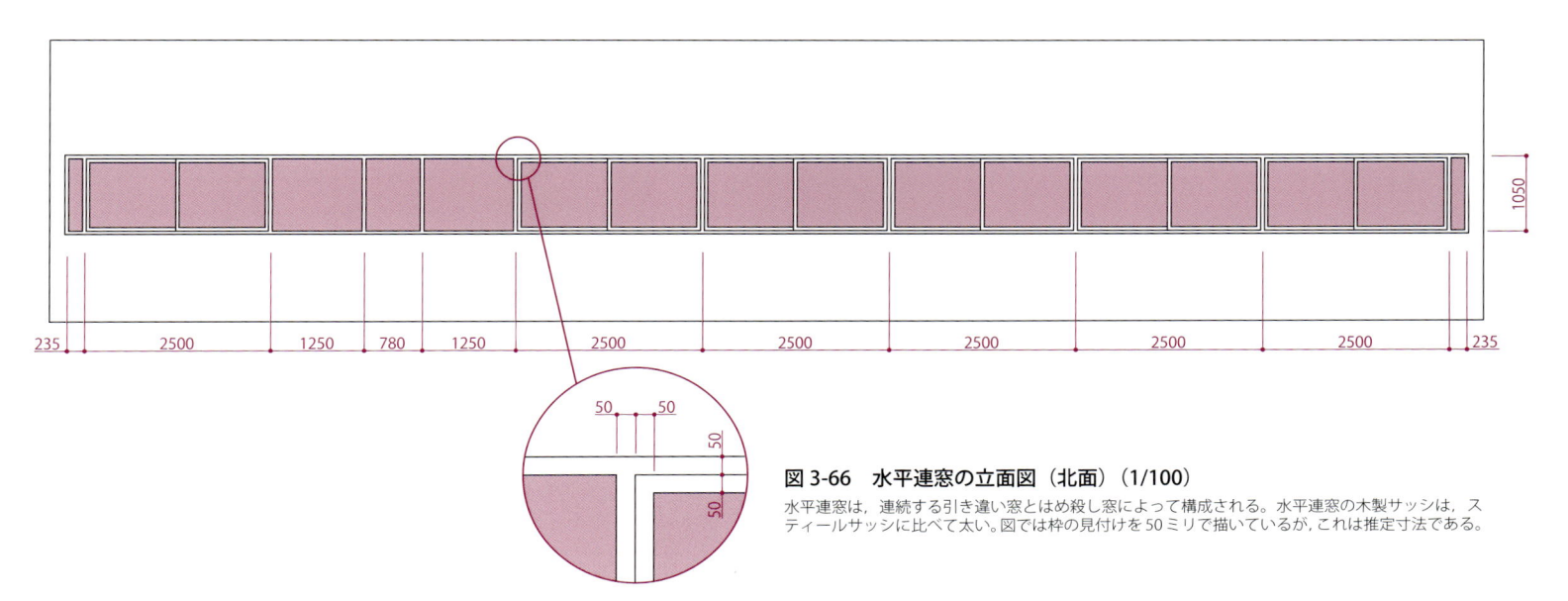

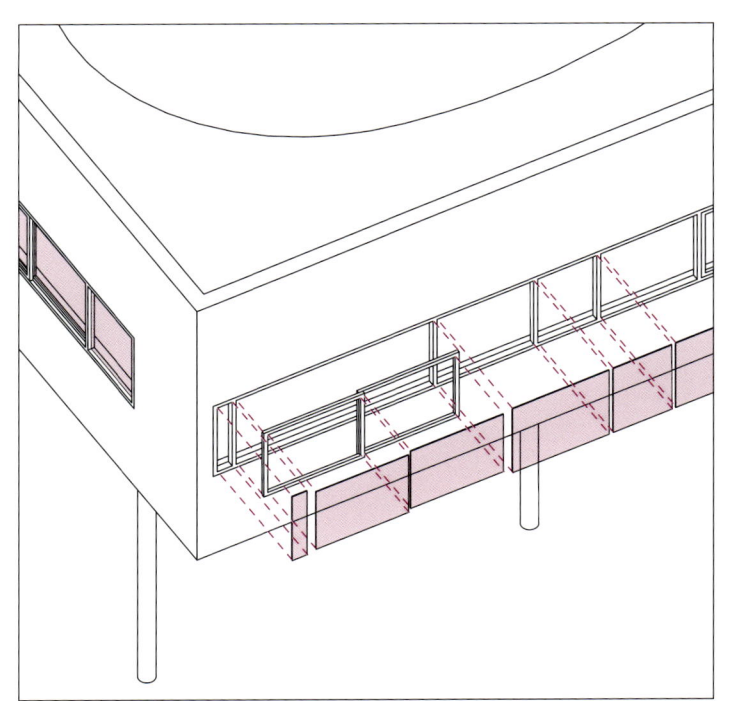

図 3-67　水平連窓の構成（北東のコーナー）

図 3-68　水平連窓（外部）

図 3-69　水平連窓（２階居間）

図 3-70　テラスへの窓（２階居間）

図 3-71　テラスの窓（２階テラス (A)）

23）外側の面は黒，内側の面は白という窓枠をCGでモデリングする場合，もし使用するアプリケーションが部品（オブジェクト）ごとにしか色を設定できないなら，窓枠を２つ部品の組み合わせで定義しなければならなくなる。実際，このCGでは，窓枠の黒い部分と白い部分を別々の部品でつくっている。

く塗られている）。サヴォワ邸の壁は，一部はさまざまな色に塗られているが，基本的には外部も内部も白色だから，窓は，外部から見れば壁とは異なる色に塗られていて，内部から見れば壁と同じ色に塗られていることになる。

　白い外壁に空けられた水平連窓は，外部から見たときには穴として見え，内部から見た時は壁の一部として見える。**図 3-68** および**図 3-69** に，外部から見た水平連窓と内部（居間）から見た水平連窓をCGで表現した例を示す[23]。

3.9.3　居間の開閉窓

　図 3-70 に居間の開閉する窓を示す。この窓も単純な形状に簡略化してモデリングしている。２枚の大きなガラス窓は，１枚ははめ殺しの固定窓，もう１枚がスライドする可動窓である。テラスに面しては，水平連窓とは異なった大きなスケールの窓が配され，空間はテラスに向けて開放している。

　図 3-71 は，テラスから見た居間の窓のＣＧである。

図 3-72　ガラス壁のモデリング

図 3-73　ガラス壁の表現

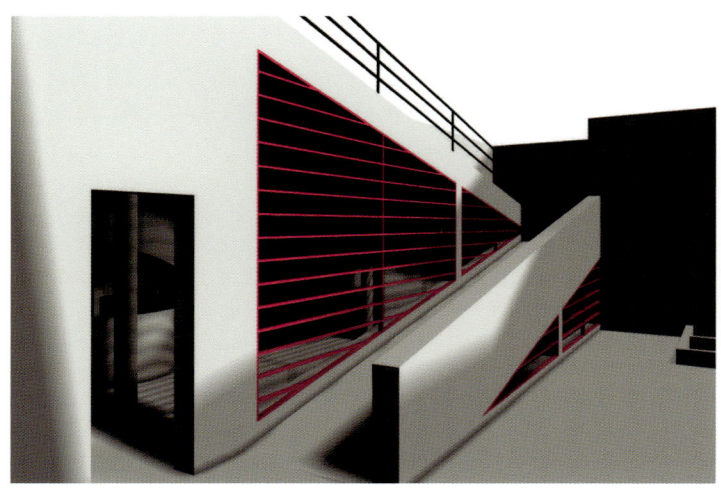

図 3-74　水平格子のモデリング（スロープ）

図 3-75　水平格子の表現（スロープ）

3.9.4　曲面のガラス壁

　1階の玄関の両袖には，縦格子のガラス壁が曲面状に広がる。このガラス壁を**図 3-72** に示す。

　この曲面は，スティール製のサッシが，およそ20センチの間隔で並ぶ縦格子状に連続することで構成されている。自由な形状のガラスのスクリーンが描く流動的な空間を表すCGを**図 3-73** に示す。

3.9.5　水平格子のスティールサッシ

　スロープには，2階のテラスに面する部分に，水平格子のスティールサッシによるはめ殺し窓が配されている。この窓を**図 3-74** に示す。また，**図 3-75** にテラスから眺めたCGを示す。

　この窓は，玄関の縦格子のガラス壁とは対照的に，水平性を強調したデザインになっている。スロープ部分の他にも，1階の個室，洗濯室，居間（運転手）2階のテラス（B）にも，同様の水平格子の窓が使われている。

3.10 本章のまとめ

本章では，鉄筋コンクリートラーメン構造によって架構されたサヴォワ邸の図面を読み取りながらその模型を製作し，サヴォワ邸の建築のしくみを学んできた。以下は，サヴォワ邸およびその建築のしくみに関する知識のまとめである。

■ サヴォワ邸と近代建築の5原則

1 □ サヴォワ邸は，鉄筋コンクリートによるラーメン構造によって架構された住宅である。ラーメン構造による建築は，柱・梁によるフレームによって架構される。

2 □ サヴォワ邸の設計者であるル・コルビュジエは，サヴォワ邸の設計に先だって「近代建築の5原則」を提唱した。近代建築の5原則とは，「自由な平面，自由な立面，ピロティ，屋上庭園，水平連窓」の5つの建築的特徴を指す。サヴォワ邸は，近代建築の5原則が明快に現れた，近代建築の明るさ，軽さ，自由さをもった建築である。

3 □ 「自由な平面」とは，ラーメン構造による柱を構造体とし，壁を構造体として用いないことにより，壁の自由な配置を可能とすることを意味する。

4 □ 柱が構造体となり，外壁が構造から開放されると，立面構成に自由度が生まれる。外壁を地上から持ち上げたり，窓を自由に配置する「自由な立面」が可能となる。

5 □ 「ピロティ」とは，独立柱で持ち上げられた2階の下部にある1階の吹きさらし空間のことである。ピロティによって，建物が空中に浮いたかのような視覚的な軽さが現れる。

6 □ 「屋上庭園」とは，鉄筋コンクリート構造が実現する水平な屋根の上を庭園として利用する空間である。

7 □ 「水平連窓」とは，立面の幅いっぱいに伸びる横長の窓である。

■ ラーメン構造

8 □ ラーメン構造は柱と梁のフレームによって床を支える構造である。

9 □ ラーメン構造の柱と梁のフレームにおけるジョイントは，フレームが変形しないように剛接合されなければならない（トラス構造ではピン接合でもいい）。

10 □ 地震国である日本では，ラーメン構造においても，耐震のために，一定の厚さの耐震壁を柱と柱の間に配置することが多い。耐震壁が存在すれば，建物は面として水平力（地震力）に抵抗できる。耐震壁は平行ではない（通常は直交する）2方向に配置されるべきである。

■ 柱・梁・床の構成

11 □ 鉄筋コンクリートのラーメン構造では，基本的には，下階に柱が存在しない位置に柱が立つことはない。しかし，特別な工法を用いて，梁の上に柱を立てることもある。サヴォワ邸の2階にも1階に柱の存在しない位置に立つ柱がある。

12 □ サヴォワ邸の梁は直交する2方向に架かっていない。スロープに直交する方向の梁の役割はおもに厚い床スラブが担っている。スロープに平行な方向に架かる梁は天井下に露出している。

13 □ 床スラブおよび梁は，支えられる位置からある程度を跳ね出すように設計することができる。床スラブおよび梁の，支えられる位置から跳ね出した部分をキャンティレバーと呼ぶ。

■ 壁の構成

14 □ サヴォワ邸の壁は，外壁も室内壁も煉瓦を積み上げる組積造によってつくられている。すべての壁は構造体ではない。したがって，壁は，柱や梁の位置にとらわれることなく，自由に配置されている。

15 □ 構造体でない壁は，自立さえするならば，自由な平面形としたり，自由な形状に窓を開けることができる。また，二重壁として，断熱性をもたせることも容易である。

■ その他の構成

16 □ サヴォワ邸には4面のファサード（主要な立面）が存在する。窓の配置，テラスやピロティなどの外部空間との関係，壁や煙突の構成などにより，4つのファサードがそれぞれの表情をもつ。

17 □ 建物の中央に配置されたスロープが，外部と内部が交錯する空間を演出している。スロープ周りの壁も，外壁と室内壁が交錯する複雑な構成となっている。

18 □ サヴォワ邸は多様な窓をもつ。窓には，枠が細い（見付けと見込みが小さい）スティールサッシと，枠が太い（見付けと見込みが比較的大きい）木製サッシの両者が用いられている。

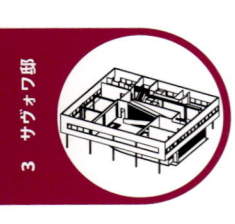

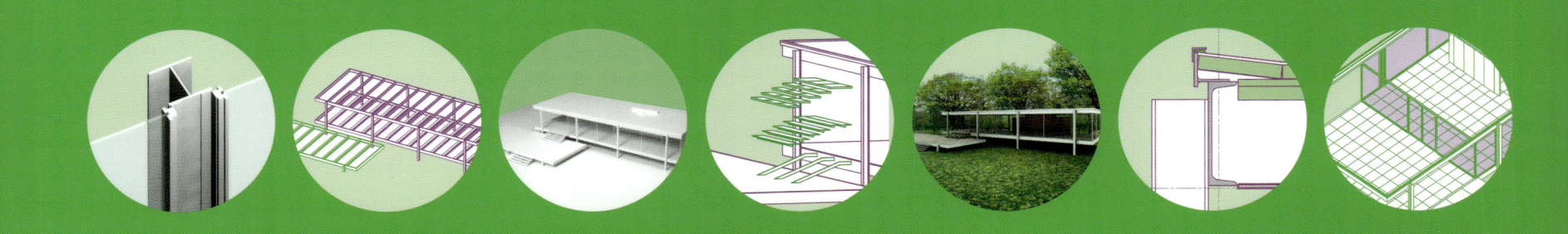

4. ファンズワース邸

鉄骨構造

写真 4-1　ファンズワース邸（北から眺めた外観）
アメリカ・イリノイ州プラーノに建つ「ガラスの家」。ミース・ファン・デル・ローエの設計により 1951 年に完成。

写真 4-2　ファンズワース邸（南から眺めた外観）

1) ここに示した平面図，立体図，アイソメトリック，透視図では，家具を省略している。ファンズワース邸の家具の表現については，「CG による空間表現」（186 ページ）で述べる。

2) 特殊な例としては，ガラスを構造体とする建築もありえなくはない。遠い未来にはガラスを構造体とする建築が一般的になるかもしれないが，今日では特殊である。建築を学び始める学生は，安易にガラスが構造体になりえると考えない方がいい。

2 章（住吉の長屋）および 3 章（サヴォワ邸）で，鉄筋コンクリート壁構造，鉄筋コンクリートラーメン構造によって架構された建築のしくみについて学んだ。本章では，鉄筋コンクリートではなく，鉄骨によって架構された**ファンズワース邸**を主題として，鉄骨構造のしくみを学ぶ。

ファンズワース邸は，鉄とガラスによる美しい造形の建築である。ファンズワース邸の写真を**写真 4-1** および**写真 4-2** に示した。また，平面図，立面図，屋根を取り除いた立体図，アイソメトリック（等角軸測投象図），外観の透視図を**図 4-1 ～図 4-6**（148 ～ 149 ページ）に示す[1]。

ファンズワース邸は，考え抜かれた**ディテール**（細部の構成）によって設計された至高の建築である。2 章（住吉の長屋）では，演習として図面を描きながら，3 章（サヴォワ邸）では模型を組み立てながら学習を進めてきたが，本章ではディテールを学習しながら，演習としては CG（コンピュータ・グラフィックス）による 3D モデリングと 1/50 スケールの簡略な模型の製作を行い，ファンズワース邸のしくみを学んでいく。

4.1　ファンズワース邸

ファンズワース邸は，**ミース・ファン・デル・ローエ**（1886 ～ 1969 年，以下ミース）によって設計された。ミースは，3 章で登場したル・コルビュジエと同時代の建築家。ル・コルビュジエとともに，20 世紀近代建築の巨匠と呼ばれる建築家である。

ファンズワース邸は，アメリカ・イリノイ州・シカゴ近郊の町，プラーノの自然に囲まれた敷地に建つ。独身の医者であったエディス・ファンズワース氏が週末を過ごす別荘として建てられた。1945 ～ 1950 年に設計され，1951 年に完成した。

別名「ガラスの家」とも呼ばれる住宅であり，およそ 16.5 × 8.8 メートルの大きさをもつガラスに包まれた内部空間が，この住宅の唯一の部屋である。シャワー室・浴室・暖炉・キッチンは，部屋の中央付近に配置された設備コアにまとめられている。

床，屋根，そしてガラスが，シンプルな鉄骨のフレームによって支えられている。当然のことであるが，ガラスは構造体ではなく，この住宅の構造体は，鉄のフレームである[2]。

ファンズワース邸の所有者は，1972 年にエディス・ファンズワース氏からイギリス人実業家ピーター・ポロンボ氏に代わっている。さらにその後，2003 年以降，公的な財団の所有物となり，一般に公開されている[3]。

写真 4-3　バルセロナ・パビリオン
1929年にスペイン・バルセロナで開催された万国博覧会のためのパビリオン。椅子はミース設計の「バルセロナ・チェアー」。

写真 4-4　クラウンホール
1956年に完成したイリノイ工科大学建築学科の校舎。大屋根の下には固定された壁はなく，大空間が自由に使用されている。

写真 4-5　シーグラム・ビル
ニューヨークに建つ超高層ビル。道路に面してオープンスペースが配置されている。

　ミースは，1886年にドイツ・アーヘンに生まれている。1908～1911年には，近代建築の発展に大きな影響を与えた建築家であるペーター・ベーレンスの事務所に勤めた。その後，1919～1921年に，有名な『鉄とガラスのスカイスクレーパー計画案』を発表している。この計画案は，鉄とガラスによる超高層ビルの誕生を予言したものであり，ミースは後に，その予言を自ら実現することになる。

　1929年には，スペイン・バルセロナで開催された万国博覧会のために**バルセロナ・パビリオン**を設計している（**写真 4-3**）。ファンズワース邸の20数年前に建てられたこのパビリオンもまた，鉄とガラスによる美しい造形の建築である。バルセロナ・パビリオンは，万国博覧会終了後に解体されたが，1986年に同じ場所に再建され，以後，一般公開されている。

　1937年には，シカゴにあるイリノイ工科大学の建築学部主任教授に就任し，アメリカに移住する。アメリカでは，**イリノイ工科大学**キャンパスの全体計画とその校舎をはじめ，シカゴおよび他の都市において，多くの設計を手がけた。

　写真 4-4 は，1956年に完成したイリノイ工科大学の建築学科棟である**クラウンホール**。鉄骨構造による大屋根の下に固定された壁は存在しない。この建築の中では，今でも大空間の中が自由に仕切られ，建築学科の学生が製図に取り組んでいたり，作品の展示や講評会が行われていたりする。

　写真 4-5 は，ニューヨークに建つ超高層ビル，**シーグラム・ビル**（1958年）である。ニューヨークでは珍しく建物が道路から下がった位置に配置されていて，前庭をもつ超高層ビルとなっている。

　鉄骨構造は，クラウンホールなどの**大スパン構造**（大屋根を支える柱の間隔が大きな構造）や超高層ビルに用いられることが多い。今日では，鉄とガラスによる大規模な建築は一般的であり，現代の都市のスカイスクレーパーには鉄とガラスの建築が満ちあふれている。

　ファンズワース邸は，超高層ビルのスケールとは対極的な小規模な建築である。しかし，鉄とガラスの造形の美しさは，むしろこの小さな住宅にこそ現れている。

3）現在のファンズワース邸は，全米歴史保存団体（National Trust for Historic Preservation）が所有し，イリノイ州歴史的建築保存委員会（Landmarks Preservation Council of Illinois）によって管理運営されている。
　ファンズワース邸には，必ずしもクライアントが望む家としては実現しなかったという話が残っている。完成後には，設計料の支払いや住み心地をめぐって，クライアントと建築家が裁判で争う事態も起こっている。ファンズワース邸は芸術と生活との関係が拮抗する希有な例であるが，希有であったのは，芸術性と居住性が一致していなかったことではなく，この住宅が歴史に残る至高の建築だったことだ。

図 4-1　平面図（1/150）

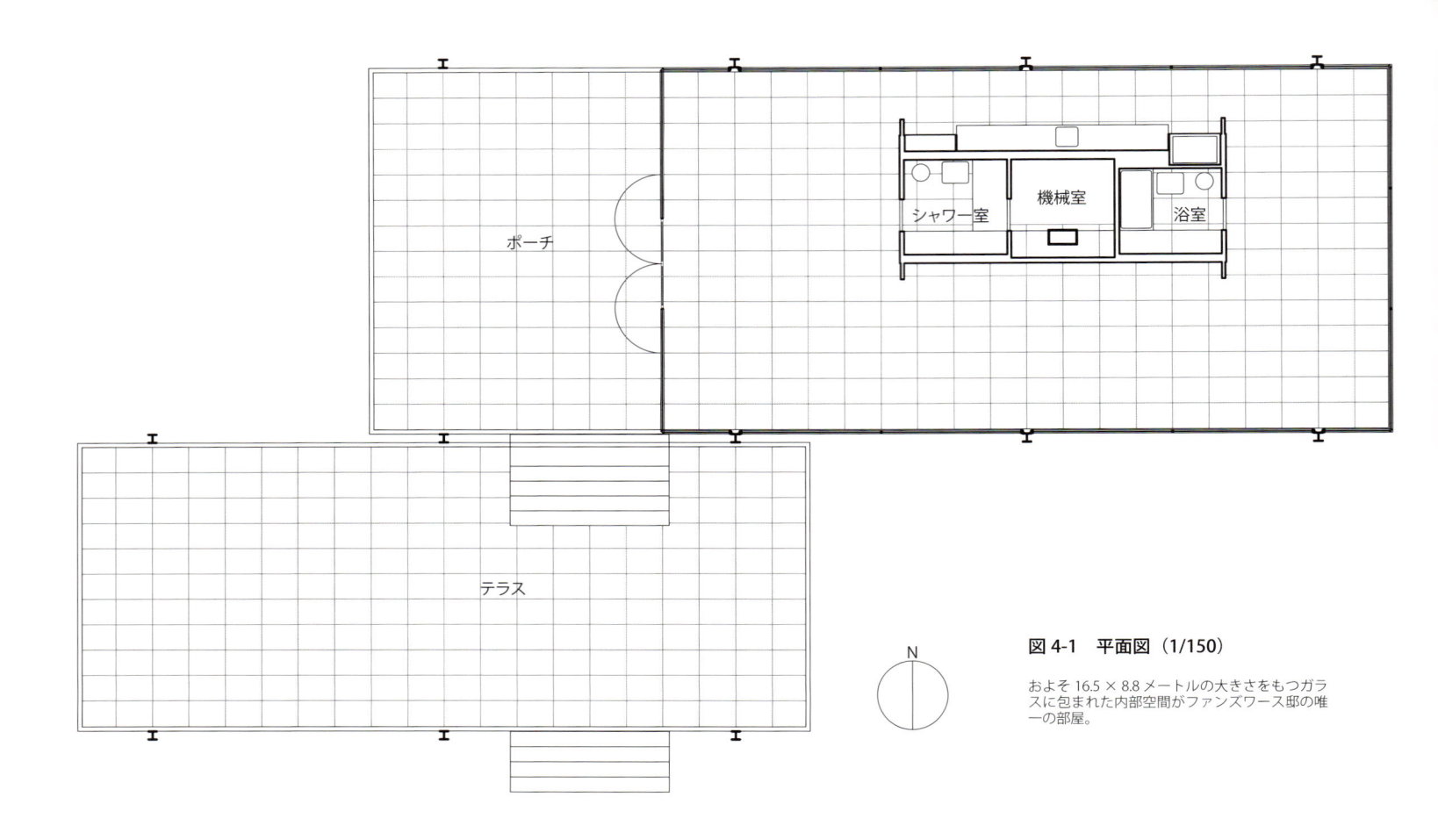

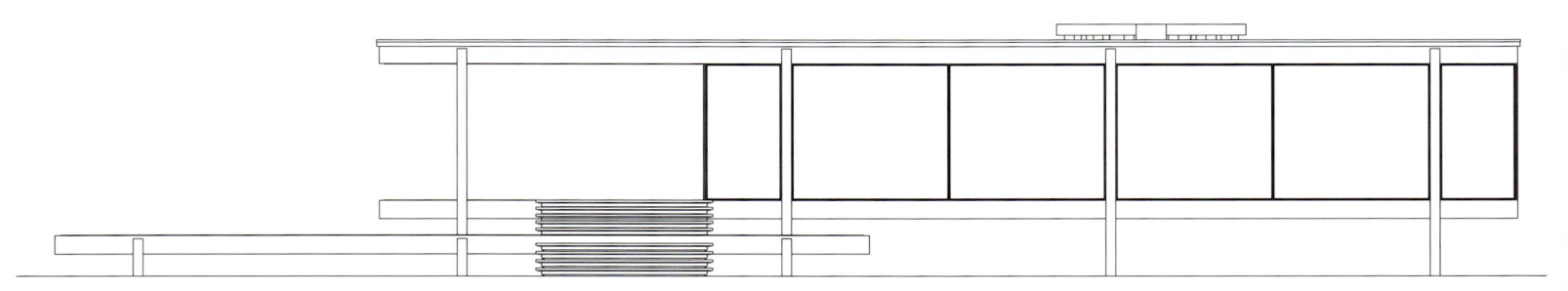

およそ 16.5 × 8.8 メートルの大きさをもつガラスに包まれた内部空間がファンズワース邸の唯一の部屋。

図 4-2　南立面図（1/150）

鉄のフレームがファンズワース邸の構造体であり，形態を決定している。

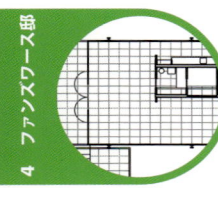

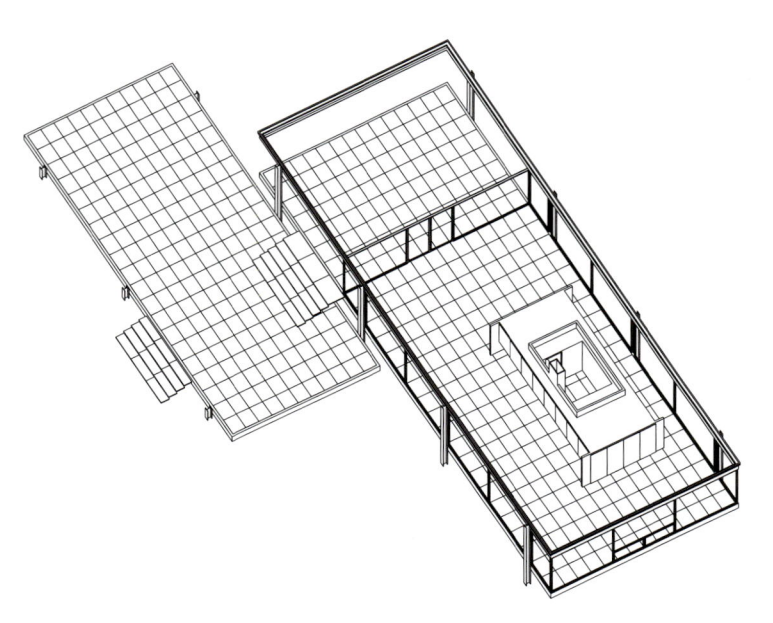

図 4-3　内部の構成
屋根を取り去った立体図。床面が内部空間と同じレベルにあるのがポーチ。ポーチから1段下がったレベルにテラスがある。内部空間はガラスで包まれる。

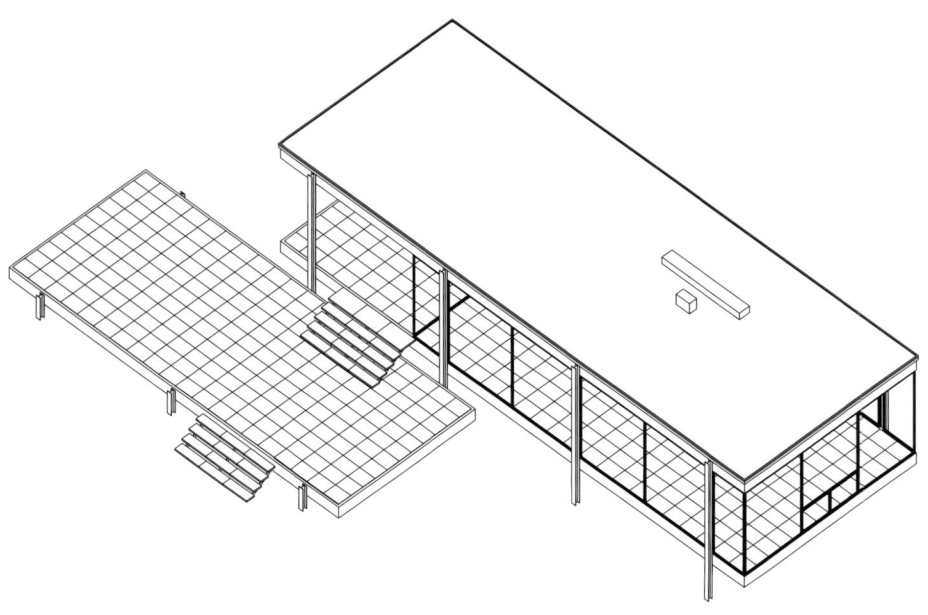

図 4-4　アイソメトリック
外観の立体図。屋根の上に見えるのは暖炉の煙突と給排気筒。

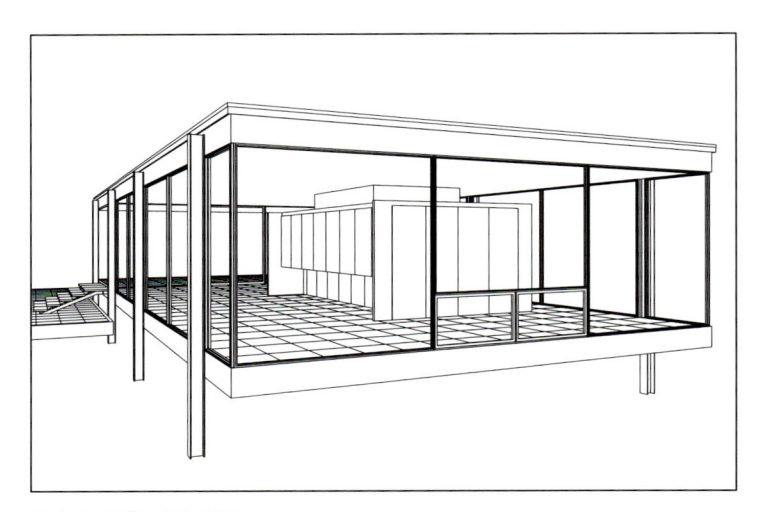

図 4-5　外観（サイド）
東側から見た透視図。ガラスの壁の向こうに設備コアが見える。

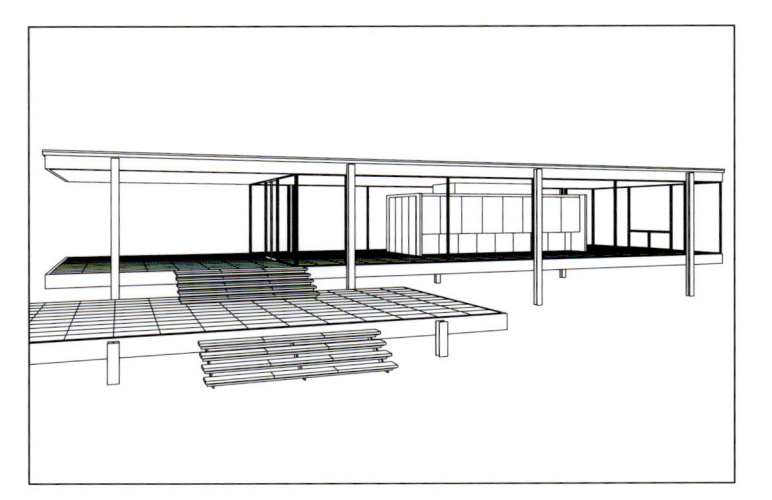

図 4-6　外観（フロント）
南側から見た透視図。ポーチから一段下がった手前にテラスがある。

4　ファンズワース邸

　　　　H形鋼　　　　　I形鋼　　　　溝形鋼　　　（等辺）山形鋼

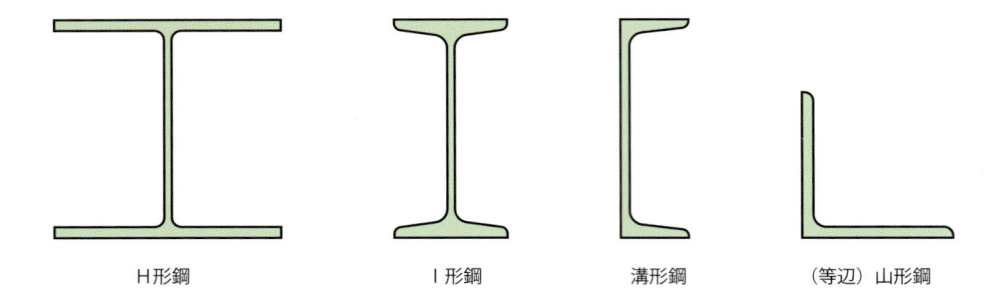

図 4-7　鉄骨の断面形状
鉄骨のおもな断面形状を示す。それぞれの形状についてさまざまな寸法のものが規格化されている。

4.2　鉄骨構造

ファンズワース邸のしくみを学びはじめる前に、**鉄骨構造**の概要について学んでおこう。

4.2.1　鉄と鋼

日本語では、英語の「アイアン（iron）」と「スティール（steel）」を区別しないで、両者を「鉄」といってしまうことが多い。しかし、より正確な訳を心がければ、アイアンが**鉄**、スティールは**鋼**。鋼は、金属元素の一つである鉄を主成分とする合金である。

現代の建築に用いられる構造体は、鉄ではなく鋼である。実際、鉄骨構造は**鋼構造**とも呼ばれる。しかし、むしろ鉄骨構造の方が一般的な呼称だろう。もし鉄と鋼の違いにこだわるならば、鉄筋コンクリート構造は「鋼筋コンクリート構造」と呼ばれなければならなくなる。

鉄骨という言い方には、鉄によるフレームというニュアンスが含まれていると考えられる。鉄筋コンクリートでは、壁で建築を架構する壁構造がありえたが、鉄の固まりで壁をつくるという構造はイメージしにくい。建築材料としての鉄を固まりで用いることは一般的ではなく、通常、鉄は柱や梁などのフレームとして用いられる。もちろん、鉄を使った建築の構造にはさまざまな形式がありえるが、柱や梁を垂直および水平に架構するラーメン構造や、斜材を用いるトラス構造など、線的な部材を組み合わせる形式が一般的である。

本書では、すでに定着してしまった言い方であることと、鉄によるフレームという意味を含んでいることに注目し、鉄と鋼の違いにこだわらないで、鉄骨構造という呼び方を使用する。

4.2.2　鉄骨の形状

鉄骨（鋼材）の断面にはさまざまな形状がある。個々の建築のデザインに合わせて鉄骨の形状をデザインすることもあるが、よく使われる形状は規格化されている。鉄骨構造の建築では、特殊なデザインが必要な場合を除いては、製鉄工場で製造される規格品を使うのが一般的である。

なお、ここで規格化されているというのは断面形状の話であって、長さについては、必要に応じてカットされるので、自由度がある。また、断面についても、規格品の断面をカットして使うことがある。

規格品としての鉄骨の断面形状には、**H形鋼**、**I形鋼**、**溝形鋼**、**山形鋼**、**平鋼**、**鋼板**、**鋼管**（丸形）、**角形鋼管**など、さまざまなものがある。**図 4-7** は、H形鋼、I形鋼、溝形鋼、山形鋼の断面形状を示している。

それぞれの形状には、数センチ～数十センチの幅をもつさまざまな寸法が規格化されている。また、**肉厚**（各部の厚さ）もさまざまである。

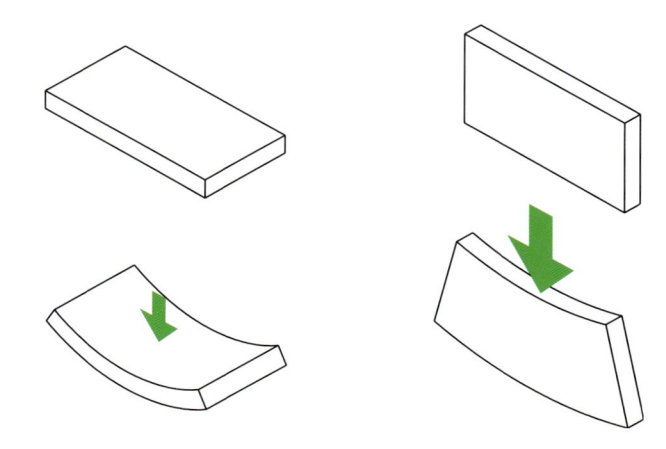

図 4-8　形状と強度
同じ断面積でも，力が加わる方向に長い形状は曲がりにくい。

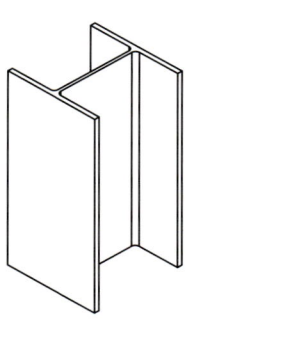

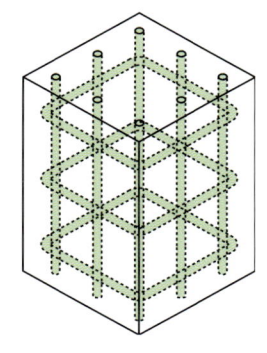

図 4-9　鉄骨と鉄筋コンクリート
一般に，鉄骨の柱は薄い板の組み合わせ。鉄筋コンクリートの柱は，鉄筋を含むコンクリートの塊。

鉄骨柱　　　　鉄筋コンクリート柱

溝形鋼は，「C」あるいは「コ」の形のもので，**チャンネル**とも呼ばれる。山形鋼はL字型の形状で，**アングル**とも呼ばれる。L字の縦と横の寸法が同じである山形鋼は**等辺山形鋼**，寸法が異なる山形鋼は**不等辺山形鋼**と呼ばれる。平鋼は板形状の部材で，**フラットバー**と呼ばれる。

鉄骨の製造工程には**熱間圧延**と**冷間圧延**の2種類がある。加熱炉で熱した後に圧延機にかけるのが熱間圧延，常温のまま鋼板を圧延機にかけてプレスする（折り曲げる）のが冷間圧延である。**軽量鉄骨**と呼ばれる肉厚の薄い（肉厚が通常6ミリ以下の）鉄骨は冷間圧延鋼材であることが多い。軽量鉄骨は，小規模な建築によく使われる。

鉄骨がさまざまな形状をもつのは，同じ面積の断面であっても，形状の違いにより強度が変わるからである。**図 4-8** に示すように，同じ断面形状であっても，力を加える方向によって曲げに対する抵抗力は変化する（縦長の方向に曲げるには大きな力が必要になる）。

必要に応じた強度を得るためにさまざまな形状の鉄骨が用意され，それらの組み合わせによって，鉄骨構造は成立する。ファンズワース邸においても，H形鋼，チャンネル，アングル，フラットバーなどがさまざまな箇所に使用されている。

4.2.3　鉄と鉄筋コンクリート

素材としての**鉄**と**コンクリート**の代表的な特性を比較すると下表のようになる（強度の単位は N/mm^2）[4]。

	鉄	コンクリート
比重（水の重さに対する割合）	7.85	2.3～2.4
圧縮強度	215～375	18～
引張強度	215～375	1.8～

量が同じならば，鉄は，大部分がコンクリートより成る鉄筋コンクリートよりはるかに強い素材である[5]。逆にいえば，鉄は，鉄筋コンクリートに比べてはるかに少ない量で同一の強度を得ることができる。一方，鉄は鉄筋コンクリートよりもかなり重い素材であるから，もし鉄筋コンクリートと同じ量の鉄を使って建物をつくると，その建物は鉄筋コンクリートでつくった建物よりもはるかに重い建物になる。

しかし，建築は，鉄あるいは鉄筋コンクリートの塊ではないから，鉄骨構造あるいは鉄筋コンクリート構造の建築の特性は，素材そのものの特性とは大きく異なったものとなる。両者の特性を，1本の柱を例に比較してみよう。

図 4-9 の左図はH形鋼柱，右図は正方形断面の鉄筋コンクリート柱を表している。

H形鋼柱が薄い板の組み合わせであるのに対し，鉄筋コンクリート柱は面

4）1N（ニュートン）は，1/9.8kgf（1kgfは1kgの力のこと，kg重ともいう）に相当する。すなわち 1kgf ≒ 9.8N である。鉄筋の引張許容強度が 215N/mm^2 であったとすると，215N/mm^2 ≒ 22kgf/mm^2 であるから，1mm^2 の鉄筋は 22kg の重さを引っ張ることができるということになる。1N＝約10kgfとみなすと計算しやすい。

（参考文献）
建築構造ポケットブック第4版，共立出版，2006年

5）2章（住吉の長屋）の「鉄筋コンクリートの特性」（50ページ）も参照。

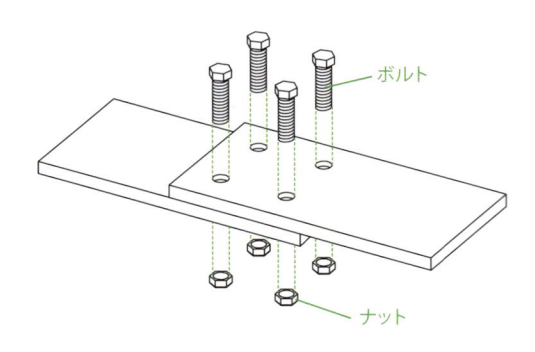

図 4-10　ボルト接合
部材に空けた穴にボルトを通して接合する。

写真 4-6　東京タワー
1958 年に建った東京タワー。

写真 4-7　エッフェル塔
（撮影：千田友己）
1889 年にパリに建ったエッフェル塔。剥き出しの鉄骨の表面に無数のリベットが見える。

的な断面をもつ塊となっている。

　素材としての鉄は鉄筋コンクリートよりもかなり重いが，鉄骨柱における鉄は，鉄筋コンクリート柱における鉄筋コンクリートよりもはるかに少ない量しか使われないから，柱としては，鉄骨柱は鉄筋コンクリート柱よりも軽くなる。一方，量が少なくても，鉄は鉄筋コンクリートよりも強度において勝るから，鉄骨柱が鉄筋コンクリート柱よりも強度が低いとはいえない。したがって，一定の強度をもつ鉄骨柱は，鉄筋コンクリート柱よりも軽いといえる。

　すなわち，素材としての鉄は鉄筋コンクリートよりも重くても，鉄骨構造に使われる鉄は，薄い板の組み合わせとして使われることが多く，量的には鉄筋コンクリートよりはるかに少ないから，建築の構造体全体の重さは，鉄骨構造の方が鉄筋コンクリート構造よりも軽くなる。鉄骨構造は，鉄筋コンクリート構造に比較して，相対的に軽い構造である。

4.2.4　鉄骨のジョイント

　鉄骨構造の建築の建設現場では，工場で生産された鉄骨部材を接合してフレーム（ラーメンやトラス）を組み上げる。

　代表的な鉄骨部材の接合には，**ボルト接合**，**リベット接合**，**高力ボルト接合**，**溶接**がある。

　ボルト接合は，**図 4-10** に図示したように，部材に空けた穴に通した**ボルト**を**ナット**で固定し，ボルト自体の耐力で部材を接合する方法である。

　ボルト接合では，穴がボルトより大きくないとボルトが穴に通らないから，クリアランス（隙間）が必要になり，クリアランスによって多少のがたつきが生じることがある。また，ボルトが引きちぎられれば接合部は破断してしまうから，接合部の強度はボルトの強度に依存してしまう。また，風や地震などによる建物の振動によって，ナットの締め付けがゆるむことがあるという欠点もある。現在では，小規模な建物，仮設建築を除いては，あまり使われなくなった。

　リベット接合は，ボルトに代わって，高温に熱した**リベット**を接合部の中に打ち込む接合方法である。1889 年にパリに建てられた**エッフェル塔**や，1958 年に東京都港区に建てられた**東京タワー**の剥き出しの鉄骨部材の表面には，無数のリベットが見える（**写真 4-6** および**写真 4-7**）。

　リベット接合では，部材の穴に挿入する高熱のリベットの頭を押しつぶすことによって部材が接合される。押しつぶされたリベットが穴に充填されることになるので，ボルト接合に生じるようながたつきはない。

　リベット接合の施工時には，ピッチャー，キャッチャー，リベッターと呼ばれる 3 名の職人がチームとなって部材を接合していく。赤く熱せられたリベットを放り投げるのがピッチャー，それを受け止めるのがキャッチャー，そして，キャッチャーが部材に挿入するリベットを工具を使って押しつぶす

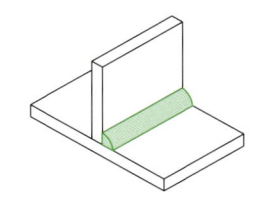

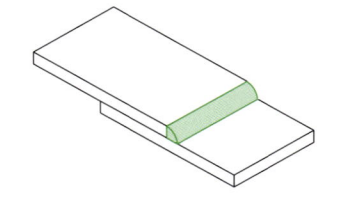

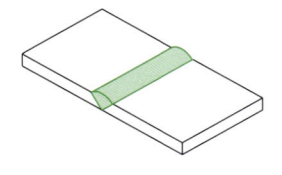

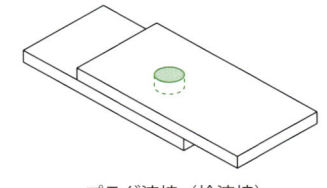

| すみ肉溶接 | すみ肉溶接 | 突き合せ溶接 | プラグ溶接（栓溶接） |

図 4-11　溶接の種類
溶接は，部材を溶融して一体化する接合法。さまざまな接合方法がある。

のがリベッターである。この作業が高所で行われる様子は，職人芸の醍醐味である。

リベット接合は，高力ボルト接合の普及に伴い，次第に使われなくなっていく。町中で，リベットを叩きつぶす際に生じる大きな音が工事現場の活気を伝えていたのは，もはや過去の風物詩といえるだろう。

高力ボルト接合は，**高張力鋼ボルト**によって２つ（以上）の部材を締め付け，そこに発生する摩擦力で部材を接合する。現在，最も一般的な接合法である。

高張力鋼ボルトを**インパクトレンチ**で強力に締め付けると，部材が押しつけられることによって，部材の接触面に摩擦が生じ，部材同士が接合される。高力ボルト接合でもボルトとボルトの穴の間にはクリアランスが存在するが，接触面の摩擦力によって部材が接合するのだから，ボルト穴のクリアランスはがたつきの要因とはならない。

高力ボルト接合は，みかけは**図 4-10** に示したボルト接合と変わらない。しかし，高張力鋼のボルトが使用されることでボルトそのものの耐力ではなく摩擦力で接合されている点が，ボルト接合とは大きく異なる。

溶接は，部材を溶融して一体化する接合法である。作業としては，部材の接合部に**溶接棒**を当てながら，その部分を溶融する。接着剤で部材と部材を貼り合わせるといった工法とはまったく異なり，溶接では，部材そのものが溶けて一体化する。

溶接には，**図 4-11** に例を示したようなさまざまな方法がある。左図２つの**すみ肉溶接**は直交する２つの面を溶接する方法。右図の**プラグ溶接**（栓溶接）は，部材に穴を空け，穴の内側で溶接をする方法である。

4.2.5　揺れと音

超高層ビルの建設が可能になった背景には，鉄骨構造の技術の発展がある。今日では，日本においては 200 メートル以上の高さの，世界的には 400 メートル以上の超高層ビルが珍しくない。これらの超高層ビルの多くは鉄骨構造でつくられている。

超高層ビルは，地震や風などの建物を水平に揺らそうとする力に耐えるように設計されなければならない。その際，超高層ビルは，地震や風に対してピクリとも動かないほど頑丈にではなく，むしろ，動きながら地震や風の力を吸収するように建てられている。動きながら水平力を吸収する構造は**柔構造**と呼ばれる。地震に耐える技術として今日注目されている**制振構造**や**免震構造**という考え方も，意図的に揺れる部分をつくることで，建物の安定を図る技術である。

したがって，多くの超高層ビルに用いられている鉄骨構造は「柔らかい構造」である。先に，鉄骨構造は鉄筋コンクリート構造に比較して相対的に「軽い構造」だと述べた。建築を学び始めた学生にとって，どっしりと建つ建築物に対して，「軽い」とか「柔らかい」といった表現は直感的に理解しにくいかもしれない。しかし，鉄筋コンクリート構造に比べて「軽く柔らかい」ことが鉄骨構造の特徴である。

鉄骨構造による「軽くて柔らかい」超高層ビルのうち，特に**超高層集合住宅**では，生活上の**揺れ**と**音**が問題となることがある。

構造上は揺れても安全であることがわかっていても，人間は揺れを不快に感じることがある。安全ではあっても，もしコーヒーがこぼれたりすれば，不快を超えて生活に支障が生じることになる。したがって，超高層ビルは，揺れの許容度を生活の面からも考慮して設計されなければならない。

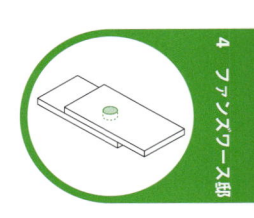

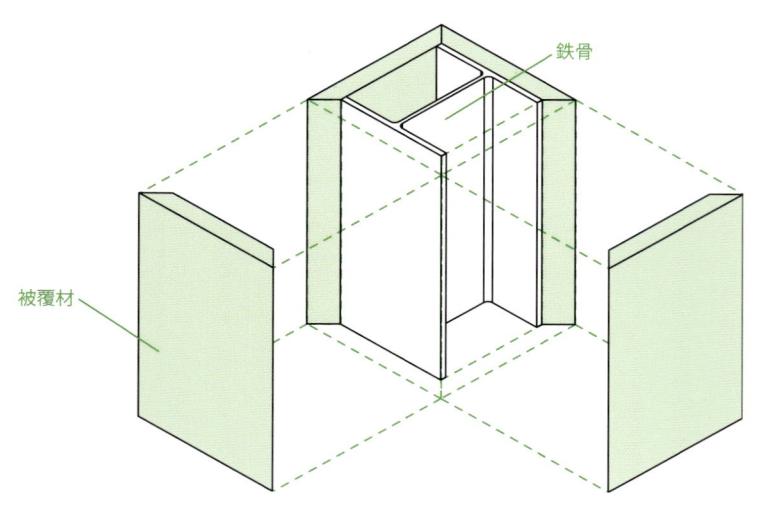

図 4-12 耐火被覆の概念図
大規模な建築では鉄骨の構造体に耐火被覆が施される。鉄は熱に弱いが，耐火被覆によって，鉄骨の耐火性能は向上する。

写真 4-8 レークショアドライブ・アパートメント
アメリカ・シカゴに建つ鉄骨構造の集合住宅。1949 年に，ミースの設計によって建てられた。外観に見えるI形鋼は建物全体を架構する構造体ではなく，ガラスの壁だけを支える部材。

　軽い構造では，音の問題にも注意をしなければないない。
　鉄骨構造では，軽さを保つために，木質や石膏質のボードなどの比較的軽い材料で壁をつくることが多い。すると，部屋と部屋の間の**遮音性**に難が生じることがある。一般に，遮音性能に優れる材料は鉄筋コンクリートなどの重い材料であり，軽い材料は遮音性能が劣るからである。
　鉄筋コンクリートなどの重い材料を壁に使用すれば遮音性は確保される。しかし，建物全体の重さが大きくなるため，より太い梁・柱を使用しなければならなくなり，建物の重量が増してしまう。柔構造の考え方からすれば建物をできるだけ軽くしたいので，構造と遮音の間に対立が生じる。

　これらの問題は，もちろん，適切な設計によって解決することができる（解決されなければならない）。今日の鉄骨構造による超高層集合住宅では，十分な快適性が実現している。一方，近年は，鉄骨構造ではなく，鉄筋コンクリート構造によって超高層ビルを建設する技術も進み，鉄筋コンクリート構造による超高層集合住宅の建設例も増えている。

4.2.6　鉄の弱点

　素材としての鉄には，火に弱いという欠点がある。鉄の強度は，500℃程度で常温時より半減するといわれている。火災の温度が 800～1000℃であるのに対し，鉄の溶融温度は 1200℃程度以上であるので，火災によって鉄が溶けることはない。しかし，構造体である鉄骨の強度が落ちれば建物は崩壊に至る。
　小規模な建物ならば建物が崩壊する前に避難することができると考えられるが，崩壊前に避難が不可能な大規模な建物を火災に弱い鉄骨だけでつくるわけにはいかない。そのため，大規模な建築物には**耐火被覆**が必要となる。耐火被覆とは，熱に強い**被覆材**によって鉄骨を覆う処理のことである。耐火被覆の概念図を**図 4-12** に示す。

　写真 4-8 は，1949 年に，ミースの設計によってアメリカ・シカゴに建てられた鉄骨構造の集合住宅，**レークショアドライブ・アパートメント**である。外観に見えるI形鋼によって，鉄とガラスによる建築のデザインが見事に現れた建築だが，しかし，外観に見えるI形鋼は建物全体を支える構造体ではない。建物を支える構造体である柱や梁には耐火被覆が施されているから，鉄骨の柱や梁は外観にも内観にも現れていない。

　レークショアドライブ・アパートメントの鉄骨のフレームを視覚的に把握することは難しいが，ファンズワース邸には鉄骨のフレームが明快に現れている。小規模な建築であるファンズワース邸では，仮に火災が起こっても避難は容易であるから，耐火被覆は必要ない。したがって，ファンズワース邸においては，耐火被覆という制限に縛られることなく，鉄骨による建築形態のデザインの追求が可能であったといえる。

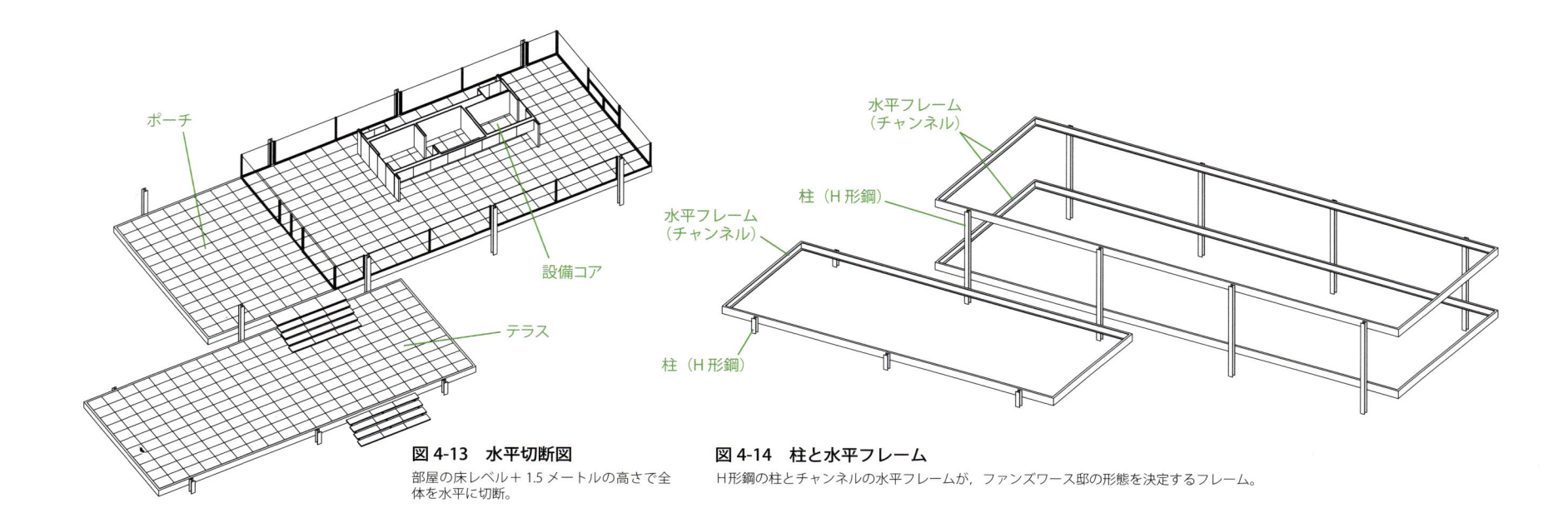

図 4-13 水平切断図
部屋の床レベル＋1.5 メートルの高さで全体を水平に切断。

図 4-14 柱と水平フレーム
H形鋼の柱とチャンネルの水平フレームが，ファンズワース邸の形態を決定するフレーム。

4.3 鉄のフレーム

　本節では，ファンズワース邸の全体を架構する鉄のフレームについて学ぶ。本節以降では，ファンズワース邸の CG モデルおよび 1/50 スケールの模型を製作する演習を用意している。併せて演習にも取り組んで欲しい。

　さて，本節以降に示す図面は，寸法をミリで示している。しかし，ファンズワース邸は，ミリを単位として設計されていない。設計の単位はインチ・フィートである。本来ならば，オリジナル通りのインチ・フィートでファンズワース邸の形態構成・空間構成を学ぶべきだが，インチ・フィートの定規を入手して演習を進めることは難しいであろうことと，寸法を直感的に把握するためにはミリの方が適していることを考慮して，本書では，インチ・フィートをミリに換算した寸法で学習を進める。

　本書では，主要なオリジナルの寸法は（　）書きにて，本文ならびに図面に記している。1 フィートは 12 インチ。インチは「″」，フィートは「′」で表される。また，インチ以下の端数は，通常，小数点ではなく分数で表される。

　インチ・フィートを正確にミリに換算すると数値が複雑になるので，本書では，1 インチを 25 ミリ，1 フィートを 300 ミリと見なして寸法を換算している。しかし，より正確には，1 インチはおよそ 25.4 ミリ，1 フィートはおよそ 304.8 ミリである。正確な寸法での学習については，オリジナルの図面を参照して各自で進めて欲しい[6]。

4.3.1 平面の構成

　ファンズワース邸は，ガラスで囲まれる内部空間，床面が内部空間と同じレベルにあるポーチ，ポーチから 1 段下がったレベルにあるテラスから構成されている。**図 4-13** は，部屋の床レベル＋1.5 メートルの高さで全体を水平に切断した図である。

　写真 4-1 および**写真 4-2**（146 ページ）を見ると想像できると思うが，この住宅は，広大な自然の中に建っている。室内からは，周囲のガラスを通して緑が目に入る。ポーチからテラスに向かう方向の先には，木々の広がりの向こうに川が流れている。

　壁で仕切られているのは，内部空間の中央付近に位置する**設備コア**（シャワー室，浴室，キッチン，暖炉，機械室が一体となった設備室）だけである。この設備コアは架構された床の上に載っているだけで，構造体の一部ではない。ファンズワース邸の床と屋根とガラスの壁を支えているのは，鉄のフレームである。

4.3.2 柱と水平フレーム

　図 4-14 は，柱と柱の脚元および頂部をつなぐ水平な部材を示している。柱はH形鋼，水平な部材はチャンネル（溝形鋼）である。柱は，地中に埋められた**独立基礎**（柱だけを支える独立した基礎）の上に立つ。

6）ファンズワース邸の詳細な図面は以下の図書に収録されている。本書に掲載する図面は，以下の図書を参照して作成した。

（参考文献）
GA ディテール No.1，ミース・ファン・デル・ローエ，ファンズワース邸 1945-50，1976 年 4 月，A.D.A. EDITA Tokyo Co., Ltd.

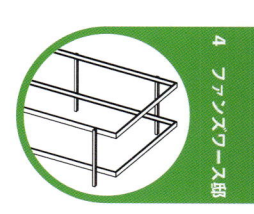

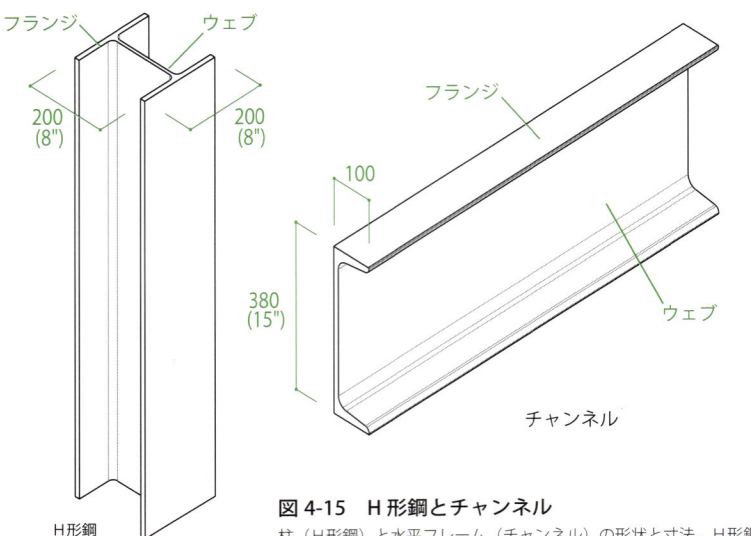

図 4-15　H形鋼とチャンネル
柱（H形鋼）と水平フレーム（チャンネル）の形状と寸法。H形鋼およびチャンネルの外側にある 2 枚の平行な部分がフランジ。2 枚のフランジをつなぐ部分がウェブ。

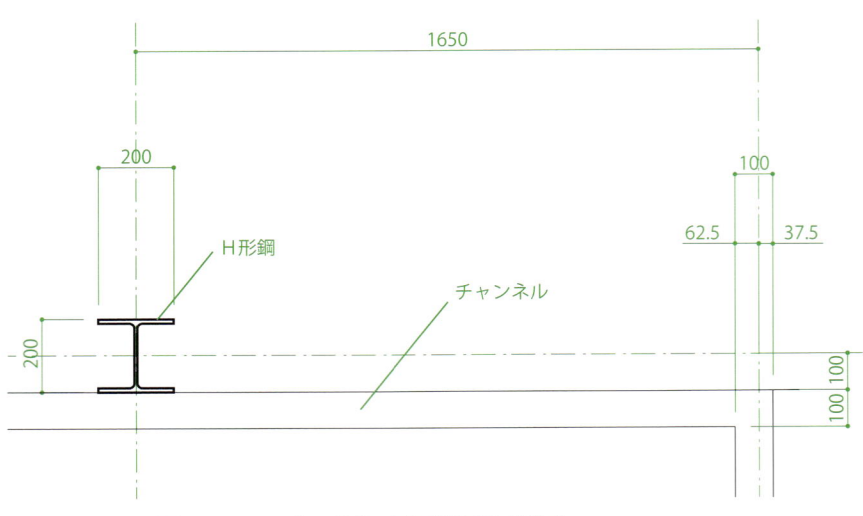

図 4-16　コーナー部分の平面詳細図（1/20）
H形鋼とチャンネルは側面をピッタリと合わせて接合される。部屋およびポーチの長手方向には，チャンネルが 1650 ミリ跳ね出す。

---

7) 本章では，平面図，断面図，立面図を描く演習は用意していない。しかし，余力があれば，1/50 スケールで図面を描いてみるとよい。鉄骨構造の図面では，薄い板状の部材である鉄骨を表現しなければならないので，できるだけ大きなスケールで図面を描くのが望ましい。ファンズワース邸のテラスを含めた平面は，おおよそ 30 メートル× 16 メートルほどの大きさなので，1/50 スケールで平面図を描く場合，A1 サイズ（841 × 594 ミリ）の用紙が必要になる（A2 サイズでは全体を描けない）。

この「水平な部材」は，柱と柱をつなぎ，後述する床や屋根を支える梁を受けるという意味で「桁」と呼ぶこともできる。しかし，本来の「桁」は，5 章で解説する木造軸組構造の用語である。ファンズワース邸の部位の名称として適切とは思えないので，ここでは「水平フレーム」と呼ぶことにする。

柱には，200 ミリ（8″）角のH形鋼が使われている。チャンネルの寸法は，高さが 380 ミリ（15″），幅が 100 ミリ（3 3/4″）である。**図 4-15** に柱とチャンネルの形状を示した。

H形鋼およびチャンネルの外側にある 2 枚の平行な部分は**フランジ**，2 枚のフランジをつなぐ部分は**ウェブ**と呼ばれる。フランジおよびウェブの接合部分，あるいはチャンネルにおけるフランジの端部には丸みがついている。フランジおよびウェブの厚さは，規格によりさまざまであるが，200 ミリ角のH形鋼ではおおよそ 8 ～ 12 ミリ程度，100 × 380 ミリのチャンネルではおおよそ 10 ミリ程度からもっとも厚い部分で 20 ミリ程度である。

H形鋼およびチャンネルの接合部分の詳細を**図 4-16** に示す。図は北東のコーナー部分の平面詳細図である。チャンネルはH形鋼柱の内側にピッタリと合わせて接合されている。

なお，柱より跳ね出した 100 ミリ幅のチャンネルの外側（室外側）の縁は，基準線（柱の中心を通る基準線から 1650 ミリの位置にある基準線）から外側に 37.5 ミリ（1 1/2″）の位置にある。

柱と水平フレームが，ファンズワース邸の形態を決定するフレームとなっている。このフレームの平面図と立面図を描くと，**図 4-17** および**図 4-18** のようになる 7)。

6600 ミリ（22′）の間隔で並ぶ 4 列のH形鋼柱が，8800 ミリ（29′-4 1/2″）の**スパン**（支点間距離）で平行に並び，この 4×2＝8 本の柱が床と屋根を構成する水平フレームを支える。室内と同一レベルのポーチから一段下がったテラスは，7000 ミリ（23′-4 1/2″）のスパンで平行する 6 本の柱で支えられる。部屋およびポーチの長手方向には，チャンネルが 1650 ミリ（5′-6″）跳ね出している（キャンティレバーとなっている）。

屋根を支える柱の高さは 4750 ミリ（15′-9 3/4″）。テラスを支える柱の高さは 775 ミリ（2′-6 3/4″）。チャンネルの上端は，柱の最上端より 65 ミリ（2 3/4″）高いレベルにある。

4.3.3　柱と水平フレームのジョイント

ファンズワース邸のおもな構造体は柱と水平フレームであり，その柱と水平フレームが外観にも表れている（後述するが，床や屋根を支える構造体が，床下や天井の上に存在する）。ファンズワース邸に限らず，鉄骨構造は，柱や梁などの鉄骨の部材をジョイントしていくことで構成される。

柱と水平フレームをどのように接合するかは，ミースにとって，ファンズワース邸のデザインを決定する重要なポイントであったはずだ。

図 4-17　フレームの平面図（1/200）
8本のH形鋼柱が，床と屋根を構成する水平フレームを支える。テラスは6本の柱で支えられる。

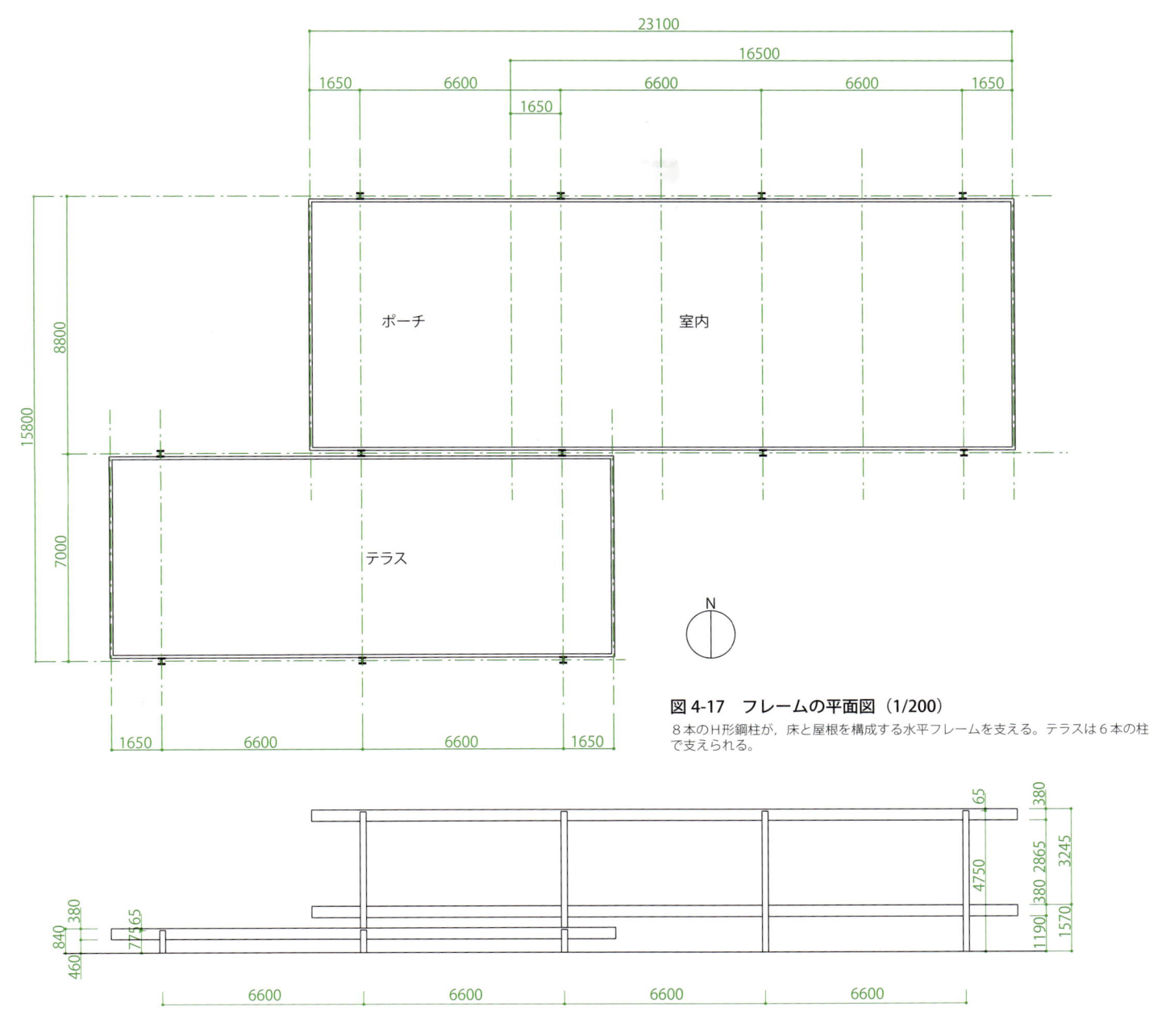

図 4-18　フレームの立面図（1/200）
屋根を支える柱の高さは4750ミリ。テラスを支える柱の高さは775ミリ。チャンネルの上端は，柱の最上端より65ミリ高いレベルにある。

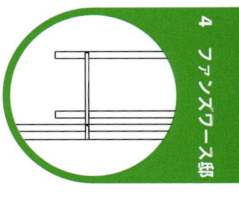

写真 4-9　ファンズワース邸（テラス）
H形鋼とチャンネルは，実にすっきりと接合されているように見えるが，H形鋼とチャンネルはどのようにジョイントされているのだろうか？

写真 4-10　バルセロナ・パビリオンの柱
バルセロナ・パビリオンの十字形の柱は，4本のアングル（山形鋼）がボルトで接合された複合部材である。この柱の表面はクロムメッキされた金属で覆われている。

8) 152ページの「4-2-4 鉄骨のジョイント」を参照。

9) 本書は実施されたディテールを把握していないが，閲覧可能な柱とチャンネルの接合方法を検討したスケッチを見ると，プラグ溶接を行っていると考えられる（見える部分には溶接跡はないが，サッシが取り付く部分などの見えなくなる部分にはすみ肉溶接を施している可能性もある）。ファンズワース邸の鉄骨のジョイントについては，以下の文献が詳細な考察を行っている。

佐々木睦朗，私のベストディテール／接合部の痕跡を消す，日経アーキテクチュア No.709（2002年1月7日号），PA／p.104-105

図 4-20 は，上記の文献を参照して作画したものである。

　ここで，H形鋼（柱）とチャンネル（水平フレーム）がどのように接合されているかを学んでおこう。**図 4-19** にH形鋼とチャンネルの接合部を示した。H形鋼とチャンネルは，**写真 4-9** に見られるように，まるで接着剤で貼り合わせたかのように実にすっきりと接合されている。

　このチャンネルと柱のジョイントは，視覚的にはまるで浮力をもって浮かんでいく屋根を，H形鋼が軽くちょこんと押さえているかのようにさえ見える。しかし，もちろん物理的には，H形鋼とチャンネルは強固にジョイントされ，H形鋼は屋根の重量を受けている。

　鉄骨のジョイントには，ボルト接合，リベット接合，溶接などの施工法が考えられるが，ボルト接合やリベット接合ではボルトやリベットの露出が避けられない[8]。溶接であっても溶接跡が残るはずである。しかし，ファンズワース邸のジョイントには，ボルトやリベットは見られない。少なくとも目につく部分には，溶接跡も見られない。いったいファンズワース邸のH形鋼とチャンネルはどのようにジョイントされているのだろうか？

　ファンズワース邸の柱とチャンネルは，**プラグ溶接**によって溶接されていると考えられる。**図 4-20** に考えられる接合法を図示した[9]。

　チャンネルの内側に穴を空け，その穴を使ってプラグ溶接をすれば，溶接部分は天井の上あるいは床下に隠れるから，溶接跡は見えないことになる。プラグ溶接には，プラグ溶接だけで十分な強度が得られるかどうかの検討が必要となる。大規模な建築に容易に応用できる接合方法ではないが，ファンズワース邸では，プラグ溶接によって，ジョイントの跡が見事に消去されている。

　ファンズワース邸から話がそれるが，1929年にスペインに建てられた**バルセロナ・パビリオン**では，ミースは溶接でなく**ボルト接合**を用いている（この時代にはまだ溶接の技術が確立していなかったためであろう）。**写真 4-10** がバルセロナ・パビリオンの中庭部分である。

　ここには断面が十字形の柱が立っているが，この十字形の柱は，4本のアングル（山形鋼）がボルトで接合された複合部材である。ミースは，この柱の表面をクロムメッキされた金属で覆い，アングルのジョイントをその内側に隠している。

　ジョイントの処理は，建築のディテールのデザインの一部である。建築を学び始めた学生には，さまざまなディテールの実例から，建築が細部にわたってデザインされていることを学んで欲しい。

演習 4-1　フレームのモデリング

　柱とチャンネルを CG（コンピュータ・グラフィックス）アプリケーションを使ってモデリングしてみよう（160ページの**図 4-21**）。また，1/50 スケールの模型もつくってみよう（**写真 4-11**）。

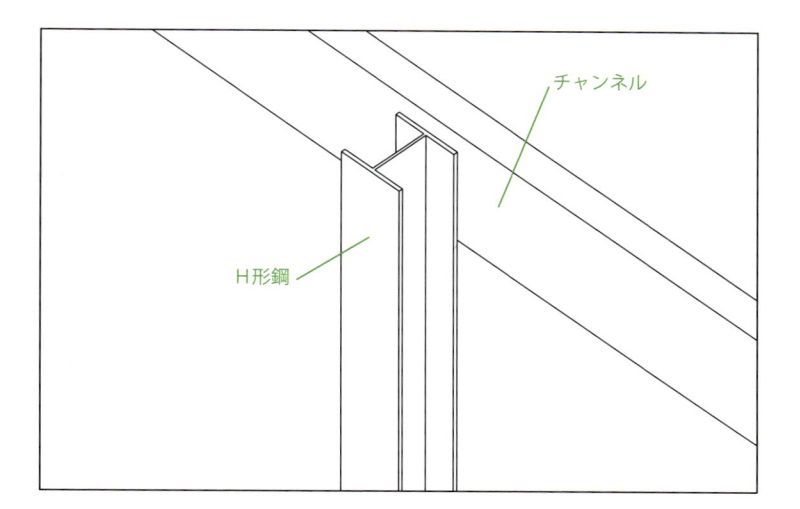

図 4-19　H形鋼とチャンネルの接合部
ファンズワース邸のジョイント部分に接合の跡は見られない。接合の痕跡はデザイン的に隠されている。

写真 4-11　模型
1/50 スケールの模型を製作しよう。

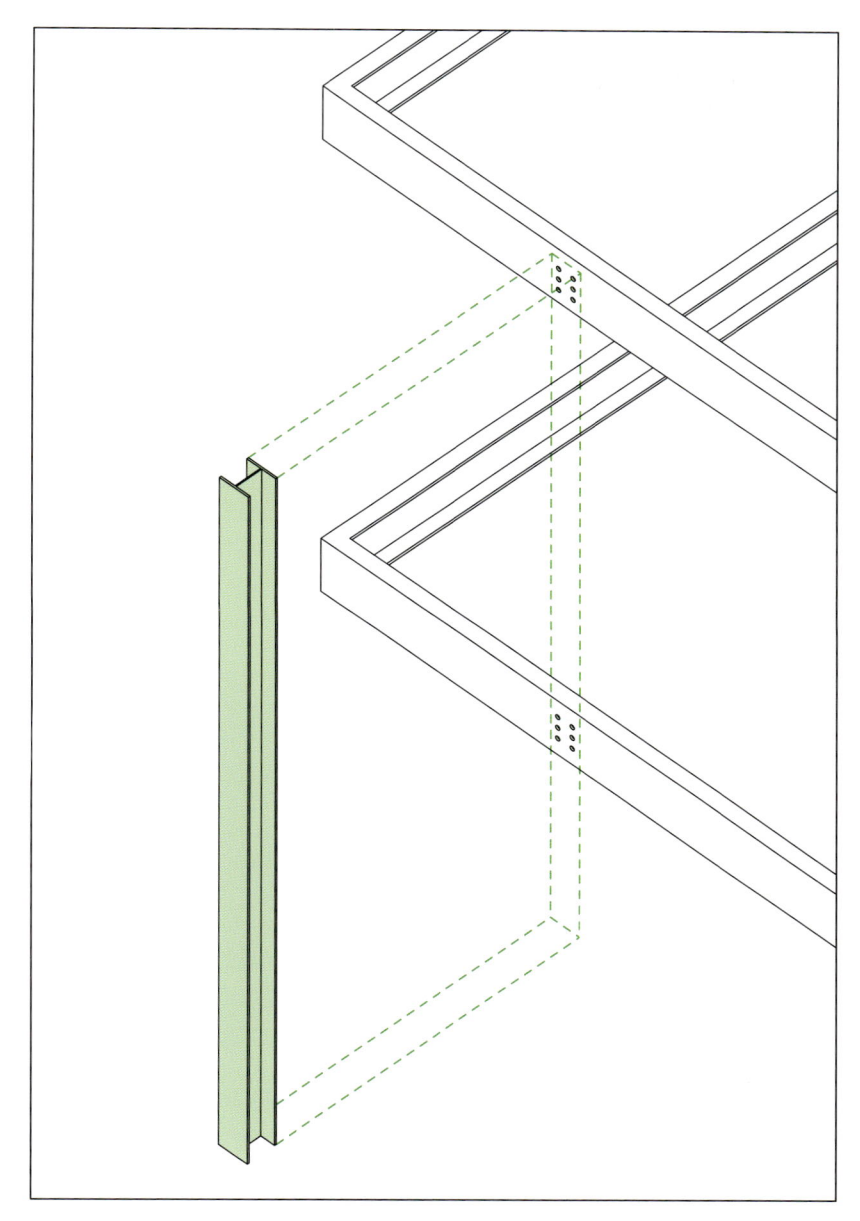

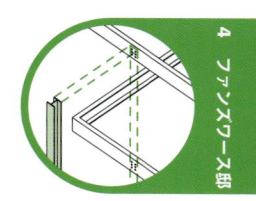

図 4-20　H形鋼とチャンネルのプラグ溶接
チャンネルの内側に空けた穴を使えばチャンネルの裏側からのプラグ溶接が可能である。溶接部分は天井の上あるいは床下に隠れるから，溶接跡は見えない。

4　ファンズワース邸

159

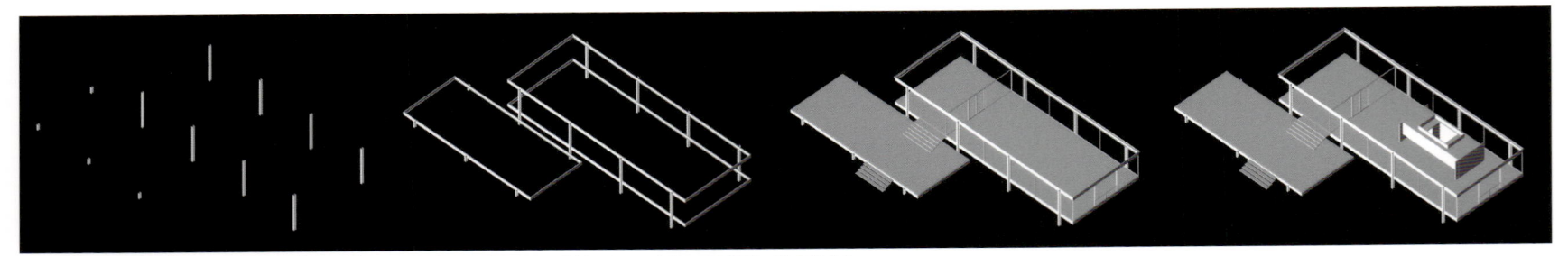

図 4-21　ファンズワース邸のモデリング　ファンズワース邸をCGアプリケーションを使ってモデリングしてみよう。

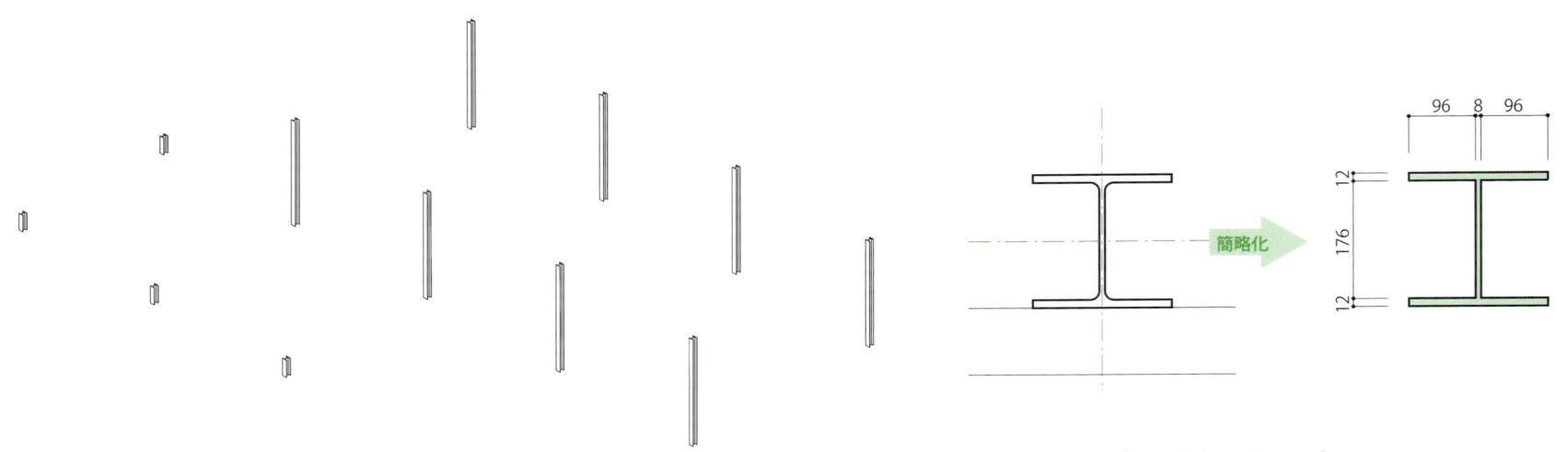

図 4-22　柱のモデリング
平面図上で 200 × 200 のH形鋼の断面形状を描き，それぞれの高さまで掃引する。

図 4-23　H形鋼のモデリング（平面図　1/10）
CGモデリングでは，ディテールを単純化するとデータ量の増大を避けることができる。

この演習では，CGモデルと模型を以下の方法で製作することにする。
(1) サッシを含む鉄骨部材の形状は簡略化する。
(2) 床，屋根は，チャンネル間に架け渡されるH形鋼梁によって支えられる。H形鋼梁は，床下あるいは天井の中に隠れる部材である。CGモデルあるいは模型ではH形鋼梁は製作しない。すなわち，床，屋根，天井の内部は製作しない。
(3) 床や設備コアの仕上げには目地がある。CGモデルでは，目地はモデリングではなくテクスチャーによって表現する。模型では，目地は鉄筆などで描く。
(4) その他，細部は省略する。

至高のディテールをもつファンズワース邸のCGモデルや模型を，実物の通りに精密に製作するのは難しい。この演習では，細部は省略にする。しかし，何をどう省略するのかを理解しなければ正しい省略はできない。ファンズワース邸のディテールを理解しながら，CGモデルと模型の製作に取り組んで欲しい。

図 4-18（157 ページ）のフレームの立面図に示したように，屋根を支える柱は 4750 ミリ，テラスを支える柱は 775 ミリの高さで GL から立ち上がる。モデリングでは，平面図上で 200 × 200 のH形鋼の断面形状を描き，それぞれの高さまで掃引（平面に高さあるいは奥行きを与えること）すれば，柱のモデリングは完了する。

8本の屋根を支える柱，4本のテラスを支える柱は，それぞれ同一の寸法であるから，1本つくってコピー＋移動すればよい。**図 4-22** にモデリングの結果を示す。

ここで，H形鋼の断面形状は簡略化してモデリングするとよい。**図 4-23** に，

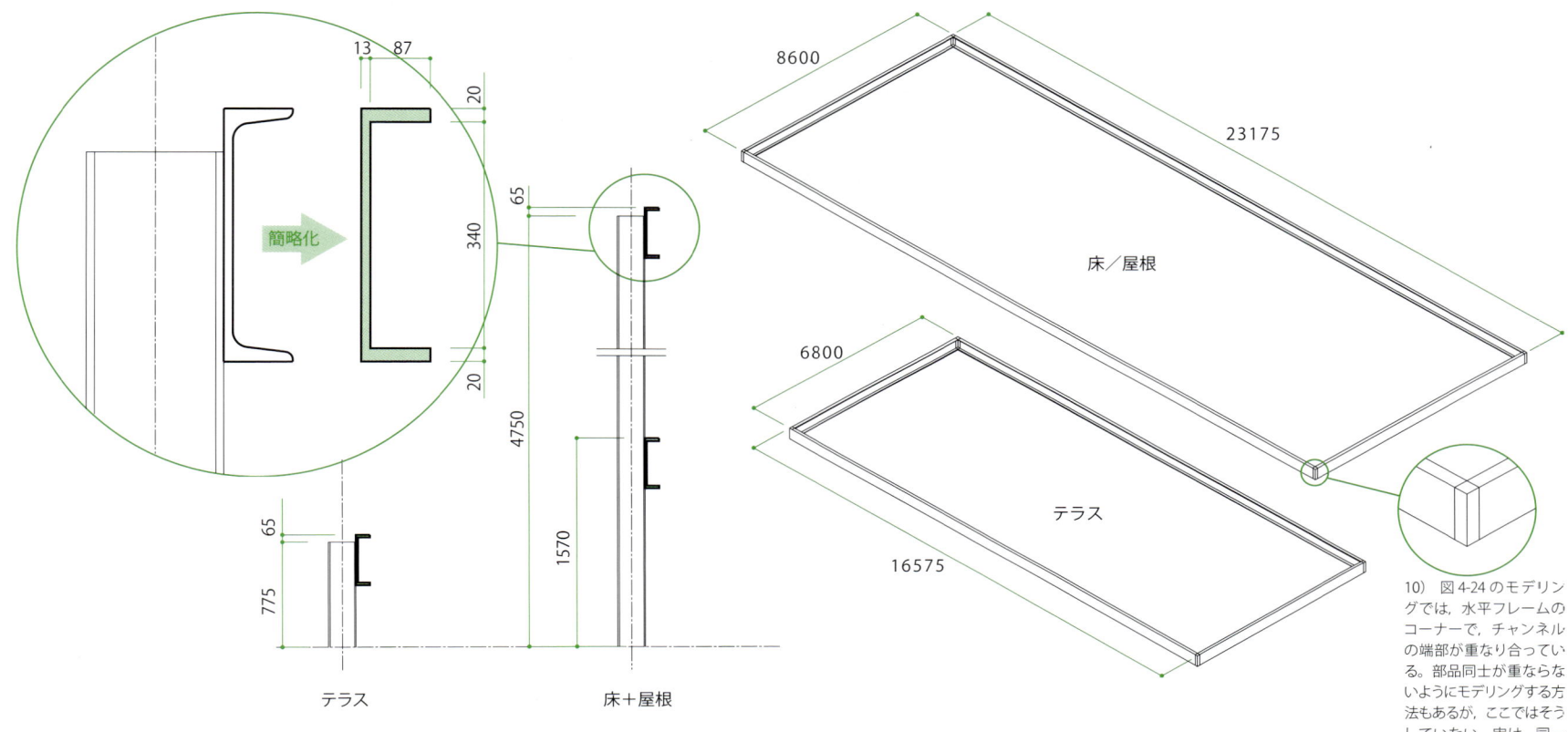

図 4-24　チャンネルのモデリング
断面形状を掃引し，回転，移動して位置を合わせる。CGモデリングでは，チャンネルのコーナーは重なっても構わない。

フランジやウェブの接合部の丸みを省略し，形状を簡略化したH形鋼の断面を示す。

フランジやウェブの接合部の丸みを正確にモデリングすると，モデルのデータ量が増大する。部材のディテールを精密に表現することが目的ならば，正確なモデリングが必要となるであろうが，そうでなければ簡略なモデルで十分であろう。

部屋の床，テラスの床，屋根を支える3つの水平フレームは，それぞれ4本のチャンネルの組み合わせでモデリングする。正面図および側面図（正面または側面から見た立面図）で，**図 4-24** の左図に示した断面形状を描き，右図に示した奥行き（長さ）まで掃引をすればよい。そして，必要に応じて，3次元空間上で，部品を前後上下左右に移動させて，位置を合わせる[10]。

なお，「4-4-5 テラス床の構成」（166ページ）で述べるが，テラスの床には水勾配（わずかな傾斜）がついている。そのため，テラスの床を支えるチャンネルは完全に水平ではなく，わずかに傾いている。しかし，ここでは水平とみなしてモデリングしよう。

模型を製作する場合は，200 × 200 ミリのH形鋼の1/50スケールのものが模型部品として市販されているので，それを使うとよい。屋根を支える8本の柱は95ミリ（建築寸法で4750ミリ），テラスを支える4本の柱は15.5ミリ（建築寸法で775ミリ）に切断する。

幅が100ミリのチャンネルは，2ミリ厚のスチレンボードで製作しよう（169ページの**図 4-38** を参照）。チャンネルのコーナーは小口が目立たないように，エッジを処理するべきである。なお，チャンネルは，模型では後で製作する床あるいは天井に接着する方が効率的なので，ここでは柱には接着しないで，部品だけをつくっておこう。

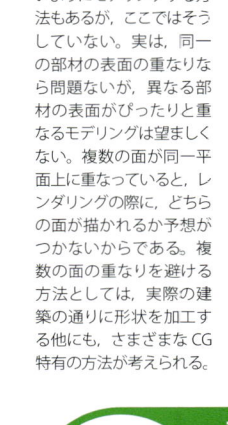

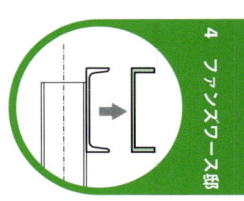

10）図 4-24 のモデリングでは，水平フレームのコーナーで，チャンネルの端部が重なり合っている。部品同士が重ならないようにモデリングする方法もあるが，ここではそうしていない。実は，同一の部材の表面の重なりなら問題ないが，異なる部材の表面がぴったりと重なるモデリングは望ましくない。複数の面が同一平面上に重なっていると，レンダリングの際に，どちらの面が描かれるか予想がつかないからである。複数の面の重なりを避ける方法としては，実際の建築の通りに形状を加工する他にも，さまざまなCG特有の方法が考えられる。

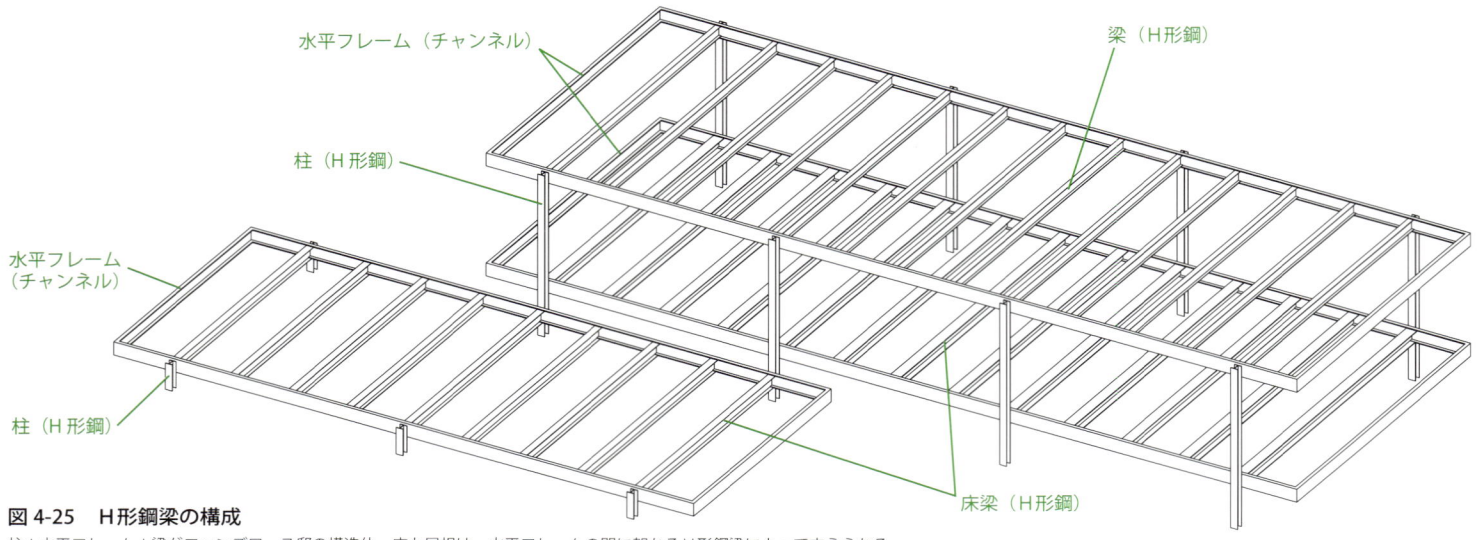

図 4-25 H形鋼梁の構成
柱＋水平フレーム＋梁がファンズワース邸の構造体。床と屋根は，水平フレームの間に架かるH形鋼梁によって支えられる。

11) 実際の工事では，床の仕上げ材や天井が取り付く前にガラスを支えるサッシが取り付くはずなので，工事の過程において，図4-27のような状態はありえない。ここでは，ガラスとサッシについて解説する前に床と屋根の解説を進めているので，このような表現の図を示している。同様に図4-29，図4-33でもサッシを省略している。

12) 外部空間であるポーチの下に敷かれるプレキャスト・コンクリートスラブには，排水のための穴が空く部分があるが，図4-28では省略している。

4.4 床と屋根

次に，床と屋根の構成について学ぼう。

水平フレームの内部には，**図 4-25** に示したH形鋼梁が架かる。梁が架かることによって，水平フレームに面的な強度が与えられ，ファンズワース邸全体の架構が成立する（柱と水平フレームと梁が，ファンズワース邸の構造体である）。

ファンズワース邸の床と屋根は，水平フレームの間に架かったこのH形鋼梁によって支えられる。

4.4.1 床梁の構成

床下には，「W12×58」という規格のH形鋼梁が，8800ミリ（29′-4 1/2″）のスパンに架かり，1650ミリ（5′-6″）の間隔で並ぶ。H形鋼の寸法は，高さ（2つのフランジの外側の寸法）が約300ミリ，幅（フランジの幅）が約250ミリである。

「W12×58」の詳細を**図 4-26** に示す。「W12×58」は，高さの**呼び寸法**が12インチ，1フィートあたりの重さが58ポンドであることを表す記号。呼び寸法とは，記号として用いるおおまかな寸法のことである。呼び寸法は，必ずしも正確な寸法を表さない。

4.4.2 床の構成

ファンズワース邸の床は，室内，ポーチ，テラスともに，**トラバーチン**という上質の大理石で仕上げられている。

図 4-27 は，床と屋根を切断した立体図である（ここでは，ガラスとそのサッシ，天井の吊り金具，カーテンレールなどは省略している）[11]。

床下には，**図 4-28** に示したように，H形鋼梁の間に**プレキャスト・コンクリートスラブ**が架かる（プレキャスト・コンクリートスラブが，H形鋼梁の下側のフランジの上に載る）[12]。**プレキャスト**は，「あらかじめ工場で生産される」ことを表す言葉である。したがって，プレキャスト・コンクリートスラブとは，「工場で生産されたコンクリート製の床スラブ」という意味であり，**PCスラブ**とも呼ばれる。

図 4-29 に室内部分の床のディテールを示す。室内部分の床には，プレキャスト・コンクリートスラブの上に断熱材と**軽量コンクリート**が充填され，その上が**モルタル**（セメント＋砂＋水）で均され，仕上げとして，その上にトラバーチンが敷かれる。

床の仕上げ面（トラバーチンの上面）は，高さ380ミリ（15″）のチャンネルの上面より5ミリ（1/4″）ほど高い位置に設計されている。建築を学び始めた学生には，床下内部のディテールを正確に理解するのは難しいかもしれないが，床を構成する素材が，おおよそチャンネルの高さである

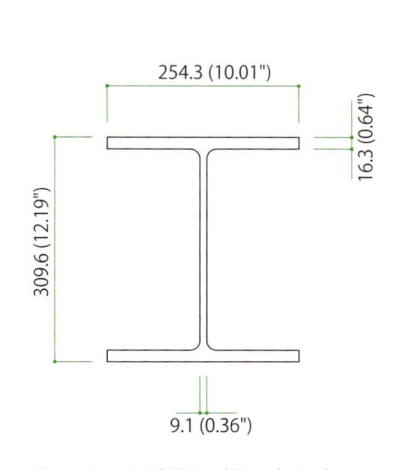

図 4-26　H形鋼梁の断面（1/10）
床梁となるH形鋼「W12×58」の断面。

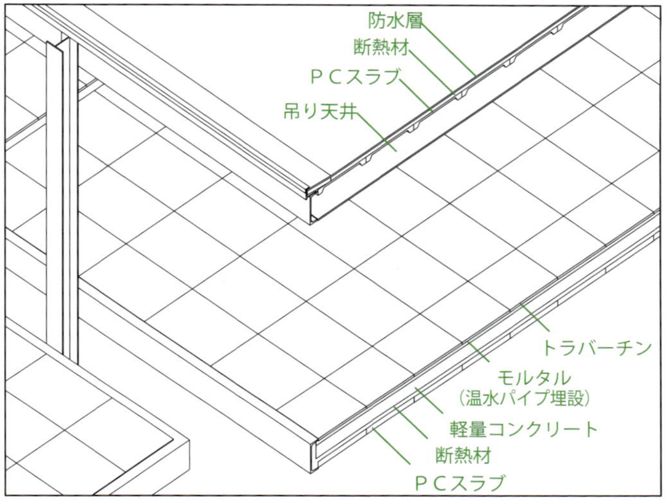

図 4-27　床と屋根の構成
床と屋根を切断した立体図。ガラスとそのサッシ，天井の吊り金具，カーテンレールなどは省略している。PCスラブとは「プレキャスト・コンクリートスラブ」のこと。

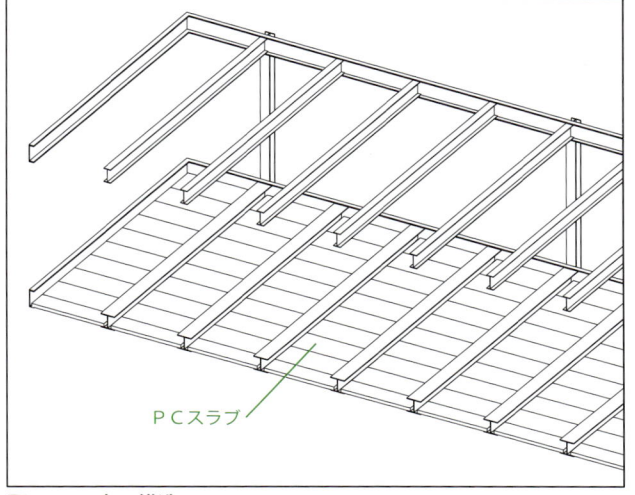

図 4-28　床の構造
水平フレーム（チャンネル）とH形鋼梁の下側フランジの上にPCスラブが載る。

380ミリの間で構成されていることを理解しておこう。

モルタルの内部には，**温水パイプ**（温水を通すパイプ）が通っていて，温水によって軽量コンクリート＋モルタル＋トラバーチンが暖められる**床暖房**が組み込まれている。軽量コンクリートの下部には，床暖房の熱を床下に逃がさないように，断熱材が敷かれている。

ポーチとテラスは外部空間なので，床暖房は不要である。一方，排水の仕掛け（雨水を流す仕掛け）が必要となる。

床暖房は，**パネルヒーティング**と呼ばれる暖房方法の一つである。パネルヒーティングは，部屋全体の空気を暖める**エアーコンディション**とは異なり，空気を介さないで，熱源の熱を直接人体に伝える暖房方法である。人体が熱源から放射される輻射熱を受けることから，暖かさを肌で感じることができる。床暖房の場合は，室温が低くても，足もとが温められる。人間は，体のどこかが暖まれば循環する血液によって体全体が暖まるから，効率的に寒さをしのげる。

床を暖めるために，トラバーチンだけでなく，モルタルと軽量コンクリートを一緒に暖めるのはおおげさに感じるかもしれないが，実は合理的な方法である。**熱容量**の大きい石やコンクリートは，冷えた状態を暖めるまでに時間がかかる。しかし，いったん暖まってしまえば冷めにくい。すなわち，長時間暖房をし続けるなら，大きな容量を暖めるのは合理的である（料理を温かく保つために，熱く熱した石の容器に料理を盛るのも同じ原理である。たとえば，石焼きビビンバ…）[13]。

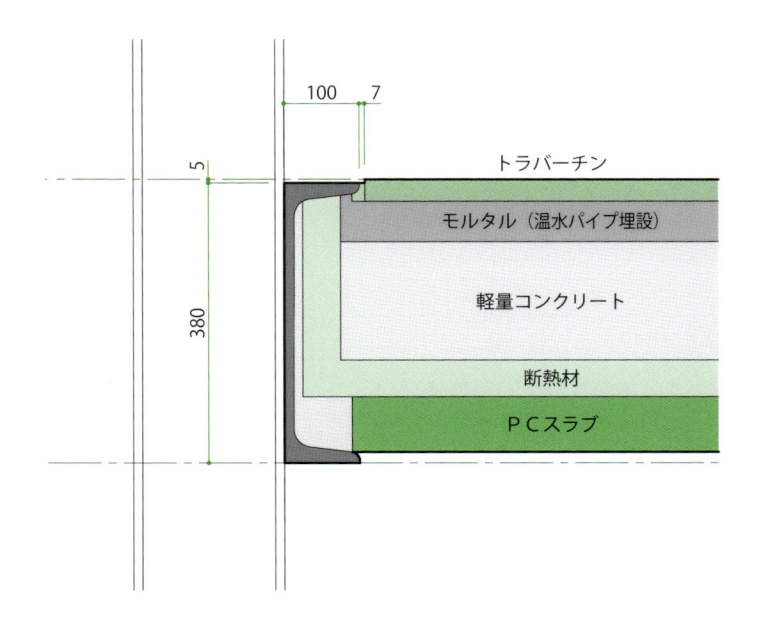

図 4-29　床の断面詳細図（1/10）
室内部分の床のディテール。床には，温水によって，トラバーチンが軽量コンクリートとモルタルとともに暖められるパネルヒーティング（床暖房）が組み込まれている。

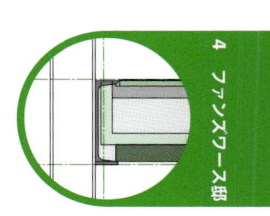

13）一方，ホットカーペットのように，床の表面だけを暖める床暖房の方法は，短時間の暖房に向いている（ホットカーペットならば，スイッチオンですぐに暖まる）。

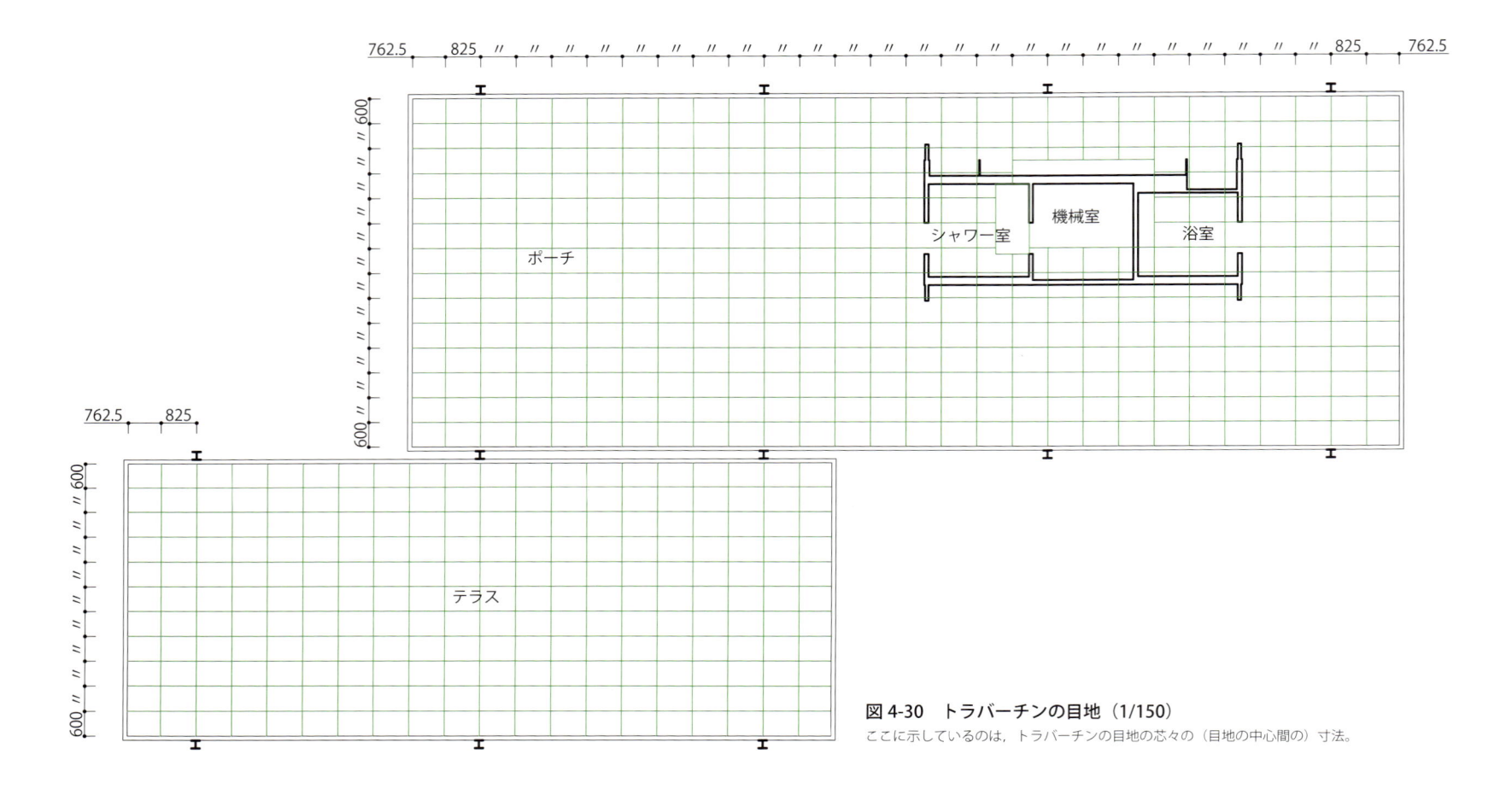

図 4-30 トラバーチンの目地（1/150）
ここに示しているのは，トラバーチンの目地の芯々の（目地の中心間の）寸法。

4.4.3 トラバーチンの目地

ファンズワース邸では，仕上げ材である**トラバーチン**の**割付け**（レイアウト）が重要なデザインの要素となっている。室内と室外であるテラスおよびポーチが同じトラバーチンで仕上げられ，内部空間と外部空間に連続性が現れている。一方，トラバーチンがつくり出す幾何学が，周囲の自然から，建築の領域を切り取っている。

図 4-30 にトラバーチンの割付けを示した。トラバーチンの割付けによって，床には**目地**が現れる。ファンズワース邸のトラバーチンの目地について学んでおこう。

図 4-30 には，トラバーチンの目地の**芯々**の寸法を示している。この芯々という寸法は，中心線と中心線の間の寸法のことである。

サイド（端）に位置するものを除くおもなトラバーチンの芯々の寸法は，600 × 825 ミリ（1´-12″ × 2´-9″）である。**図 4-31** に部分の拡大図を示す（ここでは目地を実際の寸法より誇張して表している）。

トラバーチン同士の目地の寸法はおよそ 2 ミリ（1/16″）である。したがって，実際のトラバーチンの寸法は，芯々の寸法から目地の寸法を差し引いた，598 × 823 ミリ（1´-11 15/16″ × 2´-8 15/16″）となる。目地としては，トラバーチン同士の目地の他に，床の周囲におけるトラバーチンと床チャンネルの目地もある。この目地の寸法は 7 ミリ（9/32″）となっている。

目地は，同一平面上におけるわずかな凹凸であるから，立体的な突起による稜線（見える部分の外形線）とは性格が異なる。一般の平面図（基本図）

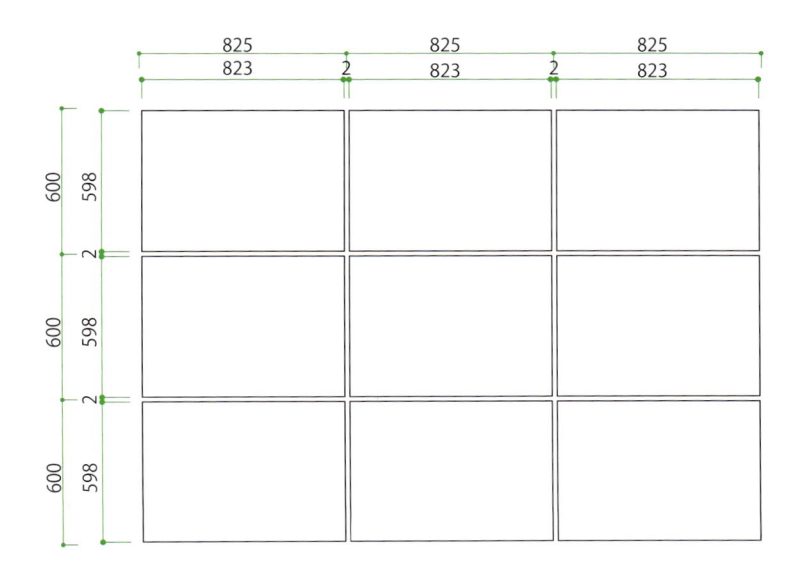

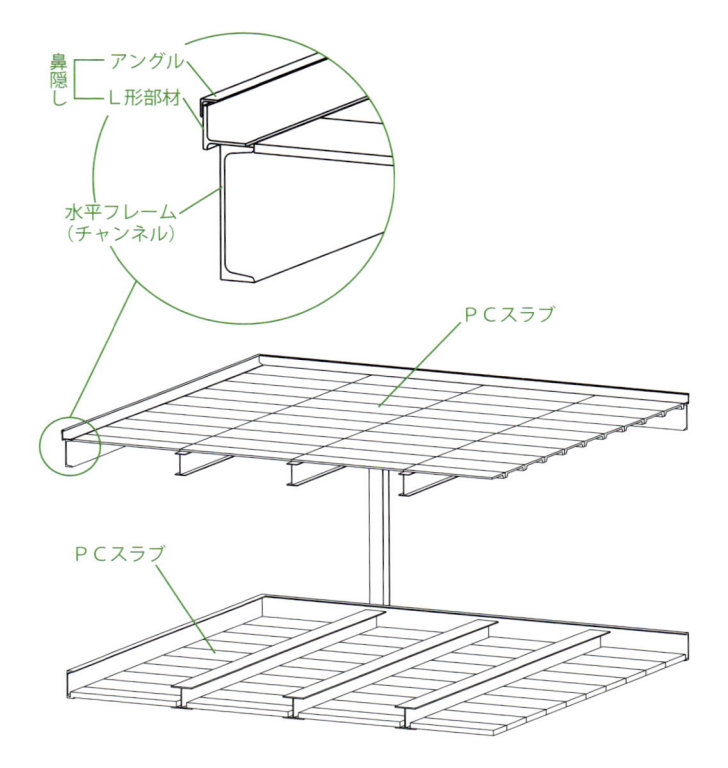

図 4-31　トラバーチンの目地（1/30）
トラバーチン同士の目地の寸法はおよそ 2 ミリ。実際のトラバーチンの寸法は，芯々の寸法から目地の寸法を差し引いた 598 × 823 ミリ。図は，目地を誇張して表している。

図 4-32　床と屋根の構成
屋根は，H 形鋼梁の上に載る溝形の P C スラブによって構成される。チャンネルの上部には，屋根の端部を納めるための鼻隠しが取り付く。

では，目地の表現が省略されることも多いが，ファンズワース邸の平面図においては，デザインの重要な要素である目地を省略することは妥当ではないだろう。

　目地は，理屈の上では，**図 4-31** に示したようにダブルライン（目地の間隔を表す 2 本の線）で描かれることになる。しかし，1/50 〜 1/100 程度のスケールの図面を描く場合には，およそ 2 ミリという間隔を表すことには無理がある。したがって，1/50 〜 1/100 程度の平面図では，目地はダブルラインではなく，シングルライン（1 本の線）で表すのが一般的である。また，細線によって濃くはっきりと描かれるべき稜線に対して，目地を描く線は薄く描かれていい線でもある。

4.4.4　屋根の構成

　屋根は，H 形鋼梁の上に溝形のプレキャスト・コンクリートスラブが架けられ，その上に**防湿膜**，**断熱材**，**防水層**が敷かれることで，屋根が構成される。防水層の上には，それを保護する砂利が敷かれている。**図 4-32** に，屋根を支えるプレキャスト・コンクリートスラブの構成を示す。

　プレキャスト・コンクリートスラブの下，H 形鋼梁の直下に，**天井**が吊り金具によって吊られる。天井には，**メタルラス・プラスター**という薄い石膏質のボードが使われている。室内の天井高（床面から天井面までの距離）は，2850 ミリ（9´ 6˝）である[14]。

14）先に 155 ページの左段で述べた通り，本書では，1 フィートを 30 センチ，1 インチを 25 ミリとみなして寸法を換算している。天井高は，より正確に，1 フィートを 304.8 ミリ，1 インチを 25.4 ミリで計算すると，2895.6 ミリとなる。

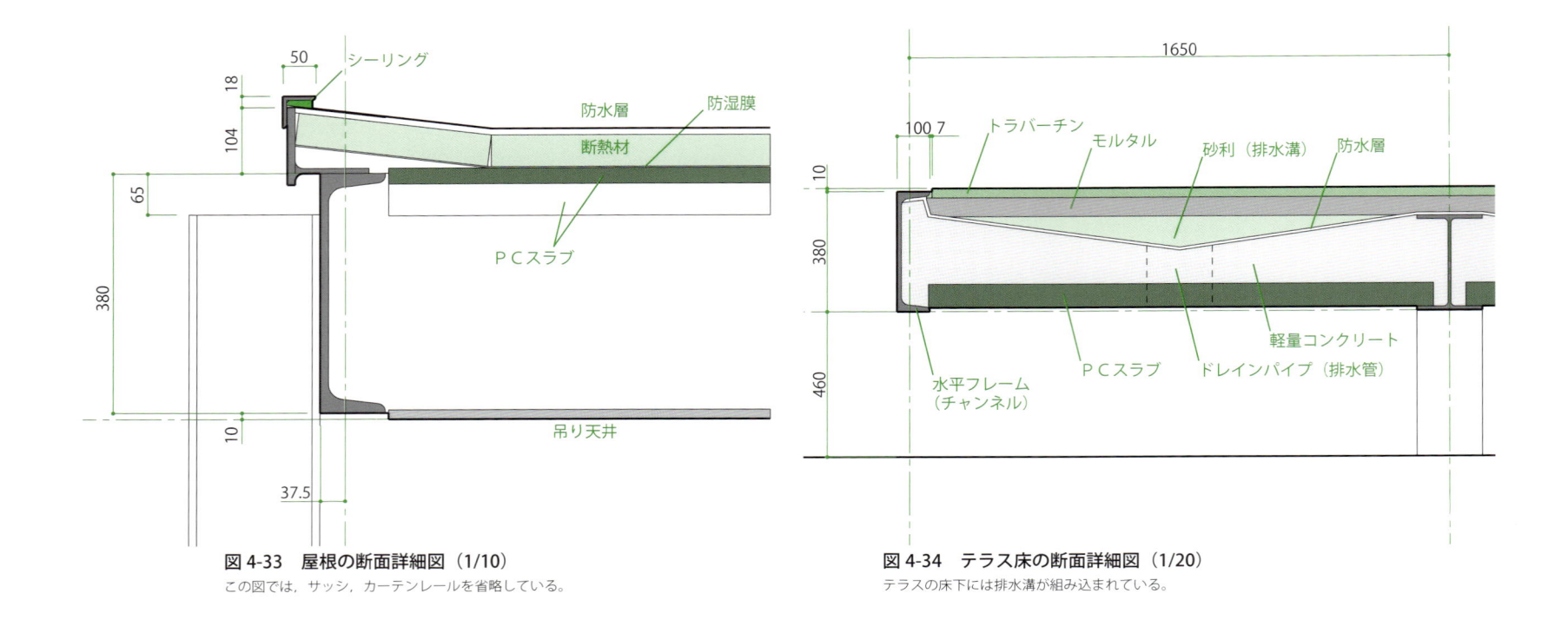

図 4-33　屋根の断面詳細図（1/10）
この図では，サッシ，カーテンレールを省略している。

図 4-34　テラス床の断面詳細図（1/20）
テラスの床下には排水溝が組み込まれている。

15）鼻隠しは，本来，木造軸組構造の用語で，軒先において，屋根を構成する部位である垂木の端部に取り付く板を意味する。

ところで，H形鋼のウェブをカットして断面形状をT形とした鉄骨はカットティーと呼ばれる。ファンズワース邸の鼻隠しに用いられているのは，カットティーのフランジをさらにカットしてL形としたものである。

　図 4-33 は，チャンネルを切断した部分のディテールである。チャンネルの上部には，防水層の端部を抑えるための**鼻隠し**（屋根の端部を隠す部材）が見られる。ファンズワース邸では，この鼻隠しが，パラペットのように，防水層の端部を納める役割を果たしている。鼻隠しは，フランジの幅が 200 ミリ（8˝）のH形鋼がカットされた部材と高さと幅が 50 ミリ（2˝）のアングルを組み合わせてつくられている[15]。

4.4.5　テラス床の構成

　テラスの床下には，排水のしくみが組み込まれている（ポーチの床下も同様）。**図 4-34** にそのディテールを示す。

　テラスは雨のあたる外部空間であるから，上面には，ポーチ側からその反対に向かってわずかな傾斜がつけられている。傾斜といっても，目で見てわかる，あるいは体感できる傾斜ではなく，水を流すためだけの傾斜である。このような雨のあたる水平面につけられたわずかな傾斜は**水勾配**と呼ばれ，建築には不可欠なしくみである。

　ファンズワース邸のテラスでは，**水上**（みずかみ。いちばん高いレベル）となるポーチ側の床面の高さがＧＬ＋ 875 ミリ（2´ 11˝），**水下**（みずしも。いちばん低いレベル）がＧＬ＋ 850 ミリ（2´ 10˝）である。すなわち，ここには 25 ミリ（1˝）の段差がある。テラスの奥行きはおよそ 7000 ミリであるから，この段差によって生じるのは 0.35％（1 メートルで 3.5 ミリ下がる）というほんのわずかな傾斜である。もちろん，1/50 スケール等の図面で表現できる傾斜ではないが，傾斜がついているという概念は知っておく必要がある。

　床を支えるH形鋼梁には，ポーチ部分に使われていた「W12 × 58」（およそ高さ 300 ミリ×幅 250 ミリ）とは異なる「W12 × 40」（およそ高さ 300 ミリ×幅 200 ミリ，正確には高さ 11.94 インチ×幅 8.005 インチ）が使われている。

　また，ポーチではチャンネルの天端（最上端）よりおよそ 5 ミリ（1/4˝）上がっていたトラバーチンの床の上面は，テラスではおよそ 10 ミリ（1/2˝）上がっている。

■ 演習 4-2　床・天井・屋根のモデリング

　床と屋根，それから天井をモデリングしよう。床，天井，屋根のモデリン

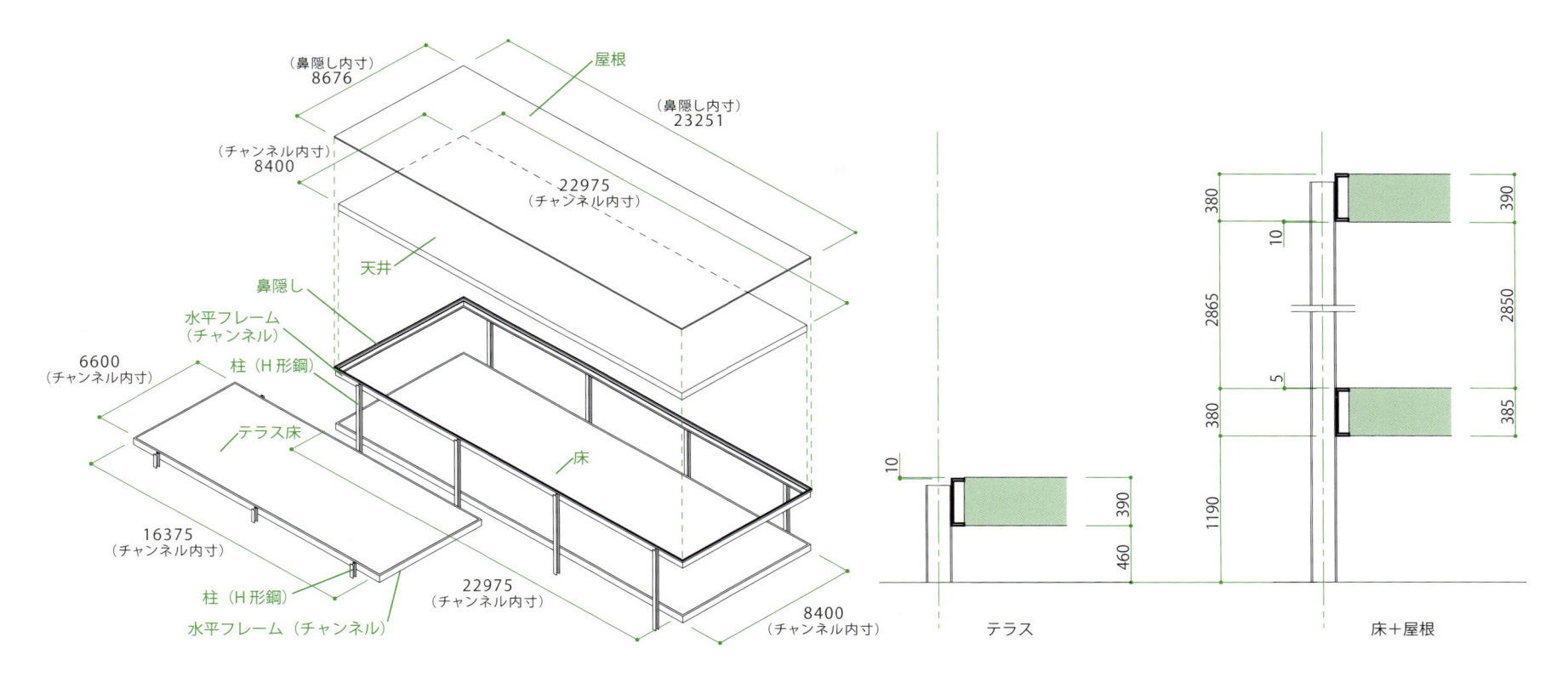

図 4-35　床と天井のモデリング
それぞれの大きさの平面を描き，厚みを与える。

グ方法の例を **図 4-35** に示した。ここでは，簡略な方法でモデリングを行うこととし，内部に隠れるH形鋼梁やプレキャスト・コンクリートスラブなどは省略している。

　トラバーチンの目地はモデリングしないことにする。トラバーチンとチャンネルあるいは天井とチャンネルの間にも数ミリの幅の目地が存在するが，目地の幅は表さないこととし，床と天井は水平フレームの内側にぴったり納めることにする（サイズを内寸に等しくする）。なお，トラバーチンの目地は，テクスチャーとして後で定義する。

　ポーチから室内へのドアの両脇のガラスの壁の下部には，トラバーチンにチャンネルが組み込まれている。この部分では，トラバーチンの床に凹みが生じているが，モデリングではこの凹みも省略する（ガラス壁の詳細については後述する。171ページの **図 4-42** および **図 4-43** を参照）。

　屋根と床を支えるチャンネルの長さは 23,175 × 8,600，テラスのチャンネルは 16,575 × 6,800 である。チャンネルの幅は 100 ミリだから，水平フレームの内寸は，それぞれ 22,975 × 8,400 と 16,375 × 6,600 となる。

　水平フレームの内寸で，床・天井・屋根の平面を描き，厚みを与えて，位置合わせをしよう。

　部屋＋ポーチの床は，床面がチャンネルの上端より 5 ミリ高い位置にあるから，床の下端をチャンネルの下端に合わると，厚さは 385 ミリとなる。しかし，**図 4-29**（163 ページ）に見られるように，床下のプレキャスト・コンクリートスラブはチャンネルの下端のフランジの上に載っているから，プレキャスト・コンクリートスラブの下端は，実際にはチャンネルの下端より少し高い位置にある。したがって，床の下端をチャンネルの下端と一致さ

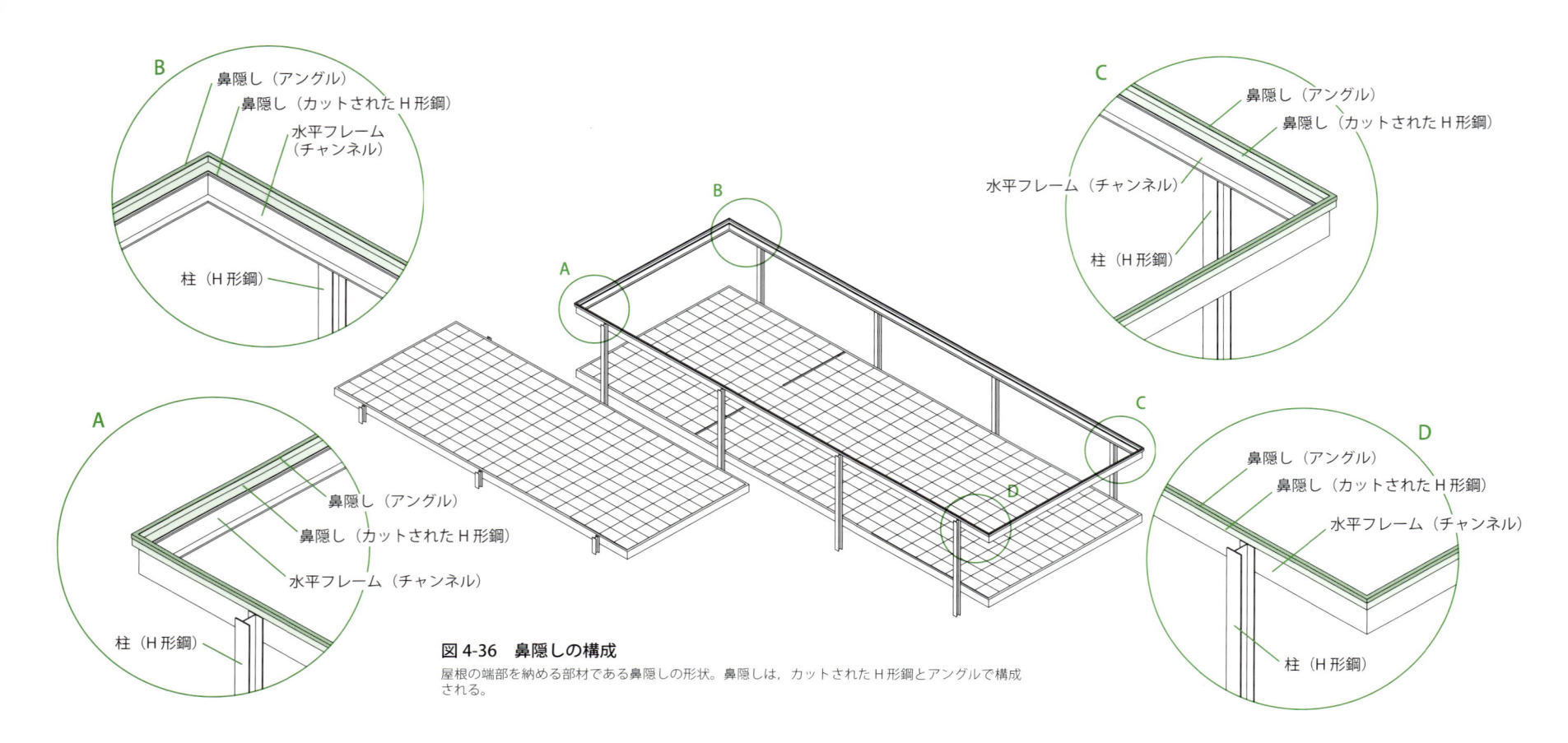

図 4-36　鼻隠しの構成
屋根の端部を納める部材である鼻隠しの形状。鼻隠しは，カットされたH形鋼とアングルで構成される。

せるモデリングは正確ではない。より正確にモデリングする場合は，床の下端をチャンネルの下端から10ミリほど上げる。

　天井は，天井面がチャンネルの下端より10ミリ下がった位置にある（166ページの**図 4-33**を参照）。天井は390ミリの厚さでモデリングして，上端をチャンネルの天端に合わせよう。テラスの床は，床面がチャンネルより10ミリ高い位置にあるので，厚みを390ミリとし，下端をチャンネルの下端に合わせよう（166ページの**図 4-34**を参照）。

　次に，鼻隠しをモデリングする。**図 4-36**にその構成，**図 4-37**に簡略化したモデリング形状を示す。チャンネルと同様に，正面図および側面図で鼻隠しの断面形状を描き，奥行きを与える。

　鼻隠しは，カットされたH形鋼とアングルから構成されるが，チャンネルの表面より，カットされたH形鋼は50ミリ，アングルは55ミリ飛び出る。カットされたH形鋼とアングルの奥行き（長さ）は，それぞれチャンネルの奥行きに50×2＝100ミリあるいは55×2＝110ミリを加えた寸法となる。

　屋根は，鼻隠しのカットされたH形鋼の内寸に納まる平板としてモデリングしよう（実際には，屋根は鼻隠し近くで小さな傾斜をもつが，傾斜は省略する）。屋根は70ミリの厚さでモデリングし，下端をチャンネルの天端に合わせる。

　模型は，床と天井を7ミリのスチレンボード，屋根は2ミリのスチレンボードで製作する。組み立て方法を**図 4-38**に示す。ただし，床，屋根，天井を柱に接着するのは，ガラスの壁と設備コアをつくった後とするべきなので，接着するのは後回しにする。

　床と天井は，CGモデルと同様に，水平フレームの内側にぴったりと納まる寸法で製作する。そして，小口には，先の演習 4-1（158ページ）で製作したチャンネルを取り付ける。また，床には，トラバーチンの目地を鉄筆などで凹みとして描こう（ペンで薄く描いてもよい）。

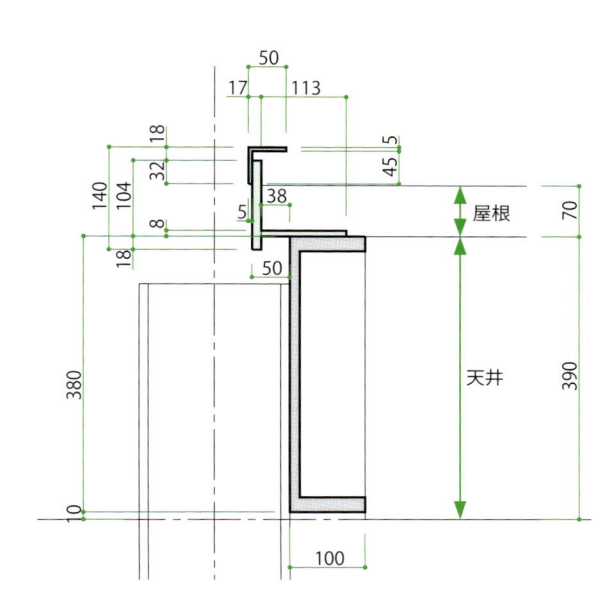

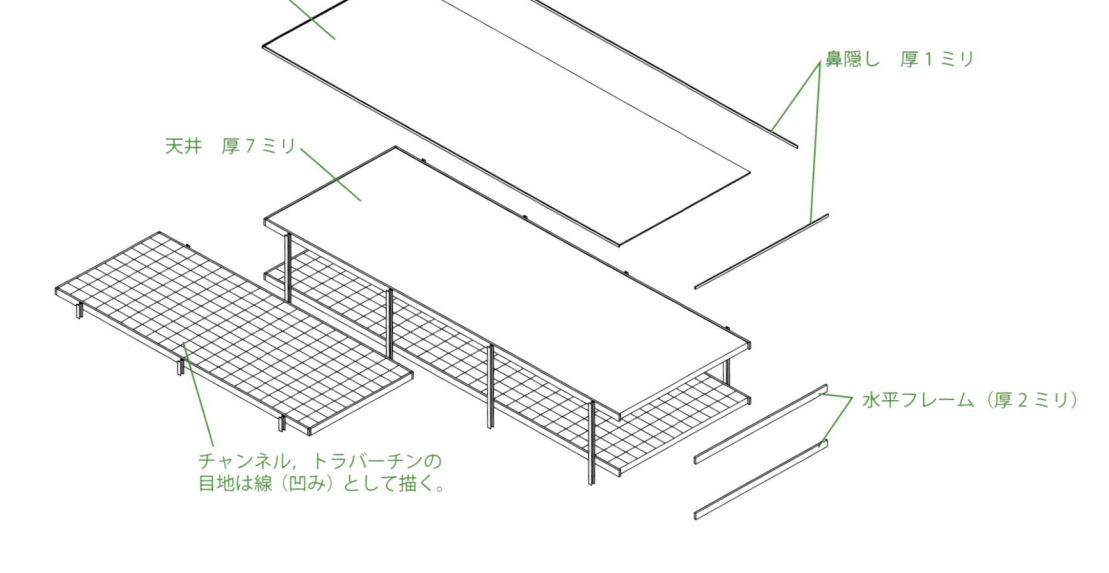

図 4-37　鼻隠しのモデリング
簡略化した鼻隠しの断面形状。正面および断面図で断面形状を描き，奥行きを与える。

　厚さ 7 ミリで製作する床と天井は，水平フレームの寸法（380 ミリ）よりやや薄い。模型では，床は，上面をチャンネルの天端を合わせるとよい。すると，チャンネルの下端が床の下面よりもわずかに飛び出ることになるが，実際の建築でもそうなっている。天井は，下面をチャンネルの下端に合わせよう（実際には，166 ページの図 4-33 に見られるように，天井の下面はチャンネルの下端より 10 ミリ下がっている）。

　屋根は，水平フレームの外寸（外側の寸法）で製作する。そして，その端部に鼻隠しを取り付ける。

　鼻隠しはチャンネル面から 50 〜 55 ミリ突き出ているので，厚さ 1 ミリのボード（スチレンボードなど）を用いて製作する。鼻隠しの高さは 140 ミリである。

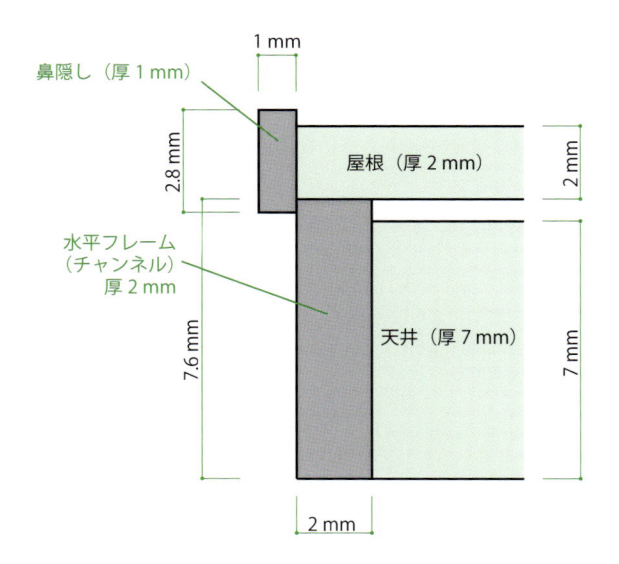

図 4-38　模型の組立
床と天井は 7 ミリ，屋根は 2 ミリのスチレンボード，鼻隠しは厚さ 1 ミリのボードを用いて製作する。

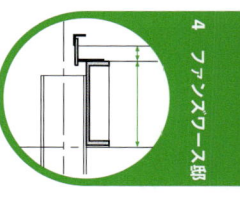

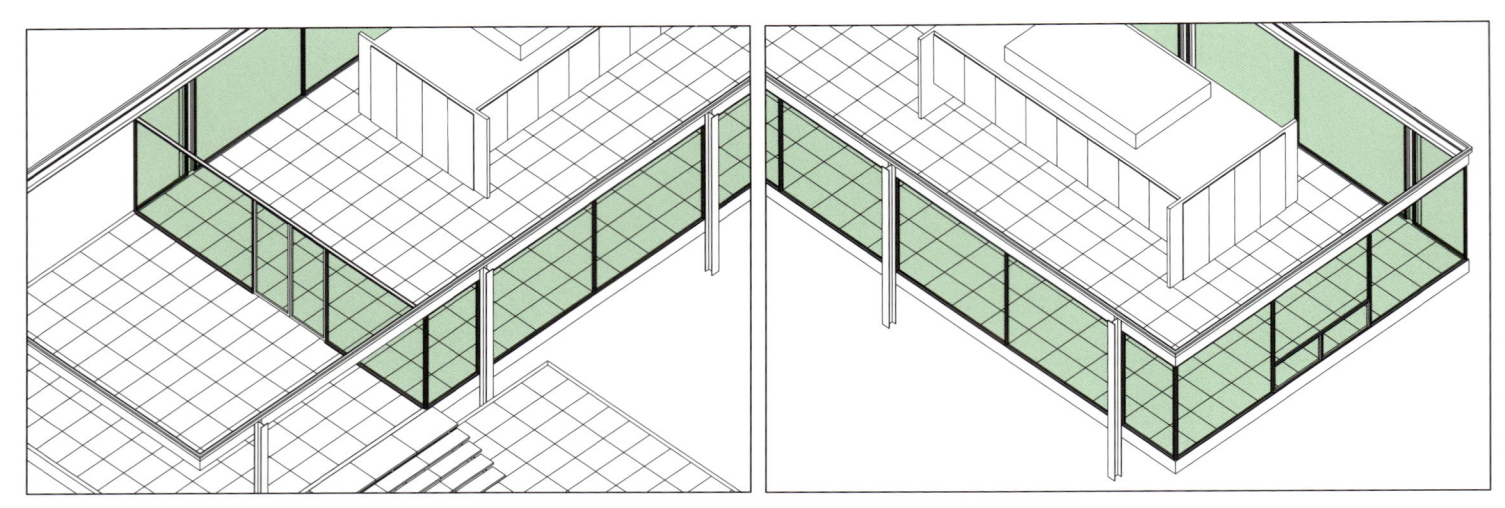

図 4-39　ガラス壁の構成
屋根を取り除いた立体図。西側のポーチにガラスのドアがある（左図）。東面には内開きのすべり出し窓がある（右図）。

4.5　ガラスの壁

次に，**ガラス**によって構成される壁について学ぶ。

図 4-39 は部屋を囲むガラスの壁を示した立体図である。ガラスの壁は，ポーチ（西側）に面したドアと東面の内開きのすべり出し窓を除いては，すべてはめ殺しである。

4.5.1　ガラス壁のディテール

部屋を囲む4面のガラスの壁のうち，ポーチに面するガラス壁（西面）を除く北南東の3面のガラス壁は，床と屋根を構成するチャンネル（水平フレーム）に取り付く。南面のガラス壁の垂直切断図を**図 4-40** に示す。ガラスの壁の断面詳細（床付近と天井付近のディテール）は，**図 4-41** のようになっている。

床と屋根のチャンネルの上下には，3つのフラットバー（厚板）を組み合わせて，ガラスを支えるためのサッシが構成されている。チャンネルに直接接合されるフラットバーの寸法はおよそ 20 × 50 ミリ（3/4″ × 2″。1 インチを 25 ミリで換算すると 18.8 × 50 ミリ）で，これはチャンネルにプラグ溶接される。そこに接合されてガラスを挟む2つのフラットバーは，およそ 30 × 15 ミリ（1-1/4″ × 5/8″ ＝ 31.3 × 15.6 ミリ）の寸法である。室内側のフラットバーはプラグ溶接され，室外側のフラットバーは**押縁**（おしぶ

16）注6（155 ページ）に記した前掲書。

ち。ガラスを押さえるための部品）として取り外せるように**ビス留め**（ビスを用いる留め方）される。

出版された設計図[16]には，ガラスとして，およそ 6 ミリ（1/4″）の厚さの**磨き板ガラス**が指定されている。しかし，今日ならば，ガラスの壁には，磨き板ガラスではなく**フロートガラス**を用いると考えられる。ファンズワース邸が建設された時代には，まだ，溶融ガラスをガラスより融点の低い溶融金属の上に流し込んで成形するフロートガラスの製法が確立していなかったから，フロートガラスではなく，磨き板ガラスが指定されていたのだろう。

図 4-42 は，ポーチに面するガラス壁を切断する垂直切断図である。この部分のガラス壁は，チャンネル間に架かるH形鋼梁に取り付く。この部分のディテールは**図 4-43** のようになっている。

床部分では，H形鋼の床梁の上に，見込み幅 100 ミリ（4″）のチャンネルが載っている。サッシを構成するフラットバーを取り付けるためのチャンネルである。このチャンネルは床梁には固定されておらず，天井内のH形鋼梁から吊られている。床梁の反りを考慮した高度なディテールだ。

トラバーチンは床梁上部のチャンネルに接するように納まる。演習として進めてきたモデリングあるいは模型ではこの部分を簡略化してきたが，ここで実際のディテールを確認して欲しい。なお，ポーチ側（ガラスの左側）の床下には，雨水を床下に流すために，**排水**の仕掛けが施される。

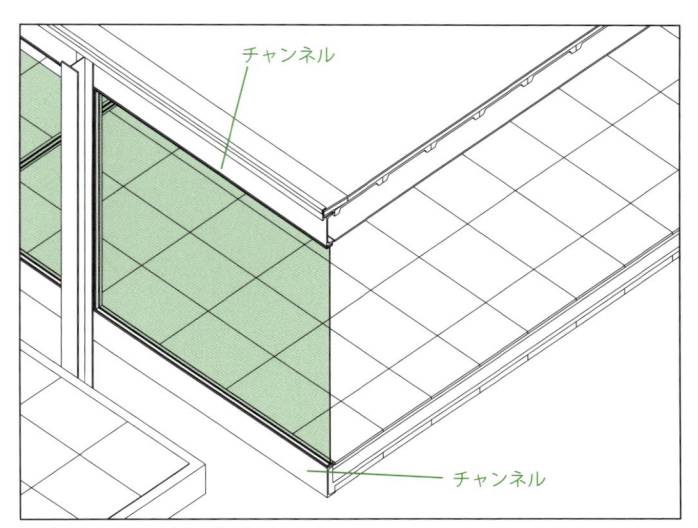

図 4-40　ガラス壁の構成（南面）
南面のガラスとサッシ。この図は，163 ページの図 4-27（床と屋根を切断する立体図）にガラスとサッシを描き加えたもの。

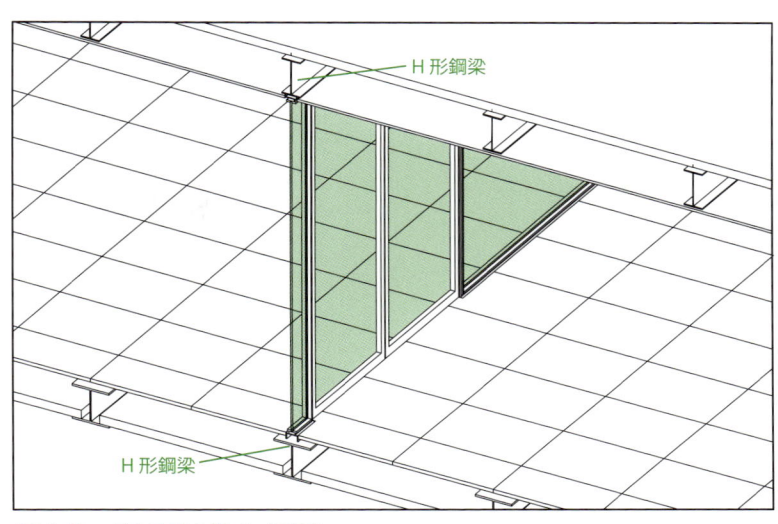

図 4-42　ガラス壁の構成（西面）
ポーチに面するガラス壁を切断した垂直切断図。

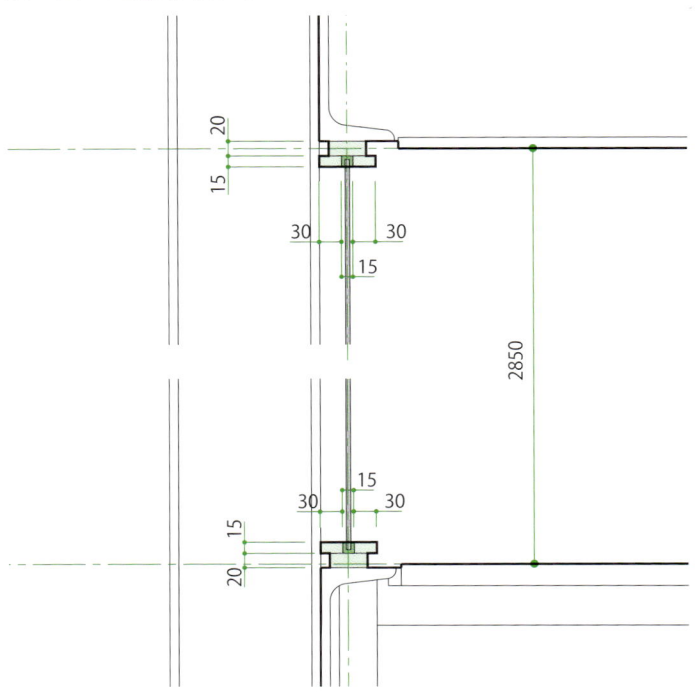

図 4-41　ガラス壁（南面／北面）の断面詳細図（1/10）
図 4-40 のディテール。

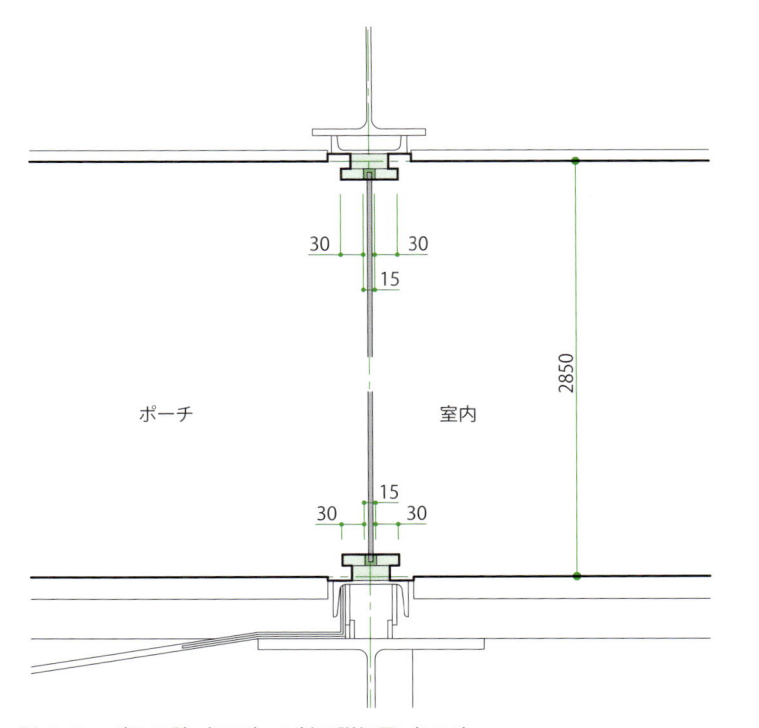

図 4-43　ガラス壁（西面）の断面詳細図（1/10）
図 4-42 のディテール。

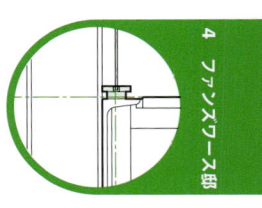

4　ファンズワース邸

171

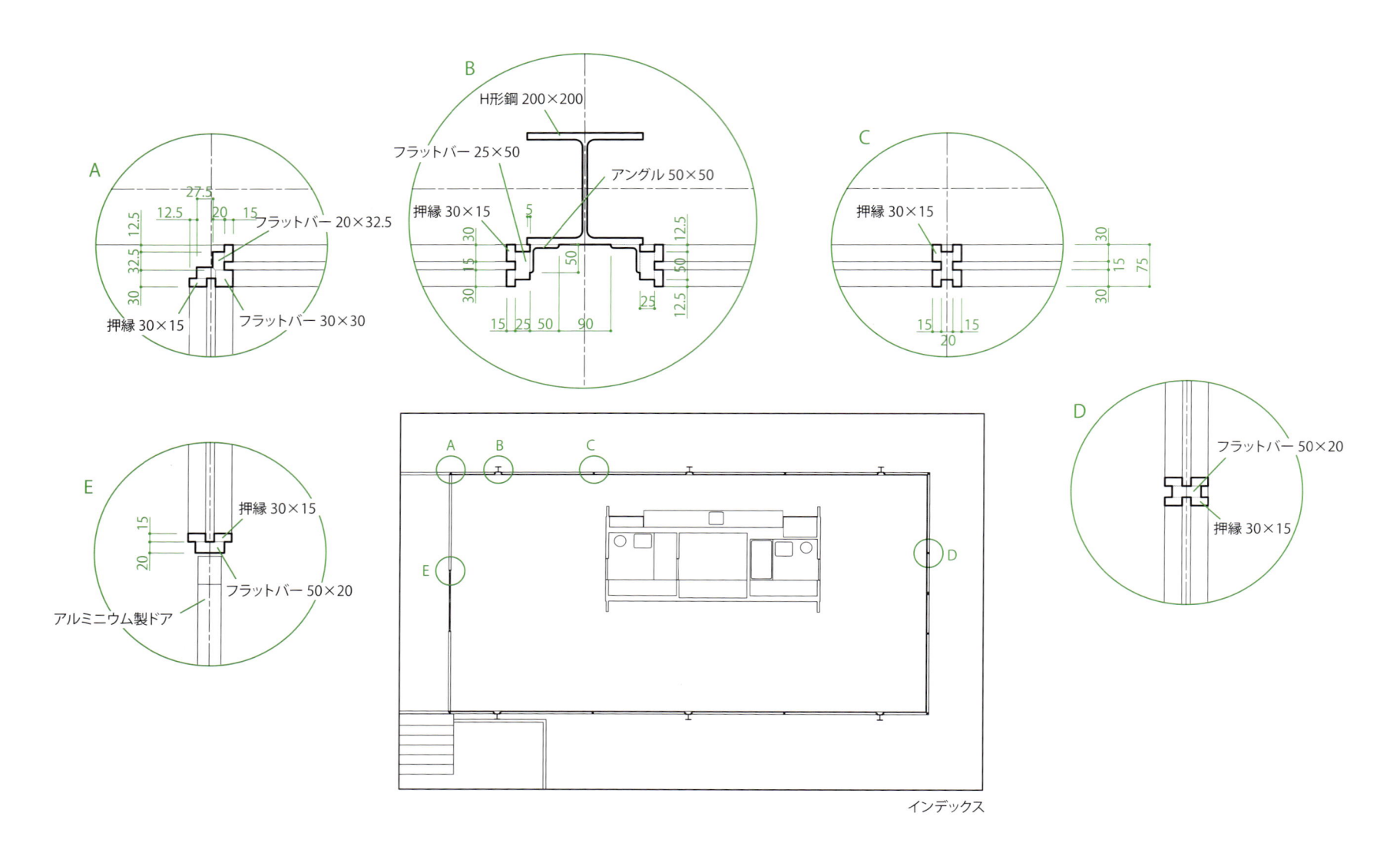

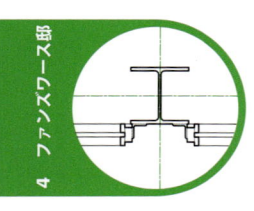

図 4-44　サッシの平面詳細図（1/10）

ガラスの押縁となる2本の30×15ミリのフラットバーはビス留めされる。この図は図4-45（右ページ）に示した立体図と対応する。

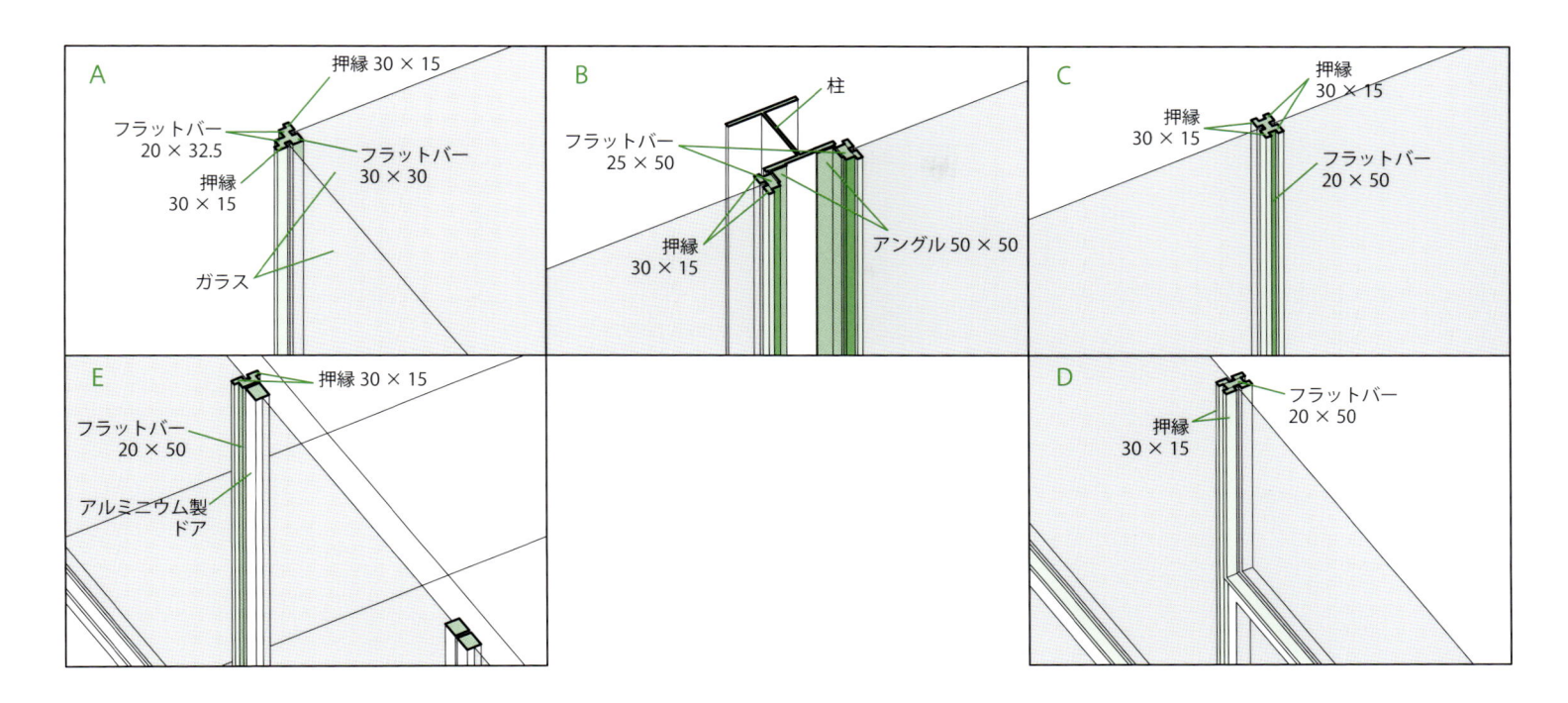

図 4-45 サッシのディテール（立体図）
図 4-44（左ページ）に示した部分の立体図。

4.5.2 サッシ

図 4-44 に，ガラスを支えるサッシの詳細を示す。また，その立体図を**図 4-45** に示す。

ガラスの壁のコーナー（A部分）では，30 × 30 ミリ（1-1/4″ × 1-1/4″）のフラットバーに，2本の 20 × 32.5 ミリ（3/4″ × 1-1/4″）のフラットバーがすみ肉溶接されている。そして，押縁となる2本の 30 × 15 ミリ（1 1/4″ × 5/8″）のフラットバーがビスで留められる。

柱部分（B部分）は，50 × 50 ミリ（2″ × 2″）のアングルがH形鋼柱にプラグ溶接され，そこに 25 × 50 ミリ（1″ × 2″）のフラットバーが同じくプラグ溶接される。このフラットバーの見付け（正面から見える面の幅）は，室内から見たときは 25 ミリであるが，外部から見たときは 5 ミリ（1/4″）だけH形鋼柱に隠れるから，20 ミリとなる。このフラットバーに，押縁となる2本の 30 × 15 ミリ（1 1/4″ × 5/8″）のフラットバーが，室内側はプラグ溶接，室外側はビス留めで取り付く。

柱間の**マリオン**（窓の間に垂直方向に立つサッシ。**方立**とも呼ぶ）部分（C部分）では，20 × 50 ミリ（3/4″ × 2″）のフラットバーの両面に，ガラスの押縁となる 30 × 15 ミリ（1 1/4″ × 5/8″）のフラットバーが取り付く。ここでも，室内側はプラグ溶接，室外側はビス留めとなっている。

東側のガラス面の中央には，内開きの**すべり出し窓**が配置されている。すべり出し窓の両脇のマリオン部分（D部分）の詳細は，C部分と同様である。なお，すべり出し窓は床面の直上にあるので，床面＋1500 ミリの高さでの部屋を切断する平面図では，すべり出し窓は切断されない。

玄関ドア部分（E部分）は，マリオン部分と同様の 20 × 50 ミリ（3/4″ × 2″）のフラットバーの片側に，アルミニウム製のドアが取り付いている[17]）。

17）この部分は，スティールのフラットバーにアルミニウムのドアが取り付く。ここでは，異種の金属が触れ合うことになる。一般に，異種金属が触れ合うと，そこには電食（異種金属接触腐食）が起こる。アルミニウムは鉄よりもイオン化傾向が高いので，アルミニウムと鉄が接触する部分に水分が介在するとアルミニウムが腐食する。異種金属が触れ合う部分の設計には，水に対する配慮が必要になる。

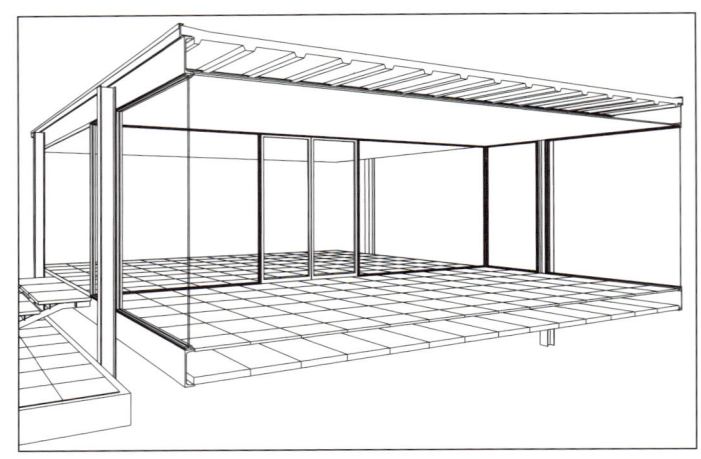

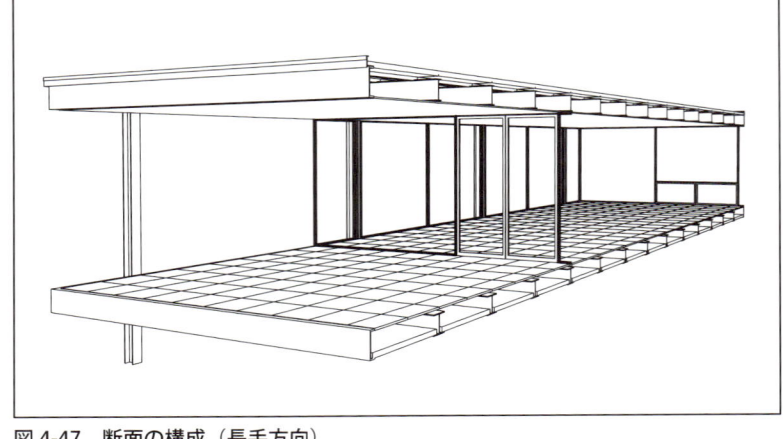

図 4-46　断面の構成（短手方向）

図 4-47　断面の構成（長手方向）

18）同様のことは CAD で図面を描く場合にも起こる。CAD では，コンピュータ上で図面をいくらでも拡大縮小して表示することができるので，どんなに細かい線でも寸法の通りに描き込むことができる。だから，ガラスの厚みをダブルラインで表すことは可能ではある。しかし，図面をプリントアウトすると，2本の近接した線が1本の太線に見えてしまうことが起こるので，注意するべきである。なお，手描きの場合は，ダブルラインが重ならないように調整しながら製図をすれば，ガラスをダブルラインで表すことは可能であろう。

4.5.3　断面図

　床，ガラスの壁，屋根と天井によって構成される断面構成を断面図で確認しておこう。**図 4-46**〜**図 4-49** に短手方向および長手方向の**断面パース**（断面を表したパース）と断面図を示す。また，**図 4-50** に，短手方向断面図に現れる玄関ドアを見るアイソメトリックを示す。なお，断面図では，床下や天井の上部など，目に見えない部分は省略している。

　短手方向断面図に現れる玄関ドアは，ガラス壁の中央ではなく，テラス側にやや寄った位置にある。両面が開くドアの幅は，両面を合わせて 2100 ミリ（7´）。ドアの厚みは 40 ミリ程度，ドアの枠（可動部分）の見付けは，縦と上部が約 50 ミリ，下部は約 75 ミリである。

　この断面図では，厚さが 6 ミリのガラスを細線のシングルラインで描いている。ガラスは切断される部位ではあるが，太線で描くと光の通らない堅い壁のように感じられる。したがって，切断される部位ではあっても，細線で描くべきであろう。また，6 ミリという厚さの輪郭を正直にダブルラインで描くと，細線であっても近接したダブルラインが重なって太線に見えてしまうだろう[18]。

　断面図では，サッシなどの細かい凹凸をもつ部分が切断されると，その細かい凹凸が切断線として現れる。しかし，理屈の上では凹凸があっても，1/50〜1/100 程度のスケールでは，細かい凹凸は視認できないことがある。そのような場合は，理屈通りに描くのではなく，凹凸を省略した方が図面がきれいに見える。実際の図面には，理屈の通りに描くことばかりではなく，美しく見せる工夫が必要となる。もちろん，その場合も，理屈を理解していることは重要である。

■演習 4-3　ガラス壁のモデリング

　ガラスの壁をモデリングしよう。

　ガラス壁のモデリングとしては，透明であるガラスは見えないものとみなしてモデリングしないか，あるいは最後にモデリングすることとして，ここではサッシだけをモデリングすることにしよう（ガラスのモデリングと，ガラスを表現するレンダリングについては後述する）。

　サッシはフラットバーとフラットバーを H 形鋼にジョイントするためのアングルで構成されている。これらのフラットバーとアングルをモデリングする。また，ドアとすべり出し窓の枠もモデリングする。

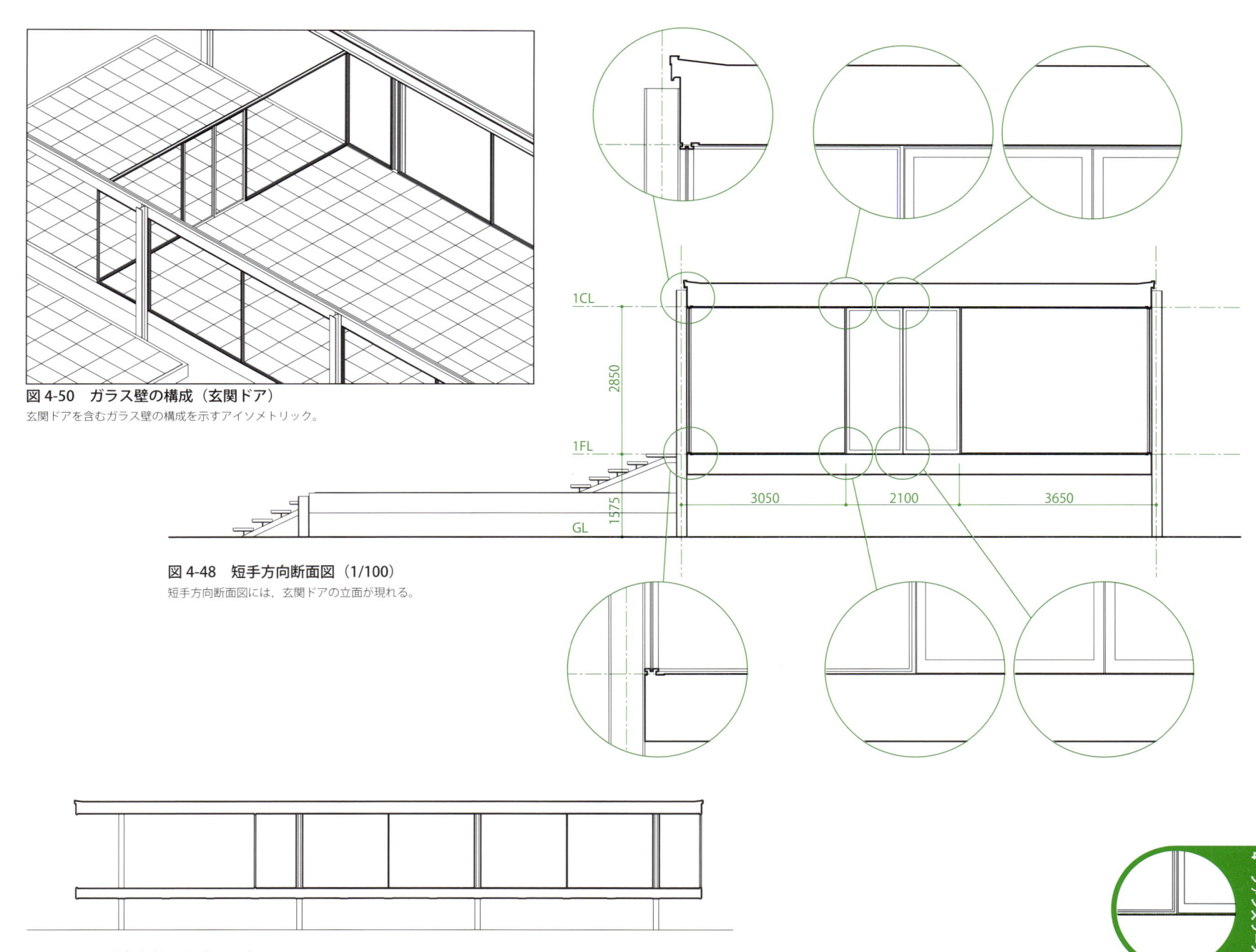

図 4-50　ガラス壁の構成（玄関ドア）
玄関ドアを含むガラス壁の構成を示すアイソメトリック。

図 4-48　短手方向断面図（1/100）
短手方向断面図には，玄関ドアの立面が現れる。

図 4-49　長手方向断面図（1/200）

175

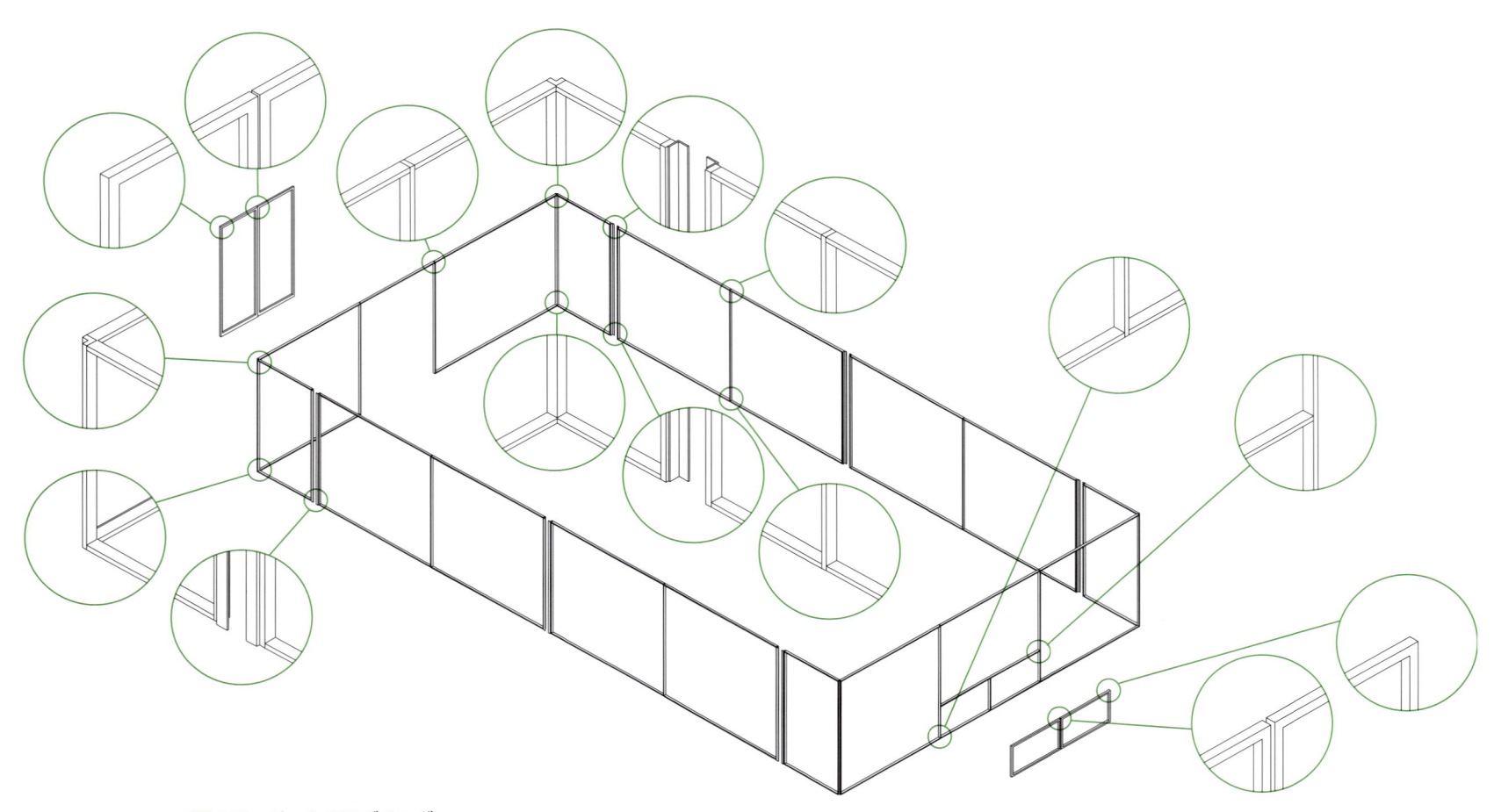

図 4-51 サッシのモデリング
H形鋼にジョイントするアングルとフラットバーだけのモデリング。サッシの形状は簡略化している。また，フラットバーに取り付く押縁は省略している。

19）図 4-52 では，特にドアと窓のディテールを，CG モデルの演習用に，極端に単純化して描いている。実際のディテールはこれほど単純ではない。また，寸法もインチ・フィートで設計されたオリジナルとは異なっている。

すべてのフラットバーとアングルを正確にモデリングしてもよいのだが，この演習では，**図 4-51** のように簡略化することにしている。ここでは，**図 4-52** に示した平面形状のようにサッシをモデリングする。30 × 15 ミリの押縁（両側からガラスを挟んで押さえるフラットバー）は省略し，H形鋼にジョイントするアングルと押縁を支えるフラットバーだけのモデリングである[19]。

垂直に立つアングルとフラットバーは，平面形状を描いて高さを与えればよい。与える高さは，床を支えるチャンネルの天端と屋根を支えるチャンネルの下端の内寸である 2865 ミリとなる（157 ページの**図 4-18** に示したフレームの立面図を参照）。

垂直に立つサッシの他に，チャンネルの天端または下端に取り付くガラス壁の上枠と下枠もモデリングしなければならない。

上枠と下枠は，フラットバーによる一様な形状なので，平面図に高さを与える方法でも，立面図に奥行きを与える方法でもモデリングできる。どちらの方法でも結果は同じだが，演習としては立面図を描き，立面図に現れるサッシに奥行きを与えるとよい。

ガラスの壁の立面は，南面を**図 4-2**（148 ページ）に示している。北面は南面と同様である。玄関ドアのある西面は，**図 4-48**（前ページ）に示した

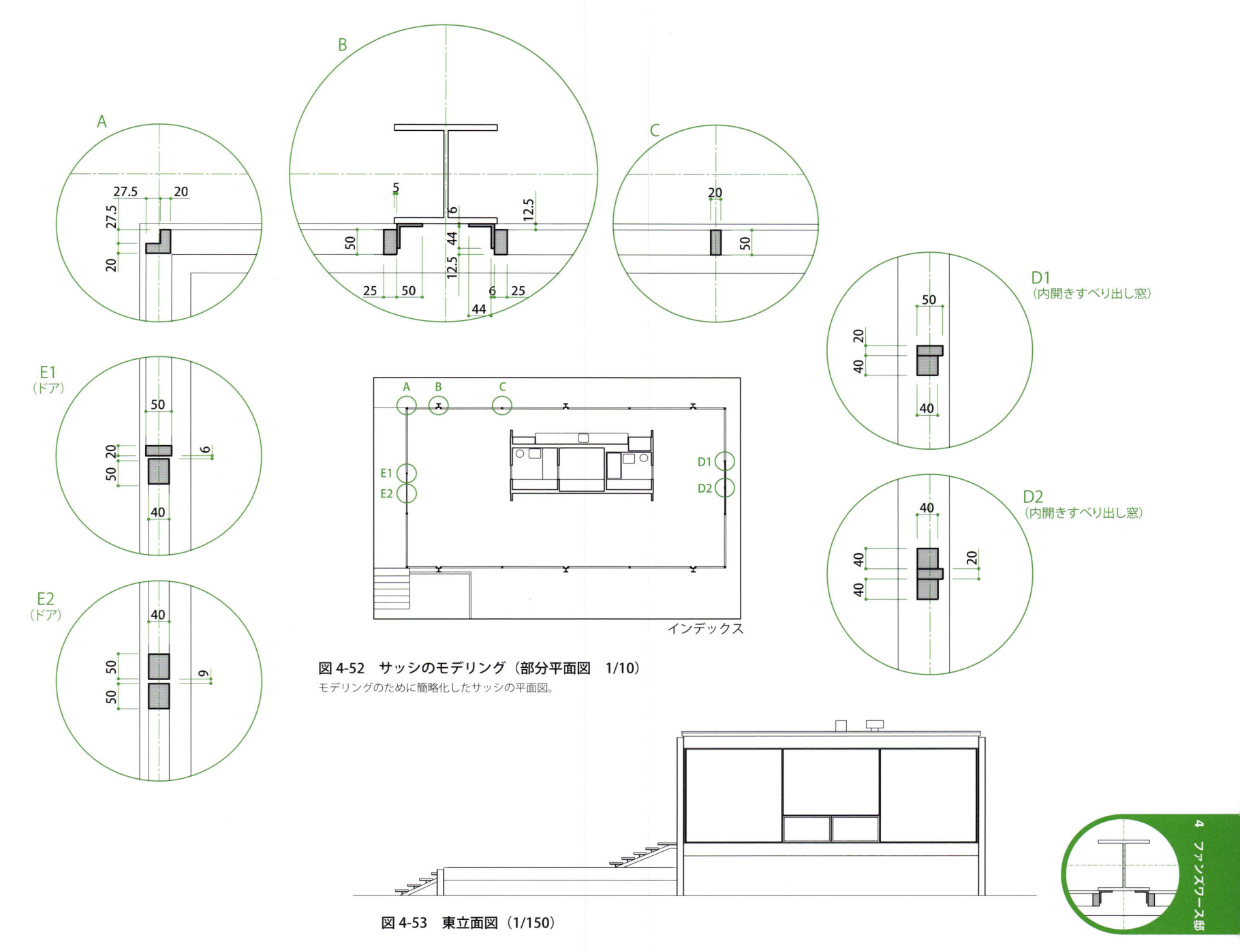

図 4-52　サッシのモデリング（部分平面図　1/10）
モデリングのために簡略化したサッシの平面図。

図 4-53　東立面図（1/150）

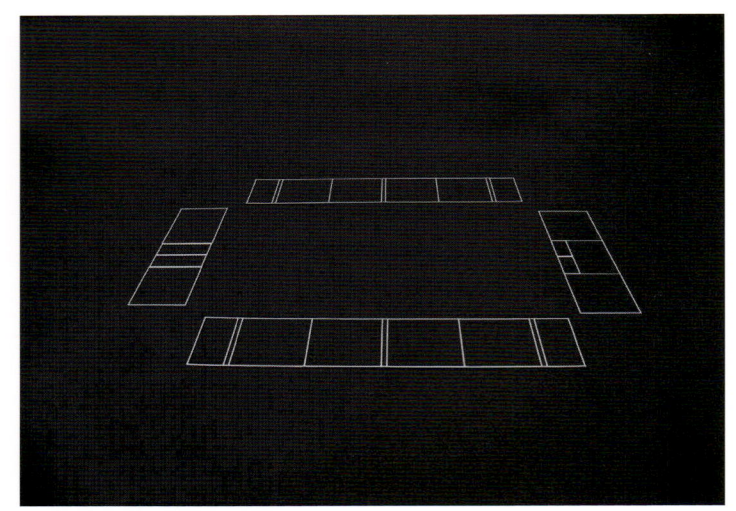

写真 4-12 模型（ガラス壁）
プラ板にサッシを表現するためのラインテープを貼っている。

短手方向断面図に現れている。内開きのすべり出し窓のある東面の立面図は **図 4-53** に示している。

図 4-54 に，モデリング用のサッシの立面形状を示す。ここでは解説を省略するが，押縁も立面形状を描けばモデリングできる。各自でチャレンジして欲しい。

　模型の方は，1/50 スケールでサッシを正確に製作するのは困難であろう。もっとも簡単なのは，**アクリル板**か**プラ板**（プラスチックの板）を用いてガラス壁全体をつくってしまって，そこにサッシを表現するために**ラインテープ**を貼る方法だろう。ガラス壁はH形鋼の内側に取り付いているから，柱をガラス壁に接着してしまってよい（もちろん，実際には，H形鋼とガラスは接触してはいない）。

　この方法で製作したガラス壁を**写真 4-12** に示す。

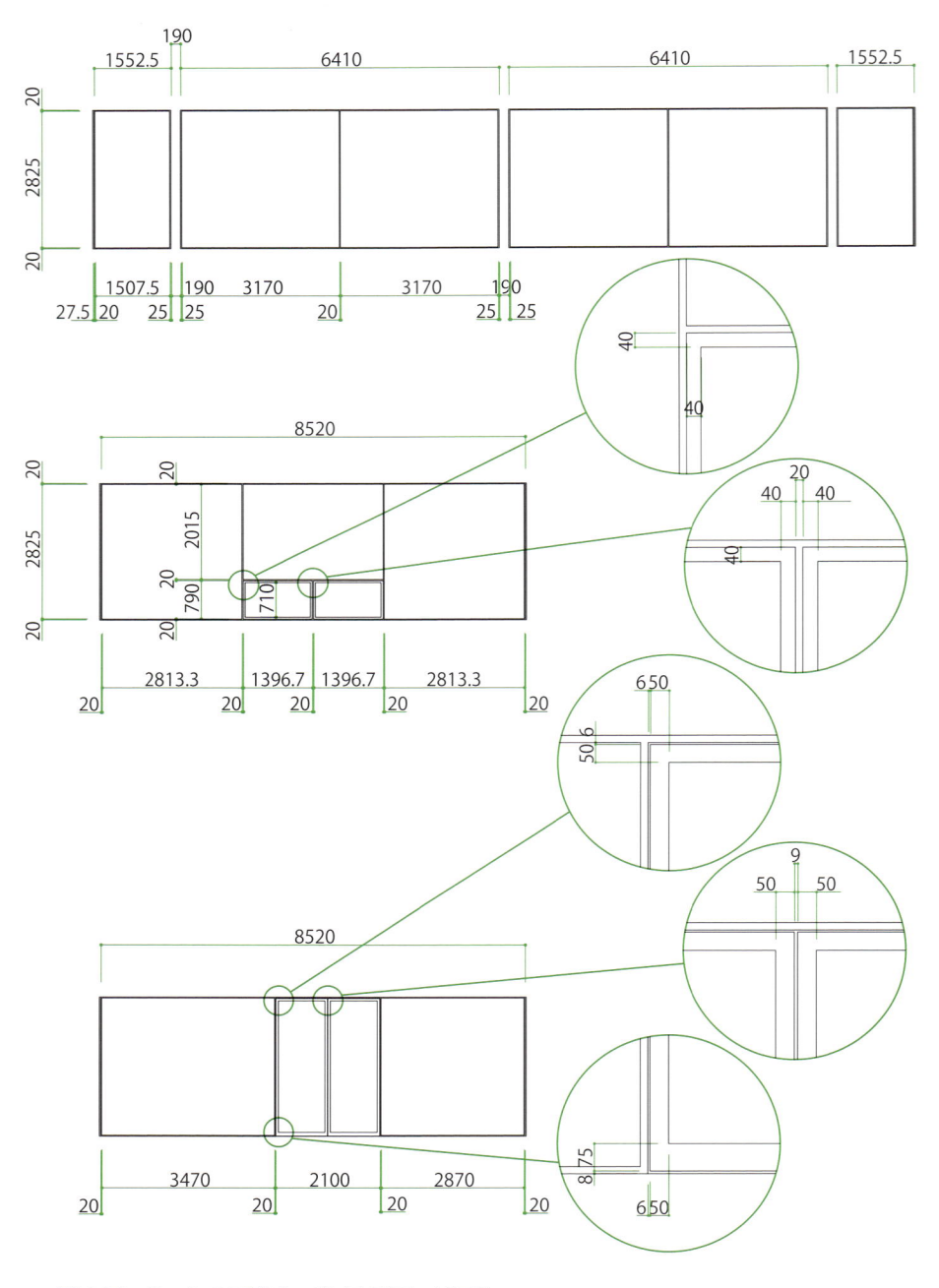

図 4-54　サッシのモデリング（立面図　1/150）
拡大図のスケールは 1/20。

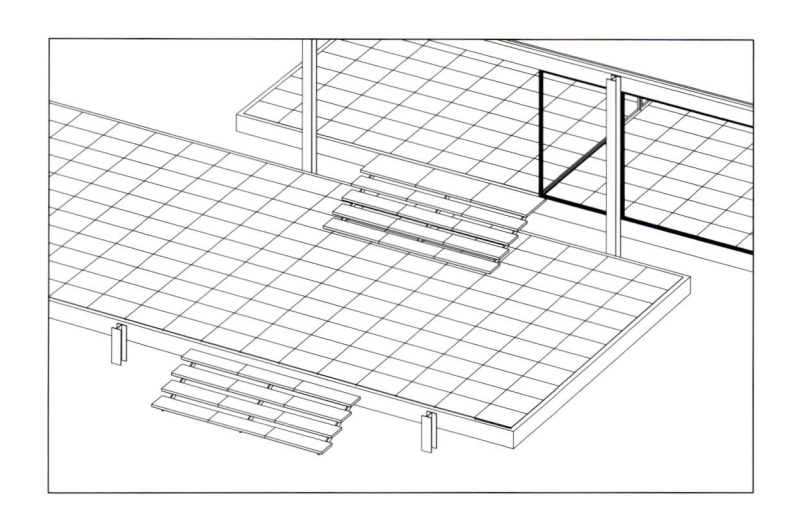

図 4-55　階段の構成
地盤面からテラスへの階段と，テラスからポーチへの階段。

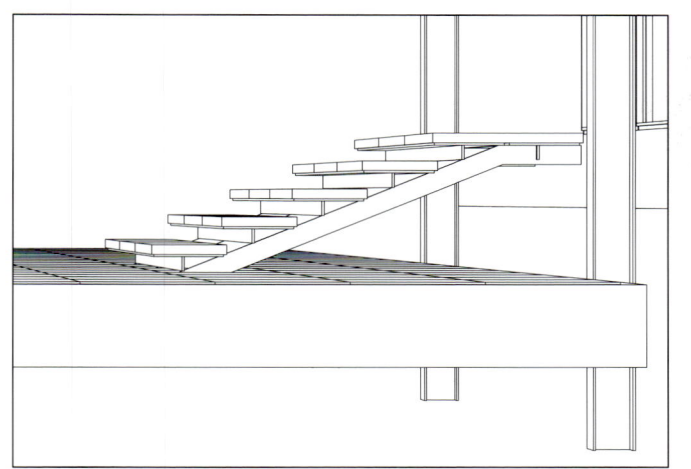

図 4-56　テラスからポーチに上る階段

4.6　階段

テラスには，**図 4-55** に見られるように，地盤面からテラスに上るための階段と，テラスからポーチに上るための階段が取り付く。

図 4-56 は，テラスからポーチに上る階段を示している。**図 4-57** は，2つの階段の分解図である。

階段の踏面は，テラス，ポーチ，室内の床と同様のトラバーチンである。トラバーチンのおもな大きさは，幅 3600 ×奥行 375 ミリ（12´-0˝ × 1´-3˝）で，厚さは 50 ミリ（2˝）。このトラバーチンは，75 × 12 ミリ（3˝ × 1/2˝）と 350 × 10 ミリ（14˝ × 3/8˝）のスティールのプレート（板）を組み合わせてつくった合成 T 字鋼の梁によって受けられる。合成 T 字鋼の梁は，中央と左右の隅の 3 カ所で，厚さ 25 ×幅（高さ）100 ミリ（1˝ × 4˝）のフラットバーによって支えられる（次ページの**図 4-58** も参照）。

ファンズワース邸が完成した 5 年後の 1956 年に建てられたクラウンホール（147 ページの**写真 4-4** を参照）においても，同様の構成の階段が設計されている。この階段の構成はミースのお気に入りだったのではないかと思う。単純な構成が美しい階段である。

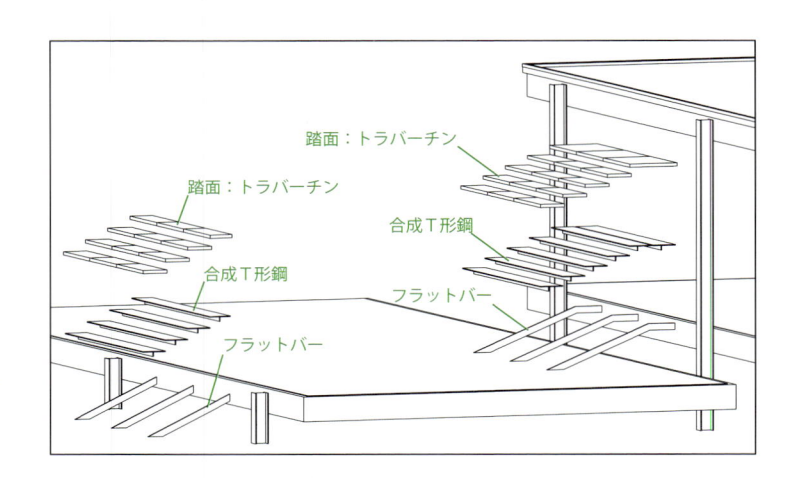

図 4-57　階段の構成（分解図）
階段の踏面はトラバーチン。トラバーチンは合成 T 形鋼によって受けられ，合成 T 形鋼はフラットバーによって支えられる。

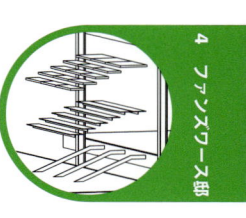

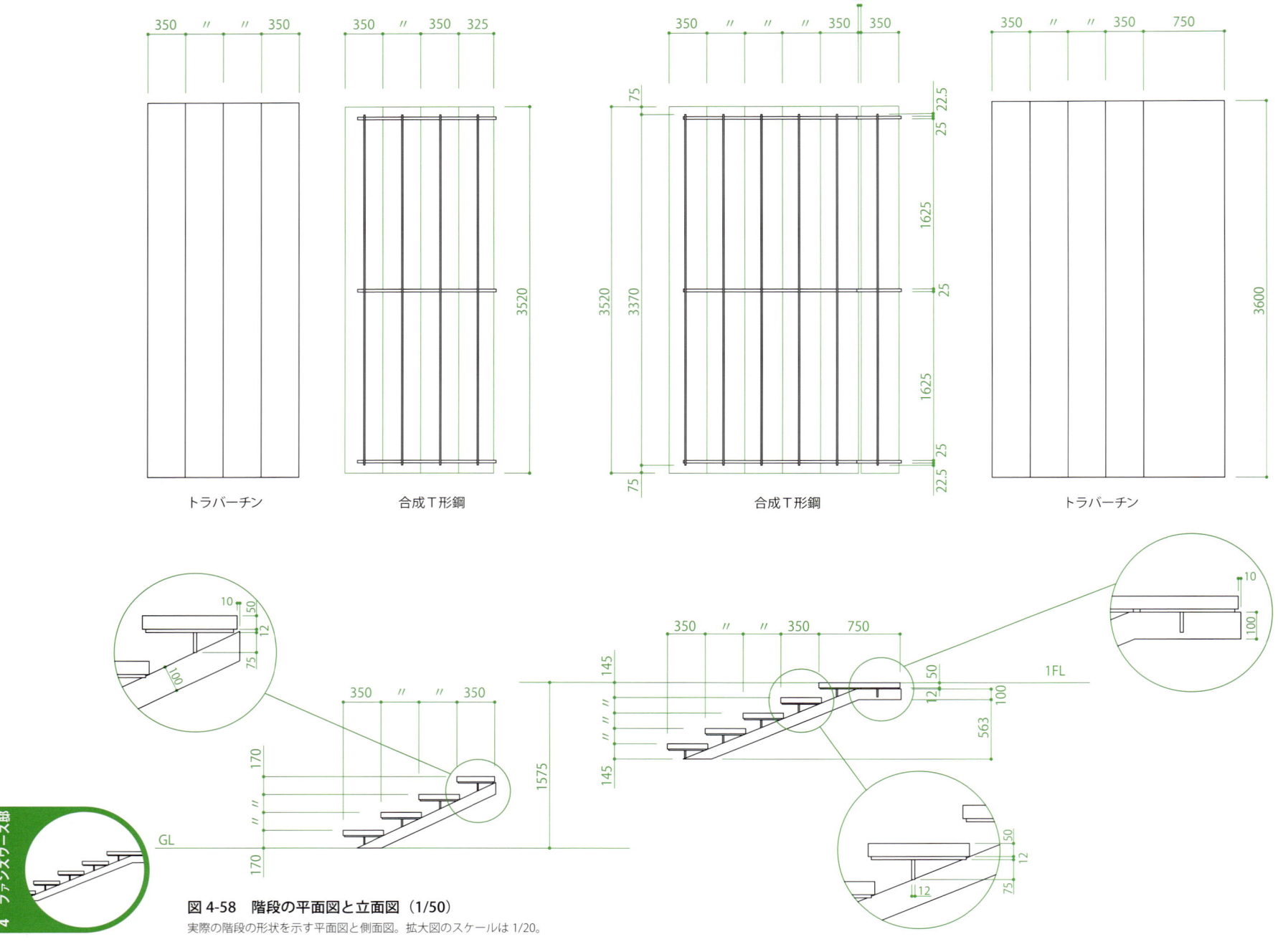

図 4-58　階段の平面図と立面図（1/50）
実際の階段の形状を示す平面図と側面図。拡大図のスケールは 1/20。

写真 4-13　模型（階段のパーツ）
1 ミリ厚のスチレンボードでつくった階段。図 4-59 に基づき単純化しており，実際の形状とは異なっている。

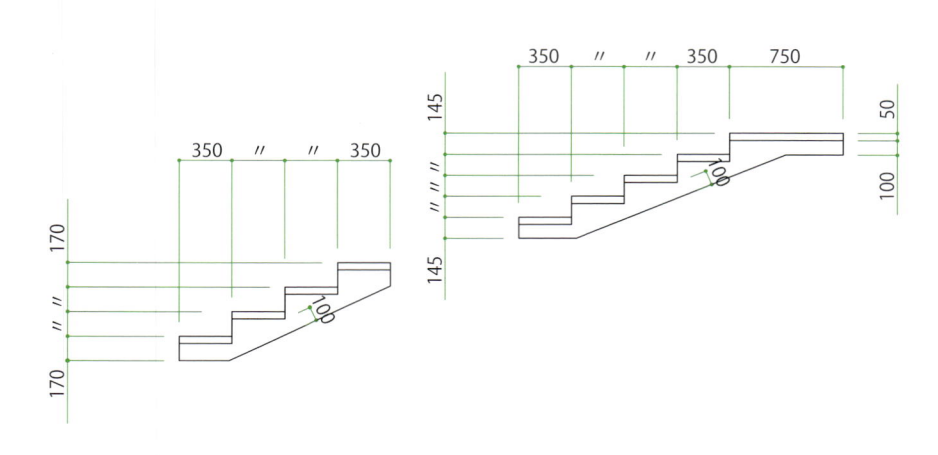

図 4-59　模型（階段）の部品図（1/50）
模型用に形状を単純化した階段。実際の形状とは異なっている。

演習 4-4　階段のモデリング

　階段を支える合成 T 字鋼の構成は複雑である。**図 4-58** にトラバーチン，合成 T 字鋼，合成 T 字鋼を支えるフラットバーの形状を示した。

　図 4-58 を参考に側面図に描き，それぞれの部品に奥行きを与えれば階段をモデリングできる。床と同様，トラバーチンの目地は後ほどテクスチャーで定義すればよい。

　模型では，**図 4-58** を再現するのは面倒だと思う。誤魔化しになるが，**図 4-59** に，合成 T 字鋼を省略して，フラットバーの形状を簡略化した場合の階段を示す（**写真 4-13** および **写真 4-14**）。こういった簡略化は，模型特有の誤魔化しであるが，階段の下という目立たない箇所なので，許容してもよいであろう。CG モデリングにおいても，練習としては，**図 4-59** のような簡単な形状でモデリングをしても構わない。

　トラバーチンの厚さは 50 ミリであるから，模型には 1 ミリ厚のスチレンボードを用いるとよい。表面にはトラバーチンの目地を描こう。なお，1/50 スケールの模型では，フラットバーの 25 ミリの厚さは表現しにくいので，フラットバーも 1 ミリ厚のスチレンボードで製作してよい（より薄いケント紙などで製作してもよい）。

写真 4-14　模型（階段）
テラスに取り付けた階段。階段下の形状は単純化している。

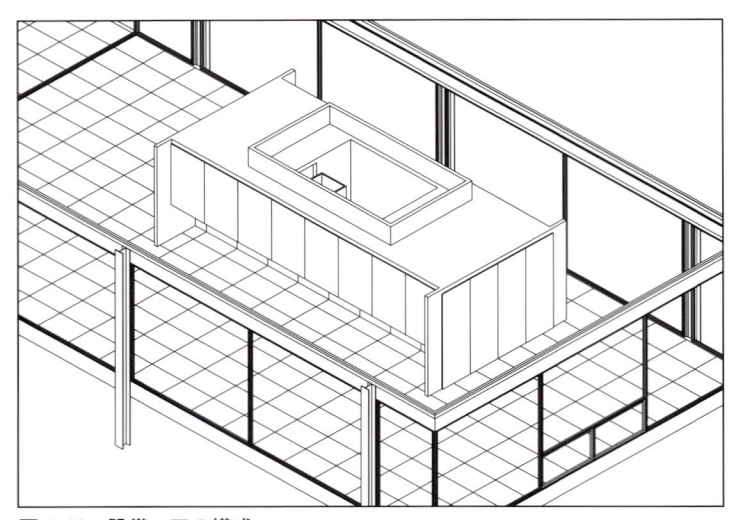

図 4-60　設備コアの構成

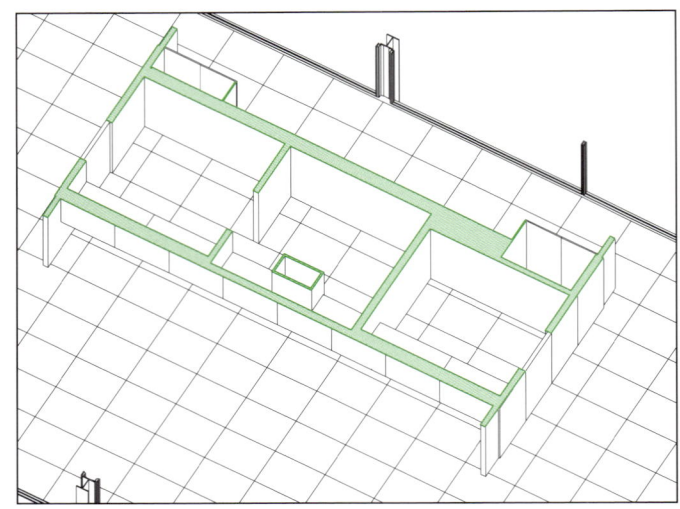

図 4-61　水平切断図（設備コア）
設備コアは 3 つの部屋に分かれる。中央が機械室。図の左手はトイレを含むシャワー室，右手はトイレを含む浴室。シャワー室は，現在では収納（空調のための機械室）に改装されている。

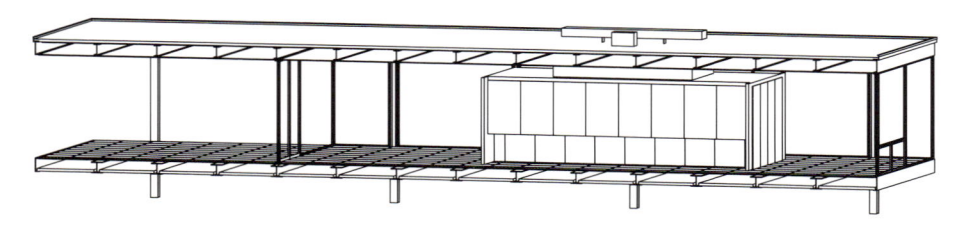

図 4-62　垂直切断図
設備コアの手前で切断した立体断面図。設備コアの手前下部は暖炉。

4.7　設備コア

次に，室内の**設備コア**（シャワー室，浴室，機械室，暖炉，キッチンなどの設備の集まり）について学び，演習を進めているモデリングおよび模型を完成させよう。

図 4-60 に設備コアを眺めるアイソメトリック，**図 4-61** に水平切断図，**図 4-62** に設備コアの手前で切断した垂直切断図を示す。平面図は**図 4-63** に示す。

この設備コアは，木造でつくられている。鉄骨による全体構造とは構造的に無関係で，床の上に置かれた大きな家具と考えていい。仕上げは**木質パネル張り**である。パネルの幅は，目地を含む芯々の寸法が 900 ミリ（3´-0˝ 3/64）や 750 ミリ（2´-6˝ 5/32）などで，目地の幅は 15 ミリ（5/8˝）である。**図 4-64** に木質パネルの割付けを表した展開図を示す。

設備コアの南側，シャワー室，浴室，機械室の下部の一角には，暖炉が配されている。暖炉の天井高は床面からおよそ 825 ミリ（2´-9˝），奥行きは 650 ミリ程度である。暖炉に面する部分の壁と天井の仕上げは，床と同様のトラバーチンである。

設備コアの上部には，暖炉の煙突とボイラーやキッチンのための**給排気筒**が取り付く。

■演習 4-5　設備コアのモデリング

設備コアをモデリングしよう。また，模型も製作しよう。設備コアの構成は，特に内部が複雑である。演習では，内部のモデリング，模型製作は省略して，外形だけをつくることにする。

図 4-65 および**図 4-66**（184 ページ）に，模型と CG モデルの簡略化した部品とその組立方法を示す。CG モデルでは，木質パネルの目地は，後ほどテクスチャーで定義すればよい。模型では，鉄筆などで目地を描いておこう。模型製作のプロセスは**写真 4-15**（185 ページ）に示している。

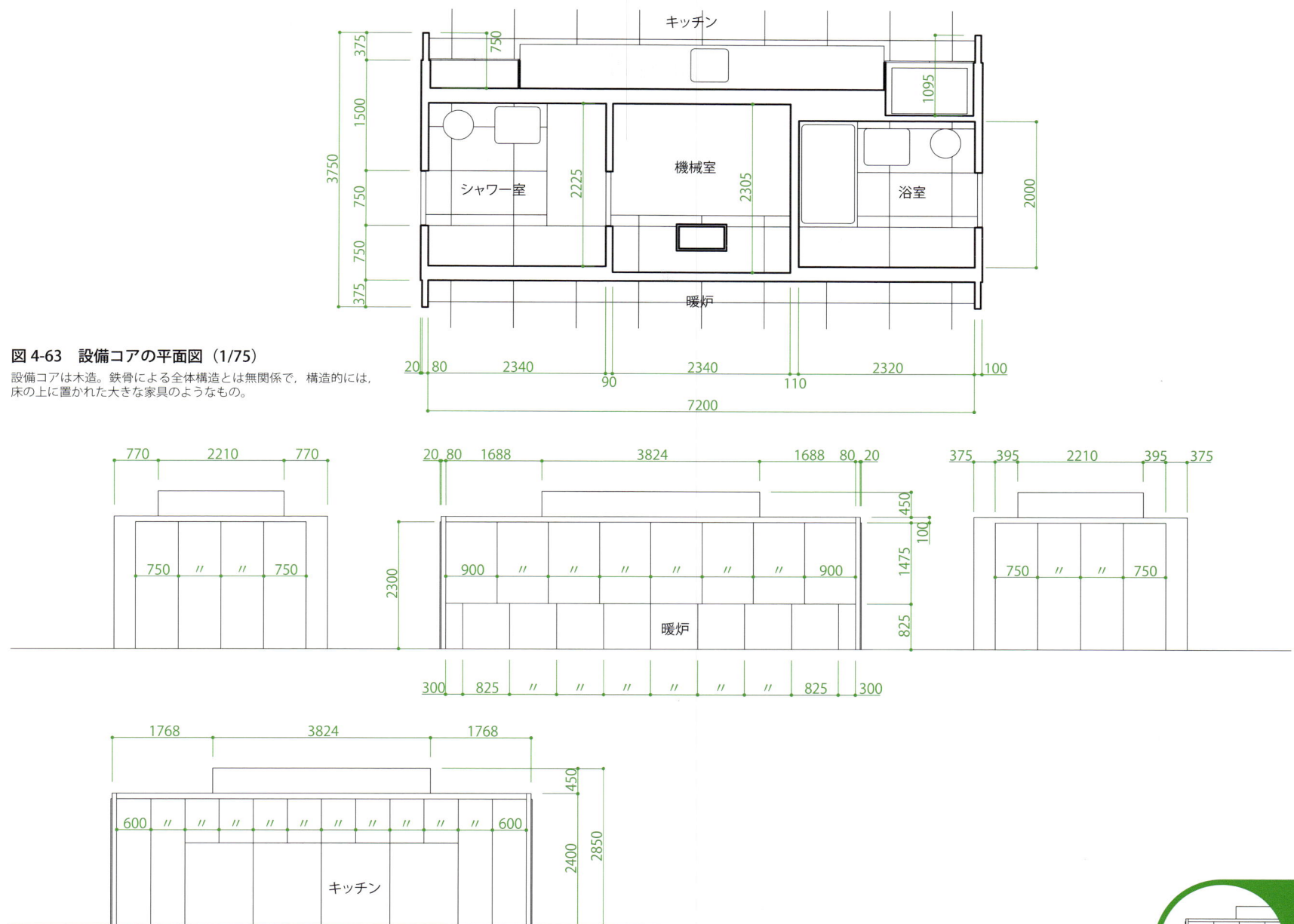

図 4-63　設備コアの平面図（1/75）
設備コアは木造。鉄骨による全体構造とは無関係で、構造的には、床の上に置かれた大きな家具のようなもの。

図 4-64　設備コアの立面図（1/100）
仕上げは木質パネル張り。

図 4-65　設備コアの組立（模型）

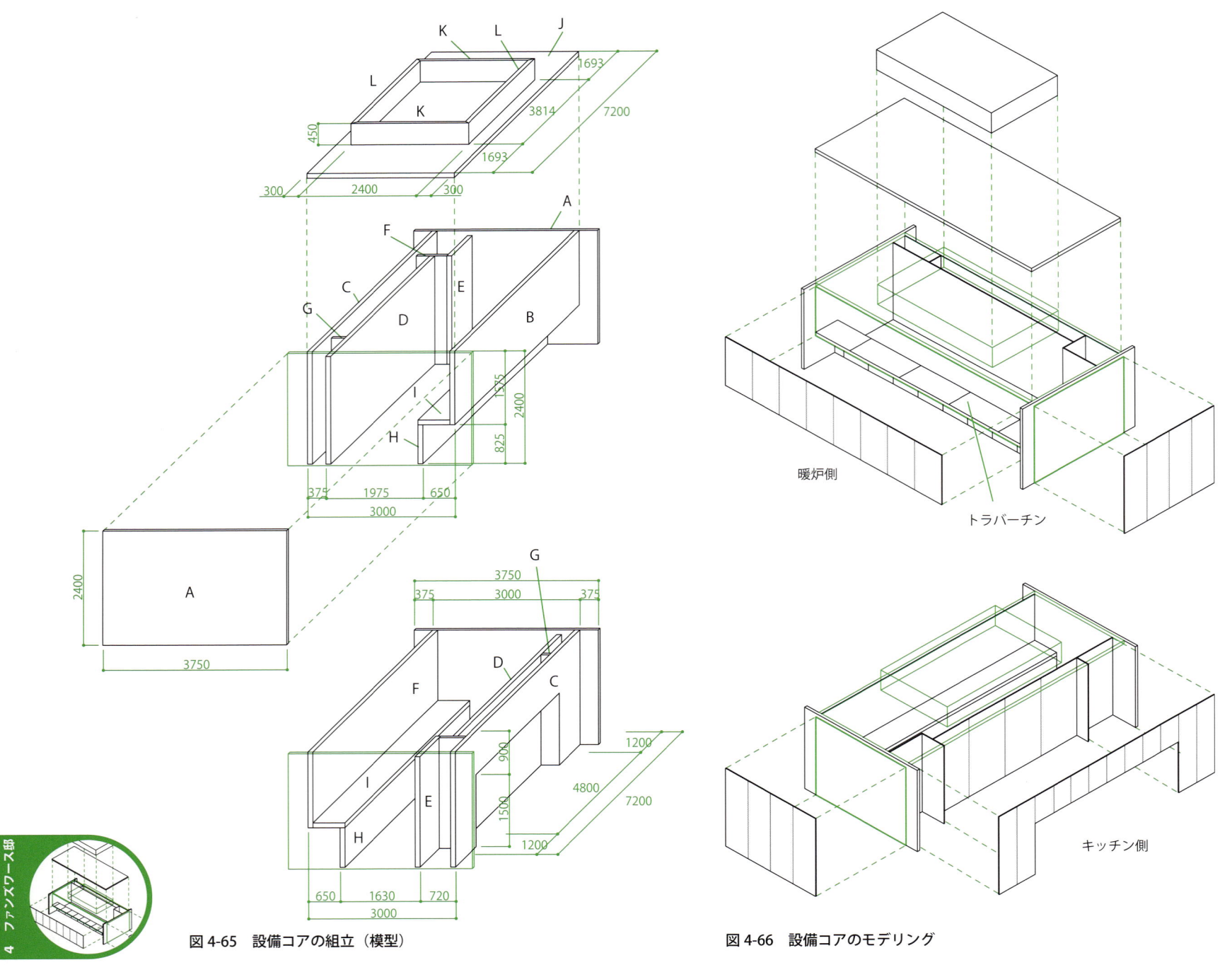

図 4-66　設備コアのモデリング

暖炉側

トラバーチン

キッチン側

4　ファンズワース邸

1. 床，テラス，天井，屋根，チャンネルの部品を切り出す。床とテラスには鉄筆などでトラバーチンの目地を入れる。

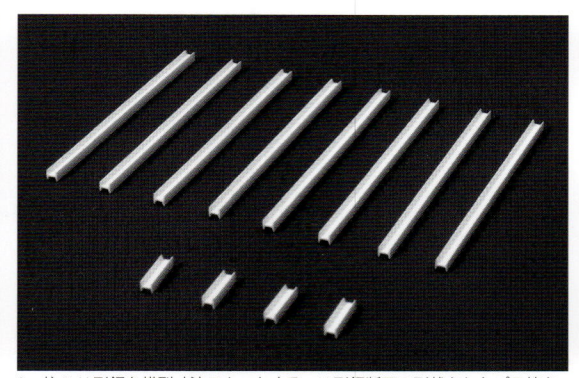

2. 柱のＨ形鋼を模型寸法でカットする。Ｈ形鋼断面の形状をしたプラ棒を使う。

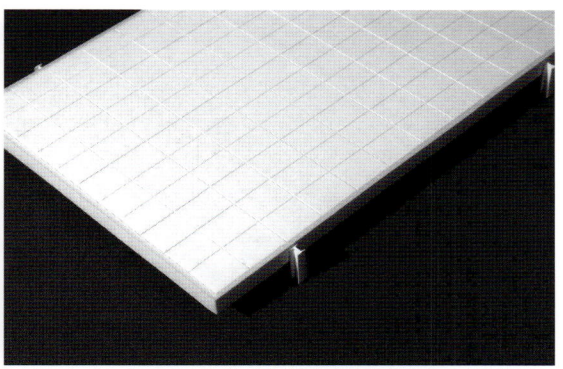

3. 床のパーツにチャンネルのパーツを接着し，さらに柱のパーツを接着する。写真の床は，カッターによる切り込みによって目地を表現している（切り込みを入れるとスチレンボードが反りやすいので，裏側にも切り込みを入れるなどの工夫が必要である）。

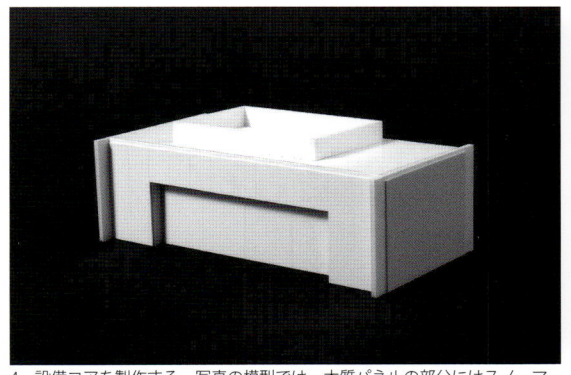

4. 設備コアを製作する。写真の模型では，木質パネルの部分にはスノーマット（光沢のある厚紙）にカッターで目地を入れたものを貼っている。

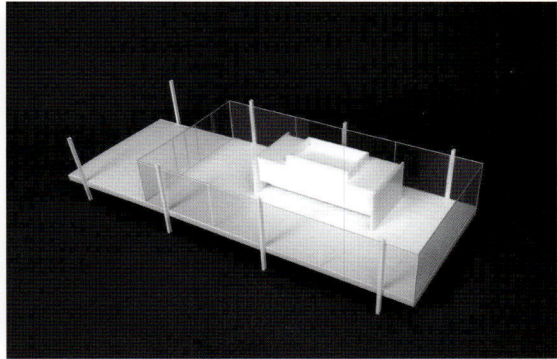

5. 設備コア，ガラス壁のパーツを接着する。Ｈ形鋼とガラス壁も接着する。

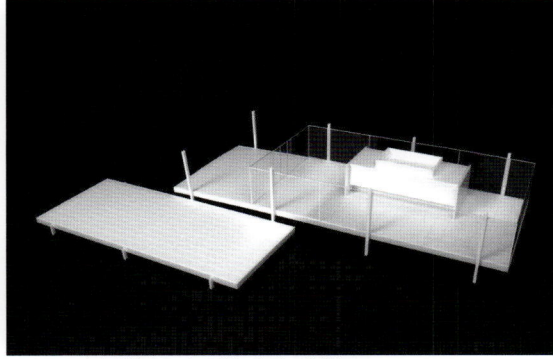

6. テラス床を接着する（Ｈ形鋼の部分で接着）。

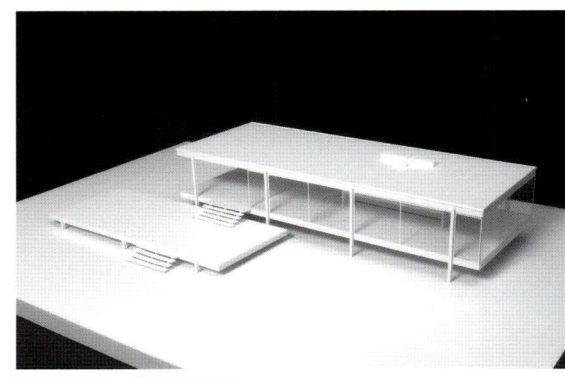

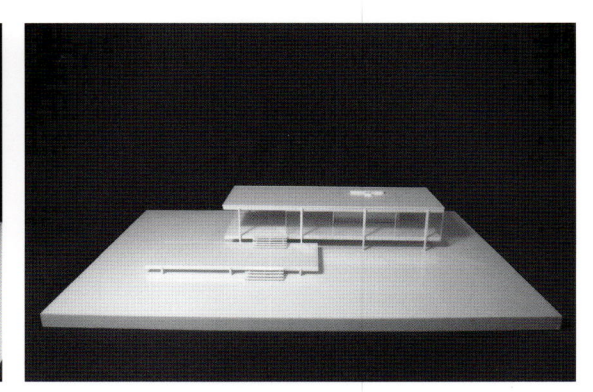

7. 8. 天井と屋根にチャンネル，鼻隠しを接着したものを載せ，固定する。階段および排気塔と煙突（屋根上）を接着し，地面の上に接着して完成。写真の模型では，地面は木製パネル（A1）にスノーマットを貼って作成している。

写真 4-15　模型の製作

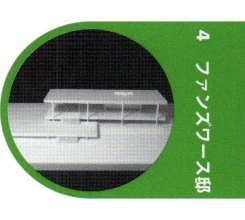

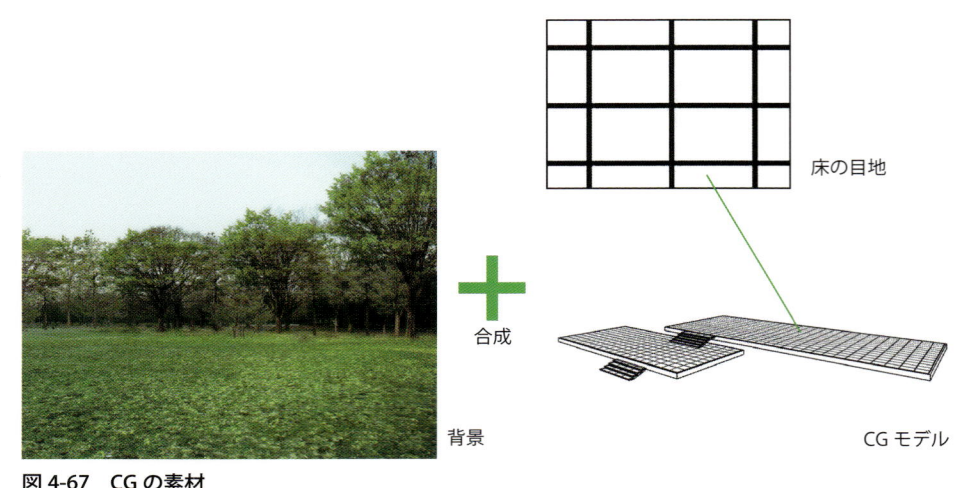

図 4-67　CG の素材
ファンズワース邸の周囲の自然，そしてトラバーチンを表現するための素材。左図は背景として用いる写真。右上図はトラバーチンの目地を表現するための画像。

図 4-68　自然の中の格子
図 4-67 のトラバーチン目地（右上図）をマッピングした床を，背景（左図）の画像に合成したCG。自然の木々の中に床だけを置いている。

4.8　CG による空間表現

本章の最後に，鉄とガラスとトラバーチンによるファンズワース邸の空間構成を CG（コンピュータ・グラフィックス）で確認する。

4.8.1　自然の中の格子

ファンズワース邸は自然に囲まれた敷地に建っている。自然は，ガラスで包まれた建築の内部に視覚的に貫入する。ファンズワース邸の空間は，周囲の自然を抜きには語れない。

建築は，本質的に人工的なものである。鉄，石，コンクリート（セメントで固めた砂や石），木などの建築材料は，自然によって生み出されたものではあるが，自然そのものではなく，人為的に加工されたものである。また，建築材料は，幾何学などの人工的な法則に基づいて構成されることが多い。建築がいつも単純な幾何学によって構成されるとは限らないが，ファンズワース邸こそは，高度に単純化された幾何学に基づいた希有な建築である。

ファンズワース邸は，自然の中に建つ建築として，見事に自然と呼応している。ファンズワース邸の幾何学は，自然を背景としてより際だっている。あるいは，自然の美しさは，建築との対比によってより際だったものとなっている。

ファンズワース邸の幾何学の一つにトラバーチンの構成がある。すでに学んだように，ファンズワース邸には一つ一つの大きさがおおよそ 800 × 600 ミリのトラバーチンが配列されている。

トラバーチンは産地で切り出され，加工された後にここに運ばれ，そしてここに取り付けられたものだ。運び，取り付けられるのは建築材料の宿命であるが，だからこそ建築材料には，それぞれに適切な大きさと，大きさに伴う適切な重さがある。

CG においては，形態はいかなる大きさにも定義可能である。単に形態をそこに置けばよいだけならば，重さや取り付け方法を気にする必要もない。しかし，それでは建築の表現にはならない。個々の部品は，適切な大きさで定義し，適切な方法で配置されなければならない。

先の演習においては，簡略な方法によりファンズワース邸のモデリングを進めてきた。実際の床はＨ形鋼梁によって支えられ，そしてプレキャスト・コンクリートスラブ，軽量コンクリート，モルタル，トラバーチンによって構成されるが，モデリングした床は単なる立方体であった。しかし，建築材料が単なる立方体であるはずはなく，単なる立方体がファンズワース邸の空間を構成する要素であるはずもない。この立方体に建築材料としての適切な大きさと素材感を与えなければならない。

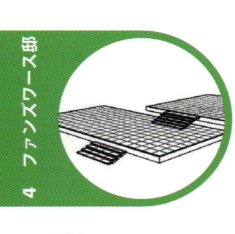

図 4-69　トラバーチンのテクスチャー
撮影したトラバーチンの写真に，ファンズワース邸に合った目地を描き加えた画像。

図 4-70　自然の中のトラバーチン
トラバーチンの床だけを背景に合成した CG。

4.8.1.1　目地の定義

単純に目地を表せばいいだけならば，**図 4-67** の上図に示したような画像を床面に張り付ければいい。このように形態の表面を表現する画像は，CG 用語でテクスチャー画像と呼ばれる。**テクスチャー**とは，「素材感」という意味の言葉である。

図 4-67 の右下図が，床の目地を表すテクスチャー画像を床面に張り付けた場合のレンダリング結果である。

4.8.1.2　背景との合成

図 4-68 は，目地だけを表した床を，**図 4-67** の左図に示した自然の風景の中に合成した CG である。背景となっている自然は，実際のファンズワース邸の敷地のものではなく，日本国内の公園で撮影した写真である[20]。ラフな表現の CG ではあるが，自然と対比する格子によって，ある領域が周囲の自然から切り取られている様子が現れている。

4.8.1.3　素材感の定義

図 4-69 はトラバーチンのテクスチャー画像である。そして，**図 4-70** がそれを床面に張り付けた場合のレンダリング結果である。このテクスチャー画像も，実際のファンズワース邸のものではなく，日本国内で見かけたトラバーチンを撮影し，ファンズワース邸の床の目地を描き加えたものである。この画像は赤みがかっているが，実際のファンズワース邸のトラバーチンは白さの際だった素材感をもっている。

CG の表現を実際の通りのイメージに近づけるのは容易なことではないが，このような作業をしてみると，実際の空間がどのような要素で構成されているかを再認識できる。

4.8.2　ガラスの表現

ガラスの壁のディテールの復習になるが，**図 4-71**（次ページ）に，H 形鋼柱部分のアングル，フラットバー，押縁のディテールを示した。先の演習 4-3（174 ページ）で製作したガラス壁のモデリングでは，H 形鋼柱に取り付くアングルと押縁を支えるフラットバーだけをモデリングし，押縁は省略していた。また，ガラスも省略していた。しかし，実際にはもちろん，押縁がなければガラスを取り付けることはできない。

ガラスは，ビス留めされた押縁をはずして取り付けられる。たとえば，南面および北面では，押縁を支えるフラットバーの内寸は 3170 × 2825 ミリあるいは 1507.5 × 2825 ミリであった（178 ページの**図 4-54** に示したサッシの立面図を参照）。ガラスはこの内寸に納まる大きさにカットされ取り付けられる。

ガラスは，**図 4-72**（次ページ）の右図のように，1 枚 1 枚を実物の通りの大きさにモデリングしてもいいのだが，左図のように，4 枚のガラスだけでモデリングを完了することもできる。

20）背景に用いた写真は，東京都渋谷区にある代々木公園で撮影したものである。CG に用いた背景は，写真そのものではなく，画像処理によって加工している。写真を加工したのは，撮影時が秋であったために，緑が乏しい写真しか撮れなかったためである。背景となっている地面は，芝生ではなく，実は，緑色に加工した枯葉である。

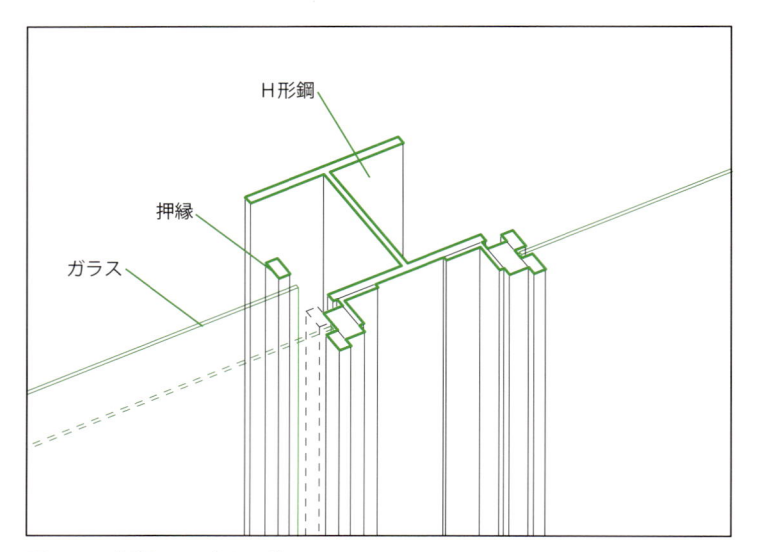

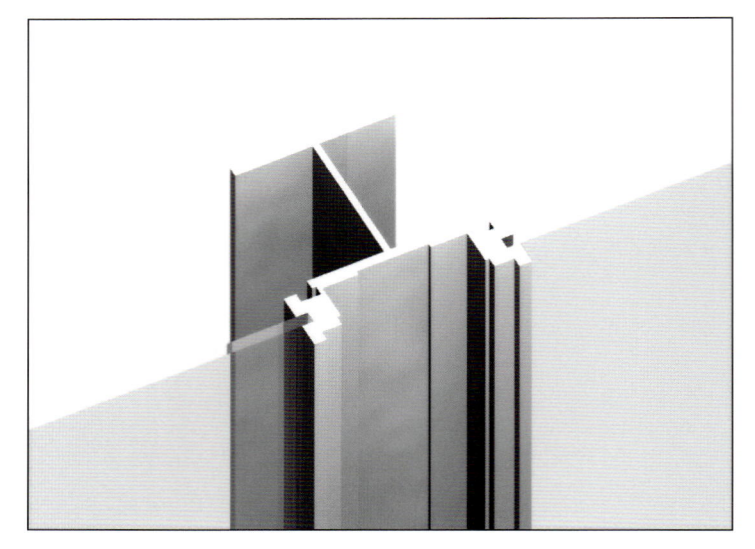

図 4-71　押縁のモデリング
ガラスを支える押縁は，30×15 ミリ（1 1/4" × 5/8"）のフラットバー。室内側の押縁は H 形鋼に取り付くフラットレバーにプラグ溶接される。室外側の押縁は，フラットバーにビスで留められる。室外側の押縁を取り外せば，ガラスを交換できる。

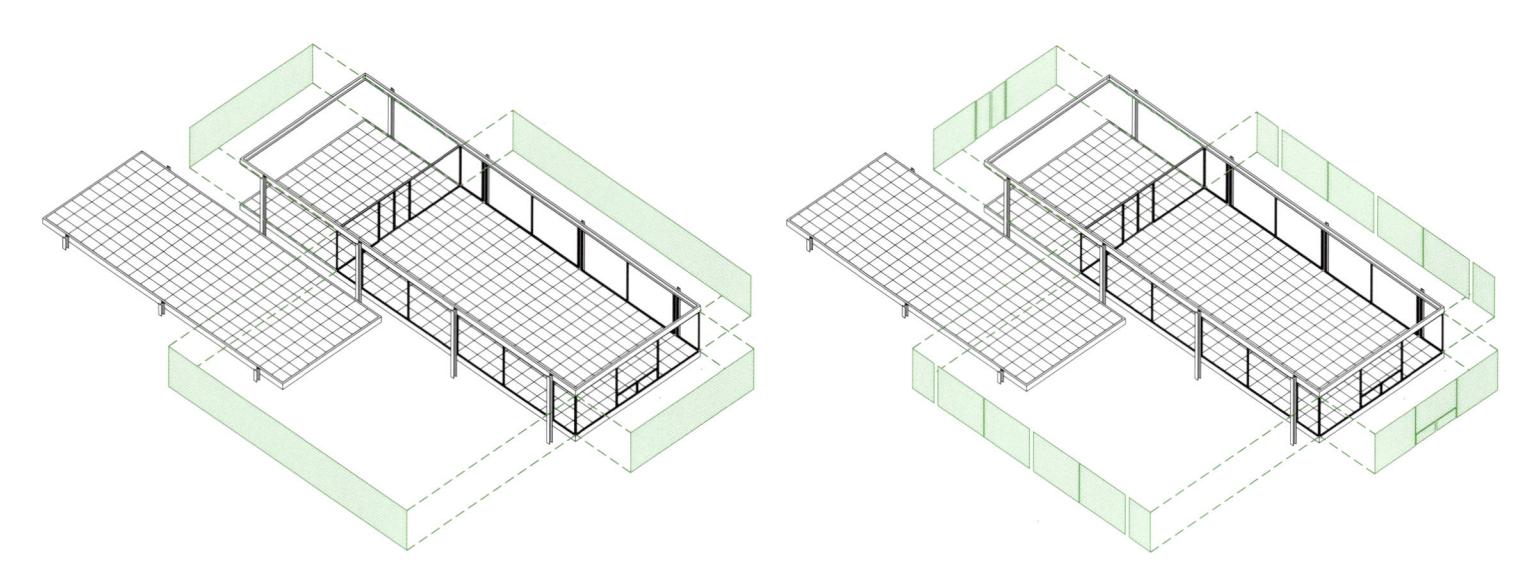

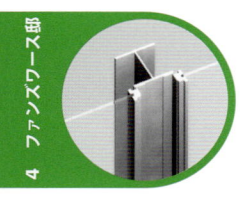

図 4-72　ガラスのモデリング
右図では，実際の通りに，ガラスをサッシの中に納めている。左図は，サッシとの重なりを気にしないで，大きなガラスをはめ込んでいる。
左図のモデリングでは，ガラスがないはずの H 形鋼柱の室内側側面にガラスが存在してしまうことになる。しかし，矛盾が生じる部分は外部からは見えないので，もし外部の CG しかつくらないならば，左図のモデリングでも十分だといえる。

図 4-73　バルセロナ・チェアー（Knoll 社が提供する CAD データ）
バルセロナ・パビリオンのためにデザインされたバルセロナ・チェアー。

図 4-74　バルセロナ・チェアー
Knoll 社が提供している CAD データにテクスチャーを与えた CG。

図 4-75 〜図 4-79（190 〜 191 ページ）は，CG モデルにガラスを加え，ガラスに**透明度**，**反射率**といった特性を与えてレンダリングをした結果である。ここでは，アングルとフラットバーのモデリングに加え，押縁もモデリングしている。

ガラスは，空間を物理的に仕切る壁という側面と，視覚的には存在しない透明なものという側面を併せ持つ特別な建築材料である。ファンズワース邸のガラスは，物理的に空間を囲む壁であると同時に，周囲の自然を映すスクリーンでもある。CG において，ガラスを「あるもの」として描くか「ないもの」として描くか，そのバランスは難しいのだが，実際の建築においてもガラスの意味は深淵である。

4.8.3　家具の表現

ミースは，建築の他に，多数の美しい家具を設計している。ファンズワース邸には，いくつかのミースのデザインによる家具が置かれている。

図 4-73 および図 4-74 は，ミースがデザインした**バルセロナ・チェアー**である。バルセロナ・チェアーは，1929 年に完成したバルセロナ・パビリオン（147 ページの**写真 4-3** および 158 ページの**写真 4-10** を参照）のために設計された家具であり，ファンズワース邸には置かれていない。しかし，CG ならば，バルセロナ・チェアーをファンズワース邸に置いてみることができる[21]。

バルセロナ・チェアーは，今日ではアメリカに本社のある Knoll 社によって製造・販売されている（日本にも支社およびショールームがある）。アメリカ Knoll 社のホームページには，販売する家具の CG モデルがリソースとして公開されていて，ダウンロードすることができる[22]。

図 4-73 は，Knoll 社のホームページからダウンロードしたバルセロナ・チェアーのデータである。図 4-74 は提供されているデータにテクスチャーを与えてレンダリングした CG である。

図 4-75 〜図 4-79（190 〜 191 ページ）は，ファンズワース邸の室内にバルセロナ・チェアーなどを配置して描いた CG である。実際のファンズワース邸にはバルセロナ・チェアーは置かれていないはずだから，この CG では，背景の自然やトラバーチンと同様，家具も実際とは異なっている。しかし，空間の雰囲気は表れていると思う。

家具の大きさは建築に比較すればずっと小さいが，スケールが小さくてもモデリングには建築以上に手間がかかるかもしれない。公開されているデータを使って，空間のスケールや雰囲気を確認することができることは，CG の利点の一つだといえる。

21）現在のファンズワース邸には，ミースのデザインによるチュゲンダートチェアーや MR アームレスチェアーなどが置かれている。

22）公開されている CG モデルのデータは，CAD ソフトである AutoCAD 用のもの。アメリカ Knoll 社のホームページは以下の通り。
http://www.knoll.com/

図 4-75　バルセロナ・チェアーを置いた室内（CG）

バルセロナ・チェアーとバルセロナ・テーブルを配置して描いたファンズワース邸の室内。バルセロナ・テーブルは，バルセロナ・チェアーと同様に，ミースがバルセロナ・パビリオンのためにデザインした家具。

図 4-76　MR アームレスチェアーを置いた室内（CG）

右手の窓際に配置した椅子は，ミースのデザインによる MR アームレスチェアー。MR シリーズは，スチールパイプをキャンティレバー状に曲げた構造をもつ作品。

図 4-77　外観（CG）

図 4-78　テラスからの外観（CG）

図 4-79　ファンズワース邸（CG）

4　ファンズワース邸

4.9　本章のまとめ

本章では，鉄骨構造によって架構されたファンズワース邸のCG，模型を製作しながら，鉄骨構造の概要とファンズワース邸の建築のしくみを学んできた。以下は，鉄骨構造とファンズワース邸に関する知識のまとめである。

■鉄骨構造に関する知識

1. □ 現代の建築に用いられる構造体は，純粋な鉄ではなく鋼である。鋼は，金属元素の一つである鉄を主成分とする合金のことである。
2. □ 鉄には，火に弱いという欠点がある。そのため大規模な鉄骨構造建築では耐火被覆（火災時に鉄骨を保護する処理）が必要となる。
3. □ 鉄骨は，H形鋼，I形鋼，溝形鋼（チャンネル），山形鋼（アングル），平鋼（フラットバー）など，さまざまなもの断面形状をもつ。
4. □ H形鋼やチャンネルの外側にある2枚の平行な部分はフランジ，2枚のフランジをつなぐ部分はウェブと呼ばれる。
5. □ 代表的な鉄骨部材の接合には，ボルト接合，リベット接合，溶接，高力ボルト接合がある。ボルト接合は部材に空けた穴にボルトを通して接合し，ボルト自体の耐力で部材を接合する方法である。リベット接合は，高温に熱したリベットを接合部の中に打ち込む接合方法である。高力ボルト接合は，高張力鋼ボルトによって2つ（以上）の部材を締め付け，そこに発生する摩擦力で部材を接合する方法である。溶接は，部材を溶融して一体化する接合法である。溶接には，すみ肉溶接，突き合せ溶接，プラグ溶接などのさまざまな方法がある。
6. □ 鉄骨構造に使われる鉄は薄い板の組み合わせとして使われることが多い。そのため，一般に鉄骨構造は，鉄筋コンクリート構造に比較して「軽い構造」となる。
7. □ 鉄骨構造の高層ビルは，揺れることによって地震や風に耐える「柔らかい構造」（柔構造）の考え方によって設計されることが多い。
8. □ 「軽くて柔らかい構造」である鉄骨構造の設計においては，日常生活における遮音や揺れにも配慮する必要がある。

■ファンズワース邸に関する知識

9. □ ファンズワース邸は，ミース・ファン・デル・ローエ（1886～1969年）によって設計された。アメリカ・イリノイ州のシカゴ郊外プラーノの自然に囲まれた敷地に，1951年に建てられた。
10. □ 床，屋根，ガラスの壁が，シンプルな鉄骨のフレームによって支えられている。内部空間はガラスによって包まれている。
11. □ 柱には，200ミリ（8"）角のH形鋼が使われている。桁に相当する水平フレームには，高さが380ミリ（15"）のチャンネルが使われている。プラグ溶接による柱と水平フレームのジョイントは，ファンズワース邸の注目すべき特徴である。
12. □ 床および屋根は，水平フレームの間に架け渡されたH形鋼梁によって支えられている。H形鋼梁の間には，プレキャスト・コンクリートスラブが架かる。
13. □ 床は，トラバーチンという上質の石によって仕上げられている。トラバーチンの素材感や目地も，ファンズワース邸の空間を決定づけるデザイン要素である。天井には，メタルラス・プラスターという薄い石膏質のボードが用いられている。
14. □ 室内の床には床暖房が組み込まれている。トラバーチンの下部のモルタルの内部に温水パイプが組み込まれ，温水によってモルタルとトラバーチンが暖められる。
15. □ 外部空間であるポーチあるいはテラスの床下には，排水（雨水の処理）の仕掛けが施されている。テラスの床は水勾配をもつ。
16. □ 屋根の先端には鼻隠しが取り付けられ，防水層の端部を押さえている。
17. □ ポーチに面する壁を除く3面のガラスの壁は，床と屋根を構成するチャンネルの間に納まっている。ポーチに面する壁は，水平フレームの間に架け渡されたH形鋼梁の上下に納まる。
18. □ ガラスの壁は，フラットバーやアングルの組み合わせによるサッシに磨き板ガラスがはめ込まれることで構成されている。ガラスを納める押縁は，室内側はH形鋼柱，マリオン，上下のチャンネルに溶接されている。室外側はビス留めされている。
19. □ トラバーチンの階段は，フラットバーとスティール・プレートを組み合わせてつくった合成T字鋼の梁によって支えられる。
20. □ シャワー室・浴室・暖炉・キッチンは，部屋の中央付近に配置された設備コアにまとめられている。木造でつくられた設備コアは，木質のパネルで仕上げられ，床の上に置かれた大きな家具のようでもある。

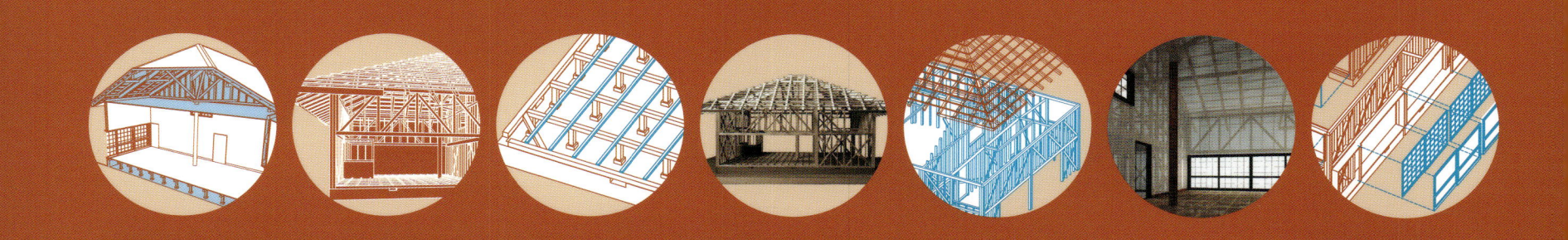

5. 白の家
木造軸組構造

写真 5-1　白の家（広間）　　　　　　　　　　　　　　　　　（撮影：村井修）

写真 5-2　白の家　　　　　　　　　　　　　　　　　　　　　（撮影：村井修）

1）　軸組構造は，伝統的な構法であることから「在来構法」とも呼ばれる。

2）　図 5-1 は，心柱のやや手前を切断した断面図であるにもかかわらず，2 階の寝室の上部に，心柱よりやや奥にあるトップライトを描いている。このトップライトは，切断位置が心柱の手前である場合には切断されない位置にあるから，理屈の上では，この図は間違った断面図ということになる。しかし，この断面図は，理屈を曲げて，2 階の寝室にトップライトがあることを表している。

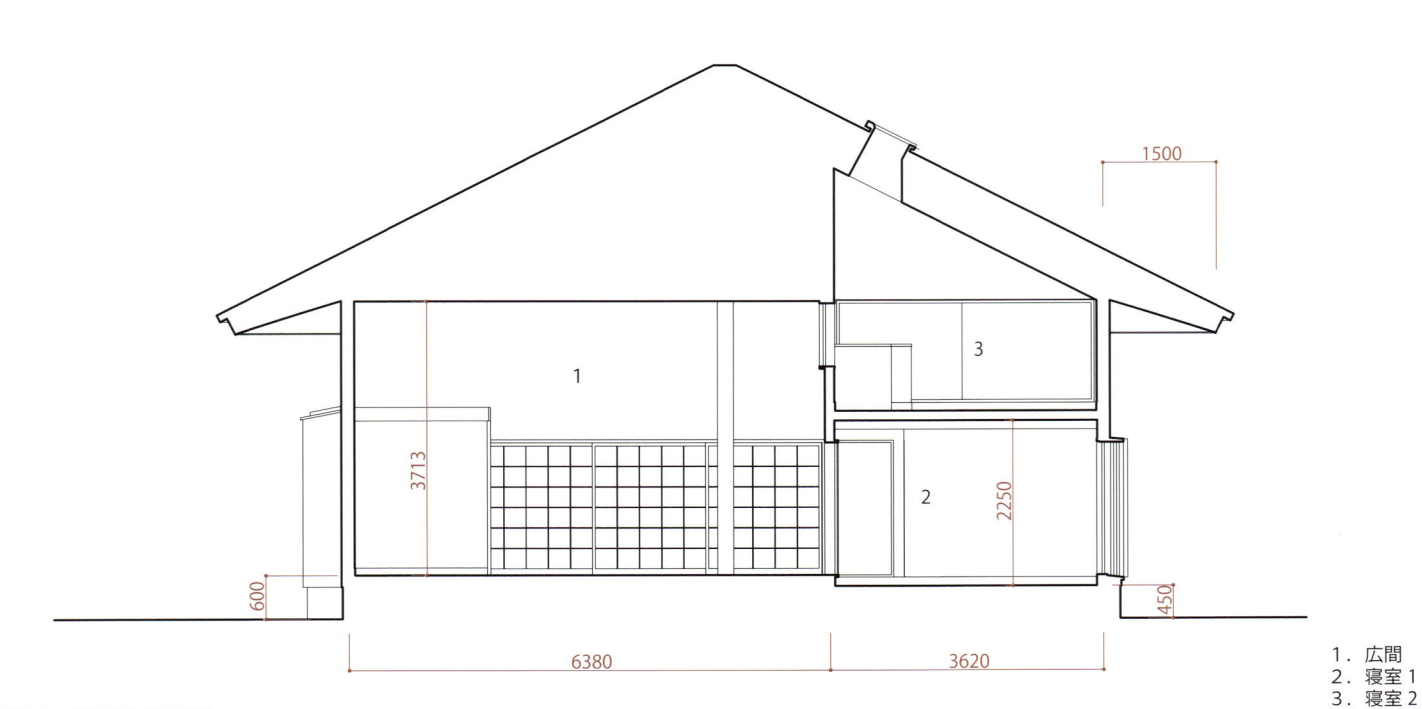

1. 広間
2. 寝室 1
3. 寝室 2

図 5-1　断面図（1/100）
広間は天井高 3.7 メートルの大きな空間。中央が大屋根の頂部を支える心柱。2 つの寝室はいずれも広間に面する。この図は，心柱のやや手前を切断した断面図。

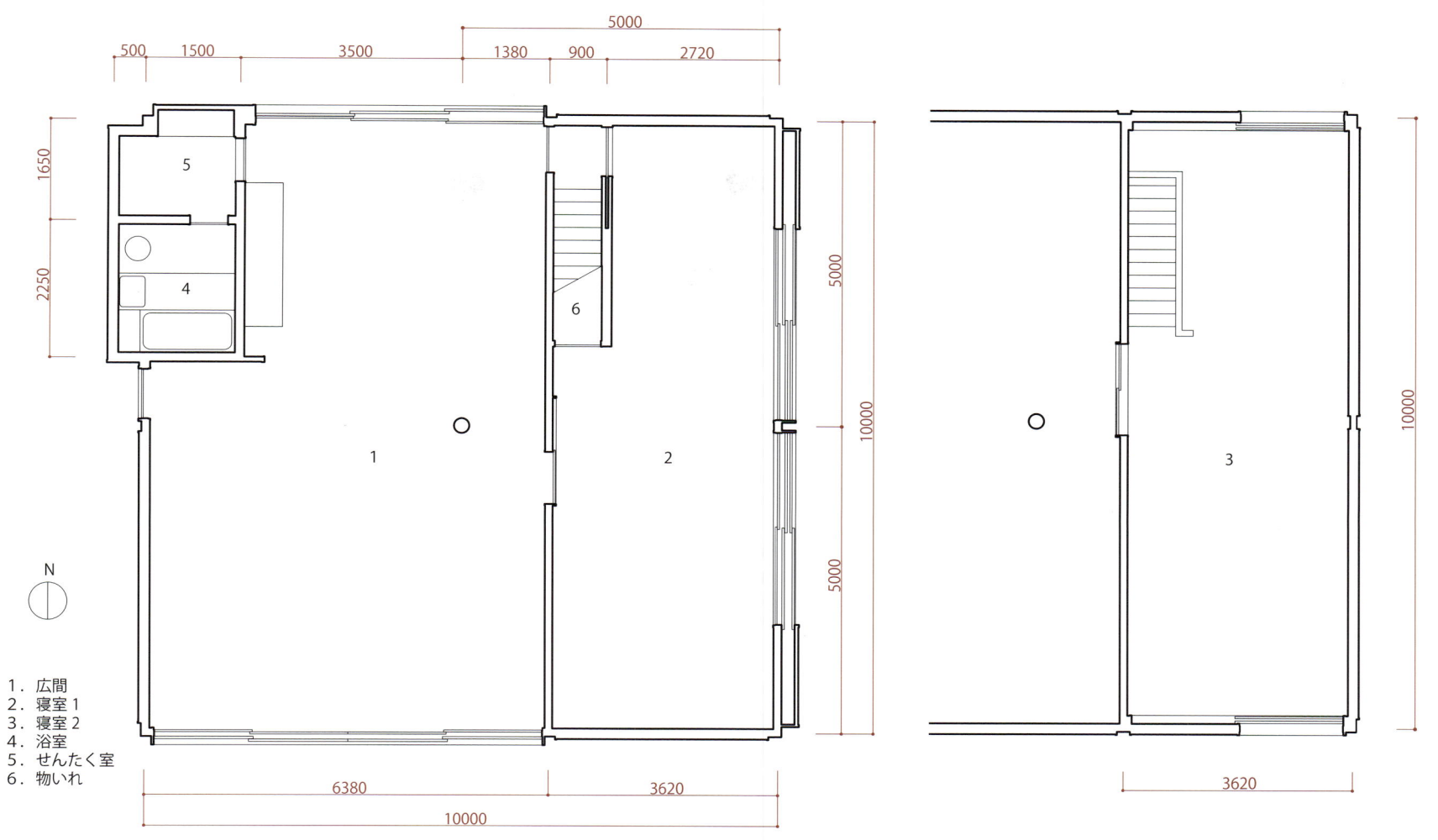

図 5-2　1 階平面図（1/100）
10 メートル×10 メートルの正方形が 6.38 メートル／3.62 メートルの位置で 2 つに分割され，広間と寝室を分けている。

1．広間
2．寝室 1
3．寝室 2
4．浴室
5．せんたく室
6．物いれ

図 5-3　2 階平面図（1/100）
2 階寝室は広間に面する。2 階平面図では広間は吹抜けとして現れる（この図では，紙面の都合により，広間（吹抜け）の全体を描いていない）。

　本章では，日本の伝統的な建築構法である**木造軸組構造**の実例として**白の家**を取り上げる。木造軸組構造とは，木造の**軸組**（骨組み）による架構である[1]。ここでは，白の家の 1/20 スケールの**軸組模型**（骨組みを表す模型）を製作しながら，木造軸組構造のしくみについて学ぶ。

　今日の日本の都市には，多くの高層ビル群が建ち並ぶようになった。それでも，都市部あるいは農村部に圧倒的に多く建っているのは木造の戸建て住宅である。木造の，とりわけ木造軸組構造のしくみを学ぶことは，日本建築の特徴を学ぶことにも通じる。

　白の家（**写真 5-1** および **写真 5-2**）は，木造軸組構造による美しい空間構成をもつ 2 階建て住宅である。**方形屋根**（ほうぎょうやね。上から見たカタチが正方形の屋根）の頂部が一本の**心柱**（中心に立つ柱）によって支えられている。心柱が象徴的な存在感をもち，空間の性格を決定づけている。

　白の家の断面図[2]と平面図を**図 5-1**～**図 5-3** に，立面図を**図 5-4** および**図 5-5**（次ページ）に示す。

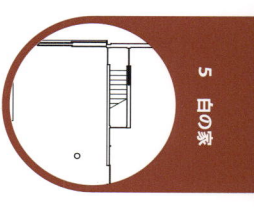

5　白の家

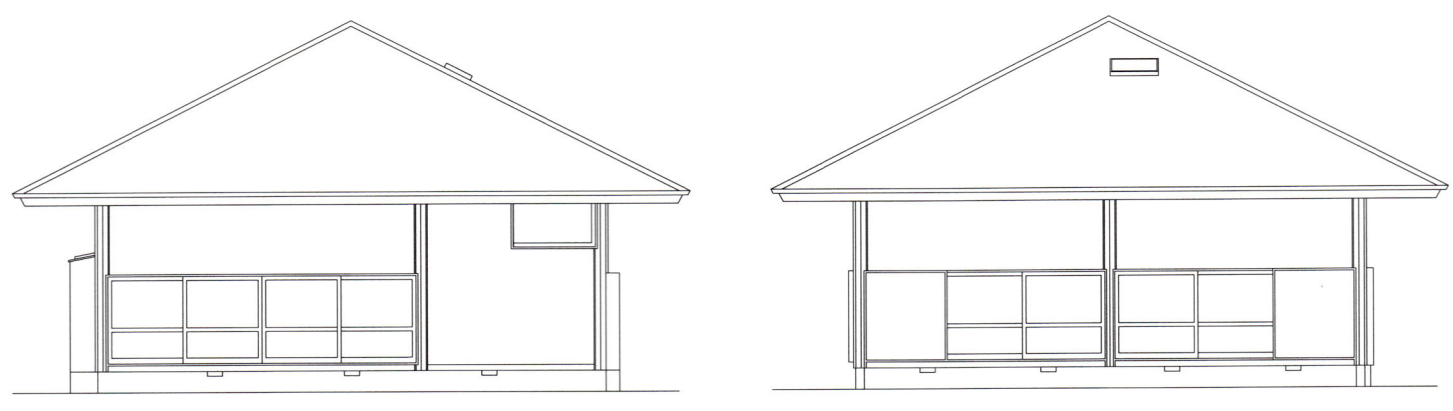

図 5-4　南立面図（1/150）

図 5-5　東立面図（1/150）

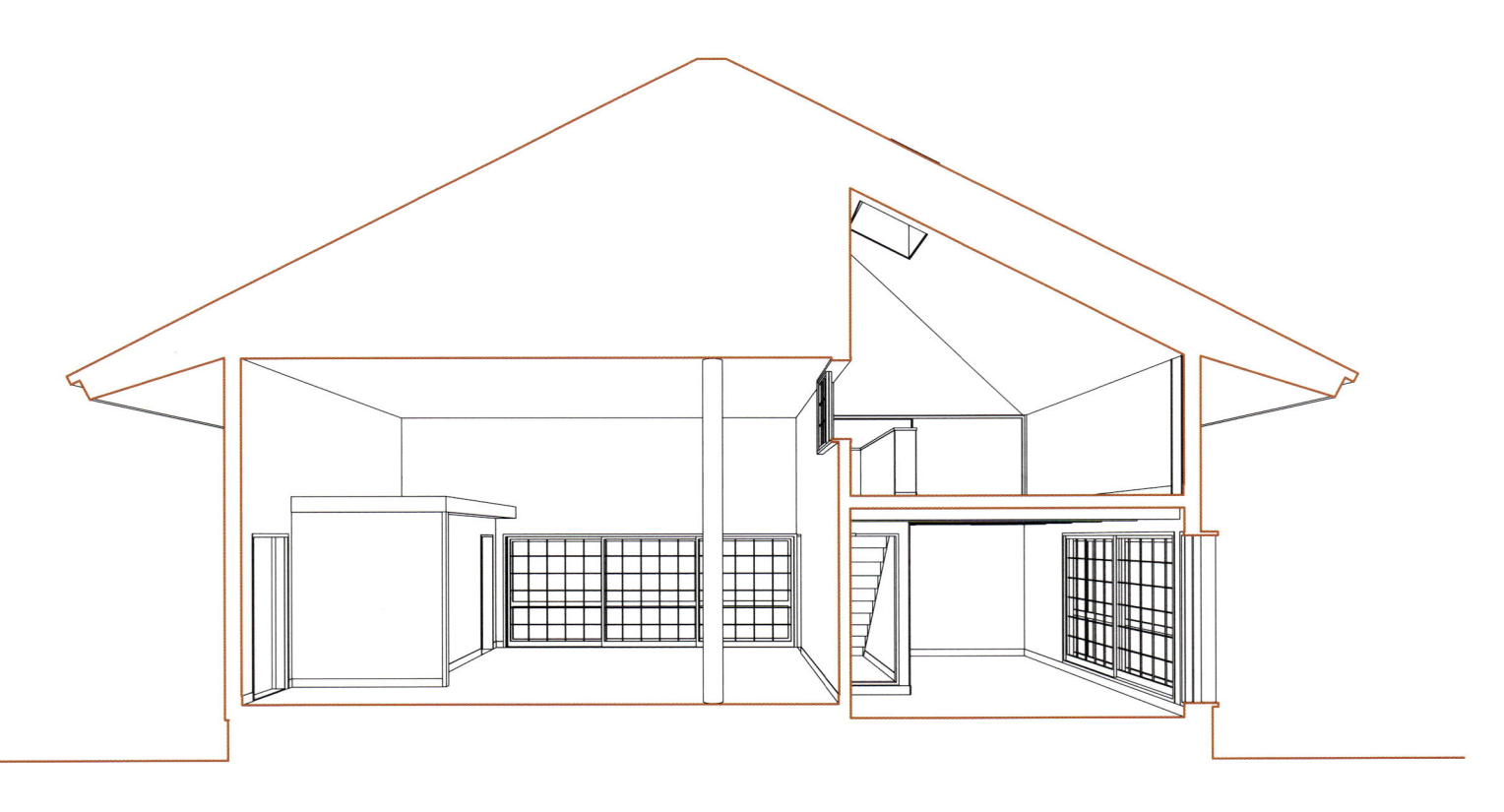

図 5-6　垂直切断図
本章の立体図ではドア（扉）を表現していない。障子については，障子紙を省略し，奥に見えるガラス戸を見せている。また，キッチンも省略している。

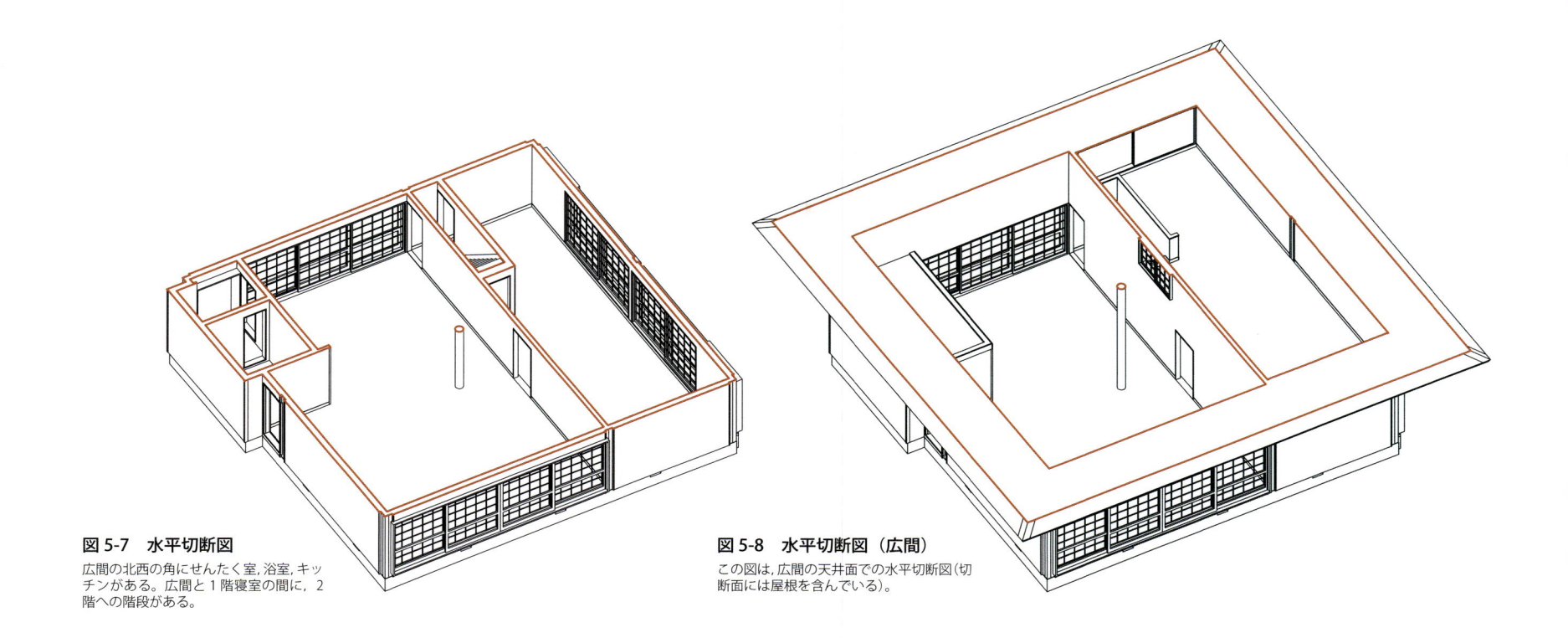

図 5-7 水平切断図
広間の北西の角にせんたく室, 浴室, キッチンがある。広間と 1 階寝室の間に, 2 階への階段がある。

図 5-8 水平切断図（広間）
この図は, 広間の天井面での水平切断図（切断面には屋根を含んでいる）。

5.1 白の家

白の家は, **篠原一男**（1925 ～ 2006 年）の設計により, 1966 年に東京都杉並区に建てられた。

5.1.1 空間の構成

白の家は 2 階建ての住宅である。正方形の平面の上に大屋根が架かり, 大屋根の下の空間が, 広間と 2 つの寝室に分割されている。

西側にある入口を入ると, この住宅の主空間である広間がある。広間は高い天井高をもち, ここには大屋根の頂部を支える心柱が立つ。1 階と 2 階に, 広間に面して 2 つの寝室が配されている。

図 5-6 は, 広間と 2 つの寝室を切断する垂直切断図である。また, **図 5-7** および **図 5-8** は, 1 階寝室の天井および広間の天井のレベルでの水平切断図である。

広間の北西の角には, せんたく室, 浴室, キッチンが配置されている。せんたく室と浴室の上部と広間の天井の間には空きがあるから, 広間は, 視覚的には, せんたく室と浴室を含んだ大きな空間である。広間と 1 階寝室の間に, 2 階への階段がある。

2 階寝室は, 天井に大屋根の形状が現れる空間である。広間に面して, 障子の入った窓が設けられている。

5.1.2 平面と断面の概要

図 5-2（195 ページ）に示した平面図に見られるように, 白の家は, 10 × 10 メートルの正方形平面をもっている。正方形の平面は, 6.38 ／ 3.62 メートルの位置で, 6.38 × 10 メートルの広間（1 階）と 3.62 × 10 メートルの寝室（1 階および 2 階）に分割されている。

また, **図 5-1**（194 ページ）に示した断面図に見られるように, 広間は天井高 3.71 メートルの大きな空間となっている。10 × 10 メートルの正方形平面の中心には丸い心柱が立ち, この柱の上部を頂点として, 方形の大屋根が架けられている。

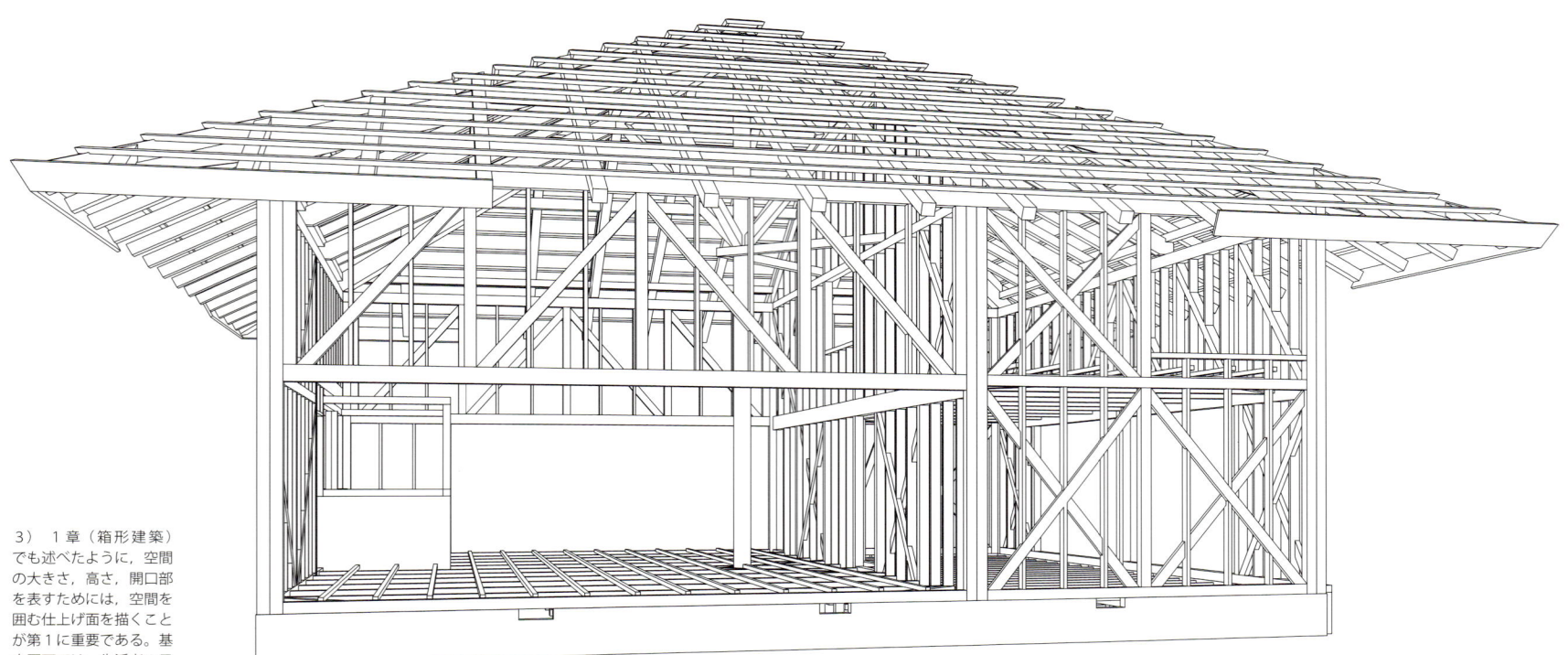

図 5-9　木造軸組構造の構成
軸組の構成には独特の美しさがある。しかし，大部分の構造材は，壁の内部，床下，天井の上部に隠れてしまう。

3）　1章（箱形建築）でも述べたように，空間の大きさ，高さ，開口部を表すためには，空間を囲む仕上げ面を描くことが第1に重要である。基本図面では，生活者の目には触れない壁・床・天井の内部を表すことは必然ではない。建築を学び始める学生にとって，第1に重要なことは，仕上げ線を太線で表し，目に見える空間を描き出すことである。

4）　白の家の図面は，以下の文献によって公開されている。

（参考文献）
篠原一男，白の家・上原通りの住宅，世界建築設計図集，同朋舎，1984年

ところで，**図 5-1**（194 ページ）の断面図と，**図 5-2** および **図 5-3**（195ページ）の平面図は，空間（目に見える空間）を表すための基本図面として，切断される壁・床・天井などの目に見える表面である**仕上げ線**を太線で縁取る描き方をしている。壁・床・天井などの内部は表現していない[3]。しかし，木造軸組構造の壁・床・天井などの内部には，柱，梁などの**構造材**が隠れている。構造材の他にも，さまざまな**下地材**（仕上げのための部材）や**仕上げ材**が存在している。白の家の構造材であるその骨組みを **図 5-9** に示す。

建築の**構造体**（構造材）は，建物全体の形態を決定する重要な部分である。空間を覆うために構造体が存在するということは，他の芸術には見られない建築の特徴である。

木造軸組構造の建築では，多くの構造材が壁・床・天井の内部に隠れてしまう。それでも，目に見えない壁・床・天井の内部構造がなければ，建築の形態・空間は成立しない。

前章までに学んできた住吉の長屋（2章），サヴォワ邸（3章），ファンズワース邸（4章）は，いずれも構造体が露出する建築であった。白の家では，心柱をはじめとする一部の構造材は目に見えるものの，大部分の構造材は，壁の内部，床下，天井の上部に隠れている。しかし，多くの構造材が目に見えないとしても，白の家の空間はやはり軸組の美しい構成によって生み出されたものである。

白の家の軸組の構成は，一般的な木造軸組構造の住宅とはいささか性格を異にするものではある。しかし，美しく構成された軸組が，木造のもつ本来の美しさを引き出している。

白の家の図面は設計者の篠原一男により，文献として公開されている[4]。本章では，公開された図面に基づき，白の家の建築のしくみを学んでいく。

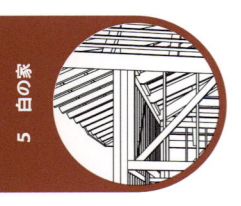

写真 5-3　法隆寺

写真 5-4　金閣寺

5.2　木造建築

我が国の建築の歴史は，**木造建築**の歴史であったといえる。白の家について学ぶ前に，木造建築の概要を学んでおこう。

5.2.1　木造建築の歴史

5.2.1.1　法隆寺と金閣寺

木材は湿気によって劣化する材料である。しかし，適切な雨仕舞い（雨を避けるしくみ）が施され，また，十分な換気により乾燥が保たれれば，他の材料に比較して耐久性が劣ることはない。

現存する最古の木造建築（寺社建築）は，推古天皇（554～628年）の時代に創立された**法隆寺**（奈良県）である（**写真 5-3**）。とはいっても，現存する法隆寺は建設当時のものではない。主要な建築である西院伽藍（金堂，五重塔，中門，回廊など）は，670年に焼失後，8世紀初めに再建されたものといわれている。また，夢殿を中心とする東院伽藍は，739年に造営されたとされている。それでも，法隆寺の木造建築群は，1000年をはるかに上回る年月を経ている。部分的な再興や修理は施されてきたにせよ，法隆寺の姿が 1000年以上前につくられたものであることに間違いはない[5]。

歴史上の木造建築の寿命は，材料の耐久性よりも，火災によって尽きてしまうことの方が多い。木材（木質材料）は火に弱い。コンクリートに比較してはるかに火に弱く，また，火災の温度（800～1000℃）で木材自体が燃えるという意味では，鉄と比較しても弱い。それでも，焼失の繰り返しにもかかわらず，木造建築は再生され続け，その姿を成熟させてきた。材料そのものは消滅したとしても，その姿は存続し続けている。

金閣寺という通称で有名な鹿苑寺（京都市）は，足利義満によって，1397年に造営されている。しかし，オリジナルの金閣寺は 1950年に放火によって消失していて，現存する金閣寺は 1955年に再建されたものである（**写真 5-4**）。

白の家の設計者である篠原一男は，金閣寺について，論文『住宅論』[6] の中で以下のように述べている。

> 再建されたという金閣をただ見るために，なんの期待もなく立ち寄ったわたくしは，突然あらわれた金色の建物に驚かされた。それは理屈をこえて美しかった。（中略）。われわれが金閣を考えるときは，この金色にかがやく金閣の前に立たなくてはならない。

[5]　法隆寺は，建築が貴重な遺産であるのみならず，飛鳥時代から奈良時代にかけての文化財を多数所蔵し，その歴史を物語っている。

[6]　初出は新建築1960年4月号（新建築社）。以下の文献にも収録されている。

（参考文献）
篠原一男，住宅論，鹿島出版会，SD選書 No.49，1970年

写真 5-5　東大寺南大門

写真 5-6　浄土寺浄土堂

7) ここに示した木材の強度はひのき／すぎ甲種構造材一級の基準強度（平成 12 年建設省告示 1452 号）。比重はひのき／すぎの気乾密度。鋼材の強度は炭素鋼構造用鋼材の基準強度（同告示 2464 号）。コンクリートの引張強度は圧縮強度の 1/10 程度としている。151 ページの注 4 も参照。

8) 752 年に大仏の開眼供養が行われたとされている。

9) 東大寺には，巨大な木造建築として名高い大仏殿もある。現存する大仏殿は，重源の時代のものではなく，1709 年に再建されたものである。現在の大仏殿の大きさは，幅（東西）約 57 メートル，奥行（南北）約 50 メートル，高さ約 49 メートルとされるが，再建前の大仏殿はより大きな幅をもつものであったといわれている。

　この一文は，木造建築が生み出した日本建築の伝統美に対する意識と，伝統の再構成によって新たに再生される建築の美の可能性について述べられたものだ。

5.2.1.2　大仏殿，姫路城，五重塔

　木材は，強さの割に軽い材料である。木材の**強度**，**比重**は材質によって異なるが，木材，コンクリート，鋼材（鉄）のおおまかな強度と比重（水の重さに対する割合）は以下の通りである（強度の単位は N/mm^2）[7]。

	圧縮強度	引張強度	比重
木材	21〜30	16〜22	0.40〜0.46
コンクリート	18〜	1.8〜	2.3〜2.4
鋼材	215〜375	215〜375	7.85

　木材の強度は，コンクリートに比べて，まったく劣っていない。**比強度**（単位重量あたりの強度，すなわち強度を比重で除した数値）で考えれば，鉄に比較しても高強度な材料である。木材には，鉄やコンクリートに比較して，均質さに欠ける，燃えやすい，腐りやすい，虫に食われやすいなどの欠点がある。しかし，軽さの割に強く，加工しやすい，したがって，建築に適した材料である。

　現在では，大規模な建築を木造で建設することは少なくなっているが，歴史上には大規模な木造建築は数多い。

　東大寺（奈良市）の伽藍は 8 世紀に完成した[8]。1180 年の戦火でほとんどが消失したが，1203 年までに再建された。高さ 25 メートルの巨大な建築として現存する**南大門**は，その頃，重源（1121〜1206 年）によって再建されたものである（**写真 5-5**）。

　南大門は，**大仏様**（だいぶつよう）という様式で建てられた木造建築である。大仏様の特徴である**貫**（ぬき）と呼ばれる柱を貫通する水平材が多用されていること，天井を張らずに構造材が露出していることにより，木造の強固さがダイナミックに表現されている[9]。

　重源は，1197 年に，**浄土寺浄土堂**（兵庫県小野市）を建設している（**写真 5-6**）。中央に仏像を置く 3 間×3 間の平面をもつ浄土堂も，また，大仏様による建築である。柱間は約 6 メートル。約 18×18 メートルの平面をもつ方形の建築である。我が国では，木造によって，宗教的な世界観が表されてきた。

　姫路城（兵庫県姫路市）も巨大な木造建築として名高い（**写真 5-7**）。現在の姫路城は，1601 年から 9 年がかりで池田輝政が築いたもので，14.8 メートルの高さの石垣の上に，31.5 メートルの木造建築が建つ。

　天空にそびえる天守閣には，31.5 メートルという数字以上の高さが感じられる。高さだけではなく，実際以上に長く険しく感じられるように設計さ

写真 5-7　姫路城　　　　　　　　　　　写真 5-8　東寺五重塔　　　　　　　　　写真 5-9　桂離宮

れたアプローチなど，姫路城には，空間を演出するさまざまな工夫が見られる。戦争を背景とした建築ではあったとしても，その姿や空間は平時においても，いや平時であればこそ，なお魅力的である。白い漆喰の壁も美しい。

　東寺（京都市）の**五重塔**は約 55 メートルの高さをもつ（**写真 5-8**）。過去に消失してしまった塔の中にはより高いものもあったとされているが，日本に現存する木造の塔としては，東寺五重塔が最も高い。

　姫路城や五重塔には，太い心柱が使われている。東大寺の南大門や大仏殿も太い柱なしには成り立たない建築である。しかし，今日では，かつてのように建築に太い木材を使うことは，コストの面からも難しくなっている。

　今日の超高層ビルは，世界的には高さが 400 メートルを超えるようになった。地震国である日本でも，200 メートルを超える高さの超高層ビルが珍しくなくなった。それらの超高層ビル，あるいは中高層以上の高さの建築のほとんどは，鉄または鉄とコンクリートでつくられている。今では，中層以上の建物が木造によって新築されることは，稀な例外を除いてはほぼなくなった。高さだけではなく，規模に関しても，木造が大規模建築の構造に採用される例は少なくなった。

　古来の木造は，強く耐久性にもすぐれた構造形式であった。木造の力強さは寺社建築などによく現れているが，木造は，もちろん寺社建築だけではなく，一般の住宅をつくるための材料でもあった。

　木造は，平安時代の住宅様式である**寝殿造り**や，近世の住宅様式である**書院造り**などを経て，小規模な建築の構造形式としても成熟した。現在の木造軸組構造は，古来のような太い部材ではなく，むしろ細い部材を用いて建築を組み立てていく構造であるといえる。

　桂離宮（京都市）は，江戸時代初期に八条宮智仁と智忠が造営した別荘である。古書院，中書院，新御殿の 3 棟の書院と月波楼，松琴亭，笑意軒などの茶室が庭園の中に配されている（**写真 5-9**）。

　桂離宮から感じられるのは，古来の力強さではなく，簡素な美しさである。桂離宮の造形は見事に軽く感じられる。

5.2.2　継手と仕口

　従来，木造軸組構造は建設現場にて木材を加工し，それを組み上げることによって建設されてきた。部材の加工においては，長さ，太さを適切な寸法に揃える必要があるのはもちろんだが，接合部も適切に加工しなければならない。大工が鉋（かんな）を用いて部材の太さを丁寧に揃え，また，ノミなどを用いて部材の接合部を一本一本加工していくのが，木造軸組構造の工事現場の姿であった。

　接合部の加工は，木造軸組構造における最も細やかな作業であるといえる。柱や梁の接合部は，**継手**（つぎて）や**仕口**（しぐち）と呼ばれる。柱と柱，あるいは梁と梁など，同じ方向に伸びる部材を接合するのが継手，柱と梁な

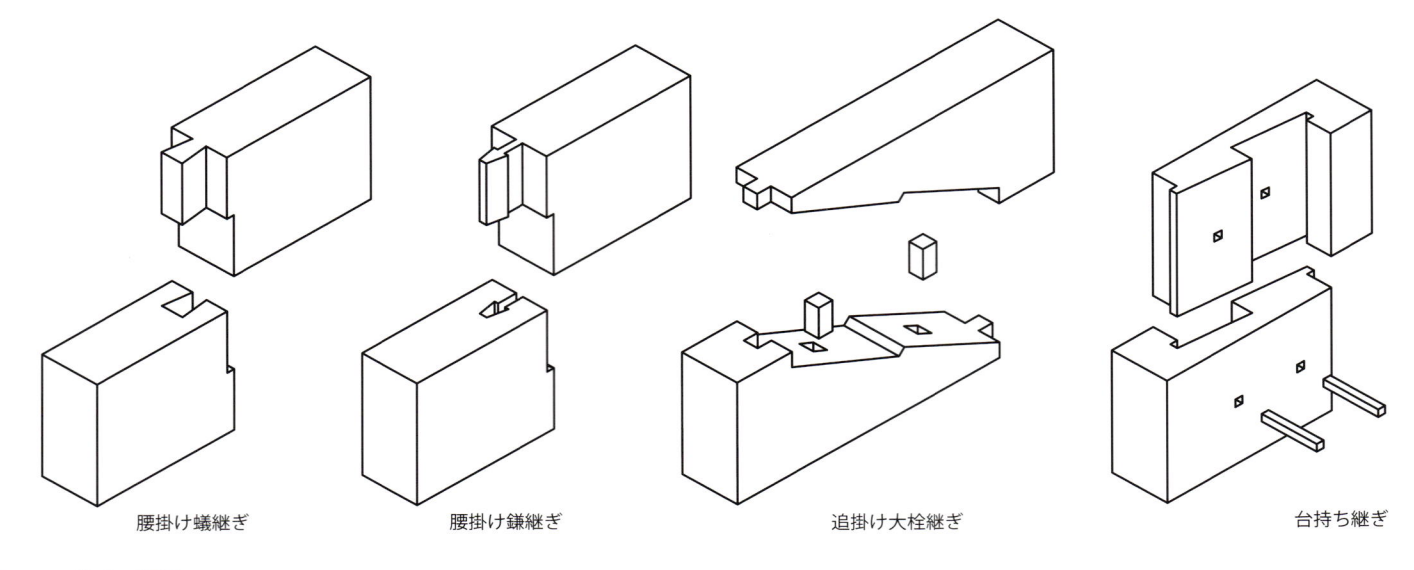

腰掛け蟻継ぎ　　　　　　　　腰掛け鎌継ぎ　　　　　　　　追掛け大栓継ぎ　　　　　　　　台持ち継ぎ

図 5-10　継手の種類
柱と柱，あるいは梁と梁など同じ方向に伸びる部材を接合するのが継手。柱と梁など直交する（角度をもって交わる）部材を接合するのが仕口。ここに示したのは，梁の継手の単純な例。

ど，直交する（角度をもって交わる）部材を接合するのが仕口である。さまざまな継手，仕口の形式があるが，単純な例を図 5-10 に示す。

継手や仕口は，かつては建築現場で加工されていたが，近年では，工場で加工されることが多くなっている。

木造住宅に限った話ではなく，一般に建築の工法は，建設現場において部材を加工し組み上げる工法（現場施工）によるものと，工場において，壁，柱，床，梁，屋根，階段などの主要構造部を生産し，現場においてそれらを組み立てる**プレファブ工法（プレファブリケーション）**に分けられる[10]。

プレファブ住宅というと，家をまるごと工場でつくり，家全体をトラックで敷地に運ぶというイメージをもつ学生もいるかもしれないが，プレファブは，建物全体を工場でつくることを意味するわけではない。建物全体を工場でつくることもなくはないが，工場でつくられるのは，全体ではなく，むしろ部分であることが多い。

木造の継手や仕口を工場で加工する部材単位のプレファブ工法は，**プレカット工法**と呼ばれる。近年では，木造軸組構造による住宅の多くが，プレカット工法により建てられている。

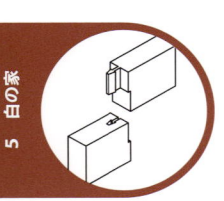

5.2.3　軸組構造とツーバイフォー構造

我が国の住宅は伝統的に，木造によって建てられてきた。しかし，今日では住宅の構造は多様化し，鉄筋コンクリート構造や鉄骨構造でつくられる住宅が増えた。それでも近年において，新築される住宅（戸建て住宅と集合住宅を合わせたすべての住宅）の半数近くは木造でつくられている[11]。

大規模な集合住宅（マンション）は木造ではなく，鉄筋コンクリート構造，鉄骨構造，**鉄骨鉄筋コンクリート構造（**鉄骨構造を併用した鉄筋コンクリート構造）などによって建てられることが多いから，戸建て住宅や小規模な集合住宅（アパート）における木造の比率はより高いと考えられる。

今日では，木造の架構形式も多様化し，軸組構造以外の構造も普及している。その代表は，北米（アメリカ，カナダ）で開発された**ツーバイフォー構造（枠組壁構造）**である。ツーバイフォー構造は，**構造用合板**を多用した面としての壁によって建築を架構する構造形式である。その構成を図 5-11 に示す。

軸組構造が柱や梁などの線的な部材を骨組みとする構法であるのに対して，ツーバイフォー構造は，規格化された部材を用いて壁を面的に組み立てる構法である。ツーバイフォーという名前の由来は，規格部材が 2 × 4 インチなどの**呼び寸法**をもつことによる（呼び寸法は記号として用いるおおまかな寸法で，呼び寸法が 2 × 4 インチの部材の実際の寸法は，2 × 4 インチより小さい）。

10）本書では，構法と工法という類似した 2 つの言葉を，次のように使い分けている。構法は，建築の全体を構成する方法を指す。構法は，建物の架構形式を意味する構造を成立させるための方法でもある。一方，工法は，つくり方，組み立て方一般を指し，必ずしも建築の全体に関わる方法ではなく，建物の部分を施工する方法を意味している。

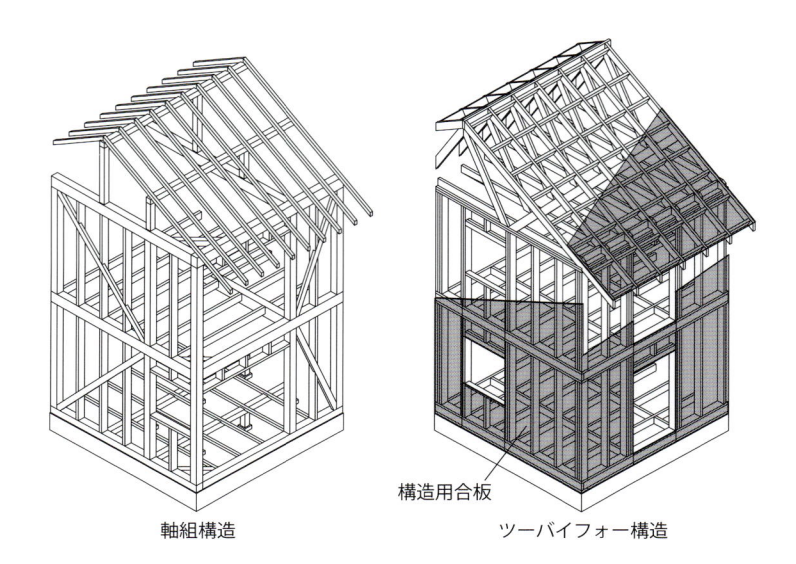

図 5-11　軸組構造とツーバイフォー構造
ツーバイフォー構造は構造用合板を多用し，面としての壁によって建築を架構する構造形式。ツーバイフォー構造は壁面に開ける開口に制限があり，一般的に在来軸組構造に比べ小さな開口になることが多い。

2006年度住宅着工戸数（構造別）

構造	戸数	割合
木造	556,101	43.3%
鉄骨鉄筋コンクリート造	34,525	2.7%
鉄筋コンクリート造	467,185	36.3%
鉄骨造	225,241	17.5%
コンクリートブロック造	543	0.04%
その他	1,651	0.1%
計	1,285,246	100.0%

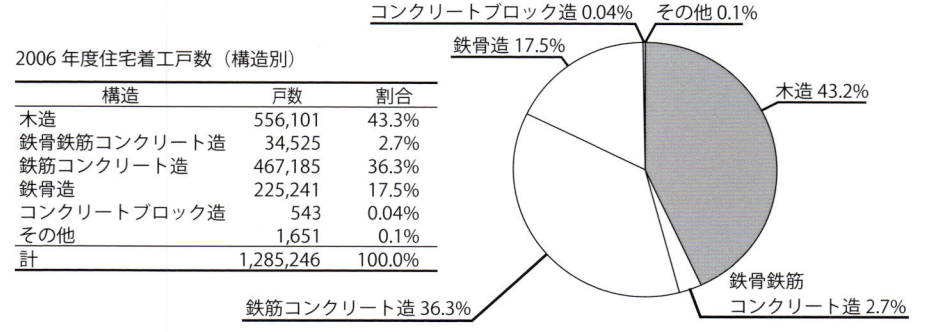

2006年度木造住宅着工戸数（ツーバイフォー）

構造	戸数	割合
ツーバイフォー	105,824	19.0%
ツーバイフォー以外	450,277	81.0%
計	556,101	100.0%

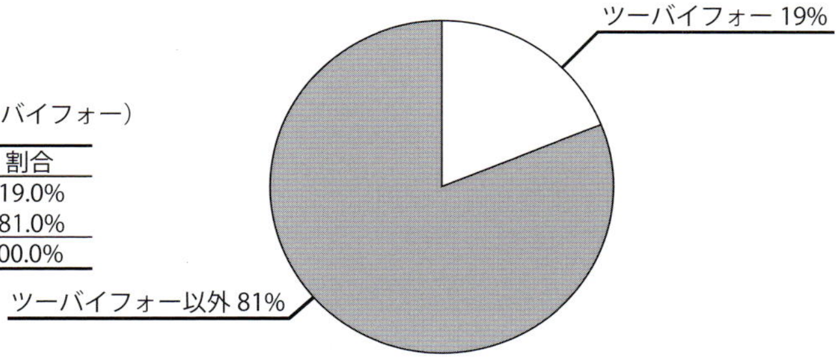

　今日までにツーバイフォー構造はかなり普及してきているが，それでも現在の木造住宅の架構形式に占めるツーバイフォー構造の比率は2割弱である[12]。ツーバイフォー構造以外の木造住宅の多くは軸組構造でつくられていると考えられるから，今日でも軸組構造は我が国の木造住宅の主要な構造形式であるといえる。

　今日に至るまでに，木造軸組構造の形式も部分的には変化している。かつての軸組は土の上に置かれた石の上に組まれたが，今では基礎が鉄筋コンクリートでつくられるようになった。かつての壁には土で塗られるさほど強固ではない構造が多かったが，今では壁の構造に強い耐震性が要求されるようになった。壁内部の換気や耐火性を重視した工法も実現している。かつては釘さえも用いないで継手や仕口が組まれることもあったが，今日の継手や仕口には，耐震性の観点から，積極的に補強金物が用いられるようになっている。

　今日に至って木造の形式は多様化したが，それでも，我が国の木造住宅の主要な構造形式が軸組構造であることに変わりはない。長い歴史の中で現在の姿に至った木造軸組構造は，我が国の気候，風土に適した構造である。

11）国土交通省が発表する「住宅着工統計」によると，2006年度（2006年4月〜2007年3月）に着工した住宅の総戸数（戸建て住宅と集合住宅を合わせた数）は1,285,246戸である。このうち，全体の43.3%にあたる556,101戸が木造で建てられている。木造以外の構造による住宅は，鉄骨鉄筋コンクリート造が2.7%（34,525戸），鉄筋コンクリート造が36.3%（467,185戸），鉄骨造が17.5%（225,241戸）を占めている（上のグラフを参照）。

12）同じく，国土交通省の発表する「住宅着工統計（プレハブ新設住宅，ツーバイ・フォー新設住宅利用関係別着工戸数）」によると，2006年度にツーバイフォー構造によって建設された住宅は，全木造住宅556,101戸中の19.0%にあたる105,824戸となっている（下のグラフを参照）。

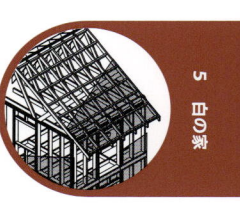

写真 5-10　軸組模型
本章では，白の家の軸組模型（1/20 スケール）を製作していく。

5.3　軸組構造

　本章では，白の家の軸組模型を 1/20 スケールで製作しながら，木造軸組構造のしくみを学んでいく。製作する軸組模型を**写真 5-10** に示す。
　軸組模型では，柱，梁はもちろん，床，壁，屋根を構成するすべての構造材を製作する。すなわち，床下，壁の内部，天井の上部など，目に見えない部分（簡略表現による平面図・断面図には描かれない部分）も製作する。軸組模型の製作は，スケールこそ 1/20 ではあるが，実際の建築工事のシミュレーションである。

5.3.1　軸組構造の概要

　木造軸組構造は，**床組**（床の構造），**軸組**（壁の構造），**小屋組**（屋根の構造）と呼ばれる 3 つの構成をもつ。床組，軸組，小屋組は，それぞれが，建築の床，壁，屋根を支える構造材である。**図 5-12** は，基礎の上に載る床組，軸組，小屋組を示している [13]。
　石によって堅固な壁を架構してきた西欧の建築とは対照的に，伝統的な日本建築は屋根を架構する建築であった。伝統的な日本建築の壁は，閉じた壁というよりも開いた壁，すなわち開口であったといえる。今日では，木造軸組構造による建築であっても，空調を前提とするために部屋を壁によって閉ざすことが一般的であるし，また，都市に建つ住宅では，プライバシーの観

13) 床組は基礎の上に載る木造部分を指す。したがって，基礎は床組に含まない。

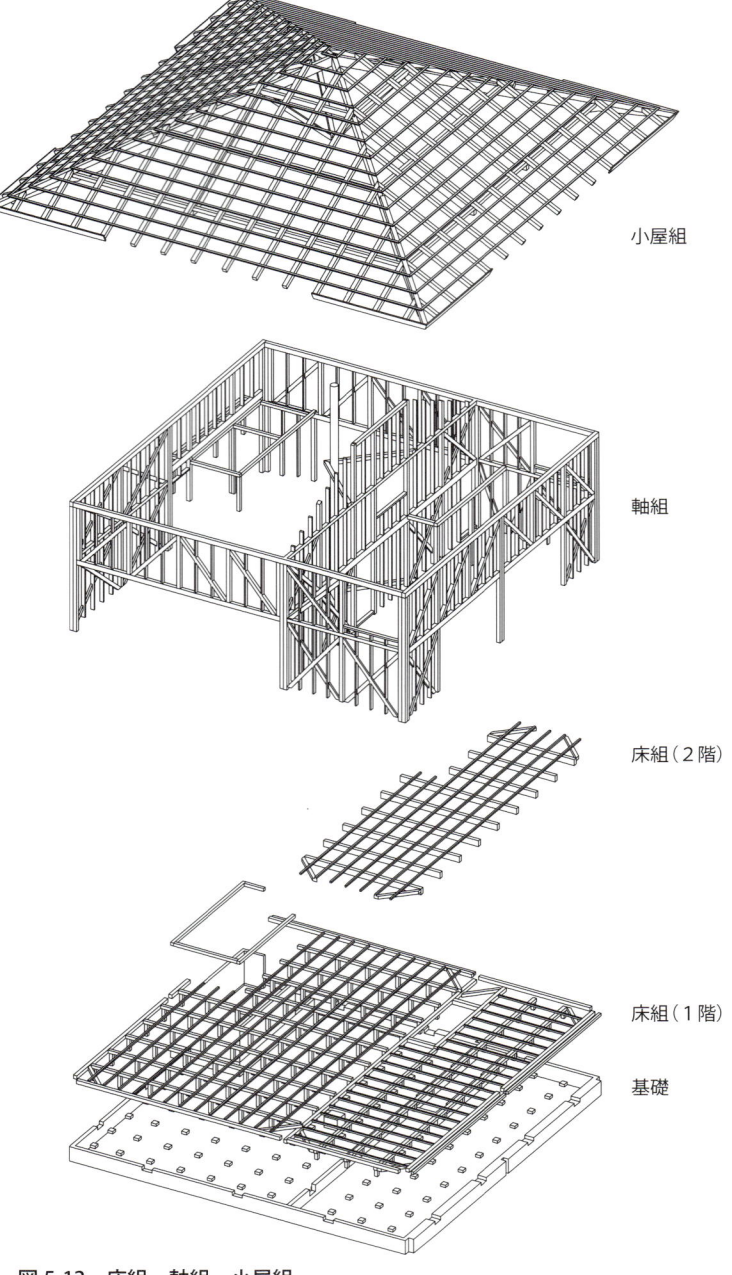

図 5-12　床組・軸組・小屋組
床組は床の構造。軸組は壁の構造。小屋組は屋根の構造。

小屋組
軸組
床組（2 階）
床組（1 階）
基礎

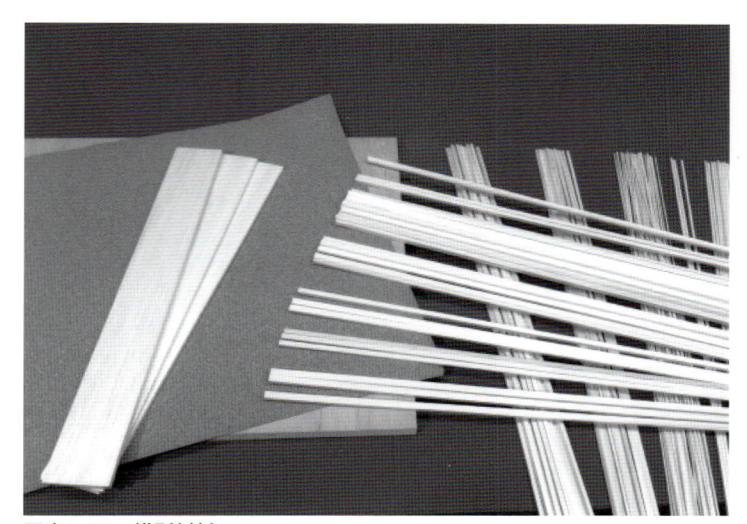

写真 5-11　模型材料
左から，コルク，バルサ，木製パネル，桧の角棒。

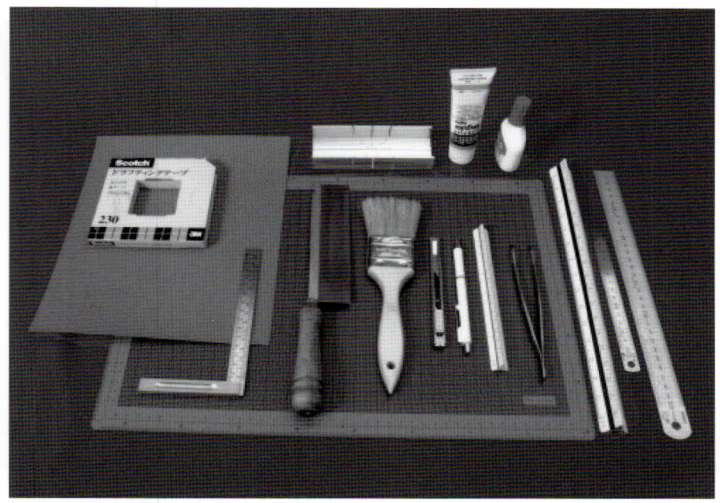

写真 5-12　道具
カッターマットの上は，左から，紙やすり，ドラフティングテープ，スコヤ，小型ノコギリ，刷毛（筆），カッター，シャープペン，三角スケール（小），ピンセット。カッターマットの奥には，ノコギリ用のガイド，アクリル絵の具，木工ボンド。右手に，三角スケール（大）と鉄定規。

点からも大きな開口をもたないことが多い。しかし，木造軸組構造は，堅固な壁をつくり，その壁によって屋根を支える構造ではない。柱が屋根を支え，柱間には大きな開口を設けることが可能な構造である。

5.3.2　軸組模型の製作

木造軸組構造の工事では，建物の骨組みとなる主要な部材は一気に組み上げられ，その後に仕上げが施される。小屋組，軸組，床組の3つの部位に仕上げが施されていく順序は，小屋組→軸組→床組である。すなわち，最初に仕上げが完成するのは屋根。屋根が完成した後に外壁が仕上がり，内部の壁と床は最後に出来上がる[14]。

さて，しかし，軸組模型においては，屋根や壁をつくってしまった後で床をつくることは難しい。模型では実際の建築のように人間が模型の内部に入って作業をすることは不可能だから，模型は，下から順番に，床→壁→屋根の順でつくっていくのがよい。実際の工事の順序とは異なることになるが，模型は床組→軸組→小屋組の順に製作していくことにする。また，本章では，軸組模型をつくりながら木造軸組構造のしくみを学んでいくから，解説についても床組→軸組→小屋組の順に述べていく。

軸組模型は，以下の方法で製作する。
(1) 床組，軸組，小屋組（床，壁，屋根を支えるすべての構造材）を製作する。床，壁，天井などの下地材と仕上げ材，建具枠を含む建具は製作しない（ただし，壁の下地材となる間柱，建具枠の下地材となる窓台，まぐさは製作する）。階段は製作しない。
(2) 部材同士のジョイントを実物の通りにつくることは困難なので，部材は単純に接合する。エッジ処理も行わない。2つ（以上）の部材の接合部では，どちらかが「勝ち（優先し）」，どちらかが「負ける（欠き込まれる）」ことになる。
(3) 実際の建築では，1本の部材が1本の木材より製作されるとは限らず，部材は途中で継がれることがある。しかし，軸組模型では部材の継ぎ（継手）は考慮しない。

5.3.3　軸組模型の材料

軸組模型は，以下の材料と道具で製作する（**写真 5-11** および**写真 5-12**）。

5.3.3.1　角材と丸材

白の家の心柱は杉の丸太である。床組と軸組には，**桧**（ひのき），杉，松の角材が使われている。小屋組には，杉，松，米松の角材が使われている。これらの丸材，角材の断面はさまざまな寸法をもっている。

14）屋根→壁と仕上がっていく順序は，北米の住宅の主要な構造形式であるツーバイフォー構造が，壁→屋根の順に仕上がっていくのと対照的である。屋根が出来上がった後に壁や床をつくっていく方法は，雨の多い日本では，雨をしのぎながら家をつくれるという点でも合理的である。

角棒	1	2	3	4	5	6	7	8	10	12	15	20	30	40	50
1	○	○	○	○	○	○		○	○		○	○	○	○	○
2		○	●	○	●	○		○	○		○	○	○	○	○
3			●		●	○		●	○		○	○	○		
4				○	○	○		○	○		○	○			
5					●	○		●	●		○	○	○		
6						●		●	●			○			
7							○								
8								○							
10									○		○	○			
12										○					
15											○	○			
20												○			

丸棒	3	4	5	6	7	8	9	10	12	15	18	20	24	30	36
	○	○	○	○	○	○	○	○	●	○	○	○	○	○	○

表 5-1　丸棒と角棒
市販されている角棒・丸棒の断面寸法。単位はミリ。角棒においては各辺の寸法，丸棒においては直径を示している。○および●が市販されているもので，そのうちの●が本章の軸組模型で使用しているもの。

建築寸法	模型寸法	おもな部位	本数
45×45	2×2	根太，小母屋	41
30×90	2×4	間柱（浴室，せんたく室）	1
75×75	3×3	土台（浴室），柱（浴室）	2
60×180	3×8	軒先補強材	2
90×90	4×4	土台，大引，束等	14
105×35	5×2	間柱，窓枠	16
105×52.5	5×3	筋違い，窓枠	7
105×105	5×5	柱，土台，梁，桁，胴差等	23
105×180	5×8	梁・桁・胴差	7
105×210	5×10	梁・桁・胴差	1
120×210	6×10	登梁	3
120×120	6×6	垂木，方杖等	14
120×150	6×8	母屋，隅木	4

表 5-2　角棒
表中の寸法の単位はミリ。右列は長さ 900 ミリの角棒を用いた場合の必要本数の参考値。心柱としては，直径 12 ミリの丸棒 1 本を用意しよう。

15）表 5-1 は，以下のカタログを参考にして作成した。

（参考文献）
レモン画翠，2007 建築模型材料カタログ，2007 年 4 月

16　表 5-2 は，公開された図面（198 ページの注 4 に示した前掲書）に基づくものである。ただし，公開された図面からは浴室，せんたく室の間柱の寸法は読み取れない。表中の「間柱（浴室，せんたく室）」の寸法は推測値である。

17）実際の建築工事の積算は，仮設工事（建築の準備のための工事），土工事（基礎などの土を扱う工事），建具工事，防水工事などなど多岐にわたる。

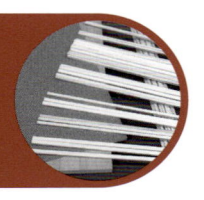

　軸組模型は，市販されている桧の**角棒**，**丸棒**を使って製作する。
　桧は針葉樹の一種。強度に優れ，特有の美しさと香りをもつ木材である（桧のみを用いてつくられる高級な木造建築を示す言い回しとして，「総桧造り」という言葉がある）。
　実物の白の家には，桧以外に杉，松などの木材も使われているが，模型では桧に置き換える。ただし，米松の角材が使われている大屋根を支える太い部材（合掌。詳しくは後述する）だけは，形状を加工しなければならないので，桧の角棒に代わってバルサを使うことにする（加工が可能なら桧の角棒を使ってもいい）。
　丸材である心柱を除く部材は，さまざまな断面寸法の角材である。模型では 1/20 スケールに対応する断面寸法の丸棒，角棒を使用することになるが，市販の丸棒，角棒の寸法は限られているから，正確に 1/20 スケールとすることは困難である。したがって，模型には，近い寸法のものを用いることにする。
　市販されている角棒・丸棒には，**表 5-1** に示した断面寸法のものがある[15]。
　模型では，天井面での直径が 210 ミリの心柱については直径 12 ミリの丸棒を使用する。角棒については，**表 5-2** の左列に示した建築寸法（実物の寸法）は対応する模型寸法（模型での寸法）に換算することとする。すなわち，本章では，表に示した 13 種類の角棒を使用する[16]。

　建築を建てる際には，工事に先立って，工事に必要となる金額を算出する**積算**（**見積り**）が必要になる。積算においては，建築が必要とするすべての材料や手間などの数量を算出し，その数量に単価をかけることで，建設に必要な総額が計算される。**木工事**（木材を扱う工事）の積算では，柱や梁などのすべての部材について，それを切り出すために必要な木材の長さと数の算出が必要となる。標準的な長さの部材は，3 メートル，4 メートルなどの長さの木材から切り出される。必要となる木材の本数を拾い，その本数に部材の単価をかけることで，木工事の材料に係わる費用が算出される。
　実際の建築の積算とは異なるが，軸組模型を製作する際にも，角棒と丸棒が何本必要になるかという積算をしなければならない[17]。本章で使用した市販の角棒と丸棒の長さはすべて 900 ミリである。軸組模型に使用する 12 種類の部品のすべてを 900 ミリの長さから切り出すには，それぞれの寸法の角材が何本必要になるだろうか？
　本書が積算した結果を**表 5-2** の右列に示している。この計算は，**表 5-3** のように部位ごとに必要な本数を算出し，材料別に数の総計を求めたものである（この計算は部位別に行っているので，総計は必要最低限の本数と一致しない。また，1 本の材料から切り出す部品の組み合わせは一通りではないから，計算結果は一意ではない）。
　なお，模型製作には誤差の発生が避けられない。切り出した後に組み立ててみたら寸法が合っていなかったという間違いも起こりえる（間違いがまっ

	部位	建築寸法	模型寸法	数量	単位
1F床組	土台	105×105	5×5	4	本
		90×90	4×4	1	本
		75×75	3×3	1	本
	火打土台	90×90	4×4	1	本
	大引	90×90	4×4	6	本
	力大引	120×120	6×6	1	本
	心柱ツナギ	105×105	5×5	1	本
	根太	45×45	2×2	12	本
	束	90×90	4×4	2	本
2F床組	小梁	105×180	5×8	2	本
	火打梁	90×90	4×4	1	本
	根太	45×45	2×2	5	本

	部位	建築寸法	模型寸法	数量	単位
軸組	柱	105×105	5×5	11	本
	梁・桁・胴差	105×105	5×5	5	本
		105×150	5×8	4	本
		105×180	5×8	1	本
		105×210	5×10	1	本
		90×90	4×4	1	本
	間柱	105×35	5×2	15	本
		90×30	4×2	1	本
	窓台・まぐさ	105×35	5×2	1	本
		105×52.5	5×3	1	本
	筋違い	105×105	5×5	2	本
		105×52.5	5×3	6	本
	心柱	210φ	丸棒12	1	本
	柱（浴室）	90×90	4×4	1	本
		75×75	3×3	1	本
	梁（浴室）	90×90	4×4	1	本

	部位	建築寸法	模型寸法	数量	単位
小屋組	方杖	120×120	6×6	1	本
	登梁	120×210	6×10	3	本
	母屋	120×150	6×8	2	本
	垂木	120×120	6×6	12	本
	小母屋	45×45	2×2	24	本
	隅木	120×150	6×8	2	本
	軒先補強材	60×180	3×8	2	本
	合掌	120×270	バルサ厚6	1	枚

	部位	建築寸法	模型寸法	数量	単位
基礎（バルサ）	各面	120（幅）	6	6	枚
	北面の一部	235.5（幅）	6+6	6	2
	心柱	333（高さ）	6+6		
	東面の一部	270.5（幅）	6+8	8	1 枚
	浴室壁	90〜100（幅）	4	4	2 枚
	浴室床	100程度（厚さ）	4		
	束石	75（高さ）	4		

表 5-3 模型材料の積算
部位ごとに必要な本数（長さ 900 ミリの場合）を算出したもの。この表を集計したのが表 5-2。最右表は基礎をつくるのに必要なバルサの枚数を算出したもの。バルサの数量は 80 × 600 ミリを用いた場合のもの。表中の寸法の単位はすべてミリ。

たく起こらないことはありえないだろう）。そのため，実際に用意する材料は，計算値よりも余裕を見た本数とするべきである。実際の積算でも，結果として用いる値には，計算値に余裕をもたせることが多い。余裕を考慮するための係数は**安全率**と呼ばれる。

材料を余らせるのはもったいないが，その一方，不足した材料を買いに走るのも時間（と交通費）の無駄となる。材料は，計算値にある程度の余裕を見込んだ量を用意しよう。

5.3.3.2　バルサ

鉄筋コンクリートでつくられる基礎にはバルサを用いる。複雑な形状をもつ小屋組の部位（合掌）についても，例外として，バルサを用いることにする。

バルサは，0.5 ミリ〜 20 ミリまでのさまざまな厚さのバルサが市販されている。バルサの大きさは 80 × 600 ミリが標準であるが，より大きなサイズも用意されている。ここでは，**表 5-3** の右表に示した，厚さ 4 ミリ，6 ミリ，8 ミリの 3 種類を用意する。

5.3.3.3　その他の材料

コンクリートを表現するためには，バルサに着色をするとよい。着色には水性の**アクリル絵具**が適している。コンクリートを表すグレー系の絵具を用意しよう。

敷地にはＡ１サイズの**木製パネル**を使用する。また，地面を表す模型材料としてコルクを使用する。さまざまな厚さのコルクが市販されているが，厚さ１ミリのものを使用するとよい。Ａ１サイズのものを用意しよう。

木製の角材・丸材を接着するための接着剤としては，**木工ボンド**が適している。場合によっては，瞬間接着剤が役にたつこともある。バルサの接着にも木工ボンドが適している。

5.3.3.4　道具

道具としては，カッター，カッターマット，木工ボンド，小型ノコギリ，三角スケール，鉄定規，刷毛（筆）の他，ピンセット，スコヤ，紙やすり，ドラフティングテープなどもあるとよい（205 ページの**写真 5-12** を参照）。

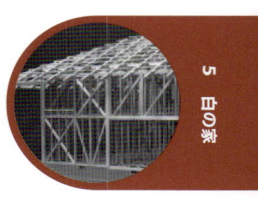

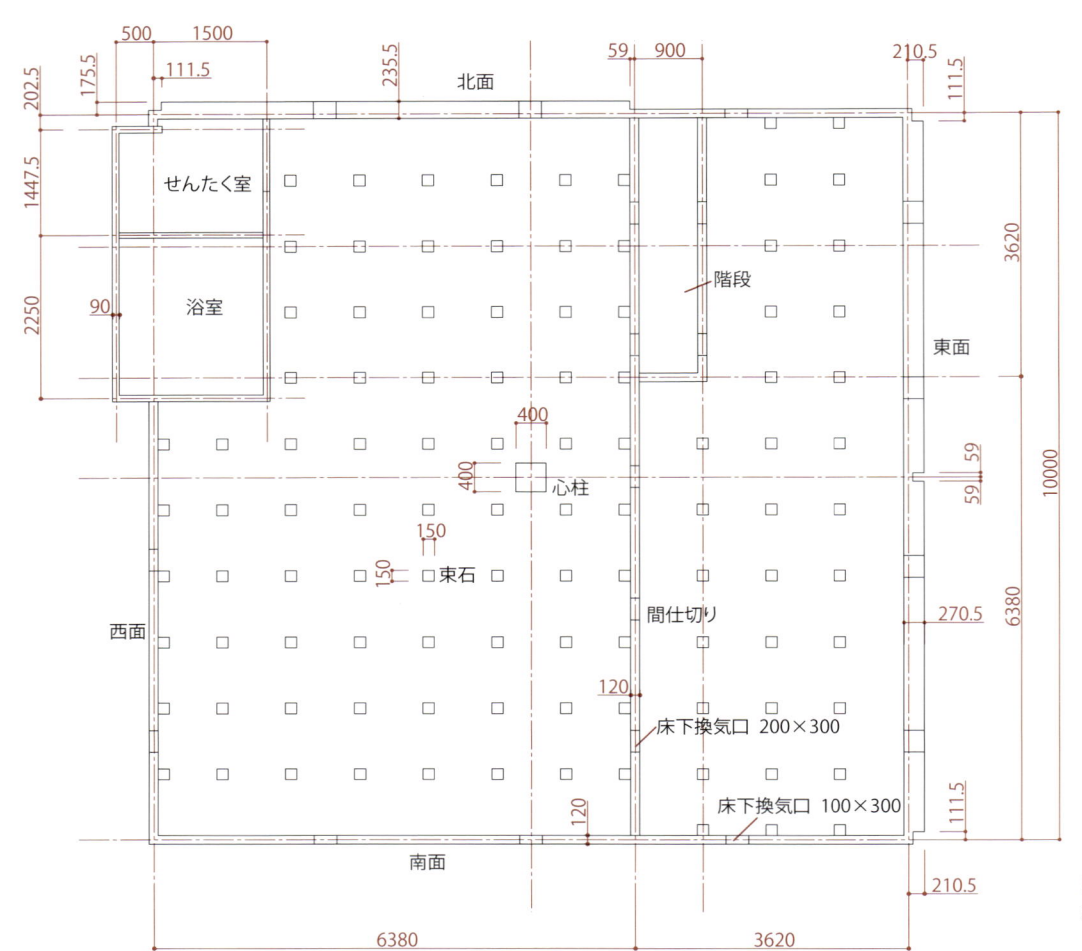

図 5-13　基礎伏図（1/100）
基礎を真上から見た投影図。基礎の形状を表している。

18）古い木造建築では，建物は地面に置かれた（埋められた）自然石の上に建てられた。基礎として用いられた石は**礎石**と呼ばれる。

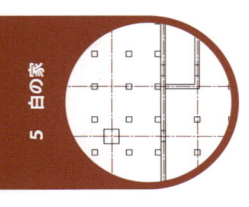

5.4　基礎

本節では，**基礎**について学ぶ。木造軸組構造の基礎は，後述する床組（床の構成），軸組（壁の構成），小屋組（屋根の構成）を支える。

白の家の基礎は鉄筋コンクリートでつくられている。木造の歴史は鉄筋コンクリートの歴史よりも古いから，歴史的には，基礎は鉄筋コンクリートでつくられてきたわけではない[18]。しかし，今日の木造建築では，基礎は鉄筋コンクリートでつくられるようになった。

5.4.1　基礎の構造

基礎は，建築全体の荷重を地盤に伝え，建築を地盤と一体化させる。

図 5-13 に，白の家の基礎の形状を示す図面である**基礎伏図**を示した。**伏図**は部位の構成を示すための図面で，真上から下方を見る投影図として描かれる。

基礎は，外周の4面の壁，広間と寝室の間仕切り壁，浴室・せんたく室の壁，階段周り，心柱の位置に立ち上がる。これらの基礎の下部は地中に埋まり，建物と地盤を一体化させる役割を果たす。また，1階の床組は，**束石**（つかいし）と呼ばれる小さな基礎によっても支えられる。基礎と束石の形状を

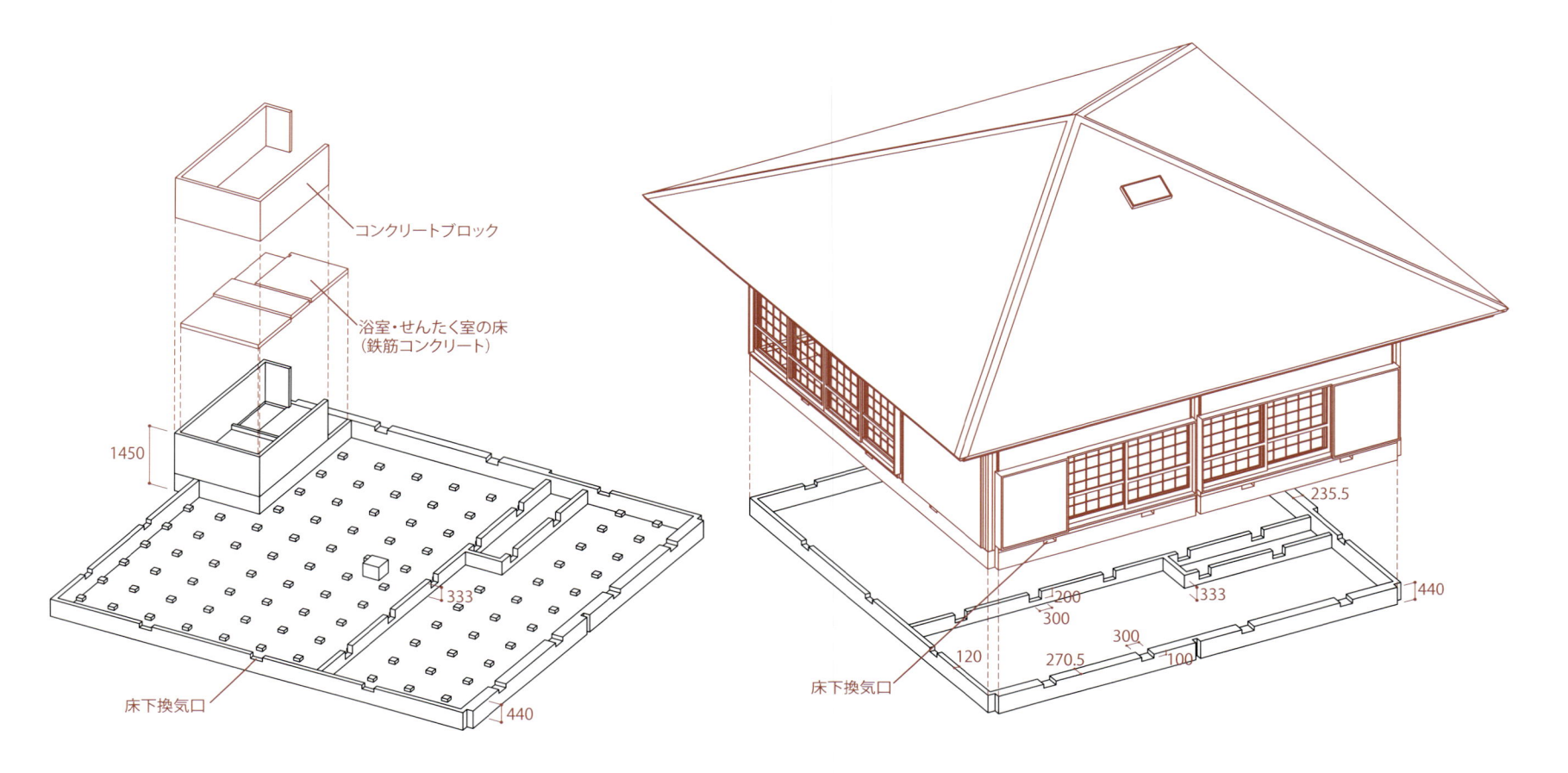

図 5-14　基礎の構成
外周の4面と浴室・せんたく室の壁を支える基礎の高さはGL＋440ミリ。間仕切り壁を支える基礎と心柱の基礎の高さはGL＋333ミリ。浴室・せんたく室部分には，基礎の上にコンクリートブロックが積まれる。

図 5-15　基礎とその上部
床組が木造の場合，床下の換気・通風のために床下換気口が必要である。

図 5-14 に示した。また，上部の建物を含めた基礎の形状を図 5-15 に示した。

外周の4面の壁と浴室・せんたく室の壁を支える基礎はGL＋440ミリ（GLは地面のレベル）まで立ち上がっている。間仕切り壁を支える基礎はGL＋333ミリまで立ち上がっている。心柱を支える基礎もGL＋333ミリまで立ち上がっている。

浴室・せんたく室部分において，GL＋440ミリより高いレベル（GL＋1450ミリ）まで立ち上がっているのは，鉄筋コンクリートによる基礎ではなく，コンクリートブロックが積まれた**腰壁**（低い位置までの壁）である。すなわち，浴室・せんたく室の壁の下部は，木造ではなく，コンクリートブロックでつくられている。また，浴室・せんたく室の床の下地も，木造ではなく，鉄筋コンクリートでつくられている。

このように，浴室のように湿気がたまりやすい**水廻り**（水を扱う空間）の床や壁の下部は，木造としないで，鉄筋コンクリートやコンクリートブロックでつくられることが多い。

水廻り，特に浴室では，洗い場（浴室内の体を洗う場所）と脱衣室（着衣を脱ぐ場所）の床にレベル差を設けるのが一般的であるから，床レベルが複雑になることが多い。白の家の浴室・せんたく室の床を支える鉄筋コンクリートも，床のレベルに合わせて，複雑な形状で打設されている。

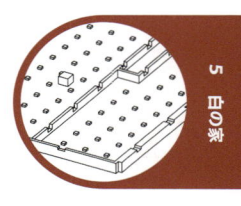

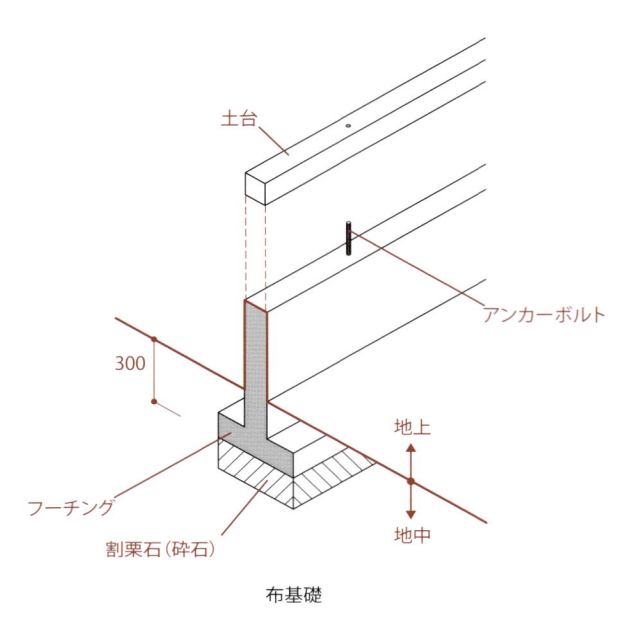

図 5-16　布基礎と独立基礎
布基礎は壁に沿って連続する同一の断面形状の基礎。独立基礎は1本の柱だけを支える基礎。

　白の家の外周壁と間仕切り壁の基礎は，**布基礎**と呼ばれる形状の基礎である。布基礎とは，壁に沿って連続する同一の断面形状の基礎で，木造の基礎によく用いられる。**図 5-16** の左図に布基礎の形状を示す。

　布基礎の下部には**フーチング**と呼ばれるスラブ状の底板が設けられるのが一般的である。白の家の布基礎は，フーチングの底が GL−300 ミリの深さに埋まっている。フーチングの下には，**割栗石**（割ぐりに同じ。砕石のこと）が敷かれる。

　心柱の基礎は**独立基礎**。独立基礎とは，1 本の柱だけを支える基礎である。白の家の心柱の基礎の形状を**図 5-16** の右図に示す。独立基礎の底部にもフーチングが設けられていて，その底面は GL−1000 ミリまで埋まっている。

　白の家の布基礎の立上りの部分の厚さ（幅）は，基本的には 120 ミリとなっている。しかし，北面および東面開口部の下の基礎は，壁から飛び出した窓（およびその戸袋）を支えるために，厚い基礎となっている。東面開口部の下の基礎の立上りの厚さは 270.5 ミリ，北面では 235.5 ミリである（208 ページの**図 5-13** の基礎伏図および基礎の構成を示す前ページの**図 5-15** を参照）。

　床組が木造でつくられる建築では，床下の換気・通風のために，**床下換気口**を設けなければならない（208 〜 209 ページの**図 5-13** 〜**図 5-15** を参照）。床下換気口は，基礎の随所に空けられる穴。この穴によって，床下の全体にわたって換気・通気が行き渡るようになっている。白の家の床下換気口の幅は 300 ミリである。高さは，外周部分では 100 ミリ，間仕切り壁の基礎では 200 ミリとなっている。床下換気口は，**図 5-4** および**図 5-5**（196 ページ）に示した立面図でも，その形状を確認できる。

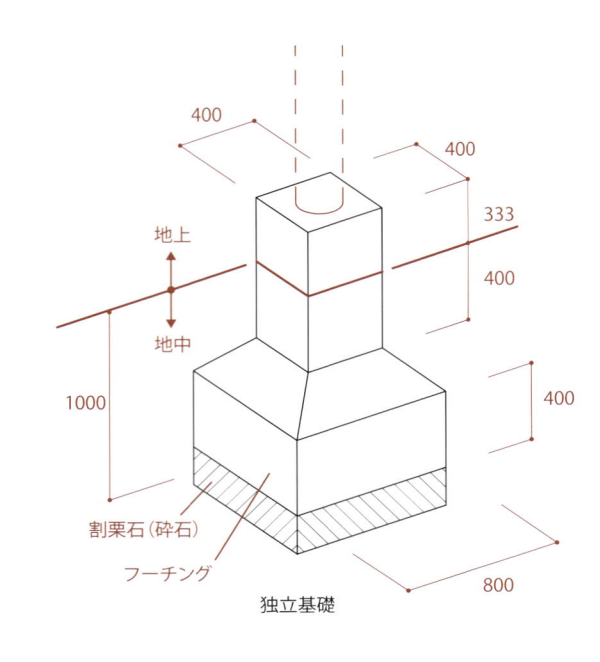

　最近の木造住宅では，**基礎パッキン**などと呼ばれる厚みのあるゴム質の材料などを基礎の上に敷くことで，スリット状（高さが低く幅が大きい）の床下換気口が設けられるものも多い。形状がスリットだと，床下換気口の形状は外形に現れにくい。しかし，床組が木造であれば，白の家のような基礎を欠き込む形状であれ，スリット状の形状であれ，床下換気口が必要である。

　束石は，後述する床組の部位の一つである**束**（つか）を支える小さな基礎である。一般に，束は短い柱を意味する用語で，床組に用いられる束は，特に**床束**と呼ばれる。

　壁・床・屋根を含む建築の全体的な重量は，基礎を通じて地盤に支えられる。しかし，直下に地盤面のある（地階がない場合の）1 階の床に限っては，すべての荷重を基礎に伝える必要はなく，直下の地盤に直接その荷重の一部を伝えることができる。

　基礎と束石の上には，土台，束，大引などによって構成される床組が載る（床組の詳細については後述する）。床組を含む基礎と束石の構成を**図 5-17**

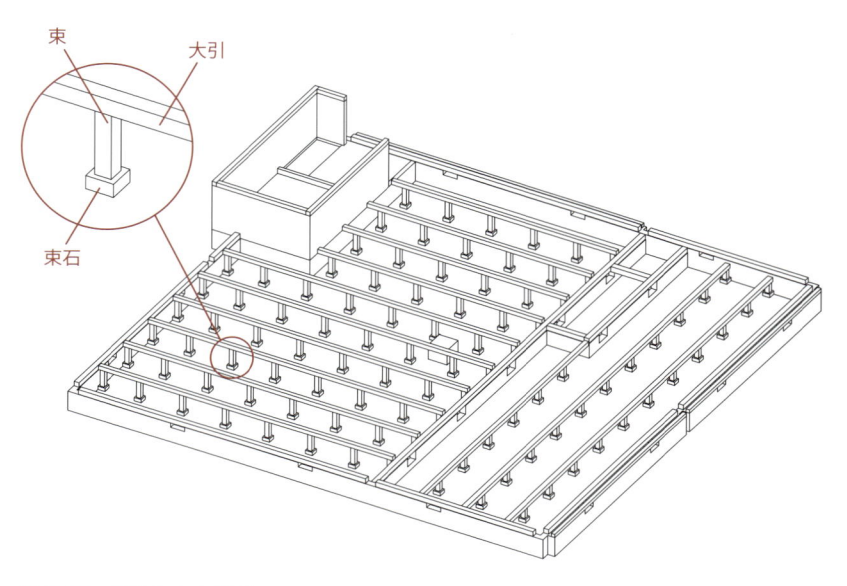

図 5-17 基礎と束の構成
束石は，およそ 900 ミリ × 900 ミリの間隔で格子状に並べられたコンクリートブロック。幅×奥行が 150 × 150 ミリ，高さが GL+75 ミリ。

写真 5-13 模型（基礎）
木製パネルに接着した基礎。基礎の周囲には，地面を表現するコルクを貼っている（基礎は木製パネルに直づけしている）。

に示す。

束石は，およそ 900 ミリ × 900 ミリの間隔で格子状に並べられた**コンクリートブロック**（ブロック状に成形されたコンクリート。さまざまな形状が規格化されている）で，寸法は幅×奥行が 150 × 150 ミリ。上面が GL+75 ミリの高さにある。

白の家の束は，およそ 900 ミリの間隔で均等に並ぶが，正確な束の位置は，大引の間隔と長さによって決まる。大引の間隔が正確に 900 ミリであるとは限らないし（実際，白の家の大引の間隔は正確に 900 ミリではない），大引の長さが正確に 900 ミリの倍数であるとも限らない。

束の位置は，後述する床組の構成において大引の配置を決めた後で，**図 5-13**（208 ページ）に示した基礎伏図にプロットして決定することになる。均等に配置されることもあるし，おもに 900 ミリの間隔で配置し，端部で端数を調整することもある。

■ 演習 5-1　基礎の製作

軸組模型の最初の 1 歩として，基礎を製作しよう。基礎の完成模型を**写真 5-13** に示す。

基礎は，バルサを用いて製作し，木製パネルの上に固定することにする。木製パネルは表面が殺風景なので，基礎の周囲に，地面の表現として 1 ミリ厚のコルクを張るとよい。

基礎は，**図 5-13**（208 ページ）に示した基礎伏図に基づいて施工される。模型でも，この基礎伏図を参照しながら部品を切り出す。1/20 スケールで基礎伏図を製図し，型紙として用いるとよい。

基礎の厚さ（幅）は，外周が 120 ミリ，270.5 ミリ，235.5 ミリである（浴室・せんたく室の部分は 90 ミリおよび 75 ミリ）。1/20 スケールの模型では，120→6 ミリ，270.5→14 ミリ，235.5→14 ミリ，90→4 ミリ，75→4 ミリと寸法をまるめよう。14 ミリとなる東面は 6 ミリと 8 ミリのバルサを重ねて，12 ミリとなる北面は 6 ミリと 6 ミリを重ねてつくることにする。

400 × 400 × 高さ 333 ミリの心柱の基礎は，8 ミリ厚のバルサを 20 × 20 ミリに切り取り，それを 2 つ重ねる。すると，高さが 333 ミリではなく

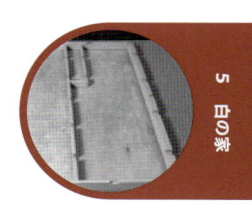

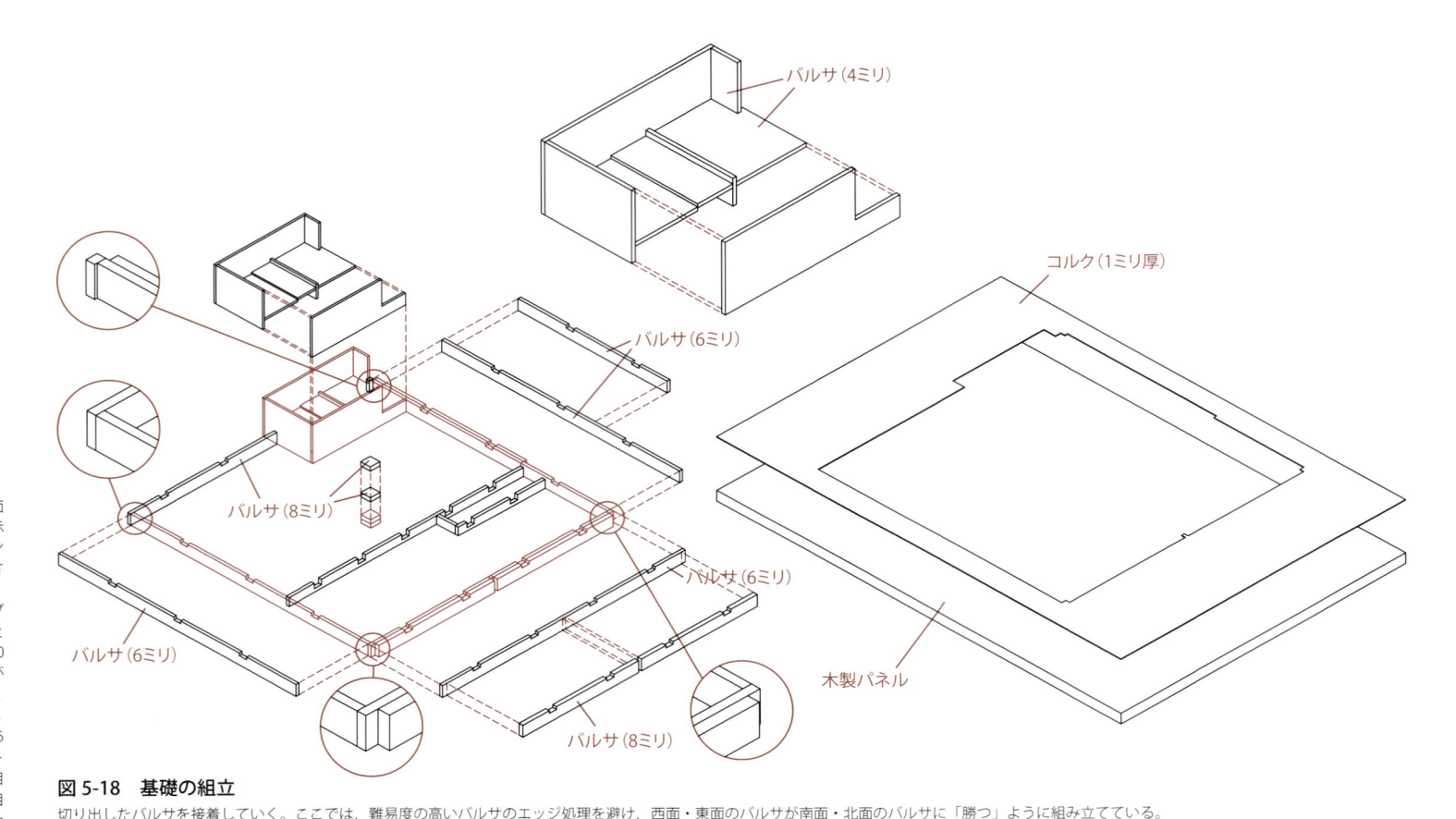

ラベル（図中）:
- バルサ（4ミリ）
- コルク（1ミリ厚）
- バルサ（6ミリ）
- バルサ（8ミリ）
- バルサ（6ミリ）
- バルサ（6ミリ）
- バルサ（8ミリ）
- 木製パネル

図 5-18　基礎の組立
切り出したバルサを接着していく。ここでは，難易度の高いバルサのエッジ処理を避け，西面・東面のバルサが南面・北面のバルサに「勝つ」ように組み立てている。

19）公開された図面（198ページの注4に示した前掲書）からはコンクリートブロックの厚さは読み取れない。おもなコンクリートブロックの既製品の幅と高さについては，幅390ミリ，高さ190ミリが一般的である。厚さは，100ミリ，120ミリ，150ミリ，190ミリである。一般にコンクリートブロックは10ミリの目地を用いて積まれる（目地はモルタル）。すなわち，5段積みのコンクリートブロックの高さは，190ミリ×5＋10ミリ×4＝990ミリとなる。白の家のコンクリートブロックは，GL＋1450－440＝1010ミリの間に，5段のコンクリートブロックが積まれ，その上下に，10ミリずつの目地がとられているはずだ。

320ミリ相当になるので，心柱の長さで誤差を吸収しよう。

　模型の組立図を**図 5-18**に，部品図を**図 5-19**に示す。
　バルサの端部を45度カットにしてエッジ処理を施すことも可能だとは思うが，難易度の高い加工となる。**図 5-18**（組立図）および**図 5-19**（部品図）では，エッジ処理はしないで，西面・東面が南面・北面に「勝つ」（優先する）ようにしている。

　浴室・せんたく室の周りの基礎はGL＋440まで立ち上がり，その上に，GL＋1450の高さまで，コンクリートブロックが積まれている。基礎の厚さは90ミリであるが，コンクリートブロックは，おそらく100ミリ厚のものが使われていると思う[19]。

　模型でコンクリートブロックを再現するのは面倒なので，コンクリートブロックは，基礎と一体化して，4ミリ厚のバルサで製作することにする。また，浴室・せんたく室の床を支える鉄筋コンクリートスラブもバルサで製作する。コンクリートスラブの厚さは100ミリと思われるので，4ミリのバルサでつくる。

　なお，**図 5-18**および**図 5-19**に示した浴室・せんたく室の床スラブの形状は，実際の形状をやや単純化している。

　150×150×75ミリの大きさの束石も，4ミリ厚のバルサでつくる。実寸の75ミリを4ミリの模型寸法でつくると高さにわずかな誤差が生じるが，後ほど製作する床組の寸法で誤差を調整することにする。

　束石は，およそ900ミリの間隔に並ぶ。**図 5-13**（208ページ）を参考に基礎伏図を描き，できるだけ均等に束石を配置する。

　実際の工事では束石の上に床組の部位である束が載るが，模型では，束を

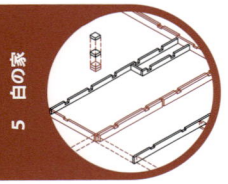

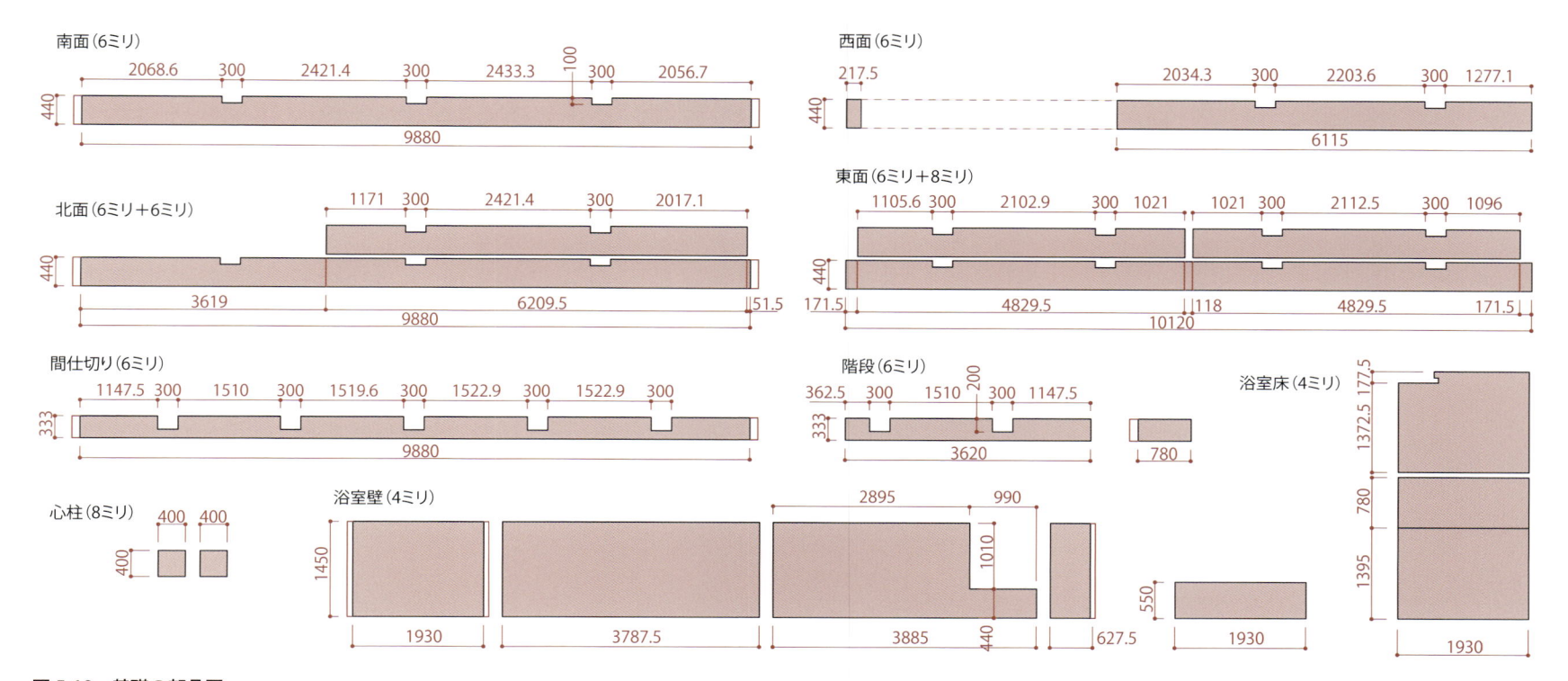

図 5-19　基礎の部品図
基礎伏図を参照しながら部品図を製図し，部品を切り出す。カラーの線は他の部品との接合部を表す。寸法は部品端部の「勝ち負け」（ジョイントにおいて一方を優先し他方を切り落とすこと）を考慮したものとしている。

製作した後に，束の下に束石を接着する方が効率的だ。束石は，部品を切り出すだけで，木製パネルには接着しない方がよい。

基礎，コンクリートブロックの壁，コンクリートスラブをバルサから切り出したら，木工ボンドを用いて部品同士を接着する。切り出した部品を**写真 5-14** に示す。これらの部品は，木製パネルに接着する前に，アクリル絵具を用いて，コンクリート系の色に着色する。アクリル絵具は，薄く塗り重ねるとよい（乾くのを待って塗り重ねる）。ここで，束石も着色しておく。

コルクは木製パネルに貼り付けることになるが，コルクと木製パネルの接着にも，木工ボンドを用いるのがよい。その際，木工ボンドは水で薄めて使用する（水性なので簡単に薄められる）。接着時に水分を含んだコルクは，乾燥後にピンと伸び，たるむことなくキレイに接着する。

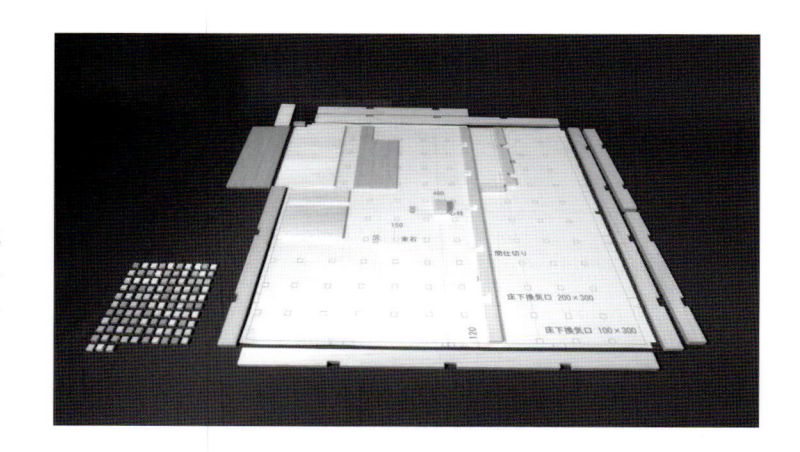

写真 5-14　模型（基礎の組立）
模型と同じ 1/20 スケールで基礎伏図を製図し，型紙として用いるとよい。

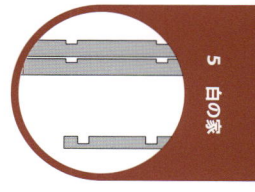

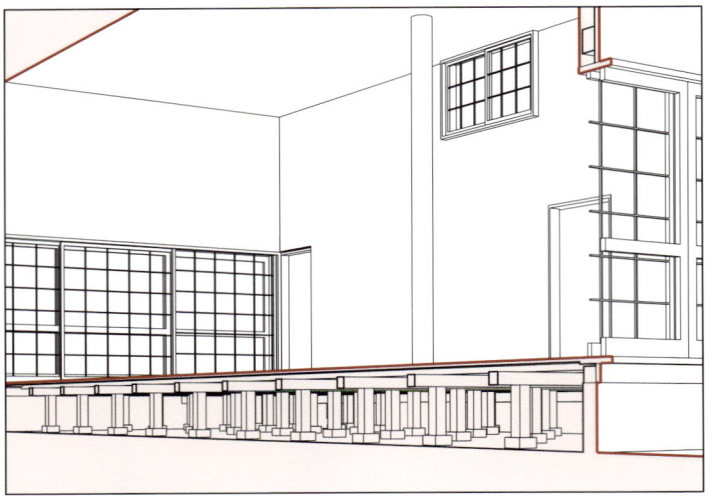

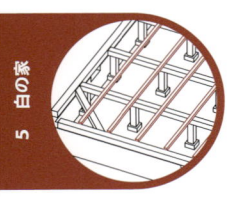

図 5-20 床下の構成
床下には，床組みを構成する根太，大引，束，束石などがある。なお，この図では，ディテールの一部（根がらみ等）を省略している。

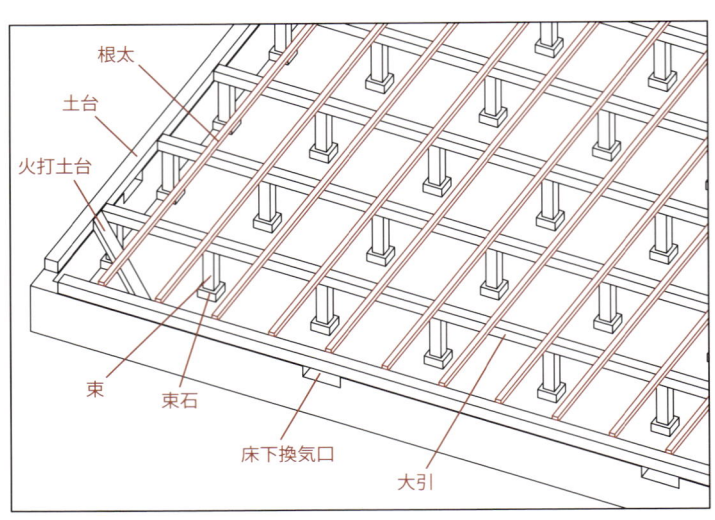

図 5-21 床組の構成（1階）
1階の床組は，束，土台，火打土台，大引，根太といった部位から構成される。

20) 建築基準法施行令第22条に，以下の規定がある。

最下階の居室の床が木造である場合における床の高さ及び防湿方法は，次の各号に定めるところによらなければならない。ただし，床下をコンクリート，たたきその他これらに類する材料で覆う場合及び当該最下階の居室の床の構造が，地面から発生する水蒸気に腐食しないものとして，国土交通大臣の認定を受けたものである場合においては，この限りではない。
一　床の高さは，直下の地面からその床の上面まで45cm以上とすること。
二　外壁の床下部分には，壁の長さ5m以下ごとに，面積300cm²以上の換気孔を設け，これにねずみの進入を防ぐための設備をすること。

5.5　床組

本節では，床の構成である床組について学ぶ。1階の床組は，基礎の上に載り，1階の床を支える部分である。2階にも，2階の床を支える床組が存在する。

5.5.1　床組の構成

白の家の広間と寝室の床仕上げは，**ブナ・フローリング**である。下地（フローリング材を支える板）としては，12ミリ厚の**杉板**が張られている。ブナ・フローリング，杉板は面をもった板材である。床の構成である床組とは，これらの面材を支える床下の構成に他ならない。

白の家の床下は**図 5-20**のようになっているはずだ。

白の家の1階の床レベル（ブナ・フローリングの仕上げ面のGLからの高さ）は，広間部分がGL＋600ミリ，寝室部分がGL＋450ミリである（広間と寝室には150ミリの段差がある）。

白の家と同じく，日本の木造建築の床は，一定の高さをもったレベルにつくられることが多い。実際，木造による床組では，1階の床レベルはGL＋450ミリ以上の位置につくり，床下を十分に換気する構造としなければならないことになっている[20]。

木材は湿気によって腐りやすい材料である。したがって，木造による床組には地面の湿気に対する工夫が不可欠である。床組は基礎の上に載るものであるから，直接に地面に接するものではない。しかし，地面に近いレベルに床組があれば，床組が地面からの湿気を受けてしまう。

1階の床面をGLから450ミリの高さに上げる理由は，床を地面から遠ざける他に，床下に十分な換気を施すためでもある。基礎には床下換気口が設けられるから，一定の空間があれば床下は換気される。

伝統的な日本の木造建築でも，床は地面より高いレベルにつくられてきた。伝統的な生活空間としての床と地面とのレベル差は，座敷の外側に設けられる**縁側**に現れる。縁側は，外部から腰掛けるのにちょうどよい高さであることが多い。木造建築では，この高さの中に床組が納められている。

ところで，防湿のために1階の床を地面より高いレベルに設計するというのは，1階床を木造でつくる場合の話で，鉄筋コンクリートなどでつくる場合にはあてはまらない。住吉の長屋（2章）の1階の床レベルが，GL＋300ミリであったように，鉄筋コンクリートで床をつくれば，より低いレベルに，地盤面スレスレや地盤面以下のレベルにも1階床をつくることは可能である。逆に言えば，木造であっても，地面に近いレベルに床をつくるならば，木造ではなく，鉄筋コンクリート等で床をつくる必要がある。

図 5-23　根がらみの概要

根がらみは，束を相互につなぐ部材である。上図のように，束の高さに応じて，水平ではなく，角度をもって取り付けられることもある。

図 5-22　1階床伏図（1/100）

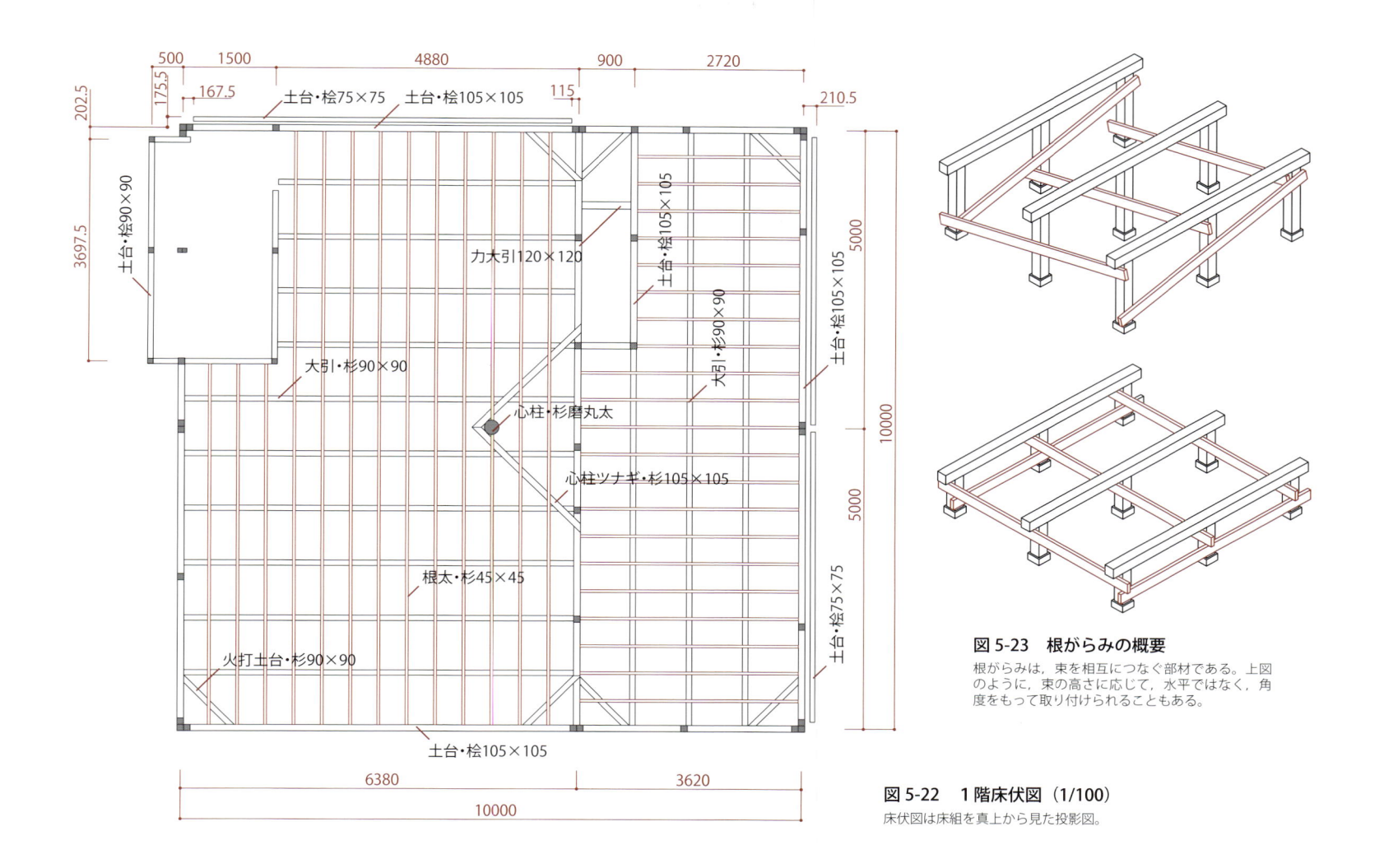

床伏図は床組を真上から見た投影図。

5.5.2　1階の床組

1階の床組は，**束**，**土台**，**火打土台**，**大引**，**根太**といった部位から構成される。**図5-21**にその構成，**図5-22**に床組の伏図である**床伏図**を示す。

5.5.2.1　束

束は，先に学んだ束石の上に立つ。基礎が，壁・屋根といった建物の全体の架構を支える部材であるのに対して，束と束石は，1階の床のみを支える部位である。白の家では，束として，90ミリ×90ミリの角材が使われている。

一般に束は，下方を**根がらみ**という**貫**（垂直に立つ部材を水平方向につなぐ平たい横木）によって相互につながれる。**図5-23**に根がらみの参考図を示す。白の家の公開された図面[21]には根がらみが明示されていないため，本書は，その寸法，ディテールを把握していない。**図5-20**や**5-21**には根がらみを表していないが，実際には根がらみが使われていると考えられる。

5.5.2.2　土台と火打土台

基礎の上に敷かれる部材が**土台**（どだい）である。土台は，壁を構成する軸組の下端に位置する部位でもある。

土台は，あらかじめ基礎に埋め込まれた**アンカーボルト**（柱や土台をコンクリートの基礎に固定するために基礎の埋め込んで用いられるボルト）に

21) 前掲書。注4（198ページ）に同じ。

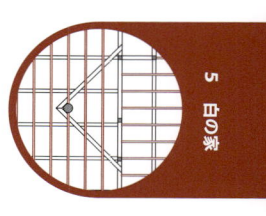

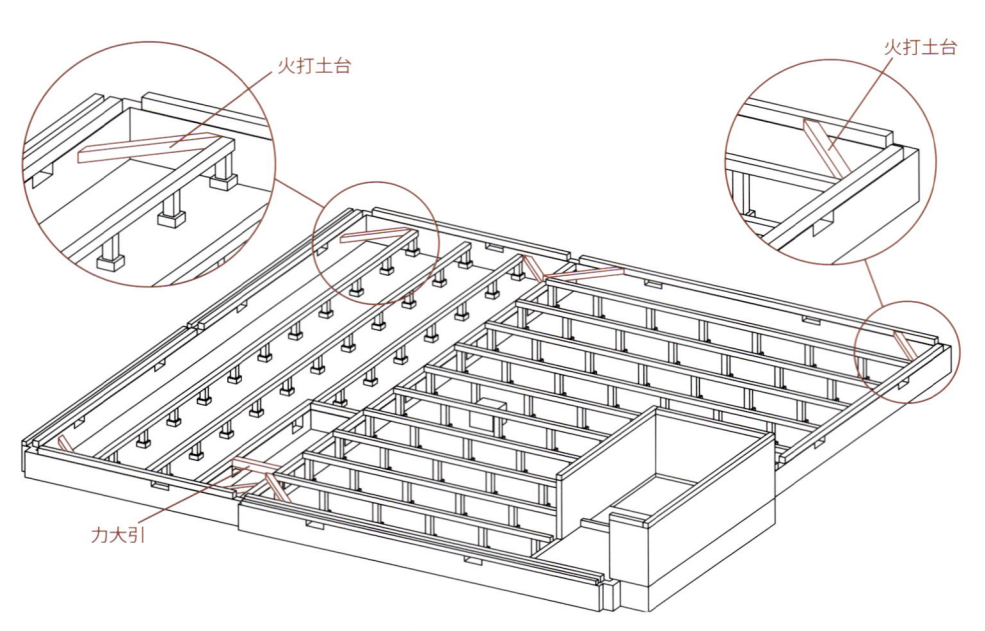

図 5-24　火打土台
基礎の上に敷かれる部材が土台。土台のコーナーを補強するのが火打土台。

図 5-25　心柱ツナギ
床下と天井裏のツナギが心柱の上下を支える。

よって，基礎と緊結される（210ページの図 5-16 に示した布基礎の構成も参照）。

　白の家では，土台に桧が使われている。土台の断面の寸法は，基本的には 105 × 105 ミリであるが，一部，浴室・せんたく室周りには，90 × 90 ミリも使用されている。また，北面と東面では，開口部における建具枠を支える土台として，75 × 75 ミリが敷かれている。

　土台のコーナーを補強するのが**火打土台**（ひうちどだい）である。**火打**とは，隅角部を固めるための斜材を意味する用語である[22]。白の家の火打土台は，90 × 90 ミリの杉である。杉は，桧と同様の針葉樹の一種である。

　図 5-24 に火打土台を示す。

5.5.2.3　大引

　束の上に水平に載せられる部材が，**大引**（おおびき）である。大引は，90 センチ程度の間隔で並べられることが多い。

　白の家では，基本的には 90 × 90 ミリの杉が使われているが，一箇所だけ，階段の下部に 120 × 120 ミリの**力大引**（ちからおおびき）が用いられている（図 5-24 を参照）。一般に，要所に用いられる他の部材よりも太い部材は「力

22）「火打」には，「燧」という難しい漢字も用いられる。

〜」と呼ばれる。白の家の階段下の力大引は，下部に基礎がない部分に取り付けられていることから，より太い断面となっていると考えられる。

5.5.2.4　根太

　大引の上に載り，床の下地材，仕上げ材を直接支える部材が**根太**（ねだ）である。根太は 45 × 45 ミリの杉が，ほぼ 45 センチの間隔で並べられている。根太の上に，下地材（白の家の場合は杉板），仕上げ材（白の家の場合はブナ・フローリング）が載り，床が完成する。

　根太は大引だけではなく，コーナーにおいては，火打土台の上にも載る。本書は火打土台のディテールを把握していないのだが，図 5-24 では，火打土台の上面を根太の底面に合わせて描いている（もし根太の下面に欠き込みがあれば，火打土台の上面と根太の底面は一致しない）。

　ところが，このような描き方をすると，寝室の下部の火打土台の端部が，土台ではなく基礎に当たってしまう。広間の床（GL＋600）を支える火打土台は周囲の基礎の上面（GL＋440）より高い位置にあるから，広間の下部の火打土台の端部は土台に接合する。しかし，寝室の床（GL＋450）を支える大引と火打土台は周囲の基礎の上面よりも低い位置にあるから，基礎

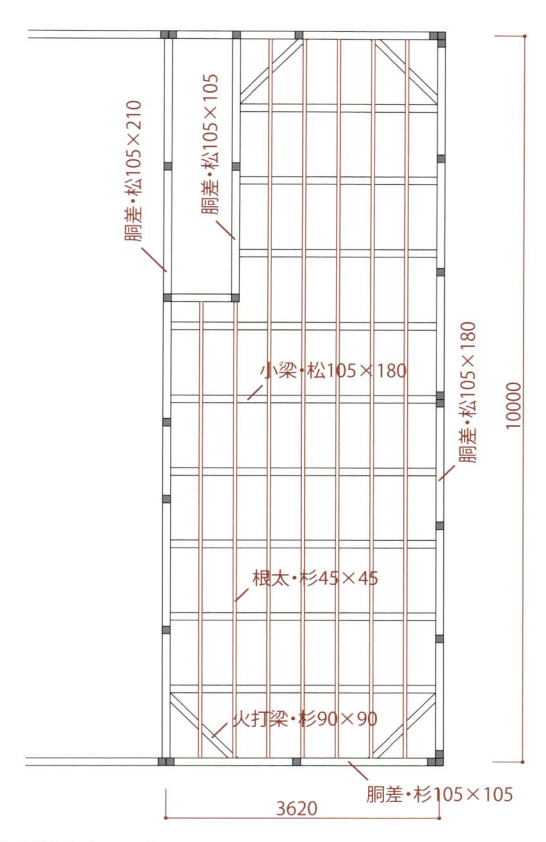

図 5-26　2 階床伏図（1/100）
2 階床の荷重は，小梁によって軸組（壁）に伝えられる。

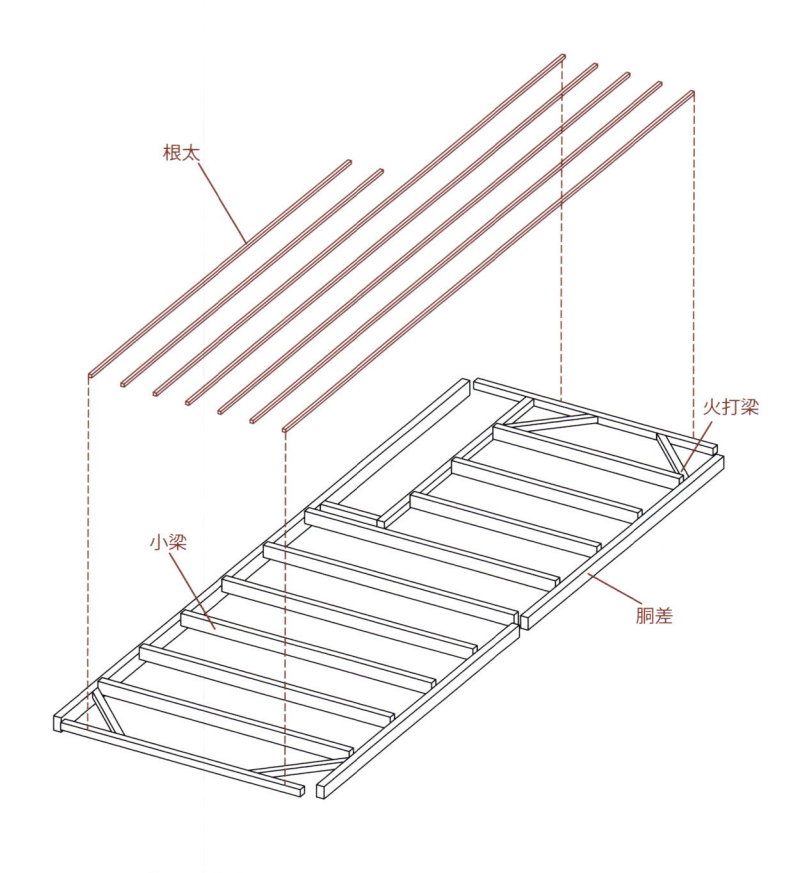

図 5-27　床組の構成（2 階）
小梁（105 × 180 ミリの松）の上に，根太（45 × 45 ミリの杉）が載る。

の上に載る土台に接合しない。公開された図面[23]からはこの部分のディテールが読みとれないのだが，火打土台は，何らかの方法で土台にジョイントされているはずだ。

　また，一般に，大引の端部は土台に接合されるのだが，しかし，白の家の大引は土台に接合していないかもしれない。少なくとも，寝室の下部の大引の端部は，土台よりも低い位置で基礎に当たると思われるので，土台に接合しているとは考えられない。図 5-24 では大引を土台の上に載せていないが，実際には大引は土台の上に載るか，あるいは何らかの方法で大引と土台は接合されているはずだ。

5.5.2.5　心柱ツナギ

　床を支えるための床組とは役割が異なるが，白の家の床下と天井の上部（天井裏）には，心柱を固定するための**ツナギ**がある。図 5-25 に床下のツナギを示した。ツナギは 105 × 105 ミリの杉である。

5.5.3　2 階の床組

　2 階寝室は，北面・東面・南面の 3 面の壁と広間と寝室を分ける間仕切り壁に囲まれる部屋である。2 階寝室の床組は，これらの 4 面の軸組（壁の構成）によって支えられる。
　2 階の床伏図を図 5-26 に，床組の構成を図 5-27 に示した。

23）前掲書。注 4（198 ページ）に同じ。

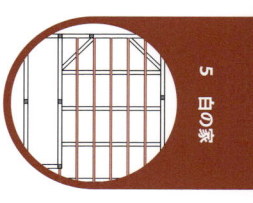

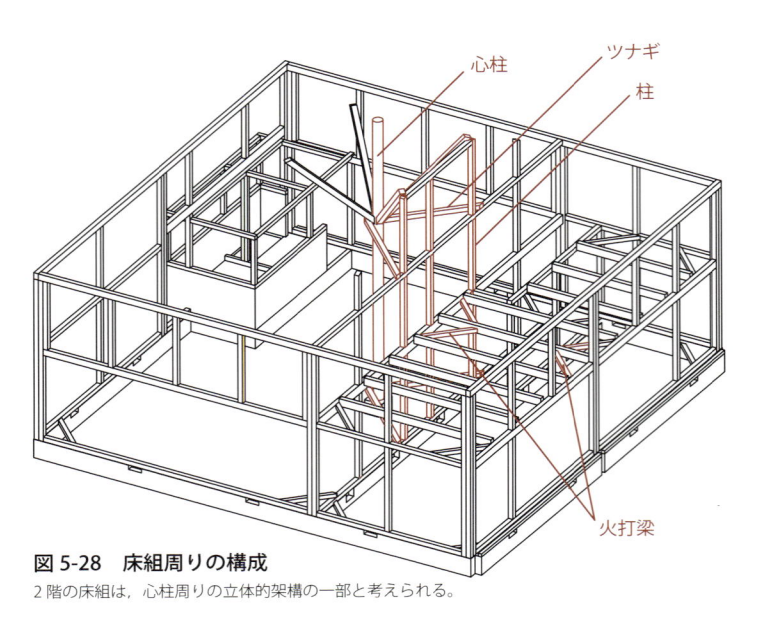

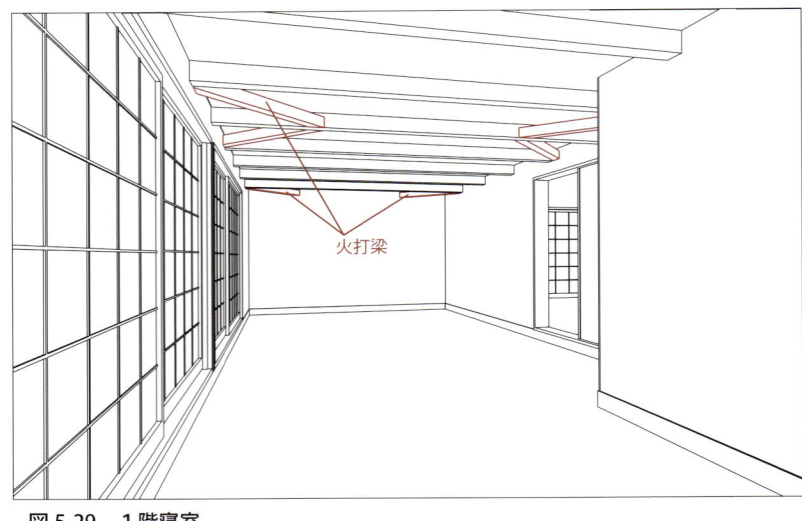

図 5-28　床組周りの構成
2 階の床組は，心柱周りの立体的架構の一部と考えられる。

図 5-29　1 階寝室
1 階寝室の天井には，火打梁が露出する。

　2 階床が 1 階床と異なるのは，1 階床の下は地面，2 階床の下は空間（部屋）であるということだ。1 階では，地面に立つ束によって床荷重の一部を直接地盤に伝えることができるが，2 階ではそうはいかない。2 階床のすべての荷重は，軸組（壁）を通して基礎に伝えていくしかない。

5.5.3.1　小梁と根太

　2 階床の荷重は，次に解説をする軸組の梁材（水平な部材）である胴差（どうさし）に取り付く**小梁**（こばり）によって，軸組に伝えられる。

　白の家では，東面と間仕切りの間に小梁が架かっている。小梁には 105 × 180 ミリの松が使用されている。小梁の間隔は 1000 ミリである。

　小梁の上に，小梁と直交する方向に根太が載る。根太には 45 × 45 ミリの杉が用いられている。根太の間隔は約 45 センチである。

5.5.3.2　火打梁

　胴差のコーナーは，**火打梁**（ひうちばり）によって補強される。1 階の土台のコーナーを補強する斜材は「火打土台」であったが，2 階床組のレベルにある火打材は，梁の一種である胴差のコーナーを補強する斜材なので，「火打梁」である。白の家の火打梁には，90 × 90 ミリの杉が使われている。

　火打梁は，1 階寝室の天井の下に露出する。**図 5-28** は，後述する軸組の主要な部材（柱や梁）も含めた 2 階の床組を示している。また，**図 5-29** は，火打梁が露出する 1 階寝室の内観である。

　図 5-28 および **図 5-29** には，2 階床組の中央に，**図 5-27**（217 ページ）の 2 階床伏図には表していない火打梁を描いている。実は，この火打梁は公開された図面[24]には描かれていない。しかし，建てられた住宅には，ここに火打梁が追加されている。

　この火打梁は，心柱を強固に支持する役割を担っていると考えられる。**図 5-28** を見ると，心柱，床と天井レベルにあるツナギ，間仕切り壁内の柱，床の中央の火打梁が，立体的なトラス（三角形を構成する骨組み）を形成していることがわかる。

■ 演習 5-2　床組の製作

　写真 5-15 および **写真 5-16**（いずれも 220 ページ）に示した 1 階床組と 2 階床組の模型を製作しよう。**写真 5-17**（220 ページ）および **写真 5-18**（221 ページ）は 1 階床組の製作過程である。

　先にも述べたが，実際の工事では，大引や根太などの床組は，屋根が架かった後に施工される。しかし，模型では，壁や屋根をつくってしまった後に大引や根太を取り付けることは難しいから，先に床組をつくる方がよい。心柱を間仕切り壁下部の土台に緊結するツナギも，心柱をつくるまえに，ここでつくっておこう。

　図 5-30 に 1 階床組の組立図を示す。

　部品としては，2 ミリ〜 6 ミリの角材を用いて，束，土台，火打土台，大引，

24) 前掲書。注 4（198 ページ）に同じ。

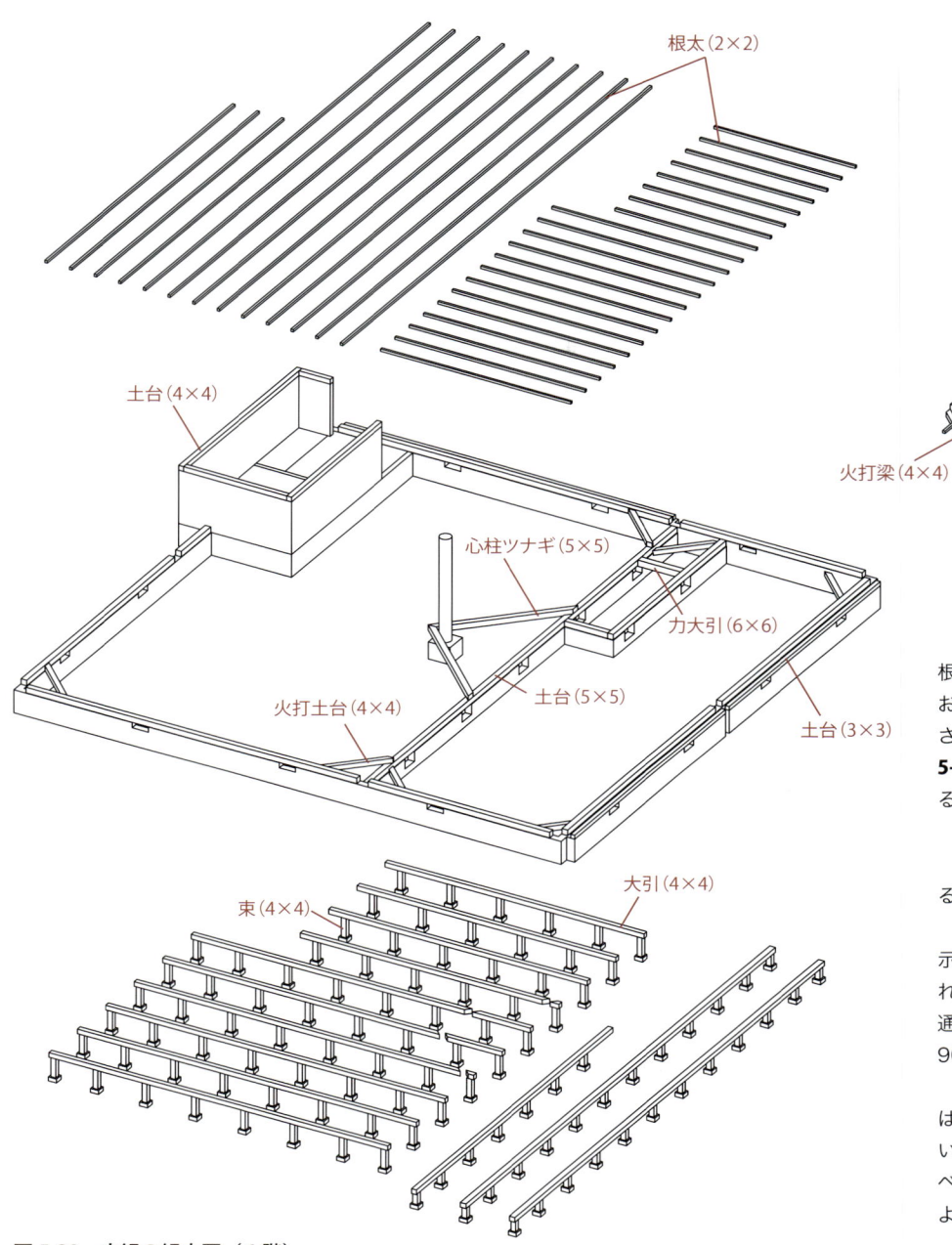

図 5-30　床組の組立図（1 階）
1階床伏図，2階床伏図を製図し，床組を構成する部品を切り出し，接着する。ただし，土台は軸組（壁）に組み込んだ方がいい。

　根太，ツナギを，**図 5-22**（215 ページ）の 1 階床伏図および**図 5-26**（217 ページ）の 2 階床伏図に基づく長さに切り出すことになる。それぞれの部材の寸法は，**表 5-3**（207 ページ）の模型材料のリストのように換算する。

　部品の高さ方向の寸法を，軸組模型の断面詳細図となる**図 5-31**（221 ページ）に示した。
　図 5-31 では，実際の建築の寸法を模型用に修正して示している。模型には，4 ミリ角，5 ミリ角などの限られた寸法の模型材料を使用しているから，完全に実物の通りの寸法でつくることはできない。たとえば，90×90 ミリの断面を 4 ミリ角としていたりするからである。
　寸法の誤差以上に，接着剤の厚みなどによっても誤差は生じる。微妙な誤差は，どこかで吸収していくしかない。束の長さは，束石に載った後の束の天端（上面のレベル）が GL＋440 ミリあるいは GL＋300 ミリとなるように調整する。
　部品を切り出したら，基礎と接着する。ただし，土台は，次に解説する軸組（壁の構成）の一部であるから，ここでは基礎と接着せず，軸組の部品とする方がいい。

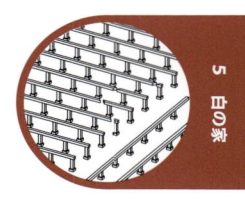

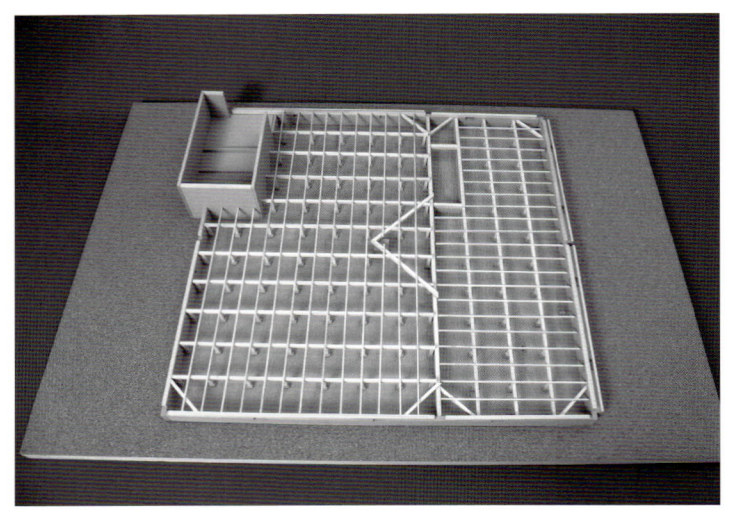

写真 5-15　模型（1 階床組）
切り出した部材を組み立て接着する。ただし，土台は軸組の一部と考え，ここでは接着しない方がいい。寝室の床組も間仕切りの軸組（壁）を組み立てた後に接着する方がいい。

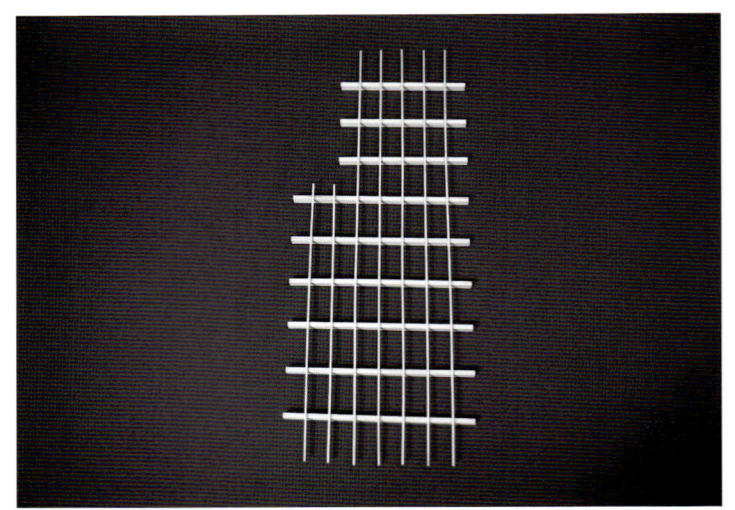

写真 5-16　模型（2 階床組）
2 階床組は，軸組（壁）が組み上がってから軸組と接着するようにする。

　火打土台は，天端（上面）が大引の天端，すなわち，根太の下端（下面）に一致するように取り付けよう（1 階寝室の下の火打土台は基礎に取り付くことになる）。

　心柱ツナギも，天端が大引の天端（根太の下端）に一致するように取り付ける。ツナギは白の家全体の構造にとって重要な部材である。床下のツナギは，間仕切り壁の土台の上に載り，土台と緊結されている。ツナギは大引と同じレベルにあるが，床を支える大引に比較してより重要度の高い部材であるので，大引とツナギが交差する部分は，ツナギを勝たせ（優先させ），大引を切断する。

　2 階の床組は，後で軸組に取り付けることになるので，ここでは，部品を切り出すのみとし，接着は後回しにする。接着の際，火打梁は，下端を小梁の下端に合わせよう（本書は火打梁のディテールを把握していない。実際には火打梁と小梁の下端は一致していないかもしれない）。

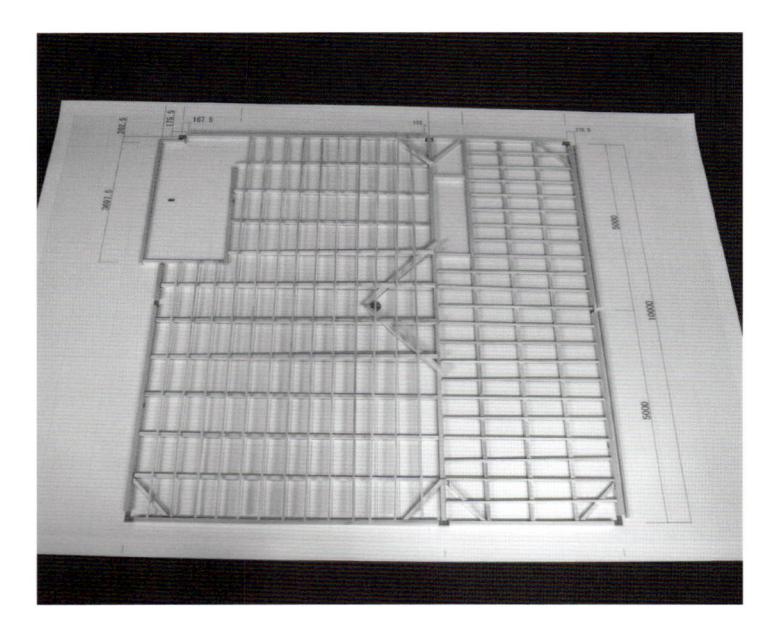

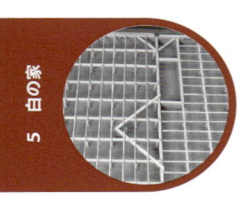

写真 5-17　模型（床組の組立）
組み立ては床伏図の上で行うとよい。

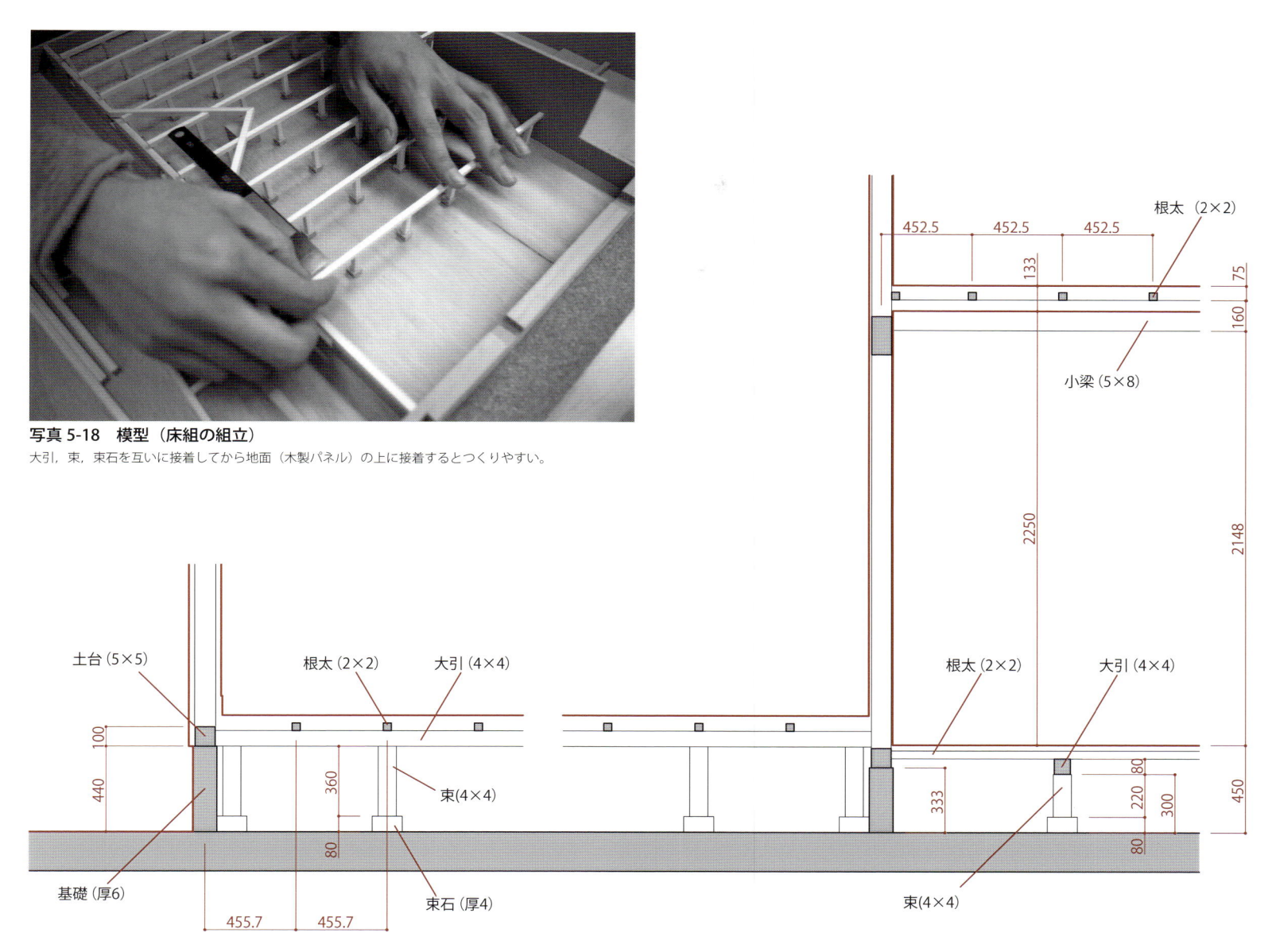

写真 5-18　模型（床組の組立）
大引，束，束石を互いに接着してから地面（木製パネル）の上に接着するとつくりやすい。

図 5-31　床組の構成（軸組模型のための断面詳細 1/50）
この図では実際の建築の寸法を模型用に修正して示している。模型は，実際の寸法とは誤差を考慮しながら製作しなければならない（どこかで誤差を吸収する必要がある）。

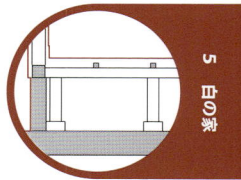

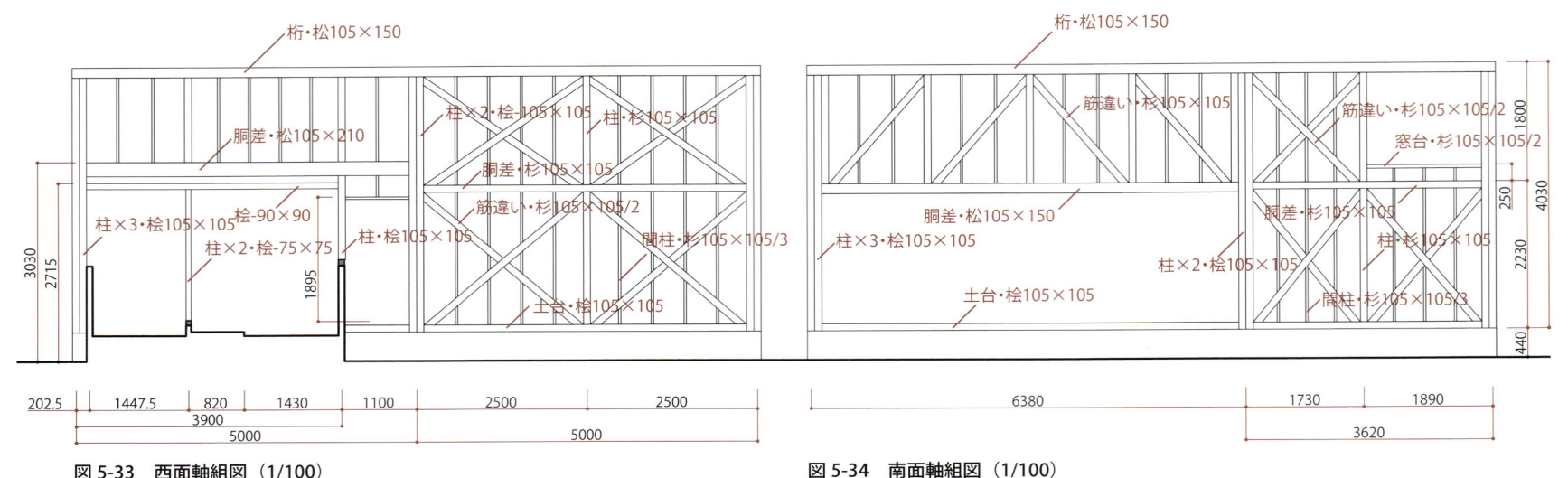

図 5-33 西面軸組図（1/100）
105/2 とは 105 ミリの材の半割（52.5 ミリ），105/3 とは三割（35 ミリ）の寸法を示している。

図 5-34 南面軸組図（1/100）

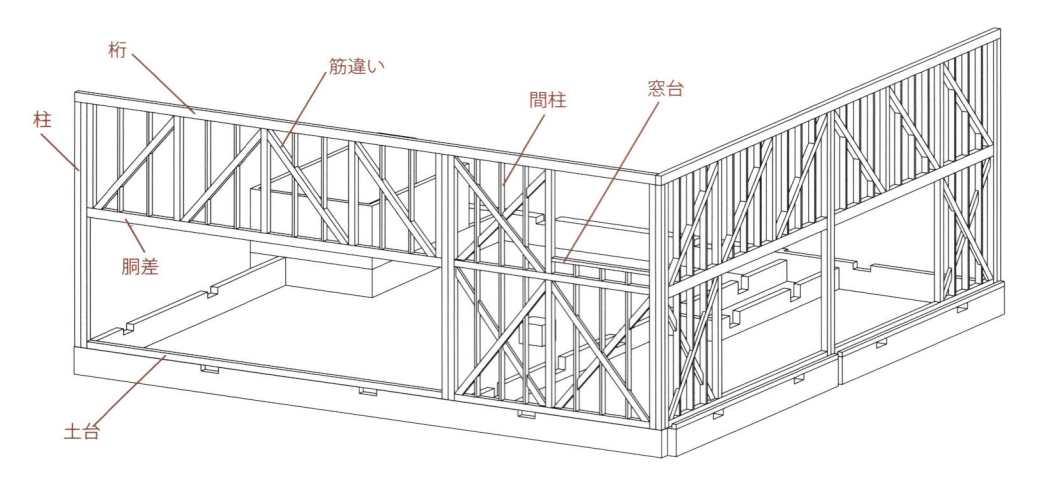

図 5-32 軸組の構成（南面＋東面）
基礎の上に建つ南面と東面の軸組。

5.6 軸組

本節では，床組に続いて，壁の構成である軸組について学ぶ。

5.6.1 軸組の構成

白の家の外壁は，**ワイヤラス・モルタル**を下地として，**白しっくい塗り**で仕上げられている。広間と2階の寝室の壁は，**プラスターボード**（**石こうボード**）を下地として，その表面に**寒冷紗**（かんれいしゃ。ガーゼ状の網）を張り，白い**オイルペイント**で塗装されている。白く塗られた壁が白の家の抽象的な空間を演出している。なお，1階の寝室の壁には，**ラワンベニヤ**が張られている。

これらの仕上げを施した壁の内部には，**土台**，**柱**，**梁**，**桁**，**胴差**，**間柱**，**筋違い**，**窓枠**といった部材が存在している。軸組とは，これらの部材による壁の構成のことである。

白の家のおもな壁は，外周の4面の壁と広間と寝室の間仕切り壁を合わせて，計5面ある（その他の壁としては，浴室・せんたく室の壁，階段下の物いれの壁がある）。**図 5-32** に，基礎の上に建つ南面と東面の立体図を示す。また，外周4面の壁と間仕切り壁の軸組の構成を表す**軸組図**を**図 5-33 ～ 5-37** に示す。

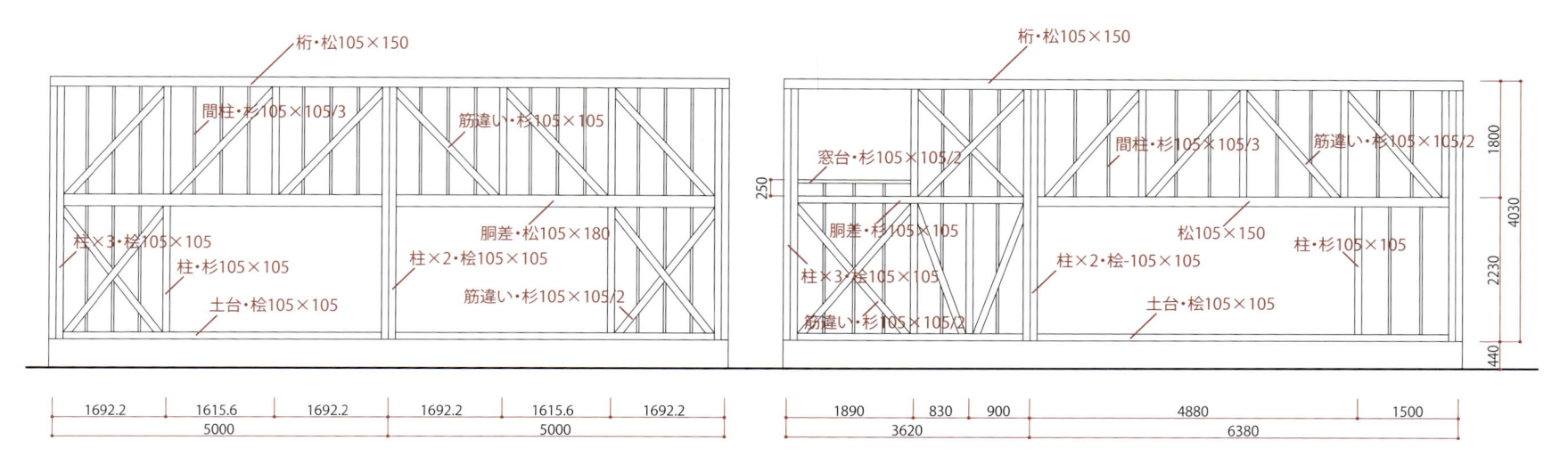

図 5-35　東面軸組図（1/100）

図 5-36　北面軸組図（1/100）

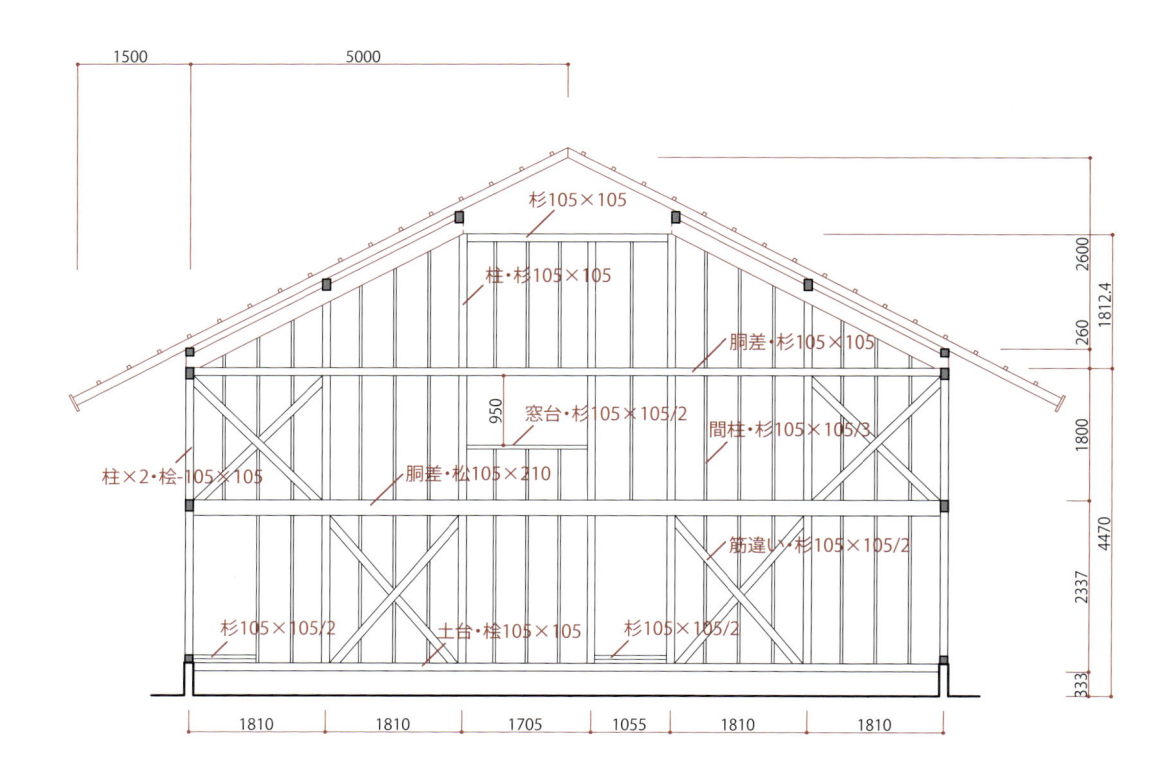

図 5-37　間仕切り壁軸組図（1/100）
軸組の他に，屋根を構成する小屋組の部材（登梁，母屋，垂木など）も描いている（小屋組については後述する）。

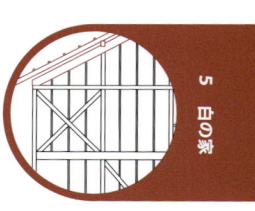

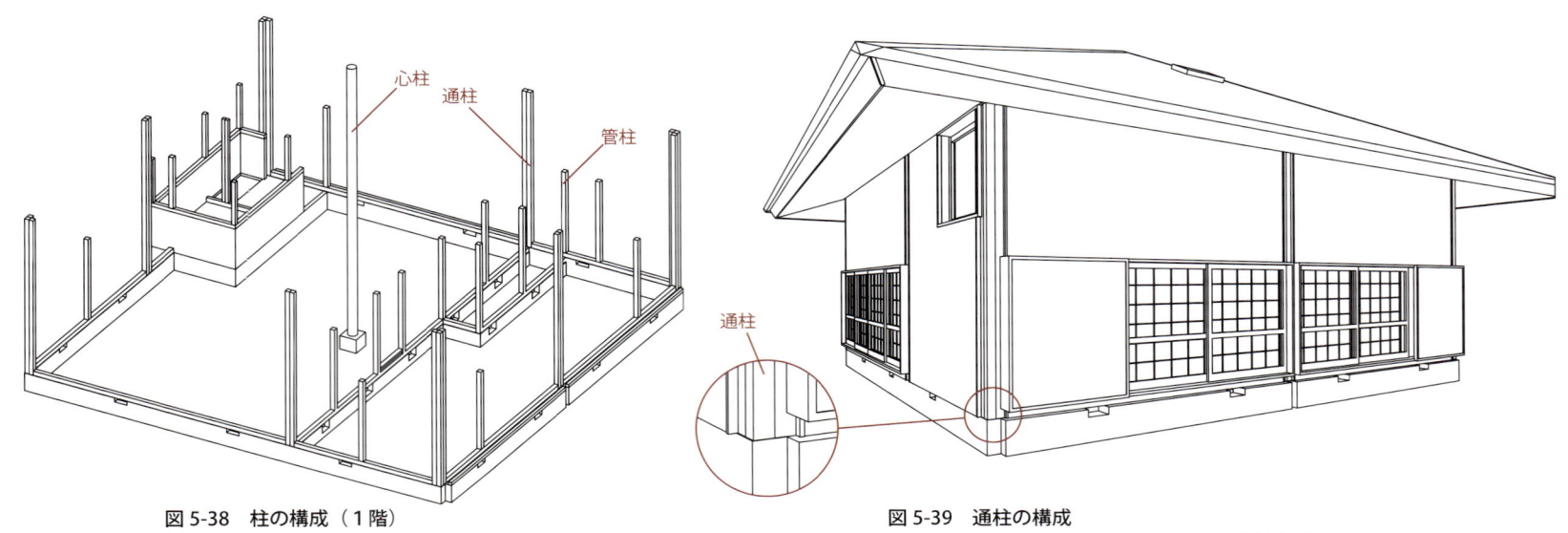

図 5-38 柱の構成（1階）
基礎と土台の上に建つ1階のすべての柱。心柱，4カ所のコーナー，間仕切り壁の両端，東面，西面の中央に立つのは通柱。

図 5-39 通柱の構成
通柱は外部に露出する。通柱は土台の上ではなく直接基礎の上に立つ。

5.6.2 柱

柱は，基礎あるいは土台の上に立てられる。1階に立つすべての柱を**図 5-38** に示した。これらの柱の一部は，**図 5-39** に示したように，外部（外壁の面）に露出している。また，柱の位置を表した平面図を**図 5-40** に示した。

1階に立つ柱には，小屋（屋根）の軒レベルまで伸びる一本物の柱と，2階の床下までしか伸びない柱の2種類が存在する。前者の柱は**通柱**（とおしばしら），後者の柱は**管柱**（くだばしら）と呼ばれる。

通柱は，通常，建物のコーナーに配置される柱である。白の家では，心柱，4カ所のコーナー，間仕切り壁の両端，東面，西面の中央に通柱が配されている。**図 5-40** では，通柱を○または◎で囲んで示している。

白の家の柱は，心柱を除き，すべて 105 × 105 ミリの桧または杉が使われている。105 × 105 ミリは，白の家に限らず，一般の木造軸組構造でよく用いられる柱の寸法である。心柱は，天井面での直径が 210 ミリの杉の丸材である（心柱の足下はより太い）。

通柱はより強固な柱であることが望ましいので，一般の木造軸組構造では，通柱として，たとえば 120 × 120 ミリといった 105 × 105 ミリよりもやや太い柱が使われることが多い。しかし，白の家では，105 × 105 ミリのみを用い，これらを2本あるいは3本，ボルトによって緊結し，通柱としている。

白の家の柱は，大部分は壁の中に隠れるが，一部は外部あるいは室内に露出する。**図 5-40** の詳細図に見ると，すべての通柱が外部に露出しているのがわかるだろう。外部に通柱が現れていることは，**図 5-4** および**図 5-5**（196 ページ）に示した立面図でも確認できる。室内の壁においては，1箇所を除いて，すべての柱が壁の中に隠れる。内部から見える柱は心柱以外では，2階の寝室に露出する**図 5-40** に◎で示した通柱のみである。

管柱が土台の上に立っているのに対して，白の家の通柱は土台の上ではなく，直接基礎の上に立っている。そのことは**図 5-33**～**図 5-37**（222～223 ページ）に示した軸組図で確認できる。

柱が土台に「勝つ」（直接基礎の上に立つ）のは特殊で，柱は土台の上に立つ方が一般的なのだが，白の家ではこの納まりにより，柱だけがすっきりと外観に現れている。**図 5-39** と，**図 5-4** および**図 5-5**（196 ページ）に示した立面図を見ると，外形にすっきりと現れた柱が確認できる。

かつての日本の伝統的な建築には，自然石（玉石＝丸石など）の上に柱が立ったものが少なくない。基礎の上に直接立つ白の家の通柱は，そうした伝統的な建築の構成を想い起こさせる。

ところで，柱というよりは壁の構成の話になるが，一般に軸組構造の建築には，**大壁**（おおかべ）と**真壁**（しんかべ）と呼ばれる2種類の壁の構成がある。大壁というのは，壁の仕上げ材によって，柱が壁の中に隠される壁の

1階

2階

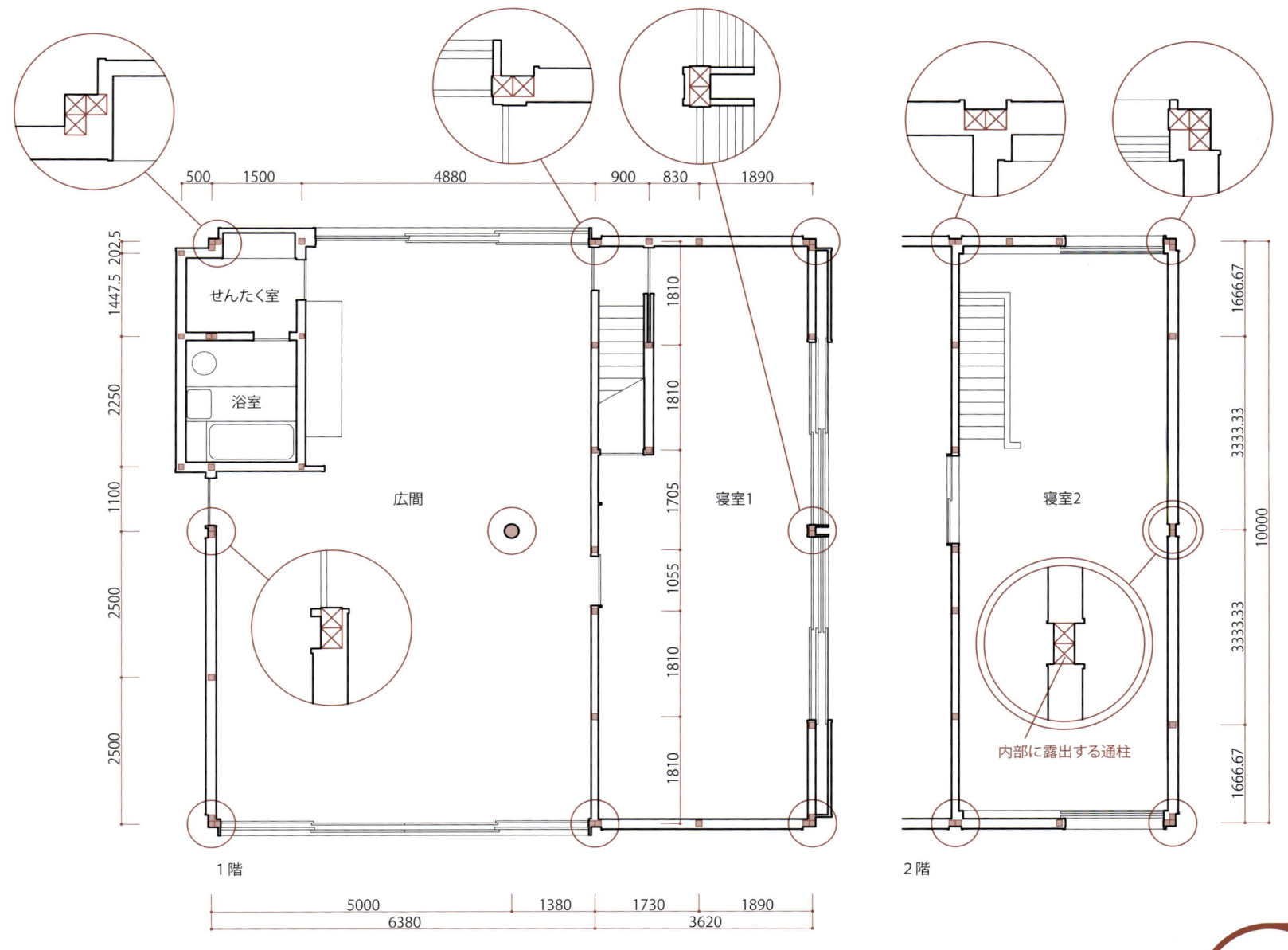

内部に露出する通柱

図 5-40　柱の配置図（1/100）
○または◎は通柱を示す。◎で囲んだ東面の中央の通柱は，2階の寝室でのみ露出する。角柱のサイズはすべて 105 × 105 ミリ。通柱は，105 × 105 ミリの材が 2 本あるいは 3 本，ボルトによって緊結されている。

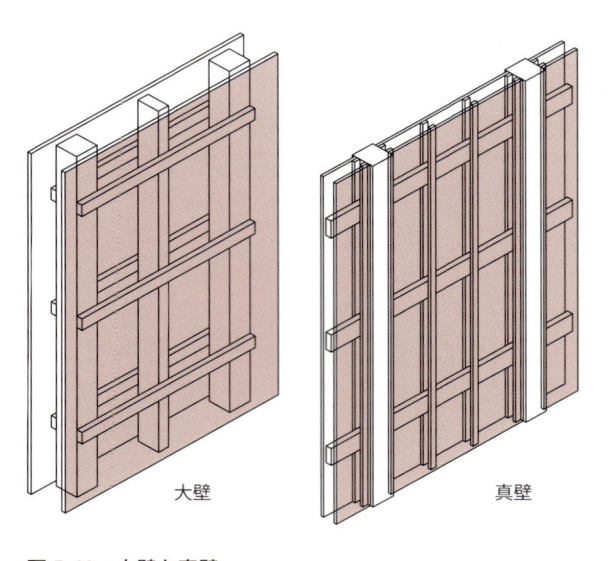

図 5-41 大壁と真壁
大壁は柱が壁の中に隠れる壁。真壁は柱の一部が壁の表面から露出する壁。

図 5-42 胴差と桁の構成
胴差は 2 階床レベルに架かる水平の梁材。桁は 2 階レベルの柱の頂部を結ぶ梁材。

構造のことをいう。大壁に対して，柱間（柱と柱の間）に壁を納め，柱の一部が壁の表面から露出する壁を真壁という。日本の伝統的な木造建築は真壁でつくられたものが多く，特に和室は真壁であることが多い。**図 5-41** に大壁と真壁の概念図を示した。

白の家の壁の構成は，基本的には大壁なのだが，特に通柱が露出する外壁は真壁的である。

5.6.3　胴差・2階柱・桁

図 5-42 に，1 階の柱の上にのる**胴差**（どうさし），2 階の柱，**桁**（けた）を示した。

胴差とは，2 階の床レベルに架かる水平な梁材のことである。胴差は，通柱の間に架かり，1 階の管柱の上に載る。胴差という言葉は，建物を胴に見立てた時，胴の中央に刺さるものということに由来するのであろう。先に解説した 2 階の床組は，東面と間仕切りの両軸組の胴差の間に架け渡される。

胴差の上には，2 階の管柱（105 × 105 ミリの桧）が載る。桁は，2 階レベルの柱（通柱と 2 階管柱）の頂部を結ぶ梁材のことである。

2 階の管柱の下部には，平面上の同じ位置に 1 階の管柱が配置される場合もあるが，**図 5-34 〜図 5-36**（222 〜 223 ページ）に示した南面，東面，北面の軸組図に見られるように，1 階の開口部の上に架かった胴差の上部，すなわち，1 階には柱のない位置に 2 階の管柱が立つ場合もある。3 章（サヴォワ邸）では，鉄筋コンクリートラーメン構造では，基本的には 1 階に柱の立っていない位置に 2 階の柱が立つことはないと述べたが，木造軸組構造では，白の家に限らず，1 階に柱の立っていない位置に 2 階の柱が立つことは特別なことではない。

白の家の胴差の幅はすべて 105 ミリであるが，背は柱間（スパン）の長さによって異なっている。また，材質も異なっている。たとえば，**図 5-42** に見られるように，南面の東側の胴差は 105 × 105 ミリの杉であるが，南面西側の 6.38 メートルの柱間に架かる胴差は寸法が 105 × 150 ミリの松，東面の 2 本の胴差は寸法が 105 × 180 ミリの松である。南面西側と東面の胴差の上には，1 階に柱のない位置に管柱が立っている。このように，長い柱間に架かる胴差，上部に管柱の立つ胴差の背は大きくなる。

通柱の上に架かる桁には，105 × 150 ミリの松が使われている。桁は，壁の最上部の部材である。

5.6.4　筋違いと間柱

木造建築は，柱や梁などの線的な部材によって組み上げられるのが一般的である。日本には，木造の壁による伝統的な架構形式として**校倉造り**があるが，現代では一般的ではない[25]。代表的な木造建築の架構形式である軸

25) 校倉造りとは，横に長い校木（あぜき）を井桁に積み重ねて外壁をつくる構造の形式である。校倉造りの建築としては，正倉院（奈良市）の正倉が有名である。

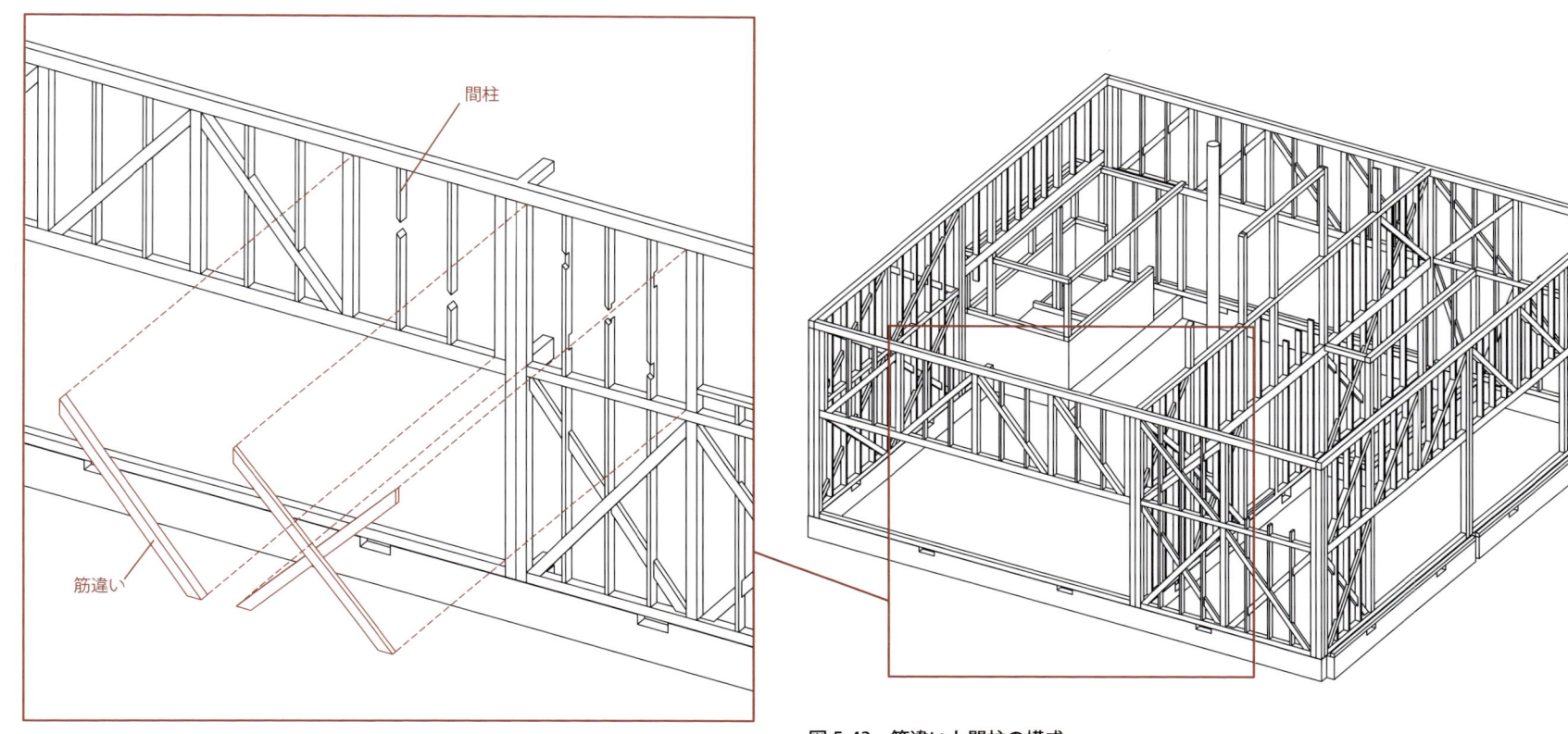

図 5-43　筋違いと間柱の構成

筋違いは柱，胴差，桁が形づくる四角形の対角を結ぶ斜材。間柱は柱と柱の間に45センチほどの間隔で立っていく補強材。間柱と筋違いの交差部では，間柱が欠き込まれる。

組構造は柱や梁による構造という意味で，ラーメン構造的である。しかし，鉄筋コンクリートや鉄骨に比較して華奢な部材が用いられる軸組構造では，ジョイントを強固な剛接合とするのは難しい。そのため，軸組構造では，水平力に耐える壁のしくみが必要となる。

図 5-43 は，基礎・土台・柱・胴差・桁に加えて，**筋違い**（すじかい）と**間柱**（まばしら）を描いている。

筋違いは，柱，胴差，桁が形作る四角形の対角を結ぶ斜材である。骨組みの基本形状が四角形によって構成される軸組構造では，四角形の骨組みに水平力（地震力）による耐力をもたせるために，筋違いが必要となる。四角形の骨組みは水平方向に変形しやすいが，筋違いを入れて三角形の骨組みを構成すれば変形を抑制できる[26]。

白の家では筋違いとして，105×105ミリまたは105×77.5ミリ（105/2ミリ）の2種類の太さの杉が用いられている。開口部のある部分には筋違いを入れにくいので，開口部のない部分で十分な量の筋違いを配置できるよう工夫しなければならない。

柱と柱の間に45センチほどの間隔で立っていく補強材が間柱である[27]。白の家の主要な軸組（東西南北面と間仕切り）では，間柱として，105×35ミリ（105/3ミリ）の杉が用いられている。

筋違いのあるところでは，間柱は筋違いと交差することになる。交差する部分は，間柱を切断したり欠き込んだりすることになる。壁の補強材である間柱は，水平力に抵抗する筋違いに比較すれば，最重要な部材ではない。すなわち，構造材としては，間柱よりも筋違いの方がより重要である。したがって，間柱と筋違いの交差部では，必ず間柱を欠き込むべきで，間柱を優先して筋違いを欠き込むということはしない。

図 5-43 では，南面の軸組の筋違いと間柱を分解して示している。間柱が欠き込まれることを確認して欲しい。

26) 筋違いは，認定を受けた構造用合板，石膏ボードなどで代用することができる。

27) 間柱は法規上は構造材と見なされない。しかし，実際には補強材としての役割を担うと考えられている。

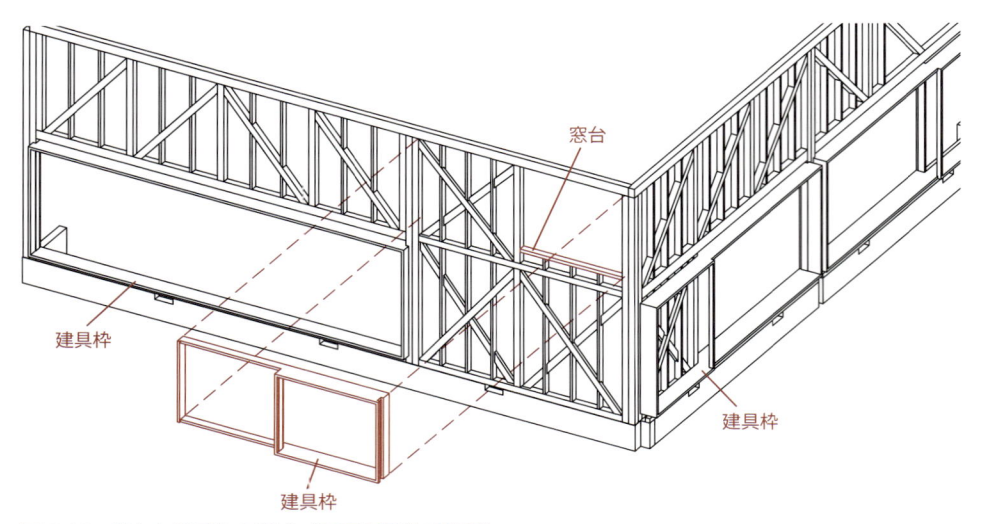

図 5-44　窓台と建具枠の構成（南面と間仕切り壁）
白の家の窓は，柱，桁，窓台に囲まれた開口部に納まる建具枠によって構成されている。

5.6.5　窓台

窓のある部分には，必要に応じて窓の下枠を支える**窓台**，そして窓の上部を支える**まぐさ**が架けられる。

白の家では，2階寝室の南面および北面の窓と広間に面する窓のために窓台が設けられている。窓台の部材としては，105 × 52.5 ミリの杉が使われている。2階寝室の南面に取り付く窓台を**図 5-44** の左図に，2階寝室の広間に面する窓に取り付く窓台を**図 5-44** の右図に示した。

窓は，柱，桁，窓台に囲まれた開口部に納まる**建具枠**（窓やドアの枠）によって構成される。建具枠は，**建具**（窓やドア）の一部であって，軸組の一部とは異なる。窓の枠である建具枠は**窓枠**，ドアの枠は**ドア枠**と呼ばれる[28]。

窓枠は，一般には，窓台，まぐさ，間柱の間に納まるが，白の家では，桁や胴差がまぐさを兼ねている。また，一般には，窓の寸法に合わせて間柱が立てられることもあるが，白の家ではすべての窓が柱と柱の間に納まっている。すなわち，窓枠を納めるためのまぐさや間柱は見あたらない。一方，玄関の上部には，ドア枠を納めるためのまぐさがある（浴室・せんたく室周りの軸組の構成を示す**図 5-45** に，玄関ドアの上部に架かるまぐさが現れている）。

広間と寝室との間などのドアのある開口部には，ドアの下枠を取り付けるための台（ドアの台）が架けられている。ドアの台は，**図 5-44** の右図に示した1階の寝室と広間とを仕切る間仕切り壁の軸組に現れている。

ドアの台にも，窓台と同様に，105 × 52.5 ミリの杉材が使われている。

■演習 5-3　軸組の製作

軸組の模型を製作しよう。軸組は，「柱，胴差，桁，筋違い，間柱，窓台，まぐさ」を角棒で，「心柱」を丸棒でつくる。それぞれの部材には，**表 5-3**（207ページ）に示した模型材料のリストの寸法を用いる。

軸組図を描き，それぞれの部材の長さを確認しながら，部材を刻んでいこう。浴室・せんたく室の部分には変則的に柱が立つ。この部分の軸組の構成を**図 5-45** に示した[29]。

実際の工事では，軸組だけではなく小屋組も含めて，主要な部位の**建方**（たてかた。部材を組み立てる工事）が行われた後に，間柱や窓台などが取り付けられる。木造の工事では，工事の半ばに主要な部位が組み上がり，屋根の頂部が現れた時に**上棟式**が行われる。すなわち，上棟式は，屋根の頂部を構成する**棟**が組み上がった時に行われる儀式である。全工事が完了する竣工時に行われる竣工式とは異なり，全工事のおよそ中間の時期に行われる。棟は木造建築に由来する用語であるが，鉄筋コンクリート造など，木造の屋根をもたない建築でも，最上部が現れた時に上棟式が行われることがある。

---

28) ドア枠の下枠は敷居（しきい），上枠は鴨居（かもい）と呼ばれる。

29) 図 5-45 には浴室・せんたく室の間柱を描いている。しかし，公開された図面（198 ページの注 4 に示した前掲書）には浴室・せんたく室の間柱は明示されていない。この図に描いた間柱の構成は本書の推測である。

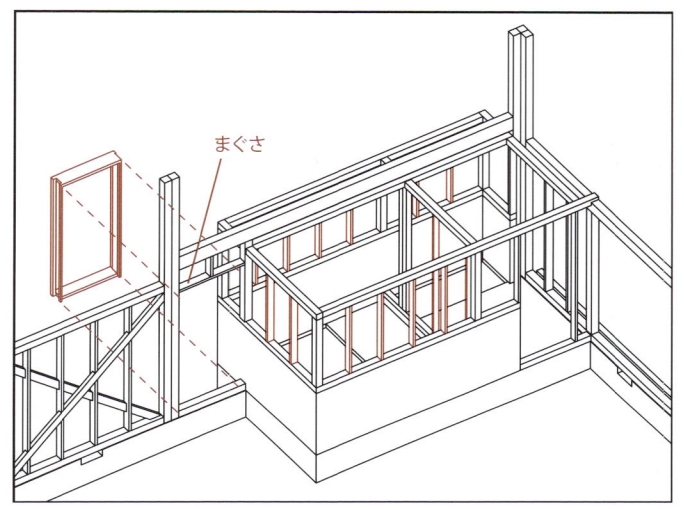

図 5-45 軸組の構成（浴室・せんたく室）
浴室・せんたく室の間柱の構成をカラーで示している（間柱の構成は公開された図面に明示されたものではない）。

写真 5-19 模型（軸組）
基礎，1階床組，軸組を組み立てた状態。

軸組は，間仕切り部分を先に立てると組み立てやすい。

浴室・せんたく室

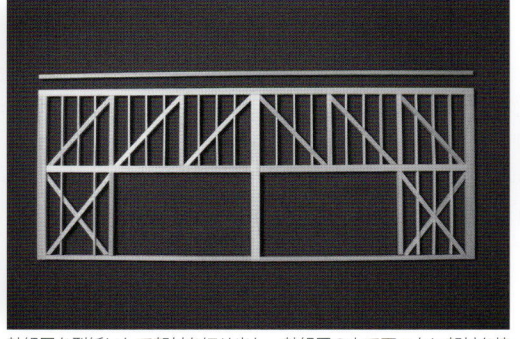

軸組図を型紙にして部材を切り出し，軸組図の上で面ごとに部材を接着するとよい。

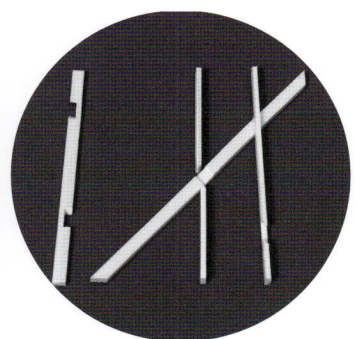

間柱の切り欠きは，カッター，小型のこぎりと小さなノミ，やすりなどを使うと作りやすい。

写真 5-20 模型（軸組の組立）

　上棟の時点では，間柱や窓枠はまだ取り付いていない。筋違いも，この時点では，仮筋違いと呼ばれる仮のものが取り付けられ，その後に全体の架構の調整を図りながら，**本筋違い**（ほんすじかい，最終的な筋違い）に取り替えられることもある。すなわち，実際の工事では，小屋組の建方に先行して軸組が完成することはない。

　しかし，軸組模型においては軸組を完成させてしまおう。実際の工事の工程とは異なるが，模型としては，周囲の4面と間仕切り壁を別々に壁として完成させてしまうのが効率的である（**写真 5-19** および**図 5-20**）。

　もっとも手間のかかるのは，間柱を欠き込んでいく作業ではないかと思う。根気よく，作業を進めよう。

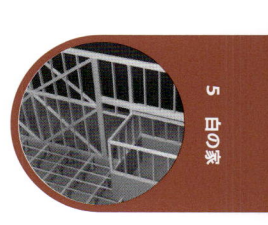

5 白の家

229

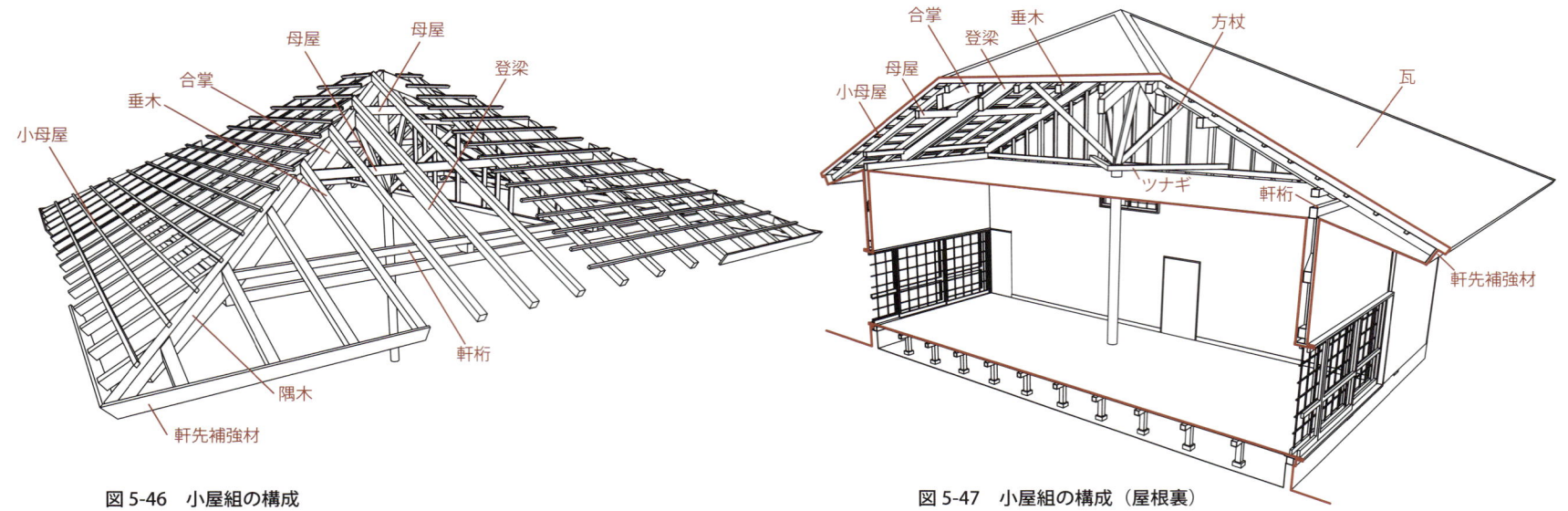

図 5-46　小屋組の構成
小屋組は，軒桁，合掌，登梁，母屋，垂木，小母屋，隅木，軒先補強材，方杖といった部材から構成される（この図では小母屋の一部を省略している）。

図 5-47　小屋組の構成（屋根裏）
屋根裏を見る垂直切断図。天井を吊る部材等は描いていない。実際の屋根裏の構成はもっと複雑である。

5.7　小屋組

床組，軸組に続いて，屋根の構造である小屋組について学ぼう。軸組の上に載って建物の全体を架構すると同時に，屋根の仕上げ材および下地材を支える部分が**小屋組**である。

白の家の屋根は**瓦葺き**である。瓦は**野地板**（のじいた）と呼ばれる下地材の上に敷かれる。野地板を直接支える部材は**小母屋**（こもや）と呼ばれ，小屋組の中ではもっとも細かい部材である。その小母屋に至るまで，小屋組はさまざまな部材によって構成される。

5.7.1　小屋組の構成

白の家の小屋組は，軒桁，合掌，登梁，母屋，垂木，小母屋，隅木，軒先補強材，方杖といった部材から構成される。小屋組の各部材を，**図 5-46** に示した。

白の家もそうなのだが，一般に，小屋組は，いわゆる「屋根裏」に隠れて存在する。**図 5-47** は，屋根裏を覗き見た垂直切断図である。そして，小屋組を示す伏図が**小屋伏図**である。白の家の小屋伏図を**図 5-48** に示した。

軒桁の端部（正方形平面の頂部）と心柱を傾斜して結ぶ部材が**合掌**（がっしょう）である。長いスパン（間隔）を結ぶ部材であり，小屋組を構成する部材としてはもっとも背の大きな 120 × 270 ミリの米松が使われている。合掌の端部（軒桁の上部部分）の上には，端部の補強材として，杉 120 × 150 ミリの**隅木**（すみき）が載る。

合掌の心柱寄りの中間点は，心柱から斜めに伸びる**方杖**（ほうづえ）によって支えられている。方杖とは，一般に，梁などの横架材（水平方向に架かる部材）を柱が受ける場合に，そのコーナーを補強する斜材の呼称である。ひじを立てて手のひらで頬を支える頬杖（ほおづえ）と同じ役割を果たすと考えるとわかりやすい。方杖には 120 × 120 ミリの松が使われている。

合掌と方杖とジョイント付近と桁とを結ぶ傾斜した梁が**登梁**（のぼりばり）である。登梁としては，120 × 210 ミリの松が使われている。

登梁の上には，**母屋**（もや）が水平に架かる。母屋は，120 × 150 ミリの松である。母屋は，2 つの異なったレベルに架かっている。合掌と方杖とのジョイントあたりに架かるのが高いレベルの母屋。低いレベルの母屋は，高いレベルの母屋と桁の中間に架かる。2 本の母屋の水平方向の間隔は約 180 センチである。

軸組の最上段に位置する桁の上に登梁の端部を挟むように架かるもう一つの桁が**軒桁**（のきげた）である。軒桁には，105 × 105 ミリの杉が使われている。ここで，**軒**というのは，屋根の端部で外壁から外に突き出た部分を意味している。軒桁は，軒を支える桁である。白の家では，柱の中心線より 1500 ミリの位置まで軒が出ている。

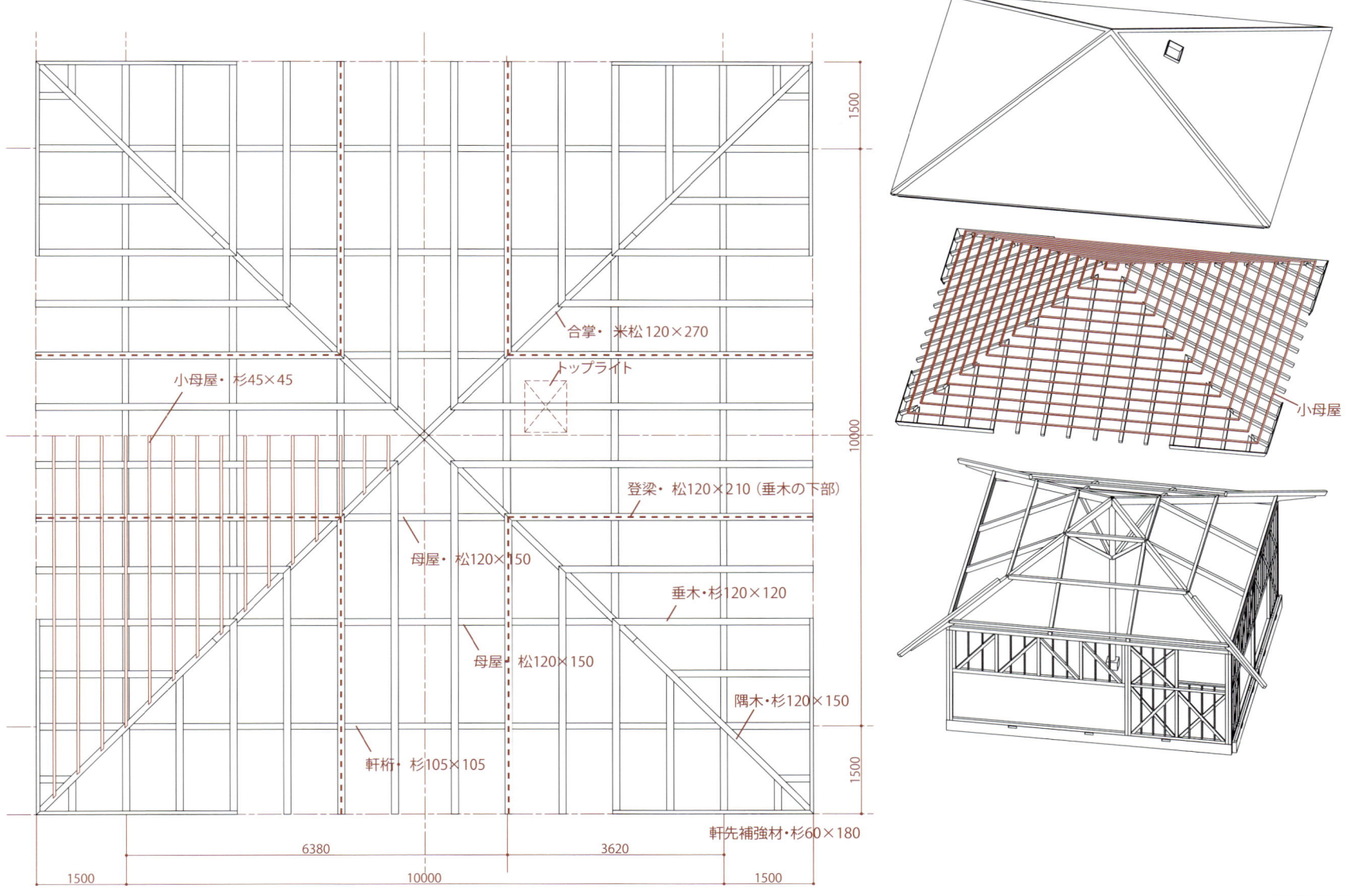

図 5-48　小屋伏図（1/100）

小屋伏図によって小屋組の形状が示される。登梁は垂木の下に架かっている。この伏図では小母屋は一部しか表していない。右に示した立体図では，南面と東面以外の基礎と軸組は省略している。

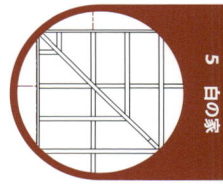

5　白の家

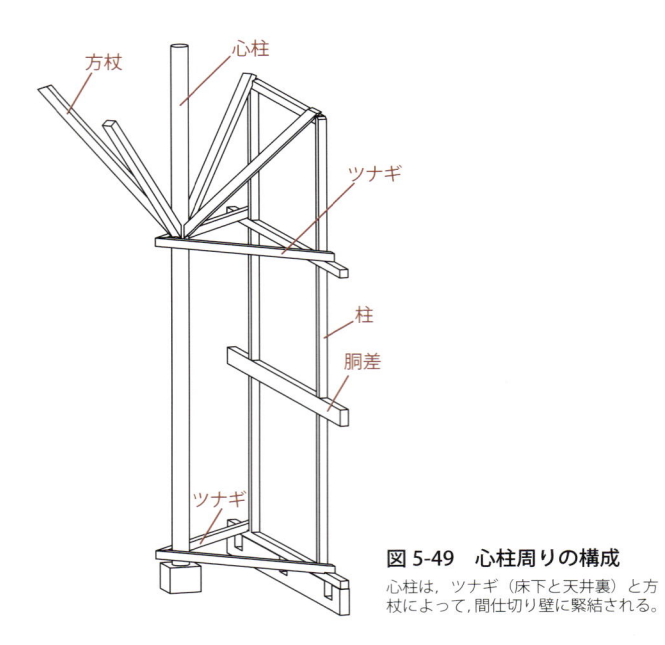

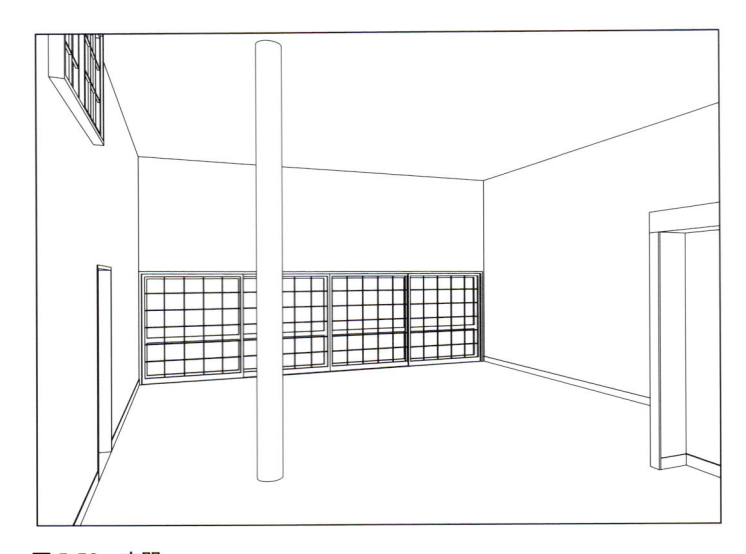

図 5-49 心柱周りの構成
心柱は，ツナギ（床下と天井裏）と方杖によって，間仕切り壁に緊結される。

図 5-50 広間
広間に見える心柱。一本の心柱は，大屋根を支える複合的な架構の一部である。

　母屋の上には，**垂木**（たるき）が約 90 センチ間隔で並ぶ。垂木は 120 × 120 ミリの杉である。そして，垂木の上に，約 40 センチ間隔で小母屋が載り，その小母屋が，屋根の下地材と瓦を直接支える部材となる。小母屋には 45 × 45 ミリの杉が使われている。

　軒の四隅には，軒の先端を補強する**軒先補強材**が取り付けられている。軒先補強材には 60 × 180 ミリの杉が使われている。

5.7.2　心柱とツナギ

　以上で学んだ小屋組は，軸組（壁）と心柱によって支えられる。小屋組の一部ではないが，小屋組を支える重要な部材である心柱の構成について学んでおこう。

　図 5-49 に，大屋根を支える心柱とその周りの部材を示した。心柱は，ツナギと方杖によって，間仕切り壁にしっかりと緊結されている。

　図 5-50 に，広間に見える心柱を示した。室内には一本の心柱が実にすっきりと立っている。しかし，大屋根は心柱のみによって支えられているわけではない。大屋根の頂部を支えているのは，**図 5-49** に見られる複合的な架構である。

5.7.3　屋根の構成

　白の家の屋根は**方形**の形態をもつが，一般の木造軸組構造の住宅には，さまざまな形態の屋根がある。**図 5-51** にさまざまな木造軸組構造の住宅の屋根の形状を示した。

　一般的な住宅には，立面に三角形が現れる**切妻**（きりづま）や，屋根が四方向に傾斜する**寄棟**（よせむね）の屋根が多い。伝統的な民家の屋根の形状には，上部が切妻になった（屋根上部の立面に三角形が現れる）**入母屋**（いりもや）もよく見られた。

　木造住宅の屋根は傾斜面をもち，立面図（投影図）にその傾斜面が三角形として投影される。三角形の立面図をもつ屋根によって架構が成立することは木造軸組構造の特徴である。屋根が三角形の立面をもつことは，2 章〜4 章で学んだ住吉の長屋，サヴォワ邸，ファンズワース邸が，いずれも水平な屋根をもっていたのと対照的である。

　一般に，寄棟，切妻，入母屋といった形状の屋根の小屋組は，**和小屋**あるいは**洋小屋**と呼ばれる 2 種類の構造形式のいずれかによって架構される。和小屋と洋小屋の小屋組の概念図を**図 5-52** に示す。

　和小屋は，日本の伝統的な小屋組形式で，桁と桁の間に小屋梁を水平に架

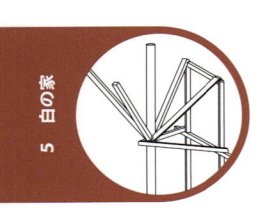

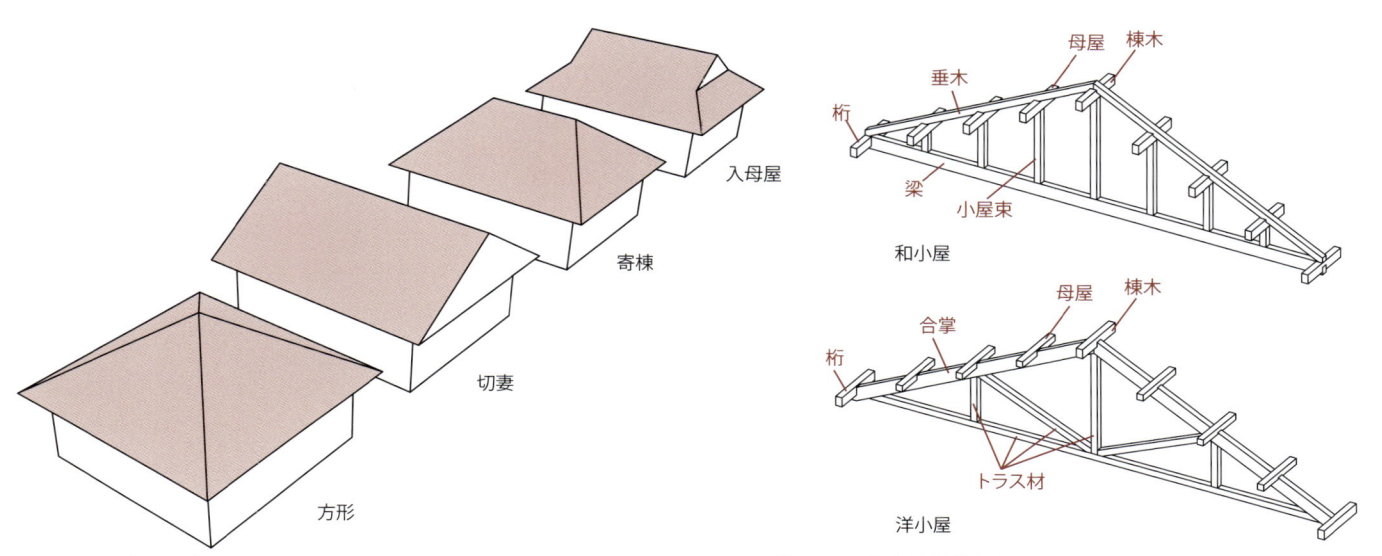

図 5-51　屋根の形状
さまざまな屋根の形状。切妻や寄棟はよく見かける屋根であろう。上部が切妻になった入母屋は伝統的な民家の屋根の形状の一つ。

図 5-52　和小屋と洋小屋
和小屋では水平に架かる小屋梁の上に小屋束が立つ。洋小屋は桁の上にトラスを組んで屋根を支える。

け渡し，その上に**小屋束**を立て，小屋束の上に母屋を載せて屋根を組み上げる。それに対して洋小屋は，桁と桁の間にトラスを組んで屋根を支える構造である。洋小屋のトラスの斜辺にあたる部材は合掌である。

白の家の方形の屋根は標準的な小屋組ではないが，合掌を用いた小屋組であるという点では，洋小屋に近いといえる。

演習 5-4　小屋組の製作

床組と軸組の上に小屋組を組み立てて，軸組模型を完成させよう。製作過程を**写真 5-21** に示した。軸組までは，実際とは異なる模型特有のつくり方として，壁を面ごとにつくることができた。小屋組は心柱の上に架けなければならないから，小屋組だけをつくることはできない。実際の建築の建方に近いつくり方で組み立てよう。

小屋組の角材としては，軒桁，合掌，隅木，方杖，登梁，母屋，垂木，小母屋，軒先補強材が必要となる。それぞれの角材は**表 5-3**（207 ページ）に示した模型材料のリストの寸法とする。

120 × 270 の合掌は，形状を加工しなければならないので，厚さ 6 ミリのバルサを使うのがよい（他の角材がすべて桧であるのに対して合掌だけが

写真 5-21　模型（小屋組の組立）
パーツを切り出した後，順番に接着していく。小屋組を組む前に，心柱とツナギを接着しておく。合掌を組んだら方杖も忘れずに接着する。

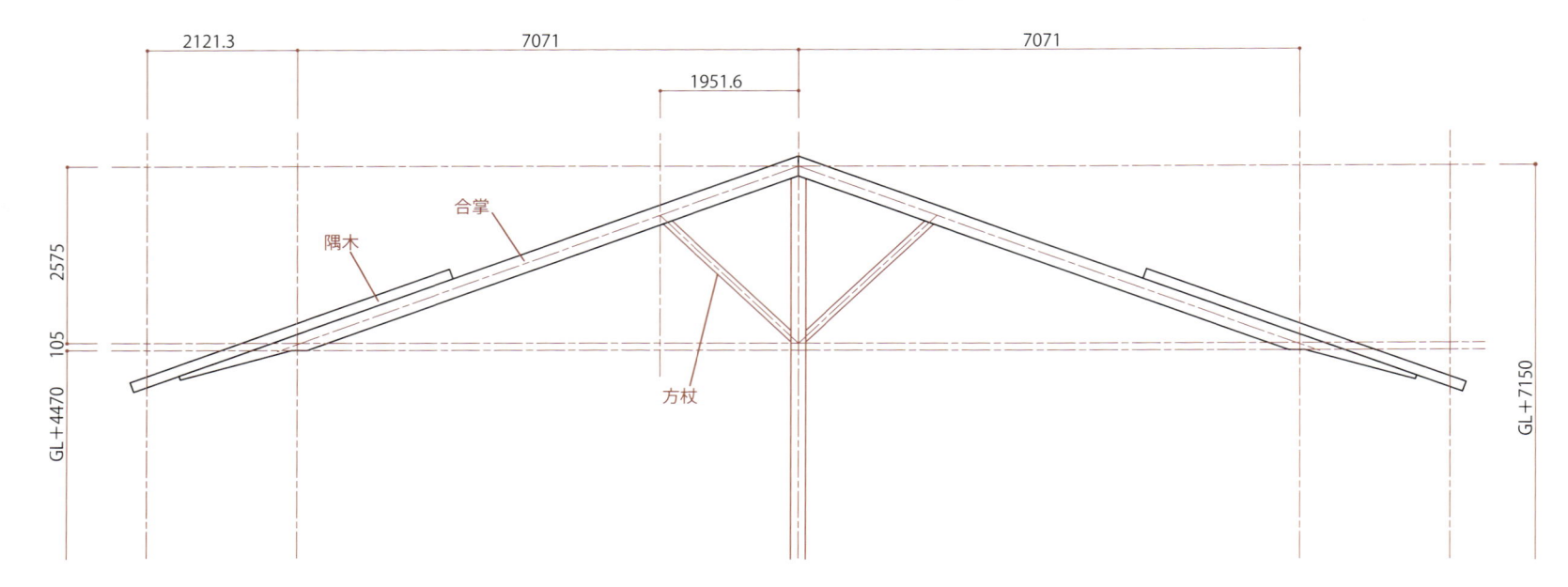

図 5-53　合掌の軸組図（1/100）
合掌，隅木，方杖の実形を見る側面図。

バルサになるのが気になる場合は，がんばって桧の角棒を加工しよう）。
　図 5-53 に合掌の部品図を示した。**図 5-53** は，合掌，隅木，方杖をその側面の垂直方向から眺めた投象図である。これらの部材の**実形**（カタチ）はこの図に現れる。模型の部品を製作する際は，このような図を描いて長さを割り出す必要がある。

　屋根面に沿って傾斜する部材には，合掌，隅木，方杖の他に，登梁と垂木がある。登梁と垂木の実形は，**図 5-37**（223 ページ）に示した間仕切り壁の軸組図に現れている。間仕切り壁の軸組図から，登梁と垂木の部品寸法を割り出そう。その他はすべて水平に架かる部材であるから，**図 5-48**（231 ページ）に示した小屋伏図に実形が現れる。小屋伏図を描いて部品寸法を割り出そう。

　小屋組の部品は屋根の傾斜を考慮して切り出す必要がある。多くの部品は切り口も傾斜することになるので，寸法は立体的に算出しなければならない。

　小屋組が出来れば軸組模型は完成である。**写真 5-22** に小屋組の製作過程，**写真 5-23** に完成模型の写真を示す。

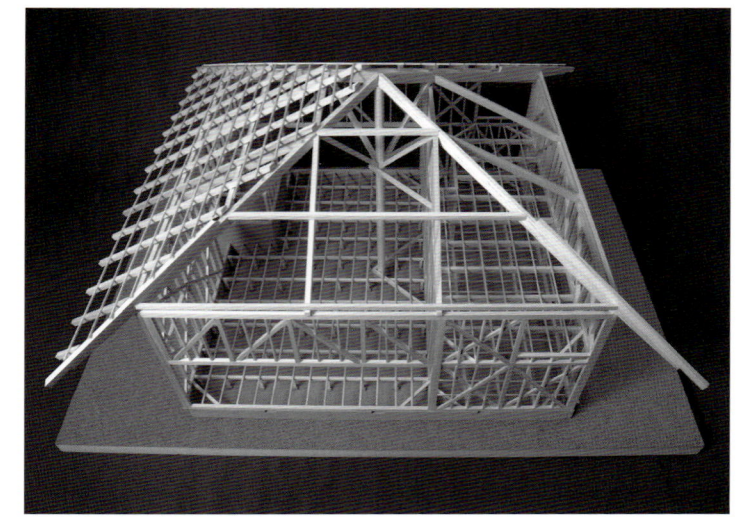

写真 5-22　模型（小屋組）
この写真は，写真 5-21（前ページ）の状態に，方杖，登梁，軒桁，母屋，垂木，小母屋を架けたところ。

写真 5-23　模型
完成した軸組模型。平面図，断面図，軸組図などと対照させて，白の家の空間構成を確認して欲しい。

図 5-54　北立面図（1/150）

図 5-55　西立面図（1/150）

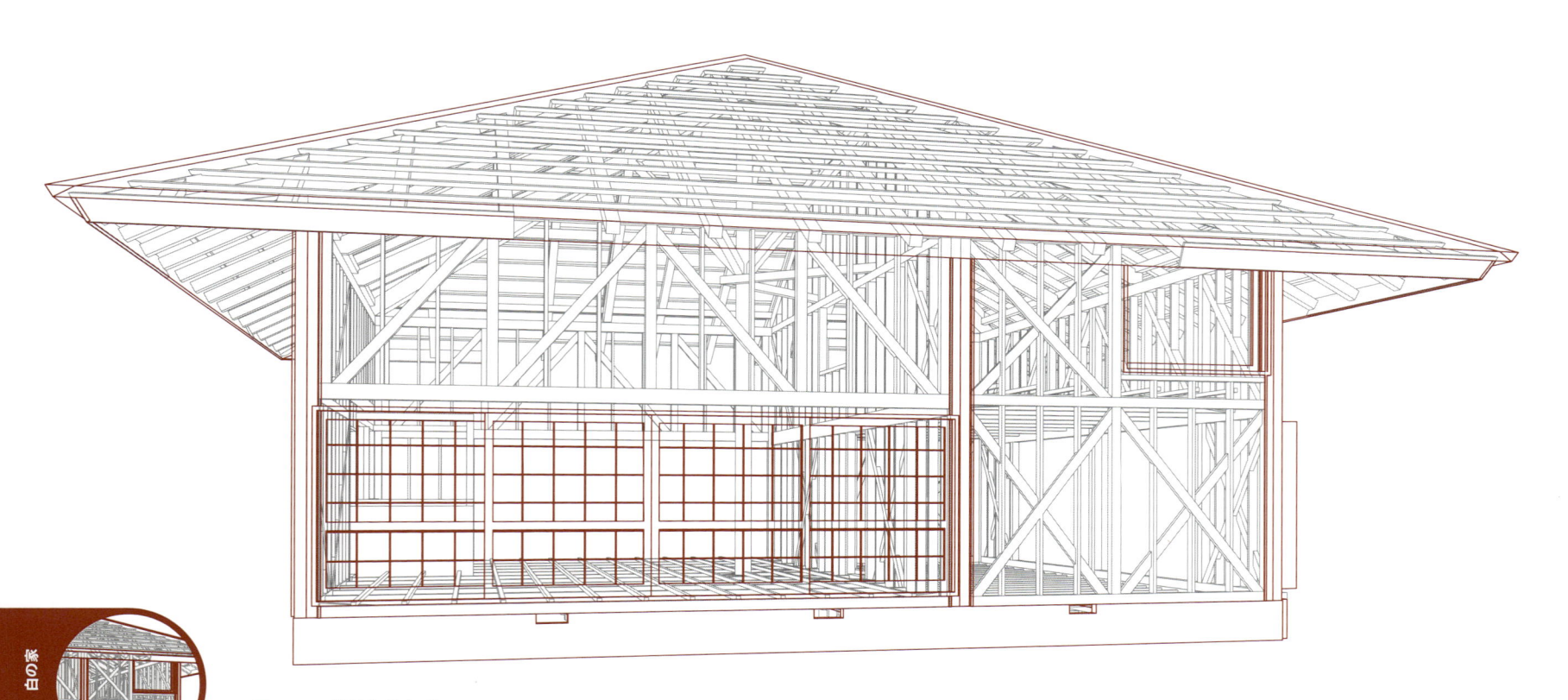

図 5-56　軸組と仕上げ
図 5-9（198ページ）に示した軸組の姿図に壁と建具を重ねた姿図。木造軸組構造の骨格である軸組は壁や建具に包み込まれる。

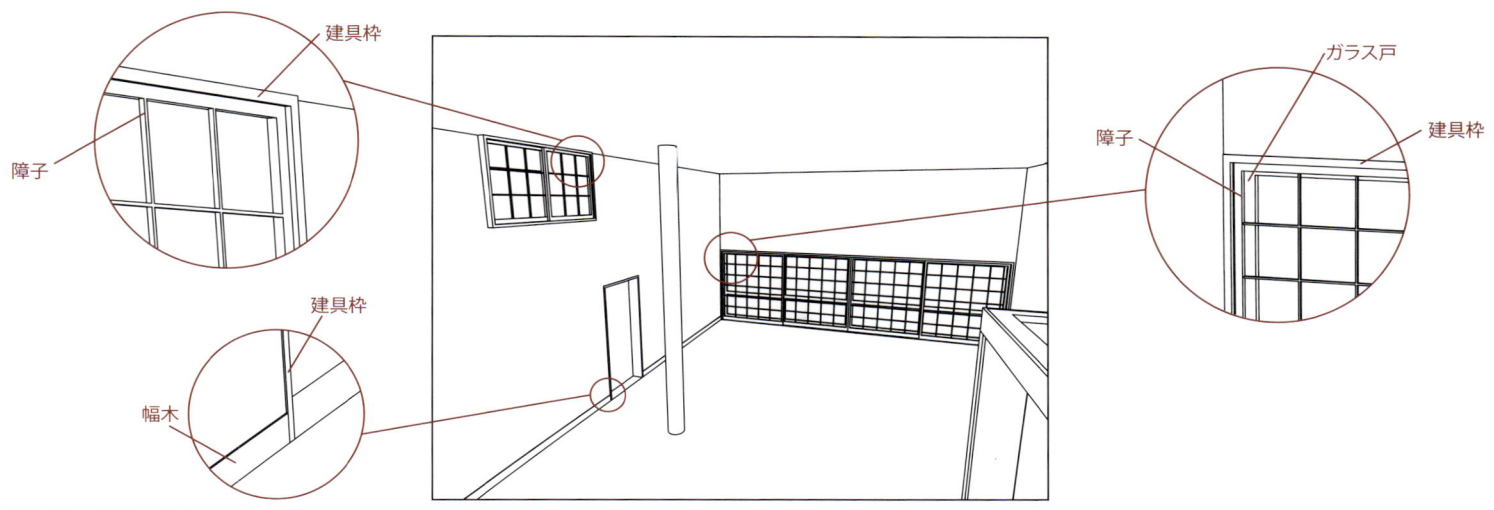

図 5-57 建具と幅木
この図では，障子に張られる障子紙を省略し，障子の向こうに見えるガラス窓も描いている。

5.8 各部の構成

軸組模型の製作によって，木造軸組構造のしくみがよく理解できたのではないかと思う。床組・軸組・小屋組の完成は，建築の骨格＝構造体の完成である。

完成した軸組に壁と屋根を仕上げ，建具を取り付けた後の白の家の姿となる立面図を**図 5-54** および**図 5-55** に示す（ここに示すのは北立面図と東立面図。南立面図と北立面図は，196 ページの**図 5-4** および**図 5-5** に示している）。また，軸組に壁と建具を重ねた姿図を**図 5-56** に示す。

本書では，白の家の壁の内部，床下，天井の上部，屋根における高度なディテールにまでは言及できない。しかし，平面図，断面図を理解するために必要な室内壁と建具のディテールについては触れておきたい。平面図，断面図では，床組・軸組・小屋組によって決まる骨格の寸法を把握しながら，骨格を包み込むように壁，床，天井などを描いていくことになるからである。

なお，模型はここまでで完成している。この先は，演習は用意していない。

5.8.1 壁の仕上げと建具

構造体である床組・軸組・小屋組に屋根が葺かれ，**建具**（窓やドア）が取り付き，**内装**（内部の仕上げ），**外装**（外部の仕上げ）が施されると建築は完成する。そして，建築の外部あるいは内部に，建具，壁，床，天井などが現れる。木造建築では，通常，壁の一部にあたる**幅木**（はばき。**巾木**とも書く）と呼ばれる部材も現れる。幅木は，壁と床の交差部に取り付く仕上げ材である。幅木を用いない仕上げの方法もあり得るが，一般に，壁を仕上げる場合には幅木が用いられる[30]。

図 5-57 に，広間に見える建具，幅木を示す。本節では，建具や幅木が平面図や断面図にどのように表されるかを学んでいく。

平面図および断面図では，建具が切断されて描かれる。また，断面図では，切断面の向こうに存在する建具を表現することになる。断面図では，幅木が稜線（外形線）として見えてくるからである。

5.8.2 建具と建具枠

建具とは，可動であったりはめ殺しであったりする窓やドアそのものと，それを取り付けるための**建具枠**との組み合わせの総称である。

一般に，特に木造建築では，壁に直接に取り付くのは建具枠であって，窓やドアそのものは壁に直接に固定されはしない。すなわち，窓やドアは，壁ではなく，建具枠の中にはめ込まれる。

鉄筋コンクリートのような塊でつくられた壁ならば，建具枠のない開口部もありえる。たとえば，単なるくぐり抜けのための開口部を設けるのなら，単純に壁に穴を開ければいいから，建具枠は必要ない。一般的ではないが，

30) 一例であるが，2章で学んだ住吉の長屋のコンクリート打放しの壁には幅木は用いられていない。

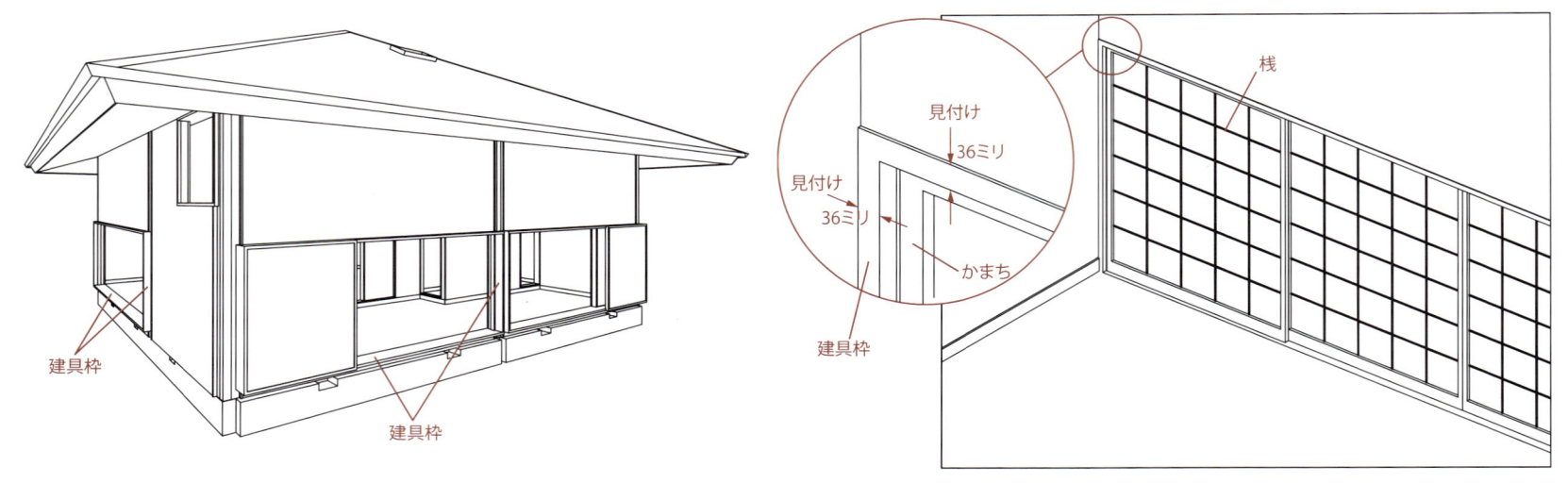

図 5-58 開口部の構成
窓，ドアを省略して建具枠と壁との関係を表している。この図は，図 5-39（224 ページ）から建具を取り去った姿である。

図 5-59 窓の構成（南面）
W1（南面の窓）を室内から見たアクソノメトリック。36 ミリの見付け寸法で建具枠が見える。

やろうと思えば，建具枠を使わないでガラスをはめることもできる。

しかし，柱を壁で包み込む大壁の場合，なんらかの枠を設けなければ，壁に穴を開けることは難しい。開口部は建具枠によって切り取られる壁の穴であり，開口部には建具枠が存在する。

工事の順序としては，建具枠は壁を仕上げる前に施工される。すなわち，まず軸組に建具枠が取り付けられ，壁はその後に仕上げられる。

図 5-58 に，窓，ドアを省略した外観を示している。この図から，建具枠と壁との関係を読み取って欲しい。

建具の構成を**図 5-60** に示した。壁に外壁と室内壁の２種類があるのと同様に，建具にも，外部に面する**外部建具**と，内部の部屋間にある**内部建具**がある。

5.8.2.1　外部建具

白の家には，外部建具として，４種類の窓が６箇所にある。また，ドアが１箇所（玄関）にある。**図 5-60** には，４種類の窓に W1 〜 W4（Window No.1 〜 No.4 の意味），玄関ドアに WD1（Wood Door No.1 の意味）の記号を付している[31]。

１階の窓である W1 と W2 は，障子＋ガラス戸＋網戸が組み合わさった建具となっている。**障子**は，**框**（かまち。四周の枠）と格子状の桟から構成される骨組みに障子紙を張る建具である。

W3 は，障子＋ガラス戸＋網戸に雨戸が加わる４枚の窓が複合する建具である。ガラス戸＋網戸＋雨戸は，**戸袋**に収納される。

２階の窓である W4 は，戸襖（とぶすま）＋網戸＋ガラス戸の組み合わせとなっている。

建具枠は**見付け**（正面から見た時に見える建具の幅）として壁面に現れる[32]。白の家の外部建具枠は，外部においては，40 ミリの見付け寸法をもつ。内部に表れる見付け寸法は，W1 〜 W4 が 36 ミリ（ただし，W2 の東側の WD4 に接する縦枠のみは寸法が異なる），WD1 が 24 ミリとなっている。**図 5-59** に，W1（南面の窓）を室内から見た姿図を示す。ここでは，36 ミリの見付け寸法で，縦枠および上枠が見えている。

5.8.2.2　内部建具

白の家の内部建具は，２階寝室と広間の間にある障子窓の他は，すべてドアである。１階のドアは６箇所にあり，すべて木製である。**図 5-60** では，ドアに，WD2 〜 WD7（Wood Door No.2 〜 No.7 の意味）の記号を付けている。

WD5（広間から１階寝室へのドア）と WD6（１階寝室から階段室へのドア）は**引戸**（左右にスライドするドア）であり，他は**開き戸**（手前または奥に回

31）これらの記号は，公開された図面（198 ページの注４に示した前掲書）に記されたものである。

32）２章（住吉の長屋）の 59 ページを参照。

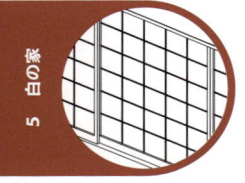

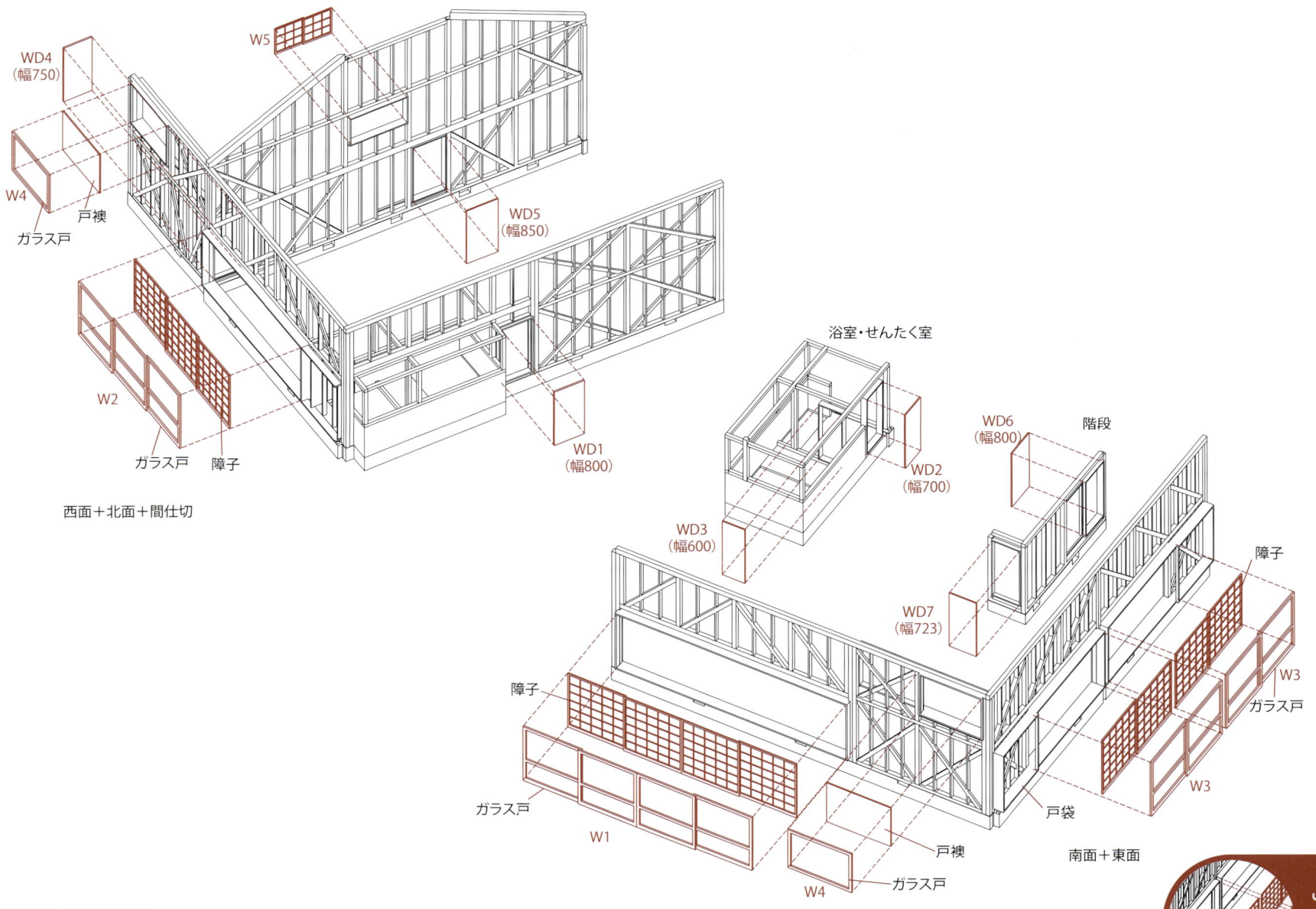

図 5-60　建具の構成
外部建具としては 4 種類の窓（W1 〜 W4）が 6 箇所に，ドア（玄関・WD1）が 1 箇所にある。内部建具としては，2 階寝室と広間の間にある障子窓（W5）と 6 箇所のドア（WD2 〜 WD7）がある。

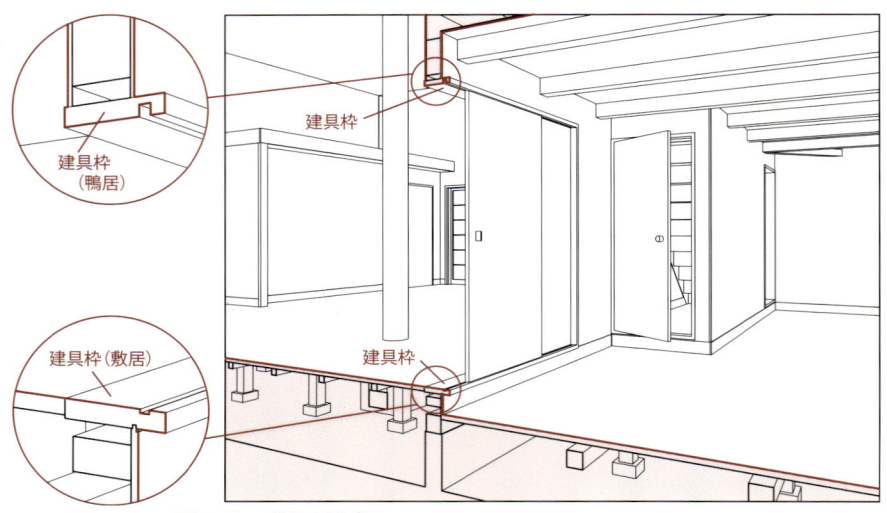

図 5-61　ドアの構成
WD5（広間から1階寝室へのドア）の構成。

図 5-62　建具枠の概要
室内のドアの建具枠は必ずしも四方にある必要はなく，三方枠によってドアが取り付けられることもある。

転して開くドア）である。ドアの幅（建具枠の内寸）は，それぞれに異なっているが，高さ（建具枠の内寸）はすべて1800ミリである。なお，開き戸は建具枠に対して数ミリのクリアランスを設けて製作される。したがって，開戸の幅は，建具枠の内寸よりも数ミリ小さい。

WD5（広間から1階寝室へのドア）の構成を**図 5-61**に示す。

ところで，白の家のドアの建具枠は，すべて上下左右の四方に枠のある**四方枠**である。しかし，室内のドアの建具枠は必ずしも四方にある必要はなく，**三方枠**（三方だけの枠）によってドアが取り付けられることもある。三方枠が用いられるのは，一般的にドアを挟む2つの部屋の床仕上げが同一の場合である。**図 5-62**に，四方枠と三方枠の概念図を示す。

引戸には，ドアがスライドするレールが必要となる。レールを上枠に設けてドアを上枠から吊る場合には下枠を用いないこともできるが，下枠にレールを敷く場合には四方枠となることが多い。

5.8.3　壁と幅木

屋根が葺かれ，建具枠が取り付いた後，建築の工事は，壁，床，天井を仕上げる外装工事，内装工事へと進んでいく。

白の家の室内の壁は，プラスターボード（石こうボード）あるいはラワンベニヤで仕上げられている。また，床は，ブナ・フローリングで仕上げられている。これらの床と壁の接合部には，**幅木**が帯状に取り付いている。白の家の玄関部分の幅木のディテールを眺めた垂直切断図を**図 5-63**に示す。

白の家の幅木には桧が用いられている。幅木の高さは，広間では100ミリ，寝室では114ミリとなっている。

幅木は，その面を壁面からわずかに突出して取り付けられることが多い。白の家の場合，幅木の表面は壁より6ミリだけ飛び出ている。この面と面とのズレは**チリ**と呼ばれる。木造住宅の壁面にはさまざまなチリが存在する。壁と幅木のチリ，壁の建具枠のチリ，真壁の場合の壁と柱のチリなどである。

幅木は，床と壁を「見切る」役目を果たしている。もし幅木がないと，ボードやベニヤとフローリングが直接接することになる。しかし，平滑ではないボードやベニヤ（特にボード）の端部を，ぴったりとフローリングに接するように納めることは困難である。ボードやベニヤの端部を，**チリじゃくり**と呼ばれる幅木の欠き込みの中に納めることにより，2つの面である床と壁はすっきりとジョイントされる。

また，幅木は，壁の損傷を防ぐ役目も果たす。私たちは，日常，つま先や掃除機の吸い込み口の先を壁に当ててしまうことを経験していると思う。ボードやベニヤに何かが強く当たると傷がつく恐れがある。しかし，幅木であれば，ある程度の衝撃には耐えられる（というより，幅木は，ある程度の衝撃に耐えられる材料でつくられる）。

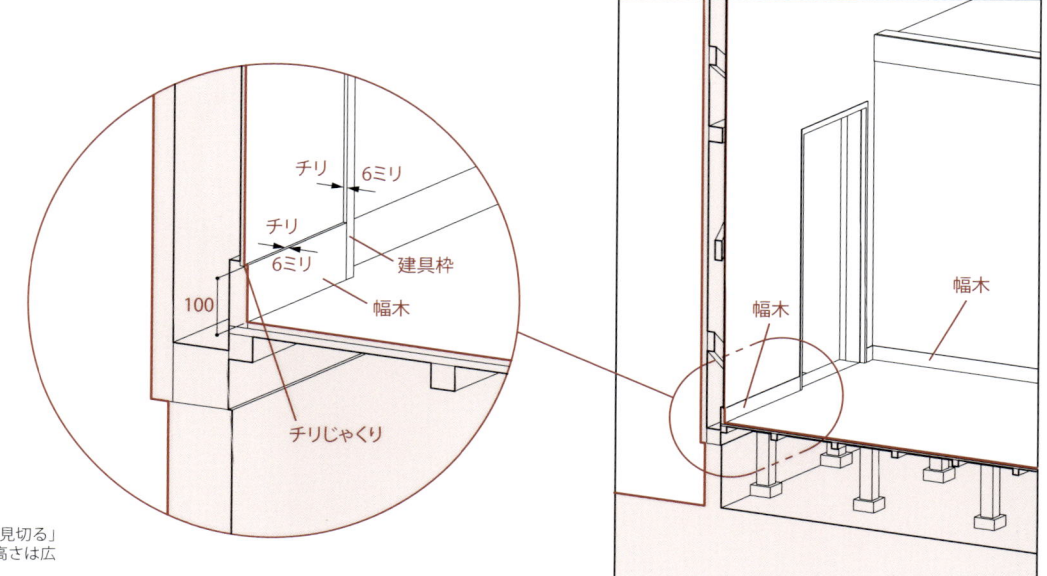

図 5-63　幅木の構成（玄関部分）
床と壁の接合部には幅木が取り付く。幅木は，床と壁を「見切る」役目や壁の損傷を防ぐ役目を果たす。白の家の幅木は桧。高さは広間では 100 ミリ，寝室では 114 ミリ。

5.8.4　建具と幅木の表現

　外部に面した窓は，障子＋ガラス戸＋網戸（W1 ～ W3），または，戸襖＋網戸＋ガラス戸（W4）によって構成されている。

　なお，**図 5-1** および**図 5-2**（195 ページ）に示した平面図では，**網戸**は表現していない。表現することは可能ではあるが，網戸を描くと，かえって表現が煩雑になるであろう。

　室内においては，ほとんどの建具（W1 ～ 2，WD1，WD4 ～ WD7）の下枠が床と面一（つらいち）に納まっているので，床と建具枠との間にレベル差がない。**図 5-1** および**図 5-2** の平面図では，床と建具枠の間にレベル差がない箇所には建具枠の稜線を描いていない。床と建具枠は素材が異なるから，建具枠の稜線を目地として表現するという方法もありえるが，建具枠は描かない方がすっきりとした表現であろう。理屈の上では，建具の下枠には，引戸のレールなどが凹凸として存在するが，微妙な凹凸は，1/100 ～ 1/50 程度のスケールの平面図では省略してもよい（詳細図では描くべきである）。

　また，理屈の上では，壁と幅木には 6 ミリのチリがあるので，平面図には幅木の稜線が現れることになる。しかし，6 ミリは，1/100 スケールならば 0.06 ミリ，1/50 スケールでも 0.12 ミリであるから，平面図では，幅木の稜線は省略するべきだろう。

　断面図でも，1/100 ～ 1/50 程度のスケールであるならば，切断面における建具枠や幅木の凹凸は省略するべきである。しかし，24 ～ 36 ミリの幅をもつ稜線として見えてくる建具枠の見付け（正面から見える枠の面）は描いてもよい。

5.8.5　空間の出現

　以上で学んだように，基礎の上に組み上がった床組，軸組，小屋組の後に，建具，外装，内装の工事が進み，住宅が完成する。完成した住宅の姿を，**図 5-64** ～**図 5-66**（242 ～ 243 ページ）に CG（コンピュータ・グラフィックス）で示す。

　図 5-64 は，軸組（左図）と軸組に外装が取り付いた後の外観（右図）である。**図 5-65** および**図 5-66** は広間の CG である。**図 5-66** では，仕上げ材を半透明で表し，見えない部材を見せている。一本の心柱が立つ空間が，軸組の複合によって現れている様子が確認できるだろう。

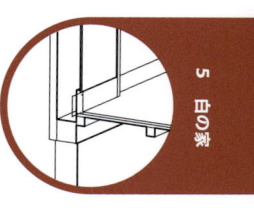

図 5-64　白の家（軸組と外観）

図 5-65　白の家（内部と軸組）

図 5-66　白の家（広間）

5.9 本章のまとめ

本章では，白の家の軸組模型をつくりながら，木造軸組構成のしくみについて学んだ。以下は，白の家と，木造一般も含めた木造軸組構造のしくみに関するまとめである。

■白の家

1 □ 白の家は，篠原一男（1925～2006年）の設計により，1966年に建てられた。柱・梁などの軸組よって骨組みを作っていく木造軸組構造による2階建て住宅である。

2 □ 10×10メートルの正方形平面の中心に立つ丸い心柱の上部を頂点として，方形の大屋根が架けられている。10×10メートルの平面は，6.38×10メートルの広間（1階）と3.62×10メートルの2つの寝室（1階および2階）に分割されている。心柱は天井高3.71メートルの広間に立つ。

■木材の性質

3 □ 木材は湿気によって劣化する材料であるが，十分な換気によって乾燥が保たれれば耐久性が劣ることはない。

4 □ 木材の強度はコンクリートに比べて劣っていない。比強度としては鉄と比較しても高強度な材料である。木材には，均質さに欠ける，燃えやすい，腐りやすい，虫に食われやすいなどの欠点があるが，軽さの割に強く，加工しやすい材料である。

■木造と木造軸組構造

5 □ 軸組構造は我が国の木造住宅の主要な構造形式である。軸組構造は，伝統的な構法であることから，在来構法とも呼ばれる。

6 □ 軸組構造以外の木構造としては，近年，北米で開発されたツーバイフォー構造が普及している。ツーバイフォー構造は，構造用合板を多用した面としての壁によって建築を架構する構造形式である。

7 □ 木造軸組構造における柱や梁は，継手や仕口によって接合される。柱と柱，梁と梁など同じ方向に伸びる部材を接合するのが継手，柱と梁など角度をもって交わる部材を接合するのが仕口である。今日では，継手や仕口を工場で加工するプレカット工法が普及している。

8 □ 木造軸組構造は，床組，軸組，小屋組と呼ばれる3つの構成をもつ。床組は床の構造，軸組は壁の構造，小屋組は屋根の構造である。

9 □ 木造軸組構造には，大壁と真壁と呼ばれる2種類の壁の構成がある。大壁は，壁が柱を包み込み，柱が壁の中に隠される。大壁に対して，柱間に壁を納め，柱の一部が壁の表面から露出する壁を真壁という。

■基礎

10 □ 基礎は，建築全体の荷重を地盤に伝え，建築を地盤と一体化させる役目を果たす。歴史的な木造建築には，地面に自然石の基礎を置く構造が見られるが，今日では，基礎は鉄筋コンクリートでつくられることが多い。

11 □ 軸組構造の基礎には，壁に沿って連続する同一の断面形状の基礎である布基礎が用いられることが多い。布基礎の下部にはフーチングと呼ばれるスラブ状の底板が設けられるのが一般的である。

12 □ 白の家の心柱の下部にあるような1本の柱だけを支える基礎は独立基礎と呼ばれる。独立基礎の下部にもフーチングが設けられるのが一般的である。

13 □ 床組が木造である場合，1階の床レベルは地面より高い位置とし，床下を十分に換気する構造としなければならない。基礎には，床下換気口が設けられる。

■床組

14 □ 床組は，束，土台，火打土台，大引，根太といった部材から構成される。

15 □ 1階の床は，基礎の他，束によっても支えられる。束の荷重を支えるために，地盤面に束石が置かれる。基礎が，壁・屋根といった建物全体の架構を支える部材であるのに対して，束と束石は1階の床のみを支える部材である。

16 □ 基礎の上に置かれる部材が土台である。土台は，あらかじめ基礎に埋め込まれたアンカーボルトによって，基礎と緊結される。土台のコーナーは火打土台によって補強される。

17 □ 束の上に水平に載る部材が大引である。大引は90センチ程度の間隔で並べられることが多い。

18 □ 大引の上に載り，床の下地材，仕上げ材を直接支える部材が根太である。根太は45センチ程度の間隔で並べられることが多い。根太の上に，下地材，仕上げ材が載り床が完成する。

19 □ 2階の根太は胴差と小梁によって支えられる。2階の床の荷重は，根太→小梁→胴差→柱→（土台）→基礎→地盤と流れていく。

■軸組

20 □ 軸組は，土台，柱，梁，桁，胴差，間柱，筋違い，窓枠といった部材により構成される。

21 □ 1階に立つ柱には，屋根の軒レベルまで伸びる通柱と，2階の床レベルまでしか伸びない管柱の2種類がある。通柱は，通常，建物のコーナーなどに配置される柱である。通柱には管柱よりもや

や太い柱が使われることが多い（白の家では，管柱と同じ105×105ミリの柱を用い，これらを2本あるいは3本，ボルトによって緊結し，必要な断面性能を確保している）。

22 □ 2階床レベルに架かる水平の梁材を胴差と呼ぶ。胴差は，通柱の間に架かり，1階管柱の上に載る。胴差の上には，2階の管柱が載る。2階の管柱は，1階に柱のない位置に立つ場合もある。胴差の背は柱間の長さによって異なる。長い柱間に架かる胴差，柱間の上部に管柱の立つ胴差の背は大きくなる。胴差のコーナーは火打梁によって補強される。

23 □ 通柱と2階管柱の頂部を結ぶ梁材を桁と呼ぶ。桁は，壁の最上部の部材であると同時に，屋根を直接支える部材でもある。

24 □ 柱，胴差，桁が形作る四角形のフレームの対角を結ぶ部材を筋違いと呼ぶ。四角形のフレームに水平力（地震力）による耐力をもたせるために筋違いが必須である。

25 □ 柱と柱の間に立っていく補強材が間柱である。間柱は45センチほどの間隔で立つことが多い。筋違いのあるところでは，間柱が筋違いと交差するが，交差する部分では，間柱を切断したり欠き込んだりすることになる（筋違いを切断したり欠き込むことはしない）。

26 □ 開口部に窓を取り付ける部分には，必要に応じて，窓枠が設置される。垂直方向の窓枠は間柱が兼ねることがある。上下の窓枠は土台・胴差・桁が兼ねることがある。窓枠の下枠は窓台，上枠はまぐさと呼ばれる。

■小屋組

27 □ 白の家の方形の屋根を支える小屋組は，軒桁，合掌，登梁，母屋，垂木，小母屋，隅木，軒先補強材，方杖といった部材から構成されている。

28 □ 木造軸組構造によって架構される住宅の屋根には，白の家のような方形の他に，立面に三角形が現れる切妻，屋根が四方向に傾斜する寄棟，屋根の上部が切妻になった入母屋など，さまざまな形態がある。

29 □ 木造軸組構造の小屋組には，和小屋と洋小屋という2種類の構成方法がある。和小屋は，日本の伝統的な小屋組形式で，桁と桁の間に小屋梁を水平に架け渡し，その上に小屋束を立て，小屋束の上に母屋を載せて屋根を組み上げる。それに対して，洋小屋は，桁と桁の間にトラスを組んで屋根を支える構造である。

30 □ 日本の伝統的な木造建築は軒をもつ。軒とは，外壁より外に差し出す屋根の部分のことをいう。

■各部の構成

31 □ 壁と床をジョイントするために幅木が用いられる。幅木は壁の損傷を防ぐ役目も果たす。

32 □ 窓やドアなどの建具は，外部に面する外部建具と，内部の部屋間にある内部建具に大別される。窓やドアの可動部分は，壁や床に取り付く建具枠の中に取り付られる。

あとがき

　本書は，書名がなかなか決まらなかった。書名が決まったのは校了間際で，長期にわたって，著者同士あるいは編集者を交えての討議が続いた。

　一時期は，『巨匠たちの住宅／図面と模型と3Dで学ぶ建築のしくみ』というタイトルを想定していた。しかし，「巨匠たち」という割には登場する建築家が4人しかいないじゃないかとか，メインタイトルが「巨匠たちの住宅」だと，建築家たちのオリジナル図面や建築写真を満載する作品集だと誤解されてしまうのではないかといった反対意見があった。後者の意見については，内容はサブタイトルに表れているから問題ないとも思えたのだが，メインタイトルが一人歩きする場合が多いという指摘があった。

　でも，実は私（安藤）は，「巨匠たちの住宅」というタイトルが気に入っていた。「巨匠たち〜」といういい方は，私も翻訳にかかわった名著『巨匠たちのディテール』（丸善，1999年）から連想したものだったし，なにより，私にとっては「巨匠たちの住宅」が私の建築の世界観をよく表していたと思えたからだ。

　私は4つの住宅から実に多くのことを学んだ。かつて建築を学び始めた頃，4つの住宅が実現していた空間・形態の新しさに私は驚いた。そして，4つの住宅の建築のしくみを知るにつれ，私の驚きは深まっていった。空間・形態が建築の本質であることに間違いはないのだが，空間・形態を成立させる建築のしくみもまた建築の本質であると私は思う。

　私にとっての「巨匠たちの住宅＝4つの住宅」は，建築のしくみに支えられた空間・形態であることが自明の建築であったから，もし「建築のしくみ」というサブタイトルが忘れられ，この本が「巨匠たちの住宅」と呼ばれたとしても，私にはさほど不自然なことではないように思えた。

　本書はたった4つの住宅についてしか解説していない。1つの住宅に50ページ前後を費やしているが，4つの住宅は50ページを費やしてもなお語り尽くせない建築である。原稿を書いたことでなお深まった謎もある（特にサヴォワ邸は謎だらけの建築だ）。もし，建築を学び始めた学生が，この本を多数の建築家の作品集だと誤解して入手したとしても，けっしてがっかりはしないのではないかと私は思ったりする。本書が取り上げた4つの住宅は，実に深遠な建築だからだ。

　そういった意味で，私自身は「巨匠たちの住宅」というタイトルが気に入っていたのだが，しかし，やはり書名は内容を素直に表すものであるべきだという議論が続いた。

　『巨匠たちの住宅で学ぶ建築のしくみ』ではどうかという案もあった。しかし，私には，「巨匠たちの住宅で学ぶ〜」という言い方にはどうも違和感があった。私にとっての「巨匠たちの住宅」は，理解するに値する〈目的〉であって，勉強のための〈手段〉ではない。「巨匠たちの住宅」が「建築のしくみ」のために存在したはずはなく，「建築のしくみ」が「巨匠たちの住宅」のために存在したのだ。

　そんな議論を経て，本書のタイトルは，結局のところ，『建築のしくみ　住吉の長屋／サヴォワ邸／ファンズワース邸／白の家』というタイトルに落ち着いた。単純な書名だが，この書名には，「4つの偉大な住宅を建築のしくみという視点から眺める」という意味を込めている。

●

　本書をつくりたいと思ったのは，私が学んできたことをこれから建築を学ぶ学生に伝えたかったからに他ならないが，大学に勤める私にとっては，授業を通じて私の知識を学生に伝える必要がある。

　私は，私の担当する授業において，教室の中で建築を組み立てたり，あるいは出来上がった建築を分解したりしたかった。教室の中で，学生たちと一緒に建築をつくったり，壊したりしてみたかったのだ。平面図や断面図などの二次元の図面にしても，三次元形態である建築を切断した結果として示したいと思った。そのためにはコンピュータが必要だった。

　本書に掲載した図のうち，平面図・立面図・断面図などの二次元の図面のほとんどは建築CADソフトの一つであるVector Works（エーアンドエー社）を用いて作成している。立体図の多くは3次元CADソフトであるform・Z（アルティマグラフィックス社）で作成している。また，CG（コンピュータ・グラフィックス）はShade（イーフロンティア社）を用いて作成したものが多い（form・Zを使用したものもある）。

　すべての線画は，最終的には図形描画ソフトであるIllustrator（アドビシステムズ社）に変換し，線の太さや色を調整している。定番の画像処理ソフトであるPhotoshop（同じくアドビシステムズ社）も用いている。そして，編集作業（出版社や印刷屋さんの編集作業ではなく著者らの編集作業）には，DTP（デスクトップ・パブリシング）ソフトであるInDesign（これもアドビシステムズ社）を用いた。本書においては図と文章を連動させる構成が必須だったから，DTPソフトを使っての作業が欠かせなかった。

　使用したソフトは，たまたま私たちが使っていたものというだけで，ベストな選択であったかどうかはわからない。ソフトの選択だけではなく，本書を執筆した方法全般について，私たちの方法が正しかったかどうかはよくわからない。もっとうまくコンピュータを使いこなすべきだったと思うし，コンピュータの使い方が下手だったために，編集者や印刷屋さんには多大な面倒をおかけしただろうと思う。

　それにしても，もしコンピュータがなかったら，とてもこんな本をつくる気にはなれなかったと私は思う。コンピュータがなかったら本書はつくれな

かったとまでいうと言い過ぎかもしれない。しかし，少なくとも私にとって，建築を組み立てたり分解したりする図を描き，そして多くの図を原稿にまとめる作業は，すべてコンピュータ上での出来事だった。そもそも私は，もはやワープロがなければ文章を書けなくなっている（手元にワープロがなければ文章を書く気になれない）。

出版におけるコンピュータの役割はさておき，建築空間を表現するCGのしくみについては，紙面に余裕があればもっと詳しく述べたかった。本書では，特定のアプリケーション（ソフト）に依存する解説を避けたので，概念的な話しか書けなかった。しかし，建築空間を表現する「CGのしくみ」もおもしろいテーマだと思えるので，いつか述べる機会があったらいいなあと思ったりしている。

●

本書の執筆には，多大な時間と労力を費やした。そのため，本書の編集を担当された丸善出版事業部の末吉亮介氏と恩田英紀氏には迷惑をかけっぱなしだった。

当初は私一人で図と原稿をつくり始めていたのだが，CGが必要になったので，CGが得意な柴田晃宏さんに著者に加わってもらった。本人は謙遜して「得意じゃない」と言っていたりするのだが，この本のCGのほとんどは柴田さんが制作してくれたものだ（中には私がつくったものもある。上手なのが柴田さんのもので，下手なのが私のものだ）。また，模型を丁寧に作成し，その写真を撮影しなければいけないことから，比護結子さんにも加わってもらった。比護さんには本書のデザイン全般も考えてもらっている。

柴田さん，比護さんには，CGや模型を担当してもらっただけではない。そもそもお二人は，CGや写真の専門家ではなく，建築設計の専門家だ。本書の全体について，三人で何度も読み合わせを繰り返した。私の理解が浅かったこと，理解していてもうまく説明できていなかったことについて，お二人に教えていただいたことは数知れない。当初私が描いていた図が，お二人の指摘によりまったく別のものに変わったことも多々あった。この本は，私一人では到底出来上がらなかった。

それにしても執筆途中の原稿には多くの間違いがあった。何度も読み合わせを繰り返し，気がついた間違いはすべて修正したはずだが，それでも本書には，なお気がついていない，あるいはこれから気がつく間違いが含まれているだろうと思う。

本書冒頭の「はじめに」でも述べたが，本書が掲載した図は，すべて私たちが作画したものである。文章だけではなく図の間違いについても，公開されたオリジナル図面を参照してはいるが，最終的にはすべて私たちに責任がある（責任の多くは私一人にある）。

●

本書は，たくさんの方々の助力によって出来上がりました。

「設計製図をわかりやすく解説する本があるといいね」とおっしゃって，いろいろな設計製図の教科書の特徴について教えてくださったのが武者英二先生（法政大学名誉教授）でした。武者先生のお話がこの本を考えはじめたきっかけになりました。永瀬克己先生（法政大学）にもご助言をいただきました。

2章では，安藤忠雄先生が設計された住吉の長屋を取り上げさせていただきました。安藤忠雄先生は校了前の原稿に目を通してくださり，ご講評を送ってくださいました。また，間違いについてもご指摘くださいました。未熟な原稿にさぞや驚かれたのではないかと恐縮すると同時に，ただただ感謝するばかりです。

八木幸二先生，奥山信一先生，塩崎太伸先生（いずれも東京工業大学），佐々木睦朗先生と阿部優先生（法政大学），加藤道夫先生（東京大学）には貴重なアドバイスをいただきました。八代克彦先生と米野雅之先生（ものつくり大学），山畑信博先生（東北芸術工科大学），栗原伸治先生（日本大学），斉藤哲也先生（明星大学）には企画段階で相談にのっていただきました。東京工業大学の先生方・関係者のみなさんには，白の家を見学できる機会を与えていただきました。白の家の構造に関しては，竹内徹先生（東京工業大学）の解説を参考にさせていただきました。

1章で取り上げた箱形建築のデザインについては，1991～1997年にかけて私が講師を勤めた専門学校東京テクニカルカレッジ（東京都国立市）の建築設計製図の課題からヒントを得ていることをお断りし，当時の東京テクニカルカレッジ建築科の先生方にも感謝を申し上げます。東京テクニカルカレッジの建築設計製図での課題は，コンクリートブロックの製図から始まり，それを積み上げて箱形建築を架構していくという内容でした。箱形建築は，補強コンクリートブロック造による建築モデルをより単純化したものです。

本書に掲載した模型は，比護さんの陣頭指揮の下，法政大学建築学科他の大学院生・学生のみなさんに手伝ってもらって製作したものです。また，2章（住吉の長屋）の図面の一部は，法政大学卒業生の田代ゆき子さんに下絵を描いてもらっています。模型や図面を手伝ってくれたみなさんにも感謝を申し上げます。

2008年早春

安藤　直見

参考文献

(1) 安藤忠雄，安藤忠雄のディテール／原図集／六甲の集合住宅・住吉の長屋，彰国社，1984年
(2) GA ディテール No.1／ミース・ファン・デル・ローエ／ファンズワース邸／1945-50，A.D.A. EDITA Tokyo Co., Ltd., 1976年
(3) 篠原一男，白の家・上原通りの住宅，世界建築設計図集，同朋舎，1984年
(4) 篠原一男，住宅論，SD選書 No.49，鹿島出版会，1970年
(5) エドワード・R・フォード，巨匠たちのディテール，八木幸二監訳，丸善，1999年
(6) 内田祥哉他，建築構法（第五版），市ヶ谷出版社，2007年
(7) 建築構造ポケットブック（第4版），共立出版，2006年
(8) レモン画翠，2007建築模型材料カタログ，2007年
(9) 加藤道夫，建築における三次元空間の二次元表現／ショヴジー『建築史』における軸測図の使用について，図学研究，第32巻3号，日本図学会，1998年9月
(10) 佐々木睦朗，私のベストディテール／接合部の痕跡を消す，日経アーキテクチュア No.709（2002年1月7日号）
(11) サヴォワ邸／1931／フランス／ル・コルビュジエ，バナナブックス，2007年
(12) Jacques Sbriglio, Le Corbusier: La Villa Savoye, Foundation Le Corbusier, Birkhäuser, 1999
(13) Werner Blaser, Mies van der Rohe, Farnsworth House: weekend house, Birkhäuser, 1999

参考ホームページ（2008年現在）

(1) ファンズワース・ハウス（アメリカ・イリノイ州）：
http://www.farnsworthhouse.org/
ファンズワース邸の見学方法に関する情報がある。ファンズワース邸は，全米歴史保存団体（National Trust for Historic Preservation）によって所有され，イリノイ州歴史的建築保存委員会（Landmarks Preservation Council of Illinois）によって一般公開されている。
(2) フランス国立モニュメントセンター：
http://www.monuments-nationaux.fr/
サヴォワ邸の見学方法に関する情報がある。サヴォワ邸は，フランス国立モニュメントセンター（Centre des monuments nationaux）によって一般公開されている。
(3) ル・コルビュジエ財団（パリ）：
http://www.fondationlecorbusier.asso.fr/
ル・コルビュジエ財団（Fondation Le Corbusier）は，パリ市内のラ・ロッシュ＝ジャンヌレ邸（ル・コルビュジエ設計，1924年）の中にある。住所は「8-10, Square du Docteur Blanche, 75016 Paris」。
(4) ル・コルビュジエ　アーカイブ（大成建設）：
http://www.taisei.co.jp/galerie/archive.html
大成建設がル・コルビュジエに関する資料を提供している。

写真／図版／表リスト

1. 箱形建築

写真 1-1	箱形建築	10
写真 1-2	模型の材料と道具	12
写真 1-3	三角スケール	13
写真 1-4	模型の製作	15
図 1-1	平面図（1/100）	10
図 1-2	立面図（1/100）	11
図 1-3	断面図（1/100）	11
図 1-4	アイソメトリック	12
図 1-5	模型の組立とエッジ処理	13
図 1-6	部品図	14
図 1-7	1階平面図とその概念	16
図 1-8	2階平面図とその概念	17
図 1-9	さまざまな平面図（1階平面図 1/100）	18
図 1-10	誤まった平面図（1階平面図 1/100）	18
図 1-11	開口部の表現（1階）	19
図 1-12	開いた図形と閉じた図形	20
図 1-13	基準線と寸法（1階平面図 1/100）	20
図 1-14	捨線（1階平面図 1/100）	21
図 1-15	階段	22
図 1-16	階段の構成	22
図 1-17	階段と床の構成	23
図 1-18	階段の表現（1階平面図 1/100）	24
図 1-19	家具の配置	25
図 1-20	家具の寸法（三面図）	26
図 1-21	家具の寸法	27
図 1-22	断面図（1/100）	28
図 1-23	断面図の切断位置	29
図 1-24	断面図における基礎の表現	30
図 1-25	断面図における家具の表現	31
図 1-26	パラペットと床の段差	32
図 1-27	基準線のある断面図	33
図 1-28	階段を切断する断面図	34
図 1-29	階段と上部の床	34
図 1-30	立面図の概念	35
図 1-31	立面図と立体図	35
図 1-32	アクソノメトリック	36
図 1-33	アイソメトリックの作図	37
図 1-34	アクソノメトリック（斜投象図）	37
図 1-35	斜投象図の作図	38
図 1-36	透視図の概念	39
図 1-37	さまざまな透視図	39
表 1-1	立体図の図法	36

2. 住吉の長屋

写真 2-1	模型	42
写真 2-2	住吉の長屋（外観）	44
写真 2-3	模型（敷地＋1階）	47
写真 2-4	模型（2階＋R階）	48
写真 2-5	模型（階段）	49
写真 2-6	パンテオン	50
図 2-1	平面図（1/100）	42
図 2-2	断面図（1/100）	43
図 2-3	立面図（1/100）	43
図 2-4	断面の構成	44
図 2-5	中庭	44
図 2-6	模型の組立	45
図 2-7	模型の型紙	45
図 2-8	部品の寸法（1/200）	46
図 2-9	模型の組立（敷地）	47
図 2-10	模型の組立（1階）	47
図 2-11	模型の組立（2階）	48
図 2-12	模型の組立（R階）	48
図 2-13	模型階段の寸法（1/100）	49
図 2-14	平面構成ダイアグラム	49
図 2-15	鉄筋と型枠	51
図 2-16	構造体の構成	51
図 2-17	水平切断図	52
図 2-18	簡略表現と詳細表現	53
図 2-19	1階水平切断図（1階台所・食堂および便所・浴室）	53
図 2-20	コンクリート打放しと壁とタイル張り仕上げの壁	54
図 2-21	建具を省略した平面図（1/100）	54
図 2-22	基準線の製図	55
図 2-23	捨線の製図	56
図 2-24	開口部の構成（1階）	57
図 2-25	鉄筋コンクリート壁の形状（1階）	58
図 2-26	サッシ取付けのプロセス（玄関ドア）	59
図 2-27	水平切断図（1階居間）	60
図 2-28	開口部の詳細（すべり出し窓）	60
図 2-29	玄関ドアの表現	61
図 2-30	すべり出し窓の表現	61
図 2-31	開口部の構成（2階）	62
図 2-32	水平切断図（2階）	62
図 2-33	デッキ部分の平面図（1/50）	62
図 2-34	中庭から見た建具の姿図（1/50）	63
図 2-35	ドアの開き勝手を表した平面図（1/100）	64
図 2-36	床仕上げを表した平面図（1/100）	65
図 2-37	床仕上げの表現（2階）	66
図 2-38	床仕上げの構成	66
図 2-39	床の構成	67
図 2-40	吹抜けの表現（2階）	67
図 2-41	上部にあるものの表現（1階）	67
図 2-42	垂直切断図（長手方向を切断）	68
図 2-43	垂直切断図（短手方向を切断）	69
図 2-44	垂直切断図（階段を含む長手方向を切断）	69
図 2-45	耐圧板（1/100）	70
図 2-46	基礎＋1階壁＋2階床スラブ（1/100）	71
図 2-47	打継目地	72
図 2-48	1階床スラブの構成	72
図 2-49	1階床スラブ（1/100）	73
図 2-50	階段（1/100）	73
図 2-51	2階＋屋上＋パラペット（1/100）	73
図 2-52	防水（1/100）	74
図 2-53	建具（1/100）	75
図 2-54	床仕上げの概要	75
図 2-55	1階床仕上げ（1/100）	76
図 2-56	2階床仕上げ（1/100）	76
図 2-57	家具の表現（1/100）	77
図 2-58	基準線と捨線（1/100）	78
図 2-59	階段部分の基準線と捨線（1/50）	79
図 2-60	切断線の製図（1/100）	79
図 2-61	稜線の製図（1/100）	80
図 2-62	建具と家具（1/50）	81
図 2-63	アイソメトリック	82
図 2-64	立面図（1/150）	83
図 2-65	型枠の目地を表現した立面図（1/150）	83
図 2-66	エッジとジョイント	83
図 2-67	セパレータ	84
図 2-68	立面図（1/100）	84
図 2-69	CGによる空間表現（2階寝室）	85
図 2-70	CGによる空間表現（内部の構成）	85
図 2-71	基礎のモデリング	86
図 2-72	1階床スラブのモデリング	86
図 2-73	1階床スラブ（見上げ）	86
図 2-74	ハンチのモデリング	87
図 2-75	壁のモデリング	87
図 2-76	壁のモデリング（2階デッキ）	87
図 2-77	開口部のモデリング（すべり出し窓）	88
図 2-78	サッシのモデリング	88
図 2-79	サッシのモデリング（すべり出し窓）	88
図 2-80	サッシのモデリング（2階寝室）	88
図 2-81	サッシのモデリング（1階食堂）	88
図 2-82	光の表現（1階居間）	89
図 2-83	光の表現（2階寝室）	89
図 2-84	仕上げ材のモデリング	90
図 2-85	仕上げ材の表現	90
図 2-86	コンクリートの表現（中庭）	91
図 2-87	コンクリート打放しの表現（正面）	91
図 2-88	コンクリートのテクスチャー	91
図 2-89	空間の表現（1階居間）	92

3. サヴォワ邸

写真 3-1	模型写真	97
写真 3-2	模型写真	97
写真 3-3	サヴォワ邸	99
写真 3-4	ロンシャンの教会	99
写真 3-5	ラ・トゥーレットの修道院	99
写真 3-6	自由な立面	100
写真 3-7	ピロティ	101
写真 3-8	2階居間を通して見る屋上庭園	101
写真 3-9	水平連窓（2階居間）	101
写真 3-10	模型の製作	106
写真 3-11	模型（1階）	107
写真 3-12	アプローチ	108
写真 3-13	模型（1階／床＋柱）	112
写真 3-14	模型（1階／床＋柱＋梁）	114
写真 3-15	模型（1階／床＋柱＋梁＋壁）	117
写真 3-16	模型（壁の組立）	118
写真 3-17	模型（2階床）	121
写真 3-18	模型（2階／床＋柱）	123
写真 3-19	2階浴室	124
写真 3-20	模型（2階／床＋柱＋梁）	125
写真 3-21	模型	128
写真 3-22	模型（ファサード）	133
写真 3-23	模型（2階スロープ）	137
写真 3-24	模型の完成	139

図 3-1	立面図（1/200）	96
図 3-2	平面図（1/200）	98
図 3-3	断面図（1/200）	98
図 3-4	自由な平面	100
図 3-5	壁構造とラーメン構造	102
図 3-6	壁の配置	102
図 3-7	ジョイントの概念	103
図 3-8	ラーメン構造の架構モデル	103
図 3-9	ドミノシステム（再現図）	104
図 3-10	耐震壁の概念	105
図 3-11	事務所ビルの平面モデル（基準階平面図 1/300）	105
図 3-12	1階の構成（模型）	107
図 3-13	1階平面図（1/200）	108
図 3-14	玄関	109
図 3-15	水平断図（1階）	109
図 3-16	1階床伏図（1/200）	110
図 3-17	床の構成（1階）	110
図 3-18	柱の構成（1階）	111
図 3-19	柱の配置（1階）	111
図 3-20	1階梁伏図（1/200）	112
図 3-21	梁の構成	113
図 3-22	梁の構成（1階）	113
図 3-23	柱と梁の構成（1階）	114
図 3-24	柱と梁のジョイント	114
図 3-25	有孔煉瓦工法によるボイドスラブ	115
図 3-26	壁の構成（1階）	116
図 3-27	壁の展開図（1階）	116
図 3-28	壁の構成（1階）	117
図 3-29	壁の組立（1階）	118
図 3-30	2階の構成	119
図 3-31	2階平面図（1/200）	119
図 3-32	水平切断図（2階）	120
図 3-33	鉄筋コンクリート工事のプロセス	120
図 3-34	2階床伏図（1/200）	121
図 3-35	柱の配置（2階）	122
図 3-36	柱の構成（2階）	123
図 3-37	2階梁伏図（1/200）	124
図 3-38	梁の構成（2階）	124
図 3-39	2階の構成	125
図 3-40	壁の配置（2階）	125
図 3-41	壁の配置（2階）	126
図 3-42	屋上の構成	127
図 3-43	2階テラス	127
図 3-44	屋上の構成（模型）	128
図 3-45	屋上階平面図（1/200）	128
図 3-46	屋上階床伏図（1/200）	129
図 3-47	ペントハウスの屋根伏図	129
図 3-48	ペントハウスの構成	130
図 3-49	北立面図（1/200）	131
図 3-50	西立面図（1/200）	131
図 3-51	南立面図（1/200）	132
図 3-52	東立面図（1/200）	132
図 3-53	ファサードの断面構成	133
図 3-54	ファサードの構成	133
図 3-55	断面図（1/200）	134
図 3-56	垂直切断図	135
図 3-57	スロープ周りの断面図（1/200）	136
図 3-58	スロープ周りの構成	136
図 3-59	テラス（A）（居間を眺める）	137
図 3-60	テラス（A）（書斎を眺める）	137
図 3-61	テラス（B）	137
図 3-62	テラス（A）の構成	138
図 3-63	テラス（B）の構成	138
図 3-64	窓の構成（1階）	140
図 3-65	窓の構成（2階）	140
図 3-66	水平連窓の立面図（北面）（1/100）	141
図 3-67	水平連窓の構成（北東のコーナー）	141
図 3-68	水平連窓（外部）	142
図 3-69	水平連窓（2階居間）	142
図 3-70	テラスへの窓（2階居間）	142
図 3-71	テラスの窓（2階テラス（A））	142
図 3-72	ガラス壁のモデリング	143
図 3-73	ガラス壁の表現	143
図 3-74	水平格子のモデリング（スロープ）	143
図 3-75	水平格子の表現（スロープ）	143

4. ファンズワース邸

写真 4-1	ファンズワース邸（北から眺めた外観）	146
写真 4-2	ファンズワース邸（南から眺めた外観）	146
写真 4-3	バルセロナ・パビリオン	147
写真 4-4	クラウンホール	147
写真 4-5	シーグラム・ビル	147
写真 4-6	東京タワー	152
写真 4-7	エッフェル塔	152
写真 4-8	レークショアドライブ・アパートメント	154
写真 4-9	ファンズワース邸（テラス）	158
写真 4-10	バルセロナ・パビリオンの柱	158
写真 4-11	模型	159
写真 4-12	模型（ガラス壁）	178
写真 4-13	模型（階段のパーツ）	181
写真 4-14	模型（階段）	181
写真 4-15	模型の製作	185

図 4-1	平面図（1/150）	148
図 4-2	南立面図（1/150）	148
図 4-3	内部の構成	149
図 4-4	アイソメトリック	149
図 4-5	外観（サイド）	149
図 4-6	外観（フロント）	149
図 4-7	鉄骨の断面形状	150
図 4-8	形状と強度	151
図 4-9	鉄骨と鉄筋コンクリート	151
図 4-10	ボルト接合	152
図 4-11	溶接の種類	153
図 4-12	耐火被覆の概念図	154
図 4-13	水平切断図	155
図 4-14	柱と水平フレーム	155
図 4-15	H形鋼とチャンネル	156
図 4-16	コーナー部分の平面詳細図（1/20）	156
図 4-17	フレームの平面図（1/200）	157
図 4-18	フレームの立面図（1/200）	157
図 4-19	H形鋼とチャンネルの接合部	159
図 4-20	H形鋼とチャンネルのプラグ溶接	159
図 4-21	ファンズワース邸のモデリング	160
図 4-22	柱のモデリング	160
図 4-23	H形鋼のモデリング（平面図1/10）	160
図 4-24	チャンネルのモデリング	161
図 4-25	H形鋼梁の構成	162
図 4-26	H形鋼梁の断面（1/10）	163
図 4-27	床と屋根の構成	163
図 4-28	床の構造	163
図 4-29	床の断面詳細図（1/10）	163
図 4-30	トラバーチンの目地（1/150）	164
図 4-31	トラバーチンの目地（1/30）	165
図 4-32	床と屋根の構成	165
図 4-33	屋根の断面詳細図（1/10）	166
図 4-34	テラス床の断面詳細図（1/20）	166

図 4-35	床と天井のモデリング	167	図 4-67	CG の素材	186	図 5-1	断面図（1/100）	194	図 5-44	窓台と建具枠の構成
図 4-36	鼻隠しの構成	168	図 4-68	自然の中の格子	186	図 5-2	1 階平面図（1/100）	195		（南面と間仕切り壁） 228
図 4-37	鼻隠しのモデリング	169	図 4-69	トラバーチンの		図 5-3	2 階平面図（1/100）	195	図 5-45	軸組の構成
図 4-38	模型の組立	169		テクスチャー	187	図 5-4	南立面図（1/150）	196		（浴室・せんたく室） 229
図 4-39	ガラス壁の構成	170	図 4-70	自然の中のトラバーチン	187	図 5-5	東立面図（1/150）	196	図 5-46	小屋組の構成 230
図 4-40	ガラス壁の構成（南面）	171	図 4-71	押縁のモデリング	188	図 5-6	垂直切断図	196	図 5-47	小屋組の構成（屋根裏） 230
図 4-41	ガラス壁（南面／北面）		図 4-72	ガラスのモデリング	188	図 5-7	水平切断図	197	図 5-48	小屋伏図（1/100） 231
	の断面詳細図（1/10）	171	図 4-73	バルセロナ・チェアー		図 5-8	水平切断図（広間）	197	図 5-49	心柱周りの構成 232
図 4-42	ガラス壁の構成（西面）	171		（Knoll 社が提供する		図 5-9	木造軸組構造の構成	198	図 5-50	広間 232
図 4-43	ガラス壁（西面）の			CAD データ）	189	図 5-10	継手の種類	202	図 5-51	屋根の形状 233
	断面詳細図（1/10）	171	図 4-74	バルセロナ・チェアー	189	図 5-11	軸組構造とツーバイフォー		図 5-52	和小屋と洋小屋 233
図 4-44	サッシの平面詳細図		図 4-75	バルセロナ・チェアーを			構造	203	図 5-53	合掌の軸組図（1/100） 234
	（1/10）	172		置いた室内（CG）	190	図 5-12	床組・軸組・小屋組	204	図 5-54	北立面図（1/150） 236
図 4-45	サッシのディテール		図 4-76	MR アームレストチェアー		図 5-13	基礎伏図（1/100）	208	図 5-55	西立面図（1/150） 236
	（立体図）	173		を置いた室内（CG）	190	図 5-14	基礎の構成	209	図 5-56	軸組と仕上げ 236
図 4-46	断面の構成（短手方向）	174	図 4-77	外観（CG）	190	図 5-15	基礎とその上部	209	図 5-57	建具と幅木 237
図 4-47	断面の構成（長手方向）	174	図 4-78	テラスからの外観（CG）	190	図 5-16	布基礎と独立基礎	210	図 5-58	開口部の構成 238
図 4-48	短手方向断面図（1/100）		図 4-79	ファンズワース邸（CG）	191	図 5-17	基礎と束の構成	211	図 5-59	窓の構成（南面） 238
		175				図 5-18	基礎の組立	212	図 5-60	建具の構成 239
図 4-49	長手方向断面図（1/200）					図 5-19	基礎の部品図	213	図 5-61	ドアの構成 240
		175	**5. 白の家**			図 5-20	床下の構成	214	図 5-62	建具枠の概要 240
図 4-50	ガラス壁の構成					図 5-21	床組の構成（1 階）	214	図 5-63	幅木の構成（玄関部分） 241
	（玄関ドア）	175	写真 5-1	白の家（広間）	194	図 5-22	1 階床伏図（1/100）	215	図 5-64	白の家（軸組と外観） 242
図 4-51	サッシのモデリング	176	写真 5-2	白の家	194	図 5-23	根がらみの概要	215	図 5-66	白の家（内部と軸組） 242
図 4-52	サッシのモデリング		写真 5-3	法隆寺	199	図 5-24	火打土台	216	図 5-67	白の家（広間） 243
	（部分平面図 1/10）	177	写真 5-4	金閣寺	199	図 5-25	心柱ツナギ	216		
図 4-53	東立面図（1/150）	177	写真 5-5	東大寺南大門	200	図 5-26	2 階床伏図（1/100）	217	表 5-1	丸棒と角棒 206
図 4-54	サッシのモデリング		写真 5-6	浄土寺浄土堂	200	図 5-27	床組の構成（2 階）	217	表 5-2	角棒 206
	（立面図 1/150）	178	写真 5-7	姫路城	201	図 5-28	床組周りの構成	218	表 5-3	模型材料の積算 207
図 4-55	階段の構成	179	写真 5-8	東寺五重塔	201	図 5-29	1 階寝室	218		
図 4-56	テラスからポーチに上る		写真 5-9	桂離宮	201	図 5-30	床組の組立図（1 階）	219		
	階段	179	写真 5-10	軸組模型	204	図 5-31	床組の構成（床組模型の			
図 4-57	階段の構成（分解図）	179	写真 5-11	模型材料	205		ための断面詳細 1/50）	221		
図 4-58	階段の平面図と立面図		写真 5-12	道具	205	図 5-32	軸組の構成（南面＋東面）	222		
	（1/50）	180	写真 5-13	模型（基礎）	211	図 5-33	西面軸組図（1/100）	222		
図 4-59	模型（階段）の部品図		写真 5-14	模型（基礎の組立）	213	図 5-34	南面軸組図（1/100）	222		
	（1/50）	181	写真 5-15	模型（1 階床組）	220	図 5-35	東面軸組図（1/100）	223		
図 4-60	設備コアの構成	182	写真 5-16	模型（2 階床組）	220	図 5-36	北面軸組図（1/100）	223		
図 4-61	水平切断図（設備コア）	182	写真 5-17	模型（床組の組立）	220	図 5-37	間仕切り壁軸組図			
図 4-62	垂直切断図	182	写真 5-18	模型（床組の組立）	221		（1/100）	223		
図 4-63	設備コアの平面図		写真 5-19	模型（軸組）	229	図 5-38	柱の構成（1 階）	224		
	（1/75）	183	写真 5-20	模型（軸組の組立）	229	図 5-39	通柱の構成	224		
図 4-64	設備コアの立面図		写真 5-21	模型（小屋組の組立）	233	図 5-40	柱の配置図（1/100）	225		
	（1/100）	183	写真 5-22	模型（小屋組）	234	図 5-41	大壁と真壁	226		
図 4-65	設備コアの組立（模型）	184	写真 5-23	模型	235	図 5-42	胴差と桁の構成	226		
図 4-66	設備コアのモデリング	184				図 5-43	筋違いと間柱の構成	227		

索引

A-Z

CG 85
EV 105
FL 33
GL 31
H形鋼 150
I形鋼 150
PCスラブ 162
PS 105

あ

アイソメトリック 37
アクソノメトリック 37
アクリル
　アクリル絵具 207
　アクリル板 178
校倉造り 226
圧延
　熱間圧延 151
　冷間圧延 151
圧縮強度 151
雨仕舞い 32, 51
網入りガラス 62
網戸 241
アルミサッシ 57
合せガラス 62
アンカーボルト 216
アングル 151
安全率 207

い

意匠設計 59
1消点パース 38
イリノイ工科大学 147
入母屋 232, 245
インパクトレンチ 153

う

ウェブ 156
内断熱 52
打継ぎ 70
打継目地 71
打放し
　コンクリート打放し 44, 71

埋戻し 72

え

エアーコンディション 163
エッジ 82
　エッジ処理 13, 118
エッフェル塔 152
エレベータ 105
　エレベータ機械室 127
縁側 214

お

オイルペイント 222
応力 51
　垂直応力 105
　水平応力 105
大壁 224
大梁 103
大引 77, 216
　力大引 216
屋上庭園 99, 101, 127
押縁 170
オーダーメード・サッシ 57
音 153
　遮音性 154
踊場 97
温水パイプ 163

か

開口
　開口寸法 62
　開口部 19, 56
外装 237
　外装材 50
階高 33
階段 22, 179
　階段室 127
　階段の切断線 24
　階段の向き 24
外部建具 238
外壁 106
回遊式庭園 127
家具 24, 77
　造付け家具 26
　バルセロナ・チェアー 189
角形鋼管 150

角棒 206
火災 154
仮設材 71
形鋼 150
片引き窓 140
型枠 51, 82
合掌 230
カッター 15
　カッターマット 15
桂離宮 201
カバリエ投影 37
壁
　大壁 224
　外壁 106
　構造壁 105
　室内壁 106
　真壁 224
　耐震壁 105
　間仕切り壁 106
壁構造 50
　鉄筋コンクリート壁構造 42
框 238
ガラス 62, 170
　網入りガラス 62
　合せガラス 62
　強化ガラス 62
　フロートガラス 62, 170
　磨き板ガラス 170
仮筋違い 229
瓦葺き 230
環境光 89
簡略表現 61
寒冷紗 222

き

基準
　基準階 105
　基準線 20
基礎 30, 69, 208
　基礎パッキン 210
　基礎伏図 208
　独立基礎 155, 210
　布基礎 209
　ベタ基礎 70
基本図 16
キャンティレバー 115
給排気筒 182

強化ガラス 62
強度
　圧縮強度 151
　コンクリート 151
　鉄 151
　鉄の強度 154
　引張強度 151
　木材 200
切り落とし 13
切妻 232
金閣寺 199
金属製サッシ 57
近代建築の5原則 100

く

空気層 132
躯体 51
クラウンホール 147
コンクリート
　軽量コンクリート 162
　比重 151

け

蹴上げ 22
軽量
　軽量コンクリート 162
　軽量鉄骨 151
蹴込み 22
桁 226
　軒桁 230
結露 52
玄昌石 64
ケント紙 48

こ

コア 105
　コアシステム 105
　設備コア 155, 182
鋼 150
　鋼構造 150
剛 102
　剛接合 103
広角レンズ 39
鋼管 150
光源 89
構造
　壁構造 50

構造材 50, 198
構造体 51, 198
構造壁 51, 105
柔構造 153
スーパーラーメン構造 123
制振構造 153
大スパン構造 147
ツーバイフォー構造 202
鉄筋コンクリート壁構造 42, 51
鉄筋コンクリートラーメン構造 51
鉄骨構造 150
鉄骨鉄筋コンクリート構造 202
トラス構造 103
フラットスラブ構造 104
免震構造 153
木造軸組構造 195, 204
ラーメン構造 102
枠組壁構造 202
構造用合板 202
高張力鋼ボルト 153
鋼板 150
高力ボルト接合 152
小口 206
腰壁 209
五重塔 201
コテ 66
　コテ仕上げ 71
小梁 103, 218
小母屋 230
小屋
　小屋束 232
　小屋伏図 230
　洋小屋 232
　和小屋 232
小屋組 204, 230
コルク 207
コンクリート 50
　強度 151
　軽量コンクリート 162
　コンクリート打放し 44, 71
　コンクリートブロック 211
　捨てコンクリート 70
　鉄筋コンクリート 50
　　壁構造 42, 51

ラーメン構造 51
　　　生コンクリート 70
　　　コンピュータ・グラフィックス
　　　　85

さ

砕石 210
サッシ 57, 173
　アルミサッシ 57
　オーダーメード・サッシ 57
　金属製サッシ 57
　スティールサッシ 57, 141
　ステンレスサッシ 57
　プラスチックサッシ 57
　木製サッシ 57, 141
　レディメード・サッシ 57
三角スケール 13
3消点パース 38
三方枠 240
三面図 26

し

仕上げ
　仕上げ材 198
　仕上げ線 198
　床仕上げ 74
軸組 195, 204, 222
　軸組構造 204
　　木造軸組構造 195
　軸組図 222
　軸組模型 204
軸測投象図 37
仕口 201
シーグラム・ビル 147
下地 53
　下地材 198
しっくい
　白しっくい塗り 222
実形 38, 234
実施図 16
実寸 13
室内壁 106
室名 26
しつらえ 127
視点 38
シート防水 74

シナベニヤ 76
地盤面 30
四方枠 240
支保工 71
遮音性 154
斜軸測投象 38
写真 39
斜投象 37
　斜投象図 37
柔構造 153
自由な平面 100
自由な立面 100
主階 119
主室 99
書院造り 201
ジョイント 102
　ジョイント目地 82
詳細
　詳細図 53
　詳細表現 61
　平面詳細図 53
障子 238
消点 38
焦点距離 38
上棟式 228
浄土寺浄土堂 200
シーリング 59
　シーリング材 72
白しっくい塗り 222
真壁 224
芯々 164
寝殿造り 201
心柱 195

す

垂直
　垂直応力 105
　垂直切断図 29
　垂直動線 105
水平
　水平応力 105
　水平切断図 17
　水平連窓 99, 101
杉 216
　杉板 214
スケール 13
筋違い 227

　仮筋違い 229
　本筋違い 229
スチのり 15
スチレンボード 13
スティールサッシ 57, 141
捨てコンクリート 70
捨線 21
ステンレスサッシ 57
スーパーラーメン構造 123
スパン 156
すべり出し窓 58, 173
隅木 230
すみ肉溶接 153
スラブ 70
　プレキャスト・コンクリート
　　スラブ 162
　ボイドスラブ 115
　床スラブ 44
スロープ 97, 134
寸法 21
　寸法線 21

せ

制振構造 153
正投象 37
積算 206
施工図 16
接合
　高力ボルト接合 152
　ボルト接合 152, 158
　リベット接合 152
石こうボード 222
切断
　垂直切断図 29
　切断位置 29
　切断線 17
　切断面 17
　水平切断図 17
設備コア 155, 182
セパレータ 84
線光源 89
前面道路 44
栓溶接 153

そ

掃引体 87
組積 129

　組積造 132
外断熱 52
ソラリアム 127

た

ダイアグラム 49
耐圧板 69
耐火被覆 154
耐震壁 105
大スパン構造 147
大仏様 200
ダイメトリック 37
タイル張り 53
打設 58, 70
立上り 71
建方 228
建具 57, 228, 237
　外部建具 238
　サッシ 57
　建具廻り 74
　建具枠 228, 237
　内部建具 238
垂木 232
断熱
　内断熱 52
　外断熱 52
　断熱材 52, 165
　断熱性 52
断面
　断面図 29
　断面パース 174

ち

力大引 216
チャンネル 150
注視点 38
柱状体 87
超高層
　超高層集合住宅 153
　超高層ビル 153
蝶番 59
直接光 89
直投象 37
チリ 240
　チリじゃくり 240

つ

束 210, 215
　束石 208
　床束 210
継手 201
造付け 65
　造付け家具 26
ツナギ 232
　心柱ツナギ 217
ツーバイフォー構造 202
面一 60

て

庭園
　屋上庭園 101, 127
　回遊式庭園 127
　日本庭園 127
ディテール 53, 146
テクスチャー 86, 90, 187
鉄 150
　火災 154
　強度 151
　比重 151
鉄筋 50
鉄筋コンクリート 50, 99
　壁構造 42, 51
　ラーメン構造 51, 97
鉄骨 150
　軽量鉄骨 151
　鉄骨構造 150
　鉄骨の形状 150
　鉄骨鉄筋コンクリート構造
　　202
鉄定規 15
テラス 137
展開図 117
点光源 89
天井 165
　天井高 13, 112
天端 66

と

ドア
　ドアの幅 117
　ドア枠 228
投影図 35

東京タワー 152
胴差 226
東寺 201
透視図 38
透視投象 36
投象
　カバリエ投象 37
　軸測投象 37
　斜軸測投象 38
　斜投象 37
　正投象 37
　直投象 37
　透視投象 36
　平行投象 36
　ミリタリ投象 37
動線 49
　垂直動線 105
東大寺南大門 200
等辺山形鋼 151
透明度 189
塔屋 127
通柱 224
独立基礎 155, 210
独立柱 111
閉じた図形 19
土台 215
トップライト 101
戸袋 238
ドミノシステム 104
ドーム 50
トラス構造 103
トラバーチン 162, 164
　テクスチャー 187
トリメトリック 37

な

内装 237
　内装材 50
内部建具 238, 245
ナット 152
生コンクリート 70
ナラ・フローリング 64
南大門 200

に

肉厚 151

2消点パース 38
日本庭園 127

ぬ

貫 200, 215
布基礎 209

ね

根がらみ 215
根切り 69
根太 76, 216
熱間圧延 151
熱容量 163

の

軒 230
　軒桁 230
　軒先補強材 232
野地板 230
登梁 230

は

配筋 70
排水 170
パイプスペース 105
柱 97, 224
　管柱 224
　心柱 195
　通柱 224
　独立柱 111
パース 38
　パースペクティブ 38
鼻隠し 166
パネルヒーティング 163
幅木（巾木） 237, 240
はめ殺し窓 58, 140
パラペット 32, 72, 129
梁 97
　大梁 103
　小梁 103, 218
　登梁 230
　梁間方向 115
　火打梁 218
バルサ 207
バルセロナ・チェアー 189
バルセロナ・パビリオン 147,
158
反射率 189
ハンチ 69
パンテオン 50
バンプマッピング 90

ひ

火打 216
　火打土台 216
　火打梁 218
引出線 21
引き違い窓 140
引戸 238
比強度 200
比重 151
　コンクリート 151
　鉄 151
　木材 200
ビス留め 170
引張強度 151
桧 205
被覆材 154
姫路城 200
開き勝手 63, 109
開き戸 238
平鋼 150
ピロティ 99, 101
ピン接合 103

ふ

ファサード 126, 131
吹抜け 48, 66
伏図 110, 208
　基礎伏図 208
　小屋伏図 230
　床伏図 215
フーチング 210
不等辺山形鋼 151
ブナ・フローリング 214
踏込み 48
踏面 22
プラグ溶接 153, 158
プラスター 132
　プラスターボード 222
　メタルラス・プラスター
165
プラスチック

プラ板 178
プラ棒 107
プラスチックサッシ 57
フラットスラブ構造 104
フラットバー 151
フランジ 156
プレカット工法 202
プレキャスト 162
　プレキャスト・コンクリート
スラブ 162
プレファブ
　プレファブ工法 202
　プレファブリケーション
202
ブロック
　コンクリートブロック 211
フロートガラス 62, 170
フローリング 76
　ナラ・フローリング 64
　ブナ・フローリング 214

へ

平行投象 36
平面
　平面構成ダイアグラム 49
　平面詳細図 53
　平面図 17
ベタ基礎 70
ベニヤ 70
　シナベニヤ 76
　ベニヤ板 82
　ラワンベニヤ 222
ペントハウス 127

ほ

ボイドスラブ 115
棒
　角棒 206
　丸棒 206
方形 232
　方形屋根 195
防湿膜 165
防水
　シート防水 74
　防水工事 74
　防水シート 74
　防水層 74, 165

方立 63, 173
方杖 230
法隆寺 199
保護モルタル 74
ボルト 152
　高張力鋼ボルト 153
　ボルト接合 152, 158
本筋違い 229

ま

まぐさ 132, 228
間仕切り壁 106
マッピング 90
　バンプマッピング 90
窓 60
　片引き窓 140
　すべり出し窓 58, 173
　はめ殺し窓 58, 140
　引き違い窓 140
　窓台 228
　窓枠 228
間取図 17
間柱 227
マリオン 63, 173
丸棒 206

み

磨き板ガラス 170
見込み 59
水
　水上 166
　水切り 132
　水勾配 74, 166
　水下 166
　水廻り 209
溝形鋼 150
見付け 59, 238
見積り 206
ミリタリ投象 37

む

無限光源 89
棟 228

め

目地 64

トラバーチン 164
目線 17
メタルラス・プラスター 165
面光源 89
免震構造 153

も

木工事 206
木質パネル 182
木製サッシ 57, 141
木製パネル 207
木造
　木造建築 199
　木造軸組構造 195, 204
模型 12
　軸組模型 205
　模型の材料 12
　模型の道具 12
木工ボンド 207
モデュール 141
モデリング 85
母屋 230
モルタル 74, 162
　保護モルタル 74
　ワイヤラス・モルタル 222

や

屋根 232
　入母屋 232
　切妻 232
　方形 232
　方形屋根 195
　寄棟 232
山形鋼 150
　等辺山形鋼 151
　不等辺山形鋼 151

ゆ

床
　床仕上げ 64, 74
　床スラブ 44
　床暖房 163
　床束 210
　床の段差 32, 65
　床伏図 215
床組 76, 204, 214

床下換気口 210
揺れ 153

よ

洋小屋 232
溶接 152
　すみ肉溶接 153
　栓溶接 153
　プラグ溶接 153, 158
　溶接棒 153
寄棟 232, 245
呼び寸法 162, 202
45度カット 13

ら

ライティング 86, 89
ラインテープ 178
ラ・トゥーレットの修道院 99
ラーメン構造 97, 102
　スーパーラーメン構造 123
ラワンベニヤ 222

り

立体図 36
立面図 35
リベット 152
　リベット接合 152
稜線 17, 40

れ

冷間圧延 151
冷却塔 127
レークショアドライブ・アパートメント 154
レディメード・サッシ 57
レンダリング 85

ろ

ロンシャンの教会 99

わ

ワイヤラス・モルタル 222
枠
　三方枠 240
　四方枠 240

建具枠 228
ドア枠 228
窓枠 228
枠組壁構造 202
和小屋 232
割ぐり 70
　割栗石 210
割付け 82, 164

著者略歴

安藤　直見（あんどう　なおみ）
1983 年　東京工業大学工学部建築学科卒業
1985 年　東京工業大学大学院理工学研究科建築学専攻修士課程修了
現在，法政大学デザイン工学部建築学科教授
博士（工学）

柴田　晃宏（しばた　あきひろ）
1990 年　大阪大学工学部建築学科卒業
1992 年　東京工業大学大学院理工学研究科建築学専攻修士課程修了
現在，一級建築士事務所 ikmo 共同主宰，法政大学デザイン工学部兼任講師，桑沢デザイン研究所非常勤講師

比護　結子（ひご　ゆうこ）
1995 年　奈良女子大学家政学部住居学科卒業
1997 年　東京工業大学大学院理工学研究科建築学専攻修士課程修了
現在，一級建築士事務所 ikmo 共同主宰，法政大学デザイン工学部兼任講師，桑沢デザイン研究所非常勤講師，前橋工科大学非常勤講師

建築のしくみ
住吉の長屋／サヴォワ邸／ファンズワース邸／白の家

平成 20 年 4 月 30 日　　発　　行
令和 5 年 4 月 30 日　　第 11 刷発行

著　者　　安藤直見，柴田晃宏，比護結子

発行者　　池　田　和　博

発行所　　丸善出版株式会社
〒101-0051　東京都千代田区神田神保町二丁目 17 番
編集：電話（03）3512-3266／FAX（03）3512-3272
営業：電話（03）3512-3256／FAX（03）3512-3270
https://www.maruzen-publishing.co.jp

© Naomi ANDO, Akihiro SHIBATA, Yuko HIGO, 2008

組版印刷製本・三美印刷株式会社

ISBN 978-4-621-07961-4　C 3052　　Printed in Japan

本書の無断複写は著作権法上での例外を除き禁じられています．